낯선 사람들과의 동행

자연사적 관점에서 바라본
인류의 경제생활

The Company of Strangers

폴 시브라이트 지음 | 김경영 옮김

The company of strangers

앨리스, 에드먼드, 루크에게 이 책을 바칩니다.

우리의 문명은 안전하지도 완벽하지도 않다

부드럽게 질주하는 자동차는 삶의 기쁨 가운데 하나이다. 덕분에 우리는 목적지가 어디든 시간에 맞춰 안전하게 도착할 수 있게 되었다. GPS의 안내를 받으며, 우아하게 음악과 에어컨을 틀어놓은 채로 어디든 갈 수 있다고 생각하는 현대인들에게 자동차가 없는 삶은 상상조차 할 수 없으며, 너무나 당연하게 자동차를 생활필수품으로 생각한다. 심지어 인생의 계획을 세우는 순간에도 자동차는 아주 중요한 부분을 차지한다. 하지만, 어느 날엔가 갑자기 자동차에 사소한 고장이라도 발생하면 우리의 삶은 엉망이 된다. 자동차 정비 교육을 받은 전문가가 아니라면 견인 기사, 정비사, 자동차 영업사원을 비롯한 수많은 사람의 도움을 받는 것 외에 별다른 방법이 없기 때문이다. 우리가 고장이 잦아진 낡은 자동차를 중고차 시장에 내다 팔고 신형 자동차를 구입해야겠다는 결심을 주기적으로 하는 것도 어쩌면 그래서인지 모른다. 새 자동차 함께 삶은 지속될 것이고, 아무런 문제도 없어 보인다.

하지만, 단순하게 자동차의 사소한 고장이 아니라, 정말로 우리의 삶을 송두리째 뒤흔들 수 있는 거대한 시스템에 문제가 생긴 것이라면 어떻게 될까? 즉, 고속도로 건설회사, 정유회사, 자동차회사, 보험회사, 은행, 주식시장, 또는 정부의 시스템에 어떤 문제가 발생한다면 우리의 삶은 어떻게 될 것 같은가? 우리의 문명은-몇 번의 중대한 해체를 거쳤지만- 수천 년 동안 아무런 문제없이 작동해 왔고, 그 복잡성과 영향력은 꾸준히 증가해 왔다. 문득 다음과 같은 의문이 생길 수도 있을 것이다. 문명이 갑자기 작동을 멈출 수도 있는 것일까? 물론이다. 하지만, 우리에게는 작동을 멈춘 바로 그 문명을 잘 손질해서 유지하는 것 외에 다른 선택은 없다. 문명은 자동차처럼 새로 구입할 수 있는 성질의 것이 아니기 때문이다. 그렇다면 누가 어떤 방법으로 작동을 멈추고 서 있는 문명을 다시 굴러가게 할 수 있는 것일까? 그 순간에 신뢰할 수 있는 '정비사'는 과연 누구일까? 우리 사회의 리더들, 즉 정치인, 법률가, 은행가, 기업가, 언론인, 학자 같은 사람들은 우리가 기대하는 것보다 훨씬 평범한 '운전자'에 불과하다. 그들은 자신들이 맡고 있는 '전문적인' 일을 하면서 시스템의 일부에 관여하고 있을 뿐이다. 그들은 전체 시스템이 가진 복잡한 특징들에 대해서는 굳이 알려고 하지도 않고 그것들을 외면한 상태에서 속 편하게 살아가고 있다는 측면에서는 정말 보통의 사람들에 지나지 않는다. 이 책의 저자 폴 시브라이트Paul Seabright는 사람들이 전체 시스템의 복잡한 특징들을 외면한 상태에서 자신의 일에만 집중하면서 살아가는 이유를 '터널 비전Tunnel Vision'에서 찾는다. 하지만, 그는 이렇게 '낙관적'인 터널비전을 단지 고장 난 부품처럼 수정 가능한 시스템의 결함이라고 생각하지 않고, 오히려 시스템을 유지하고 활성화시키는 긍정적 요인으로 파악한다. 결국, 상당히 많은 부분에서 우리는 모두의 삶에 엄청난 영향을 미칠 수 있는 사회적 구조물들이 견고하고 훌륭하게 설계되어 있기 때문에 아무런 걱정도 할 필요가 없을 것이라는 낙관적이고 근시안적인 확신 위에 서 있는 셈이다.

시브라이트는 인간의 문명을 흰개미 집에 비유하기도 한다. 인간의 문명과 흰개미의 집은 모두 인공적으로 만들어진 것이며, 삶의 터전인 대지 위에 독창적인 구조물을 겹겹이 쌓아 올린 경이로운 창작물이라는 점, 그리고 다수의 개인, 또는 개체들이 협력을 통해 만들었다는 점에서 공통적이다. 결과적으로 흰개미의 집과 인간의 문명은 진화의 과정에서 각각의 개체들이 창조해낸 구체적 성과물이며, 놀라운 효율성과 회복탄력성을 구축했다. 하지만, 흰개미의 집과 인간의 문명에 나타난 '디자인 혁신'은 어느 한 개인이나 개체의 생각을 반영해서 이루어진 것이 아니다. 어떤 목적을 달성하기 위해 여러 세대에 걸쳐서 의도적으로 노력을 기울인다는 것은 생각조차 하지 못한 상태에서 개인, 또는 개체들이 단지 자신에게 주어진 일을 수행했고, 그 모든 과정의 마지막 지점에서 만날 수 있었던 행복한 결과물이기 때문이다. 물론 흰개미 집과 인간의 문명 사이에는 현격한 차이도 존재한다. 인간의 협력은 정교하고 경이로운 현상이라는 점에서 본능적으로 이루어지는 흰개미의 협력과는 차원을 달리한다. 실제로 인간들 사이에서 이루어지는 협력이 자연의 세계에서는 그 유례를 찾을 수 없을 뿐만 아니라, 독특한 진화 혈통을 지닌 인간만의 고유한 특징이기도 하다.

'실재의 사회적 구성social construction of reality'이나 (훨씬 나은) '사회적 실

재의 구성construction of social reality'에 대한 연구는 수없이 많다. 하지만, 이와 관련된 연구를 진행했던 사상가들 대부분은 자신이 이야기하고 있는 문명의 경이로움에 일방적인 찬사-순진한 자동차 운전자들처럼-를 보내면서도 정작 우리의 문명이 어떤 과정을 통해 지금과 같은 구조를 갖게 되었는지, 그리고 각각의 요소들은 왜 문명이 작동하는 과정에서 적절하게 기능하고 있는지에 대해서는 거의 관심을 기울이지 않았다. 우리의 삶의 질을 향상시켜 주는 문명이나 제도들은 상호 작용을 통해 맞물려 돌아가는 신뢰의 시스템-즉, 무엇을 기대하고 무엇을 기대하지 말아야 하는지, 무엇을 고민해야 하고 무엇을 당연하게 생각해야 하는지, 또 무엇이 가능하고 어떤 일이 (거의) 불가능한지-에 대한 믿음들로 이루어져 있다. 우리는 이와 같은 구조가 원래 존재하는 것이며 영구불변하는 현실이라고 생각하는 경향이 있다. 하지만, 생물학적 견지에서 말하자면 이와 같은 구조의 출현은 사실상 아주 최근에 생겨난 일이다. 그리고 이 구조가 뛰어난 자기 안정화 능력을 갖추고 있는 것은 분명하지만, 그렇다고 해서 흔히 생각하는 것만큼 완벽하게 안정적인 것은 아니다. 스코틀랜드의 생물학자이자 수학자 다시 톰슨D'Arcy Thompson은 몇 년 전에 "모든 생물이 현재의 모습을 갖고 있는 이유는 그렇게 진화했기 때문이다." 라는 말을 했다. 너무나 당연해 보이는 이 말의 의미를 되새겨 보면, 우리가 일상적으로 의지하고 있는 사회 시스템이 지닌 강점과 약점을 구분하고 해석하기 위해서는 구조를 구축하는 작업에서 대부분의 경우 무의식적으로 포함되기 마련인 '화해'와 '갈등'에 대한 이해가 필수적이라는 것이다. 이를 위해서 시브라이트는 우리가 몸담고 살아가는 세상, 특히 경제와 관련된 부분을 하나하나 분석하면서 화폐, 은행, 기업, 마케팅, 보험, 정부 규제,

빈곤, 그리고 심지어 정치적 불안정이 왜 존재하게 되는지를 보여줄 것이다. 또한 이 복잡한 사회 구조 안에서 정보가 어떻게 만들어지고, 사용되고, 외면 받고, 부당하게 이용되는지에 대해서도 충분히 설명해줄 것이다.

최근의 다른 저자들과 마찬가지로 시브라이트 역시 협력의 출현을 실제로 세계의 변화를 선도하는 현상이라고 파악하고 있으며, 이를 제대로 이해하기 위해서는 궁극적으로 생물학적-진화론적- 설명이 필요하다고 주장한다. 하지만, 시브라이트는 일부 저자들처럼 근거 없는 낙관주의의 덫에 빠지지는 않는다. 시브라이트의 주장에 따르면, 협력은 위대한 계획이든 끔찍한 계획이든 이 모든 일을 가능하게 만드는 신뢰에 의존하고 있지만, 눈에 보이지 않는 곳에서 일종의 사회적 접착제로 기능하는 신뢰가 실제로는 진화 과정에서 우리의 두뇌에 남겨진 '타고난 본능'은 아니라는 것이다. 물론, 이렇게 주장하기에는 너무 때 이른 감이 있다. 오히려 신뢰는 신뢰를 촉진하는 조건이면서 동시에 신뢰를 통해 만들어진 가장 중요한 결과물인 문명처럼 사회적 조건의 부산물이기도 하기 때문이다. 인류는 스스로의 힘으로 현대 문명을 상당한 수준으로 발전시켰다. 하지만, 다양한 형태로 드러나는 우리의 타고난 감정이나 본능적인 행동이 우리가 새로운 환경에 적응하는 문제에서 언제나 도움이 되는 것은 아니다. 시브라이트는 이 모든 사회적 구성을 역설계함으로써 이와 같은 구성이 가진 힘의 본질적인 부분을 드러냄과 동시에 실질적이면서 위험하기도 한 한계점을 함께 보여준다.

이 책의 초판이 우리가 처해 있는 어려움을 새로운 시각에서 보여주었다면, 개정판은 이에 대한 세부적인 설명과 함께 현재 우리가 처해 있는 경제

위기에 저자의 아이디어를 적용함으로써 기존의 주장에 설득력을 더하고 있다. 특히, 놀라운 통찰력으로 우리가 흔히 저지르는 실수를 보여줌으로써, 미래에 닥칠 수도 있는 엄청난 재앙을 예방하기 위한 방안을 제시한다.(예를 들어, 사기꾼을 처벌하고 '바보들'에게서 권력을 되찾아오는 일은 우리가 처리해야 하는 일의 첫 걸음인 동시에 아주 작은 부분에 불과하다. 우리들의 미래에는 성인들이나 천재들조차도 쉽게 피해가기 힘든 구조적인 문제가 존재하기 때문이다.)

재레드 다이아몬드Jared Diamond의 『총 균 쇠Guns, Germs, and Steel』처럼 이 책 역시 야심만만하다. 경제학에 더해 역사, 생물학, 사회학, 심리학에 이르기까지 숨 막힐 정도로 다양한 학문들을 넘나들고 있으며, 각 분야의 사상가들이 지닌 편협한 시각에 도전장을 던지는 동시에 그들의 연구 결과를 탁월하게 이용하고 있다. 시브라이트의 상상력은 그가 지닌 지식만큼이나 놀라운데, 매 페이지마다 저자의 참신한 생각을 엿볼 수 있을 것이다. 그는 비교와 대조의 천재이다. 부자가 되는 이유와 간지럼을 잘 타는 이유 사이에는 어떤 공통점이 있고, 무인 전철은 운행할 수 있지만 무인 조종 여객기를 운항할 수 없는 이유에 대해서도 설명한다. 또한, 그는 놀랍게도 웨이터를 죽이고 공짜로 음식을 먹고 싶은 충동을 억누를 필요가 없다고 이야기한다.-우리의 사촌뻘이 되는 침팬지 역시 이런 종류의 유혹을 뿌리치는 것을 힘들어 할 것이다. 이 책은 경제학적 사고의 힘과 중요성에 대해 다른 어떤 책보다 명쾌하고 설득력 있게 이야기하고 있으며, 전문용어를 배제한 상태에서 중요한 개념을 생생하고 우아하게 설명하는 최고의 경제 입문서이다. 거의 모든 페이지에서 평소에 사람들이 당연하다고 생각하는 이야기를 싣고, 오해하기 쉬운 개념들은 적절한 사례를 들어 설명한다. 예를 들어, 자녀는 평균적으로 자신의 부모보다 조금 지능이 낮고, 부모는 자신의 부모보다 조금 지능이 높다고 이야기한다. 어떻게 이런 일이 가능한 것일까? 무슨 이야기인지 이해하기 힘들다면, 당신은 진화가 수없이 많은 적응의 언덕을 얼마나 거침없이 통과해 왔는지에 대한 이해가 부족한 것이다. 시브라이트는 독자들이 한 번도 생각해 보지 못한 질문을 던진다. 그 질문에 대한 해답은 과거로 거슬러 올라가지 않고서는 결코 알아낼 수 없는 것들이다.

흰개미의 집을 다시 한 번 떠올려보자. 관찰자인 인간은 흰개미들의 신경계보다 월등히 뛰어난 방법으로 개미집의 우수성과 복잡성을 파악할 수 있다. 또한, 우리가 살아가는 이 인공의 세계에 대해서 오직 신만이 가질 수 있는 완벽하게 균형 잡힌 시각을 갖고자 갈망하는 존재는 인간밖에 없다. 우리가 전체를 통찰하는 시각을 갖지 못했을 때, 아무리 최선을 다한 계획이라고 하더라도 이전에 만든 우리의 창조물들은 파괴될 수밖에 없다. 우리가 단순히 '상식'이라고 생각하는 것들은 사실 대단히 불안정하다. 우리가 어떤 문제에 대해 기본 원칙부터 다시 생각해야 하는 이유이다. 이 책의 중요한 역할이 바로 그곳에 있다.

미국 터프츠 대학교 철학교수, 인지연구센터 공동소장

대니얼 C. 데닛 Daniel C. Dennet

신뢰, 그리고 공황

사회적 신뢰와 금융위기

현대 사회는 아주 부실한 '구조물'이다. 예상치 못한 거센 바람이 불어와서 튼튼해 보이던 고층 건물을 무너뜨리는 위험천만한 일도 아주 드물기는 하지만, 분명히 일어난다. 고층건물만이 아니다. 붕괴의 대상은 실체가 없는 무형의 사회질서나 사회 구조가 될 수도 있다. 즉, 상호 불신을 대신해 신뢰가 자리할 수 있게 만들어주는 비공식적 규범은 물론, 공식적 제도가 무너져 내리는 상황도 충분히 벌어질 수 있다는 의미이다. 이와 같은 붕괴는 전쟁 상황처럼 외부적 요인에 의해 일어날 수도 있지만, 정확한 원인을 특정하기 어려운 내부 요인에 의해 발생될 수도 있다. 한때는 당연히 신뢰의 대상이었던 것들이 내부에서 싹튼 상호 불신으로 인해 서서히 붕괴의 조짐을 보이기도 한다. 보이지 않는 곳에서 시작된 상호 불신의 갑작스러운 출현-그 결과가 물리적 폭력으로 나타나든 상호교환 경제의 붕괴로 이어지든–을 이해하는 일은 우리가 살아가는 세계를 파악하는 데 있어서 가장 중요한 과제이다.

2007년에 시작된 금융위기는 단지 '불신'이라는 이유 하나만으로도 사회 구조가 붕괴될 수 있다는 것을 보여주는 대표적인 사례이다. 전 세계 대부분의 국가들은 오랜 기간 안정적인 경제성장을 지속했다. 세계 금융위기는 이들 국가의 안정적인 경제성장과 이에 축포를 터트렸던 기득권 정치인들뿐만 아니라, 미래에 대해 아무런 걱정이나 대비 없이 살아가던 근로자와 예금자는 물론 전문 투자자들까지도 충격에 빠트렸다. 영국의 은행들은 불과 몇 달 만에 뱅크런bank run의 위기를 맞았다. 19세기 이후에는 한 번도 목격된 적이 없었던 일이었다. 지난 20년 동안 사람들에게 안정적인 지표로 인식되었던 미국의 주택가격이 하락세를 지속한 것 역시 최초의 일이었다. 전 세계 주식시장의 주가는 반 토막이 났고, 은행 간의 거래는 동결되었다. IMF의 추산에 따르면, 미국의 경우 금융위기가 발생한 2년 동안 남녀노소 할 것 없이 대출로 인해 발생된 피해액이 1인당 9,000달러에 달했다고 한다.[1] 주요 선진국의 생산량도 대공황 이후 사상 최대의 하락을 기록했다. 혹시 이것은 공황이 아닐까? 공황이라면 어떤 종류의 공황일까? 이 공황의 근본적인 원인은 무엇이었으며, 무엇이 이와 같은 사태를 발생시킨 것일까?

이 책은 사회생활의 바탕이 되는 신뢰에 대해 이야기할 것이다. 특히, 우리가 무엇 때문에 일면식도 없는 낯선 사람들에게 어떤 일을 부탁하고 현금을 맡기는지, 그리고 심지어 우리 신변의 안전까지도 의지하고 있는지에 대해 알려줄 것이다. 최근에 발생했던 금융계의 위기와 끔찍한 결과를 불러온 것으로 기록되어 있는 다수의 역사적인 사건들은 신뢰가 무너졌을 때 어떤 일이 벌어지는지를 분명하게 보여주고 있다. 이 문제와 관련해서 역사학자들과 사회학자들은 오랫동안 사회적 공황social panic이라는 주제에 몰두해왔다.[2] 사태의 원인이 분명하지 않았을 때, 그들은 더욱 열광했다. 15~17세기의 유럽 사회는 무엇 때문에 여성들, 특히 늙고 괴벽스러운 여성들을 마녀로 몰아 고문하고 화형시킨 것일까? '부조리'라는 답만으로는 뭔가 부족하다. 뉴턴Newton과 로크Locke가 마법을 믿었다면 지성과 과학적 세계관은 이와 같은 공황에 속수무책으로 무너졌을 것이다. 1897년 언론과 여론에 떠밀린 브라질 정부가 일찌감치 속세에서 벗어나 카누도스의 산간벽지에 자리 잡고 살아가던 종교 지도자 안토니오 콘셀레로Antonio Conselheiro와 그의 추종자 수천 명을 학살한 동기는 무엇이었을까? 1856년에 수천 명에 이르는 남아프리카 공화국의 호사 족Xhosa 사람들은 농가우세Nongqawuse라는 10대 소녀의 말 한마디에 아무런 의심 없이 가축을 몰살시켰으며, 이로 인해 부족민의 80퍼센트가 굶어 죽었다. 이와 같은 사태가 발생한 이유는 무엇일까?[3] (폭력의 형태는 다르지만, 사회학자들의 관심을 끌었던 사례 하나를 들면) 1969년 5월 프랑스 오를레앙Orléans에서는 젊은 여성들을 납치해 매춘부로 팔아넘기는 대규모의 범죄가 발생했다. 아무런 증거도 발견되지 않았지만, 시민들은 시내에 위치한 여섯 곳의 옷가게 주인들이 범인일 것이라고 굳게 확신했다. 그들이 그렇게 생각했던 이유는 무엇일까?[4] 여러 가지 기록에서 확인할 수 있는 것처럼 모든 시대, 모든 사회에는 기괴하고 '편집증적 판타지'에 사로잡힌 사람들이 실제로 존재한다. 하지만, 대부분의 사회에서는 편집증적 판타지에 사로잡힌 사람들을 적절하게 통제해 왔으며, 적어도 그들의 판타지를 사회의 '주변부'에 묶어두기 위해 노력해 왔다. 그런데 지금까지 예로 든 사회에서는 소수의 편집증적 판타지가 주변부를 넘어서 사회의 정중앙으로 흘러들었다. 도대체 무슨 이유 때문에 그와 같은 일이 벌어진 것일까?

　　1930년대에 발생했던 대공황은 제2차세계대전에 어느 정도 원인제공을 했다는 책임에서 자유롭지 않다. 하지만, 2007년에 발생한 금융위기는 대규모 폭력사태로 이어지지는 않았다. 그렇다고 해서 자만하기에는 이르다. 지금의 위기는 이전의 다른 공황들과는 그 양상이 아주 다르기 때문이다. 브라질 언론이나 국민들이 가만히 내버려뒀다면, 카누도스 지역민들은 평화롭게 일생을 마쳤을지도 모른다. 납치당한 여성들과 관계된 '판타지'는 심심치 않게 불거져 나왔지만, 1969년 오를레앙 시민들이 무고한 옷가게 주인들을 의심하게 된 분명한 이유는 발견되지 않았다. 단지 평범해 보이지 않는다는 이유 때문에 선량한 이웃을 그토록 야만스럽게 의심하라고 강제한 사람은 아무도 없었다. 피해를 당한 입장에서는 그야말로 마른하늘의 날벼락 같은 일이었다. 하지만, 2007년 금융위기는 어느 날 갑자기 맑은 하늘에서 떨어진 날벼락이 아니었다. 붕괴는 시간을 두고 서서히 진행되었으며, 지속 가능하지 않은 경기 과열에 이어진 결과였기 때문이다. 금융위기가 진행되는 동안 신뢰가 붕괴된 이유를 이해하기 위해서는 신뢰를 구성하고 있는 구조의 부실함을 생각해 볼 필요가 있다. 과열된 경기를 지속하기 힘든 이유를 알아야 다음으로 이어지는 공황을 이해할 수 있다. 또한, 이것은 지속 가능한 사회를 위한 신뢰의 구조를 구축하는 방법을 깨닫는 열쇠이기도 하다.

　　금융위기는 이 책의 주제를 설명하는 사례인 동시에 선례가 되는 사건이다. 우리가 몸담고 있는 '사회생활'이라는 제도는 우리에게 낯선 사람들을 신뢰할 수 있게 만드는 역할을 한다. 우리가 결코 신뢰해서는 안 될 것 같은 사람까지도 신뢰하는 이유 역시 제도에서 찾을 수 있다. 이유는 간단하다. 제도가 성공적으로 기능하는 동안에는 대부분의 사람들이 낯선 사람을 신뢰한다는 것이 얼마나 기적적인 일인지를 까맣게 잊은 채로 살아가기 때문이다. 낯선 사람을 신뢰하는 행동은 한 마디로 우리에게 가장 부자연스러운 일이다. 이것은 마치 외국어를 배우면 실수를 피할 수 없고, 가끔은 그 실수가 단지 웃고 넘어갈 수 없는 혼란을 만들기도 한다는 사실을 알기 때문에 우리는 더욱 불안해지는데, 그럼에도 이를 감수하고 외국어를 배우려는 이치와도 같다. 낯선 사람을 신뢰하는 일은 왜 이렇게까지 부자연스러운 일인지, 그럼에도 불구하고 낯선 사람들을 신뢰하는 방법을 우리는 왜 이렇게 쉽게 깨우치는 것인지에 대한 이해의 실마리를 찾으려면 우리는 인간의 진화사를 깊숙이 파고들 필요가 있다.

위대한 실험

인류 진화사가 전하는 놀라운 메시지는 우리의 일상이 흔히 우리가 상상하는 것보다 훨씬 이해하기 힘들고 부실한 토대 위에 서 있다는 것이다. 지금 우리가 누리는 풍요로움이나 산업화되고 네트워킹된 생활은 수백만 년에 걸쳐 서서히 진행되어온 인류 진화의 필연적인 결과물이 아니다. 이는 불과 1만 년 전에 시작된 위대한 실험의 결과일 뿐이다.* 인류 진화사를 관찰하는 것만으로는 누구도 지금 같은 결과를 예측할 수 없을 것이다. 하지만, 이 실험은 우리가 살아가는 지구라는 행성에서 인류가 유지해왔던 삶의 성격을 완

---

* 이 시간은 인류의 진화가 나머지 동물계에서 분리되어 나온 후(600~700만 년 전)에 작동하기 시작한 시계의 24시간 중 약 2분 30초에 해당한다.

전히 뒤바꿔버렸다. 마지막 빙하기가 끝나가는 시기에 모든 동물계를 통틀어 성격이 가장 포악하고 동시에 파악하기 힘든 무법자 종이 정착했다. 이 종은 대형 유인원 중 하나였다–침팬지와 보노보의 가까운 사촌뻘이었으며, 미래 의 번영을 예감하게 했던 여러 종의 침팬지를 전멸로 이끌었던 멸종의 위기 속에서도 운 좋게 살아남았다.[5] 침팬지와 마찬가지로 이 대형 유인원은 공격 적이었고, 기민했다. 뿐만 아니라, 낯선 무리에 대한 의심이 많았고, 주로 친 족들과 무리를 지어 다니며 사냥과 전쟁을 했다.

하지만, 그들은 이제 식량을 찾아 산천을 헤매는 대신 가축을 키우고 농사를 지어 생산한 작물들을 자신들이 정착한 장소에 보관하기 시작했다. 식량을 비축하면서부터 그들의 이동성은 제한되었다. 낯선 이방의 무리들이 몰려들었고, 이 유인원들에게 놓인 선택은 맞서 싸우거나 도망을 치는 것이 전부였다. 수백 세대 만에–정신을 차리거나 숨 쉴 틈도 없이 진행된 진화사에 서– 이 유인원들은 놀랍도록 복잡하고 다양한 사회조직을 형성했다. 마을과 도시는 물론, 군대, 제국, 기업, 민족국가, 정당, 인권 단체, 심지어 인터넷 커 뮤니티까지 만들었다. 진화가 진행되는 대부분의 시간 동안, 경계심 많고 잔 인한 이 유인원들 역시 거의 낯선 무리들을 상대하지 않았지만, 오늘날에는 수많은 낯선 사람들과 함께 일하며 생활을 이어가고 있다.

호모 사피엔스 사피엔스는 동일한 종 내에서 혈연관계가 아닌 개체들 이 작업을 정교하게 분담하는–분업division of labor이라고도 한다.–유일한 동물 이다.[6] 분업은 언어만큼이나 놀랍고, 또 인간에게서만 고유하게 발견되는 현 상이다. 대부분의 인간은 이제 혈연관계도, 결혼으로 맺어진 사이도 아닌 타 인들로부터 부족함 없을 정도의 생활필수품을 일상적으로 구하고 있다. 가난한 시골 지역의 사람들조차 친족이 아닌 사람들을 통해 필요한 의식주와 의약품의 상당 부분을 공급 받는다. 도시에서도 생존에 필수적인 물품의 공급은 친족이 아닌 사람들에 의해 이루어지며, 이들 대부분은 실제로 일면식도 없는 완전히 낯선 사람들이다. '낯선 사람'들이 이렇게까지 복잡하게 상호 의존하는 사례를 자연에서 찾는 것은 거의 불가능하다. 물론, 작업의 분담, 즉 분업을 하는 종이 있기는 하다. 개미나 벌과 같은 사회성 곤충을 비롯한 일부의 종에서 분업의 사례를 찾을 수 있는데, 사회성 곤충은 주로 가까운 친족들이 분업을 하는 형식이다-일벌이나 일개미는 형제자매들이다. 여왕개미에 의해 구성되는 개미 집단은 혈연관계가 아님에도 협력을 하는 분명한 사례이다. 하지만, 개미 집단의 협력을 설명하는 문제에 있어서는 의견이 분분하다.[7] 어쨌든 가까운 친족 간에 이루어지는 협력의 진화를 설명하는 것이 그렇지 않은 것보다 상대적으로 쉽다는 사실에는 이견이 없다. 이와 같은 메커니즘을 혈연 선택론theory of kin selection이라고 한다.[8] 혈연 선택론을 간단히 정리하면, 유전자를 공유하고 있는 친족들 사이에서 이루어지는 분업을 통해 협력이 활성화되었으며, 이렇게 해서 형성된 협력이 자연선택되었다는 주장이다. 가까운 친족은 우성, 또는 열성 돌연변이 유전자를 포함하는 상당 부분의 유전자를 공유하기 때문이라는 것이다.[9] 하지만, 이와 같은 시각에서 보자면 협력적 분업이 유전적으로 무관한 개체들 사이에서도 조직적으로 일어난다는 사실은 상당히 놀라운 측면이 있다. 왜냐하면 협력적 성향이 있는 돌연변이 유전자를 보유한 개체가 협력적 성향도 없고 보답도 하지 않는 다른 개체를 돕는 것이기 때문이다. 당연하게도 유전적으로 무관한 개체들이 정교한 분업을 통해 광범위한 협력을 이루어내는 사례는 인간 이외의 종에서는 발견된 사례가 없다.

물론, 정교한 작업을 진행하기 위해 혈연관계가 아닌 개체들이 제한적으로 협력하는 사례는 일부의 종에서 발견되기도 한다.[10] 큰가시고기, 흡혈박쥐, 사자 등이 대표적인 사례인데, 이들은 하나같이 아주 작은 규모의 집단활동을 수행할 뿐이다.[11] 그렇다고 하더라도 침팬지가 사냥할 때 내는 소리와 전 세계에서 사용되는 고도로 체계화된 인간의 언어가 중요한 상관관계를 갖는 것처럼 이들 종에서 발견되는 제한적인 협력의 흔적 역시 친족과 친족이 아닌 사람들, 그리고 완전히 낯선 사람들 사이에서 정교하게 이루어지는 인간의 분업과 상당히 중요한 상관관계를 맺고 있다고 할 수 있다. 종이 다른 개체들 사이에서 벌어지는 상호의존 사례 역시 자연에서 쉽게 찾아 볼 수 있다.- 상어와 청소부 물고기의 관계를 생각해 보라. (이를 공생이라고 한다.)[12] 하지만, 동일한 종의 구성원들은 같은 환경에서 살아야 하고 같은 먹잇감을 구하며, 무엇보다 짝짓기 상대까지도 같다. 종이 다른 개체들도 경쟁관계를 형성하지만, 종이 동일한 개체들은 모든 부분에서 훨씬 격렬한 방식으로 경쟁관계를 형성하게 된다. 결국, 자연계에서는 동일한 종 내에서 친족관계가 아닌 개체-전쟁의 본능을 통해, 그리고 오랜 역사를 거치면서 형성된 유전적 라이벌-들이 고도의 상호 신뢰를 필요로 하는 복잡한 작업에서 인간처럼 협력하는 사례는 없다.

이 수수께끼에 대한 해결책을 진화 생물학에서만 찾으려는 것은 문제가 있다. 호모 사피엔스 사피엔스의 유전적 구성이 새로운 사회 환경에 완전히 적응했다고 보기에는 1만 년이라는 시간이 너무 짧기 때문이다. 이 책을 읽고 있는 여러분과 같은 성(性)의 직계 선조를 한 자리에 모으는 일-남성이라면 아버지, 아버지의 아버지를 찾아가는 방식으로, 그리고 여성이라면 어머니, 어머니의 어머니를 찾아가는 방식으로 거슬러 올라가면서 세대별로 한 명씩 모으다 보면 최초의 농경시대에 도달하게 될 것이다.-이 가능하다면, 전체 인원은 웬만한 크기의 강의실을 채우는 정도가 될 것이다.[13] 강의실에 모인 사람들 중에서 바퀴를 알고 있는 사람들은 절반 정도, 자동차를 본 경험이 있는 사람은 1퍼센트에 불과할 것이다. 하지만, 이렇게 모여서 형성된 집단의 구성원들은 강의실에 우연히 모인 현대의 남성, 또는 여성들로 구성된 집단보다-유전자, 생김새, 성격 면에서- 서로 유사할 확률이 훨씬 높다. 사실, 지난 1만 년 동안에는 이례적으로 강한 선택압selective pressure, 즉 경합에 유리한 형질을 갖는 개체군의 선택적 증식을 촉진하는 생물적, 화학적, 물리적 요인이 작용했고, 이로 인해 상당한 수의 중요 유전자들이 사람들 사이에서 널리 퍼져 나갔다. 말라리아가 유행하는 지역에서 말라리아에 대한 저항력이 있는 유전자가 확산되는 것이나, 화창한 날이 드문 북서유럽 지역의 사람들은 피부가 희고, 머리카락이 금발인 것 등이 대표적인 사례이다. 또 가장 먼저 소와 양을 사육했던 나라의 성인들이 유당 내성-우유를 소화하는 능력-을 갖춘 것도 여기에 해당한다.[14] 지난 1만 년 동안에 있었던 인간의 유전적 진화의 속도는 과거 어떤 시기에 비해서도 상당히 빨랐을 가능성이 높다. 이 시기를 지나는 동안에 인간은 아주 도전적인 환경의 변화를 경험했기 때문이다.[15] 지난 몇 세기를 거치는 동안 우리의 신체는 양호한 영양 섭취와 다양한 환경 개선으로 엄청난 변화를 겪었다. 그럼에도 불구하고 키나 피부색 같은 몇몇 부분을 제외하면, 우리와 먼 과거의 선조들 사이에서 발견되는 생물학적 차이는 집단 내에서 발견되는 무작위적인 변화와 별반 다르지 않을 것이다. 지금 기차나 비행기 안에 앉아서 이 책을 읽고 있다면, 우리와 생물학적으로 더 유사할 가능성이 높은 쪽은 바로 옆자리에 앉아 있는 사람이 아니라, 아주 먼 과거로부터 온 신석기 시대의 선조라는 것이다.

그럼에도 불구하고, 진화 생물학은 우리에게 중요한 사실을 알려주고 있다. 인간의 분업은 상당히 다른 차원의 생태적 문제를 해결하기 위해 진화한 생리학과 심리학에 의존해야 했기 때문이다. 사실 이 문제는 600~700만 년 전에 마지막 공통조상으로부터 인류가 침팬지, 보노보와 분리된 다음, 주로 아프리카 대초원 지대에 거주했던 수렵채집인들이 처음으로 마주했던 것이었다. 인류는 지난 20만 년 중의 어느 시기에-인류 역사 전체의 30분의 1에 불과한 시간에- 유전학자들에게는 사소할 수 있지만, 문화적 가능성의 차원에서는 엄청나게 큰 변화를 겪었다. 이 시기에 인류는 추상적 사고와 상징적 사고, 그리고 커뮤니케이션 능력을 갖추게 되었다.[16] 정확한 연대를 결정하는 것 같은 어려운 문제들이 남아 있기는 하다.[17] 하지만, 이 시기를 지나면서부터는 모든 인류는 추상적 사고와 상징적 사고, 그리고 커뮤니케이션의 가능성을 공유하게 되었다. 이를 가능하게 만든 유전적 변화는 아마도 최소한 14만 년 전에는 일어났을 것으로 추정된다. 이와 같은 유전적 변화가 탄생시킨 문화적 능력을 보여주는 최초의 증거물들은 동굴 벽화, 무덤 속의 부장품, 그리고 해부학적으로 현대인(크로마뇽인이라고 하기도 한다)에 해당하는 수렵채집인 집단이 남긴 여러 가지 상징적 유물 등이 있다. 이 모든 유물의 역사는 최대 6~7만 년 정도이며,- 대부분은 훨씬 이후에 만들어졌다.- 마지막 빙하기가 끝나고 환경적 조건이 인간에게 유리해지자, 인류는 문화적 능력을 바탕으로 농업과 정착 생활을 시작한 것으로 보인다. 실제로, 농업은 짧은 간격을 두고 세계의 다양한 지역에서 최소한 일곱 번 정도는 '발명' 되었다. 이와 같은 사실만으로도 인류가 최소한 14만 년 전에는 추상적 사고와 상징적 사고, 그리고 커뮤니케이션 능력을 갖추게 되었다는 주장은 신빙성이 있다. 어떤 면에서 농경과 정착 생활의 출현은 불가피한 결과라고 볼 수도 있다.[18] 또한 인류는 추상적 사고와 상징적 사고, 그리고 커뮤니케이션 능력을 통해 사회적 규칙과 관습을 만들었고, 이를 통해 스스로는 통제가 불가능했던 폭력적이고 신뢰하기 힘든 본능을 억제함으로써 훨씬 규모 있고 질서를 갖춘 사회를 건설할 수 있었다. 더 나아가 어느 한 개인이 기술을 독점하는 것이 아니라, 사회 전체가 기술을 공유할 수 있도록 함으로써 지식 축적의 토대도 마련했다. 하지만, 인간의 문화적 능력이 진화한 이유를 현대적인 분업의 정착에 반드시 필요했기 때문이라고 할 수는 없다. 오히려 정반대라고 할 수 있다. 현대 사회는 인류가 체계적인 방식으로 낯선 사람들과 교류를 시작하기 이전에 이미 진화해 있던 인간의 심리를 바탕으로 이루어진 아주 우연한 실험의 결과물이기 때문이다. 이것은 마치 육지를 제외한 어떤 환경에도 적응할 필요가 없었던 인간이 망망대해로 항해를 떠나는 것과 같은 이치라고 생각하면 크게 어렵지는 않을 것이다.

이 책의 주장

앞으로는 이 놀라운 실험이 어떻게 가능했으며, 온갖 고난에도 실험을 멈추지 않은 이유에 대해서 알아볼 것이다. 여기에 더해 미래에는 이 실험이 중지되어 버릴 수도 있는데, 그렇게 예상하는 이유는 무엇이며, 이와 같은 사태를 방지하기 위해서는 무엇을 해야 하는지에 대해서도 이야기할 것이다.

분업은 한 마디로 설명하기 어려운데 1부에서는 그 이유가 무엇인지에 대해 알아볼 것이다. 현대 사회에서는 아주 간단해 보이는 일조차도 복잡한 국제적 협력 네트워크에 의존하고 있지만, 이 모든 일을 총괄하는 책임자는 존재하지 않는다. 반대로 국제적 협력은 참여자들로 하여금 한 가지 목표에 집중하게 함-터널 비전tunnel vision-으로써 구현되는데, 이와 같은 방식의 협력은 사회 전체의 우선순위에 대한 명백하고 초당파적인 비전과는 양립하기 힘들다. 현대 산업사회처럼 복잡한 시스템이 전체를 총괄하는 책임자 없이 작동할 수 있다는 사실은 믿기지 않겠지만, 18세기 경제학자인 애덤 스미스Adam Smith의 저서가 나온 이후 우리는 경제 구조가 정말로 그렇게 움직이고 있다는 사실을 어렴풋하게나마 짐작할 수 있게 되었다. 따라서 인간의 신체를 연구하는 의대생들처럼, 우리 역시 인류 사회의 병폐를 탐구하기에 앞서 인류 사회에서 일어나는 자연스럽고 경이로운 수준의 조화를 먼저 이해하고 감상하는 시간이 필요할 것이다. 우리 사회 전체가 이루고 있는 조화로움은 따로따로 보면 사소해 보일 수 있지만, 집단적 차원에서 보면 중요한 의미를 내포하고 있다. 각각의 개인들이 낯선 사람들과의 협력에 기꺼이 나서겠다는 의지를 가지고 있을 때에만 이와 같은 방식의 조화가 이루어질 수 있기 때문이다.

2부에서는 수렵채집인 선조들에게 물려받은 심리를 바탕에 두고 있으면서도 어떻게 낯선 사람들과의 협력이 가능했는지를 살펴볼 예정이다. 정답은 경계심 많고 잔인한 유인원의 본능에 기반을 둔 제도-공식, 비공식적으로 통용되는 사회적 행동 규칙-에서 찾을 수 있을 것이다. 낯선 사람들과 어울려 사는 방식의 삶을 영위하게 되면서부터 제도는 생존에 유리한 환경을 조성해줄 뿐만 아니라, 우리를 둘러싸고 있는 환경을 매력적으로 만들어주며

심지어 아주 호화스럽게 꾸며주기도 한다. 제도와 같은 사회적 행동 규칙은 우리를 설득시켰다. 이를 바탕으로 우리는 낯선 사람들을 친한 친구처럼 대하고 그들과 교류할 수 있게 되었다. 낯선 사람들 사이의 교류를 가능하게 만든 제도 가운데 일부는 의도적이고 일관된 계획에 따라 만들어졌지만, 나머지는 실험적으로 시도되었거나 아주 다른 목적을 이루려는 과정에서 우연하게 만들어진 부산물의 성격을 띠는 것이 대부분이다. 이렇게 만들어진 제도를 두고 인간이 고안할 수 있는 '최고'의 것이라고 말할 수는 없다. 분명한 사실은 제도는 단지 우연히 시도되었다는 것이다. 그 과정에서 우연히 인간의 심리적, 생리적 특성을 잘 반영했던 제도들은 지속될 수 있었으며, 또 지속된 제도 가운데 일부는 정말 우연하게 확산되기도 했다.[19]

지금까지의 모든 설명은 일단 분업을 작동하게 만든 사회에 분업이 어떤 방식을 통해 커다란 이익을 가져다 주는지에서부터 시작된다. 이익은 주로 전문화, 위험 분담, 지식 축적 등에서 비롯된 것이다. 하지만, 사회 전체가 얻을 수 있는 이익만 가지고는 분업이 지금처럼 아주 복잡하게 진화한 이유를 설명할 수 없다. 그래서 개인이 분업에 참가하려고 하는 이유를 이해할 필요가 있다. 이 경우, 다른 사람들이 노력해서 얻은 혜택을 아무런 노력 없이 얻으려고 하는 기회주의에 노출되었을 때에도 분업을 유지할 수 있어야 한다. 즉, 분업의 참여자들은 서로-특히, 자신이 모르는 사람들-를 신뢰할 수 있어야 한다. 서로에 대한 신뢰는 잘못된 신뢰의 대가-경제적인 피해뿐만 아니라 생사가 달린 피해까지-가 심각했을 때 특히 중요해진다. 2부에서 설명하듯이 아프리카 대초원 지대에서 인간의 목숨을 위협하는 포식자들은 거대 육식동물이 아니라 바로 인간 자신이었다.[20] 당시 이 지역에서 벌어지는 일상적인 폭력의 수준은 현대 세계의 어느 지역과 비교해도 현저하게 높았다. 우리는 목숨을 위협하는 요소가 가득한 환경에서 교활함과 판단력을 갖춰야 생존할 수 있었던 집단의 후손들이다. 따라서 우리의 타고난 본능이 숭고한 이상과 불편하게 합석하는 상황이 벌어지는 것은 어쩌면 너무나 당연한 일이다.

그럼에도 불구하고, 우리 시대의 사회적 협력은 우리 선조들로서는 상상조차 하지 못할 만큼 광범위하게 이루어지고 있다. 협력은 안정적인 제도, 즉 제도 내에서 일하고 있는 사람들이 기대하는 일을 다른 사람들이 해낼 것이라고 신뢰할 수 있는 수준의 제도를 통해 이루어진다. 인간의 심리와 관련된 사실들을 고려해보면, 협력은 이와 같은 제도의 바탕 위에서 가능해진다. 뿐만 아니라 제도는 대부분의 사람들이 협력 자체를 당연하게 받아들일 수 있을 정도로 협력에 대한 신뢰도를 높여준다. 그에 대한 사례로 인간이 만든 안정적인 제도 가운데 한 가지를 자세히 소개할 것이다. 바로 화폐 제도이다. 그 다음으로는 금융 제도를 예로 들어 사람들이 금융기관에 대해 가지고 있는 신뢰와 그 근거를 살펴볼 것이다. 그리고 누군가가 다른 사람에게 자신이 신뢰할 수 있는 사람이라는 사실을 알 수 있게 만들어주는 자연스러운 유인들과 그 유인들 사이에서 발생하는 미묘한 균형, 그리고 신뢰를 강제하는 외부감독의 필요성에 대해서도 알아볼 것이다. 일반적으로 효율적인 제도는 외부의 감독에 의존하는 부분이 있게 마련이다. 최소한의 외부 감독만으로도 신뢰를 높이는 유인이 오래도록 지속되는 것은 실제로도 아주 자연스러운 일이기 때문이다.

최근의 금융위기가 처절하게 깨우쳐준 것처럼 제도에 대한 우리의 신뢰는 예상을 심각하게 벗어나기도 한다. 그렇다면 최근의 금융위기는 무엇이 잘못되었기 때문에 발생한 것일까? 이와 관련해서 분명하게 말할 수 있는 것은 평소에는 별 문제없이 작동되는 시스템에 의해서도 금융위기가 발생할 수 있다는 사실이다. 금융 제도가 효율적으로 작동되고 있기 때문에 대부분의 사람들은 은행에 맡겨 둔 자신의 예금통장에서 어떤 일이 일어날 것이라고는 생각하지 않으며, 위험에 대한 판단까지도 다른 사람에게 맡겨 버린다. 결국, 한꺼번에 자신의 전 재산을 날려버릴지도 모르는 순간에도 사람들은 그 부분에 대해 전혀 신경 쓸 필요가 없다고 생각한다. 자동항법장치에 비행기 조종을 맡긴 것처럼 말이다. 정말 편리하긴 하다. 지금처럼 복잡한 현대 세계에서 국가 안보, 혹은 자산이 관련되어 있는 위험 하나 하나에까지 모두 신경을 써야 한다면 실제로 머릿속이 폭발해버릴지도 모른다. 하지만, 자동항법장치처럼 효율적인 금융 제도는 밤새 금고를 지키느라 하루 종일 졸고 있는 사람들까지도 안심시킬 수 있게 되었다. 결국 금융위기가 터진 이유는 간단하다. 우리 개개인을 대신한 어떤 사람들이 우리를 대신해서 우리도 인지하지 못한 어떤 위험에 대해서 판단을 내리게 되었고, 너무도 많은 사람들이 이를 무턱대고 신뢰했기 때문이다.[21] 물론, 위험에 대한 다른 사람의 판단을 신뢰하도록 만든 것-어느 정도는-은 금융 제도가 지금까지 해온 가장 주요한 역할 가운데 하나이다.

　　2부의 나머지 장에서는 여기에서 한 발 더 나아가 인간의 협력은 우리가 일종의 터널 비전을 선택함으로써 이루어진다고 주장할 것이다. 사람들 각자가 가진 시선에는 한계가 있음에도 불구하고 사회적 신뢰는 광범위하게 형성될 뿐만 아니라, 이렇게 형성된 사회적 신뢰가 지속되기 위해서는 터널 비전이 반드시 필요하다는 것이다. 신뢰를 형성하는 메커니즘이 가장 효율적으로 작동하기 위해서는 인센티브와 함께 교육과 훈련을 통한 가치의 내면화가 필요하기 때문에 생긴 일들이다. 이 과정은 직업적인 가치에 헌신하도록 해주는 동시에 교육이나 훈련을 통해 내면화된 가치를 지속할 수 있게 만드는 역할을 한다. 이를 통해 개인의 행동 양식과 직업윤리는 부분적으로 협력의 특성을 지닌 개별 행동에 대한 신뢰를 강화해주는 한편, 우리의 행동이 먼 미래에 어떤 결과를 낳을지에 대해서는 잘 알지도 못하는 상태에서 맹목적으로 달려가게 만든다. 이와 같은 터널 비전의 맹목성은 맹목성이 갖는 고유한 특징에서 비롯된 자연스러운 결과, 즉 '위험'을 떠안을 수밖에 없다. 따라서 2부에서는 수렵채집인들의 심리에 기초한 제도는 진화의 결실이며, 인간이 낯선 사람들과 협력할 수 있게 된 이유는 진화의 결실인 제도를 통해서 이해할 수 있다고 주장할 것이다.

　　3부에서는 전 세계적인 결과–인류가 이미 진화를 완료한 수렵채집인의 심리를 갖춘 다음, 이를 바탕으로 구축된 제도에 어떻게 반응했으며, 또 대규모 집단을 이루면서부터는 어떤 일이 벌어졌는지–에 대해 살펴볼 예정이다. 우리가 지니고 있는 상호 의존성은 모든 참여자들의 의도는 물론이고 상상마저도 완전히 뛰어넘는 결과를 낳았다. 도시의 발달, 환경 파괴, 너무나 복잡한 기능을 가진 시장, 대규모 기업의 증가, 또 과학과 기술 분야에서 집단 지식의 증가 등이 대표적인 사례이다. 이 모든 일은 누가 계획한 것이 아니라, 인간의 상호작용이 낳은 결과물들이다. 이 결과물들은 인류번영에 기여했으며, 인류는 비약적인 성장을 거듭했다. 하지만, 당연하게도 어떤 결과는 아주 희망적이고, 또 어떤 결과는 엄청난 골칫덩이가 되었다. 누구도 이와 같은 결과를 계획하거나 예측할 수 없었기 때문이다. 예를 들어, 도시의 발달-도시는 무수히 많은 개인들이 어디서 살고 어디서 일할 지를 임의로 결정한 결과물이다.-은 역사적으로 가장 창의적이고 혁신적인 환경을 창조한 일임과 동시에 역사적으로 가장 높은 수준의 오염과 질병이 창궐할 수 있는 환경을 만든 일이기도 했다. 대부분의 도시에서는 '집단행동'을 통해 이와 같은 부작용을 극복하기도 했지만, 기본적으로는 도시의 '바깥'인 배후지의 자원을 이용하고 자신들이 만드는 폐기물을 배후지로 내보내며 살아가는 수밖에 없었다. 하지만, '전체로서의 세계'는 도시가 유지되는 방식을 모방할 수 없다. 세계에는 '배후지'라는 것이 존재하지 않기 때문이다. 나중에 자세하게 살펴볼 예정인 물을 예로 들어보자. 물은 지구의 오염과 자원 고갈의 문제가 상당히 위험한 결과로 이어질 것이라는 사실을 보여준다. 이와 같은 위험을 예방하기 위해서는 우리가 사용하는 자원과 자원의 사용으로 발생된 오염의 비용을 계산하고 설명할 수 있는 방법을 찾아야 한다. 이를 위해서는 의도하지 않았지만, 현대 사회의 주요한 특징이 된 한 가지 방식을 활용할 수밖에 없다. 바로 시장의 가격 책정 능력이다. 가격은 자원이 부족한 세계에서 자원을 분배하기 위해 필요한 정보를 집약하는 역할을 한다. 가격은 시장이 정상적으로 작동할 때 시장의 참여자들-실제로 한 번도 만난 적이 없을 수도 있는-이 서로 교환하는 재화와 서비스의 희소성에 관한 정보를 한곳에 모을 수 있게 만드는 탁월한 기능을 가지고 있다. 이렇게 해서 우리가 가진 한정된 자원을 현명하게 이용하기 위해서 필요한 정보들을 한곳으로 모으는 것이다.

　　그럼에도 불구하고, 시장의 힘만으로는 효율적으로 조정하기 힘든 분업의 다른 측면도 존재한다. 수많은 생산 활동은 '계획과 조정의 섬'이라고 할 수 있는 많은 기업-때로는 낯선 사람들 사이에서도-의 내부에서 일어나는 일이며, 기업이라는 섬들은 계획하지 않은 시장 거래에 둘러싸인 채 바다 한 가운데에 떠 있다. 왜 어떤 일은 구성원들 서로가 이름도 모르는 대기업에 적합하고, 또 어떤 일은 소규모의 기업에 적합한 것일까? 기업이 성공하기 위해서는 시장 거래를 통해서는 이루어질 수 없는 방식으로 사람들에게 정보를 전달함으로써 자신들에게 주어진 경제 현실에 적응하는 것이 필수적이기 때문이다. 정보, 그리고 여러 세기에 걸쳐 쌓인 어마어마한 양의 지식은 현대 사회가 지니고 있는 놀라운 결과물 가운데 하나이다. 지식의 축적은 어떤 방식으로 이루어졌으며, 지식 축적으로 인해 발생하는 편익과 위험은 어떤 것일까? 끝으로, 3부의 마지막 장에서는 전례를 찾을 수 없을 정도로 사회 구성원들이 밀접하게 연결된 사회에서 정작 가장 약자들-실직자와 빈곤층, 그리고 환자-이 소외당하고 있는 모순에 대해 이야기할 것이다.

따라서 3부에서는 감탄할 만큼 놀라운 현대 사회의 위업과 사례를 다양하게 보여줄 것이다. 동시에 시급하게 해결해야 할 문제들도 다룰 예정이다. 즉, 너무나 풍족한 세계에서도 끊이지 않는 빈곤의 문제, 환경 파괴와 자원 고갈의 문제, 크고 작은 살상 무기의 보급문제(공격을 목적으로 무기를 사용할 사람들에게 정보가 흘러들어갔기 때문에 발생한) 등에 대한 해결책을 고민해 볼 것이다. 이 과정에는 애초에 수많은 문제의 원인이 된 바로 그 추상적 추론 능력이 필요하다. 이제 4부에서는 집단적 집행 기관-국가, 커뮤니티, 정치집단-에 대해 살펴보고, 우리들이 공통적으로 안고 있는 문제에 관한 전체적인 해결책을 구상하는데 있어서 각 기관이 지닌 강점과 약점을 따져 볼 예정이다. 언뜻 낙관할 이유가 충분한 것처럼 보일 수도 있다. 3부에서는 공동의 문제가 엄청나게 산적해 있음을 보여주고 있지만, 이미 2부에서는 협력, 그리고 신뢰를 적절하게 이용하기 위해서는 합리적 사고가 필요하며, 합리적으로 사고하기 위해서 필요한 감성, 인지 능력이 인간의 진화에 단단히 뿌리내리고 있음을 보여주었기 때문이다.

　　하지만, 불행하게도 인간이 가지고 있는 협력의 가능성은 양날의 칼이다. 인간은 협력을 바탕으로 사회적 신뢰와 평화로운 삶의 토대를 건설했지만, 동시에 대립하는 집단과 집단의 범위에서 이루어진 협력은 가장 흉포한 침략 행위로 이어지기도 했다. 훨씬 정교하기는 하지만, 인간 역시 침팬지와 마찬가지로 이타주의, 단결, 합리적 사고 등이 지닌 강점을 경쟁 집단과의 전쟁을 효율적으로 수행하는 데 활용해 왔다. 따라서 현대 사회에 필요한 협력은 양적인 개념의 협력이 아니라, 질적인 개념의 협력이다. 다시 말해, 단지 협력의 횟수 증가나 범위의 확장이 필요한 것이 아니라, 협력을 가능하게 만드는 더 나은 목적이 필요하다는 것이다. 이 책은 현대 사회의 위대한 실험을 가능하게 만든 바로 그 협력의 가능성이 이제 실험을 진행하고 있는 존재를 위협하고 있는 상황에서 우리가 여전히 미래를 낙관할 수 있을 것인가와 관련된 질문으로 마무리된다. 인간이 1만 년 전에 시작했던 이 위대한 실험이 실제로도 부실한가? 부실하다면 과연 어느 정도인가? 그리고 이 부실함을 메우기 위해 우리는 무엇을 해야 하는 것인가?

　　인간의 진화사를 고찰함으로써 우리 사회제도의 뿌리가 얼마나 허약한지를 이해한다면 오늘날 세계가 직면하고 있는 시급한 문제들을 좀 더 건설적으로 바라볼 수 있을 것이다. 한 가지 예로 '세계화'-수많은 군중을 거리로 불러 모아 행진하게 만들 수 있는 흔치 않은 추상명사-가 있다. 세계화로 인해 우리가 갖게 된 불안감-우리가 잘 알지 못하지만 우리의 안전과 번영을 해칠 의도가 있을지도 모르는(혹은 그러한 의도가 전혀 없다고 해도) 영향력 있는 개인이나 집단에 대한 불안감-은 최근에, 그리고 느닷없이 생긴 것이 아니다. 이 불안감은 실제로 우리 인류가 지난 1만 년 동안 지속적으로 안고 있었던 감정이기 때문이다. 테러리즘 역시 오래 전부터 우리 내면에 존재하고 있던 두려움을 떠올리게 만드는 현상에 대해서 최근 새롭게 의미를 부여한 용어일 뿐이다. 우리의 '적'은 우리에게 개인적인 원한을 품은 사람일 수도 있고, 우리를 잘 알지 못할 수도 있으며, 개인적으로 아무런 관심도 없는 사람일 수 있다. 이 모든 두려움과 공존하며 살아가기 위해 새로운 제도가 필요하다면, 그 과정에서 지난 1만 년 동안처럼 추상적 추론 능력을 최대한 활용해야 할 것이다. 세계가 점점 복잡해지고 있는 지금, 최초의 낯선 사람들이 서로 안전하게 교류하기 위해서 만든 단순한 '동네 시장'은 너무 협소해 보인다. 이제는 다양한 민족, 기업, 국가가 평화롭게 모여서 공동체의 번영에 밑거름이 될 수 있는 교류가 이루어지는 장소로써의 '시장'이 필요하다. 해결해야 할 과제는 늘어났지만, 이 과제들은 과거의 특성을 상당 부분 포함하고 있다. 무엇보다도 자신들의 역사에서 교훈을 얻지 못한 사람들이 역사에서 교훈을 얻은 적들과 충돌한 이후에야 비로소 스스로의 부족한 점을 깨달았다는 사실은 지난 1만 년 동안의 역사가 무수히 많은 사례를 통해 증명하고 있다.

따라서 이 책의 주장은 네 개의 큰 줄기로 나눌 수 있다.

- 첫째, 현대 산업사회의 특징인 정교한 조정이 아무런 계획도 없는 상태에서 이루어지고 있다는 사실은 반드시 별도의 설명이 필요할 만큼 놀랄만한 사실이다.

한편, 인류의 생물학적 진화에서는 낯선 사람들과 교류하는 재능이나 성향과 관련된 어떠한 증거도 찾을 수 없다.

- 둘째, 이 놀라운 사실에 대한 설명은 낯선 사람을 절친한 친구로 대하는 본능이 인간에게 존재하는가라는 질문에서 시작된다.

- 셋째, 인간이 집단을 이루었을 때 만들어지는 의도하지 않은 결과들이 때로는 놀랍도록 훌륭하지만, 때로는 엄청난 골칫거리가 되기도 한다.

- 넷째, 인간이 지닌 협력과 합리적 사고능력은 우리가 직면하고 있는 가장 시급한 문제에 대한 해결책이 될 수도 있지만, 집단 간의 조직적인 폭력을 일으킬 수도 있는 무시무시한 능력의 원천이기도 하다. 집단 간의 신뢰는 개인 간의 신뢰만큼이나 인간의 창의력이 요구되는 일이다.

이 책에서 다루는 최근의 연구 자료

이 책은 역사, 생물학, 인류학, 특히 경제학과 경제사 분야에 종사하는 학자들의 폭넓은 연구 자료를 활용했다. 이 책에서 이야기하는 주제는 새로운 것이 아니라 18세기 애덤 스미스의 연구 이후에 수많은 경제학자들이 인지하고 공감했던 내용들이다. 하지만, 학문의 분야가 점점 세분화되면서 전문 경제학자들을 제외한 대부분의 사람들은 경제학에서 다루는 주제들을 잘 활용하면 인류의 과거는 물론 미래에 대해서도 실감나고 명쾌한 설명이 가능하다는 사실을 간과하는 경향이 있다. 경제학자들은 인간이 지닌 이성적 뼈대에는 관심을 기울이지만, 뼈대를 감싸고 있는 피와 살에는 전혀 관심이 없다고 생각해 왔기 때문일 것이다. 한편, 경제학자들은 인간에 대해 다소 냉혹한 이해를 바탕으로 연구를 진행했기 때문에 그 과정에서 딜레마 상황을 피할 수 없었다. 하지만, 다른 학문의 연구자들은 바로 그 딜레마 상황을 아주 참신하고 분명하게 표현했으며 경제학자들은 그들의 글을 보면서 신선한 충격을 받기도 했다.

이와 같은 상황에서 나는 경제학자와 비경제학자 사이에 존재하는 간극을 메워 보기로 마음먹었다. 그래서 경제학 이외의 분야인 역사학, 생물학, 문학 등을 포함한 여러 자료들을 활용해서 경제학을 설명할 예정이다. 주석은 본문의 주장을 뒷받침하기 위한 목적도 있지만, 참고 자료의 출처와 주장을 분명하게 명시하기 위해 추가했다. 이 책의 각 장은 독립된 이야기이며 따로따로 읽어도 무방하다. 각 장의 배치는 2~4부의 앞쪽에 나와 있는 프롤로그의 주제에 맞췄으며, 에필로그는 그 주제를 경제학에 접목시킨 내용들로 구성되어 있다. 또, 좀 더 자세한 경제학적 고찰을 필요로 하는 독자들과 논리적 보충이나 풍성한 이야기를 필요로 하는 독자들을 위해서 참고 자료에 대한 간략한 소개를 덧붙여 놓았다.

마지막으로 이 책이 인간의 심리에 대한 진화론적 기원을 다루고 있는 것은 맞지만, 사람들이 흔히 생각하는 것과 같은 진화심리학-우리가 현재 행동하는 방식에 대한 특정한 가설을 제시하는 연구, 특히 레다 코스미데스 Leda Cosmides와 존 투비John Tooby 같은 학자들의 가설 연구는 수렵채집의 시기에 진화한 심리적 특징의 좋은 사례가 된다. 이 가운데 몇 가지 연구에 대해서는 뒤에서 살펴볼 예정이다.[22] – 책은 아니다. "인간의 신체 구조 속에는 비천한 기원에 대한 지워지지 않는 흔적이 여전히 남아 있다."라고 했던 다윈의 말은 상당 부분 타당하다. 하지만, 우리는 스스로가 지니고 있는 출신의 비천함이 오늘날 우리의 행동을 어떻게 제약하는지에 대해 여전히 별로 아는 바가 없다. 중립적인 관찰자의 시선에서 보면 호모 사피엔스 사피엔스의 행동과 관련해서 두드러지는 두 가지의 사실이 있다. 첫 번째 사실은 우리는 사회적 영장류이며, 무엇보다 대형 유인원이라는 점이다. 대부분의 사회적 영장류는 집단 내에서 정교한 협력, 집단 간의 치열한 경쟁, 그리고 특권을 누리기 위해서 가장 힘 있는 집단에 속하려는 개인 간의 경쟁이 공존하는 환경에서 살아간다. 오늘날 인간의 행동은 매우 다양한 방식으로 나타난다. 하지만. 우리 현대인의 뇌 속에 협력과 경쟁, 그리고 협력과 경쟁의 공존이라는 환경을 탐색하는 데 필요한 영장류의 심리 가운데 많은 부분이 소멸되거나 남아있지 않았다면 이는 실제로도 엄청나게 놀라운 일이었을 것이다. 한편, 호모 사피엔스 사피엔스의 행동과 관련된 두 번째 놀라운 사실은 우리의 뇌가 진화했기 때문에 완전히 새로운 방식의 사회생활을 익힐 수 있었다는 것이다. 이것은 우리가 단지 낯선 사람들로 가득한 새로운 환경을 만들었다는 의미가 아니라, 다른 사람들을 대하는 우리의 가장 기본적인 행동 양식과 반응이 후기 홍적세 신생대의 마지막 단계의 인류와는 완전히 다르다는 뜻이다. 나는 레스토랑의 낯선 사람에게 식사를 주문하면서 본능적인 공포를 느껴야 할 필요가 없으며, 웨이터가 돌아서는 순간 그를 때려눕히면 밥값을 내지 않아도 된다는 욕망을 억제해야겠다고 생각하지도 않는다. 이 오래된 영장류의 진화한 두뇌가 얼마나 많은 요령을 새롭게 배울 수 있을 것인가의 문제는 현대 심리학이 풀어야 하는 미스터리 가운데 하나이기 때문이다.

Part

01

터널비전

chapter **01**

누구의 책임인가?

셔츠의 수요

나는 오늘 아침에 한 장의 셔츠를 사 왔다. 전혀 특별할 것 없는 일이다. 전 세계의 2,000만 명 정도는 나와 똑같은 행동을 했을 것이다. 놀라운 사실은 이 2,000만 명에 이르는 사람들과 마찬가지로 나 역시 셔츠를 구입하려는 계획에 대해 아무에게도 이야기한 적이 없다는 것이다. 내가 구입한 셔츠는 현대적인 기술로 만든 아주 단순한 상품이지만, 국제적인 협력의 성과를 상징하는 것이기도 하다. 목화는 인도에서 재배되었지만, 목화 종자의 개발은 미국에서 이루어졌다. 옷의 재료인 인조섬유는 포르투갈에서 들여왔고, 염료는 최소 6개국에서 제조되었다. 또 칼라 라이닝은 브라질에서, 직기와 재단기, 그리고 재봉틀은 독일에서, 셔츠 완제품은 말레이시아에서 생산되었다. 셔츠를 제작해서 프랑스의 툴루즈Toulouse에 사는 내 손에 전달되기까지 이 모든 일은 아주 오래 전부터 계획되어 있었다. 이 계획의 시작은 인도에서 농부가 두 마리의 소를 끌고 코임바토르Coimbatore 외곽에 있는 황토밭을 처음으로 일구었던 2년 전 어느 아침보다 훨씬 전으로 거슬러 올라간다. 심지어 독일 쾰른의 기술자와 영국 버밍엄의 화학자까지도 오래 전부터 이 작업에 참여하고 있었다. 무엇보다 놀라운 사실은 엄청나게 많은 사람들이 셔츠 제작 과정에 참여했고, 셔츠가 완성되기까지 수없이 많은 어려움이 뒤따랐음에도 불구하고 내가 산 셔츠는 대단히 세련되고 근사하다는 것이다. (물론 어디까지나 내 생각이다.) 아무튼 나는 이 협력 작업의 결과물이 아주 만족스럽다. 하지만, 여전히 분명한 것 한 가지가 있다. 내가 오늘 이 셔츠를 구입하리라는 사실을 아무도 몰랐다는 것이다. 나 역시 어제까지는 몰랐으니까 말이다. 지금 내 손에 있는 이 셔츠의 제작에 참여한 사람들은 하나같이 나에 대해 알지 못했으며, 당연히 나에 대해 조금의 신경도 쓰지 않은 상태에서 단지 자신에게 주어진 일을 수행했을 뿐이다. 그렇다고 해서 그들의 작업이 간단하고 수월하지는 않았을 것이다. 왜냐하면, 전 세계에 흩어져 있는 2,000만 명의 사람들(사이즈도 취향도 수입도 각기 다른)이 입을 다양한 셔츠를 동시다발적으로 만들어야 했기 때문이다. 전 세계에 뿔뿔이 흩어져 있는 2,000만 명의 사람들이 각자가 생활하는 공간에서 내가 셔츠를 산 바로 그 시간에 동시에 셔츠를 구입하기로 결정했다. 그들은 오늘 셔츠를 구입한 사람일 뿐이며, 내일이면 또 다른 2,000만 명, 혹은 그 이상의 사람들이 셔츠를 구입하기 위해 매장을 찾을 것이다.

만약 전 세계의 모든 사람들이 입을 셔츠를 제작하는 전 과정을 어느 한 사람이 총괄한다면, 그 사람은 세계대전을 지휘하는 장군들보다 훨씬 복잡한 상황에 처하게 될 것이다. 미국의 신임 대통령이 '세계의 셔츠 수요량'

이라는 보고서를 발표하는 모습을 상상해 보라. 대통령은 보고서 내용에 몸서리를 치며 즉시 대통령이 직접 참여하고 지휘하는 테스크포스 팀을 꾸리라고 지시할지도 모른다. 국제연합은 콘퍼런스를 열어서 셔츠 생산과 관련된 국제협력 강화 방안을 강구하고, 지휘를 국제연합이 맡을 것인지 미국이 맡을 것인지에 대해 실랑이를 벌일 것이다. 바티칸의 교황과 영국 캔터배리의 대주교는 사람들 앞에 서서 세계의 셔츠 수요량을 맞추는 일에 힘을 모아줄 것을 촉구하고, 주교 위원회와 유명 연예인들은 인간은 누구나 셔츠를 입을 권리가 있다는 요지의 캠페인을 수시로 벌일 게 뻔하다. 인권 단체인 '국경 없는 디자이너 회'는 옷이 부족한 지역에 옷을 전달할 것이고, 유통 전문가들은 주로 말레이시아에서 생산되는 어떤 셔츠를 브라질에서 제작한 다음 이를 재수출할 수 있는 방안을 마련하기 위해 머리를 맞댈 것이다. 또 사회학자나 자원경제학자 그룹에서는 경박하게 유행을 좇느라 발생하는 낭비만 줄여도 생산되는 셔츠의 총량은 기하급수적으로 증가할 것이라는 예측을 내놓을 것이다. 가장 많은 셔츠를 생산하는 공장에는 보너스가 주어지고, 해당 공장의 책임자들은 방송에 출연해서 점잖은 자세를 취하며 인터뷰에 응할 것이다. 인권 운동가들은 '셔츠'라는 언어가 성 차별적, 인종 차별적 단어라고 주장하며 세계 곳곳에서 입는 블라우스와 튜닉, 촐리, 쿠르타, 바롱 등 수많은 의상을 아우를 수 있으며, 동시에 성적, 문화적으로 중립적인 단어를 쓰자고 제안할 것이다. 신문의 칼럼에는 너나 할 것 없이 우선순위와 수요량을 운운하면서 목소리를 드높일 것이다. 실제로 이와 같은 일이 벌어진다면, 그 난리통 속에서 과연 내가 셔츠를 구매할 수나 있었겠는가?

실제로는 누구도 책임을 지지 않는다. 수백, 수천만 명에게 엄청나게 다양한 스타일의 셔츠를 공급하는 실로 거대한 작업이 아무런 조율도 거치지 않은 상태에서 이루어진다. 목화를 재배하는 인도의 농부는 나중에 중개상으로부터 받을 대금, 그리고 목화 수확에 들어가는 농자재 비용과 인건비만 신경을 쓰면 된다. 마찬가지로 독일 농기계 제조사의 책임자는 수출 물량, 납품업체와 직원 관리에만 신경을 쓸 뿐이다. 염료 제조업체는 당연히 셔츠의 색상이 괜찮은지에 대해서만 생각한다. 물론 상당한 수준에서 분명한 협의가 이루어지는 작업 과정도 있다. ICI나 코츠 비엘라^{Coats Viyella} 같은 대규모 의류 회사의 경우가 그렇다. 하지만, 이렇게 규모가 큰 회사라고 하더라도 셔츠 생산 시스템 전체의 극히 일부를 담당할 뿐이다. 구체적인 내부의 사정을 들여다보면 이와 같은 사실은 더욱 뚜렷해진다. 수천 명의 직원 가운데 최고경영자와 함께 일을 하는 사람은 일부이며, 대부분은 멀리 떨어진 곳에서 단지 자신에게 주어진 일을 할 뿐이다. 결과적으로 누구도 셔츠 생산 작업 전체를 책임지지는 않는다. 우리도 가끔은 해당 시스템이 정말 제대로 작동하는 것인지에 대해 투덜대기도 한다. (나 같은 경우에는 셔츠의 단추가 이상할 정도로 자주 떨어져 나가는 것에 대해 불만을 가지고 있다.) 그럼에도 불구하고, 이 시스템이 정상적으로 작동한다는 것은 정말 경이로운 일이다.[1]

산업화된 시장경제체제에서 사람들은 어느새 자신이 누리는 편의를 당연한 것으로 받아들이기 시작했다. 편리하고 보기 좋고 재미있는 음식과 옷, 가구를 비롯해서 심지어 구급용품까지도 언제든 마음 내킬 때 사러 가면 누군가가 자신을 기다렸다는 듯이 정성스럽게 만든 물건을 내놓을 것이라고 생각한다. 사냥감을 찾아 들판을 헤매거나 예측하기 힘들고 변덕스러운 기후에서 곡식을 재배하기 위해 땅을 갈았던 우리 선조들에게는 지금 우리가 누리고 있는 이 상황은 경이로움 그 자체일 것이다. 특히, 이 과정 전체를 총괄하는 지도자 하나 없이 이 모든 일이 가능하다는 사실에 대해서는 입을 다물지 못할 것이다. 모험심 강한 여행자들이 최초의 무역로를 개척하고, 유럽인과 아시아인들이 난생 처음 서로의 사치품을 대면할 기회를 갖게 되었을 때조차도 상인들의 무사 귀환은 순전히 자연의 몫이거나 엄청난 행운이 따라야 하는 일이었다. 셰익스피어가 살았던 16세기에 이르러서도 외지로 나간 상인이 무사히 집으로 돌아오는 일은 극의 소재가 될 만큼 기적 같은 일이었다. (『베니스의 상인The Merchant of Venice』의 배경이 대형 마트라고 생각해 보라.)

동유럽과 구소련 국가들은 중앙계획 체제가 붕괴된 후에 종합적인 계획도 없이 어떻게 사회가 번영을 이룰 수 있는지에 대해 오랫동안 혼란스러워 했다. 구소련이 붕괴된 2년 뒤에 나는 러시아의 상트페테르부르크를 방문한 적이 있었다. 그때 도시 전체의 빵 생산을 감독하는 정부의 고위 관리가 나에게 이런 이야기를 했다. "시장경제로 옮겨가고 싶은 마음이야 우리도 간절합니다. 하지만, 시장경제 시스템이 작동하는 기본 원리를 이해하는 것이 너무 힘듭니다. 예를 들어, 런던 시민들에게 빵을 공급하는 일은 누가 책임을 지고 있죠?" 그의 질문을 나는 무지하다고 비난할 수 없었다. 곰곰이 생각해 보면 "책임자가 없다."는 말은 우리 역시 쉽게 신뢰할 수 없는 답변이기 때문이다. 단지 서구 자본주의 체제에서 살아가는 우리는 이 말이 얼마나 이상한지를 생각하지 않고 있을 뿐이다.

책임자 없이 이루어지는 협력

이번에는 '책임자 없이 이루어지는 협력'을 가능하게 만든 인간의 능력과 이 능력이 갖는 이점과 위험성에 대해 이야기할 것이다. 인간의 능력에는 모순적인 특성이 내재되어 있는데, 이를 이해하기 위해서는 인간의 능력이 일종의 터널 비전을 구체화한 형태라고 생각해 볼 필요가 있다. 나는 '터널 비전'이 현대 사회의 번영을 만들어내는 방식, 이를 테면 거대한 복합 기업에서 구성원 개개인이 전체적인 성과에 대해 자세히 알거나 신경 쓸 필요 없이 자신의 역할을 다할 수 있도록 만드는 능력이라고 정의하고 싶다. 우리는 종종 기업 전체의 목표나 목적에 관련된 여러 가지 질문에 관심을 갖는다. 하지만, 그 질문에 대한 몇 가지의 답을 들었다고 해서 우리의 업무 능력이 크게 향상되는 등의 변화가 나타나는 것은 아니다. 우리의 경제활동은 하나의 네트워크에 속해 있으며, 네트워크에 속해 있는 다른 사람들을 향해 내가 어떻게 행동해야 하는지를 아는 것만으로도 우리는 자신의 역할에 충실할 수 있다. 우리는 누군가가 네트워크 전체를 관리하고 있을 것이라는 생각으로 이 사실을 합리화한다. 하지만, 이와 같은 생각은 대개 착각에 불과하다.

터널 비전은 이윤추구 동기profit motive와는 다르다. 물론 다른 모든 것을 배제하고 이윤만 쫓는 것은 터널 비전으로 취할 수 있는 아주 진부한 형식이다. 하지만, 터널 비전은 이기심과 그 결을 달리한다. 개인은 오직 이기적인 동기에 따라 행동한다는 경제학자들의 가정은 편의적 발상에서 비롯된 것일 뿐이다. 이렇게 가정하는 것이 이기주의라는 개인의 동기와 그 동기를 실현하는 과정에서 다른 사람에게 안겨주는 예상치 않은 이익을 비교하는 것이 수월하기 때문이다. 사실 이렇게 단순화하기에는 인간 행위의 동기는 너무나 다양하다.-하지만, 여전히 터널 비전을 벗어나는 것은 힘겨운 일이다. 우리는 상당히 이기적이지만, 다른 부분에 대해서도 관심을 기울인다. 가족이나 친구의 육체적 건강과 정신적 건강, 우리가 소속된 커뮤니티의 안녕, 심지어 우리가 사는 세계의 미래에 대해서도 관심을 기울인다. 때로는 이런 종류의 관심이 지역 병원의 폐쇄를 반대하는 시위 등과 같은 경제적 자원의 올바른 생산이나 분배에 대한 강경한 견해로 표출되기도 한다. 하지만, 우리가 이타적인 행동을 한다고 해서 반드시 그 행동이 미치는 영향력을 폭넓게 고려한다고 판단하는 것은 무리가 있다. 하나의 목표를 달성하기 위한 집념은 이윤을 추구하는 기업과 마찬가지로 이기적인 목적을 추구하지 않는 자선단체에서도 쉽게 찾을 수 있기 때문이다. 대개 사람들은 자신의 행동이 어떤 결과로 이어지게 되는 것인지에 대해 자세한 상황을 알지 못할 뿐만 아니라, 관심도 적다. 내가 가구 공장에서 일한다고 가정해 보자. 중요한 것은 좋은 근무 환경과 마음이 맞는 동료, 높은 연봉일 뿐, 내가 제작한 가구가 가구를 구매하는 사람들의 집을 어떻게 바꿀 것인지에 대해 관심을 갖지는 않는다. 물론 내가 하는 일이 다른 사람들의 활동이나 기대에 어떤 방식으로 기여하는지를 이해하면 직업에 대한 만족도가 높아질 수는 있을 것이다. 사람들은 자신이 하고 있는 일이 좀 더 큰 틀에서 어떤 방식으로 부합하게 되는지를 이해함으로써 자신의 존재 가치를 깨닫기도 하기 때문이다. 이것이 바로 미국 작가 스터즈 터클Studs Turkel이 자신의 저서 『일Working』에서 전달하려 했던 중요한 메시지이다. 터클은 다양한 분야의 사람들을 만나 각자의 일이 스스로에게 어떤 영향을 미치는지에 대해 인터뷰했다.[2] 하지만, 터클 역시 책에서 오늘날 많은 근로자들이 느끼는 이와 같은 종류의 만족감은 개인의 영역에서만 이루어질 뿐이라고 말한다. 그들이 느끼는 만족감이 개인의 행복에는 영향을 미치겠지만, 생각보다 일의 질적인 측면에서는 그다지 큰 차이를 만들어내지 못하기 때문이다. 직업 교육이나 업무방식의 표준화를 통해 실현하려는 목적이 각자의 개성이 일에 미치는 영향을 줄이기 위해서라는 사실은 감탄스럽지만, 또한 서글프기도 하다.[3]

그래서 터널 비전에 포함되어 있는 심리상태는 거리를 두고 객관성을 유지해야 하는 것에서부터 하나의 목표를 향해 집념을 불태우는 것까지 다양하다. 뒷부분에서 살펴보겠지만, 오늘날의 경제가 어떤 방식으로 작동하는지를 이해하면 다음과 같은 두 가지 사실을 알 수 있다. 첫째, 현대 사회는 터널비전을 필요로 한다는 것이다. 세계의 모든 사람들이 기대하는 번영은 터널비전과 양립 가능할 뿐만 아니라, 터널 비전은 다양한 시스템, 즉 정부기관이나 기업이 가진 기능에 의해 활성화되기 때문이다. 둘째, 터널 비전은 위험을 포함하고 있다는 것이다. 우리의 안전과 행복을 가장 위협하는 요소들의 배후에는 언제나 터널비전이 있기 때문이다. 왜 그런 것일까? 해답을 찾기 위해서 다시 셔츠로 돌아갈 필요가 있다.

어떤 일에 대해 "누가 책임자인가?"라고 물었는데 "책임자는 없다."라는 대답을 들으면 우리는 어떤 반응을 보여야 하는 것일까? 물론 어떤 종류의 일이냐에 따라 달라진다. 내가 비행기를 탔는데 책임자가 없다는 사실을 알게 된다면 얼굴이 하얗게 질려버릴 것이다. 하지만, 현대시의 작가가 누구인지 알 수 없는 경우라면 아쉽기는 하겠지만 별다른 문제는 없다. 놀라운 사실은-바로 그 이유에서- 전 세계에 셔츠를 공급하는 것은 비행기를 조종하는 일보다는 시를 쓰는 일에 더 가깝다는 것이다. 왜 그런 것일까? 일의 종류에 따라서 사람들의 반응이 달라지는 것은 무엇 때문일까?

이 책은 이 질문에 답하기 위해 상당히 많은 페이지를 할애할 것이다. 지금부터 시작해보자.

첫째, 대체적으로 비행기를 이용하는 사람들은 분명하고 동일한 목표를 공유한다. 빠르게 그리고, 무엇보다 안전하게 행선지에 도착하기를 바라는 것이다. 일부 승객들은 난기류를 피해 천천히 비행하는 것을 원할 수도 있다. 하지만, 안전한 도착이라는 가장 중요한 공동의 목표와 비교했을 때 승객들이 가지고 있는 생각의 차이는 지극히 사소한 문제일 뿐이다.

둘째, 위험한 상황에서 모든 승객과 승무원들은-흔히 말하는 것처럼-한 배를 탄 것이다. 기체가 왼쪽으로 기울어지는 게 싫다고 해서 오른쪽 좌석으로 옮겨갈 수는 없다. 오른쪽이든 왼쪽이든 어차피 움직이는 방향은 같다. 즉, 승객의 행동은 물론 운명까지도 불가분의 방식으로 얽혀 있다. 이와 같은 방식의 상호 연관성은 터널 비전으로 인해 위험해질 수 있다. 하지만, 이렇게 얽혀 있는 운명적인 상호 연관성 가운데 일부는 사실 기뻐해야 하는 일이기도 하다. 나에게 낙하산이 없다는 것은 조종사 역시 낙하산이 없을 가능성이 높기 때문이다.

셋째, 비행 환경에는 많은 불확실성이 뒤따르기 때문에 우리는 순전히 기계에 의해 움직이는 장치-예를 들어, 자동 항법장치-를 전적으로 신뢰하지는 않는다. 심지어 정교한 전자식 항법기술조차 프로그래머가 모든 상황을 정확히 예측할 수 있는 경우에만 이용이 가능하다. 하지만,-자동 항법장치 자체의 결함처럼- 책임자가 있어야만 가능한 일도 있다. 예측 불가능한 상황에 대한 상대적인 중요성은 무인 기차는 존재하지만, 무인 여객기가 존재하지 않는 이유를 설명해준다.* 이와 같은 차이는 사회생활의 많은 부분에서 대단히 중요하다.

넷째, 비행기를 조종하는 일은 상당한 훈련과 경험을 필요로 하는 어려운 일이다. 하지만, 대부분의 상황에 대처할 수 있는 능력을 갖춘 사람에게는 그야말로 식은 죽 먹기이다. 전체의 목표가 상대적으로 단순하고, 조종 장치와 작동 방식이 한정되어 있으며, 조종사가 대응해야 하는 신호의 수도 상대적으로 제한적이기 때문이다. 이를 책임지는 것은 한 개인의 능력으로 충분히 수행할 수 있는 정도의 일이다.

위에서 제시한 네 가지 특징을 종합해보면, 한 사람이 비행기를 조종하는 일을 감당하는 것은 간단한 일이지만, 자동 항법장치와 같은 '기계'에 모든 것을 맡기기에는 너무 어렵고 예측하기 힘든 일이라는 사실을 알 수 있다. (호텔 방 청소나 화단의 잡초 뽑기 등의 업무 역시 비슷하다.) 하지만, 그렇다고 해서 반드시 한 사람이 모든 것을 책임져야 하는 것일까? 모두가 함께 책임질 수는 없는 것일까? 이 질문에 대한 답은 명확하다. 자동차 운전석 옆에서 운전자에게 이래라저래라 하고 참견을 하는 일은 단지 신경을 긁는 정도일 수 있지만, 비행기 조종석 뒤에서 조종사에게 이래라저래라 했다가는 대참사가 발생할 수도 있다. 비행기 조종에 대해 합의를 하다 보면 실랑이가

---

* 자동 조종 여객기는 상용화하기 위해서는 오랜 시간이 필요할 것이다. 하지만, 기술적인 면만 따진다면 제작 자체는 간단하다. (《이코노미스트the Economist》 2002년 12월 21일자 pp. 81-83 참고) 프랑스 툴루즈에 있는 항공기 제조업체 에어버스Airbus의 부사장인 애덤 브라운Adam Brown의 말대로라면 머지않은 미래에 비행기 조종석에는 담당자 한 명과 개 한 마리만 타게 될 것이다. 담당자는 개밥을 챙겨주고, 개는 조종 장치를 건드리는 사람을 물어서 쫓아내기만 하면 되기 때문이다.

벌어질 것이고, 목적지에 안전하게 도착하고 싶어 하는 승객들의 기대도 물거품이 되고 말 것이기 때문이다.

비행기를 조종하는 일과 비교했을 때, 시를 창작하는 일은 여러 가지 면에서 확연히 다르다. 그 중에서도 지금 우리가 하고 있는 질문과 관련된 것은 몇 가지에 불과하다. 첫째, 시는 달성하고자 하는 분명한 목표가 없다. 하지만, 문학 비평가들은 기어이 규칙을 만들어내려고 할 것이다. 시는 단순한 우연의 산물이 아니며, 부적절한 생략도 아니다. 시 창작에서 항상 목표에 의문을 가지고 새로운 목표를 다시 설정할 수 있는 파괴적이고 불안정한 면이 사라진다면 시는 가치를 잃을 것이다. 자신의 일을 재창조하고 재발견하려 들지 않는 사람들은 시인의 길을 그만두고 연설문 작가의 길을 가야 한다. 어떤 시대, 혹은 어떤 문화에서 시의 일정한 양식이 있다고 했을 때, 그 양식은 계획되거나 강제된 것이 아니라 수많은 개인이 사용했던 표현 수단이 상호작용하면서 저절로 생겨난 것일 뿐이다.

둘째, 표현 수단이 다양하고 개별적이기 때문에 표현 수단들 사이에서 연관성을 포착하는 일은 쉽지 않을 뿐만 아니라, 구분하기도 힘들다. 시인들은 당연히 서로 영향을 주고받는다. 하지만, 유명한 시인이 형편없는 시를 썼다는 것은 단지 그 시인의 시가 별로라는 의미일 뿐, 그것이 모두에게 재앙이 될 이유는 없다.

셋째, 설령 책임지고 싶은 이유가 있다고 하더라도 어떤 국가 또는 어떤 문화의 시를 책임지는 일은 워낙 복잡하기 때문에 시 창작 자체를 조악한 수준으로 끌어내리지 않는 이상 누군가가 시 자체를 책임지는 일은 불가능하다. '독재' 정부에서 스스로 몇 가지 분명한 과업을 정한 다음에 문화 위원회를 설립하기 시작하는 것은 언제나 이와 같은 이유 때문이다. 즉, 국가에 대한 자부심 회복이나 심신이 지치고 착취당한 대중의 사기를 북돋을 수 있어야 한다는 목표를 먼저 정한다. 그들은 시인의 수를 제한하지 않으면 자신들에게 주어진 과업이 제대로 이루어지고 있는지를 관리하기 힘들다는 사실을 그제서야 깨닫는다. 그래서 이번에는 모든 시인은 작가동맹에 가입해야 한다는 규정을 만든다. 굳이 표현의 자유까지 들먹이지 않더라도 이 위원회가 시에 얼마나 좋지 않은 영향을 미칠 것인지에 대해서는 쉽게 알 수 있다.

한 개인이 어떤 문화권의 시를 책임지는 일이 불가능한 아주 미묘한 이유가 존재할 수 있다. 예술이나 문학에서 위대한 예술가, 혹은 대문호로 불린 시인에 비한다면 그렇게 불리는 비평가의 수는 극소수에 불과하다. 왜 그럴까? 이유는 간단하다. 비평을 하기 위해 필요한 시야의 폭이나 유연성-경쟁적인 양식과 사조의 장점을 찾고 경쟁적인 사조의 근간을 파악하는 능력-은 위대한 작품을 목표로 삼고 있는 향한 열정과 양립할 수 없기 때문이다. 비평에 비해 창작은 강력한 터널 비전이 요구되는 것인지도 모른다.

그렇다면 전 세계에 공급할 셔츠를 생산하는 일은 어떨까? 작업의 목표를 '셔츠 생산'이라는 한 마디로 요약할 수는 없다. 왜냐하면, 품질이나 디자인, 스타일, 옷감의 내구성, 그리고 다양한 취향을 가진 사람들의 다양한 지위 등 셔츠를 구입하는 하루 2,000만 명의 고객들을 대신해 결정해야 하는 영역은 너무나 다양하고 복잡하기 때문이다.-이 모든 영역은 적어도 생산되는 셔츠의 총 수량만큼이나 중요하다. 합의된 목표 같은 것은 존재하지 않는다. 일단 목표가 단일하지 않다는 사실을 이해해야 한다. 그래야만 석탄, 철, 전기의 생산이 가장 중요했던 시대에는 무엇 때문에 소련이 서방 국가에 비해 훨씬 뛰어난 경제 성장을 이룰 수 있었는지에 대해서도 이해할 수 있기 때문이다. 최근의 몇 십 년 동안의 상황과는 달리 당시의 목표는 양적이 성장이었다. 중국의 중앙계획 당국, 즉 공산당 중앙위원회의 선견지명은 더욱 놀라운 바가 있다. 중국의 인민복Mao Jacket(중국의 옛 주석 마오쩌둥이 즐겨 입던 스타일)은 석탄과 철의 논리를 일반 시민의 패션에도 접목시킨 사례이기 때문이다.

항공기의 승객들과 비교했을 때, 셔츠 시장의 참여자라는 사실을 제외하면 전 세계의 모든 셔츠 구매자들 사이에서 직접적인 연관성을 가진 경제 활동은 거의 없다. 셔츠가 다른 제품들과 상당한 차이를 갖는 지점이기도 하다. 예를 들어, 당신이 운영하는 발전소가 전기를 생산하는 과정에서 대기오염을 일으킨다고 가정해 보자. 이 일은 당신 자신은 물론 다른 사람들 모두에게도 직접적인 영향을 미친다. 그럼에도 당신은 발전소를 운영하면서 다른 사람들이 감수해야 하는 영향의 대부분을 무시할 가능성이 높다. 오늘날과 같은 현대적인 삶이 개인 간의 직접적인 상호 작용으로 이루어진다는 사실은 각자의 목표만 좇다 보면 상황이 아주 나빠질 수 있음을 시사한다. 다음의 경우를 생각해 보라.

- 모든 사람들이 자동차로 출근을 하기 때문에 버스와 지하철의 운행 편수가 적다. 그래서 나도 자동차로 출근을 하게 되고 도로는 정체된다.
- 내전 시에 양쪽 모두가 서로를 두려워하기 때문에 휴전 협약이 유지될 것이라고 안심할 수는 없다. 적에게 선제공격을 당하지 않기 위해서 휴전 협약을 깨고 먼저 상대를 공격할 수도 있기 때문이다.
- 중고차는 모두 품질이 불량하므로 가격이 낮아야 한다. 하지만, 중고차 가격이 무

조건 낮아야 한다면 품질이 불량한 자동차만 판매될 것이다.

- 남자는 여자가 바람피운 사실을 잊기 위해 술을 마신다. 하지만, 여자는 남자가 술을 마시기 때문에 바람을 핀다.

- 모든 어선의 주인은 수산 자원의 양이 늘어나길 바란다. 하지만, 어느 한 사람이 어획량을 줄인다고 해도 별 차이가 없다는 사실을 알고 있다. 그래서 마구잡이로 고기를 잡다 보니 수산 자원의 양은 감소하게 된다.

- 모든 회사는 불경기를 피하고 싶어 한다. 하지만, 불경기를 피할 수는 없고 그에 대비하기 위해 주문량을 줄인다. 결국 주문량을 줄였기 때문에 불경기가 시작된다.

셔츠는 이와 같은 방식의 상호작용에서 상대적으로 자유롭다. (2장에서 살펴보겠지만, 그렇다고 해서 완전히 자유로운 것은 아니다.) 당신이 나의 취향에 대해 비웃을 수는 있다. 하지만, 내 취향에 대한 비웃음이 좋아하는 셔츠를 구입하고 착용하는데 필요한 당신의 능력 전반에 미치는 영향은 거의 없다. 그리고 세계에 흩어져 있는 셔츠 구매자들은 내가 어떤 셔츠를 사는지에 대해 아무런 신경도 쓰지 않는다. 물론 특정 셔츠를 입은 슈퍼모델 사진이 한 장만 내걸려도 셔츠 판매량은 급증하겠지만, 그것도 전 세계에서 셔츠를 생산하고 있는 거대한 셔츠 업계 전체의 시각에서 봤을 때는 빙산의 일각에 불과하다. 그 슈퍼모델이 내일은 다른 셔츠를 입고 사진을 찍을 것이라는 사실 역시 너무나 당연한 것이기 때문이다.

전 세계에서 생산되고 있는 셔츠의 엄청난 수량과 종류는 한 개인이 전 세계의 셔츠 산업을 책임질 수 없는 가장 중요한 이유이다. 전 세계의 인구는 거의 70억에 달한다. 지구 둘레를 잇는 데 필요한 우표의 수는 60억 장 보다 조금 적으며, 런던에서 카사블랑카까지의 거리만큼 머리카락이 자라는데 필요한 날짜도 60억 보다 조금 적다는 사실을 생각해 보면 70억이라는 숫자가 어느 정도인지를 가늠할 수 있을 것이다. 이 어마어마한 숫자는 셔츠 업계에서 끊임없이 주의를 기울여야 하는 스타일과 취향, 그리고 그밖의 다양한 요구가 이미 개인의 능력만으로 파악할 수 있는 수준을 훨씬 넘어선다는 것을 의미한다. 대규모의 조직에서 일해 본 경험이 있는 사람이라면 알겠지만, 책임자가 없는 편이 훨씬 나았을 것 같은 복잡한 업무의 책임자들이라고 해서 그들이 맡은 일이 없는 것은 아니다. 그들은 작업을 단순화하고 작업의 범위를 제한해서 통제 가능한 상태로 만듦으로써 자신의 존재를 정당화한다. 소련의 중앙계획 당국 역시 이와 유사한 방식으로 일했다. 그들은 서구의 기업들보다 훨씬 규모가 큰 기업을 머릿속에 그렸고, 이를 실행했다. 이유는 단지 그들이 상대하는 기업의 수를 최소화하기 위해서였다.

전 세계의 셔츠 생산을 책임지는 개인이 직면하게 될 거대한 문제와는 별도로 셔츠를 구매하는 우리는 외부의 지시가 없어도 힘들이지 않고 셔츠를 고를 수 있다. 셔츠는 구매하기 전에 눈으로 대략적인 품질 확인이 가능한 물건이기 때문이다.(단추의 품질을 의심해볼 수도 있다.) 하지만, 의약품의 경우, 품질이 어떤지를 파악하는 일은 셔츠처럼 간단하지 않다. 우리들이 건강에 대해서만큼은 전문가들에게 어느 정도의 책임을 맡기는 이유는 우리와 같은 일반 소비자들은 의약품의 특성을 한눈에 파악할 수 없기 때문이다.

'다수'라는 특징 역시 책임자 없는 시스템이 지닌 가장 미스터리한 측면을 이해하는 데 도움이 된다. 나는 누구에게도 나의 욕구에 대해 이야기하지 않았지만 다수의 사람들은 나의 욕구를 예상하는 능력이 있다. 모든 사람들은 자신이 다른 사람들과 완전히 다르다고 생각하지만, 그럼에도 대부분의 경우 우리의 행동을 예측하는 것은 어려운 일이 아니다. 가장 간단한 이유는 우리가 생명 활동을 영위하고 있다는 것에서 찾을 수 있다. 모든 인간은 공통적인 육체적 욕구를 가지고 있다. 사회적 관습 또한 작용한다. 생명 활동의 어떤 부분도 다른 사람이 밥을 먹을 때 반드시 같이 먹어야 한다고 강요하지 않지만, 그렇게 했을 때 우리 삶은 훨씬 즐거워진다. 결국 인간의 개체 수가 인간의 행동을 예측할 수 있게 만들어주는 셈이다. 다수의 인간은 여러 가지 상황에서 집단에 속해 있는 개인들보다 훨씬 규칙적인 방식으로 행동하기 때문이다. 19세기 초반의 통계학자들은 자살처럼 지극히 개인적인 행동조차도 다수, 즉 아주 많은 사람들을 대상으로 했을 때에는 규칙적인 패턴이 존재하며, 어느 정도 예측이 가능하다는 사실에 매료되었다.[4] 또한 일하고, 옷 입고, 쇼핑하고, 요리하고, 출퇴근 하는 등의 따분한 일상에도 집단적으로는 아주 분명한 규칙성이 존재한다. 전체의 생산 활동은 바로 이 규칙성을 바탕으로 이루어지는 것이다. 오늘 아침 내가 이 셔츠를 구입하지 않았더라면 나와 취향이 비슷한 누군가가 며칠 내에 이 셔츠를 구입했을 것이다. 셔츠를 만든 제작자도 이와 동일한 생각으로 사업을 시작했을 것이다.

이 네 가지 요소-다수, 엄청난 복잡성, 셔츠 구매자들의 행동에서 발견되는 몇 가지 직접적인 상호 연관성, 구매하는 제품의 품질을 평가하는 일반 소비자의 능력-는 앞에서 했던 질문에 대한 해답의 단초가 된다. 세계의 셔츠 생산을 총괄하는 책임자가 없다는 사실이 어째서 위안이 되는 것일까? 다른 사람에게 피해를 주지 않는 범위에서 그리고 모든 사람들은 개인의 생활을 최대한 개선하려 한다는 의미에서 현대 경제학이 이루어 놓은 빼어난 지적 성취 가운데 하나는 분권화된 시장의 교환 시스템이 효율적인 성과를 낼 수 있는 환경에 대해 아주 정확하게 예측해 왔다는 사실이다. 효율성에 대한 정의는 이탈리아의 경제학자이자 사회학자 빌프레도 파레토^{Vilfredo Pareto}가 최초로 제안했으며, 지금은 파레토 효율^{Pareto-efficiency}이라고 알려져 있다. 시장 교환을 통해 언제, 어떻게 파레토 효율이 달성될 수 있는지를 보여주는 이 경제학의 지적 위업은 실제 성과와는 차이를 보인다. 앞으로 살펴보겠지만, 시장 교환의 실제 시스템은 때로는 혼란스러울 정도이며, 파레토 효율의 달성을 위해 요구되는 조건을 만족시키는 것은 아주 힘들기 때문이다. 하지만, 셔츠는 분권화된 시장에서의 교환 시스템을 아주 생생하게 보여준다. 동시에 다수의 현대적인 생활양식들은 누군가의 의식적인 통제와 계획과는 무관하게 생겨났다는 사실도 명쾌하게 알려준다.

의심에 대한 두 가지 근거

이 같은 논쟁이 끊이지 않는 의심을 해소하기에는 역부족일 수 있다. 과연 셔츠 생산은 중앙 통제의 해악이 아니라 터널 비전의 긍정성을 보여주는 사례라고 장담할 수 있는 것일까? 그리고 셔츠의 생산 시스템은 실제로도 잘 작동되고 있는 것일까? 실제로 시스템이 제대로 작동되고 있는지, 또 실제로 그것이 가능한 것인지를 의심하는 것에는 중요한 근거 두 가지가 있다. 첫째, 시스템이 특정 시기, 특정 상황에서는 잘 작동되는 것처럼 보이지만, 일상적으로는 불안정할 수도 있다는 것이다. 유행의 변화나 생산업체들 사이에서 발생하는 제조원가의 사소한 차이는 업체들이 공급받는 재료의 수요량에서는 엄청난 차이를 만들어낼 수도 있다. 특히, 앞에서 이야기한 것처럼 셔츠 생산의 국제화로 인해 수십 년 동안 섬유산업에서 가파른 하락세를 경험했던 부유한 선진 국가에서는 많은 사람들이 일자리를 잃었다.[5] 몇 년 전에《이코노미스트》는 이에 대한 우려를 생생하게 묘사한 표지를 선보이며 이 문제를 비판했다. 앙상한 몸에 누추한 옷을 걸치고 거무스름한 낯빛을 가진 남자의 사진 아래에 "이 사람이 당신의 일자리를 노리고 있다."라는 문구가 적혀 있었다.《이코노미스트》의 표지에서 읽을 수 있는 정서에는 상당한 모순(외국인 혐오는 물론)이 숨어있다. 특히, 이를 이용해서 다른 나라에서 생산한 물건은 그것이 무엇이든 소비해서는 안 되며 자신의 국가에서 만든 제품을 구매해야 한다고 주장하는 경우가 그렇다. 그들은 마치 자신들은 어떤 물건도 생산하지 않고 다른 사람들이 만든 제품을 구입해서 살아갈 수 있을 것처럼 생각하는 것이다. 하지만, 이와 같은 논리에는 어쩌면 중요하고 타당한 근거가 존재한다고 볼 수도 있다. 국제적인 협력을 통해 생산된 셔츠가 평균적으로는 소비자들의 취향에 잘 맞는다고 하더라도 셔츠의 생산 시스템이 경제 전반의 불안을 가중시킨다면, 이 시스템은 모든 사람들에게 '나쁜' 시스템이라고 할 수 있기 때문이다. 과거에는 사람들이 자신들의 생산 능력에 중대한 위협(주로 질병 아니면 흉작 등)으로 작용하는 것들에 맞서야 했다. 생산 능력에 관련된 위협이 줄어들면서부터 사람들이 직면하게 된 새로운 위협은 생산한 물건을 판매하는 능력이었다. 전 세계가 하나로 통합된 시장에서 사람들은 질 좋은 셔츠를 생산하기 위한 새로운 기술을 개발할 수 있다. 하지만, 질 좋은 셔츠를 생산하기 위한 기술만으로는 지구의 반대편에 있는 소비자들이 미처 예상하지 못한 결정을 내리는 상황에 제대로 대비할 수 없다.

이처럼 점점 증가하고 있는 국제적 분업은 셔츠 생산업자, 농부, 자동차 제조업자들이 느끼는 불안과 이에 관련된 위협을 없애주지 못했다. 그렇다고 해서 국제적 분업이 일부 현실적인 대안에 대해 불안을 증폭시키는 역할을 했다는 의미는 아니다. 오늘날 세계의 거의 모든 지역에서(아프리카 지역은 예외) 질병과 흉작으로 인해 발생하는 위협은 100~200년 전에 비해서도 아주 큰 폭으로 감소했다. 뿐만 아니라, 산업시대 이전의 농부와 상인, 그리고 장인들은 무슨 일만 터지면 생산한 물건을 거래할 수 있는 시장이 사라졌다는 것과 그로 인해 얼마나 고통스러웠는지에 대해서도 기억해 두어야 할 것이다.[6] 오늘날과 달리 시장이 일반적으로 지역적 한계와 제한된 거래 분야, 그리고 외부세계로부터 고립되어 있던 시절에는 시장의 붕괴를 '세계'의 문제라고 여기기는커녕 해당 국가의 문제로도 생각하지 않았다. 하지만, 시장에서 거래를 하던 개인의 입장에서는 눈앞이 캄캄해지는 대재앙이었을 것이다. 실제로 오늘날 일부의 시장에서 드러난 불안은 세계 경제 시스템이 안고 있는 심각한 문제이다. 하지만, 우리가 시장의 불안을 심각하게 여기는 한 가지 이유는 한때 거대해 보였던 많은 문제들조차도 이제 우리에게 직접적인 영향을 미치지 못하기 때문이다.

두 번째 근거는 소비자들이 원하는 셔츠를 생산하는 것은 다름 아닌 셔츠 생산 시스템이라는 주장은 지금까지의 설명과 상충될 수도 있다는 사실이다. 훨씬 악의적인 해석도 가능하다. 즉, 셔츠 생산 시스템에 의해 생산된 옷을 소비자들이 원하는 이유는 셔츠 생산 시스템에 의해 소비자들이 세뇌되었기 때문이라는 것이다. 집에서 나가지 않고도 원하는 것들을 모두 구입할 수 있다고 생각하는 것은 그 시스템에 의해 어느 정도 세뇌를 당하고 있다는 증거가 될 수도 있다. 실제로 무언가를 사고 싶어서 멀리 길을 나서는 일은 사라져버릴 것이기 때문이다. 1950년대에 밴스 패커드Vance Packard는 화제의 책 『숨은 설득자들Hidden Persuaders』에서 부도덕할 뿐만 아니라, 엄청난 영향력을 행사하는 광고인들이 대중들의 행동을 조종하고 있다는 주장으로 독자들을 설득하려 했다. 그의 주장대로 라면, 서양의 광고인들은 동양의 공산주의 정권에서조차 그다지 성공을 거두지 못했던 일을 해낸 것이다.[7]

이 두 가지 주장을 같은 사람이 동시에 채택한다면 이 주장이 모두 옳을 수는 없다. 최소한 어떤 의미 있는 범위에 도달하지는 못할 것이다. 어떤 브랜드도 자신들이 생산하는 제품에 대해서 모든 대중들이 갖고 싶은 욕구를 느끼도록 설득하는 동시에 경쟁업체의 제품은 출시되자마자 대중들이 외면하도록 설득할 수는 없을 것이기 때문이다. 이와 같은 모순적 상황을 나오미 클레인Naomi Klein은 그의 유명한 저서 『슈퍼 브랜드의 불편한 진실No Logo』에서 설명하고 있다. 이 책에 따르면 세계적인 브랜드를 만드는 과정을 통해 기업은 '전능'해지는 동시에 경쟁 기업과의 치열한 경쟁에서 살아남기 위해 발버둥 쳐야 했다.[8] 실제로 저자인 클레인이 브랜드가 지니고 있는 막강한 영향력을 설명하기 위해서 사례로 든 몇몇 브랜드(리바이스를 포함한)들은 이 책이 출간된 당시에 이미 쇠퇴의 길에 접어들고 있는 것처럼 보이기도 했다.

이 두 가지의 주장은 공통적으로 거대한 익명성을 특징으로 하는 세계경제 시스템 앞에서 개인이 느끼는 무력함에 대한 고질적인 불안감을 보여준다. 실제로 개인이 느끼는 무력감에 대해 많은 사람들이 정서적 공감을 느꼈기 때문에 나오미 클레인은 백만장자가 되었다. 하지만, 이 두 가지 주장은 개인이 느끼는 무력함의 원인이 무엇인지에 대해서 서로 상충된 설명을 하고 있다. 『숨은 설득자들』에서는 권력을 가진 누군가 때문에 우리가 무력해진다고 이야기한다. 한편, 불안정에 관한 주장을 하는 쪽에서는 아무도 권력을 가지지 못했기 때문에 우리가 무력해진다고 이야기한다. 사실 불안정 이론에 근거했을 때, 터널 비전이 지니고 있는 위험을 사람들에게 훨씬 설득력 있게 전달할 수 있다. 앞으로 살펴보겠지만, 『숨은 설득자들』에도 터널 비전이 지닌 위험을 이해하는데 있어서 중요한 교훈이 제시되어 있다. 다시 셔츠 이야기로 돌아가 그것이 설명하는 메시지를 간략하게 되짚어보자. 터널 비전이 위험을 지니고 있다 하더라도, 터널 비전의 위험을 이해하기 위해서는 우선 수없이 많은 생산적 활동이나 실용적 행동이 이를 총괄하는 책임자 없이도 잘 이루어진다는 놀라운 사실부터 설명해야 한다.

정말 터널 비전이 있기 때문에 시스템이 유지되는 것일까? 그렇지 않다면 터널 비전이 있음에도 불구하고 시스템이 작동하는 것일까? 혹시 시스템이 유지되고 있는 것은 사람들이 지닌 투철한 공공의식 때문인 것은 아닐까? 공공의식을 가진 사람들이 시스템에 필요한 것이 무엇인지를 파악하고, 시스템의 원활한 작동을 위해 최선을 다해 노력하기 때문인 것은 아닐까? 이와 같은 주장이 성립되기 힘든 이유가 사람들이 투철한 공공의식을 가지고 있다는 가정이 잘못되었기 때문이라고 할 수는 없다. 공정한 상황에서 사람들이 이타적으로 행동한다는 증거는 실제로 너무나 많기 때문이다. 문제는 공공의식이 존재한다는 생각 자체도 아니고, 사람들은 공공의식의 작동을 위해 필요한 것이 무엇인지를 쉽게 알아차린다는 가정도 아니다. 오히려 문제는 셔츠를 제작하는 시스템 전체를 파악하는 것이 한 개인에게 너무나 어려운 일이라면, 다수-개인으로 구성되어 있는-라고 해서 그렇게 어려운 일을 쉽게 해결할 수 없다는 것이다. 결국, 책임자 없이도 시스템이 정상적으로 작동하는 유일한 이유는 시스템의 작동에 기여하는 수많은 개인들은 단지 작업의 극히 일부분만 걱정하면 되기 때문이다. 당연한 말이지만, 일부분만 걱정하는 것이 전체를 걱정하는 것보다는 훨씬 쉽다. 세계를 책임져야 한다는 생각은 견딜 수 없는 부담이 될 수도 있기 때문이다.

정부의 역할

책임자가 없다는 이야기는 이상하게 들릴 수도 있다. 그렇다면 정치인들은 대체 무엇을 하나 싶은 생각이 들기도 할 것이다. 모든 나라에는 저마다 이름은 조금씩 다르지만 나라의 경제를 총괄하는 '재무장관'이 있다. 하지만, 세계의 경제를 총괄하는 사람은 없다. '세계의 정부'라는 개념이 존재하지 않기 때문이다. 한편, 한 국가의 경제 책임자가 누구인지는 쉽게 알수 있다.

하지만, 정말 그렇게 분명한 것일까? 우리는 가끔 표정 관리를 제대로하지 못한 고위 정치인들이 당혹감에 미간을 찌푸리는 장면을 본다. 마치 비행기를 조종하는 날만 손꼽아 기다려온 아이가 정작 부모님이 사다 준 비행기를 몰아보니 조종 장치가 어디에도 연결되어 있지 않다는 사실을 발견했을때와 같은 표정이다. 아이는 어차피 비행기가 멋대로 움직인다는 사실을 발견하고 혼자 움직이도록 내버려두는 편이 안전하다는 사실까지도 알아차려버린다. 권력이라는 것을 정치인들이 반드시 이루어내겠다고 약속한 목표를달성하는 능력이라고 한다면, 정치인들에게는 권력이 없는 것이나 마찬가지다. 적어도 영국의 재무장관을 지낸 노먼 라몬트Norman Lamont는 이 의견에 동의할 것이다. 라몬트는 자신이 등진 정부(1992년 영국이 유럽통화제도에서 무리하게 탈퇴한 이후)를 "자리만 차지하고 있는 무력한" 정부라고 비난했다. 물론 라몬트의 비난은 특정 정권을 향한 것이었지만, 이와 같은 문제는 복잡한 현대 사회에서 거의 모든 정부가 겪고 있는 어려움이다. 정부가 겪고 있는 어려움은 가장 기초적인 단계, 즉 우리 주변에서 무슨 일어나고 있는지를 파악하는 단계에서부터 시작된다. 잉글랜드 은행장을 지낸 경제학자 조시아 스탬프 경Sir Josiah Stamp이 이야기한 것처럼 "정부는 통계자료를 모으는 일에 급급해 한다. 그들은 통계와 정보를 수집하고, 더하고, n제곱하고, 세제곱근을 구한 다음에 기막힌 도표로 정리한다. 하지만, 숫자를 처음으로 기록한 사람은 동네의 은행 경비원이며, 무엇보다 그가 자신의 임무를 수행하면서 틈틈이 마음 내키는 대로 기록한 정보라는 사실을 명심해야 한다."[9] 정치인들은 자신의 눈과 귀는 쉽게 두면서도 그들이 '다스려야' 하는 사람들의 협력에는 안쓰러울 정도로 의존한다. 항상 대중들의 협력이 정부에 선행해서 이루어지며, 그 순서가 뒤바뀌는 경우는 없다.

오늘날 정치인들이 경제를 책임지는 방식은 폭풍우 치는 바다에서 작은 배를 모는 선원과도 같다. 그들이 통제력을 잃는 순간 대재앙(구소련 일부 지역의 내전과 하이퍼인플레이션hyperinflation의 사례처럼)이 일어날 수 있다. 하지만, 배가 물 위에 떠있는 순간에도 정치인들이 배의 운명에 미치는 영향력은 주변의 폭풍우에 비하면 아주 미미한 수준이다. 승객인 우리는 그들에게 희망은 물론 두려움까지도 모두 의지하고 있기 때문에 항구에 무사히 도착하는 순간 깊은 감사를 표한다. 하지만, 우리가 그들에게 감사를 전하는 이유는 고마운 마음을 폭풍우에게 전달할 수는 없기 때문일 뿐이다.

톨스토이Tolstoy의 소설 『전쟁과 평화War and Peace』에는 이와 비슷한 이야기가 나온다. 군대를 지휘하는 나폴레옹에 대해 "우리가 모든 작전의 지휘관으로 알고 있는 나폴레옹(야만인들이 뱃머리의 조각상이 배의 방향을 조종한다고 생각했던 것처럼)은 당시 무슨 일을 하건 유모차 안에서 끈을 잡고서 자신이 유모차를 몰고 있다고 착각하는 어린아이 같았다."**10** 라고 묘사하고 있다. 톨스토이의 소설은 리더가 조직과 사회에서 일어나는 일을 통제하는 사람이라는 상식적인 생각에 대한 전복을 시도한다. 바로 이 통찰력 덕분에 출간된 지 150년이 지난 지금도 톨스토이의 소설은 놀랄 만큼 현대적인 비전을 보여줄 수 있는 것이 아닐까?

사건을 통제하는 데 있어서 정치인들이 가진 무능함은 하루아침에 생긴 것이 아니며, 현대 사회에 접어들면서 안타깝게 실체를 드러낸 특별한 것도 아니다. 정치인들의 무능은 다름 아닌 복잡성과 그에 따른 터널 비전의 결과이다. 터널 비전은 우리에게 현대적인 형태의 번영에 수반되는 보상과 위험을 동시에 안겨 주었다. 이것은 배가 일단 항구를 떠나 드넓은 바다로 나가려면 폭풍우를 피할 수 없는 것과 마찬가지의 일이다. 사회를 조직화하는 방식에 대한 고뇌에 찬 토론은 대부분 항구와 드넓은 바다라는 양립할 수 없는 매력 중에서 무엇을 선택할 것인가에 달려 있다. 시골의 한결 같은 모습 vs 도시의 모험과 퇴폐, 국가 내에서 자급자족했을 때의 유익함 vs 세계 경제로 편입될 때의 보상, 기존의 질서와 공동체가 주는 안도감 vs 근대성에 내포된 유연성과 통제로부터 자유로운 상태 중에서 어느 쪽을 택하느냐 하는 문제인 것이다. 이와 같은 방식의 팽팽한 갈등은 인류의 내면에 아주 깊숙이 뿌리내리고 있기 때문에 단순하게 어느 한쪽이 좋다고 대담하게 선언하는 것만으로는 해결되지 않는다. 어느 한쪽을 지지한다고 선언한 정치인들은 단기간에 엄청난 인기를 얻을 수 있을지는 모르지만, 궁극적으로는 역풍을 감수해야 할 것이다. 마르크시즘의 경우, 구소련에서 비밀경찰의 도움으로 약 50년 동안 지지를 얻었지만, 그 뒤를 이은 자유민주주의는 구소련 제국에서 20년밖에 지속되지 않았으며, 지금은 민족주의의 물결이 힘을 얻고 있다. 결국 민족주의는 똑같은 옷을 맞춰 입고 국기와 애국심을 앞세운 터널 비전에 지나지 않을 것이다. 하지만, 이들을 움직이게 만드는 원동력은 미지의 드넓은 바다에 대한 공포이다.

이쯤에서 분명하게 이야기해 두고 싶은 사실은 이 책이 터널 비전을 찬양하기 위해 쓰이지는 않았다는 것이다. 터널 비전은 전 세계에 셔츠를 공급하는 일을 하는 모든 참여자가 자신만의 방식으로 그 수요에 대응하도록 만들어준다. 끊임없이 '본부'로 돌아가 확인할 필요가 없으며, 사실 애초에 '본부'라는 개념조차 없다. 한편, 터널 비전은 우리로 하여금 나중에 입을 피해를 생각하지 않고 지구를 오염시키도록 만들기도 한다. 이를 테면, 지뢰 공장에서 지뢰를 생산하는 직원이나 지뢰의 수출을 허가하는 공무원이 5년 후에 이 지뢰를 밟고 생명을 잃어버릴 어린아이의 죽음에 자신들이 공범자였다는 사실에 대해 상상조차 하지 못하는 것과 같다. 터널 비전 때문에 우리가 어렵게 구축했던 기술이나 시장 시스템이 갑작스럽게 붕괴될 때, 우리는 속수무책으로 함께 주저앉고 만다.

이와 같은 의미에서 터널 비전은 우리의 수렵채집인 선조들은 알지 못했던 기술(인 동시에 곤경)이다. 터널 비전은 우리에게 강력한 생물학적 능력을 선사했지만, 터널비전은 생물학적 재능이라기보다는 사회적 재능이라고 할 수 있다. 또한 지금의 인류를 신석기 시대 최초의 농부들과 구분해주는 지난 1만여 년 동안 발전해온 기술이기도 하다. 터널 비전이 현대의 삶에 어떤 결과를 가져왔는지에 대해 살펴보기 전에 터널비전이 생긴 원인부터 알아보는 것이 순서일 것이다.

잔혹했던 유인원이
신뢰할 수 있는
친구가 되기까지:

인간은 어떻게 협력할 수 있게 되었는가?

신뢰한다는 것의 의미

낯선 사람을 신뢰하는 것은 왜 자살 행위가 아니라 합리적인 일인가? 구성원들이 서로 신뢰할 수 있는 사회를 건설하고, 이를 바탕으로 우리의 선조들은 꿈도 꾸지 못했던 평화와 번영을 이룩했다는 것만으로는 충분한 대답이 되지 못한다. 우리가 지금까지 온갖 어려움을 극복하며 구축해 온 서로에 대한 신뢰는 어쩌면 여러 사람들이 협력을 통해서 얻은 결과물을 아무런 노력도 하지 않고 가만히 앉아서 취하려고 하는 이기적인 개인의 출현만으로도 금세 무너져버릴 수 있기 때문이다. 그리고 어떤 사람이 신뢰할 수 있는 사람인지 아닌지를 잘못 판단했을 경우에는 그로 인해 발생되는 피해는 물론 위험까지도 감수해야 하는데, 이 때 인간이 감수해야 하는 위험은 자연계의 다른 어떤 종들과 비교해도 엄청나게 크기 때문이다. 2부에서 그 증거를 살펴보겠지만, 인간이란 존재는 별도의 인센티브가 없는 경우에도 아주 폭력적으로 행동할 수 있다. 분별력 있는 사람이라면 누군가의 타고난 성향만 보고 타인에 대한 신뢰 여부를 판단하지 않을 것이다. 실제로 우리가 누군가를 신뢰하고 있다면, 그것은 신뢰에 대한 판단이 통용될 수 있는 사회 생활의 '구조'를 만들었기 때문이다. 그렇기는 하지만, 우리가 구축한 사회 생활의 구조가 —일반적으로— 유효하게 작동하는 이유는 그 '구조물'이 우리의 타고난 기질과 정반대로 움직이는 것이 아니라, 타고난 기질에 기대어 발전적인 방향으로 작동하기 때문이다.

협력을 했을 경우에 발생하는 손실과 이익을 '합리적으로 계산하는 능력'과 '강한 상호성strong reciprocity'이라는 서로 다른 두 가지의 성향은 인간의 진화에서 매우 중요한 역할을 했다. 강한 상호성이란 합리적 계산에 따르면 이익이 되지 않음에도 불구하고 은혜는 친절로 갚고 배신은 복수로 갚으려는 심리를 말한다. 이러한 점에서 '강한' 상호성은 단지 정교하고 합리적인 계산의 결과라고 할 수 있는 '상호성'과는 구분되어야 한다. 하지만, 협력은 합리적인 계산 능력만으로도 강한 상호성만으로도 출현하지 않는다. 합리적인 계산 능력이나 강한 상호성 모두 다른 하나를 필요로 한다. 계산적인 행동만 하는 사람들은 기회주의적 성향이 강해서 누구에게도 신뢰를 얻을 수 없을 것이고, 아무런 계산도 하지 않고 상호적인 행동만 하는 사람들은 다른 사람들에게 너무 쉽게 이용당할 것이기 때문이다. 그래서 우리 선조들이 지니고 있었던 계산 능력과 강한 상호성은 균형을 유지하는 방향으로 진화했는데, 자연 선택natural selection이 진화를 촉진했을 것이다. 계산 능력과 강한 상호성의 균형은 우리의 선조들이 낯선 사람들을 조직적으로 상대하기 이전부터 '사회 생활'의 발전에 중요한 역할을 해 왔기 때문이다. 하지만, 무엇보다 중요한 사실은 일단 계산 능력과 강한 상호성이 존재하는 경우에는 낯선 사람들과의 교류가 발생한다는 것이다.

다음 장에서는 강한 상호성과 계산 능력 사이의 균형이 어떻게 우리의 사회 생활을 지탱하고 있는지에 대해 살펴볼 예정이다. 계산 능력만으로는 사회 제도가 제 기능을 발휘할 수 없겠지만, 잘 설계된 사회 제도가 지속하는 데에는 조금의 상호성만으로도 충분하다. 우리가 낯선 사람들을 가족이나 친구처럼 상대할 수 있는 것도 바로 이와 같은 사회 제도가 존재하기 때문이다. 우리가 낯선 사람들을 상대하는 행동규칙을 만들 때, 그 기초가 되는 것은 평소 가족이나 친구를 대하는 방식이다. 그리고 명확한 인센티브를 비롯한 여러 가지 교육과 훈련을 통해서 행동규칙을 강화한다. 바로 이 교육과 훈련의 시간은 사회 생활에서 기회주의적 행동이 불편하다는 사실을 일깨워주기 위한 견습 기간이라고 볼 수 있을 것이다. 이렇게 사회적 협력의 규칙에 순응하는 교육을 받음으로써, 우리는 다른 사람들이 신뢰할 수 있는 행동을 하게 된다. 안타까운 것은 이 과정에서 우리의 터널 비전도 동시에 강화된다는 사실이다. 이를 통해서 우리는 우리의 행동이 가늠할 수 없을 정도로 멀리 떨어져 있는 세계에까지 영향력을 행사할 수 있게 되었지만, 동시에 그 영향력이 어떤 피해로 나타날 것인지에 대해서는 짐작조차 할 수 없게 되었다. 그 힘의 결과에 대해서는 3부에서 자세히 살펴볼 예정이다.

복잡한 사회적 협력 관계 속에서 대부분의 사람들이 각자의 역할에 충실할 것이라고 생각하는 것은 우리의 일상생활은 물론 심리적인 부분에도 엄청난 영향을 미쳤다. 2만 년 전의 우리 선조들은 소설, 일기, 여행기를 포함한 어떤 기록도 남기지 않았다. 하지만, 그들이 아프리카와 유라시아의 평원을 횡단할 때에는 작은 무리를 지었을 것이고 조심스럽게 이동했을 것이다. 가끔 멀리서 어렴풋하게 그 존재를 느낄 수 있는 낯선 사람들에 대한 경계를 늦출 수도 없었을 것이다. 그들의 뇌는 이와 유사한 상황에서 경계와 불신을 촉진하는 선택압selective pressure을 받으며 진화했다. 침팬지 사회에서와 마찬가지로 우발적 살인은 물론 조직화된 전쟁 역시 초기의 인류 사회에서 흔히 일어나는 일이었기 때문이다.[1] 그들의 뇌는 현대인의 뇌와 적어도 외형적으로는 거의 구분을 할 수 없다.[2] 하지만, 그들의 후손인 우리는 매일 도시 외곽에 위치한 집에서 현관문을 열고 나와 아무런 경계심도 품지 않고 도심으로 향한다. 그곳에는 수십 만 명의 낯선 사람들이 섞여 있다. 오늘날 우리 주변에 있는 낯선 사람들 역시 1만 년 전에 우리 선조들이 잠시도 경계를 늦추지 않았던 낯선 사람들만큼이나 위험하며, 우리의 생물학적 라이벌이기도 한데 말이다.

chapter **02**

인류, 그리고 자연의 위험

확률의 계산

인간의 지능처럼 복잡하고 다면적인 문제를 과학적으로 입증하는 것은 낙타가 바늘구멍을 통과하는 것만큼이나 어렵다. 서로 다른 집단의 지능을 비교해야 하는 경우는 말할 필요조차 없다. 하지만, 다음의 두 가지만큼은 단언할 수 있다. 첫째, 마지막 공통조상last common ancestor에서 인간이 침팬지, 보노보와 분리된 이후 600~700만 년 동안의 진화사에서 자녀는 평균적으로 자신의 부모보다 지능이 아주 조금 낮았다는 것이다. 둘째, 동일한 시기에 각세대의 부모는 평균적으로 조부모보다 지능이 아주 조금 높았다는 것이다.[1]

어떻게 이 두 가지의 진술이 모두 사실일 수 있는가? 우리의 부모는 결국 우리 조부모의 자식일 뿐인데 말이다. 이렇게 설명해 볼 수 있을 것이다. 아이들은 모두 무작위로 조합된 부모의 유전자를 지니고 태어났다. 조합의 결과는 두 가지로, 아이들은 부모보다 지능이 높거나 낮을 수 있다. 하지만, 둘 중에 어느 쪽의 확률이 더 높을 것이라고 예측할 수 있는 근거는 없다. 지금까지 수십 억 명의 아이들이 태어났다. 이 아이들의 지능을 모두 더해 평균값을 구해 보면, 부모의 유전자를 조합한 자녀 세대의 지능은 부모 세대의 지능과 비슷한 정도일 것이라는 예측이 가능하다. 또한, 유전적 돌연변이를 가지고 태어나는 아이들은 극소수일 것이며, 유전적 돌연변이를 가지고 태어난 아이들 중에서 우월한 유전자를 가진 아이들 역시 극소수에 불과할 것이다. 하지만, 텔레비전이 잘 나오지 않는다고 해서 텔레비전 여기저기를 마구 두드리면 텔레비전의 상태가 훨씬 더 나빠지는 것처럼 돌연변이들의 대부분은 해로운 형태로 발현될 가능성이 높다. 결국 수십 억 명의 아이들에게 유전자의 조합과 돌연변이가 함께 작용한다면, 아이들의 지능은 평균적으로 부모보다 아주 조금이지만 낮아질 수밖에 없다.

그렇다면, 우리 조부모의 자식인 부모는 어떤가? 위의 설명을 그대로 적용한다면 우리 부모의 지능은 당연히 조부모의 지능보다 아주 조금 낮을 것이다. 하지만, 우리의 부모들은 조부모 세대에서 그냥 무작위로 선택된 자식들이 아니다. 그들은 번식에서 살아남아 '대를 이은 자손'들이기 때문이다. 우리의 부모들이 번식에서 살아남았다는 사실에 비추어 본다면, 우리의 부모들은 아주 조금이지만 자신들의 부모보다 높은 지능을 가지고 있을 가능성이 있다. 그들은 이 조금의 우위를 자녀들에게 물려주었을 것이다. 아주 조금이기는 하지만 이렇게 전달된 지능적인 우위는 돌연변이의 부정적 영향을 상쇄할 만큼이었고, 이는 인구 전반으로 확산되었을 것이다. 다시 말하지만, 이것은 어디까지나 '평균'에 대한 이야기일 뿐이다. 우리가 이 이야기를 사실이라고 생각하는 이유는 현생 인류가 침팬지보다 훨씬 높은 지능을 지니고 있기 때문이다. 물론 이와 같은 사실이 인류가 침팬지와 같은 마지막 공통조상으로부터 분리된 이후의 600만 년 동안 모든 세대에 적용할 수 있다는 것은 아니다. 이 사실에는 특별히 미심쩍은 구석도 없고, 아무런 역사적 필연성도 담겨 있지 않다. 다만, 우리가 이야기하고 있는 지능은 환경을 예측하고 환경에 대응하는 인간의 다양한 지적 능력을 의미하는 것이며, 궁극적으로는 생존과 번영을 촉진하는 능력이라고 할 수 있다. 실제로 우리가 지능과 관련해서 분명하게 답을 얻을 수 있는 것은 인간과 인간을 비교했을 때보다는 인간과 침팬지를 비교했을 때이다. 왜냐하면, 이것은 우리가 특정한 시기의 어떤 세대와 세대의 문제를 다루려는 것이 아니라, 단지 평균에 대해 이야기하는 것이기 때문이다.

　　이와 같은 설명은 자연선택론의 본질을 함축하고 있을 뿐만 아니라, 통계학의 가장 기본이 되는 두 가지 개념을 활용하고 있다. 첫 번째 개념은 대수의 법칙law of large numbers(평균의 법칙이라고 부르기도 한다.)이다. 어느 해변 마을의 주민들이 주말에 해변으로 나갈 것인지, 공원으로 갈 것인지, 아니면 집에 있을 것인지를 선택할 수 있다고 가정해 보자. 주민 가운데 한 사람이 특정한 주말에 어떤 선택을 할 것인지를 예측하는 것은 상당히 어렵겠지만, 적정 오차범위 내에서 주민의 몇 퍼센트가 어떤 선택을 할 것인지를 예측하는 것은 상대적으로 쉬울 수 있다. 주민 가운데 한 사람이 공원에 갈 것이라는 결정을 내릴 수는 있다. 하지만, 마을 주민들 모두가 공원에 가겠다는 결정을 내리기 위해서는 개개인이 내리는 결정들 사이에 거대하면서도 도저히 믿기 힘들 정도의(마을 전체가 독립기념일 행사에라도 참가하지 않는 한) 아주 중요한 상관관계를 필요로 한다. 마찬가지로 어떤 개인이 1년 동안에 주말을 이용해서 공원으로 나가는 비율이 몇 퍼센트나 되는지를 예측하는 것은 개인 간의 편차가 아주 크기 때문에 오차범위 또한 커져야 할 것이다. 한편, 1년 동안에 주말을 이용해 공원으로 나가는 주민 전체의 비율을 예측하려고 한다면 오차 범위는 훨씬 줄어든다. 다시 말해, 우리의 예측이 실제 비율에 어느 정도 접근하는 것을 성공으로 여긴다면, 전체 주민의 행동을 예측하는 것이 주민 가운데 어떤 한 개인의 행동을 예측하는 것보다는 성공할 확률이 높다는 것이다. 아이스크림 가게 주인이나 의자 회사에서 미래를 예측하고 싶다면, 작은 마을 보다는 큰 마을을 대상으로 하는 것이 훨씬 용이하다는 의미이다.

통계학의 두 번째 개념은 조건부 확률conditional probability이다. 한 집단의 몇 퍼센트가 특정한 방식으로 행동하는지를 예측한다고 했을 때, 예측의 결과는 우리가 어떤 정보를 가지고 있느냐에 따라 달라질 것이다.(확실히 달라진다.) 예를 들어, 우리는 주말에 해변으로 나가는 주민들의 비율이 1년 평균 5퍼센트라는 정보를 가지고 있다. 하지만, 계절이 여름이라면 그 비율은 10퍼센트로 올라갈 것이다. 그리고 기온이 30도를 웃도는 주말이라면 20퍼센트까지 올라갈 수도 있을 것이다. 즉, 계절이나 기온에 대한 정보를 조건으로 했을 때 해변에 나가는 주민의 수는 이와 관련된 정보가 없는 상태에서 계산했던 비율과는 아주 다르게 나타난다는 것이다. 마찬가지로, 그 날이 독립기념일이라는 정보를 가지고 있다면 대부분의 주민들이 개별 행동을 하지 않을 것이라는 사실을 예측할 수 있는 것이다. 주민들의 행동은 서로 연관성을 가지고 있다. 그러므로 모든 주민들이 공원에 모이기 위해서 반드시 엄청난 우연이 작동해야 하는 것은 아니다. 독립기념일 같은 국경일이라는 특별한 조건만으로도 충분하기 때문이다.

또한 실제로 일어나는 사건에 대한 정보가 아니라, 특정한 서브그룹에 소속된 사람들에 대한 정보를 조건으로 하는 확률을 계산할 수도 있다. 예를 들어, 해변에 나가는 주민들 가운데 수영을 못하는 주민의 비율은 전체 주민 가운데 수영을 못하는 사람의 비율보다 낮다. 마찬가지로, 번식에서 살아남은 사람들이 낳은 자녀의 평균 지능과 모든 아이의 평균 지능 사이에는 당연히 어느 정도의 차이가 발생하는 것이다.

조건부 확률의 결과는 우리가 출발점으로 삼는 무조건부 확률에 따라 달라진다. 지금이 더운 여름의 주말이라는 사실을 안다면, 주민의 20퍼센트가 해변에 갈 것이라고 추측할 수 있다. 5퍼센트라는 최초의 기준점에서 시작했다는 것을 감안했을 때의 확률이다. 하지만, 한 해 동안 주민의 1퍼센트만 해변으로 여행을 가는 바다에서 멀리 떨어진 마을을 선택했다면, 더운 여름의 주말이라고 해도 해변으로 피서를 갈 것으로 예상되는 주민의 수는 훨씬 적을 것이다. 최초의 조건에 대한 이와 같은 의존도는 엄청난 장애물로 작용하기도 한다. 질병에 대한 진단이 좋은 예가 될 것이다. 아주 흔한 질병이 신뢰도 99퍼센트의 검사를 통해서 양성 반응이 나왔다면 실제로 그 병에 걸렸을 확률은 아주 높다. 하지만, 동일한 신뢰도를 가진 검사에서 양성 반응이 나왔다고 해도 극히 드문 질병의 경우라면 상황은 달라진다. 물론, 검사를 하기 전보다는 그 병에 걸렸을 확률이 높지만, 실제로 그 병에 걸렸을 확률은 흔한 질병에 비한다면 아주 낮아진다. 이유는 간단하다. 해당 검사를 통해 병을 발견한 사람의 99퍼센트가 나머지 사람들이 보인 1퍼센트의 '허위양성' 반응과 비교했을 때 여전히 그 수가 너무 적기 때문이다. 따라서 해당 질병이 희귀하다면 흔한 질병일 때에 비해 실제 양성일 확률보다는 허위양성일 확률이 훨씬 높아지게 된다.[2]

　　통계의 법칙을 사용하는 데 반드시 어려운 수학적 지식이 필요한 것은 아니다. 인간과 동물은 대수의 법칙과 조건부 확률의 개념을 항상 활용하고 있다. 당구 선수가 스스로 역학과 삼각함수를 사용하고 있다는 사실을 인지하지 못하는 것처럼 다만 그 사실을 깨닫지 못하고 있을 뿐이다. 안전을 위해 무리지어 다니는 물고기는 본능적으로 대수의 법칙을 활용하고 있으며, 조건부 확률을 활용하는 일 역시 동물의 생존에 필수적이다. 내가 사바나를 닥치는 대로 돌아다닌다면 사바나 곳곳에 흩어져 있는 나의 포식자들과 하루에 한 번 정도는 우연히 마주칠 수도 있다. 하지만, 내가 불필요한 소리를 낸다거나 호수에서 바람을 등지고 있어서 다가오는 위험을 포착하지 못한다면 포식자와 마주치는 빈도는 위험수준으로 높아질 것이다. 통계학의 법칙을 활용하면 이와 같은 상황을 예측할 수 있을 뿐만 아니라, 조건부 확률을 나에게 유리하게 조작할 수도 있다.- 예를 들어, 보호색 등의 위장을 통해 독성이 있거나 포악한 동물을 흉내 낼 수 있다.

　　인류 사회 역시 통계학의 개념을 효과적으로 활용하면서 진화해 왔다. 특히, 사회 조직의 복잡성이 엄청나게 증가하면서부터 우리는 대수의 이점을 활용할 수 있게 되었다. 그렇다고 해서 우리가 평소에 통계와 확률의 이점을 의식하고 있다거나, 우리의 사회 조직이 이를 염두에 두고 계획되었다는 의미는 아니다. 오히려 그 반대였다. 우리가 통계학적 개념을 이해하고 의식하는 일은 아주 천천히 이루어졌다. 대개는 사회의 발전이 선행된 다음, 이에 대한 이해가 뒤따랐다고 할 수 있다. 예를 들어, 통계학이라는 학문의 분야는 18세기에 생겨났는데, 목적은 국가에서 인구수를 파악하고 관리하는 것이었다. 국가 재정 확충의 수단인 연금의 수익성을 정확하게 파악하기 위해서는 전체 인구에서 나타나는 사망자들의 양상부터 파악할 필요가 있었기 때문이다.[3] 일상에서 벌어지는 사건들에 대해서 감정적으로 대응하는 것이 소규모의 수렵채집인 집단에는 적합한 대응 방식일 수 있지만, 헤아릴 수 없이 많은 사람들과 서로의 운명이 얽혀 있는 오늘날의 진화된 인류에게 적합한 대응방식이라고 할 수는 없다. 예를 들어, 아동의 유괴와 살인에 대해 다루는 텔레비전 뉴스는 우리가 잔혹한 범죄를 접했을 때 예상할 수 있는 충격적인 영상의 모든 요소를 지니고 있지만, 현대의 뉴스 미디어는 시청자들이 원하기만 한다면 광활한 바다를 샅샅이 뒤져서라도 그와 같은 뉴스거리를 구해서 매일같이 보도하려 들 것이다. 이처럼 위험에 대한 우리의 인식은 실제 사건의 발생 빈도보다는 그 사건이 얼마나 부각되느냐에 따라 결정되는 경향이 있다. 2001년 911사태 당시 공중납치 된 비행기 안에서 죽은 미국인의 수는 그 다음 일주일 동안 교통사고로 사망한 미국인의 수보다 훨씬 적었다. 하지만, 공포스러웠던 그 날의 사건은 우리의 머릿속에 뚜렷하게 각인되었고, 사람들은 비행기만 타면 원인을 알 수 없는 긴장감에 사로잡혔다. 수백만 명의 여행객들이 비행기보다 안전해 보인다는 이유로 자동차를 선택했다. 하지만, 자동차가 비행기보다 안전하다는 생각은 당연히 착각에 불과하다.

　　현대 사회의 복잡성이 우리에게 끼친 영향 가운데 하나는 일상에서 마주하는 위험의 종류가 엄청나게 늘어났다는 것이다. 위험의 대부분은 우리 선조들이 맞닥뜨렸던 위험에 비한다면 지극히 사소하지만, 일부는 훨씬 위험하기도 하다. 하지만, 현대 사회를 창조해낸 위대한 실험에 참가하고자 하는 우리의 능력과 의지는 우리가 낯선 사람들과의 만남을 흔쾌히 신뢰하려는 마음에 기초하고 있으며, 그 의지는 이성적이라기보다는 감정적인 것이다. 우리가 비행기 조종사에게 기꺼이 목숨을 맡길 수 있는 이유는 무엇일까? 레스토랑에서는 낯선 사람이 가져다주는 음식을 아무런 의심 없이 먹고, 유전적 라이벌로 가득한 지하철에 자연스럽게 탈 수 있는 이유는 무엇일까? 우리는 이 모든 선택의 상황에 대해 깊이 고민하기 보다는 단지 무엇을 선택할지에 대해 잠깐 동안 생각할 뿐이다. 하지만, 이 문제를 공론의 장인 정치 토론의 장으로 가져오는 순간 우리의 희망과 공포는 외국인, 중범죄자, 미치광이 과학자, 아동 유괴범, 테러리스트 같은 불길한 그림자로 뒤덮인 현실의 출현을 목격하게 될 것이다. 호모 사피엔스 사피엔스는 이 감정적인 특징을 활용함으로써 사냥을 할 때 위험을 감지할 수 있게 되었고, 뿌리와 열매의 식용 여부를 구분할 수 있게 되었으며, 무리 전체에 위협이 되는 지배집단의 위험을 알아차릴 수 있게 되었다. 또한 배우자에게 발각되지 않고 외도를 할 수 있을 것인지에 대해서도 판단할 수 있게 되었다. 오늘날에는 이와 같은 인지 능력을 바탕으로 유전자 조작 식품을 가려내고, 개인연금 수령액을 계산하고, 자동차 에어백의 구매 여부를 판단하고, 딸아이에게 마트까지 자전거를 타고 가는 일을 허락해도 될 것인지, 또 교외가 아니라 도심에 살기로 결정한다면 테러의 위험이 얼마나 높아질 것인지에 대해서도 판단한다. 몇 가지 고민은 지금 이순간에도 유효하다. 사람들은 자신이 속한 집단에서 말썽을 일으키는 개인으로 인해 발생하게 될 위험이나 배우자에게 발각되지 않고 외도를 할 수 있을 것인지에 대해 여전히 고민한다. 새로운 고민거리는 끊임없이 생겨나고 있다.

이번 장에서는 대수가 우리에게 안겨준 이점에 대해 알아보고, 3장에서는 어떻게 이와 같은 일이 가능했으며, 또 수렵채집인들이 지니고 있던 심리가 우리에게 어떤 방식으로 이점을 가져다주었는지에 대해 질문해볼 예정이다. 신뢰의 능력은 인류 진화의 산물이기 때문에 유전적인 영향이 강력하지만, 우리의 행동 방식이 유전적인 영향에 의해 결정되었다는 것을 의미하지는 않는다. 우리가 새로운 도전에 적응하지 못한 채 유전적 영향에 따라서만 행동했다면 이 위대한 실험은 시작조차 할 수 없었을 것이기 때문이다. 인간의 행동이 진화한 것은 우연의 결과이며, 우리의 선조들이 각자의 시대를 사는 동안 다양한 자극에 노출되었고, 자극에 대한 반응이 자연 선택 되었으며, 완전하지 못한 채로 후손들의 생각과 행동에 녹아들었다. 그럼에도 불구하고, 걸핏하면 갈등을 일으키는 현대인의 심리와 관련해서 몇 가지 변함없는 특징을 이해할 필요가 있다. 예를 들어, 우리는 비행기 사고로 죽을 확률이 자동차 사고로 죽을 확률보다 낮다는 이성적 판단과 조종석 뒤에 앉아 있어서 확인할 수도 없는 낯선 사람에게 비행기 조종을 맡기느니 마음 편하게 직접 운전하겠다는 정서적 안도감 사이에서 갈등한다. 우리의 추론 능력은 수백만 년 동안 수많은 생존의 문제 앞에서, 그리고 다양한 포식자는 물론 라이벌들이 지닌 능력과 경쟁하면서 진화해야 했다. 이 모든 역사는 우리의 추론 능력과 행동 방식에 영원히 지워지지 않는 자국을 남겨 놓았다.

분업, 위험을 줄이는 방식

인간은 여러 가지 면에서 다른 종들과는 다르다. 우리가 직면한 위험을 이해하는 데 있어서 중요한 것은 친족이 아닌 사람들 관계에 있는 개인들 사이에서 이루어지고 있는 상당한 수준의 분업이다. 분업은 유성생식을 하는 모든 종에서 제한적으로 이루어진다. 부모는 자녀의 출산과 양육 과정에서 각각 다른 역할을 하며, 대개의 경우 어머니가 불공평할 정도로 많은 시간과 에너지를 투자한다. 그럼에도 부모 각각의 역할은 모두 필수적이다. 하지만, 인간의 능력,-지금까지 살펴본 것처럼 자연계에서 유일한- 즉 친족 관계가 아닌 낯선 사람들과 작은 것 하나까지 정기적으로 분업을 할 수 있는 능력을 통해 다른 고등 포유동물과 달리 '대수의 법칙'을 활용할 수 있게 되었다. 발달된 두뇌를 가진 생물체의 경우, 하드웨어(단백질)와 소프트웨어(지식과 기술)의 측면에서 부모의 상당한 투자가 필요하다. 오랜 시간 새끼를 품고 있어야 하고, 태어난 이후에도 얼마 동안은 보살펴야 하며, 한 번에 낳을 수 있는 새끼의 수도 엄격하게 제한된다. 또한, 인간의 경우에는 직립 자세로 인해 태아가 성장함에 따라 여성의 골반을 조여 오기 때문에 무한정 뱃속에 품고 있을 수도 없다. 유인원의 기준에 비교하더라도 인간의 아이는 모든 면에서 굉장히 미숙하다. 이와 같은 제약으로 인해 동시대에 함께 살 수 있는 친족의 수도 아주 한정적이다. 따라서 인간의 사회 조직은 상대적으로 소규모의 단위(수렵채집인 무리처럼)로 이루어지거나, 혈연관계가 아닌 낯선 사람들과의 교류(물건이나 도움을 교환하는) 능력을 발전시킬 수밖에 없었다. 사회성 곤충들이 인간사회가 안고 있는 이 같은 제약에 부딪히지 않는 이유는 바로 이 곤충들의 미성숙한 두뇌, 즉 아주 작은 크기의 뇌 때문이었다.-대신 이들은 지극히 고정된 몇 가지 행동 양식에 얽매어 살아간다.

대수의 이점은 무엇일까? 위험 분담과 전문화, 그리고 지식의 축적 이 세 가지로 정리할 수 있을 것이다. 복잡한 현대 사회에서 위험 분담의 이점 은 너무나 자명하다. 무엇보다 자연계의 위험은 물론 우리가 속해 있는 사회 의 위험을 모든 사람이 한꺼번에 짊어지는 것이 아니라, 많은 사람들이 나눔 으로써 위험에 대한 부담을 줄이는 것이다. 모두가 일제히 농사에 실패하는 일이나, 하루아침에 모든 집이 불타거나 무너지는 일은 일어나지 않는다. 마 찬가지로 모든 발명품이 기대했던 만큼의 성과를 거두는 일도 일어나지 않을 것이다. 때로는 위험 분담이 모두가 알 수 있는 방식으로 이루어지기도 한다. 이를 테면, 사고를 당하지 않은 운 좋은 보험자들이 낸 보험료로 사고를 당한 불운한 보험자에게 보험금을 지급하는 보험회사의 경우를 예로 들 수 있다. 하지만, 보험과 달리 대부분의 위험 분담은 '보이지 않는 방식'으로 이루어진 다. 예를 들어, 내가 은행의 대출고객에게 직접 돈을 빌려주는 것보다는 은행 에 투자했을 때 훨씬 안정적으로 수익을 보장받을 수 있다. 때로는 시장의 변 동 상황 자체가 위험 분담의 방식이 되기도 한다. 이렇게 생각해 보자. 한 지 역에서 모든 농산물의 작황이 좋지 않았을 때, 당연히 농산물의 가격은 올라 갈 것이다. 이 경우 생산자가 부담해야 할 손실액의 일부를 소비자들이 분담 하는 역할을 하게 된다. 이렇게 해서 가격이 상승하면 마치 자석처럼 다른 지 역의 공급업체들이 몰려들고, 작황이 좋은 곡물 생산자들이 흉년을 맞은 지 역으로 농산물을 공급하는 자연스러운 메커니즘이 형성된다. 무엇보다 대수 는 아이스크림 가게 주인과 의자 회사 직원은 물론 판매하는 제품의 수요량이 예상과 달라 당혹스러워하는 상인들까지도 안심시킨다. 뿐만 아니라, 피자부터 바지에 이르기까지 무언가를 직접 구매하려고 하는 사람들 모두가 안심할 수 있는 것도 대수의 법칙에 따른 결과라고 할 수 있다. 제품이나 제품에 들어갈 부품과 재료를 미리 주문해야 할 필요가 없어지기 때문이다. 하지만, 이처럼 대수를 통해 혜택을 얻는 방식이 항상 예상과 동일한 결과를 보장하는 것은 아니다. 은행이 파산할 수도 있고, 피자는 구매하는 사람이 없어 선반 위에서 상해 버릴지도 모른다. 가격이 치솟고 판매자보다 구매자가 훨씬 많아져서 투기 현상이 벌어질 수도 있다.(튤립 한 뿌리의 가격이 집 한 채 가격까지 치솟기도 했던 18세기 네덜란드의 튤립 열풍이나 20세기 후반의 닷컴 열풍을 떠올려보라.) 하지만, 이 모든 시스템이 작동하기 위해서는 어쨌든 대수가 필요하고, 제품의 판매나 구매를 통해 이익을 얻는 사람들은 누구나 통계의 법칙을 알게 모르게 활용하는 셈이다.

　　우리의 수렵채집인 선조들은 자연에서 비롯되는 대부분의 위험을 혼자서 또는 주로 친족들과 작은 무리를 이루어서 해결했다. 이들 무리의 규모는 진화를 거듭하면서 점차 커져 갔다. 인류학자 로빈 던바Robin Dunbar는 영장류의 두뇌 크기와 무리의 평균적인 규모 사이에 분명한 상관관계가 있음을 밝혔다. 또한, 규모가 커진 공동체 안에서 예전보다 복잡해진 사회관계를 유지하기 위해서는 높은 지능이 필요하다고 주장했다.[4] 이 사실이 초기 인류에 정확히 어떻게 적용되는지에 대해서는 의견이 분분하다. 하지만, 침팬지가 대략 60마리 정도의 무리를 지어서 살았던 반면, 약 450만 년 전에 등장한 오스트랄로피테쿠스는 평균 70명 정도의 무리를 지어서 살았고, 인류가 처음으로 도구를 사용하면서부터는(약 200만 년 전) 80명 정도의 무리를 지었으며, 호모 에렉투스는 대략 110명, 그리고 네안데르탈인은 대략 140명 정도가 무리를 이루며 살았던 사실을 생각해 보면 나름 설득력이 있어 보인다. 또한, 집단의 구조가 유동적으로 변하면서 소규모 집단이 수시로 한자리에 모여서 훨씬 중요한 일을 위해 협력했을 가능성도 높다. 물론 그 당시에는 은행과 보험회사, 그리고 시장 같은 것은 존재하지 않았다. 하지만, 규모가 커진 이들 집단은 위험을 더욱 수월하게 분담할 수 있었다. 사냥에 성공한 집단은 사냥에서 잡은 고기를 다른 집단에 나누어주었다. 언젠가 사냥에 실패해서 식량이 떨어지면 사냥에 성공한 다른 집단에게 도움을 받을 수 있다고 생각했기 때문일 것이다. 집단의 규모가 커지다 보니 이전에는 불가능했던 대규모 활동도 가능해졌다. 성장기의 젖먹이에게 필수적인 단백질을 충분히 공급해줄 거대한 짐승도 사냥할 수 있게 되었다. 이들이 협력을 하게된 가장 직접적인 이유는 사냥에 참가한 모든 집단에 보상이 주어졌기 때문이다. 다른 집단보다 규모가 두 배 이상 큰 집단이 사냥에 성공할 가능성은 두 배 이상 높은데, 두 집단이 힘을 합칠 경우 개별집단이 사냥할 때에 비해 성공할 가능성이 훨씬 높아졌을 것이기 때문이다. 또 다른 이유는 손실에 대한 보상을 들 수 있다. 규모가 큰 집단은 덩치가 크고 위험한 사냥감을 쫓는 등의 생사가 달린 일에 구성원 가운데 일부만을 투입할 수 있었다. 이를 통해 사냥에 나간 사람이 사냥에 실패하거나 목숨을 잃게 되더라도 집단의 모든 사람이 굶어 죽는 참사를 방지할 수 있었다.

분업과 전문화

피 한 방울 섞이지 않은 낯선 사람들과 작업을 분담하는 인간의 능력이 가져온 두 번째 결과는 바로 대수의 법칙을 바탕으로 한 전문화이다. 어느 정도 규모를 가진 집단이 생존에 불리한 환경을 극복하기 위해 협력할 경우, 모두가 똑같은 행동을 해서는 많은 이익을 거둘 수 없다. 따라서 해당 집단이 많은 이익을 거두어들이기 위해서는 훨씬 정교한 방식으로 조건부 확률의 법칙을 활용해야 한다.

다시 말하지만, 복잡한 현대 사회에서 전문화는 어쩌면 당연한 일로 여겨질 수도 있다. 한 사람의 농부가 마트에서 판매하는 모든 농산물을 한꺼번에 생산할 수는 없기 때문이다. 또한 농부의 입장에서는 몇 가지 농산물을 집중적으로 생산하는 편이 훨씬 유리할 뿐만 아니라, 사람들이 즐겨 찾는 모든 농산물을 단일한 기후와 토양에서 재배하는 것은 불가능하기 때문이다. 예를 들어, 독일 사람들은 유독 바나나를 좋아해서 전 세계 1인당 바나나 소비량도 가장 높다. 하지만, 독일에서는 바나나를 재배하는 것이 쉽지 않다.(실제 재배 비용도 훨씬 많이 든다.) 당연히 독일인들은 바나나 대신 다른 과일을 재배해서 수출하는 대신 바나나는 수입을 한다. 19세기의 경제학자 데이비드 리카르도David Ricardo가 발표한 비교우위론은 한 개인, 또는 한 국가가 모든 일을 능수능란하게 해낸다고 하더라도 전문화는 반드시 필요하다는 사실을 강조했다.[5] 리카르도의 주장에 따르면 개인은 물론 국가 역시 가장 자신 있는 분야에 집중하고 나머지는 다른 사람, 또는 다른 국가에 맡겨야 한다는 것이다. 설령 뇌 전문 외과의사가 정원사보다 잔디를 잘 깎는다고 해도 직접 정원 손질을 하는 것은 좋은 선택이 아니라는 것이다. 잔디를 깎느라 시간을 쓰는 것보다 신경외과 수술에 집중하는 편이 훨씬 생산적이기 때문이다. 이와 같은 선택은 의사 본인은 물론 잔디 깎는 솜씨가 시원찮은 정원사에게도 좋은 일이 될 수 있다. 특별히 잘하는 일이 없다고 하더라도 누구나 어떤 일 한 가지에 집중한다면 반드시 비교우위를 가질 수 있기 때문이다.

비교우위는 셔츠를 제작하는 과정에서 이루어지는 다양한 작업에도 적용된다. 한 사람이 처음부터 마지막까지 셔츠를 만들 수도 있지만, 그렇게 되면 혼자서 너무 많은 일을 감당해야 한다. 목화 재배, 실잣기, 옷감 생산, 적당한 소재의 단추 찾기, 단추 달기, 다양한 도구의 제작까지 해야 할 일이 끝도 없다. 하지만, 요즘 같은 세상에는 찢어지게 가난한 북미의 호피족Hopis이나 돈을 물 쓰듯 하는 히피족이 아니라면 누구도 이와 같은 방식으로 셔츠를 만들지는 않을 것이다. 대신, 셔츠 제작에 참여하는 작업자들은 자신만의 전문분야를 가지고 있다. 그들은 다른 작업자들에 비해 특정 작업을 수행하는 데 있어서 타고난 우위를 지니고 있거나,(이를 테면, 인도인들은 에스키모인에 비해 목화 재배에 있어 지리적 우위를 지니고 있다.) 후천적으로 터득한 기술을 보유하고 있다. 그리고 어떤 작업의 경우에는 특정 분야에 전문성만 갖추고 있다면 무슨 일을 선택할 것인지는 중요하지 않기 때문이다.

하지만, 전문화 한다는 것은 그 자체로 위험이 따를 수도 있는데, 특히 일정한 수준의 교육이나 집중적인 투자가 요구되는 전문화의 경우가 그렇다. 위험의 정도는 투자할 만한 잠재고객의 수가 얼마나 많은지에 따라서 달라질 수 있다. 애덤 스미스는 18세기 중반 무렵에 농사일과 달리 타인에 대한 의존도가 높은 일에 전문성을 갖춘 장인들이 주로 도시에 집중적으로 거주하고 있다고 이야기했다. 도시에서는 제품을 판매할 수 있는 시장이 하루아침에 사라져버릴 가능성이 낮았기 때문이다.(또한, 동종업계에 있는 사람들로부터 기술을 배울 수도 있다.) 하지만, 이와 같은 '집중'에는 한계가 있었다. 예를 들어, 대장장이가 되려면 말과 말을 키울 수 있는 땅이 있는 시골에 머물러야 했다. 애덤 스미스가 살았던 시절에 대장장이가 맞닥트릴 수 있는 위험은 지금에 비한다면 현저하게 적었다. 대부분의 마을에는 대장장이 하나쯤은 먹여 살리고도 남을 정도로 충분한 수의 말이 있었기 때문이다. 반대로 지금은 대장장이가 되기보다는 생물학자가 되는 것이 위험을 줄이는 선택이 될 수 있을 것이다. 18세기에 생물학자는 빈둥거리는 한량에 지나지 않았을 것이고, 생물학자라는 직업을 가지고 생계를 유지하는 일은 거의 불가능했을 것이다. 하지만, 생물학자와 대장장이가 필요한 기술을 익히기 위해서는 시간과 돈의 투자가 필요하다. 그래서 결정을 내리기 전에 자신의 기술을 이용하려는 사람들은 누구인지, 또 그 대가로 주어지는 보상은 충분한지를 확인할 필요가 있다. 생물학자와 대장장이가 어느 정도의 위험을 감수하고 전문화를 이루기 위해서는 그들이 속한 세계에서 그들의 기술을 이용하려는 인구가 충분하거나 그들의 기술을 이용하려는 사람들이 충분히 부유해야 했다.*

지난 수천 년 동안 인류 사회의 복잡성은 지속적으로 증가해 왔으며, 그 복잡성은 전문화에 대해 자기 강화의 경향을 띠면서 이루어졌다. 전문화가 사회의 번영을 촉진하기 위해서는 대다수의 사람들이 전문화를 통해 새로

---

* 찰리 더글라스Charlie Douglass는 우리가 텔레비전에서 흔히 볼 수 있는 녹음된 방청객의 웃음소리를 발명한 사람이다. 2003년 4월에 그가 사망하면서 사람들은 지금 우리가 살고 세계에 얼마나 많은 전문 직업이 있는지를 새삼 깨달을 수 있었다. 우리의 바로 전 세대들조차도 오늘날의 다양한 직업에 대해서는 입을 다물지 못할 것이다. (2003년 4월 25일자 《인디펜던트the Independent》기사 참고)

운 열망을 품을 수 있거나 기존의 열망을 달성할 수 있어야 한다. 그것이 가능할 때 사람들은 전문화에 대해서 확신을 갖게 된다. 동일한 논리로 사회 전체가 전문화의 실패로 인해 번영을 이루지 못하면, 결과적으로는 전문화를 이루는 것이 더욱 어려워지는 악순환에 빠지기도 했다. 17세기 초부터 19세기 중반까지 외부 세계와의 교류를 스스로 차단한 일본,[6] 그리고 제2차세계대전 이후 식민지배에서 독립한 사하라 사막 이남 아프리카의 많은 국가들이 대표적인 사례이다.

사실 수렵채집 사회에서의 전문화는 비혈연 관계의 낯선 사람들이 서로 협력할 수 있는 방법을 찾아낸 이후에 진행되었다. 이를 통해 사냥에서도 분업이 가능해졌다. 어떤 사람이 동물 추적에 전문성을 갖추고 있다면, 선천적으로 재능이 있거나 추적 기술을 습득하기 위해 엄청난 시간과 노력을 쏟아 부었을 것이다. 그렇지 않다면 재능과 노력이 조화를 이룬 결과일 수도 있다. 또 누군가는 사냥 전체를 계획하고 지시하는 전략에 전문성을 가지고 있으며, 다른 누군가는 새가 짝을 부르는 소리를 흉내 내거나 다양한 속임수로 사냥감을 덫으로 유인하는 역할에 전문성을 가지고 있다. 이들은 평범한 능력을 가진 나머지 사람들과의 협력을 통해 동물 사냥에 나선다. 심지어 수렵채집 사회에서는 친족으로 구성된 소규모의 무리에서도 어느 정도의 분업이 이루어졌다. 하지만, 무리의 규모가 커지면서 전문화와 그로에 따른 효과는 더욱 커지게 되었다.

어떤 집단이 다른 집단과 암묵적인 우호관계를 맺는다고 하면, 우선 집단 간의 교류가 가능해지게 된다. 더불어 이용 가능한 식량이나 도구, 자원의 종류는 무궁무진하게 늘어나게 된다. 농경사회가 정착되기 수 천 년 전부터 수렵채집인들 사이에 교류가 이루어지고 있었다는 증거는 무수히 많다. 물론 몇 천 년 후에 등장해서 정착생활을 시작한 농부들과 비교한다면 수렵채집인들의 교류는 특유의 생활방식으로 인해 산발적이고 제한적인 방식으로 이루어졌을 것이다. 대략 4만 년 전에 만들어졌으며 가장 오래된 상징적 유물 가운데 하나인 수공예 구슬 장신구로 인해 교류가 촉진되었을 수도 있다.[7] 좀 더 근래에 호주 북부 지역의 원주민인 이르 요론트 족Yir Yoront은 채석장에서 수백 킬로미터 떨어진 곳에 살고 있었다. 하지만, 그들은 돌도끼(가오리로 장식한 창을 주는 대가로 이웃 부족에게서 받은)를 사용하고 있었으며, 19세기 후반에 유럽의 무역상들과 교류를 시작하기 훨씬 전이었음에도 불구하고 쇠도끼까지 사용하고 있었다.[8] 그들은 교류를 통해 이웃의 기술은 물론 그 이웃의 이웃, 또 그 이웃의 기술까지도 이용하고 있었던 것이다.

구성원들 중에서 누군가는 식량 공급과는 무관한 일을 직업으로 삼을 수 있을 만큼 무리의 규모가 커지면서부터 가장 위대한 발명이 이루어졌다. 즉, 다른 집단과의 전쟁, 그리고 지식을 조직하고 전달하는 방식이 발전하기 시작한 것이다. 전사와 제사장이 등장한 것도 이 시기였다.

인류의 역사가 여기에 도달하기까지는 상당히 많은 촉진 요소가 작용했다. 대표적인 것으로는 농업의 도입과 정착형 생활방식의 등장을 들 수 있다. 농경사회가 정착되지 않았다면 상당한 규모의 식량을 저장하는 일은 불가능했을 것이다. 하지만, 약 1만 년 전에 농경사회가 시작되면서부터 군대와 사제직은 규모와 중요성 면에서 급격하게 성장하는 일이 발생했는데, 이 두 무리가 동시에 성장하게 된 이유는 이들이 서로 경쟁관계에 있었기 때문이다. 일단 군대의 양성은 현실적으로도 엄청난 혜택이 뒤따랐다. 군대를 이용해 규모가 작은 집단을 정복하면 농산물을 직접 재배하고 수확할 필요 없이 이들의 식량을 약탈할 수 있었다. 더불어 정복한 집단의 군대를 노예로 활용할 수도 있었다. 그 과정에서 노예는 어느 새 전사와 제사장에 이어 세 번째 계급으로 자리 잡게 되었다. 사실 수렵채집인들을 정복하는 일은 아무런 실익이 없었다. 약탈할 식량 자체가 없었기 때문이다. 하지만, 농부들은 사정이 달랐다. 이들은 한 해 동안 농사를 지어서 추수한 곡식 전부를 저장해두었기 때문에 이들을 정복하면 그에 뒤따르는 적지 않은 수익까지도 거둘 수 있었다. 이처럼 집단과 집단 사이에서 벌어지는 경쟁 관계에 대해서는 16장에서 다룰 예정이다.

이와 마찬가지로, 일단 제사장이라는 계급이 등장한 이후에는 학식 있고 조직화된 제사장 집단을 구성하는 것이 여러 면에서 유용하다. 이를 통해 현재 세대는 모든 것을 새롭게 배울 필요가 없어졌다. 이전 세대가 터득한 기술을 수용함으로써 이를 활용할 수 있게 되었기 때문이다. 상징적 유물-이전 세대의 말과 생각을 담은 내구성이 강한 기록물들-은 세대와 세대를 이어주는 분업의 수단이 되었으며, 이와 같은 방식의 분업을 통해 공동체의 지식 축적이 이루어졌다. 공동체의 지식 축적은 많은 사람들 사이에서 이루어지는 협력의 세 번째 혜택에 해당하는 것으로 이 현상에 대해서는 11장에서 자세하게 다룰 예정이다.

농업이 도입되기 이전의 전문화는 이미 지능의 진화 과정에서 이해관계의 수정을 통해 인간의 진화를 더욱 발전된 형태로 이끌었다. 작은 규모의 무리 안에서 모든 구성원들이 비슷한 행동을 할 때에는 사회적 계급에 대한 섬세한 감각이나 날카로운 심리적 통찰력이 발전한다고 하더라도 그에 따른 실익이 거의 없다. 하지만, 사회의 규모가 커지고 전문화되면 사회적 계급을 비롯한 여러 가지 복잡한 상황을 미리 예측하고 적응하는 사람은 그렇지 않은 사람에 비해 성공할 확률이 훨씬 높아진다. 시간이 지날수록 '사회적 지능social intelligence'에 유리하게 작용하는 선택압은 눈에 띄게 강해졌을 것이다.(선택압은 농경이 정착된 이후 지속적으로 작용한 것으로 보이는데, 눈에 띄는 효과를 거두기에는 지나치게 짧은 시간이었다.) 스티븐 미슨Steven Mithen은 자신의 저서 『마음의 역사The Prehistory of the Mind』에서 이 부분에 대해 설득력 있는 주장을 펼친다. 대규모 무리, 그리고 복잡해진 분업과 관련해서 일어난 선택압의 변화는 현대 인류의 두뇌가 진화하는 데 결정적인 역할을 했다는 것이다. 특히, 분업에 관련된 선택압은 현대 인류가 예술과 문화, 자연계에 대한 과학적 접근 능력을 개발하는데 아주 중요한 역할을 했다. 이 모든 능력과 관련해서 인류가 남긴 기록물의 역사가 불과 6만 년에 불과하다는 사실이 유감스러울 뿐이다.

전문화, 새로운 종류의 위험

현대 사회에서 이루어지고 있는 전문화는 우리의 선조인 수렵채집인들은 상상도 할 수 없는 수준까지 발전을 이룩했다. 심지어 불과 300년 전인 18세기를 살았던 선조들조차도 오늘날 전문화의 발전 수준에 대해서는 입을 다물지 못할 것이다. 전문화의 상당 부분은 안정성의 산물인데, 안정성은 사회의 규모가 커지고 생활이 윤택해짐에 따라 부수적으로 올라간 측면이 있다. 하지만, 전문화가 항상 사회의 안정성을 강화하는 방향으로 진행되지는 않았다. 오히려 그 반대라고 할 수 있다. 오늘날 사람들은 어느 때보다 활발하게 전문성을 키우려고 노력하지만, 상품 시장이나 기술 시장이 붕괴될 때에는 과거 어느 때보다 더욱 속수무책으로 당할 수밖에 없다. 이는 가장 안전한 자동차를 타고 있는 사람이 대개는 가장 위험하게 운전한다는 말과도 일맥상통한다. 이처럼 자신의 안전이 보장된다고 느낄 때에는 훨씬 위험한 행동까지도 감행하려는 심리를 위험 보상risk compensation 심리라고 부른다. 예를 들어, 위험 보상 심리의 개념은 운전을 할 때 안전벨트 의무 착용 법안의 시행과 관련해서 제기되었다.[9] (존 애덤스John Adams는 교통사고를 줄이고 싶은 마음이 진심이라면, 운전자의 가슴 정도에 위치해 있는 운전대에 뾰족한 못을 의무적으로 장착해야 한다고 주장했다.[10]) 위험 보상 심리가 병적인 것은 아니다. 우리는 위험 보상 심리 덕분에 -다행스럽게도- 평지에서보다 산비탈에서 훨씬 조심스럽게 행동한다. 하지만, 위험 보상심리는 현대 사회가 직면하고 있는 위험에도 분명하게 영향을 미치고 있다.

유럽인들은 약 600년 전까지, 그리고 미국인들은 좀 더 근래에 이르기까지 일반적인 가정의 대부분이 직접 재배한 재료로 음식을 만들어 먹었다.[11] 농기계를 비롯한 일부 물건은 빌려 썼고, 특정한 작업의 경우에는 다른 사람들의 힘을 빌렸기 때문에 엄격한 의미에서의 '자급자족'이라고 보기는 힘들겠지만, 분명한 것은 외부 세계와의 관계 변화가 식량을 구하는데 별다른 영향을 미치지 않았다는 사실이다. 오늘날의 유럽과 미국에서 다른 사람들과의 '교류'를 금지한다면, 대부분의 가정은 불과 몇 주도 지나지 않아서 굶어 죽을 위기에 처하게 될 것이다. 오늘날에는 전쟁 상황(레닌그라드-지금의 상트페테르부르크- 주민들이 1941년 겨울 히틀러의 군대에 함락 당했던 것처럼)을 예외로 한다면 물리적 장벽도 교환 기능을 위협할 것 같지는 않다. 오히려 물건을 판매하는 능력의 부족으로 인해 위협을 받는 상황, 즉 팔려고 내놓은 물건을 아무에게도 팔지 못하는 상황이 발생될 가능성이 훨씬 높다. 이것이 지금처럼 고도로 전문화된 현대사회에서 구성원들이 직면하고 있는 주요 위험이다.

그렇다고 해서 다른 사람들과의 교류에서 발생한 위험이 환경에 홀로 맞설 때 발생했던 위험보다 크다고 생각하는 것은 오산이다. 불과 300년 전에는 질병이나 농사의 실패 때문에 발생하는 굶주림으로 사망할 확률이 오늘날 인류의 모든 사망 가능성을 합친 확률보다도 훨씬 높았다. 대략 신생아 다섯 명 가운데 한 명은 생후 1년이 지나기 전에 사망했다.(인구밀도가 높고 지저분한 도시에서는 사망률이 그보다 훨씬 높았다.) 그에 비해 오늘날 유럽과 북미의 영아 사망률은 200명 가운데 한 명에도 미치지 못한다. 때로는 자급자족이 명백한 '저주'이기도 하다. 다른 사람들과의 교류가 정기적으로 이루어지지 않는다면 병들어도 치료를 받을 수 없고, 형편이 어려워도 자금을 빌릴 수 없으며, 고장 난 장비를 교체할 수도 없을 것이다. 최근 수십 년 동안에는 엉뚱하게도 자급자족을 해야 한다는 주장이 제기되기도 했는데, 이로 인해 다수의 빈곤 국가에서는 호된 대가를 치러야 했다. 한 가지 예로, 나라 전체가 흉년으로 인해 굶주리고 있던 시기였음에도 필요한 최소한의 식량조차 구할 수 없었는데 그 결과는 참혹했다. 다시 말해, 다른 사람에게 의존한다고 하더라도 오늘날과 같이 전문화가 이루어진 사회에서는 다수의 사람들이 반드시 엄청난 위험에 노출되어 있다고 할 수는 없다. 물론, 아주 다른 종류의 위험에 노출되는 것을 피할 수는 없다.

오늘날에도 적지 않은 수의 사람들이 생계 위협을 받고 있으며, 은행 예금이 일시에 사라지는 일을 경험할 가능성도 여전히 남아 있다. 이와 같은 종류의 위협은 자신의 잘못 때문에 발생하는 것이 아니고(또는 자신의 잘못만은 아니고), 자연과 외부 환경의 위험 때문에 발생하는 것도 아니다.(또는 이 때문만은 아니다.) 단지 사람들의 다양하고 일상적인 행동으로 인해 만들어진 어떤 결과가 위협의 형태로 드러나는 것일 뿐이다. 대부분의 사람들은 자신의 행동에 어떤 의도를 가지고 있지 않으며, 자신의 행동으로 인해 그와 같은 결과가 나올 것이라는 생각조차 하지 않는다. 최근 수십 년 동안 가파르게 증가한 석탄 채굴 비용으로 인해 정치인과 공무원, 그리고 소비자들은 석탄을 비싸고 지저분한 연료라고 인식하게 되었다. 광부들은 그 결과로 생계의 어려움을 겪게 되었다. 석탄이 비싸고 지저분한 연료라고 생각했던 사람들 가운데 누구도 광부들이 실직자가 되는 상황을 원하지는 않았을 것이다. 하지만, 그들의 개인적인 생각으로 인해 광부들은 생계 수단을 잃어버렸다. 부동산 붐이 일었던 1980년대의 미국과 1990년대의 태국에서는 많은 가정에서 주택대출을 받았고, 이로 인해 엄청난 피해를 감수해야 했다. 뒤에서 자세하게 다루겠지만, 21세기가 시작된 이후 지난 10년 동안 미국은 이와 거의 동일한 방식으로 1980년대의 악몽을 되풀이했다. 확신을 잃고 부동산 경기의 거품 붕괴를 이끌었던 부동산 투자자들은 자신의 행동으로 인해 다른 사람들이 피해를 입게 될 것이라는 사실에 대해서는 생각조차 하지 못했을 것이다. 부동산의 거품이 지속되는 동안 자신들의 낙관으로 인해 어떤 사람들이 엄청난 이익을 얻고 있다는 사실도 알지 못했으며 신경도 쓰지 않았던 것처럼, 자신의 판단으로 인해 다른 사람이 피해를 입고 있다는 사실 역시 알지도 못했으며 신경 쓰지도 않았다. 부동산 거품 붕괴의 원인은 한 마디로 '통계학의 법칙'을 잘못 이해했기 때문이라고 할 수 있다. 투자자들은 자신과 마찬가지로 다른 투자자들 역시 개인적으로 판단하고 행동하는 것이라고 생각했을 뿐, 모든 투자자들의 행동이 상호 연결되어 있다는 생각은 하지 못했다. 어느 누구도 부동산의 거품 경기가 앞서 살펴본 해변 마을의 주민들을 모두 한 자리로 불러 모은 독립기념일 행사와 다름없다는 사실을 깨닫지 못했던 것이다.

전문화, 그리고 이와 관련된 위험을 단지 시장경제에 의한 결과물로만 파악해서는 안 된다. 시장경제 역시 전문화로 인해 탄생된 역사적 현상 가운데 하나인 것은 분명하지만, 그렇다고 해서 전문화가 시장경제의 전부라고 할 수는 없기 때문이다. 오히려 그 반대라고 할 수 있다. 개인은 물론, 심지어 공동체 전체가 밀려오는 제품과 기술의 물결에 고립된 가장 안타까운 사례는 구소련에서 찾아 볼 수 있다. 정부 당국의 계획 하에 소련은 전문화에 전력을 다했다. 자신들이 채택한 방식에 실제로 어느 정도의 경제적 비용이 지불되는 것인지의 문제는 전혀 고려의 대상이 아니었다. 1990년대에 접어들어 본격적으로 시장경제를 도입하기 전까지 '비용'의 문제는 중요하게 다루어지지 않았지만, 이미 손실은 아주 심각한 수준이었다. 중앙계획 당국은 소비에트 연방의 각국들이 철저하게 전문화해야 한다는 계획과 세계 경제의 흐름과는 상관없이 독립적으로 자급자족할 수 있어야 한다는 계획을 하나로 통합하는 목표를 세웠다. 1950~60년대에는 많은 사람들이 시베리아나 중앙아시아로 이주해서 이 지역의 엄청난 천연자원을 채굴하고 가공하는 일을 했다. 하지만, 왜곡된 가격 제도로 인해 천연자원은 거의 무상

지원이나 다름없이 거래되었고, 결과적으로는 대부분의 자원이 낭비되었다. 우즈베키스탄의 목화 재배농가들은 아랄 해의 바닷물을 농업용수로 끌어다 썼다. 어떤 비용도 지불하지 않았다. '공짜'였다.(적어도 그렇게 생각했다.) 그 결과 아랄 해는 불과 30년도 되지 않는 기간에 표면적은 절반으로, 수량은 3분의 1로 줄어들었다. 바닷물이 마르자 어마어마한 양의 소금더미가 드러났고 각종 화학 물질이 목화밭으로 날아들면서 토지는 황폐해졌다. 스텝 지대의 바람은 유해한 먼지를 200만 주민들의 폐 속으로도 실어 날랐다. 그로 인해 아랄 해 인근은 지금까지도 세계에서 호흡기 질환 발병률이 가장 높은 지역으로 악명을 떨치고 있다. 셔츠가 사람들과의 관계에서 비롯된 외부효과externalities에서 상대적으로 자유롭다는 1장의 주장에 아주 두드러지는 예외가 존재한다. 다름 아닌 환경오염에 관한 문제이다. 정부 당국이 환경을 소모품으로 여기면 우리는 몸에 해로운 면 셔츠를 입게 될 것이다. 즉, 목화 재배에 관한 결정은 사람들의 건강에 직접적인 악영향을 미칠 수 있다. 우즈베키스탄의 목화 재배농가에서는 '공짜' 에너지도 마음껏 이용했다. 1995년 말, 우즈베키스탄의 가정에서는 요리용 스토브를 24시간 내내 켜 두었다고 한다. 어이없는 일이지만, 꺼진 스토브에 불을 붙일 성냥이 부족했기 때문이었다는 것이다. 에너지가 공짜이거나 거의 공짜나 다름없었기 때문에 사람들은 에너지 절약에 대한 의식이 전혀 없었다. 오늘날에도 러시아의 북부 지역에 위치해 있는 도시의 아파트 대부분은 꽁꽁 얼어붙은 바닥 아래 단열 기능이 형편없는 배관을 통해서 수 킬로미터 떨어진 곳에서 흘려보낸 온수를 이용해서 난방문제를 해결하고 있다. 당연히 열 손실도 크고 연료의 낭비도 심하다. 게다가 아파트의 실내 온도를 낮추는 방법으로 창문을 열어두는 것 외에 그 어떤 대책도 마련해 두지 않았다.

이와 같은 낭비의 결과는 무엇이었을까? 러시아의 도시 대부분은 공산주의 붕괴 이후에 오랫동안 그 기능을 상실한 상태로 방치되었다. 뿐만 아니라, 유해한 비료, 칙칙한 남성복, 툭하면 멈추는 트랙터, 쉴 새 없이 버그를 일으키는 전자제품-대부분 돈을 받고는 도저히 팔기 힘든 수준의 제품들-은 일일이 지시하던 중앙계획 당국이 사라지자 생산이 중단되었다. 이 모든 제품들의 생산에 종사하며 생계를 유지했던 사람들은 그 당시의 기준에서는 나름 최선을 다해서 살았기 때문에 자신들의 제조 방식에 문제가 있을 것이라고는 생각조차 하지 않았다. 오히려 변덕스럽게 기존의 방식을 바꿔버린 '세계'의 근시안적 태도에 문제를 제기했다.

장례식이라는 절차 때문에 사람이 죽는다는 논리가 성립되기 힘든 것처럼 새로운 경제 환경을 탓하는 것은 해결책이 될 수 없다. 분식 회계로 실제 비용을 감춘다고 해도 누군가는 그 비용을 치러야 한다. 다음의 사례를 보자. 러시아의 시베리아 북부권역에 위치한 에벤키Evenki 자치구 어부들은 지역 항공사인 투라 항공과 다소 불합리해 보이는 거래를 계속할 수밖에 없었다. 인류학자 데이비드 앤더슨David Anderson은 러시아 어부들과 항공사 사이의 거래를 다음과 같이 설명한다.

매년 봄과 가을, 투라항공에서 에벤키 자치구 곳곳에 흩어져 있는 외딴 호수와 강으로 수많은 러시아인들을 실어나르면, 어부들은 어망을 설치해 송어와 회색 숭어를 가득 잡아 올린다. 아주 비싼(왕복 수 천 루블에 달하는) 항공료 대신 어부들은 조종사나 항공사(아니면 조종사와 항공사 모두에게) 잡은 생선을 대량으로 공급하고 회사는 이 생선을 재판매한다. 잡은 생선 가운데 일부는 동네 가게에 납품하고, 남은 생선은 당연히 항공사 직원들이 나눠 가진다. 그리고 일부는 크라스노야르스크 고위 공무원의 식탁 위에 올려진다. 원정어업을 위한 항공료로 그렇게 비싼 요금을 책정하고 있음에도 불구하고 회계 기록을 보면 항공사는 직원들의 임금, 연료비, 그밖의 유지비용을 간신히 충당하고 있었다. 조종사들이 농담으로 말한 것처럼, 서류로 작성된 항공 이용에 대한 지불 계약은 생선을 지급받는 대가로 체결된 것이었으며, 생선을 무게로 환산해 보면 금보다 비쌌다.

협정 내용에 기재된 금액이 한 번도 정산된 적이 없었기 때문에 이 계약은 채산성이 아주 낮았음에도 불구하고 오랫동안 지속되었다. 양측 모두 밑 빠진 독에 물을 붓는 과정을 되풀이했다.

가끔이지만 생계 수단이 사라졌을 때는 금전적 보상이 도움이 된다. 하지만, 어디까지나 가끔일 뿐이다. 젊은 근로자들에게 퇴직금은 이직을 준비하고, 재교육을 받고, 제2의 삶을 시작하기 위한 추진력이 된다. 40대 이상의 근로자들에게 퇴직금은 너무 늦은 감이 있다. 돈이 있으면 당장 굶을 일은 없겠지만, 가치 있는 삶을 영위하던 시절의 감각을 되살릴 수는 없다. 부유한 나라에서 이와 같은 종류의 고통을 겪는 사람들은 흔히 공동의 정체성을 깨닫지 못한 상태로 뿔뿔이 흩어져서 살아간다. 그들은 분노와 복수심으로 가득 찬 정치운동의 핵심 세력이 되기도 한다. 늘 그렇지는 않지만, 대개는 참정권 운동이다. 공산주의 붕괴 이후 러시아인의 사망률 추이는 심각한 상황이었다. 남성의 기대수명이 1980년대 65세에서 1990년대 중반에는 57세까지 떨어진 것이다. 평균수명 57세는 에이즈가 확산되기 이전에 잠비아인의 평균수명과 같은 수치였다. 영아 사망률이 현저하게 높은 잠비아와 달리 러시아인의 평균수명이 낮아진 이유는 45세 이상인 남성의 사망률이 2배 가까이 증가했기 때문이었다. 주로 보드카의 소비 증가와 폭력적 행위가 동시에 작용하면서 사망률의 증가에 영향을 미쳤으며, 자살률 역시 급격하게 상승했다. 21세기 초반에 접어들면서 경제성장이 가속화되었고 자살률은 다시 낮아지기 시작했다. 그 결과 러시아 남성의 기대수명은 약 61세까지 높아졌다. 하지만, 평균 수명의 증가 추세가 언제 멈출 것인지는 알 수 없으며, 최근 러시아를 강타한 경제 위기로 인해 다시 역전될 가능성도 있다.

실직한 철강 노동자, 광부, 어부(부유한 국가에서의 섬유업계 종사자, 단순 사무직, 자동차 회사의 단순 노동자들까지도 그들이 보유하고 있는 기술에 대한 수요는 예전만 못하다.)의 곤경은 어제 오늘의 일이 아니다. 결과적으로 우리는 수렵채집인 선조들이 매일같이 겪었던 위험, 즉 자연 환경과 포식자로 인해 발생되는 위험이나 라이벌과 적들로 인해 발생되는 위험에 덧붙여 새롭게 만들어지고 있는 위험에도 노출된 상태에서 살아가야 한다. 이 모든 위험은 지금도 여전히 존재한다. 그럼에도 불구하고 위험이 닥쳤을 때 우리가 취하는 감정적 대응은 여전히 수렵채집인들이 하던 방식을 그대로 답습하고 있다. 우리는 삶의 위험에 노출되어 고통 받는 사람들을 순전히 우연에 의해 희생된 사람으로 보거나, 또는 의도적인 공격에 피해를 입은 사람이라고 생각한다. 의도적인 공격을 받았을 때 우리가 드러낼 수 있는 유일한 감정은 분노이며, 취할 수 있는 정당한 행동은 복수밖에 없다. 오늘날과 같이 통합된 세계에서 경제적 변화로 인해 발생하는 희생에 대한 논의의 결과는 뚜렷하게 양쪽으로 나누어진다. 한쪽에서는 우연에 의한 희생자가 아니라 의도적인 공격에 따른 피해자(1984~85년 영국에서 별 소득 없이 장기간 이어졌던 전국적인 탄광 파업 당시에 피켓라인 맨 앞줄에서 생을 마감한 영웅들처럼)들이라고 생각하고, 다른 한쪽에서는 의도적인 공격에 따른 피해자가 아니라 우연에 의한 희생자(무역장벽을 낮추는 일에만 관심을 두고, 그로 인해 피해를 보는 사람들에 대해서는 전혀 신경을 쓰지 않는 분주한 예측가들의 경우처럼)라고 생각한다. 진실은 무엇인가? 오늘날과 같은 세계에서 경제적 변화 때문에 희생당하는 사람들의 대다수는 의도적인 공격에 따른 피해자도 우연에 의한 희생자도 아니다. 이 두 가지의 경우는 각기 다른 범주에 속하는 문제이며, 감정적 대응과 함께 현실적 대응이 필요하다. 하지만, 우리의 역사는 우리에게 감정적 대응능력도 현실적 대응능력도 충분히 키워주지 못했다.

다시 처음의 주제로 돌아가 보자. 인간의 실용지능practical intelligence은 자연 환경을 다루고, 개인들이 자주 만나고 서로 잘 아는 소규모 집단을 관리하는 것에 고도로 특화되어 있다. 불과 지난 1만 년 동안에-적절하게 정서적, 이성적 대응 능력을 발전시키는 유전적 진화가 작용하기에는 지나치게 짧은 시간이지만- 사람들은 낯선 사람으로부터의 영향에 상당 부분 노출되어 있었다. 그리고 불과 지난 200여 년이 지나는 동안에는 이와 같은 영향력이 우리의 일상을 지배하기에 이르렀다. 누군지도 모르는 낯선 사람들의 행동 때문에 발생하는 위험을 해결하기 위해서 우리는 진화의 과정에서 물려받은 기술인 추상적 추론 능력과 상징적 사고능력을 아주 다양한 목적에 맞춰서 사용할 수 있어야 한다. 갈등 조정과 마찬가지로 위험 대응에 있어서도 현대의 정치제도가 기여하는 바는 분명하다. 빈약하지만 추상적 추론 능력을 바탕으로 수렵채집인 무리의 감정적 대응, 즉 흥분과 분노를 억눌러 주기 때문이다.

chapter 03

폭력으로 얼룩진 과거

살해 본능

중국 중부에 위치한 마을인 반포Banpo는 6,000여 년 전에 소규모의 농경 부족이 정착했던 곳이다. 고고학자들이 이 마을을 복원할 당시에는 가축의 우리와 식량 창고가 마련되어 있었고 비교적 규모를 갖춘 건물 주변에 스무 채 정도의 오두막집이 옹기종기 모여 있었다. 이곳은 내가 대학원 시절 현장연구를 위해 1년 동안 머물렀던 인도 남부지역과 아주 흡사했다. 농촌의 생활은 지난 6,000년 동안 별다른 변화를 이루지 못한 것 같았다. 단, 한 가지만은 예외였다. 반포는 커다란 '해자'로 둘러싸여 있었다. 물을 채운 해자의 둘레는 300미터에 달했고, 깊이는 최소 5미터, 입구 쪽의 경우에는 너비가 최대 8미터에 달했다. 해자를 파기 위해서는 적어도 1만 세제곱미터의 흙을 옮겨야 했을 것이다. 스무 가구 남짓한 허기진 주민들이 해내기에는 만만치 않은 작업이었음이 분명하다.-반포의 주민들은 찢어지게 가난했던 인도 남부지역의 마을 주민들만큼이나 영양 상태가 부실했음에 틀림없다. 인도에서 본 마을 주민들의 삶도 팍팍해 보였지만, 반포 주민들의 삶에 비한다면 사정이 훨씬 나았을 것이다. 이렇게 열악한 상황에서 반포의 주민들이 그 정도 규모의 해자를 파기로 마음먹었던 이유는 그들이 끝없는 두려움 속에서 하루하루를 살 수밖에 없었기 때문이다.

반포의 해자를 통해 우리는 인류가 낯선 사람을 신뢰하게 된 것이 얼마나 기적적인 일인지를 확인할 수 있다. 낯선 이들을 신뢰하게 되면서 우리는 엄청난 이익을 얻었다. 하지만, 어떻게 낯선 사람을 신뢰하게 되었는지에 대한 이해가 전제되어야 한다. 낯선 이방의 집단을 신뢰하는 행동은 인간을 제외한 동물계에서는 사실상 유례를 찾을 수 없으며, 중대한 위험이 따르는 일이기 때문이다. 두 집단, 혹은 두 상대가 정확하게 그 가치를 알지 못하는 물건이나 도움을 동시에 교환하는 일은 지극히 드물다. 교환은 주로 어느 한쪽이 도움을 주면 도움을 받은 쪽이 나중에 그 도움을 돌려주기로 약속하는 형태로 이루어지기 때문이다. 즉, 오늘 코끼리 고기 한 덩이를 떼어 주면서 나중에 그 고기를 돌려받기로 약속 받는 식이다. 정해진 날짜에 이자를 받기로 약속하고 돈을 빌려주는 행동도 작동 방식은 동일하다. 한 가지 의문이 생길 것이다. 당신은 왜 내가 약속을 지킬 것이라고 확신하는가? 같은 날 같은 자리에서 교환이 이루어진다고 해서 위험이 완전히 사라지는 것은 아니다. 가령, 당신은 나에게 감자를 주고 나는 당신에게 보드카를 건넨다. 내가 보드카에 공업용 메탄올을 첨가했을지도 모르는 일 아닌가? 당신이 나에게 건넨 오토바이는 시동을 거는 순간 주저앉아 버릴 수도 있고, 나는 당신에게서 받은 세탁기를 고치느라 진땀을 흘리고 있을지도 모른다.*

　　두 사람이 가까운 친척이라면 이와 같은 종류의 위험 요소들은 생산적인 거래의 성립에 아무 문제가 되지 않는다. 진화론적 관점에서 보자면, 친족을 돕는 유전적 돌연변이가 자연선택을 통해 확산되었는데, 여기에는 두 가지 이점이 있기 때문이다. 우선, 친족은 친족이 아닌 사람들보다 약속을 지킬 확률이 높다. 둘째, 친족 사이에서는 약속을 지키지 않는다고 해도 특별한 문제가 생기지 않는다. 결국 친족을 적극적으로 돕게 만드는 돌연변이는 도움을 주는 사람에게 어떤 대가가 따른다고 해도 친족에게 충분한 이익이 된다면 후대에 이 돌연변이 복사체는 확산될 것이다. 실제로 형제자매는 평균적으로 유전자의 절반만을 공유하지만, 부모와 자녀들 사이의 유전적 관계도 이와 거의 유사하다. 그렇다고 해서 친족들 사이의 경쟁이 완전히 사라지는 것은 아니다.-그런 일은 절대로 일어나지 않는다. 하지만, 이와 같은 사실이 전체 동물계에서는 아주 중요하며, 때로는 아주 복잡해 보이는 친족 사이의 상호 교류 시스템을 촉진시킨 사실만큼은 분명해 보인다.

　　반면, 친족이 아닌 사람들을 돕는 행동은 그 도움을 되돌려 받을 때에만 진화론적으로 의미가 있다. 다른 사람을 속여야 하는 유인은 너무 많으며, 애석하게도 다른 종들과 달리 인간이 누군가의 속임수에 빠졌을 때 뒤따르는 피해와 위험은 치명적일 수도 있다. 다른 어떤 종보다 높은 지능을 보유하고 있는 호모 사피엔스가 이룩한 우울한 업적 중에는 자연계의 어떤 종보다 동족을 가장 격렬한 방식으로, 그리고 조직적이고 잔인하게 살해했다는 것도

---

* 공산주의자들은 과거에 "우리는 일을 하는 척 하고, 그들은 우리에게 돈을 주는 척 한다."라는 농담을 주고받았다. 의미심장하지 않은가?

포함되어 있다. 도스토예프스키의 『죄와 벌Crime and Punishment』에서 주인공 라스콜리니코프는 살인을 저지르고 괴로워하는 인물로 묘사되어 있다.[1] 다수의 독자들은 『죄와 벌』을 통해 인간이 본능적으로 살인을 철저하게 혐오한다는 생각에 동의하게 되고, 이 감정에 공감하지 못하는 사람은 극소수의 사이코패스들밖에 없을 것이라고 생각한다. 감동적이다. 하지만, 애석하게도 그와 같은 생각은 인류의 진화과정에서 결정적인 기능을 했던 선택압의 영향과는 상충되는 측면이 있다.(근대사에서 확인할 수 있는 수많은 사실들과도 충돌한다.) 자연선택은 동족 살해의 성향을 강화하는 방향으로 이루어졌으며, 지능의 발달과 살해 본능의 강화가 동시에 진행된 것이 단지 우연의 일치가 아니었다는 사실을 증명하는 사례는 너무나 많기 때문이다. 사실, 어떤 면에서는 살해 본능을 강화하는 자연선택과 지능의 발달을 촉진하는 자연선택은 상호 보완적이라고 볼 수도 있다. 살해 본능이 강한 종의 경우 지능이 높은 개체가 자연선택 되면 훨씬 많은 이익을 얻을 수 있고, 지능이 높은 종의 경우에도 살해 본능이 강한 개체가 자연선택 되었을 때 훨씬 많은 이익을 얻을 수 있기 때문이다.

살해 본능이 강하고 높은 지능을 가진 개체가 자연선택 되었을 때, 훨씬 많은 이익을 얻을 수 있다는 첫 번째 주장은 비교적 쉽게 이해할 수 있다. 당신이 당면하고 있는 주요한 위험이 자연의 위협이라면 높은 지능은 이미 선택적 이익을 부여한다. 하지만, 그 위험에 당신과 평균 지능이 비슷한 다른 개인의 공격까지 포함되어 있다면 선택적 이익은 더욱 커진다. 따라서 우리 선조들의 살해 본능이 진화한 속도는 지능이 진화하는 속도에 맞춰서 높아졌을 것이다.

한편, 지능이 높고 살해 본능이 강한 개체가 자연선택 되었을 때 훨씬 많은 이익을 얻을 수 있다는 두 번째 주장은 조금 미묘한 구석이 있다. 살해 본능을 촉진하는 선택압이 무엇이며, 지능이 높은 종에서 살해 본능을 촉진하는 선택압이 훨씬 강하게 작용하는 이유는 무엇일까? 살해 본능을 촉진하는 선택압이 작동하는 원인은 단순하다. 즉, 친족의 관계가 아닌 두 개인은 자원, 그리고 여성과 성관계를 가질 수 있는 기회-남성의 경우-를 다투는 라이벌이기 때문이다.(동일한 의미에서 여성은 성적 라이벌이 아니다. 남성은 한 여성을 임신시킨 후에도 다른 여성을 임신시킬 수 있기 때문이다. 하지만, 남성이 관리하는 자원에 대해서는 여성들도 라이벌 관계를 형성할 수 있다.) 살인이 여성보다 남성에 의해 훨씬 많이 행해진다는 사실-체력과 무기 사용능력의 차이를 감안해도-은 폭력의 진화 과정에서 자원 경쟁과 성적 경쟁이라는 두 가지 요인 중에서 성적 경쟁이 훨씬 강한 요인이라는 사실을 보여준다.[2] 같은 종 내에서 혈연관계가 아닌 동성의 라이벌을 살해하는 행위는 다른 한편으로는 성적 라이벌을 제거하는 것이기도 하기 때문이다.[3] 성적 쾌감이 폭력 성향을 부추긴다는 설명은 아주 그럴 듯하게 들린다. 하지만, 애석하게도 동성의 라이벌을 제거하는 행위는 폭력 성향이 강한 개인의 병적인 행동이 아니다. 오히려 라이벌을 성공적으로 제거함으로써 성적 접촉의 기회를 많이 누릴 수 있다는 기대가 진화한 행동일 가능성이 높다. 폭력적 행위는 오랜 시간 동안 여성들이 전쟁에서 가장 용맹하게 싸운 남성에게 성적 매력을 느끼는 경향에 의해서 강화되었다. 셰익스피어는 이 사실을 정확하게 간파했다. 『헨리 5세Henry V』에서 주인공 헨리 5세는 아쟁쿠르 전투를 앞두고 다음과 같이 외치며 군대를 단결시킨다.

지금 침대에 있을 영국의 귀족들은

이 자리를 함께 하지 못했던 것을 한탄하리라.

그리고 성 크리스핀의 날,

우리와 함께 싸웠던 이들의 말을 들을 때마다

그들은 부끄러워지리라.[4]

잘 알려져 있다시피, 일단 어떤 특징이 성적인 기호나 취향의 근거로 인정되면 바로 그 특징적인 기호와 취향은 자기 강화가 이루어진다. 이와 같은 경향은 공작의 꼬리나 일부 사슴 종의 커다란 뿔처럼 주로 아주 짧은 시간 동안에 진행된 진화 현상을 설명할 때 주로 등장한다. 단지 임의적인 사실에 불과하다고 하더라도 후대의 여성들이 남성이 지닌 어떤 특징에서 성적 매력을 느낀다는 사실은 그와 유사한 특징을 갖춘 남성을 선택하려는 현재 세대의 여성들에게도 적응우위를 높이는 데 기여할 수 있을 것이다. 공교롭게도, 산업화 이전의 사회에서 다른 남성을 살해한 남성이 그렇지 않은 남성에 비해 대체로 자녀의 수가 많았다는 몇 가지 증거가 있다.-물론, 이 증거는 다소 피상적일 뿐만 아니라 논란의 여지도 있다.[5] 여성들이 싸움을 잘하는 남성에게 성적 매력을 느끼는 경향이 직접적인 적응우위로 나타나는 것은 아니라고 하더라도,(즉, 다른 사람들의 식량을 약탈할 경우에 유용한 남성의 폭력 행사 능력은 폭력적인 남성의 높은 조기 사망 가능성 때문에 상쇄될 수 있다.) 일단 이와 같은 경향이 기정사실화되면 '투사형' 남성이 짝짓기 상대를 찾을 수 있는 가능성은 높아지고 간접적으로 적응에 도움이 될 수도 있다. 폭력을 행사하지 않는 다정한 남성이 생존 경쟁에서는 밀리지 않는다고 해도 짝짓기

대결에서는 뒤쳐질 수 있는 것이다. 다정한 성격의 남성에게 다른 매력이 있을지도 모르지만,(예를 들어, 자기 소유의 재산을 여성과 공유할 수도 있다.) 짝을 찾는 데는 불리하게 작용할 것이다.[6] 그들 사이에서 태어난 아들이 짝을 찾는 일에 매번 실패를 거듭할 수도 있기 때문이다.

그렇다면 초창기 호모 사피엔스 사피엔스의 향상된 지능이 살해 본능을 촉진하는 방향으로 선택압을 높인 이유는 무엇이었을까? 경쟁의 승패가 주로 폭력에 의해 결정되는 종에서 수컷인 남성은 라이벌을 폭력으로 간단히 제압하는 방식을 통해 성적 라이벌을 제거한다. 높은 지능을 가진 종의 경우에는 지능이 높은 라이벌이 지금은 완력이 부족해서 순종하고 있지만, 나중에는 다른 수단을 강구해서 자신이 쫓아다니던 여성을 되찾아갈 가능성이 높기 때문이다. 따라서 높은 지능을 가진 종의 경우에는 싸움에서 승리한 다음 라이벌을 영구히 제거하는 것이 선택적 우위를 점하는 효과적인 전략인 셈이다.

이처럼 인간, 특히 남성은 자신이 속해 있는 환경에서 혈연관계가 아닌 개인을 살해하려는 성향을 지니고 있다는 진화론적 주장을 뒷받침하는 증거로는 대략 세 가지 정도가 있다. 첫째, 다른 영장류, 특히 유인원의 행동을 들 수 있다.[7] 이 부분은 신중하게 해석할 필요가 있다. 영장류의 행동은 침팬지와 보노보처럼 아주 가까운 종들 사이에서도 아주 다양한 양상을 보이기 때문이다. 영장류의 행동에서 관찰되는 다양성은 사회적 요인이나 생태적 요인이 폭력의 빈도에 상당한 영향을 미칠 수 있음을 보여준다. 환경에 따른 가변성 자체가 놀라운 일은 아니다. 실제로, 인간이 폭력을 행사하지 않고 다른 사람들과 어울려 살아갈 수 있는 능력을 갖게 된 이유가 제도적 장치에 있다는 것이 이 책의 주요한 주장 가운데 하나이다. 그렇지 않았다면 우리가 사는 세상은 거대한 검투장이 되었을 것이다. 그럼에도 불구하고 야생의 영장류를 주의 깊게 관찰한 결과는 충격적이다. 많은 영장류들은 보복의 두려움이 없을 때 자신들과 혈연관계가 아닌 개체를 살해하기 위해 기회를 노리고, 심지어 이를 조직적으로 실행하려 한다는 것이다. 예를 들어, 혈연관계가 아닌 경우에 수컷의 새끼 살해는 침팬지, 고릴라, 랑구르(사자를 포함한 일부 다른 포유류 등) 집단에서 수시로 일어났다. 물론, 보노보 집단에서는 관찰되지 않았으며, 기록된 사례도 없다. 이것 역시 새끼를 노리는 수컷들로부터 자식을 보호하기 위해 암컷 보노보들이 서로 협력하고 있기 때문일 뿐, 수컷들이 신뢰할 수 있는 존재이기 때문이라고 할 수는 없다. 침팬지 집단에서는 혈연관계에 있는 수컷들이 힘을 합쳐서 다른 무리와 떨어져 있는 무방비 상태의 침팬지를 무자비하게 공격하는 일도 수시로 벌어진다. 심지어 식량이나 다른 자원을 얻으려는 목적이 없는 상태에서도 공격하는 경우가 있다. 이처럼 침팬지들의 아무런 이유 없는 집단 공격은 영장류 학자 제인 구달Jane Goodall과 동료 연구자들이 책을 출간한 이후에야 알려졌다.(사실, 이미 콘래드 로렌츠 Konrad Lorenz**8**가 여러 저서를 통해 종 내에서의 폭력이 구조화되어 있다는 사실을 대중들에게 널리 알렸지만, 지금은 현장 연구를 통해서 콘래드 로렌츠의 주장에 오류가 있었다는 사실이 밝혀진 상태이다.) 침팬지들 사이에서 일어나는 폭력의 양상은 특히 흥미로운데, 힘의 차이가 분명해 보이는 수컷들 사이에서는 수시로 폭력이 사용되며 특별한 공격의 이유도 찾을 수 없기 때문이다. 이와 같은 침팬지들의 행동은 사냥에 나선 침팬지 무리와 무리 사이에서 얘기치 못한 충돌로 이어지기도 한다. 놀라운 사실은 침팬지 무리의 행동이 인간 사회의 남성 집단에서 벌어지는 공격 양상과 충격적일 정도로 유사하다는 것이다. 다시 말해, 폭력은 인간과 가장 유사한 다수의 영장류에게서 발견되는 고유한 특징이다. 일부의 종에서 무력 충돌이 빈번하지 않은 이유는 폭력 성향을 억제하도록 행동의 양상이 진화되었기 때문이지, 단순히 일부 종의 본능이 평화적이기 때문이라고 볼 수는 없다. 근본적인 원인이 무엇이든 영장류, 특히 대형 유인원들 사이에서 관찰되는 폭력의 사용을 단순히 병적 행동이라고 이야기하는 것은 명백한 오류이다.

호모 사피엔스에게 타고난 살해 본능이 있다는 두 번째 증거는 근대의 산업화 되지 않은 사회의 민족지民族誌학적인 설명에서 찾을 수 있다. 산업화 되지 않은 사회의 대부분(널리 알려진 이야기와는 달리)은 극도로 폭력적이라는 연구 결과[9]에 대해서는 여전히 논란이 상당하다. 정확한 이유를 알 수는 없지만, 산업화 되지 않은 사회에서도 폭력의 정도가 사회마다 다르게 나타난다는 사실을 부인하기는 어렵기 때문이다. 예를 들어, 단순 농경사회는 수렵채집 사회보다 호전적 성향이 강했을 것이다.(농경사회가 수렵채집 사회보다 전리품이 많아서였을 수도 있다.) 그렇지 않다면 농경사회가 수렵채집 사회보다 전쟁의 흔적(불에 탄 오두막이나 약탈당한 창고 등)을 많이 남겨서일 수도 있다. 그것도 아니라면, 수렵채집 사회보다는 농경사회에서 전쟁으로 혼란스러운 시기를 찾는 일이 인류학자들에게 용이했기 때문일 수도 있다. 결국, 이와 같은 전쟁의 증거를 통해 대규모 전투는 시기적으로 앞선 비정착형 사회에서보다 정착형 사회에서 훨씬 자주 벌어졌다는 사실을 알 수 있다.[10] 이는 정착형 사회에서 계층과 계급 또한 상당히 분화되어 있었다는 사실[11]을 보여주는 것이다. 하지만, 거의 모든 수렵채집 사회는 여전히 오늘날의 현대 사회보다는 폭력적 성향이 훨씬 강했다는 사실 역시 분명해 보인다.

이와 같은 폭력 성향의 차이를 어떻게 설명하든 간에 18세기에 장 자크 루소Jean Jacques Rousseau가 고상한 야만인에 대한 글을 발표하면서 확산되었던 산업화 이전의 사회는 대체로 평화로웠다는 인간의 오랜 믿음은 이제 설득력을 잃게 되었다.[12] 1978년 인류학자 캐롤 앰버Carol Ember는 「수렵채집인에 대한 오해Myths about hunter-gatherers」라는 제목의 선구적인 기사를 쓴 적이 있는데, 이 기사에 따르면 수렵채집인 부족의 3분의 2 가량이 최소 2년에 한 번씩은 전쟁을 벌였다는 기록이 있다.[13] 개인, 혹은 집단 사이에서 벌어지는 잦은 폭력에 대한 민족지적 사례는 아코아 족Akoa, 아프리카의 부시먼 족Bushmen, 호주의 테즈메이니아 족Tasmanian, 아마존의 야노마모 족Yonomamo 등의 산업화 되지 않은 사회에서 다양하게 찾을 수 있다. 산업화 되지 않은 사회의 농경 부족들 사이에서 수시로 벌어졌던 격렬한 전투에 대한 기록은 미국 남서부의 푸에블로 인디언들처럼 평화를 사랑했다고 알려져 있던 사회에서도 발견된다.[14] 이와 관련해 다양한 민족지적 사례가 있다. 대표적 사례 가운데 하나가 인류학자 머빈 메지트Mervyn Meggitt의 저서 『피가 곧 법이다Blood is Their Argument』라는 책이다. 저자는 파푸아 뉴기니 서부 고원의 매 엥가 부족Mae Enga 내에서 수시로 벌어진 치열한 전쟁에 대해 기록하고 있다.[15] 아자르 가트Azar Gat의 저서 『인류 문명의 전쟁War in Human Civilization』의 경우, 초반부에는 문명화 이전의 호주 원주민들 사이에 벌어진 치열한 전투 사례를 이야기하고 뒷부분에서는 선사시대를 포함한 역사상 최초의 사회에서 벌어졌던 폭력의 증거를 노련하게 풀어낸다. 이 책들의 내용은 하나같이 충격적이다. 폭력에 대한 제도적 규제가 존재하지 않는 곳에서 혈연관계가 아닌 개인을 조직적으로 살해한 행위-끔찍하기는 하지만-는 이례적인 일도, 병적인 일도,

새삼스러운 일도 아니라는 것을 확인할 수 있기 때문이다.

우리의 직계 조상과 친척뻘 되는 존재들이 아주 강한 폭력 성향을 지니고 있었다는 세 번째 증거는 고고학에서 찾을 수 있다. 해골에서 발견된 직접적인 증거도 있다. 프랑스의 생 세제르St. Cesaire에서 발견된 네안데르탈인의 해골을 복원한 결과, 날카로운 칼 또는 검에 베어 골절된 흔적이 남아 있었다.[16] 더욱 분명한 증거는 현대 인류의 해골 속에 박힌 화살촉에서 찾을 수 있는데, 대표적인 사례가 일리노이 주의 유적지에서 발견된 유물이다. 이 모든 증거들을 모아서 결과를 추정한 미국의 고고학자 로렌스 킬리Lawrence Keeley에 따르면, 각 공동체의 전체 사망자 가운데 폭력으로 인한 사망자는 5퍼센트에서 40퍼센트까지 다양했다고 한다.[17] 이후에도 이와 유사한 연구가 이어졌는데 새뮤얼 보울스Samuel Bowles는 해골 유적을 조사한 다음 수렵재집인들 가운데 폭력으로 사망했을 것으로 추정되는 사람은 평균 14퍼센트에 이른다는 연구 결과를 발표 했다.[18] 폭력으로 인한 사망자 수를 계산하는 일은 쉽지 않다. 실제로 해골에 아무런 흔적이 남지 않는 폭력 행위도 너무나 많기 때문이다. 한편으로는 전쟁과 같은 폭력 행위로 사망한 사람들이 제대로 매장되지 않았기 때문에 그들의 해골이 비교적 쉽게 발견되었을 수도 있다. 아주 높게 나타난 변동 범위에서도 짐작할 수 있는 것처럼 폭력에 관한 예상 수치에 대해서는 여러 가지 논란이 있다. 하지만, 높은 변동 범위를 감안한다고 해도 폭력으로 인한 사망률의 평균값이 높다는 것만큼은 부인할 수 없는 사실이다.

고고학적 증거 중에는 유물(검이나 창 등)과 요새(중국 반포의 해자 등)처럼 간접적인 증거도 있다. 사실, 유물에서 발견된 증거는 다양한 해석이 가능하다. 일부 무기는 자기 방어의 목적보다는 장신구로 사용되거나 여성을 유혹하는 도구로 사용되었을 수도 있다. 요즘 남성들이 스포츠카를 천천히 몰면서 보란 듯이 동네를 배회하는 이유와도 비슷하다. 하지만, 해자나 요새와 관련해서는 다양한 해석의 여지가 없다. 여성들이 요새나 해자에 사족을 못 쓴다면 또 모르겠지만, 어떤 남성이 단지 여성을 유혹하기 위해서 요새를 쌓고 거대한 해자를 파겠는가? 가령, 인류 최초의 정착 도시인 여리고Jericho의 역사는 기원 전 9,000년경으로 거슬러 올라간다. 도시가 생긴 지 1,000년 만에 여리고는 두꺼운 흙벽을 두른 벽돌집이 늘어서 있는 상당한 규모의 도시로 성장했다. 유명한 여리고 성벽을 처음으로 쌓아 올린 시기는 기원전 8세기 초로 거슬러 올라가며, 농업용수로 사용되었을 것으로 추정되는 거대한 저수지는 7세기에 만들어진 것으로 보인다. 높이 9미터, 너비 3미터의 거대한 해자는 금속 공구도 없이 바위를 뚫어서 만든 것이었다. 중국의 반포와 마찬가지로 한 사람, 또는 한 가족이 이 정도 규모의 해자를 파는 것은 불가능하다. 이것은 공동체 전체의 필요에 의해 만들어진 합작품이었을 것이다.

하지만, 여전히 의문은 남아 있다. 이상에서 살펴 본 인간의 살해 본능에 대한 세 가지 증거-영장류의 행동, 산업화 되지 않은 사회 내에서의 폭력에 대한 민족지적 증거, 그리고 고고학적 증거-는 인간이 대규모의 협력을 시작하게 된 계기가 무엇인지에 대한 의문을 더욱 증폭시키기 때문이다. 이와 같은 행동의 정확한 진화론적 근거가 뭐였든, 친족 관계가 아닌 사람들을 상대하다가 속임수에 걸려들었을 때의 손실은 상당히 치명적이었다. 아주 먼 과거 어느 시점에 여러분의 선조 가운데 누군가는 나의 선조 누군가에게 나누어 준 영양 고기를 나중에 돌려받는 것은커녕 나의 선조에게 살해당했을지도 모른다. 낯선 이방의 부족과 조심스럽게 첫 교류를 시작했던 많은 행상들은 이처럼 끔찍한 최후를 맞았을 것이다. 이와 같은 환경에서 친족이 아닌 집단들 사이에서 조직적인 교류가 있었다는 사실이 놀라울 따름이다. 심지어 목숨을 담보로 해서 이루어낸 낯선 사람들 사이의 교류는 오늘날 우리가 몸담고 살아가는 이 세계에 구축되어 있는 기상천외하고 복잡한 경제생활의 토대가 되었다.

하지만, 사실 현대 사회에서의 폭력은 전체 진화사가 진행되는 동안의 특정한 시기에 우리 선조들이 겪은 폭력에 비한다면 현저하게 줄어든 것이다. 한 가지 예로, 새뮤얼 보울스는 수렵채집인들의 폭력으로 인한 사망률이 평균 14퍼센트라고 설명했다. 그에 비한다면 오늘날 폭력으로 인한 사망률은 전체 사망률의 1.3퍼센트에 불과할 정도 지극히 낮다.-보울스가 이야기한 수렵채집인 평균 사망률의 10분의 1에도 못 미친다. 1.3퍼센트라는 오늘날의 폭력으로 인한 사망률에는 전쟁과 폭동에서부터 개별적인 살인에 이르는 모든 종류의 폭력이 포함되어 있다. 놀랍게도 폭력으로 인한 사망률은 자살률보다 낮으며, 교통사고 사망률의 절반을 조금 넘는 수준이다. 현대인인 당신은 다른 사람의 손에 죽을 확률보다-그 사람이 운전을 하는 경우처럼 특별한 우연이 아니라면- 당신 자신의 손에 죽을 확률이 더 높은 것이다.[19] 즉, 아주 기상천외한 일이 벌어진 것이다. 우리의 선조들이 살았던 수렵채집인 사회에서는 무력 충돌로 인해 발생하는 사망률이 높았고, 침팬지와 다른 영장류 사회에서도 폭력으로 인해 발생하는 사망률은 여전히 높다. 하지만, 인간이 국가와 중앙집권적 정치조직을 도입한 이래로 폭력으로 인해 발생하는 사망 비율은 급격히 낮아졌다. 좀 더 최근의 연구들을 살펴보면 폭력으로 인한 사망률이 낮아지는 과정을 엿볼 수 있다. 범죄학자 마뉴엘 아이스너Manuel

Eisner는 13~20세기 사이에 잉글랜드의 여러 마을에 남겨진 자살과 관계된 기록을 바탕으로 자살률의 변화에 대한 증거를 수집했다.[20] 자살률은 지속적으로 하락했지만, 이와 관련된 변화를 설명할 수 있는 단 하나의 결정적인 순간이나 시기는 존재하지 않았다. 다른 나라의 사례에서 표본이 다소 부족하지만, 영국과 유사한 양상을 발견할 수 있다. 예를 들어, 중세 시대 이탈리아에서의 전쟁 발생률은 영국보다 높았고(셰익스피어의 상상만은 아니었다.), 14세기 이탈리아인의 자살률은 영국인에 비해 두 배 이상 높았다. 하지만, 네덜란드, 스칸디나비아, 독일, 스위스와 마찬가지로 이탈리아의 자살률 또한 지속적으로 하락했다. 여기에 대한 설명은 다음 장에서 살펴볼 예정이다. 하지만 이와 관련된 증거에서 하나의 결정적인 사건이나 단 한 가지의 핵심적인 원인을 찾을 수는 없을 것이다.

살인율의 감소는 또 다른 사실에서도 찾을 수 있다. 국가 간의 충돌로 인해 발생하는 전쟁의 발생 빈도가 줄어든 것이다. 전쟁의 발생이 억제되면, 폭력으로 인해 발생하는 사망률의 감소는 당연한 결과이다. 역사학자 잭 레비Jack Levy는 각 세기 별로 적어도 하나의 강대국이 전쟁을 진행 중이거나 강대국들 사이에서 전쟁이 있었던 시기를 조사한 다음 연도별로 그 횟수로 정리했다. 조사 결과, 전쟁의 빈도가 거의 비슷했던 16, 17세기가 지나고 18, 19세기에는 전쟁의 빈도가 급격하게 하락했으며, 20세기에는 19세기의 전쟁 발생 빈도와 차이가 거의 없었다. 어쨌든 세기가 진행될수록 전쟁의 발생 빈도는 줄고 있는 것이다.[21]

현대에 접어들면서부터는 국가 간의 전쟁이나 내전이 감소하는 추세였다는 사실을 감안한다면, 19세기와 20세기에 발생한 전쟁의 횟수가 비슷하다는 사실이 조금은 이상하게 느껴진다. 20세기는 실제로 인류의 역사에서 가장 폭력적인 세기였던 것일까? 폭력으로 인한 전체 사망자의 수를 보면 반박의 여지가 없다. 하지만, 그와 같은 엄청난 사망자 수가 나온 이유 가운데 하나는 20세기의 전체 인구가 과거 어느 시기보다 많았기 때문이기도 하다. 그러므로 폭력으로 인해 발생된 전체 사망자의 수로 20세기를 규정하기보다는 전체 사망률의 4~5퍼센트 정도에 이르는 폭력으로 인해 발생된 사망자의 비율로 20세기를 평가하는 것이 타당해 보인다.[22] 4~5퍼센트라는 비율은 21세기 초반인 현재의 폭력 사망률보다는 최소 세 배 이상 많은 수치이지만, 보울스 교수가 추산한 수렵채집인 무리의 연간 폭력 사망률(14퍼센트)에 비하면 3분의 1에 불과하다.

20세기에 자행된 대규모 학살은 선사시대에 비해 폭력의 수준을 조절할 수 있게 되었다는 현대 사회의 성취가 단지 '모래성'에 지나지 않는다는 사실을 깨닫게 해 주었다. 하지만, 현대 사회가 폭력의 수준을 조절하고, 폭력으로 인해 발생하는 사망률을 줄이는 업적을 성취했다는 사실에는 변함이 없다. 놀랍게도 친족이 아닌 사람들과의 신뢰는 현대의 사회생활에서 분명한 현실이 되었다. 가게에 들어가면 처음 보는 사람이 내가 적어준 수표의 숫자만 믿고 나에게 값비싼 물건을 건넨다. 별다른 생각 없이도 낯선 사람들과 관계를 맺으며 살아가고 있는 우리는 이와 같은 방식의 교류에 대해 알고는 있었지만 감히 시도하지는 못했던 이들의 후손이다. 누군가 초인종을 누르면 나는 한 번도 만난 적이 없는 사람에게 문을 열어주기 위해 뛰어나간다. 그는 전자제품 매장의 유니폼을 입고 있다. 그 남자가 나를 살해하고 집 안에 있는 여성을 강간하는 대신 세탁기를 고쳐줄 것이라고 생각하는 이유는 무엇일까? 이와 같은 정도의 신뢰는 어떻게 가능해진 것일까? 매장의 고객은 부도 수표를 건네기도 하고, 살인 강간범은 수리공으로 위장하기도 한다.-하지만, 이와 같은 방식으로 이루어지는 사회적 거래가 성립할 수 없을 정도로 전체의 신뢰를 위협하는 수준은 아니다. 이 상황을 도대체 어떤 식으로 설명할 수 있는 것일까?

chapter **04**

우리는 어떻게
폭력적인 본능을 길들였는가?

이해득실과 상호성

침팬지와 마찬가지로 인간 역시 '주먹'으로 쉽게 해결할 수 있는 일이면 폭력을 휘둘렀고, 폭력이 도움이 되지 않는다 싶을 때에는 평화주의자로 변신했다. 선사시대 이후의 인류 사회에서 폭력 발생률이 급격하게 감소한 현상은 간단하게 설명할 수도 있다. 사람들이 점점 더 정교한 방식으로 협력하면서부터 폭력으로 분쟁을 해결하기보다는 평화롭고 합리적인 방식으로 분쟁을 해결하게 되었다는 것이다. 물론, 좀 더 근본적인 질문을 해 볼 수 있다. 우리는 어떻게 협력 모델을 근간으로 하는 사회를 건설하게 되었을까?

한 가지만은 분명하게 이야기할 수 있다. 우리 선조들은 낯선 사람을 신뢰하기 전에 친족 관계는 아니더라도 자주 얼굴을 보는 사람들을 먼저 신뢰했을 것이다. 두 사람이 앞으로 자주 보게 되리라는 보장이 있으면 약속을 지켜야 하는 동기가 강해진다. 상대를 속이면 단기적으로는 이익이 될지 모르지만, 향후에도 협력할 수 있는 가능성은 사라진다. 향후의 협력을 통해 얻을 수 있는 이익이 크고 확실하며 조만간 다시 만날 계획이 있다면, 두 사람은 눈앞의 이익을 위해 상대를 속이고 싶은 유혹을 이겨낼 수 있을 것이다. 이와 같은 협력 성향의 진화는 두 가지로 설명이 가능하다. 첫째, 협력의 성향은 지능의 진화에 따른 결과물이라는 것이다. 인간의 사회적 지능이 발달하면서 사람들은 약속을 깨트리지 않고 지키는 것이 장기적으로 이익이 된다는 사실을 계산할 수 있게 되었다. 즉, 비교적 가까운 미래에 정기적으로 만날 가능성이 높은 상대와의 약속을 지킬 경우 상대방이 베푸는 호의를 바탕으로 이익을 얻을 수 있다는 사실을 깨달은 것이다.

둘째, 협력의 성향은 '강한' 상호성 즉, 상대가 당신에게 한 것과 똑같이 상대에게 돌려주려는 본능적 성향이 자연선택을 통해 진화했다는 것이다. ('강한' 상호성이라고 하는 이유는 단순하게 계산에 의한 결과일지도 모르는 상호성과 구분하기 위해서이다.) 다른 사람이 당신에게 호의를 베풀었다면 당연히 당신도 호의를 베풀겠지만, 그들이 당신에게 해를 입혔다면 당신도 똑같이 그들에게 해를 입히려 들 것이다.-자신의 행동이 도움이 될 것인지 도움이 되지 않을 것인지는 별개의 문제이다. 복수는 복수로, 그리고 당연히 호의는 호의로 돌려주는 것이다.

이해득실의 계산과 상호성, 이 두 가지 협력의 동기는 인간의 진화사에서 중요한 역할을 했으며, 오늘날 인간의 행위동기에도 커다란 영향을 미치고 있다. 얼핏 보기에는 두 가지 동기의 차이가 사소해 보일지도 모른다. 협력의 동기가 계산에 의한 것이든 본능적 상호성에 의한 것이든 그것에 어떤 차이가 있겠는가? 그리고 당신과 거래하는 사람이 과거에 만난 적이 있는 사람인지 아닌지, 앞으로도 계속 만나고 싶은 마음이 들든 그렇지 않든 그것에 무슨 차이가 있겠는가? 설령 차이를 머리로 이해했다고 해서 실제로 뭐가 달라지겠는가? 하지만, 실제로 그 차이는 아주 중요하다. 그 차이를 이해해야 인간이 어떻게 해서 한 번도 만난 적이 없는 낯선 사람을 신뢰하게 되었는지에 대해 이해할 수 있기 때문이다.

다양한 환경에서 인간의 협력적 행동에 관해 연구한 결과를 통해 밝혀진 사실은 미래의 협력에 대한 기대가 현재의 협력을 강화하는 데 중요한 역할을 한다는 것이다. 상대와 자주 만나고, 상대가 속임수를 썼는지를 확인할 수 있는 방법이 있으며, 혼자일 때보다 협력했을 때의 이익이 훨씬 크다는 사실을 알고 있을 때 사람들이 적극적으로 협력에 나서는 것은 너무나 당연하다. 이때 협력의 요인들은 군사 개입, 환경 보호, 지역의 자치단체가 대중의 요구에 대응하는 문제를 비롯해서 다양한 상황에서 중요한 역할을 해 왔다.[1] 하지만, 과연 사람들이 강한 상호성(향후 협력에 대한 기대와는 상관없이 과거에 받았던 대우를 그대로 돌려주려는 성향)의 본능을 가지고 있는가의 문제에 대해서는 의견이 분분했다. 인간이 타인과 상호작용을 할 때에는 대개 과거에 맺었던 관계가 미래의 기대로 이어지는데, 이와 같은 상황에서 이해득실의 계산과 상호성을 구분해내는 것은 불가능하다는 생각이 일반적이었기 때문이다.

이번에는 취리히 대학교의 에른스트 페르Ernst Fehr 교수와 연구팀이 진행했던 탁월한 실험을 살펴보자. 이 실험의 결과는 타인에게 친절한 대우를 받은 경험이 있는 사람은 다시 만날 가능성이 거의 없는 사람을 대할 때에도 대체로 친절하게 행동한다는 사실을 보여주었다.[2] 한 가지 예로, 직장에서의 행동을 재현한 실험이 있었다. 실험 참가자들은 각각 직원과 회사의 역할을 맡고, 서로의 이름을 밝히지 않은 채 무작위로 다른 상대와 짝이 되었다.(실험 참가자들은 컴퓨터를 잘 다루는 학생들이었다.) 회사 역할을 맡은 참가자는 최저 임금을 지급할 것인지 최저 임금 이상의 보수를 지급할 것인지에 대해 선택할 수 있었고, 직원 역할을 맡은 참가자는 최소한의 투자(여기서는 '노력'의 금전적 가치)를 할 것인지 그 이상의 투자를 할 것인지에 대해 결정할 수 있었다. 각각의 순서에 따른 선택과 결정이 끝나면 참가자들은 다른 상대와 짝을 지었고, 참가자 중 누구도 새롭게 짝이 된 상대가 이전에 자신과 짝이 된 적이 있는지를 알 수 없었다.

실험이 진행될수록 결과는 더욱 분명해졌다. 회사에서 관대한 대우를 받은 대다수의 직원들이 높은 수준의 투자, 즉 일을 열심히 하려고 했다. 그들이 높은 수준의 투자를 한다고 해서 특별히 자신에게 이익이 돌아오는 것도 아니었다. 어차피 나중에 다시 짝이 된 회사는 그들이 이전에 어떻게 행동했는지에 대해 알 수 없기 때문이다. 따라서 그들의 행동은 계산 때문이 아니라 상호성 때문이었다고 봐야 한다. 그럼에도 불구하고, 회사 역할을 맡은 참가자는 직원 역할을 맡은 참가자들의 이와 같은 행동으로 인해 많은 이익을 얻을 수 있었다. 직원들에게 임금으로 지급하는 비용보다 관대한 대우의 결과로 직원들이 쏟는 높은 수준의 투자, 즉 성실한 근무 태도에서 얻을 수 있는 이익이 훨씬 많았기 때문이다. 따라서 높은 임금을 지급하는 회사가 그렇지 않은 회사보다 수익률이 훨씬 좋았다.-자본주의를 신봉하는 사람들의 일반적인 생각과는 전혀 다른 결과였다.[3] 실험에서 나온 결과의 폭넓은 적용 가능성에 대해서는 여전히 의문이 남아있다. 하지만, 이후에 다른 연구자들의 실험에서도 계속해서 동일한 결과가 나온 사실로 미루어 페르 교수와 연구팀이 얻은 결과의 신뢰도는 의심의 여지가 없다.(예를 들어, 결과가 이렇게 나온 이유는 학생들이 속임수를 사용하거나 이해력이 떨어졌기 때문이라고 할 수는 없으며, 실제로 돈이 걸려 있었기 때문이라고 할 수도 없다.) 페르 교수팀의 연구결과에 따르면, 협력의 문화는 강한 상호성을 통해 지속될 수 있으며, 협력적 성향이 발달한 집단이 이기적인 행동이 만연한 집단에 비해 경제적으로 번영할 가능성이 높은 것으로 나타났다. 역설적이게도 지나치게 수익만을 쫓는 행동은 스스로에게도 좋지 않을 뿐만 아니라, 수익률 면에서도 긍정적인 결과를 얻을 수 없다는 것이다.

페르 교수를 비롯한 다른 연구진이 실시한 유사한 실험에서도 대부분의 사람들이 대체로 불친절한 행동에 대해서는 불친절한 행동으로 되갚는 경향이 있다는 결과가 나왔다. 심지어 이와 같은 행동이 자신에게 아무런 이익이 되지 않는다고 해도 결과는 마찬가지였다.[4] 한 가지 예로, 실험 참가자 두 명씩 짝을 지어 '최후통첩게임ultimatum game'이라는 실험을 했다. 한 사람에게 일정한 금액의 현금을 지급한 다음 짝이 된 상대 참가자에게 일정 금액을 제안하도록 하고, 상대 참가자는 제안 받은 금액을 수락하거나 거절할 수 있도록 한다. 제안 금액을 거절하면 두 사람 모두 한 푼도 받을 수 없다. 그리고 다시 한 번 이름을 밝히지 않은 상태에서 무작위로 짝을 짓는다. 실험의 규칙상 같은 상대와 한 번밖에 짝이 될 수 없기 때문에 현재의 행동은 미래의 협력에 아무런 영향을 미치지 않는다. 따라서 현재의 행동을 통해서 기대할 수 있는 이익은 아무것도 없다. 일정 금액을 제안 받은 참가자들은 제안 금액을 거절하면 한 푼도 받을 수 없다는 사실을 알고 있었지만, 제시된 금액이 너무 적다

싶으면 하나 같이 제안을 거절했다. 실험 참가자들의 이와 같은 행동을 '제 발등 찍기'라고도 한다. 즉, 그들은 뻔히 손해가 되는 선택을 했다. 하지만, 합리적이냐 아니냐를 떠나서 그들의 행동은 인간이 지닌 보편적인 본성에서 비롯된 것이다. 이 사실을 깨달은 첫 번째 실험 참가자들은 거절당할 위험을 낮추기 위해 상대 참가자에게 넉넉한 금액을 배당했다. 물론 1: 1로 나눈 경우는 드물었으며, 걸려 있는 금액이 커질수록 절반에 가까운 금액을 배당하는 경우는 거의 찾아볼 수 없었다.

한편, 집단을 대상으로 실시한 또 다른 실험은 강한 상호성을 지닌 사람의 존재(자신에게 피해가 온다고 할지라도 협력적 행동에 대해서는 협력으로 되갚고, 다른 사람의 비협력적 행동에 대해서는 응징하려는 사람)가 협력적 성향을 정착시키는 데 매우 중요한 역할을 하고 있다는 사실을 보여준다. 협력의 동기가 오직 과거에 타인이 보여준 관대함에서 비롯된 것이고, 부정행위에 대해 아무런 제제가 없다면 집단의 구성원들은 하나 둘 속임수의 유혹에 넘어갈 것이다. 결국, 집단 내에서 협력의 문화는 점차 사라질지도 모른다. 개인적 피해를 감수하고서라도 피해를 입은 당사자들이 보복할 수 있다는 사실을 아는 경우에는 실험 참가자들의 부정행위가 현저하게 감소했다.[5]

인간이 강한 상호성을 지니고 있다는 사실은 현재 다양한 실험 집단과 사회 집단을 대상으로 한 연구와 사례를 통해 타당성을 인정받고 있다.[6] 강한 상호성을 띠는 행동에 영향을 미치는 다양한 신경기제의 역할에 대한 증거도 속속 밝혀지고 있다. 예를 들어, 실험 참가자에게 '불공정'해 보이는 행동을 하는 사람을 처벌할 수 있는 기회를 주자, 미상핵caudate nucleus이라고 하는 유쾌한 보상을 담당하는 뇌 부위가 활발하게 운동하는 것을 관찰할 수 있었다.(이 부위는 코카인이나 니코틴 같은 물질에 의해 활성화되기도 한다) 즉, 강한 상호성이 경제적 보상의 차원에서는 실험 참가자들에게 아무런 실익이 없지만, 심리적인 보상은 줄 수 있다는 것이다. 또한, 불공정한 행동의 처벌에 개인적인 대가가 따른다는 사실을 아는 순간, 실험자들의 전두엽이 활발하게 움직였다. 즉, 우리의 뇌는 처벌의 대가와 보상을 통합해서 균형을 유지하는 방식으로 작동하고 있는 것이다.[7] 하지만, 모든 실험 참가자가 이와 같은 방식으로 행동하는 것은 아니라는 사실을 명심해야 한다. 강한 상호성을 지닌 참가자는 전체 참가자들의 일부에 불과하다. 앞으로 살펴보겠지만, 강한 상호성을 지닌 일부의 사람들은 특정 사회 집단 내에서 협력을 촉진해야 할 현실적인 필요가 있는 사람들이 대부분이었다.

그렇다면 낯선 사람을 신뢰하는 능력에 상호성이 중요한 역할을 하는 이유는 무엇일까? 첫째, 일부 부도덕한 개인이 질서를 위협하는 순간에도 현대 사회를 지탱해주는 복잡한 신뢰 네트워크가 붕괴되지 않는 이유를 바로 그 상호성에서 찾을 수 있기 때문이다. 경제학자 카우식 바수Kaushik Basu는 간단한 사례를 통해 이를 설명한다.[8] 당신이 낯선 대도시에서 택시를 탔다고 가정해 보라. 택시가 목적지에 도착하면 당신은 택시기사에게 요금을 지불할 것이다. 이미 목적지에 도착했고 택시기사를 다시 볼 일이 없다면, 무엇이 고민인가?[9](경제학자들이 비판을 받는 이유 가운데 하나는 가끔 이렇게 허무맹랑한 질문을 아무렇지도 않게 던지기 때문이다.*) 장담하건대, 당신에게 상호

---

* 사실 경제학자들만이 아니다. 역사학자이자 철학자 윌 듀란Will Durant은 자신의 저서 『철학 이야기TheStory of Philosophy』에서 철학자 쇼펜하우어에 대한 한 가지 일화를 소개했다. 쇼펜하우어는 레스토랑에 가면 웨이터들을 자극하기 위해서 밥을 먹기 전에는 테이블 위에 팁을 올려두지만, 식사가 끝날 무렵에는 팁을 도로 집어넣었다는 것이다.

적 행동의 본능이 있다면 당신은 본능적으로 행동할 것이다. 이 순간 당신은 상호적 행동이 필요하다는 사실을 본능적으로 느낄 수 있을 것이다. 당신은 방금 당신에게 점잖은 대우를 해준 사람에게는 당신 역시 점잖게 대우해야 한다는 성향을 지니고 있거나, 점잖은 행동에 대해서는 보답을 해야 한다는 도덕적 의무가 있다고 믿기 때문이다. (이 두 가지의 행동, 즉 본능적 행동과 도덕적 행동이 완전히 다른 것은 아니다. 도덕적 의무감에서 상호적 행동을 하는 경우에도 당신에게 올바르게 행동한 사람에게는 당신 역시 '올바르게' 행동하려고 하는 것이기 때문이다.) 이번에는 당신에게 상호적 행동의 본능이 없다고 가정해 보라. 당신은 속으로 "나에게 이익이 되는 것이 무엇인가?"를 따져볼 것이다. 마침내 요금을 지불하지 않아도 되는 이유를 찾아낸 다음 택시비를 내지 않고 그냥 내린다고 가정해 보자. 택시기사는 화를 내며 난동을 피울 것이다. 행인들 앞에서 망신을 주거나 주먹을 날릴 수도 있다. 심하게는 경찰을 부를지도 모른다. 얼마 되지 않는 택시비 때문에 이렇게까지 험한 꼴을 당할 이유는 없다. 그러므로 행동의 동기를 굳이 강한 상호성에서 찾으려고 할 필요는 없다. 단순한 이기심에서 비롯된 행동이라고 쉽게 설명할 수도 있기 때문이다.

하지만, 다음과 경우라면 어떻게 대처해야 할까? 당신은 택시비를 지불했다. 그런데도 택시기사는 더 많은 요금을 받기 위해 사람들 앞에서 망신을 주겠다고 겁을 주거나, 경찰에 신고하겠다고 위협을 할 수도 있다. 이 상황을 아는 사람은 당신과 택시기사 둘뿐이다. 택시기사 역시 당신을 두 번 다시 볼일이 없다면 더 많은 요금을 받아내려는 행동은 당연하다. 오히려 이와 같은 행동을 하지 말아야 할 이유가 없지 않겠는가? 다시 말하지만, 택시기사의 상호적 행동은 강한 상호성에 의한 동기에서 비롯되었을 수도 있고, 단지 요금을 더 많이 받으려고 했을 때 당신이 난폭한 행동을 할 수도 있다는 계산에서 비롯되었을 수도 있다. 그렇다면 택시기사는 무엇 때문에 당신이 난폭한 행동을 할 것이라고 생각했을까? 당신이나 택시기사가 취한 행동이 현명한 이기심의 결과라는 사실을 아무리 철저하게 증명하더라도, 사람들이 누군가의 속임수를 알아차리는 순간에는 평소보다 행동이 거칠어진다는 사실을 고려할 수밖에 없다. 택시기사와 당신이 택시비를 주고받는 장면을 누구도 보지 못했기 때문에 제3자인 집행기관은 택시기사와 당신의 거래, 그리고 당신의 행동 사이에 어떤 상관관계가 있는지에 대해서 알 수도 설명할 수도 없다.

제3자 집행기관(법원 등)이 신뢰의 네트워크를 강화하는 역할을 하는 경우에도 강한 상호성은 이들 기관의 신뢰도를 높여주는 '비타민' 같은 역할을 한다. 담당 판사가 자신에게 가장 고액의 뇌물을 상납할 수 있는 당사자에게 유리한 판결을 내리지 않고, 사건의 시시비비를 따져 공정하게 판결하는 이유는 무엇일까? 다시 말하지만, 본능이 그것을 요구하기 때문이다. 물론, 뇌물을 받으면 곤란한 상황에 빠질 수 있다는 생각에서 자신에게 이익이 되는 방향으로 행동하는 것일 수도 있다. 하지만, 다른 사람들(판사의 뇌물수수 혐의를 고발하는 사람이나 혐의를 조사하는 사람들)이 사건의 진위 여부에 대해 전혀 신경을 쓰지 않는 순간에조차도 판사가 여전히 공정하게 판결을 하는 이유는 무엇일까? 신뢰의 네트워크 내에서 이기적인 판단을 내리는 모든 사람들은 어딘가에 자신만의 이익을 위해 행동하지 않는 사람이 존재할 것이라고 가정할 때에만 이기적인 판단을 내릴 수 있다.

공식적인 집행기관은 여전히 친절은 친절로, 불친절은 복수로 되갚는 본능적이고 계산적이지 않은 성향에 의존할 수밖에 없다. 하지만, 집행기관은 조금의 강한 상호성만으로도 커다란 효과를 거둘 수 있음을 확인시켜 준다. 오늘날 우리는 강한 상호성을 강화하기 위해서 이기심을 활용하는 다수의 정교한 제도에 기대어 사회생활을 이어간다. 우리는 낯선 사람들과 교류하기 위해서 그 사람이 정말 신뢰할 수 있는 사람인지를 끝없이 자문할 필요가 없다. 집행기관이 제대로 갖춰져 있고, 어디에서 누구를 만나든 마음 놓고 신뢰할 수 있는 경우라면, 우리 집 문 앞에서 초인종을 누른 처음 보는 사람이나 상점의 카운터에서 일하는 낯선 사람의 행동이 상호성 때문인지 단순한 이기심 때문인지를 걱정할 필요가 없다. 두 사람 모두 눈앞의 목적을 위해 행동할 것이기 때문이다.[10]

어느 정도 안정과 질서가 유지되는 사회에서는 편집증 환자처럼 보이는 질문이 가난하고 폭력적인 사회에서는 상당히 타당할 뿐만 아니라, 심지어 필수적인 질문이 될 수도 있다. 인류사적으로도 강한 상호성은 중요한 역할을 했는데, 강한 상호성이 있었기 때문에 수렵채집인 무리들은 낯선 사람들과 조심스럽게 최초의 교류를 시작할 수 있었다.(앞에서 살펴본 것처럼 낯선 사람들과의 교류는 농경사회가 정착되기 훨씬 전부터 이루어졌다.) 자신의 이익만을 위해 고립된 상태에서 살아가는 수렵채집인 무리와 첫 번째 교류를 시작했던 행상인은 틀림없이 자신의 물건을 모두 빼앗기고 가까스로 달아나서 겨우 목숨만 건졌을 것이다. 결과적으로, 행상의 물건을 빼앗은 수렵채집인 무리는 상인의 물건을 건네받고 그 대가로 자신들도 어떤 물건을 내놓는 것이 장기적으로는 훨씬 이익이 될 것이라는 생각까지는 할 수 없었던 것이다. 수렵채집인 무리가 행상을 처음으로 만났다는 사실을 고려해 보면, 그 상인이 자주는커녕 다시 그곳에 나타날 것이라는 보장도 없었기 때문이다. 낯선 사람에게 적대감을 가지고 있었던 선사시대의 선조들이 낯선 사람과 조심스럽게 교류를 시작하게 된 데는 틀림없이 강한 상호성이 작용했을 것이다. 물론, 진심을 다한 우정의 몸짓이 배신으로 돌아오는 경우도 있었을 것이다. 아메리카 대륙에 처음으로 발을 들인 유럽인들과 교류를 시작한 많은 아메리카 원주민들이 끔찍한 대가를 치러야 했던 것처럼 말이다. 비록 결과는 비극적이었지만, 아메리카 원주민들이 낯선 유럽인들을 신뢰하지 않았더라면 인류의 미래는 완전히 달라졌을 것이다.-다시 말해, 아메리카 원주민들은 타인을 신뢰했을 때 나와 상대 모두에게 이익이 된다는 사실을 이미 깨닫고 있었던 것이다. 이 깨달음이 없었더라면 우리가 아는 '현대 사회'는 탄생조차 할 수 없었을 것이다.

문명화 과정에 대한 재조명

강한 상호성은 다른 사람의 행동으로 인해 발생되는 감정이다. 강호 상호성은 다른 사람이 우리에게 행동한 것처럼 우리도 그들에게 행동하게 만드는 감정의 집합이라는 점에서 '감정군'이라고 부르는 것이 좋을 것 같다. 우리는 살아가면서 분노, 향수, 후회, 온유, 질투, 혐오, 미혹, 우울, 분노, 욕망, 당혹감, 부러움, 공포, 슬픔, 기쁨 등 수많은 감정을 느끼고 상황에 따라 그 감정들을 표출한다. 심리학자들이 사용하는 전문용어는 아니지만, 이 모든 감정은 우리가 인지할 수 있는 심리적 상태를 가리키고 있다. 이 가운데 어떤 감정을 느꼈을 때, 우리는 현재 우리 자신에게 어떤 감정이 가장 이익이 되는지를 언제나 분별력 있게 계산하는 것은 아니다. 어떻게 보면 오랫동안 서양의 주류 지성계에서 감정을 불편하고 저열한 것으로 취급하면서 이성으로 감정을 억제해야 한다는 주장을 펼친 것도 동일한 이유 때문이었을 것이다. 하지만, 최근의 연구 결과에 따르면, 감정보다 이성을 우위에 두어야 한다는 생각은 이성만을 중시하는 지적 전통에 수시로 반기를 들었던 사람들이 깨달은 것보다 훨씬 심각한 착각에 지나지 않는 것이었다.

이와 같은 전통을 가장 현대적으로 표현한 작품이 독일의 사회학자 노베르트 엘리아스Norbert Elias의 저서이다. 노베르트 엘리아스의 주요 저서인 『문명화 과정The Civilizing Process』은 1939년에 독일에서 처음으로 출간되었지만, 30년 후에 영어로 번역되어 재출간되기 전까지는 거의 주목을 받지 못했다.[11] 엘리아스는 중세 이후의 유럽사회에서 대인 폭력이 감소한 것은 두 가지 요인으로 인해 촉발된 유럽 사회의 근본적인 변화 과정의 일부였다고 주장한다. 변화의 첫 번째 요인은 다양한 제도를 통해 개인의 행동을 규제한 것이고, 두 번째 요인은 특정한 행동 원칙-자기통제, 신중함, 예절 등의 원칙-이 상류층에서 일반 서민층으로 점차 확대된 것이었다. 이 두 가지 요인들로 인해 행동의 기준이었던 명예는 분별력에 자리를 양보해야만 했다. 친족에 대한 충성심을 대신해서 공정성이라는 규범(법 집행 등)이 부각되었다. 이성이 감정보다 중요하다는 평가를 받았고, 정의가 복수보다 우선시되었다.

하지만, 엘리아스가 주장한 이론은 많은 부분에서 비판을 감수해야 했다. 예를 들어, 독일의 민족학자이자 문화인류학자인 한스 페터 뒤르Hans Peter Duerr는 엘리아스가 중세시대가 시작되기 한참 전부터 유럽 사회에 존재했던 개인의 행동에 대한 사회적 제약의 범위와 수준을 과소평가한다고 주장했다.[12] 또한, 이성으로 억제해야 하는 비이성적이고, 육체적인 감정이 있다는 생각은 현대적인 시각이라고 보기 힘들다는 것이다. 한스 페터 뒤르는 이와 같은 생각은 플라톤이 『국가론The Republic』에서 주장한 영혼론(영혼은 이성, 영혼, 용기 세 가지로 구성되어 있다는 생각), 심지어 그 이전의 피타고라스 학파에까지 거슬러 올라간다고 보았기 때문이다. 엘리아스는 자신을 향한 비판에 아무런 반박도 하지 않았다. 그럼에도 여전히 쟁점이 된 문제는 개인의 행동에 대한 사회적 제약이 근대 초기부터 유럽에서 더욱 광범위하고 실질적으로 자리 잡고 있었는가에 대한 것이었다. 대인 폭력의 빈도 감소에 대한 축적된 증거에 의하면 확실히 '그렇다'라고 대답할 수 있게 되었다.(마뉴엘 아이스너가 살인율에 관한 자신의 연구에서 강조한 것처럼) 이후 엘리아스의 주장은 상당히 설득력 있게 받아들여졌고, 엘리아스의 연구는 그의 영향을 직접적으로 받지 않은 후대의 학자들에게 제도적인 제약의 상대적 역할과 행동 원칙에 대해 연구를 진행할 수 있는 기틀을 마련한 것으로 평가되었다. 예를 들어, 그레고리 클라크Gregory Clark는 저서 『구제금이여, 잘 있거라A Farewell to Alms』에서 산업혁명이 일어난 이유는 일과 절약, 경제적 합리성에 대한 태도 변화 때문이었으며, 이와 같은 태도의 변화는 경제적 번영을 이룬 가정을 중심으로 가치의 재생산에 성공했기 때문에 일어난 것이라고 주장했다. 즉, 경제적으로 성공을 거둔 가정에서 자신들이 거둔 성공의 토대가 된 가치들을 사회 체제의 내부로 널리 확산시켰다는 것이다. 여기에 더해 클라크는 정교한 제도의 영향력에 대해 말하는 이들의 주장을 반박했다. "오늘날 세계은행이나 IMF가 강조하는 경제성장에 필요한 모든 제도적 요건을 이미 갖추고 있었던 사회는 역사적으로 잉글랜드를 비롯 약 1,200여 곳에 이른다." 라고 말하며, 실제로 부족했던 것은 제도가 아니라 가치와 태도, 그리고 신념이었음을 암시하고 있다.**[13]**

엘리아스의 견해에 힘을 실어 주는 다른 주장들도 있었다. 아자르 가트의 경우, 전쟁의 대안인 평화가 번영에 이바지하면서부터 전쟁의 기운은 시들해졌다고 주장했다. 이를 위해 세계는 맬더스 이론Malthusian logic에서 벗어날 필요가 있었다. 맬더스의 주장에 따르면, 일시적인 번영은 급속한 인구 증가만 야기할 뿐이고, 장기적으로 국민 개인의 복지와 후생에는 아무런 도움도 되지 않는다는 것이다.**[14]** 하지만, 평화를 통한 번영이 실현되면서 개인들 사이에서 벌어지는 폭력으로 인해 발생되는 파괴적 영향력을 최소화하는 방향으로 사회를 구성해야 하는 분명한 동기가 생겼기 때문에 더 이상 맬더스의 이론에 얽매일 필요가 없어진 것이다.

앞에서 살펴본 것처럼 선사시대 이후에 폭력의 사용이 눈에 띄게 줄어든 것은 반박의 여지가 없는 사실이다. 하지만, 인간의 삶에서 이성이 점차 감정을 대신하게 되면서 폭력이 감소했다는 엘리아스의 주장을 현재의 시선에서 바라보면 사태를 지나치게 단순화하고 있다는 생각을 지울 수 없다. 최근 여기에 대한 대안이 제시되었다. 즉, 이성은 감정을 대신하는 것이 아니라, 감정을 이용함으로써 인간의 사회생활을 지배한다는 것이다. 주장의 근거는 다음과 같다.

3장에서 카우식 바수가 사례로 든 택시기사 이야기를 통해 경찰이나 법원 같은 공식적 집행기관이 존재하는 사회에서 신뢰는 단지 이기적인 행동의 결과일 뿐이기만 한 것이 아니라는 사실을 알 수 있다. 이론적으로는 신뢰를 형성하기 위해서는 모든 사람들이 다른 사람의 행동을 완전히 투명하게 알 수 있어야 한다. 이때 신뢰는 게임 이론가들이 이야기하는 사회적 행동의 평형equilibrium of social behavior 상태이다. 즉, 사람들은 다른 사람들에게 되돌려 받게 될 처벌을 두려워했기 때문에 신뢰할 수 있는 행동을 했고, 반면 다른 사람들 역시 입장이 뒤바뀌었을 때 자신에게 차례가 돌아오는 것을 두려워하면서 처벌했을 것이다. 일부 학자들은 이 과정이야말로 과거에 협력이 발전한 방식이며, 오늘날에 이르기까지 협력이 유지되는 방식이라고 주장하고 있다. 예를 들어, 게임 이론가 켄 빈모어Ken Binmore는 자녀가 나이든 부모를 돌보는 이유를 "사회계약에 의해 자신들에게 정해진 역할을 이행하지 않을 경우 공동체로부터 비난을 받을 수 있기 때문"[15]이라고 주장했다. 그는 선사시대 이래로 사회적 신뢰를 유지하는 가장 효율적인 수단이 상호 감시라고 생각했던 것이다.

하지만, 택시기사 이야기를 통해 우리는 모든 사람이 투명하게 알기 힘든 상호작용이 존재할 경우에는 관계 네트워크의 내부 어딘가에 강한 상호성에 따라 행동하는 개인이 반드시 필요하며, 그렇지 않을 경우에는 순전히 이기적인 동기 때문에 협력을 하는 사람도 존재하기 힘들다는 사실을 알고 있다. 미국의 경제학자 허버트 긴티스Herbert Gintis는 모든 사람이 철저하게 이기적으로 행동한다면, 다른 사람의 행동을 감시하는 과정에서 조금의 실수만으로도 규모가 크든 작든 해당 집단의 협력은 완전히 붕괴될 것이라는 주장을 펼쳤다.[16] 절도범들은 정직한 경찰에 의해서만 감시가 가능하며, 경찰들은 시민들의 불침번에 의해서만 정직함을 유지할 수 있다. 또한, 시민들은 이웃의 끝없는 감시에 의해서만 서로 불침번을 서게 되며 이 과정을 되풀이할 수 있게 된다는 것이다. 결국 모든 사람이 상호 감시규정을 위반했다고 착각해서 일 년 내내 서로를 처벌하는 사태가 벌어질 수도 있으며, 모두에게 암울한 미래, 즉 디스토피아가 도래할 수 있다는 것이다.

이는 협력의 진화를 이해득실의 '계산'만으로 설명하려 했을 때 발생하는 심각한 문제이다. 심지어 수렵채집인 무리의 협력도 계산만으로는 설명할 수 없을 것이다. 사실, 현대 사회와 달리 대부분의 수렵채집인 사회는 가까운 친족이 아니라고 하더라도 거의 매번 다시 만날 수 있는 사람들과 거래를 했다. 그럼에도 여전히 다른 무리와 떨어진 상태에서 숨어 사는 사람들이 적지 않았을 것이다. 그들은 집단에 속한 사람들을 속일 수만 있다면 상당한 이익을 얻을 수 있는 환경에 놓여 있었다. 수렵채집의 환경, 즉 불안정한 환경에서-사냥감과 식량을 찾고 이렇게 찾은 식량을 지키려는 노력이 끊임없이 위협 받는 환경에서- 협력은 불가피했다. 몇 명의 무리가 숲으로 들어가 각자 흩어졌다가 다시 합류하고, 어떤 이들은 사냥감의 탈출을 차단하기 위해 여러 방향으로 나뉘어 움직였을 것이다. 우연히 꿀이나 과일을 발견하면 다른 사람들에게 알리지 않고 일부를 먹어 치우거나 나머지를 숨길 수도 있었을 것이다. 누군가를 속이는 것이 어렵지 않았다면, 의심과 착각으로 인한 보복 역시 일상적이었을 것이다.

하지만, 아주 조금의 강한 상호성이 존재하는 것만으로도 협력은 매력적으로 비쳤을 것이다. 심지어(또는 특히) 상호적이지 않은 사람들의 눈에는 더욱 매력적이었을 것이다. 철저하게 이기적인 사람들조차도 상호적인 사람들의 행동은 어떤 반응을 기대하게 만들기 때문이다. '상호성'이라는 그토록 적은 양의 이스트로 '협력'이라는 거대한 빵을 만들어낼 수 있다는 사실이 신기할 따름이다. 사실, 상호적인 사람이 몇 명만 있어도 나머지 이웃의 이기심은 신뢰를 억제하기보다는 신뢰를 촉진하는 방향으로 행동을 이끄는 원동력이 된다. 이 상황에서는 무정하고 예측 가능한 행동, 즉 계산적인 행동 역시 중요한 미덕이 될 수 있다. 영국의 소설가 그레이엄 그린Graham Greene의 소설 『사건의 핵심The Heart of the Matter』(1971)에서 우유부단한 경찰서 부서장으로 나오는 주인공 스코비Scobie는 다음과 같이 말한다.

> "그들은 돈으로 타락했고, 그는 감정으로 타락했죠. 가끔은 감정이 더 위험해요. 감정엔 값을 매길 수가 없으니까요. 뇌물에 약한 사람의 경우에는 일정한 금액을 넘지만 않는다면 믿고 맡길 수 있어요. 하지만, 감정은 깊숙한 곳에 숨어 있던 이름 하나, 사진 한 장, 기억 속 냄새에도 불현듯 살아날 수 있잖아요."

즉, 이해득실의 계산과 강한 상호성은 보완적 덕목으로 사회적 신뢰를 주고받는 과정에서 서로가 서로를 이용한다.

신뢰 신호로써의 미소와 웃음

우리는 이해득실의 계산과 강한 상호성이 어떻게 상호 보완적 덕목이 되는 것인지에 대해서 다시 한 번 질문해 볼 필요가 있다. 계산은 확실한 근거가 있을 때에만 다른 사람을 신뢰할 수 있도록 하며, 자신에게 가장 이익이 되는 선에서만 다른 사람을 신뢰하게 만든다. 시시각각 변하는 자연 환경이나 복잡한 사회구조 속에서 살아가는 개인에게 계산 능력은 반드시 필요하다. 지난 600~700만 년 동안, 인류는 다양한 생태 환경의 변화와 사회 집단의 규모 확장을 경험했다. 이 과정에서 선택압이 작용했고, 그 결과 인간의 두뇌 용량이 늘어나게 되었다. 진화 과정에서 생존가능성을 높이기 위해서는 계산을 잘 해야 했고, 각기 다른 환경에서 어떻게 행동해야 할지를 잘 판단해야 했으며, 속임수를 알아차리는 능력이 필요했을 것이다. 실제로 주변 사람들이 신뢰의 신호를 보냈을 때, 이를 예민하게 감지하는 능력이 사람들에게 있다는 사실을 보여주는 증거는 아주 많다. 한 유명한 실험에서, 심리학자 레다 코스미데스와 존 투비는 카드를 확인해서 게임의 규칙을 증명하는 문제를 통해 실험 참가자들이 논리적으로 문제를 해결하는 것에 대해 어려움을 느낀다는 사실을 밝혀냈다.(이 실험을 '웨이슨의 선택과제Wason selection task'라고 한다.) 한편, 사회적 행동 규칙을 어기는 사람을 찾아내는 카드 문제에서는 논리적으로는 동일한 문제임에도 불구하고 문제를 쉽게 해결했다. 이와 같은 실험결과를 바탕으로 코스미데스와 투비는 인류의 진화사에서 추론 능력은 속임수를 알아차리는 능력에 도움이 되는 방향으로 진행되었으며, 논리보다는 구체적 상황에 예민하게 반응하는 방향으로 발전해 왔다는 결론을 내렸다.[17]

하지만, 계산능력이 다른 사람에 대한 신뢰를 불러일으키는 필수적인 덕목이라고 할 수는 없다. 가령, 당신이 스스로에게 유리한 방향으로 거래를 이끌어갈 수 있는 능력을 가진 뛰어난 수완가라는 사실을 내가 알고 있다고 가정해 보자. 나는 성급하게 당신을 속이지도 않겠지만, 섣불리 신뢰하지도 않을 것이다. 또한, 당신에게 먼저 우정의 제스처를 취하는 일도 없을 것이다. 우정 어린 행동을 한다고 해서 나에 대한 당신의 태도가 바뀌지 않을 것임을 알고 있기 때문이다. 당신은 오직 미래에 거둬들일 수 있는 이익을 계산하고 그에 따라 행동할 수밖에 없을 것이다. 즉, 이해득실에 대한 철저한 계산은 신뢰를 영악하게 이용할 수는 있지만 신뢰를 불러일으키지는 못한다.

　　계산능력과 달리 강한 상호성은 당연히 약삭빠르지 않다. 강한 상호성은 오직 과거에 받은 친절을 보답하려는 마음만으로 상대에게서 친절한 행동을 이끌어낸다. 미래에 아무런 이익이 생기지 않는다고 해도 마찬가지다. 하지만, 사람들은 강한 상호성으로 인해 과거의 잘못에서 비롯된 복수의 굴레에 갇혀버릴 수도 있다. 또한, 어떤 개인이 스스로 판단한 결정보다 외부의 사건에 의해 촉발된 감정에 의존할 경우에는 다른 누군가가 그 개인의 행위를 조종할 수도 있는데, 이 역시 강한 상호성 때문이라고 할 수 있다. 여러 가지 문제점에도 강한 상호성이 지닌 가장 중요한 강점은 다른 사람들에게 신뢰를 받고 싶을 때 '계산'의 영향에서 자유로울 수 있다는 것이다.[18] 지금 내가 다른 사람에게 보여준 관대한 행동에 대해 그 사람이 미래의 어느 시점에 자신의 이해득실을 따지지 않고 나를 돕는 행동으로 보답할 것이라는 확신이 있다면, 나는 위험을 무릅쓰더라도 그 사람을 도울 것이다. 내 앞에 있는 어떤 사람이 상호적인 성향을 지니고 있다면, 그 사람은 그렇지 않은 사람보다 훨씬 신뢰할 수 있는 파트너가 될 것이다. 즉, 내가 지니고 있는 강한 상호성이라는 덕목은 아무리 정교한 계산능력을 가졌다고 하더라도 결코 계획할 수 없는 '약속의 힘'을 만들어낼 수 있다. 계산능력에 의지하는 사람들은 강한 상호성이 만든 약속의 힘을 가질 수는 없지만, 그렇다고 해서 이해할 수조차 없는 것은 아니다. '머리'로는 충분히 이해할 수 있다.-그래서 계산적인 사람들은 자신과 똑같은 계산적인 사람들보다는 오히려 상호적인 사람들을 훨씬 신뢰하게 되는 것이다.

　　이와 같은 사실들을 고려해 보면, 어떤 개인이 다른 사람과 관계를 맺을 때에는 신뢰를 현명하게 이용하는 동시에 다른 사람에게 신뢰를 불러일으킬 수 있는 어느 정도의 계산적인 능력과 성향이 필요하다는 것을 보여 준다.-하지만, 이것 역시 균형을 잃게 되면 누구에게도 신뢰받을 수 없을 것이다. 동시에 그들에게는 어느 정도의 강한 상호성도 필수적이다. 이 역시 지나친 것은 금물이다. 강한 상호성이 지나칠 경우 다른 사람들로부터 이용당하기 쉽고, 예전에 잘못 판단했던 것들이 잊혀지지 않은 상태로 오랫동안 삶을 지배할 것이기 때문이다. 그들은 다른 사람에게 자신이 강한 상호성의 성향을 가진 신뢰할 수 있는 사람이라는 것을 보여줄 수 있는 '신호'를 찾아야 하는데, 이 신호는 철저하게 계산적인 사람들이 절대로 흉내 낼 수 없는 것이어야 한다. 심리학자 마이클 오우렌Michael Owren과 조-앤 바코로프스키Jo-Anne Bachorowski는 이 문제에 관한 아주 독창적인 이론을 발표 했다. 그들의 이론에 따르면, 인간의 미소와 웃음은 신뢰의 신호를 전달하는 수단에서 진화했다는 것이다.[19] 미소와 웃음 모두 인간의 고유한 능력이며, 다른 종에서는 아주 기본적인 형태만 존재할 뿐이다.[20] 미소와 웃음 모두 다른 사람에게 호의를 가지고 있다는 것을 전달하는 동시에 그들에게 너그러운 행동을 하게 될 것이라는 의지를 알리는 신호의 역할을 한다. 심리학자들은 이를 '긍정적 감정positive effect'[21]이라고 부른다. 미소와 웃음은 모두 다른 사람의 긍정적 감정을 이끌어내는 것처럼 보인다.[22] 오우렌과 바코로프스키는 미소와 웃음이 긍정적 감정을 끌어내고, 결과적으로 신뢰를 전달하는 확실한 신호의 역할을 함으로써 미소와 웃음을 짓는 것에 능숙한 개인의 경우에는 적응력이 상당히 높아졌을 것이라고 주장했다. 따라서 미소와 웃음에 관계된 능력을 촉진하는 유전적 돌연변이는 확산되었을 가능성이 높다. 신뢰의 신호로써 미소와 웃음이 가지고 있는 신뢰도를 고려한다면, 당연히 미소와 웃음에 대해 유리한 방향으로 진화가 이루어졌을 것이다.[23]

하지만, 다른 사람에게 내가 신뢰할 수 있는 사람이라는 생각을 강화하는 모든 신호는 반대로 내가 다른 사람을 속일 때에도 아주 유용하게 사용될 수 있다. 이 신호를 이용해서 다른 사람들이 나를 신뢰하고 나에게 호의를 베풀도록 만드는 것도 가능하기 때문이다. 또한, 특별히 불편하지만 않다면 다른 사람에게 받은 호의를 돌려줄 필요도 없다. 뒤이어 오우렌과 바코로프스키는 미소가 신뢰를 전달하는 확실한 신호로 자리 잡자마자 인간은 거짓으로 미소를 조작할 수 있게 되었다고 이야기한다. 거짓으로 꾸며내는 미소는 자연스러운 미소와는 다른 신경 회로를 사용한다고 알려져 있다.(19세기의 심리학자 폴 에크만Paul Ekman은 진짜 미소와 거짓 미소의 차이를 밝힌 글에서 진심에서 우러나는 미소를 얼굴의 모든 근육이 움직이는 '뒤센Duechenne' 스마일이라고 불렀다.) 하지만, 모든 사람이 거짓으로 미소를 지을 수 있는 것은 아니다.–정치인들은 거짓으로 미소 꾸며내는 일에 능숙하며, 실제로 거짓으로 미소를 잘 꾸며내는 사람들의 당선확률이 높다. 나는 개인적으로 많은 사람들(나를 포함한)이 카메라 앞에서 확신에 찬 미소를 꾸며내는 재주가 없어서 정치에 입문하지 못하는 것이라고 생각한다. 하지만, 미소를 꾸며낼 줄 아는 사람이 그토록 많다는 사실은 인류의 거짓 미소가 상당히 진화했다는 것을 보여준다.

미소와 달리 웃음을 진짜처럼 꾸며낼 수 있는 사람은 거의 없다. 실제로도 자연스러운 미소와 연기파 배우들의 거짓 미소를 확실하게 구분할 수 있는 사람은 거의 없다. 하지만, 자연스러운 웃음과 연기파 배우들이 연기하는 웃음의 차이는 거의 모든 사람들이 분명하게 구분해낸다. 제 아무리 유능한 배우라고 해도 예외는 없다. 또한, 꾸며낸 웃음은 자연스러운 웃음보다 긍정적 감정을 불러일으키는 효과가 약하다. 이 모든 사실들을 종합해서 오우렌과 바코로프스키는 웃음이 미소(선사시대 최초의 정치인을 흉내 내다 진화한 것이 틀림없는)보다 나중에 진화했을 것이라고 주장한다. 미소는 조작하는 것이 쉽다 보니 긍정적 감정을 전달할 수 있는 다른 신호가 절실하게 필요해졌고, 웃음이 미소보다 나중에 진화했기 때문에 웃음을 완벽하게 조작할 수 있는 능력을 갖추는 데까지는 진화하지 못했다는 것이다.

웃음의 신호 이론을 뒷받침하는 한 가지 강력한 증거는 세계의 거의 모든 문화권에서 사업상 거래를 하는 사람들이 서로 술잔을 부딪치며 거래의 대미를 장식한다는 것이다. 술은 사람들의 판단력을 흐리게 만든다. 사실, 술을 마심으로써 사람들은 외부의 자극에 무뎌지게 되고, 특히 아직까지 눈앞에 닥치지 않은 미래의 위험이나 고통에 대한 감각이 마비된다.[24](음주가 교통사고의 가능성을 높이는 이유는 술이 사람들의 반응을 무디게 만들기 때문이기도 하지만, 그보다는 앞으로 닥칠 위험에 대한 감각을 무디게 해서 사람들을 무모하게 만들기 때문이다.) 즉, 새로운 파트너를 얼마나 신뢰할 수 있는지에 대해 판단해야 하는 사업상의 모임에서 함께 술자리를 하는 것은 거래를 마무리하는 가장 부적절한 방법이라는 것이다.[25] 하지만, 술은 사람들로 하여금 긴장을 늦추도록 만들기도 한다. 무엇보다 술은 사람들을 웃게 만든다. 모든 문화권에서 대부분의 기업가들은 농담으로 만찬 모임을 시작한다. 처음에는 아무도 웃지 않지만, 술을 마시고 어느 정도 거나해지는 모임의 막바지에는 모두가 자지러지게 웃고 있다. 동시에 술은 신뢰를 현명하게 이용하려는 사람들의 능력을 무디게 만들어서 스스로 통제하기 힘든 긍정적 감정을 불러일으키는 신호, 즉 웃음을 유발함으로써 사람들에게 신뢰를 불러일으킨다.[26]

하지만, 거짓 미소와 가짜 웃음이 언제나 신뢰의 형성을 방해하는 것은 아니다. 신생아가 생후 몇 주 내에 할 수 있는 최초의 사회적 상호작용 가운데 하나는 자신을 보고 웃어준 사람을 향해 똑같이 웃어주는 것이다. 우리는 미소가 우리의 친족, 특히 부모님이 가진 사랑과 선의의 표현이라는 사실을 아주 어려서부터 배운다. 인류 역사에서 최초의 상인이라고 말할 수 있는 이들 역시 상호적 반응을 이끌어내기 위해 최선을 다해 확신에 찬 미소를 지었을 것이다. 그 결과, 그들은 마침내 수렵채집인 무리와 만나서 '전쟁'을 하는 대신에 물건의 교환에 성공할 수 있었다. 설득력 있게 미소를 꾸며내지 못했다면 그들 사이의 교류는 결코 일어나지 못했을 것이다. 다른 많은 상황들과 마찬가지로 낯선 사람을 신뢰하는 행위는 우리가 가족과 친구를 신뢰하는 과정을 의식적으로, 또 무의식적으로 흉내 내는 과정일지도 모른다.

신뢰와 감정

앞에서 살펴본 것처럼 우리 인류는 협력을 통해 발생할 수 있는 결과에 대한 이성적 판단만으로 협력을 결정하지는 않았다. 강한 상호성의 존재는 많은 사람들이 협력을 통해 얻을 수 있는 이익과는 무관하게 다른 사람의 너그러운 행동만으로도 협력이 이루어질 수 있다는 것을 보여준다. 또한, 협력적 행동이 계산을 담당하는 뇌의 특정 부위만을 자극하는 것도 아니다. 최근의 연구 결과, 옥시토신이라는 호르몬이 분비되었을 때 피실험자는 다른 피실험자를 신뢰하려는 의지가 강해진다는 사실이 밝혀졌다. 관련 실험에서 실험 참가자들은 나중에 더 많은 금액의 돈을 돌려받을 수 있다는 기대만으로 상대방에게 돈을 보낼 것인지 보내지 않을 것인지를 결정했다. 옥시토신이 단순하게 마법 같은 힘을 가졌기 때문에 위험에 대한 사람들의 생각을 낙관적으로 변화시키거나 걱정을 덜어준 것이 아니다. 옥시토신이 분비될 때, 실험 참가자들은 상대방에게 기꺼이 돈을 보내려고 할 것이다. 하지만, 상대방의 행동을 예측해야 하는 기계(예를 들면)의 경우라면 그렇지 않을 것이다.[27] 우리의 뇌는 여전히 다른 사람을 상대하고 있다는 상황에 대한 이해를 필요로 한다. 그래서 신뢰는 지능적 요소와 감정적 요소가 아주 밀접하게 얽혀 있는 완전하게 사회적인 판단이 되는 것이다. 이와 같은 이유 때문에 지능과 감정은 조종이 가능할 수도 있지만, 다른 사람의 감정에 대응하는 행위는 우리가 일상적으로 다른 사람들에 대한 신뢰를 철회하거나 새롭게 갖는 것만큼 인간의 상호 작용에서 핵심적인 것이다. 이 과정을 우리는 '커뮤니케이션'이라 부른다.

　　다시 엘리아스의 문명화 과정에 대한 이야기로 돌아가 보자. 엘리아스의 이야기에서 어떤 부분이 빠진 것일까? 인류 사회에서 폭력의 사용이 줄어들면서부터 우리는 감정을 배제한 것이 아니라, 오히려 감정을 이용해야 했다. 특히, 강한 상호성은 신뢰가 불완전하게 유지되는 세계에서 계산적인 인간이 사법기관과 같은 시스템을 신뢰할 수 있게 만드는 강화제의 역할을 했다. 감정은 비합리적 행동이라는 위험을 내포하고 있지만, 감정이 없었다면 우리는 애초에 협력을 시도조차 할 수 없었을 것이다.[28] 실제로 낯선 사람들 사이에서 자연스러운 감정적 반응이 없는 경우에는 폭력이 줄어들지 않고,

오히려 늘어날 수도 있다는 사실이 밝혀졌다. 1971년에 실시된 유명한 '스탠퍼드 감옥 실험Stanford Prison Experiment'에서 실험 지원자들은 교도관과 수감자의 역할을 했다.(교도관들이 수감자들을 점점 잔혹하게 대하면서 실험은 중단되었다.) 교도관은 은빛 선글라스와 군복을 착용해 정체를 숨김으로써 수감자를 대할 때 마음이 약해지는 일이 없도록 했다. 실험을 주도한 필립 짐바르도Philip Zimbardo 교수는 잔혹한 인권 유린으로 악명 높은 이라크 최대의 정치범 수용소인 아부 그라이브Abu Graib 의 교도관들과 오싹할 정도로 유사한 조건을 만들었다. 아부 그라이브 수용소의 교도관들은 은색과 검은색으로 얼굴을 검은색 크림으로 위장했고, 심문관들은 명찰을 포함한 개인의 흔적을 모두 지워버린 상태에서 수감자들을 심문했는데, 그 과정에서 잔인한 폭력행위도 서슴지 않았다.[29]

이처럼 감정은 악의적인 목적으로 조종될 수도 있지만, 단결과 신뢰 형성을 위해 사용될 수도 있다. 우리가 현대 인류 사회라는 거대하고 협력적인 '기업'에서 그 역할을 충실하게 수행하고 있는 '인센티브'에 반응하면서 살아갈 수 있는 이유는 우리가 감정이라는 심리구조를 가지고 있기 때문이다. 인센티브가 수많은 제도 속에 어떤 방식으로 녹아 있는지에 대해서는 책의 뒷부분에서 살펴볼 예정이다. 공공정신을 가진 사람들의 시선에도 인센티브를 포함하고 있는 무수히 많은 제도들은 최소한의 사회적 협력이 이루어지도록 만드는 매력적인 선택으로 보이게 만든다.(그레고리 클라크의 생각과는 달리 현대의 경제생활은 변화하는 가치와 신념의 산물만은 아니다.) 하지만, 여기에 대해 이야기하기 전에 한 가지 근본적인 질문이 필요하다. 인간의 복잡한 심리구조는 도대체 어떤 모습을 하고 있는 것일까? 계산 능력은 틀림없이 선사시대부터 정착되었을 것이다. 하지만, 강한 상호성은 다른 문제이다. 아무런 이익이 되지 않을 때조차 협력하는 것은 후손을 남기는 데 전혀 효과적인 전략으로 보이지 않기 때문이다. 미래의 문명 실험을 위해 필요했다는 대답만으로는 충분한 설명이 되지 못한다. 그렇다면 강한 상호성은 왜, 어떻게 진화할 수 있었던 것일까? 생존에 불리한 환경에서 우리 선조들이 지닌 강한 상호성은 어떻게 살아남을 수 있었던 것일까?

chapter 05

사회적 감정은 어떻게 진화했는가?

강한 상호성의 진화에 대한 세 가지 견해

인간과 같은 사회적 영장류의 경우, 같은 종의 구성원들로 가득한 공간을 항해하기 위해서는 '마음'이라는 불안정한 배를 몰고 예측할 수 없는 '호르몬'의 파도 속으로 나아가야 한다. 나와 친분이 있는 사람들은 어디에 있는 것일까? 수평선이 눈에 들어오면 코티솔 수치와 혈압이 동시에 상승한다. 그때 눈앞에서 친구를 발견하면 옥시토신이 마구 샘솟는다.-언젠가 나에게 친절을 베풀었던 바로 그 친구이다. 하지만, 친구가 나를 발견하지 못하고 지나치기라도 하면 다시 스트레스를 받게 된다. 일부러 못 본 척한 것일까? 아니면 좋지 않은 일이 있는 것일까? 그때 생각지도 못했던 라이벌이 나타나면 아드레날린이 쏟아져 나올 것이다. 시비를 걸어오지는 않을까? 라이벌이 자리를 뜨고 사라면 아드레날린은 다시 수그러들고, 코티솔 수치가 서서히 올라가기 시작한다. 신경 쓸 필요가 없는 하찮은 존재라고 생각한 것일까? 그 다음에는 지난주에 나를 화나게 했던 어떤 사람이 시선에 들어오며 분노가 치솟는다. 그에 대한 복수를 계획하면서 코티솔 수치와 혈압이 함께 낮아지기 시작한다.[1] 이처럼 짧은 시간에 우리는 최근의 사건들을 기억하느라 머리가 터질 지경이 된다. 나에게 친절했던 사람, 나를 실망시킨 사람, 나에게 모욕감을 준 사람, 그리고 또 다른 내분비계의 반응을 일으키는 사람도 분명히 있을 것이다. 과거에 매달리지 말고 미래를 고려해서 이성적으로 어떤 선택이 가장 이익이 될지를 결정하는 것이 현명한 선택은 아닐까? 군집 생활을 하지 않는 오랑우탄의 삶은 훨씬 편안했을 것이다.

우리의 삶을 복잡하게 만들고 나중에 후회할 일을 저질러 버리는 원인이 단지 성호르몬 때문이라고 생각하는 것은 너무 단편적인 판단에 불과하다. 무리 지어 생활하는 영장류인 인간은 모욕감, 사소한 계급의 차이, 상호 간의 도움, 태만이나 고의적인 무시에 지극히 예민하게 반응한다. 이와 같은 문제에 대한 우리의 반응은 계산에 의해서만이 아니라, 격렬한 감정에 의해서 일어나기도 한다. 때로는 우리가 복잡한 계산 끝에 실행한 행동보다 감정적인 행동이 훨씬 중요한 순간도 있다. 감정은 말 그대로 '화병'으로 우리를 앓아눕게 만들 수도 있다. 오랜 기간 영국의 공무원들을 대상으로 연구한 결과, 상대적으로 낮은 지위(그리고 다른 직원들에게 괴롭힘을 당한 경험)는 심장병 등 스트레스 관련 질병의 높은 발병률과 상관관계가 있는 것으로 드러났다.[2] 원숭이를 대상으로 한 예비 연구에 따르면, 지위가 낮은 개체들에서 비만 비율이 높은 이유는 스트레스 반응이 일어났을 때 고칼로리 음식의 유혹에 쉽게 넘어가기 때문이고,[3] 이들이 쉽게 유혹에 빠지는 이유는 특정한 고칼로리 음식이 뇌에서 스트레스 호르몬 수용체의 작용을 방해하기 때문이다. 스트레스 때문에 앓아눕지는 않는다고 하더라도 스트레스 때문에 우리는 가끔 자신에게 아무런 이익이 없는 행동을 하기도 한다. 우리는 왜 이렇게 진화한 것일까? 호모 사피엔스 사피엔스의 심리에 내부적 설계 결함이 있는 것은 아닐까?

이 문제를 두고 연구자들은 여전히 고민을 거듭하고 있다.[4] 그들의 고민을 이해하기 위해서는 강한 상호성의 바탕이 되는 감정들에 대해 살펴볼 필요가 있다. 물론, 다른 문제에 대해서도 유사한 주장을 펼칠 수 있을 것이다.(예를 들어, 최근의 연구 결과에 따르면 주의력 결핍 및 과잉행동장애 ADHD를 일으키는 유전적 소인은 선사시대 유목 집단의 탐색적 행동이 자연선택된 결과 때문일 수 있다고 한다.)[5] 실제로 일부 연구자들은 강한 상호성이 진화론적 '실수'라고 주장했다.[6] 그들이 내세운 근거는 사람들이 다시 만나지 않으리라는 사실을 알고 있는 경우에도 개인적인 대가를 치르면서까지 친절에 대해서는 친절로 보상하고, 불친절한 행동에 대해서는 처벌하려는 경향을 보였다는 실험의 결과였다. 이들의 견해에 따르면, 다시 만날 가능성이 있는 사람에게만 상호성을 보이도록 진화하는 것이 적응에는 훨씬 유리했을 것이다.(우리는 이와 같은 성향을 가진 사람들을 '기회주의자'라고 부른다).[7] 그렇다면, 강한 상호성이 진화한 이유는 무엇일까?라는 질문은 '남성이 현재 피임 중인 아름다운 여성과 섹스를 하고 싶어 하는 이유는 무엇일까?'라는 질문과 일맥상통하는 측면이 있다. 이 둘은 모두 진화론적 실수임에 틀림없다.(모든 실수가 그렇게 즐거울 수는 없을까?) 그렇지만 그다지 놀라운 실수라고 하기는 힘들다. 따지고 보면, 이 질문에 대한 답은 너무나 당연한데 결과적으로 아름다운 여성과 섹스를 하고 싶은 욕구는 진화의 산물이기 때문이다. 확실한 피임법이 진화사에 너무 늦게 등장하는 바람에 분별력 있는 욕구, 즉 피임을 하지 않은 여성과 섹스를 하려는 욕구에 대한 적응력이 생기지는 않았던 것이다. 이 결과에 비추어본다면 강한 상호성의 진화가 그다지 이상한 일이라고 할 수는 없을 것이다.

강한 상호성을 어떻게 설명하든 분명한 사실이 있다. 그것은 에른스트 페르 교수와 동료 실험자들은 진화의 역사에서 피임약보다 훨씬 나중에 출현했다는 것이다. 서로를 다시 만날 가능성이 전혀 없다는 사실을 인지한 실험자들이 다른 사람의 행동에 대해 같은 방식으로 되돌려주려는 경향이 강한 상호성을 보여주는 것이라고 평가할 수는 없다. 강한 상호성은 단지 다른 사람의 행동을 똑같이 되돌려주려는 경향일 뿐이기 때문이다.

그렇다면 인류가 진화하는 동안 우리 선조들은 강한 상호성을 억제하는 실질적인 선택압이 작용할 수 있을 만큼 다시 만날 일이 없는 낯선 사람들과 자주 마주쳤던 것일까? 이 질문과 관련해서는 많은 논란이 있다.[8] 우선, 강한 상호성이 진화의 산물이 아니라는 견해부터 살펴보자. 우리 선조들에게 친절을 베푼 사람들의 대부분은 적어도 몇 가지 이유에서 우리 선조들을 다시 만나야 하는 사람들이었을 것이다. 우리 선조들이 낯선 사람에게 경계심의 수위를 높였다는 것은 분명한 사실이다. 하지만, 목숨을 위협하는 정도까지는 아니라고 하더라도 낯선 사람들 대부분은 적대적이었을 것이고 우호적인 낯선 사람은 아주 드물었을 것이다. 우호적인 낯선 사람들의 수가 워낙 적다 보니 우리 선조들에게는 낯선 사람들을 속이는데 유리한 적응압력이 작용할 겨를도 없었을 것이다. 실제로 우호적인 낯선 사람은 우리의 '진실한 친구'를 성공적으로 모방한 사람이라고 할 수 있다. 성공적이라고 한 이유는 과거에는 물론이고 현대에 이르기까지도 우호적인 낯선 사람은 상대적으로 드물기 때문이다. 다시 말해, 상호성은 억제하고 기회주의를 촉진하는 선택압이 전체 인구에 지배적으로 나타나기에는 진화의 역사가 너무 짧다는 것이다.-실험 결과를 살펴보면, 실험 참가자의 일부가 상호성을 보이기는 하지만, 실험에 참가했던 모든 사람들이 상호적인 것은 아니었다.[9] 즉, 상호주의자와 기회주의자는 공존하며 이는 선사시대에도 마찬가지였을 것이다. 무엇보다 진화론적인 시각에서 본다면 그들의 행동은 지금과 크게 다르지 않기 때문이다.

반면에 강한 상호성의 진화와 관련해서 가능성 있는 두 번째 주장은 개인적 차원에서는 실질적인 선택압이 강한 상호성에 불리한 방향으로 작용했지만, 강한 상호성을 지닌 집단에 돌아가는 적응적 혜택으로 개인적 차원의 손실을 상쇄할 수 있었을 것이라는 주장이다. 예를 들어, 강한 상호성을 지닌 집단은 다른 사람들과의 교류에서 우위를 차지하고, 집단 간의 전쟁에서도 강력한 단결력을 보였을 가능성이 높다. 인류학자 새라 블래퍼 허디 Sarah Blaffer Hrdy의 최근 주장에 따르면, 강한 상호성을 통해 얻을 수 있는 진정한 이익은 공동 육아를 할 수 있는 인간의 능력에서 비롯된 것이며, 인간의 공동 육아 과정에서 발견되는 관습은 다른 대형 유인원의 모습과는 현격한 차이가 있다는 것이다.[10] 집단 선택론은 최근 생물학과 인문 과학 분야에서 새롭게 주목을 받고 있지만, 이에 반대하는 목소리도 만만치 않다. 하지만, 공동육아야말로 집단 선택론을 적용해 볼 수 있는 유용한 사례인 것은 아닐까?[11]

집단 선택의 타당성에 대한 논란이 너무나 많았기 때문에 이 문제에 대해 새롭게 생각해볼 수 있는 간단한 방법을 제안하려고 한다. 말하자면, 집단 선택론이 유전자 선택론에서 벗어나지 않는다는-가끔은 그렇게 보이기 때문에- 사실을 염두에 두자. 두 가지 대립 유전자('대립형질')가 행동에 미치는 영향을 비교해 볼 수 있을 것이다. 단, 유전자의 형질이 발현되는 평균적인 환경을 고려해야 한다.(당연하게도 형질의 발현은 환경이 달라지면 상당한 차이를 보일 수도 있다. 생물학자 스티브 존스Steve Jones가 이야기한 것처럼 모든 사람이 담배를 피웠다면 폐암은 유전병이 되었을 것이다.**12**) 두 가지 대립 유전자 가운데 하나의 유전자로 인해 유발된 행동이 다른 유전자보다 더 많은 복사체를 생산하는 결과로 이어졌다면 해당 유전자는 자연선택에서 살아남을 것이다. 즉, 모든 자연선택은 유전자 선택이라고 할 수 있다. 개체 선택이든 집단 선택이든 결국 유전자의 선택에 의해 실현 가능한 메커니즘일 뿐이다. 하지만, 유전자의 행동은 두 가지 방법으로 다음과 같은 결과를 도출해낸다. 첫째, 해당 유전자를 가진 개체가 번식을 용이하게 할 수 있도록 도움으로써 직접적으로 훨씬 많은 복사체를 생산하는 방법이다. 단 개체 선택이라고 불리는 이 방법을 유전자 선택의 대안으로 이해해서는 안 되며, 그보다는 유전자 선택의 메커니즘 가운데 하나라고 이해해야 한다. 즉, 유전자 선택이 유전자를 가진 개체의 번식을 통해 이루어진다는 것이다. 둘째, 그 유전자를 가진 다른 개체의 번식을 도움으로써 자신이 가진 유전자의 복사체를 간접적으로 만들어내는 방법이다. 협력적 행동의 특징(강한 상호성 같은)으로 진화의 과정을 설명하는 모든 이론은 유전자를 보유하고 있는 개체의 번식을 돕지 않는 유전자가 왜 해당 유전자를 가진 다른 개체의 번식을 도움으로써 자신의 복사체를 확산시킬 수 있는지에 대해 설명하고 있다. 각각의 이론은 협력적 행동의 수혜자가 왜 보통 사람들보다 그 유전자를 가지고 있을 확률이 높은지에 대해 저마다의 이유를 제시한다.

가장 먼저 출현했으며 동시에 가장 유명한 이론은 혈연 선택론kin selection이다. 이 이론에 따르면 가까운 친족에 대한 개인의 협력적 행동은 복사체를 확산시키는 데 도움이 될 수 있다. 개개인 모두가 자신의 공통조상을 통해 해당 유전자를 물려받았을 확률이 높기 때문이다. 하지만, 집단 선택론은 왜 협력의 수혜자가 해당 유전자를 지닌 개인이 되는지에 대해서 이와는 다른 이유를 제시한다. 협력적 행동은 집단의 다른 구성원들에게 도움을 준다. 다양한 인구 집단별로 협력적 유전자를 지닌 개인의 분포를 결정하는 변량인자가 있다고 가정해 보자. 그리고 이 변량인자가 개인의 '군집 집단'을 낳기도 한다고 생각해 보자. 모든 집단마다 협력의 유전자를 가진 개인의 비율이 동일하지 않고 집단마다 그 수가 다를 것이다. 그때 협력 유전자를 지닌 개인은 군집을 이루고 있기 때문에 대부분의 협력적 개인은 다른 협력적 개인과 집단을 형성하게 된다. 마찬가지의 이유로, 비행기에 탑승한 승객의 대부분은 자신이 탄 비행기가 평소보다 훨씬 붐빈다고 생각한다. 어떤 비행기에는 승객이 많고 어떤 비행기에는 승객이 적다면, 당연히 붐비지 않는 비행기에 탑승한 사람의 수는 적고 붐비는 비행기에 탑승한 사람의 수는 많다. 전체 비행기의 반은 만석이고 다른 반은 텅 비었다면 평균적으로는 비행기의 절반이 채워진 것이지만, 비행기 여행을 하는 모든 사람들은 만석의 비행기를 타는 셈이 되는 것이다.

따라서 협력적 성향을 지닌 한 개인의 행동이 협력의 무리에 속한 다른 개인에게 커다란 이익을 안겨줄 때에는, 비록 개인의 희생이 따른다고 하더라도 해당 유전자의 복사체가 확산될 가능성은 아주 높아진다. 협력의 유전자가 없는 개인은 같은 상황에서 협력적인 개인보다 훨씬 많은 이익을 얻을 수 있겠지만, 집단 내부에 협력적 개인의 수는 훨씬 적기 때문에(군집화 때문에) 오히려 전체의 이익은 줄어드는 것이다.

강한 상호성의 진화와 관련된 세 번째 견해 역시 진화 가능성과 군집 효과에 바탕을 두고 있다. 하지만, 집단 별로 나타나는 임의적인 분포뿐만 아니라, 군집 효과가 일어나는 이유를 제시하고 있다는 점에서 차이를 보인다. 협력적 개인이 군집하게 되는 이유는 간단하게 말해서 서로가 서로에게 끌리기 때문이다.[13] 기회주의자들은 누군가를 속일 수 있는 기회가 주어졌을 때 상호적 인간들보다 능수능란하게 다른 사람을 속일 것이다. 하지만, 기회주의자라는 사실을 숨기지 않는다면 애초에 속일 수 있는 기회조차 주어지지 않을 것이다. 기회주의자들은 집단 내의 상호주의자들로부터 집단 따돌림을 받고 있을 수 있기 때문이다.[14] 그렇지 않다면 단순하게 결혼 상대나 사업 파트너, 그리고 친구로서는 인기가 없을 수도 있다. 여기까지의 설명은 집단 선택론과 거의 비슷하다. 특히, 강한 상호성의 확산이 대개는 상호주의자들이 다른 상호주의자들과 집단을 이룬다는 사실의 바탕 위에서 이루어졌다고 보는 관점까지는 한 치의 어긋남도 없다. 하지만, 이를 위해서는 상호주의자들이 서로를 알아볼 수 있어야 하고 군집의 과정과 이후의 군집생활을 강화할 수 있는 몇 가지 수단이 필요하다.

결국 모든 선택이 유전자 선택이라는 점을 기억할 필요가 있다. 그렇게 되면 '개체 선택'은 "유전자가 해당 유전자를 보유한 개인의 번식에 영향을 미치는 유전자 선택"이라고도 할 수 있고 '혈연 선택'은 "유전자가 해당 유전자를 보유한 개인의 유전자 복사체를 지니고 있을 가능성이 높은 친족의 번식에 영향을 미치는 유전자 선택"이라고도 할 수 있을 것이다. 또한, '집단 선택' 역시 "유전자가 해당 유전자의 복사체를 지니고 있을 가능성이 높은 유전자를 보유한 개인이 집단의 번식에 영향을 미치는 유전자 선택"이라고 할 수도 있을 것이다.

하지만, 비협력적 행동을 촉진하는 경쟁 유전자 대신에 협력적 행동을 촉진하는 유전자를 인구에 확산시키는 능력을 설명하기 위해서는 이 세 가지 가운데 어떤 것을 선택해야 하는 것일까? 그리고 그 근거는 무엇일까? 이와 관련해서 4장에서는 선사시대에도 계산적인 인간과 강한 상호성을 가진 인간이 완전히 동일하게 행동하지 않았을 것이라고 이야기했다. 즉, 작은 수렵채집인 무리에서조차도 누군가를 속일 수 있는 기회는 아주 많았다는 것이다. 강한 상호성이 단지 '진화론적 실수'에 불과하다는 설명을 완전하게 신뢰할 수는 없다. 하지만, 개체 선택에 입각한 설명을 철저하게 거부하기 전에 대안으로 제시한 설명을 뒷받침할 수 있는 확실한 증거부터 찾는 것이 순서일 것이다.

그렇다면 집단 선택은 어떤 방식으로 설명이 가능한 것일까? 최근 일부 학자들의 주장에 따르면, 수렵채집 사회의 환경은 집단 선택에 입각한 협력적 행동이 출현하기에 상당히 유리했을 것이라고 한다.[15] 예를 들어, 전쟁의 빈도-새뮤얼 보울스는 수렵채집인들이 폭력으로 인해 사망하는 비율이 평균 14퍼센트라고 추정했다.-만 봐도 협력할 것인가 하지 않을 것인가의 문제와 협력을 효과적으로 조직하는 문제는 글자 그대로 죽고 사는 생존의 문제였을 것이다.[16] 인구 집단별 평균적인 유전자형이 다양하다는 증거

(즉, '군집화')와 함께 보울스는 상당한 대가가 따르는 협력적 행동까지도 집단 선택에 의해 촉진되었을 것이라고 주장한다. 경제 현상을 다루는 실험에서 이야기되는 강한 상호성이 수렵채집인 집단의 전시 생존 가능성에 얼마나 많이 기여했는지를 정확하게 파악하는 것은 너무나 힘든 일이다. 하지만, 수렵채집인들의 잦은 전쟁 빈도를 고려한다면, 적어도 이와 같은 증거들이 집단 선택의 역할과 일치하는 것처럼 보이는 것도 사실이다. 그리고 틀림없이 가까운 미래에 이 문제에 대해서도 활발한 연구가 진행될 것이라고 확신한다.

물론, 군집화를 촉진한 요소는 상호적인 개인이 서로를 알아보고 협력함으로써 자연선택에 따라 강한 상호성의 진화도 촉진했을 것이다. 확실한 증거를 찾는 것은 힘들지만, 미소와 웃음의 진화를 이야기하면서 언급했듯이 본질적으로 신뢰할 수 있는 개인들은 서로를 찾으려고 노력했을 가능성이 높다. 과거에 협력한 경험이 있는 개인을 선택하고 기회주의자로 보이는 개인과 협력을 하지 않을 선택권이 개인에게 얼마나 있었는지에 대해 알아내는 일 역시 거의 불가능에 까까울 것이다. 협력적인 활동의 파트너로서 개인의 매력은 그들이 상호주의자인가 기회주의자인가의 문제보다는 다른 특징(힘이나 지능 등)에 의해 결정되었을 수도 있기 때문이다. 예를 들어, 영장류를 연구하는 프란스 드 발Frans de Waal은 침팬지 사회에서 이루어지는 연합이 수시로 바뀌는 것에 대해 아주 상세한 기록을 남기고 있다.[17] 하지만, 침팬지들이 서열의 우위를 결정하는 과정에서 우선적으로 고려하는 특징이 강한 상호성이 아닌 것만은 분명해 보인다.

이를 대체할 수 있는 설명으로 딸의 남편감을 구하는 일이 집단과 집단 사이에서 협력적 행동의 성향을 발전시키는데 중요한 역할을 했다는 견해가 있다. 선사시대의 인간 집단에서는(침팬지 집단에서처럼) 여성이 어느 정도 성장한 다음에는 부모의 품을 떠나 직접 자신의 짝을 찾으러 나서야 했기 때문이다. 하지만, 단지 이 행동 자체가 강한 상호성을 촉진하는 상당한 선택압으로 작용했을 것이라는 주장은 이론적으로는 가능할 수도 있지만, 현재로서는 추측에 불과한 견해이다.[18] 앞으로 오랜 시간 동안 경제학자, 인류학자, 영장류학자들이 이 질문을 해결하는 일에 노력을 기울일 것이다. 무엇보다 현대 사회의 놀라운 복잡성은 우리 선조들 가운데 일부라고 하더라도 상호주의자들이 존재했기 때문에 가능해진 측면이 있다. 또한, 낯선 사람들에게 살해될 수 있는 위험을 무릅쓰고 서로에게 이익이 되는 교역의 기회를 모색한 선사시대의 '숨은 영웅'들 덕분이기도 하다.

　　어떤 방식의 설명을 선택하든, 강한 상호성이 특정한 형태로 인간의 뇌에 내재되어 있다는 의미는 아니다. 최근에는 자연선택을 통해 인간의 뇌에는 고도화된 다수의 인지 모듈이 형성되어 있으며, 그 인지 모듈이 선사시대에는 적응을 통해 살아남았지만 현대 사회에서는 더 이상 살아남기 힘들 것이라는 일부 진화심리학자들의 주장에 대해 뜨거운 논란이 있었다. 이 모듈의 대표적인 사례가 4장 웨이슨의 선택과제에 등장했던 '사기꾼 탐지' 능력이다. 연구 결과의 해석을 놓고 다양한 의견이 등장했다.[19] 하지만, 의견의 합의가 이루어지고 논란이 사라진다고 해도 여전히 대답하기 힘든 문제가 남게 된다. 즉, 사기꾼을 탐지하는 우리의 능력은 타고날 때부터 우리의 뇌에 존재하는 것이 아니라, 어느 정도는 어린 시절의 경험에서 발전한 것은 아닌가? 라는 의문이다. 성인들을 대상으로 웨이슨의 선택과제를 반복적으로 실시한다고 해도 분명한 답을 찾을 수는 없을 것이다.

　그 이유를 알아보기 위해 내가 매년 학생들을 대상으로 실시하는 과제가 하나 있다. 나는 학생들에게 아프리카의 시골 지역에서 찍은 사진 한 장을 보여준다. 사진 속에는 한 무리의 사람들이 트레슬 테이블 주변에 서 있고 탁자 위에는 옷가지가 널려 있다. 학생들에게 무슨 사진이냐고 물어보면 학생들은 모두 '시장' 사진이라고 대답한다. 다음에 나는 누가 물건을 사고 누가 팔고 있는지를 물어본다. 학생들은 지체 없이 주인과 손님을 가려낸다. 하지만, 이유를 물으면 학생들은 합당한 대답을 찾기 위해 한참을 고민한다. 학생들은 나중에서야 사진에 찍힌 사람들의 시선이 향하는 방향 때문이라는 사실을 알아차린다. 옷을 사려는 사람들은 모두 옷을 보고 있지만, 옷을 파는 사람들은 손님을 보고 있기 때문이다. 우리는 누구나 사회적 상황을 판단하는 아주 정교한 능력(예를 들어, 사진 속의 사람들이 어느 방향으로 시선을 두고 있는지를 보고 경제생활에서 그들의 관계를 파악하는 능력)을 가지고 있다는 사실을 보여준다는 점에서 이 과제는 아주 흥미롭다. 실제로 우리는 우리 스스로도 어떻게 그 사실을 아는지에 대해 미처 깨닫기도 전에 이미 사회적 관계를 파악하고 있다. 그렇다고 해서 우리의 뇌에 '시장-관계-탐지-기제'가 내장되어 있다고 보는 것은 무리가 있다. 수렵 채집인들은 속임수 그 자체에 대해서는 인지하고 있었다. 하지만, 그들이 시장에 갈 일은 거의 없었을 것이다. 우리는 사회적 관계를 판단하는 고도의 능력을 가지고 있으며, 우리에게 경제적으로 중요한 사회적 관계를 학습할 때 이 능력을 활용한다. 마찬가지로 자연선택 때문에 우리가-적어도 우리 중 일부가- 강한 상호성이 내재된 행동을 한다고 하더라도, 이와 같은 행동의 발달 과정에서 유전적인 특징과 학습이 각각 어느 정도 영향을 미쳤는지에 대해서는 알 수가 없다. 아니라면, 단지 우리는-혹은 우리 중 일부는- 어릴 때 배운 내용과는 별개로 다른 사람들의 친절을 되갚도록 처음부터 프로그램 되어 있거나, 주변의 어른들이 알려준 대로 다른 사람들에게 행동하도록-상호성 그 자체가 다른 사람들이 우리에게 심어주고 싶은 특징이 되도록- 프로그램 되어 있을 수도 있다.

상호성과 복수

강한 상호성은 당연히 위험할 수 있다. 하지만, 그 위험은 강한 상호성이 누군가에 의해 조종되는 경우로 국한되지는 않는다. 물론, 강한 상호성은 협력과 교환이 자리 잡을 수 있도록 돕는 역할을 한다. 사람들이 약속을 잘 지키는 것도 어쩌면 친절은 친절로 돌려주고, 불친절은 '복수'로 되돌려주려는 경향 때문일 수도 있다. 하지만, 불친절을 복수로 되돌려주려는 경향은 일단 약속이 깨지면 당사자들이 반복되는 복수의 굴레에 빠질 수도 있다는 것을 의미한다. 이와 관련된 수많은 증거들은 역사, 인류학, 문학을 통해 찾아볼 수 있다. 오늘날 사람들의 인정을 받는 비극의 대부분은 복수의 관습 속에서 극적인 충동을 찾아냄으로써 복수를 하는 인물의 행동에 필연성을 부여한다. 이를 대표하는 작품이 셰익스피어의 『로미오와 줄리엣』, 가브리엘 가르시아 마르케스Gabriel Garcia Marquez의 『죽음의 연대기Chronicles of a Death Foretold』 등이다. 사회학자 디에고 감베타Diego Gambetta의 주장을 통해서도 알 수 있는 것처럼 시칠리아의 마피아 문화에서 통용되었던 명예규범이 현대 사회에서는 이상할 정도로 제 기능을 발휘하지 못하고 있지만, 여기에는 납득할 수 있는 근본적 이유가 있다.[20] 감베타의 설명에 따르면, 마피아는 복잡한 현대 사회에서 신뢰의 토대를 제공하는 것과 관련된 몇 가지 역할을 했다. 마피아가 이와 같은 역할을 맡을 수 있었던 이유는 19세기 중반에 접어들면서 분열되어 있던 이탈리아가 통일을 이루기는 했지만, 19세기가 끝날 때까지 사회의 신뢰를 지탱할 수 있는 역량을 갖추지는 못했기 때문이었다. 정부를 대신한 마피아의 역할에 의지한 결과, 이탈리아는 이후에 엄청난 희생을 감수해야 했다. 신뢰의 문화를 강화하는 방향으로 작용했던 인간의 욕구가 다른 한편으로는 불신의 문화 역시 자리 잡게 만들었기 때문이다. 시칠리아의 경우, 시칠리아 시민들 사이에서 통용되는 신뢰가 외부인들에게는 불신을 키우는 방향으로 작동했다. 이 부분은 시칠리아가 '현대' 이탈리아와 '현대' 세계에 편입될 때 문화적 불이익으로 작용했으며, 시칠리아 시민들은 이로 인해 상당한 고통을 겪을 수 밖에 없었다.

　　다행스럽게도 신뢰할 수 있는 사람이 늘어가는 과정에서 다른 집단보다 어떤 특정 집단의 구성원을 더욱 신뢰하는 경향은 대부분 장애 요소라기 보다는 촉진 요소로 작용하게 된다. 우리 마을을 방문한 낯선 상인은 마을 사람들에게 배척당할 수도 있다. 하지만, 우리가 이전에 교류한 적이 있거나 우리 부족과 먼 친족 관계에 있는 다른 집단이나 부족에 편입되어 있는 경우라면 훨씬 많은 이익을 얻을 수도 있다. 상인이 추천의 증표나 편지를 들고 올 수도 있다. 오늘날에도 북아메리카 이주민들은 가끔 자신의 뿌리를 확인하기 위해 자신이 소속되어 있는 민족 공동체를 방문하고 있으며, 인도의 도시 외곽 지역에 정착한 이주민들은 자신과 동일한 계층에 속한 사람들과 왕래를 이어간다. 우리 집 문 앞에 서 있는 낯선 사람이 대기업 유니폼을 입고 있다면 문을 열어줄 가능성이 높아지는 것도 이와 마찬가지라고 할 수 있다.

아주 좁은 지역에서 점차 넓은 지역으로, 그리고 국가로, 심지어 전세계의 모든 곳으로 신뢰의 문화가 확장되고 통합되는 과정은 현대의 생활사에서 핵심적인 요소이다. 물론 가끔은 정반대의 과정이 진행되는 일도 있지만, 이 모든 것을 포함하는 것이 진정한 현대의 생활사라고 할 수 있을 것이다. 그렇다고 해서 이 과정 자체를 낭만적으로 미화해서는 안 된다. 낯선 사람을 신뢰한다고 해서 내가 그 사람을 좋아한다거나 개인적인 호기심을 가지고 있다거나, 혹은 그 사람의 일상을 낱낱이 알고 싶어 한다는 의미는 아니기 때문이다. 즉, 내가 그 사람을 신뢰하고 거래를 하기 위해서 그 사람을 좋아하거나 그 사람의 존재 그 자체에까지 관심을 가질 필요까지는 없다는 것이다. 이렇게 이야기 하면, 어떤 사람들은 현대 사회는 너무 냉정하고 삭막하다고 말하면서 인간미 넘치는 과거가 훨씬 좋았을 것이라고 말할지도 모른다. 하지만, 과거가 훨씬 좋았을 것이라고 말하는 사람들이 간과하고 있는 것이 있다. 그들이 그리워하는 시절에는 서로 알고 지내는 사람들만 신경을 쓰면 그만이었다. 게다가 어떤 사람을 좋아한다거나 싫어한다는 아주 단순한 두 가지 감정은 있었지만, 무관심하다는 것은 개념조차도 없었다. 과연 과거가 훨씬 인간적이었다고 말할 수 있는 것일까? 경제학자 제임스 뷰캐넌James Buchanan은 과일을 사는 사람도 파는 사람도 상대의 행복에 아무런 관심이 없음에도 불구하고 노점에서 과일 판매가 이루어질 수 있는 이유를 다음과 같이 설명하고 있다. 그들은 "모두 서로의 소유권에 동의하기 때문에 효율적인 거래가 …… 가능하다." 새뮤엘 보울스는 이를 두고 "익명성, 타인에 대한 무관심, 유동성, 협정의 부재, 자율권을 갖춘 심리적 환경"이 만들어지는 과정이라고 설명하면서 "우리는 이와 같은 환경에서 살아가는 방법을 배웠다. 그리고 그렇게 함으로써 우리는 완전히 다른 존재가 되었다. 환경과 조건이 달라졌다면, 우리가 지금과 같은 모습을 가질 수는 없었을 것이다."[21]라고 결론 내렸다. 이 문제에 대해서는 저마다의 입장이 있을 것이다.(보울스는 시장의 익명성이 현대인들에게 아주 강력한 영향력을 행사한다고 지적하면서, 이것이 반드시 안타까운 일이기만 한 것은 아니라는 입장이다.) 하지만, 매일매일의 만남에서 직접 얼굴을 마주하고 이루어지는 인간적인 상호작용과 오늘날 대부분의 사람들이 의존하고 있는 복잡한 상호작용이 양립하기 힘들다는 것만큼은 너무나 분명해 보인다.

실제로, 우리와 외부 세계를 이어주는 관계 중에서 우리를 새로운 기회로 이어줄 가능성이 가장 높은 것은 가장 약하고 느슨한 관계이다. 이 단순한 사실이 내포하고 있는 엄청난 의미는 사회학자 마크 그라노베터Mark Granovetter가 유명한 논문 「약한 연대의 힘」에서 역설한 내용이다. 그라노베터는 우선 실직자들에게 일자리를 연결해준 사회적 네트워크와 관련된 연구 자료를 발표 했다. 개인적 인맥은 고용지원센터 같은 공공기관보다 일자리를 찾는 중요한 수단이다. 하지만, 그라노베터는 이와 관련해서 아주 특이한 사실을 발견했다. 원칙적으로 친한 친구는 그냥 알고 지내는 지인들보다 도움을 줘야 하는 이유가 분명하지만, 실제로는 친한 친구들(그들의 '강한 연대')보다 그냥 알고 지내는 지인(그들의 '약한 연대')을 통해 일자리를 소개받는 경우가 훨씬 많다는 것이다. 이유는 간단하다. 나와 친한 친구는 인맥이 서로 겹칠 확률이 높고, 따라서 새로운 정보와 기회를 안겨줄 확률이 낮기 때문이다.[22] 이에 반해, 그냥 알고 지내는 지인의 경우에는 고립될 수도 있었던 개인이나 집단을 외부 세계와 이어주는 다리 역할을 할 확률이 높다. 그라노베터의 논문과 이후에 나온 다른 연구 자료들은 사회학의 침통한 분위기를 반전시키는 역할을 했다.[23] 당시 사회학은 현대의 삶이 야기하는 소외감에 대해 이야기하면서도 정작 소외감이 현대의 삶에 활력과 창의력을 불어넣어주는 조건들과도 상관관계가 있다는 사실을 인식하지 못했기 때문이다.

지역에서 통용되던 신뢰의 문화가 일반적인 제도의 성격을 지니게 되면서 점차 낯선 사람들 사이의 관계까지도 관리하는 광범위한 문화로 통합되는 과정을 거치게 되었는데, 이렇게 해서 만들어진 일반적인 제도 중에서 가장 대표적인 것이 소유권 제도이다. 소유권은 우리 삶에서 가치 있는 자원을 관리하고, 자원을 통해 얻은 결실을 누리고, 다른 사람에게 이를 양도할 수 있는 권한을 지닌 누군가가 이 모든 권리를 통제하는 일련의 규칙이다. 당신이 어떤 자원을 소유하고 있다고 가정해 보자. 당신은 그 자원을 이용해서 나에게 빚을 갚을 생각이다. 어떤 문제가 발생될 수 있을까? 최소한 당신은 나에게 빚을 갚기 전까지 그 자원이 '약탈자'들로부터 안전하다는 보장을 해야 할 것이다. 그렇지 않다면 당신이 아무리 진심 어린 신뢰를 보여준다고 하더라도 나에게서 관대한 행동을 기대할 수 없을 것이다. 다시 말하자면, 신뢰는 당사자들에게만 국한되는 문제가 아니라는 것이다. 두 사람 사이의 신뢰는 두 사람은 물론, 그들이 교류하는 다른 사람들과의 신뢰 네트워크에 달려 있다. 나중에 다시 살펴보겠지만, 바로 그 이유 때문에 모든 사회에서는 시민들의 안전 보장과 질서를 유지하기 위한 사회적 규칙의 범위에 대해서도 어느 정도 합의가 필요했던 것이다. 일부 역사학자들은 소유권 제도를 구축하고 제도를 시행하기 위한 사회적 합의가 있었기 때문에 몇몇 국가들이(영국, 네덜란드 등) 근대 초기의 중요한 시기에 다른 국가들보다 빠른 성장과 산업화를 이룰 수 있었다고 주장했다. 심지어 소수의 역사학자들은 신뢰 네트워크가 이들 국가의 남다른 성장을 타당하게 설명할 수 있는 유일한 이유라고 주장하기도 했다.[24] 다른 제도들과 마찬가지로 소유권 역시 상호성과 이기심의 미묘한 균형에 의존하고 있으며, 사회마다 제각각의 특성에 따라 균형을 이루는 공식적, 비공식적(또는 합의) 요소에 대한 주안점이 달랐다. 최근 증가하고 있는 '사회적 자본social capital'에 관한 문헌 자료들은 신뢰를 한 사회에 안정적으로 정착시키기 위해 필요한 여러 가지 미묘한 요소들에 대해 다루고 있다.[25] 신뢰가 안정적으로 정착한 사회의 공통점은 일부의 부도덕한 개인이 발목을 잡을 때조차도 상호성과 이기심이 균형을 이룬다는 것이다.

그렇다면 이제 낯선 사람을 신뢰하는 의지를 놀랍도록 확산시킨 사회제도를 좀 더 면밀히 살펴볼 필요가 있다. 이와 같은 제도들 가운데 성공적으로 정착한 제도의 두드러진 특징은 명시적인 강제성을 최소화하면서 신뢰의 문화를 정착시켰다는 점이다. 예를 들어, 안전한 도시와 범죄가 만연한 도시의 차이는 어디에 있는 것일까? 제인 제이콥스Jane Jacobs의 주장에 따르면 "물론 경찰의 존재가 필요하다. 하지만, 도시에서 '공공 치안'-거리의 질서는 물론 그 밖의 인도 등의 치안-을 유지하는 핵심적인 요소는 경찰이 아니다. 치안의 대부분은 대중 스스로가 가지고 있는 복잡하면서도 거의 무의식적으로 이루어지는 자발적 통제와 준법 기준에 의해 유지되며, 이의 집행 역시 대중에 의해 이루어지기도 한다. 거리에서 낯선 사람들을 통제할 수 있는 수단이 갖추어져 있고, 사적 공간과 공공 공간 사이에 적절하고 효율적인 경계가 존재할 뿐만 아니라, 기본적인 감시 활동이 이루어진다면 훨씬 많은 낯선 사람들이 안전하고 즐거운 생활을 영위할 수 있을 것이다."[26] 즉, 도시에는 치안을 유지하는 제도가 필요하며, 이 제도가 유지되기 위해서는 공식적 제재 규약이 반드시 필요하지만, 일상적인 치안 활동은 거의 비공식적으로 이루어진다는 것이다. 또한, 제도는 지속성을 필요로 한다. 왜냐하면 사람들은 제도가 지속될 것이라는 가정 아래에서만 보다 협력적인 행동을 통해 제도에 대응할 것이기 때문이다.

이 문제에 대해서는 10장에서 여러 도시의 이야기를 통해 자세히 다룰 예정이다. 하지만, 우선은 신뢰를 창출하는 가장 탁월한 제도부터 살펴봐야 할 것이다. 사회생활을 영위하는 모든 사람들이 너무 당연하다고 생각하기 때문에 문제의식을 느끼지 못할 뿐이지, 정상적인 사람이라면 결코 신뢰할 수 없는 제도라고 말하는 것이 너무나 당연한 제도, 바로 화폐 제도이다.

chapter **06**

화폐와 인간

화폐와 물물교환

러시아 북서부 지역에서 두 남녀가 물건을 교환하고 있다. 두 사람은 각자 만든 물건을 상대방에게 전달하고 자신에게 필요한 물건을 건네받는다. 이것이 인류 역사에서 대부분의 기간 동안에 이루어진 물물교환의 방식이며, 전통적인 '직접적' 상호작용 문화의 전형이다. 두 남녀는 무엇을 교환한 것일까? 그들은 동물 가죽과 단순한 디자인의 신발을 맞바꿨다. 교환이 이루어지는 장소로 우리는 숲 속의 개간지나 진흙이 뒤덮인 길가를 상상할 수도 있다. 이따금 말이 세차게 발을 구르며 차가운 겨울 대기 중에 콧김을 내뿜는 장면을 떠올릴지도 모른다. 하지만, 실상은 아주 다르다. 여자는 따뜻한 사무실의 의자에 앉아 있고 남자는 어디에도 보이지 않는다. 두 사람은 전화로 이야기를 나누고 있기 때문이다.

1992년 2월. 협상 중인 물건이 말을 이용하기에는 너무 컸기 때문에 컨테이너 트럭에 실어서 수백 마일은 족히 되는 꽁꽁 얼어붙은 지역을 지나가야 했다. 거래에 필요한 모든 요소들은 산업 시대의 산물이다. 동물 가죽은 화학 물질로 가공을 했으며, 신발은 기계로 재단을 한 다음 박음질을 했다. 상품에는 송장과 선하증권이 첨부되었고, 사람들은 공장에서 생산된 옷을 입고 길게 늘어선 형광등 불빛 아래에서 일했다. 오직 한 가지만은 산업화 이전의 모습이다. 이 시기에 사람들은 화폐를 사용하지 않았다. 물가 상승률이 매년 2,000퍼센트에 달했고, 화폐는 사용되기도 전에 이미 그 가치를 상실하고 있었기 때문이다.

공산주의가 해체되고 10년 동안 화폐를 대신했던 것은 물물교환이었다. 당시 러시아 사회는 많은 부분에서 산업화된 서구의 시장경제를 본보기로 삼았지만, 전체 거래 중에서 물물교환이 차지하는 비율은 거의 독보적이었다. 단순하게 개인이 가정용품이나 개인적인 서비스를 교환하는 거래에서만 물물교환(공산주의 사회에서 흔히 그렇듯)을 이용한 것이 아니었다. 기업들 역시 화폐를 이용해 거래하는 대신 서로의 상품을 교환했으며, 시기와 규모를 가리지 않고 거의 모든 거래가 물물교환을 통해 이루어졌다. 상품의 크기, 품질의 정교함이 물물교환의 성사에 장애가 되는 일은 없었다. 탱크, 비행기 엔진, 정유 장비와 가스 정제 설비 등이 모두 물물교환을 통해 거래되었다.

현대 사회가 화폐 없이 어떻게 작동할 수 있는지를 생각해 보는 것만으로도 화폐의 일반적인 역할에 대해 아주 많은 것들을 알아낼 수 있다. 한 가지 분명한 사실이 있다. 러시아 사회는 공산주의가 붕괴된 이후, 아주 중요한 시기였던 10년 동안 단지 화폐를 사용하지 않았다는 단순해 보이는 사실로 인해 엄청난 대가를 치러야 했다는 것이다.[1] 몇 가지 대표적인 사례를 이야기해 보자. 자신이 가져간 동물 가죽을 건네고 신발을 받은 남자는 그 신발 가운데 일부를 자신의 직원들에게 나눠주고 난 다음에도 신발이 남아돌았을 것이다.(물론 직원들은 신발이 아닌 다른 물건을 받고 싶었을지도 모른다. 하지만, 불평을 할 수 있는 처지가 아니었다.) 남자는 남은 신발을 다른 물건과 교환해야 했고, 최소한 신발을 필요로 하는 사람이 나타날 때까지는 신발을 보관하고 있어야 했다. 문제는 신발을 보관할 수 있는 창고를 건설하는 비용이 회사의 한 해 투자예산과 맞먹는 정도라는 것이었다. 나중에는 창고가 충분한 투자가치를 인정받을 수도 있겠지만, 거래가 화폐를 통해 이루어졌더라면 불필요한 일이었다. 더욱이 물물교환은 창고를 건설하는 일보다 훨씬 복잡한 준비 과정을 필요로 하는 경우도 있었다. 신발을 가지고 있는 여성은 동물 가죽을 제공받기 전에 소시지 스킨을 생산할 수 있는 공장을 건설하기 위한 예산을 따로 확보해두어야 했다. 왜 이렇게 이상한 일이 벌어진 것일까? 간단하게 말하자면, 가죽 공급업자가 다른 마음을 먹을 수도 있기 때문이었다.

가죽 공급업자에게 질 좋은 가죽을 미국의 달러를 받고 해외에 내다팔 기회가 생긴다면, 그는 러시아 업체에 가죽을 계속 공급할 것인지에 대해 고민할 것이다. 하지만, 가죽 공급업자는 쉽게 가죽 공급을 중단할 수 없었다. 여기에는 이유가 있었다. 가죽 공급업자는 가죽과 함께 고기도 생산하고 있었는데, 고기를 가공하고 판매하기 위해서는 질 좋은 소시지 스킨이 반드시 필요했기 때문이다. 신발을 가지고 있던 여성이 소시지 스킨을 생산하는 공장을 건설하기 위한 예산을 확보해 둔 이유가 여기에 있었다. 어디서도 구하기 힘든 질 좋은 소시지 스킨을 생산함으로써 가죽업자가 자신의 회사와 거래를 그만두지 못하게 만드는 전략이었다. 신발을 생산하는 여성은 물론 그녀의 동료들 가운데 누구도 소시지 스킨 생산에 관한 지식을 갖추지 못했다. 하지만 그녀에게 이것은 그야말로 절호의 기회였다. 소시지 스킨을 볼모로 잡아두면 가죽 공급에 차질이 생기지 않을 것이기 때문이다.

위의 사례는 러시아에서는 전혀 낯선 풍경이 아니었겠지만, 영국에서 러시아를 방문한 경제학자의 눈에는 너무나 신기한 장면이었다. 3년 정도 지난 다음에 우즈베키스탄의 수도인 타슈켄트Tashkent에 있는 신발 공장을 방문했더니 전보다 훨씬 복잡한 방식으로 물물교환이 이루어지고 있었다. 재무이사가 거래처에 결제를 신발로 할 수 없겠냐는 아무런 소용도 없을 것 같은 설득을 하고 있었다. 결국 아무런 소득이 없는 만남이 끝나자, 그가 바로 시작한 일은 일반 소비재를 생산하는 기업을 설립하기 위한 계획서를 준비하는 것이었다. 그를 포함한 회사의 경영진들은 지역 시장을 샅샅이 살펴본 다음, 다른 기업에 있는 친구들과 통화를 했다. 토마토 페이스트, 세라믹 그릇, 파스타는 특히 귀한 품목이었다. 공급업체를 찾는 것이 수월했을 뿐만 아니라, 직원들에게도 임금을 대신해서 지급할 수 있는 물품이었기 때문이다.

플라스틱 제조 공장을 방문해서 대표에게 구조 조정 계획을 물었더니, 그는 전혀 다른 구상을 이야기했다. "신뢰할 수 있는 감자 공급업자를 찾았습니다. 직원들이 정말 좋아할 겁니다. 월급이 계속 밀리고 있었거든요. 직원들에게 월급으로 줄 만한 게 별로 없습니다. 최근에는 회사 창고에서 직원들이 물건을 조금씩 빼돌리는 것도 눈감아 주고 있었거든요." 대표는 이야기하는 동안 무척 즐거워 보였다.

1995년 우크라이나의 수도 키예프Kiev에서는 열정적인 한 청년 기업인을 만났다. 그는 화력발전소 옆에 있는 공터에 유제품 가공 공장을 세워서 운영하고 있었다. 그 지역에 있는 많은 농장들은 아무런 대책도 없이 전기요금을 연체하고 있었다. 휴지 조각이나 다름없는 우크라이나 지폐를 대신해서 그들이 거래 물품으로 내놓을 수 있는 것은 우유밖에 없었다. 하지만, 발전소에서는 우유를 가공하고 내다팔 수 있는 방법이 없었기 때문에 전기요금을 우유로 받을 수도 없었다. 그 청년 기업인이 유제품 가공 공장을 세운 것이 바로 그 시점이었다. 공장의 운영이 원활해 보이지 않았기 때문에 그 공장은 얼마 지나지 않아서 사라질 것이고 생각했었다. 하지만, 청년은 당시에 아주 많은 수익을 올릴 수 있는 파스타 공장과 맥주 공장을 설립하기 위한 준비로 눈코 뜰 새 없이 바쁘게 움직이고 있었다.

공산주의가 붕괴된 이후, 70여 년 동안 지속된 공산주의 시대가 러시아 인들의 기업가 정신을 송두리째 앗아가 버렸다는 목소리가 도처에서 터져 나왔다. 물물교환에 담겨 있는 고도의 '독창성'을 목격한 사람이라면 물물교환이 계속해서 비난의 표적이 되고 있는 상황이 의아해 보였을 것이다. 물물교환을 통해 발현된 독창성은 러시아 시민들에게 탈세를 부추기고, 갱들이 활개 치는 상황을 만들었지만, 한편으로는 이토록 혼란스럽고 형편이 어려운 와중에 생존할 수 있는 방식을 찾을 수 있게 했다는 것도 분명한 사실이다. 나는 의료 서비스와 교육 서비스가 붕괴되던 순간에 가족을 보살필 수 있게 만든 바로 그 독창성이 좀 더 생산적이고 상호 파괴적이지 않은 결과로 이어졌더라면 지금 러시아 사회는 어떤 모습을 하고 있을까?라는 생각을 가끔 해 본다. 화폐가 인간의 위대한 발명품 가운데 하나인 이유는 화폐가 각 개인의 창의성과 다른 사람의 이윤 동기 사이에서 발생하는 격차를 줄여주는 역할을 하기 때문이다. 또한, 화폐는 우리의 창의성이-서로 간의 아이디어를 도용하기 위해 작동하지만 않는다면- 본연의 목적을 위해 복무할 수 있게 돕는다. 무엇보다 화폐의 가장 큰 장점은 신발 생산업체가 단지 기업의 생존을 위해 도자기 무역, 소시지 스킨 생산, 감자 판매를 하는 대신 자사의 전문 분야(신발 생산)에 매진할 수 있도록 해준다는 점이다.

최초의 화폐가 언제 만들어졌는지를 확인할 방법은 없다. 동전의 역사는 기원전 600년경으로 거슬러 올라가고, 메소포타미아에서 곡물 부채를 기록해 채권채무 기록을 공유하는 데 사용된 점토판의 역사는 그보다 두 배 정도는 오래된 것으로 알려져 있다.[2] 하지만, 영국의 작가 제임스 버컨James Buchan은 자신의 저서 『얼어붙은 욕망: 화폐를 의미를 찾아서Frozen Desire: An Enquiry into the Meaning of Money』에서 이와 관련해 설득력 있는 주장을 펼쳤다. "화폐의 역사는 문자의 역사보다 오래되었을 수도 있다. 문제는 확인할 방법이 없다는 것이다. 어떤 고고학자가 자신이 찾은 유물을 고대의 화폐라고 확신하더라도 화폐에 문자가 새겨져 있지 않다면 이를 증명할 수가 없기 때문이다."[3] 현대의 통화정책 이론가들은 화폐처럼 무엇인가를 효율적으로 기능하게 만드는 비결을 알아내기 위해 화폐 그 자체를 연구하는 일에 많은 노력을 기울였다.-앞으로 살펴보겠지만, 경제 주체로서의 국가가 화폐에 의존하게 된 역사적 과정은 훨씬 복잡하고 의문으로 가득하다. 하지만, 과거 특정한 시점에 화폐와 관련된 신뢰의 네트워크가 생겨난 과정을 이해하는 것과 현재의 시점에서 그와 같은 네트워크가 유지되는 과정을 이해하는 것이 전혀 별개의 문제라는 사실은 분명하다.

화폐의 '신뢰 네트워크'

일단 화폐가 화폐로써의 분명한 특징을 갖추면 화폐의 사용은 스스로 강제력을 지니게 된다는 사실을 우리는 알고 있다. 다시 말해, 사람들은 물건을 교환하는 대가로 기꺼이 '돈'을 받는다. 법이 강제하고 있기 때문이 아니라, 실제로 그 방식을 선호하기 때문이다. 화폐는 이처럼 자기 강제적인 특징으로 인해 낯선 사람들 사이에서도 신뢰를 형성하는 일종의 제도로 자리 잡을 수 있었다. 즉, 거래하는 상대에 대해 아무런 정보가 없다고 하더라도 우리는 낯선 사람들에게 귀중한 물건을 제공하는 대가로 화폐를 받는 것이다.

그렇다면 화폐의 어떤 기능이 화폐 사용에 자기 강력력을 부여하게 만드는 것일까? 사람들이 나중에 다른 제품과 서비스로 교환할 의도를 갖고 자신의 제품과 서비스를 제공하면서 받는 모든 형태의 지불 수단을 '교환 매개'라고 이야기한다. 원칙적으로 어떤 사회에서는 법정 화폐를 교환의 수단으로 강제할 수는 있다.(화폐를 거부하는 매장은 벌금형에 처해질 수도 있다.) 하지만, 실제로 법정 화폐는 해당 교환 매개가 그 자체로 상당한 정도의 통용 가능성이 있을 때에만 법적으로 시행할 수 있다. 교환 매개가 사회에서 통용되기 위해서는 다음과 같은 특징을 갖추어야 한다.

- 저장과 수송에 어려움이 없어야 한다. 물이 아주 귀한 사막에서조차 물이 교환 매개로 부적절한 이유이다.
- 재판매가 이루어지기 전에 가치를 잃어서는-부패 또는 절도로- 안 된다. 예를 들어, 빵은 너무 쉽게 부패하고, 옷은 아무리 귀해도 절도의 위험에 너무 쉽게

노출되어 있다.

- 전문가가 아닌 일반인이라도 교환 매개의 질이 좋고 나쁨을 파악할 수 있어야 한다.[4] 다이아몬드의 경우 아주 고가이고, 내구성도 뛰어나며, 절도의 위험을 줄이는 것에도 용이하다. 하지만, 다이아몬드가 교환 매개로 사용될 수 없는 이유는 원석인지 아닌지를 구분하기 위해서는 전문가의 도움이 반드시 필요하기 때문이다. 역사적으로 아주 잠깐이지만, 다이아몬드가 교환 매개로 통용되었던 시기는 다이아몬드 전문가들 사이의 거래, 그리고 다이아몬드를 생산하는 국가의 내전 상황일 때 외에는 없었다. 재미있는 사실은 다이아몬드가 교환 매개로 사용되었던 시절에는 진짜 다이아몬드보다 감쪽같은 모조 다이아몬드가 훨씬 찾아보기 어려웠다는 점이다.

- 위조하기 힘든 지폐의 발행을 제한하고 자연적으로(금처럼) 또는 인위적으로 수량을 제한할 수 있어야 한다. 그렇지 않다면 귀중한 물건을 제공하는 대가로 화폐를 손에 넣는 것보다 훨씬 손쉬운 방법들이 횡행하게 될 것이다. 예를 들어, 도토리가 화폐와 같은 기능을 한다면 사람들은 다른 물건의 생산을 중단하고 도토리를 줍는 일에만 열중할지도 모른다.

- 화폐를 지불하고 받는 물건보다 해당 화폐가 대중들 사이에서 훨씬 더 널리 통용되어야 한다. 그렇지 않으면 화폐를 받는 의미가 사라진다. 왜냐하면, 물건을 판매하는 사람들이 누군가에게 물건을 팔지는 않고 자신이 필요한 물건과 교환이 이루어질 때까지 보관하려고만 들 것이기 때문이다.

따라서 화폐의 신뢰성은 부분적으로는 대중들이 그 화폐가 미래에도 통용될 것이라는 믿음을 갖고 있느냐에 달려있다. 익명성을 비롯해서 화폐의 통용 가능성을 높이는 몇 가지 요인이 있다. 먼저, 익명성은 거래의 당사자들이 향후 화폐 사용에서 임의적으로 제외되는 것을 방지할 수 있다. 오늘날 화폐는 분명히 익명성을 갖는다. 익명성이라는 특징 때문에 화폐는 투명하다고도 할 수 있지만, 동시에 조금은 불길하게 여겨질 수도 있다. 말끔함이 지나치다 싶을 정도로 청소된 방을 보게 되면, 청소하기 전에 무슨 일이 있었는지를 곰곰이 생각하게 되는 것과도 비슷하다. 하지만, 역사적으로는 그 사용을 특정 계층으로 제한한 화폐도 있었다. 솔로몬 제도에서는 조개껍데기를 화폐로 사용했는데(인류학자 데니스 모네리^{Denis Monnerie}가 발표한 것처럼) 19세기 후반까지도 족장에게 적용된 화폐의 액면가는 일반 주민들 사이에서 통용되는 화폐의 액면가와 그 가치가 달랐다.[5] 화폐 자체의 문제는 아니지만 이로 인해 족장의 아내와 성관계를 가진 주민은 사형을 당할 수밖에 없는 문제를 발생시켰다. 그들에게 간통이 중범죄였기 때문이 아니라, 오히려 그 반대라는 것에 문제의 원인이 있었다. 이들에게 간통을 하는 행위는 재산 범죄로 간주되었기 때문에 족장의 아내와 간통을 하는 행위 역시 다른 재산 범죄와 마찬가지로 이 경우에도 벌금형을 받게 된다. 하지만, 벌금을 오직 귀족들 사이에서 통용되는 화폐로 지불해야 했다. 따라서 간통을 한 사람은 원래의 간통죄 때문에 사형에 처해지는 것이 아니라, 벌금을 낼 수 있는 방법이 없었기 때문에 사형에 처해질 수밖에 없었다.[6]

　　조개껍데기 화폐는 19세기 후반에 외국의 상인들이 대거 밀려들어오면서 들여온 외국 화폐(주로 미국 달러)와의 경쟁에서 금세 밀려났다. 전 세계 어디에서나 통용되는 익명의 화폐가 있는데 사용하는 사람을 찾기도 힘든 조개껍데기 화폐를 누가 사용하려고 하겠는가? 조개껍데기 화폐의 사례는

1990년대 '루블'을 사용하던 러시아에서 거의 유사한 방식으로 재현되었다.

공산주의 붕괴 이후, 수십억에 달하는 미국의 달러가 러시아 내부에서 유통되었다. 다만, 정확한 액수는 밝혀지지 않고 있다. 소유자들이 자신이 보유하고 있는 달러 액수에 대해 함구했기 때문에 지금까지도 정확한 액수는 알려지지 않고 있다. 미국 달러의 유입은 러시아 경제에 엄청난 타격이었다. 달러 보유액이 늘어났다는 것은 쉽게 말하자면 많은 러시아인들이 극심한 가난으로 고통 받고 있는 상황에서 수십억 달러에 상당하는 미국 상품을 수입할 수도 있다는 의미이다. 정부가 국민들에게 달러 대신 루블을 사용하라고 설득할 수만 있었더라면 러시아의 상황은 훨씬 나아졌을지도 모른다. 당시에 루블을 유통시키기 위해 러시아 정부가 지불해야 하는 비용은 오직 발행 비용이 전부였지만, 러시아 정부는 루블에 대한 불신이 커져 가는 상황을 외면했다. 그 결과 일부의 국민들이 루블로 지불받는 것을 거부하자 나머지 사람들도 루블로 지불받는 것을 거부하는 악순환이 일어났다. 러시아 정부가 생각했던 루블의 매력-교환 가치에 비해 제작비용이 훨씬 적다는 사실-이 이와 같은 불신을 초래한 근본적인 이유였다. 1990년대 초반을 지나는 동안 루블은 마치 '도토리' 같았다. 화폐 제작이 용이했기 때문에 정부 당국은 시민들에게 세금을 독촉하는 수고를 대신해서 군사비용은 물론 오래된 주택의 보수와 같은 온갖 정부 지출비용을 감당하기 위해 더 많은 루블을 발행하는 것 외에 방법이 없었다. 필요할 때마다 화폐를 발행하면 루블의 희소가치-화폐로서의 가치-는 당연히 하락하게 된다.

러시아 정부는 1990년대 중반에 이르러서야 루블의 희소가치를 어느 정도까지 회복할 수 있었다. 1995년경에는 물가 상승률(그리고 이에 따른 점진적인 루블 가치의 하락)이 아주 낮은 수준으로 떨어졌다. 하지만, 물물교환의 빈도는 이후에도 최소한 3년 동안은 증가세를 이어갔다. 문제는 화폐 제작의 용이함이 아니라, 화폐 교환의 용이함이었다.-이처럼 대부분의 상황에서 화폐를 현대 생활의 유용한 구성요소로 만들어주는 것이 바로 익명성이다. 공산주의 붕괴 이후 힘든 여건 속에서 많은 러시아 기업의 부채는 눈덩이처럼 불어났고, 자연히 채권자들이 줄을 이었다. 이미 많은 부채를 가지고 있는 회사에 자금을 융통해줄 경우, 이 자금은 생산적인 일이나 새로운 사업에 사용되지 않을 가능성이 높다. 그 자금은 길게 늘어서 있는 채권자들의 빚을 갚는 데 사용될 것이기 때문이다. 사실 채권자들은 돈을 갚으라고 주장할 수 있는 권리가 있으며, 채권자들 중에 과세 당국, 즉 정부가 포함되어 있다면 기업의 은행계좌를 압류할 수 있는 법적 실행력까지도 갖게 된다. 이와 같은 상황에서 대출기관이 기업에 사업자금의 융통을 거부하는 것은 어쩌면 너무나 당연한 일이다. 그리고 자금의 뒷받침 없이는 러시아 기업들이 자사의 제품이나 생산 공정을 현대적인 흐름에 맞게 바꾸는 것은 불가능했을 것이다.

화폐 기반 경제에서 이와 같은 상황이 벌어졌을 경우, 채권자들의 줄은 길어지고 부채를 상환 받겠다는 의지 또한 확고해진다. 줄이 너무 길어졌을 때 물물교환은 그 줄을 벗어나 새치기할 수 있는 방법으로 이용되기도 한다.[7] 내가 나중에 현금으로 갚겠다는 약속을 받고 당신에게 물건을 제공하면, 그때 당신이 나에게 주기로 한 물건은 채권자 가운데 한 사람에게 압류당했을 가능성이 있으며, 법은 채권자들의 행동을 옹호할 것이다. 하지만, 당신이 나에게 물건으로 빚을 갚겠다고 약속했다면, 나는 당신의 채권자 가운데 한 사람이 아니라 '고객' 가운데 한 사람이 된다. 게다가 다른 채권자들은 당신의 물건을 압류할 생각이 별로 없고, 설령 물건을 압류할 생각을 가지고 있다고 해도 법의 도움을 받는 것이 힘들다면 나로서는 부채를 상환 받을 가능성이 훨씬 높아지는 셈이다.

조직적으로 이루어지는 '새치기'는 만성적 부채에 시달리는 러시아 기업의 문제를 해결하는 영구적인 해결책이 아니었다. 기껏해야 임시방편에 불과할 뿐이었다. 여기서 발생하는 가장 큰 손실은 모든 사람들이 차선책에 만족할 수밖에 없는 현실 그 자체에 있었다. 거래업체에서 부채를 대신해서 신발을 제안했을 때, 당신은 그 제안을 받아들이고 싶지 않을 수도 있다. 그 신발은 당신이 원하는 품질을 만족시키지 못할 뿐만 아니라, 선호하는 스타일이 아닐 수도 있다. 하지만, 아무것도 받지 못하는 것보다는 낫기 때문에 울며 겨자 먹기 식으로 신발을 받아야 한다. 정부도 별 다른 방법이 없었기 때문에 이 흐름에 동참해야 했다. 버스 제조사는 지방세를 낼 현금이 없었기 때문에 현금 대신 버스로 세금을 내겠다고 우겼다. 그 당시에는 버스의 성능이 좋지 않아서 고장이 잦았기 때문에 승객들은 눈 쌓인 도로 위에서 하염없이 기다리는 일이 다반사였다. 하지만, 지방의 세무당국은 개의치 않았다. 버스 회사 파일에 '미납'이라고 표시해 두는 것만으로도 충분하다고 생각했기 때문이다.

1990년대 후반을 지나면서 러시아 기업들의 사정은 훨씬 나아졌다. 러시아의 주요 수출품(주로 석유) 가격이 상승하면서 생각보다 많은 채권자들이 부채를 상환 받을 수 있었다. 그 결과 물물교환의 비중은 급격하게 낮아졌다. 다행히 물물교환을 시도했던 많은 사람들은 이로 인해 발생할 수 있는 문제에 대해서도 어느 정도까지는 인지하고 있었다. 하지만, 러시아 경제에 불어 닥친 금융위기의 여파로 2009년에는 물물교환이 되살아나는 조짐이 있었다.[8] 이 추세가 장기간 지속될 가능성이 높은 것은 아니지만, 물물교환이 재개될 경우 러시아 경제는 또 다시 상당한 타격을 피할 수 없을 것이다.

화폐의 정착

특정 화폐가 자기 강제력을 지니게 된 과정을 감안하면(공산주의의 붕괴 이후 러시아에서 발생했던 경우와 마찬가지로 화폐가 자기 강제력을 갖지 못했을 경우, 화폐는 본연의 매력까지도 잃게 된다.) 화폐는 개인과 개인에서 점차 국가로 향하는 '상향식' 발전 과정을 통해 정착되었다고 생각하기 쉽다. 즉, 개인이 저마다 다양한 교환의 매개 수단을 사용하다 보니 어느 순간 특정 재화를 교환 수단으로 사용하게 되었고, 결국 지금 우리가 알고 있는 화폐의 형식인 국가발행 통화로 교환 매개가 대체되었다고 생각하는 것이다. 우리는 모두 이와 같은 설명에 정확하게 들어맞는 역사적 사실을 하나 정도는 알고 있다.-경제학자들이 이와 같은 방식의 화폐 정착 과정을 역사적으로 어느 시대나 존재했던, 심지어 선사시대에도 존재했던 전형적인 과정이라고 생각해 왔던 이유이기도 하다. 하지만, 다른 증거에 따르면 실제로 이 같은 사례는 아주 드물었다고 한다.[9] 이와 관련된 사건이 실제로 독일의 전쟁포로 수용소에서 있었다. 수감자 중에 R.A 래드포드^{R.A. Radford}라는 경제학자가 있었기 때문에 이 사건은 세상에 널리 알려지게 되었다. 래드포드는 1945년 석방된 지 불과 몇 개월 후에 수감 생활의 경험을 경제지《이코노미카*Economica*》에 기고했다.**10** 당시 수용소에서 사용되었던 통화는 담배였다. 담배는 "모양이 동일하고, 내구성도 상당히 강하며, 작은 통에 담겨 있었기 때문에 대량으로 거래하기가 용이했다." 래드포드는 다른 모든 제품(치즈, 잼, 초콜릿 등)의 가격을 담배로 매겼다고 이야기한다. 그의 이야기에 따르면, 수용소에서는 인플레이션(적십자에서 예상치 못한 담배 구호품이 들어온 이후)과 디플레이션(연합군의 폭격으로 구호품이 파괴된 이후)도 존재했다고 한다. 래드포드는 담배가 어떻게 화폐의 기능을 하게 되었는지에 대해 이야기를 풀어간다. 수감자들은 질 좋은 담배를 아껴뒀다가 자신이 피웠기 때문에 질 좋은 담배가 통화로 유통되는 일은 아주 드물었다고 한다. 동일한 실질 가치를 지닌 통화가 유통될 때에는 실질 가치가 적은 악화가 양화를 구축하게 되고, 결국 악화만 살아남게 된다는 그레셤의 법칙Gresham's Law이 수용소 내에서도 그대로 적용되었다는 것이다.

　　이와 유사한 경우를 다른 사례에서도 찾을 수 있다. 이라크에 파병된 미군들 역시 담배를 통화로 사용했다.**11**-하지만, 최근에는 여러 가지 변화로 인해 담배는 통화로서의 가치를 잃었다고 한다. 또 다른 경우로는 미국의 연방 교도소가 있다. 2004년부터 미 연방 교도소 내에서의 흡연과 수감자들의 현금 보유가 전면 금지되었다. 이때 많은 연방 교도소에서 새롭게 등장한 화폐는 고등어 통조림, 또는 포장 고등어이다. 《월 스트리트 저널Wall Street Journal》에 보도된 것처럼 '고등어' 통화가 유통되는 이유는 명백했다. "통조림(또는 포장 고등어) 하나의 가격은 1달러에 불과한데-단백질에 목매는 운동 중독자를 제외하고는-고등어를 먹고 싶어 하는 사람이 거의 없었기 때문이다." 이것 역시 그레셤의 법칙을 증명하는 사례이다.**12**

이 같은 사례를 바탕으로 많은 경제학자들은 화폐의 역사적 발달이 하나의 특정한 과정을 밟아왔다고 확신하게 되었다. 이와 관련해 노벨 경제학상 수상자인 경제학자 폴 새뮤얼슨Paul Samuelson은 "상품 화폐의 시대는 종이화폐, 즉 지폐의 시대에 자리를 내주고…… 마침내 지폐의 시대와 함께 은행화폐 또는 은행 당좌예금의 시대가 도래 했다."**13**라고 이야기했다. 즉, 처음에는 상품이 자연스럽게 교환의 매개 수단이 되었고, 결국 정부가 교환 매개의 기능을 좀 더 효율적으로 충족하는 방식의 통화(처음에는 동전이다가 그 이후에는 지폐)를 만들었다는 것이다. 분명한 것은 은행이 발행한 화폐나 예금증서가 통화의 형태로 사용되기 위해서는(상품이나 지폐 대신 은행의 부채를 지불 수단으로 교환하는 것) 정교한 금융 시스템이 먼저 개발되어야 한다는 사실이다.

이와 같은 추측은 일견 타당해 보이지만, 뒷받침할 수 있는 증거는 불충분하다. 메소포타미아에서 채무를 기록하는 데 사용된 점토판은 타인에게 양도하는 것이 가능했으며, 지금까지 발견된 가장 오래된 동전보다 두 배정도의 오랜 역사를 가지고 있다. 메소포타미아의 채무정산 법에 따르면, 곡물 거래상에게 부채를 가진 A는 사람은 비슷한 부채가 있는 B에게 그에 상응하는 무언가를 지급하면 A는 결국 곡물상의 빚을 갚은 것이 된다. B가 곡물상에게 A의 빚을 대신 갚으면 되기 때문이다.-사실 현대의 통화 시스템과마찬가지지만, 현금 중심의 경제 시스템과는 아주 다르다. 우리는 모든 상품이 교환 매개의 수단으로 기능했는지, 사람들이 주요 거래에서 발생한 부채를 항상 기록했는지에 대해서는 알 수 없다. 하지만, 포로수용소, 또는 현대의 전쟁 상황에서 출현했던 '화폐'는 이 문제에 대한 아무런 단서도 되지 못했으며, 오히려 잘못된 해석으로 이어질 수도 있다. 왜냐하면 수용소나 전장에서처럼 상품이 교환의 매개 수단으로 사용되는 일은 정교한 통화 사용에 익숙해져 있던 사람들이 통화를 사용할 수 없게 되었을 때 일시적으로 벌어지는 현상에 불과하기 때문이다.

역사적으로 세계의 다양한 지역에서 현금 경제의 출현을 이끌었던 주체는 '중앙 정부'였을 것으로 생각된다. 하지만, 사실 교환 매개로 통용되기에 '합당한' 특징을 가진 화폐의 형식을 만들어낸 곳은 정부 당국이 아니었다. 채무 토큰debt token을 발행했던 것은 개인 은행을 포함한 채권자들이었다. 채무 토큰은 동전이 발행되지 않았던 다수의 지역에서 유통되었다. 중세 유럽의 대규모 시장에서는 '동전 하나 없이도' 상인들 사이에서 발생하는 채무 관계를 완벽하게 정산할 수 있었다.[14] 채무 토큰은 일반적으로 다른 토큰과 경쟁했다.-채무 토큰이 국가에서 발행한 통화와 경쟁을 하는 일이 발생한 경우도 있었다. 실제로, 1859년 말 미국에서는 1만 종에 달하는 지폐가 유통되었으며, 5,000종이 넘는 위조지폐가 시중에 나돌았다.[15] 미국의 경제 구조는 정교했지만, 모든 사람이 사용하는 통화를 결정하는 문제에 있어서는 엄청난 어려움을 겪어야 했다. 공동 통화에 대해서 합의를 이루게 된 계기는 세금을 해당 화폐로 납부해야 한다는 조건 때문이었다. 사람들은 비로소 국가에 세금을 납부하기 위해 공동 통화로 결정된 화폐를 사용하기 시작했다. 화폐를 정착시킨 것은 사람들의 자발적 합의라기보다 사회적 균형의 구축이었던 셈이다.-최근까지 화폐의 사용이 사람들의 자발적 합의에 의해서 결정된 사례는 전세계 어디에서도 찾을 수 없다.

국민들이 통화의 사용을 거부하는 사태가 벌어졌을 때, 정부 당국은 교환 매개로써 합당한 특징을 가진 통화로 세금을 낼 것을 의무화했다. 하지만, 정치적 현실이 통화의 원칙보다 우선하는 경우도 있었다. 미국의 인류학자인 윌리엄 헨리 퍼니스William Henry Furness는 1898년 독일의 식민당국이 웹Uap(캐롤라인 군도에 위치한 섬)에 만들었던 세금 체제에 대해 설명한다. 독일 식민당국은 섬 주민들에게 도로 보수공사에 참여하라고 명령했지만, 주민들은 좀처럼 명령을 따르려고 하지 않았다. 원인을 조사하는 과정에서 작업에 대한 보수를 지급할 수 있는 통화가 없다는 사실을 깨달은 식민당국은 주민들이 페이fei - 중앙에 구멍이 뚫린 커다란 돌 화폐-를 사용하고 있다는 사실을 이용했다.

> [그들은] 가장 값이 나가는 페이에 검은 선을 그어 정부가 페이를 세금으로 가져가겠다는 표시를 남겼다. 이는 마법 같은 효과를 일으켰다. 갑자기 가난해진 주민들은 섬 이쪽 끝과 저쪽 끝을 잇는 도로 보수 작업에 열심히 참여했고, 그들이 만든 도로는 마치 오늘날의 공원 도로와 같았다. 독일 정부는 그제서야 사람을 보내 검은 선을 지웠다.[16]

흔히 돌 화폐를 교환의 매개 수단으로 사용하기에는 부적합한 통화라고 생각할 수도 있다. 하지만, 당시의 상황에서 돌 화폐는 세금을 부과하는 수단으로 이용하기에 가장 적합한 통화였다. 따라서 교환 매개로써 화폐가 지닌 특성이 사회적으로는 교환을 위한 안정적인 토대를 구축했지만, 역사적으로 본다면 효율적인 교환의 매개 수단으로 화폐를 정착시키는데 있어서 충분조건이 되지는 않았을 것이다. 그 과정에서 상당한 정도의 강제성이 필요했을 것이고, 캐롤라인 군도에서처럼 주민들에게 항상 좋은 결과를 가져다

주지도 않았을 것이기 때문이다.

그렇다고 해서 역사적으로 존재했던 모든 정부에서 납세의 형태를 결정할 수 있었다는 말은 아니다. 예를 들어, 1990년대 러시아의 경제가 물물교환으로 회귀했던 이유를 러시아 정부가 루블로 세금을 징수하지 않고 버스로 세금을 징수했기 때문이라고 생각하는 것은 문제가 있다. 오히려 상황은 그 반대에 가깝다. 현물 납세를 허용한 것은 루블의 가치하락과 함께 손쉽게 압류할 수 있는 루블화 은행 계좌의 낮은 신뢰도를 감안했을 때 정부로써는 다른 방법이 없었기 때문이다. 하지만, 러시아의 사례에서 알 수 있는 사실은 정교한 교환 네트워크를 기반으로 하는 현대의 경제 구조에 맞게 화폐 제도가 정착된다고 해도 물물교환의 중요성이나 역할이 완전하게 사라지지 않는다는 것이다. 역사적으로 화폐 제도의 정착이 물물교환보다 훨씬 효율적인 대안이었다고 할 수는 없지만, 오늘날과 같은 경제 네트워크의 복잡성을 감안해볼 때 물물교환이 화폐 제도보다 훨씬 비효율적인 방식이라는 것만큼은 분명해 보인다. 하지만, 화폐 제도는 그 자체에 붕괴의 위험이 있을 뿐만 아니라, 화폐에 대한 신뢰가 무너졌을 때의 결과는 아주 참혹하기까지 하다.

화폐의 익명성과 불안감

러시아 국민들이 물물교환으로 인해 고충을 겪고 있는 동안, 산업화된 서구의 일부 지역에서는 오히려 물물교환이 인기를 얻고 있다. 국제호혜무역협회International Reciprocal Trade Association(www.irta.com)라는 단체는 오늘날과 같이 현대화된 세계에서 물물교환 거래의 이점을 알리는 열정적인 대표사절 역할을 하고 있다. 이 협회는(입증하기는 힘들지만) 2008년에 전 세계 40만 곳 이상의 기업이 물물교환을 통해 100억 달러-개별 회사로 환산하면 2만 5,000달러에 불과하지만-에 달하는 수익을 올렸다고 주장했다. 또한, 다양한 고객의 요구는 물론, 물물교환을 하는데 있어서 커다란 장애-제품의 공급업체가 자신의 제품을 필요로 하는 동시에 자신에게 필요한 물건을 제공할 수 있는 구매자를 찾느라 엄청나게 어려움을 겪었던 고충-였던 '욕구의 이중부합 double coincidence of wants'을 충족하는 데 컴퓨터와 인터넷이 큰 역할을 하고 있다고 지적한다.

소규모 물물교환 네트워크(지역 통화local exchange trading systems 또는 레츠LETS**17**라고도 하는) 역시 세계의 여러 도시에서 증가하고 있는 추세다. 규모가 크지는 않지만 이와 같은 지역통화를 이용해서 개인들은 제품과 서비스를 교환한다. 과거에 비하면, 교환 방식도 상당히 발전했다. 예를 들어, 개인은 포인트 혹은 다른 임의의 방식으로 '신용'을 쌓아 두었다가 이를 화폐로 환산한 다음 나중에 다른 제품이나 서비스를 교환할 수도 있다. 지역 통화의 매력은 거래를 할 때에 과세를 어느 정도까지 피할 수 있는지, 또 해당 공동체가 화폐 경제로부터 분리되고 싶은 마음이 얼마나 간절한 지에 따라 달라질 수 있다. 하지만, 이유가 무엇이든 지역 통화의 인기가 증가하고 있는 것은 분명하다. 베네수엘라에서도 일종의 지역 통화라고 할 수 있는 대안 화폐가 차베스 대통령의 승인 하에 유통되었는데, 자본주의를 대체할 수 있는 제도를 모색하는 노력의 일환이었다.**18**

물물교환의 지지자들은 물물교환의 장점을 수시로 나열한다. 그들은 물물교환이 효율적이고 윤리적이며, 교환하는 과정에서 재미까지도 느낄 수 있다는 주장을 펼친다. 한편, 현대적인 금융 시스템에 내재된 편재성이나 익명성에 대해 조금이지만, 악의적인 부분이 있다고 느끼는 사람들이 많기 때문에 물물교환 지지자들의 주장이 설득력을 얻고 있는 측면도 있다. 로마의 황제 베스파시아누스Vespasian는 "돈은 냄새가 나지 않는다."라고 말했다. 이 대목에서 치를 떠는 사람들도 있다.(베스파시아누스 황제가 공중화장실 사용에 세금을 부과한 일에 대해 자신의 업적이 늘었다는 식으로 우쭐대면서 이말을 했기 때문이다.) 제임스 버컨은 저서 『얼어붙은 욕망』의 마지막 문장에서 이에 대한 자신의 생각을 시적이고, 심지어 현란한 비유를 통해 표현하고 있다. 다음 대목에서 저자는 돈으로부터 해방된 세계에 대한 환상을 보여준다.

어느 날 갑자기 인간은 혼돈을 겪게 될 것이다. 나의 영웅들은 잠에서 깨어나 눈을 비빈다. '명예'는 얼굴에 혐오감을 가득 드러낸 채 신용장을 밀어내고, '자선'이 비명을 지르며 자선무도회에서 뛰쳐나오고, 한 배를 탔던 '선행'과 '지불능력'은 서로 등을 돌리고 결국 남남이 된다. '자유'는 들고 있던 쇼핑백을 내려놓고 부어 오른 발을 어루만진다. 미네르바의 올빼미가 한쪽 눈을 뜬 후, 이내 다른 쪽 눈까지 뜨고선 너덜너덜해진 날개를 펴고 하늘로 날아오른다. 이 모든 꿈들이 흩어지면, 신뢰의 시대 다음에 오는 '황금만능'의 시대는 태양 아래 모든 것과 함께 종말을 맞을 것이다.[19]

하지만, 어떤 주장을 하더라도 물물교환이 결코 사회 전체를 위한 효율적인 시스템으로 자리 잡을 수는 없을 것이다. 물론, 세금이나 다른 규제로 인해, 또는 신뢰할 수 있는 화폐가 없을 경우에는 다수의 개인이 경제 생활을 영위하기 위해 물물교환의 방식을 선택할 수는 있다. 하지만, 욕구의 이중부합을 충족하는 정교한 컴퓨터-와 인터넷- 기반의 시스템이 있다고 하더라도 물물교환은 항상 근본적인 문제에 부딪히게 될 것이다. 내가 구매하고 싶어 하는 물건을 판매하려는 사람이 있다고 하더라도 그 사람이 보낸 물건이 내가 원하는 품질을 만족시킬 것이라고 확신할 수 있는 방법이 있을까? 화폐의 매력은 바로 구매자가 제공하는 다른 어떤 물건보다도 품질을 신뢰할 수 있다는 것에 있다. 어떤 방법인지는 알 수 없지만, 교환에 참가하는 사람들이 신뢰의 문제를 극복한 집단이라면 물물교환이 지속될 수도 있을 것이다. 가령, 사람들이 서로 아주 잘 아는 작은 공동체이거나 대규모이기는 하지만 교환하는 제품의 품질이 어느 정도 표준화되어 있어 한눈에도 품질을 파악할 수 있는 경우라면 충분히 가능한 이야기이다. 하지만, 점점 복잡해지는 현대의 생활을 유지하는 수단으로써, 그리고 낯선 사람들 사이에서 품질을 확인하기 힘든 물건을 교환하기 위한 매개 수단으로써의 화폐를 대체할만한 현실적인 대안이 아직까지 출현하지 않고 있다는 것은 분명해 보인다.

그렇다면 윤리적인 측면에서 바라보는 물물교환은 어떨까? 이처럼 '화폐의 시대'에 대한 보편적인 불안감은 어디서 오는 것일까? 물론 여러 가지 이유가 있을 것이다. 하지만, 그 이유에 대해서라면 이 책보다는 다른 책을 찾아보는 편이 나을 것이다. 돈을 하찮게 여기는 것은 부에 대해서 아무런 가치가 없다고 생각하는 것을 드러내는 손쉬운 방법에 불과하다고 생각하기 때문이다.(돈은 결국 돈으로 얻을 수 있는 모든 것을 포함한다.) 역사적으로도 돈을 하찮게 여기는 행위는 정확하게 말하자면, 남들은 열심히 경제 활동–특히 장사–을 통해 힘들게 부를 축적하는 시대에 물려받은 재산으로 편안하게 생활하던 사람들이나 귀족들이 자신의 불안감을 간접적으로 표현하는 방식에 지나지 않았다. 이 불안감은 고대 아테네에서부터 오늘날의 영국에 이르기까지 수많은 사회에서 경제 활동에 대한 태도를 결정하는 방식이었기 때문에 경제적으로는 물론 사회적으로도 중대한 영향을 미쳤을 것이다. 역사학자 마르틴 비너Martin Wiener는 영국에서 "산업정신이 쇠퇴"한 이유에 대해 19세기에 많은 토지를 소유했던 귀족이나 경제학자 존 메이너드 케인즈John Maynard Keynes 같은 영향력 있는 문학가, 그리고 예술가에 이르기까지 영국의 주요인사들이 바로 이 불안감을 해소하지 못했기 때문이라고 주장했다.[20] 여전히 이해하기 힘들지만, 돈을 하찮은 것이라고 인식하는 태도는 '화폐'가 지닌 부의 측면과 익명의 교환 매개라는 측면 사이에 존재하는 양면성을 의도적으로 이용한 것이다. 바로 화폐가 지닌 익명성과 천박함 때문에 돈을 곱지 않은 시선으로 바라보는 것이다. 수사적인 장치로써의 '돈'은 누구든 드러내놓고 옹호했을 때에는 비난을 피할 수 없다는 은근한 암시가 담긴 비하의 표현이었다. 현대 세계에서도 시장이 확대되는 것을 개탄한 많은 작가들이 불만을 표현한 부분은 주로 물질적 사고방식의 영향력 확대라는 측면이 대부분이었다.[21] 물론, 그 불만이 단순히 분업이나 사회적인 교환의 확대를 겨냥했다면 수사적 설득력이 훨씬 약했을 것이다.

시와 산문 속에 담겨 있는 돈의 지위에 대한 피상적인 시선에서조차도 이와 같은 종류의 불안감이 인간의 육체에 대한 양면성, 특히 성욕이 갖는 양면성과 얼마나 밀접한 상관관계가 있는지를 여실히 보여준다. 우리가 가진 성욕의 양면성 때문에 우리가 돈에 대해서도 양면적인 생각을 갖게 되었다는 의미는 아니다. 하지만, 우리는 돈, 그리고 그 돈이 우리 사회에 미치는 엄청난 영향력에 대해 느끼는 불안감-아마 다른 이유도 있겠지만-을 표현하기 위해서 성욕과 관련된 단어를 빈번하게 사용하는 경향이 있다. 불과 17세기까지만 해도 '사치luxury'라는 단어는 '색욕lechery'이라는 의미로 사용되었으며, 프랑스에서는 지금까지도 색욕을 'la luxure'라고 표현한다. 제임스 1세 시대의 극작가 시릴 터너Cyril Tourneur의 『복수자의 비극The Revenger's Tragedy』에 등장하는 공작은 어느 구경꾼에 의해서 "피도 눈물도 없는 호사꾼a parch'd and juiceless luxur"으로 묘사되어 있다.[22] '낭비expense'라는 단어("부끄럽게 영혼을 낭비하는 것은"으로 시작하는 셰익스피어의 소네트 129편에서와 마찬가지로)는 오르가슴을 의미했으며, 19세기 후반까지 오르가슴이나 절정과 함께 사용된 단어는 '도달하다to come'가 아니라 '낭비하다to spend'였다. 이는 아마도 섹스의 즐거움 뒤에 오는 피로와 돈을 쓰는 즐거움 뒤에 오는 경제적 궁핍이 갖는 유사성에서 비롯되었을 것이다.(이 두 가지의 고갈 모두 빈번하게 일어나며 죄책감과 혼동되는 느낌이다.) 다른 관점에서는 거래와 계산의 수단이었던 돈을 전통적으로 쾌락의 감시를 담당했던 도덕성의 엄격한 통제 아래에 종속시키려 했기 때문인지도 모르겠다. 지금까지 살펴본 내용들은 모두 다른 무엇보다 돈의 익명성과 밀접한 관련이 있다. 즉, 돈을 통해 얻을 수 있는 신뢰는 개인의 이해보다는 비인격적인 규칙을 바탕으로 다소 부정하게 얻어진다는 생각에서 비롯된 것이다. 성욕은 주로 삶의 영역에서 두 사람의 욕구가 일치한 결과 자율적이고 자발적인 교환이라는 목적을 달성하기 위해 일어나는 것이다. 하지만, 이와 같은 욕망이 정직하지 못하고 금전적인 목적을 숨긴 거짓된 모습일지도 모른다는 의심이 들 때에는 가장 추악해질 수 있는 영역이기도 하다. 정직함을 가장한 부정직함은 바로 돈의 본질이기도 하다.

돈은 겉으로 풍기는 모습과 내부의 정체가 달라서 우리를 힘들게 한다. 제임스 버컨은 "기계에 대한 오래된 비유를 빌리자면, 돈은 수많은 사람의 꿈과 소원을 싣고 사람들을 상상도 하지 못한 장소로 데려다 주는 일종의 철도 조차장이 되었다."[23]라고 이야기한다. 돈이 갖는 무한한 가능성은 평소에 품고 있던 익숙한 종류의 위안을 방해하고, 돈 있는 사람들은 다른 사람들이 갇혀 있는 사회적, 문화적 판단의 감옥에서 벗어날 수 있는 게 아닌가하는 의심을 품게 만든다. 프랑스의 소설가 발자크Balzac는 소설 『창녀들의 흥망성쇠Splendors and Miseries of the Courtesans』에서 순수한 여주인공 에스더Esther의 입을 빌어 다음처럼 불만을 표현한다.

돈벌이가 없었던 소녀는 진창에 몸을 던졌어요. 제가 수녀원에 들어가기 전이었죠. 남자들은 아름다운 그녀에게 손톱만한 존중도 없이 그들의 욕구만 채웠어요. 남자들은 마차를 타고 그녀를 데리러 와서 볼일이 끝나면 걸어서 돌아가게 했죠. 그들이 그녀의 얼굴에 침을 뱉지 않은 이유는 오직 그녀의 미모 때문이었어요. 하지만, 아름다운 외모때문에 소녀에게 남은 것은 악밖에 없었어요. 그녀가 500~600만 리브로를 상속 받았다고 해봐요. 수많은 왕자들의 구애를 받았을 것이고, 그녀가 타고 있는 마차가 지나갈 때마다 모두 경의를 표했을 거예요. 그리고 프랑스와 나바르의 뼈대 있는 가문의 남자들 중에서 마음에 드는 짝을 고르게 되었겠죠. 세상은 겨우 반반한 얼굴 하나로 살아가는 것들이라며 우리(그녀와 그녀의 가난한 연인)를 비웃었지만, 자유분방한 삶을 산 스탈 부인에게는 끝없는 찬사를 보냈어요. 그녀는 매달 20만 리브로의 돈을 상속금으로 받고 있었거든요. 돈에다 영광과 경의를 표하는 이 세상에서 행복과 선행이 존중받을 리가 없잖아요.[24]

　　그 후, 영국의 작가인 마틴 에이미스Martin Amis는 동일한 서사 구조를 반대의 방식으로 사용한다. 그의 책 속에 등장하는 화자는 돈을 '보호막'이라고 생각한다. "돈, 더 많은 돈을 벌어야겠어. 그래야 안전할 테니까."[25]라고 생각하는 식이다. 안전에 대한 기만적인 약속은 돈에 대한 현대인의 태도에서도 찾아 볼 수 있는 가장 오래된 주제이며, 이 약속이 지속되면서 돈은 실제로 역사상 가장 안전한 상태가 되었다. 현대의 삶에서 가장 흥미로운 것은 성도덕이 점차 개인의 영역으로 바뀌면서 금전적 정직성이라는 윤리는 점차 집단적인 규제의 대상이 되었다는 사실이다. 불가피한 현상이면서 바람직한 현상이기도 하다. 하지만, 의심의 시선을 거두는 것은 불가능하다. 번영한 사회에서는 에이즈로 인해 발생된 위기조차도 '금융 행위'가 '성 행위'보다 사회 전체의 운명과 훨씬 밀접하게 관련되어 있다는 모두의 확신을 바꾸지 못했다. 섹스는 끝없는 호기심을 불러일으키는 주제이지만, 결국 연못에 일어나는 작은 파문 정도에 지나지 않는 것으로 취급된다.(하지만, 에이즈로 황폐해진 아프리카의 예외적인 비극을 통해 우리는 빈곤 국가에서는 이 두 문제의 역전이 일어날 수도 있다는 사실을 깨닫게 되었다.)

　　가장 번영한 사회에서 돈이 과거 어느 때보다 안전하다는 사실은 돈 자체에 남겨진 위험을 더욱 골칫거리로 만든다. 돈은 우리가 전에 없던 방식으로 낯선 사람들과 연결되어 있다는 사실을 상징적으로 보여준다. 이와 같은 연결을 강화하려는 우리의 여러 가지 실험이나 정치를 통해 경제기구에 대한 통제를 강화하려는 노력으로 인해 규제 시스템은 규제의 대상인 금융 기관만큼이나 복잡해졌다. 7장에서는 이 이야기를 다룰 예정이다.

chapter 07

도둑들의 의리:
비축과 도둑질

저장, 대여, 그리고 공황

조롱박 벌(조롱박 벌은 자신의 유충에게 먹일 곤충을 침으로 쏘아 마비시킨다.)에서부터 개, 벌, 다람쥐에 이르기까지 다양한 생물들이 자신의 '몸'이 아닌 '바깥', 즉 몸의 외부에 식량을 저장한다. 몸집이 불어나고 진화를 거듭하면서 몸 속 어딘가에 식량을 저장하는 일은 불가능해졌다. 거대한 몸집을 가진 동물들은 음식물 섭취량과 함께 배설량도 상당하다. 이 동물들이 수시로 옮겨 다니는 것은 생존을 위한 불가피한 선택이었다. 한곳에 머물러서 생활을 하기에는 음식 섭취량과 배설량이 너무 많아서 생존에 위협을 받을 수 있기 때문이다. 하지만, 떠돌이 생활을 한다고 해서 모든 문제가 해결되는 것은 아니었다. 저장할 수 있는 식량의 양에는 한계가 있고, 서식 환경을 바꿀 때마다 저장된 식량도 함께 옮겨야 했기 때문이다.

우리 선조들 역시 마찬가지였을 것이다. 수십만 년 전에 그들이 처음으로 정착형 농경 생활을 시작했을 때, 저장된 식량을 가지고 다녀야 하는 부담은 얼마 지나지 않아서 식량을 지켜야 하는 부담으로 바뀌었다. 주거지에 보관한 식량이 도둑들이 좋아하는 표적이 되면서부터는 주거지 근처에 식량을 보관해 두는 것이 능사가 아니라는 사실을 깨달았다. 어느 날 아침에 쌀독이 깨져 있고, 사방에는 돌이 흩어져 있다. 쥐, 혹은 도둑들이 식량을 훔쳐가면서 흘린 곡물 알갱이를 황망하게 바라보며 어떻게 살아가야 할 것인지 막막해했던 사람들이 얼마나 많았겠는가?

분업은 오래 전부터 식량 생산뿐만 아니라, 식량의 저장에서도 진가를 발휘했다. 실제로, 추수한 식량을 지키는 가장 확실한 방법은 튼튼한 식량 창고를 가진 상인에게 그 식량을 팔아치우는 것이었다. 상인들은 튼튼한 식량 창고를 가지고 있기 때문에 식량을 안전하게 보관할 수 있었다. 식량 창고를 갖지 못한 대부분의 사람들이 제한된 장소에서 보관하기에 적합한 물건은 식량이 아니라, 상인들이 식량을 구매한 대가로 지불한 동전이나 지폐였을 것이다. 하지만, 화폐가 발명된 다음에 식량 창고가 만들어진 것은 아니다. 화폐가 발명되기 전에도 사람들은 수확한 곡물을 신뢰할 수 있는 누군가의 집에 보관했을 것이다. 물론, 그 사람의 집은 일반적으로 식량을 맡기는 사람들의 집보다는 견고했을 것이다. 시간이 흘러 화폐가 발명되었고 사람들은 화폐가 발명되기 전과 동일한 방식으로 행동했을 것이다. 아마도 인류 역사상 최초의 은행은 사람들이 맡긴 돈을 안전하게 보관하는 역할만으로 충분했을 것이다.

무엇인가를 빌리고 빌려주는 행위는 집단생활만큼이나 오랜 역사를 가지고 있으며, 사냥에서 잡은 짐승의 고기를 나누던 행위와 마찬가지로 우리의 사회생활에 깊숙하게 뿌리내리고 있다. 하지만, 은행은 아주 최근에 만들어진 것이며, 다른 무엇보다 탁월한 '발명품'이다. 최초의 은행이 언제 생겼는지에 대한 정확한 기록은 없지만, 농업이 도입된 이후라는 것과 6장에서 살펴본 화폐가 발명되기 한참 전-이후가 아니라-에 생겼을 것이라는 추측은 타당해 보인다. 처음에는 단순하게 '창고'로 시작했을 것이다.(은행에 대해 기록된 최초의 자료에 따르면 실제로도 그렇다.)[1] 이후에 은행이 제대로 된 모습을 갖추게 된 계기는 '속임수'에 대한 의심, 즉 창고의 주인이 창고에 보관 중인 곡식을 곡식의 주인이 눈치 채지 못하게 누군가에게 빌려줄 수도 있을 것이라는 의심을 품기 시작하면서부터였다.[2] 창고 주인이 부유한 농부였다면, 그는 누군가에게 빌려준 곡식의 일부분이 자신의 소유가 아니라는 사실을 아주 잠깐 동안만 숨길 생각이었을 수도 있다. 하지만, 소규모의 공동체에서 비밀은 순식간에 퍼져나가게 마련이다. 어느 정도 규모를 갖춘 공동체에서는 창고 주인의 행동이 발각되기까지는 좀 더 많은 시간이 필요했을 것이고, 당연히 좀 더 오랫동안 성공을 거뒀을지도 모른다. 창고 주인의 '속임수'가 성공을 거두기 위해서는 곡식을 맡기는 농부의 수가 많아야 하고, 농부들이 맡기는 곡물의 종류도 다양한 편이 훨씬 유리했을 것이다. 신출내기 창고 주인의 입장에서는 누군가가 자신이 맡긴 곡식을 찾으러 왔을 때를 대비해야 한다면, 창고에 보관하고 있는 다른 사람의 곡식을 이용해서 정확한 수요를 예측하고 손익을 맞출 수 있다는 확신이 필요했을 것이기 때문이다.

그 외에도 난관은 있었다. 누군가가 맡긴 곡식을 찾으러 왔을 때, 자신이 맡긴 자루가 아니라 다른 사람의 자루에서 곡식을 빼주는 창고 주인의 모습을 목격했다고 생각해 보자. 창고 주인은 다른 사람의 자루에 있던 곡식의 품질이 자신이 맡긴 자루에 있는 곡식의 품질만큼 좋은지에 대해 의구심을 갖는 농부들로부터 신뢰를 얻어야 했을 것이다. 물론, 화폐 제도가 도입되면서부터는 이 과정이 수월해졌다. 화폐가 가진 익명성이라는 특성 덕분에 "이 돈이 내 돈이야?" 라는 질문을 할 필요가 사라졌기 때문이다. 너무 가난해서 식량을 창고에 맡길 형편이 되지 않았던 농부들은 화폐 제도가 도입되자 곡물을 저장하는 대신 필요로 하는 사람들에게 팔았고, 그렇게 해서 만든 돈을 자신의 집이나 다른 안전한 곳에 보관하게 되었다. 그리고 그 돈을 필요로 하는 다른 사람들에게 공개적으로 빌려줄 수도 있게 되었다.

하지만, 돈을 빌려주는 일에도 나름의 위험이 뒤따랐다. 돈의 익명성, 그리고 은폐의 용이함으로 인해 채무자의 입장에서는 '속임수'의 유혹도 상당히 강해졌을 것이기 때문이다. 그래서 '은행'이 과거 농경사회의 방식, 즉 집의 한쪽 구석에 지어진 '창고'를 완전히 사라지게 만들 수는 없었다. 아직도 전 세계의 10억 명이 넘는 농부들은 일정한 수확량을 유지하면서 동시에 추수한 곡식을 '창고'에 직접 저장하는 방식을 선택하고 있다. 때로는 수확한 곡식을 판매한 농부들조차도 은행에 예금의 형태로 돈을 맡기기보다는 침대 매트리스 아래에 넣어두는 것이 훨씬 안전하다고 생각한다. 부유한 산업사회의 경우에는-대개는- 은행에 맡기는 편이 훨씬 안전하지만, (일부이지만) 농부들의 오랜 습관을 바꾸지는 못했다. 그럼에도 불구하고, 간과하지 말아야 할 사실이 있다. 지금처럼 은행이 번성할 수 있었던 가장 중요한 이유는 사람들이 지닌 탁월한 능력 가운데 하나가 위험을 감수하는 것이라는 사실 때문이다. 사람들의 안전을 보장하기 위해 만들어진 제도들과 마찬가지로 은행 역시 위험의 존재조차 잊고 살 수 있을 정도로 일상적인 위험의 수준을 낮춰 주었다. 하지만, 제도나 은행에 의해 일상적인 위험이 낮아졌기 때문에 우리는 때때로 아무 준비도 없는 무방비의 상태에서 엄청난 충격을 불러일으킬 수 있는 어마어마한 위험에 노출되기도 한다.

당신이 소중하게 여기는 것-음식, 돈, 온갖 아름다운 것-들을 보관하는 일에 당신의 집이 안전하지 않다고 생각된다면, 이 모든 것들을 보관할 능력이 있고 나중에 분명하게 되돌려줄 정도로 신뢰성 있는 사람을 찾으면 된다. 보관은 당신을 대신하는 일종의 '서비스'이다. 따라서 이 서비스에 대해서는 일정한 비용(보관하는 물건의 일부)을 치르는 것이 일반적이다. 물론 맡긴 물건이나 서비스가 자체적으로 다른 종류의 서비스를 제공할 수 있는 경우라면 예외가 될 수 있다. 말하자면, 이웃에게 곡식을 보관해줄 수 있겠느냐고 질문하는 대신 그 곡물을 경작해 보는 것은 어떠냐고 권할 수도 있다. 곡식을 심으면 그 이웃은 추수 후에 당신에게 돌려줘야 하는 곡식의 양보다 훨씬 많은 양을 수확하게 될 것이다. 당신은 이웃에게 도움을 주었고, 이웃은 당신에게 받은 도움을 되돌려줄 것이다. 더 이상은 곡식을 창고에 저장할 필요가 없어졌다. 하지만, 필요한 시점에 즉각적으로 찾아 쓸 수도 없다. 곡식을 이용해서 유용성이 있는 서비스를 제공하기 위해서는 자신이 필요로 할 때 바로 찾아 쓸 수 있는 권리를 포기해야 한다. 그리고 곡식을 빌려주고 돌려받게 되기까지, 즉 곡식을 빌려간 이웃이 곡식을 추수할 때까지 곡식은 온갖 일상적인 위험에 노출될 수밖에 없다.

은행의 탁월함은 대수의 법칙을 활용한 '환상'을 만들었다는 것이다. 사람들이 은행에 맡긴 예금의 대부분은 유용한 서비스를 제공하는 일에 활용되는 동시에 예금자가 원하면 언제든 찾아 쓸 수 있게 되었다. 이것은 그 자체로 환상적이다. 말하자면, 누구나 미국의 국회의사당을 방문할 수 있다고 말하는 것은 거짓말도 환상도 아니다. 하지만, 국회의사당 방문을 원하는 사람들 모두가 한꺼번에 국회의사당을 방문할 수 있다는 것은 당연히 실현 불가능한 환상이다. 예약을 하지 않고 버스 터미널에 가더라도 언제나 버스의 좌석이 남아있을 것이라는 생각, 아무 약속 없이 전화를 하더라도 언제나 통화를 할 수 있을 것이라는 생각, 전력 과부하에 걸리지 않고 매일같이 전기 주전자로 커피 물을 끓일 수 있을 것이라는 생각은 모두 현대 사회를 움직이고 있는 일상적인 '환상' 수천 가지 가운데 몇 가지에 지나지 않는다. 하지만, 이렇게 만들어진 환상의 구조물에는 가끔이지만 균열도 발생한다. 버스가 만석일 때도 있고, 영국 왕실의 결혼식 장면을 중계로 보다가 중간 광고 시간에 커피를 마시기 위해서 수백만의 가정에서 동시에 전기 주전자로 물을 끓인다면 전력 공급에 엄청난 부하가 걸릴 수도 있다. 슈퍼볼 경기의 중계를 보다가 중간 광고가 나오는 틈에 사람들이 한꺼번에 화장실로 달려가면서 배수관에 엄청난 부담이 가해지는 것도 마찬가지의 일이다. 그리고 모든 사람이 예금을 찾으려고 은행으로 몰려드는 뱅크런bank run과 같은 대규모 예금인출사태 사태도 드물지만, 분명히 일어난다.

　　일반적으로 말하는 것처럼 단지 사람들의 노후 연금과 관련된 문제 때문에 뱅크런이 위험한 것은 아니다. 환상의 일부가 깨지면, 곧이어 안정화 반응이 일어난다. 가령, 버스에 자리가 없으면 다음 버스를 기다리면 되고, 전화 통화가 안 되면 나중에 다시 전화를 하면 된다. 하지만, 내가 거래하는 은행에 대규모 인출사태가 있다는 소문이 돌기 시작하면 상황은 전혀 다른 방향으로 전개된다. 잠잠해질 때까지 집에서 가만히 기다리면 되는 것일까? 어떤 선택이 나에게 유리할지 모를 때는 어떤 행동을 취해야 하는 것일까? 뱅크런의 조짐이 있으면 다른 사람보다 빨리 돈을 찾기 위해 은행으로 달려가는 수밖에 없다. 즉, 근거 없는 소문이라고 하더라도 뱅크런과 관련된 이야기가 떠돌기 시작하면 은행의 고객들은 공포에 질려 은행으로 달려가야 한다. 며칠, 아니 몇 시간만 지나도 예금을 안전하게 인출할 수 있다는 환상마저 깨져버릴 수 있기 때문이다.[3]

은행이 뱅크런에 취약하다는 것은 사람들이 일반적으로 생각하는 것과는 다르게 금융 제도가 현대적인 사회생활의 근간을 이루는 제도의 네트워크 중에서도 유난히 부실하다는 사실과 관련이 있다. 뱅크런은 부실하고 부패한 은행뿐만 아니라, 건실하고 탄탄한 은행에도 타격을 가할 수 있다. 건실한 은행들 역시 단기간에는 도저히 상환이 불가능한 대출에 예금을 투자하고 있기 때문이다.(실제로 은행이 대출을 허용하지 않는다면 아이디어는 있지만 이를 실행하기 위한 자금이 부족한 사람들에게 자금을 융통해줄 수 없을 것이다.) 따라서 은행의 운명은 서로 연계되어 있으며, 은행 거래에서 발생하는 위험은 사회 전체에 무서운 속도로 퍼져 나갈 수도 있다. 조금만 깊이 생각해 보면, 금융 제도에서 파생된 이와 같은 종류의 위험은 사람들이 서로에게 전가하고 있는 다른 위험에 비해 예방하는 것도 피하는 것도 힘들다는 사실을 쉽게 파악할 수 있다. 바이러스(신체, 또는 정보 모두에서)는 전 세계에 빠른 속도로 퍼져 나갈 수 있다. 하지만, 일단 사람들이 위험을 감지한 후에는 이를 상쇄하기 위해서 행동을 스스로 조정하기 시작한다. 예를 들어, 사람들은 안전한 섹스를 위해 피임에 만전을 기하며 컴퓨터 바이러스의 확산을 막기 위해 이메일의 첨부파일을 열 때 주의를 기울인다. 하지만, 뱅크런으로 은행의 위험이 커지면 모든 사람들은 자신이 마지막에 남는 사태를 피하기 위해 한꺼번에 동일한 행동을 하기 때문에 그 위험이 더욱 증폭되는 것이다.

금융산업이 고도로 발달된 사회의 경우, 정부는 예금자 보호제도를 통해 뱅크런과 같은 사태가 몰고 올 위험에 대응해 왔다. 모든 예금자는 은행의 부실 경영이나 불법 행위 등으로 예금을 지급받지 못하는 사람들에게 지급할 보상금 명목으로 소액의 '세금'을 납부하고 있다. 지금까지는 예금자 보호제도를 통해 뱅크런과 같은 '공황'을 예방할 수 있었지만, 여전히 사고는 일어나고 있으며 이는 미래에도 마찬가지일 것이다. 이 부분에 대해서는 8장에서 자세하게 살펴볼 예정이다. 조심성이 지나치면 은행 시스템이 의존하고 있는 허약한 금융 시스템에 대한 환상이 무너질 수 있고, 지나치게 조심성이 없어지면 무기력과 맹목적인 신뢰가 시스템 전체를 장악하게 된다. 사태가 이 지경에 이르면 몽상가들과 사기꾼들이 활개를 치게 될 것이다. 나는 거의 하루도 빠짐없이 온라인상에 적힌 주소로 소액의 돈을 송금하면 이를 불려서 거액의 돈으로 되돌려주겠다는 메일을 받는다. 가능하지는 않겠지만, 100퍼센트 거짓말이라고 하기도 힘든 그 메일 가운데 일부는 먼저 시작하는 사람이 나중에 참가하는 사람의 돈으로 이익을 취하는 '행운의 편지'와 동일한 원리를 바탕으로 뜬구름 잡는 이야기를 하고 있다. 이메일 광고에 현혹되어 그 사람들에게 보내는 돈에 보험이라도 가입되어 있다면 조심해야 될 필요도 없을 뿐만 아니라, 다른 사람의 '푼돈'으로 손쉽게 '거액'을 벌어들이려는 사람들이 폭증하게 될 것이다. 동전 하나까지도 보험회사나 정부의 구제를 받을 수 있는 사람들을 이용해서 쉽게 돈을 벌 수 있는데 굳이 힘들여 일할 필요가 무엇이겠는가?

이것이 정부가 상당한 비용을 부담하면서까지 예금자를 보호하는 이유이다. 예금수취 인가를 받은 기관일 경우에만 예금자 보험의 가입이 가능하며, 대신 해당 기관들은 수시로 엄격한 감독을 받는다. 예금자들이 더 이상 은행의 영업 행위를 감시해야 하는 유인이 사라졌기 때문에 예금을 모두 잃을 위기에 처할 수도 있는 납세자들을 대신해서 정부가 그 역할을 하는 것은 당연한 일이다. 물론, 최근의 사건들을 통해 알 수 있는 것처럼 정부의 감독은 불완전하며, 또한 완벽한 감독이 불가능할 수도 있다. 부실 경영과 불법 행위에 대한 정부의 감시에는 한계가 있고, 실제로 그와 같은 행위의 대부분은 정부의 감시망 바깥에서 이루어지기 때문이다. 과거에 뱅크런이 일어난 곳에서 다시 뱅크런이 일어날 가능성은 현저하게 낮아진다. 하지만, 2007년 금융위기 전에도 이와 같은 사실은 이미 널리 알려져 있었다. 1991년 1월, 미국 로드아일랜드에서 선출된 새 주지사는 취임한 지 3시간 만에 45개 은행의 영업을 중단했다. 이 조치로 30만 명에 달하는 시민들의 계좌가 동결되었다. 주지사가 이와 같은 결정을 한 이유는 시민들의 예금자 보험을 담당하는 민간 보험사가 지급불능의 상태였고, 이로 인해 뱅크런의 초기 조짐이 감지되었기 때문이다. 다음날 뉴잉글랜드 은행에서는 계좌 동결로 인한 손실액을 발표 했는데 그 결과는 뱅크런 사태를 유발했고, 결과적으로 은행의 경영권은 정부로 넘어갔다. 로드아일랜드 주지사의 섣부른 결정으로 인한 공황만 아니었다면 뉴잉글랜드 은행의 뱅크런은 일어나지 않았을 지도 모른다. 로드아일랜드 예금보험기구가 지급불능 상태에 빠지지만 않았다면 로드아일랜드 주 45개 은행의 영업 중단도 없었을 것이다. 한 발 더 나아가 로드아일랜드 주의 도시 프로비던스Providence에 두 개의 지점을 둔 헤리티지 투자저축은행의 불법적인 행위만 없었다면 보험사가 지급불능 상태에 빠지는 일도 없었을 것이다. 그 후, 헤리티지 투자저축은행의 은행장인 조셉 몰리콘Joseph Mollicone은 5건의 횡령 혐의와 19건의 허위기재 혐의, 그리고 2건의 불법적인 결탁 혐의에 대해 유죄 판결을 받고 장기 징역형을 선고 받았다.4

단지 두 개의 지점을 가졌을 뿐인 소규모 은행의 불법적인 행위가 전국적인 뱅크런으로 이어질 수도 있다. 그렇다면 대형 은행의 불법적인 행위나 파산은 도대체 어느 정도로 위험한 것일까? 은행의 주요 예금자들 중에는 다른 은행들이 포함되어 있다. 무엇보다 예금자 보험에도 허점은 있게 마련이고, 공황으로 인해 발생된 불안의 전염성은 무차별적이기 때문에 파산한 은행과 직접적인 관련이 없다고 하더라도 다른 은행 역시 피해를 비껴갈 수는 없다. 따라서 예금자 보험과 감독만으로는 은행의 파산을 완벽하게 예방할 수 없을 뿐만 아니라, 건실한 은행의 뱅크런에 대응하는 것도 역부족일 가능성이 높다. 이와 같은 상황을 대비하기 위해 금융 당국은 가끔 '최후의 대출기관' 역할을 한다. 시장이 스스로 위기를 해결하지 못하는 상황이 발생하면 금융 당국은 언제든 시장에 개입할 수 있는 만반의 준비가 되어 있다. 정부에서는 건실한 은행이 파산한 은행으로 인해 떠안게 된 손실을 메울 수 있도록 저리의 국책자금 대출을 승인하는 대신, 주로 부실한 사업 영역의 축소와 구조 조정을 요구한다. 아주 심각한 부정으로만 밝혀지지 않으면 은행장들이 처벌받는 경우는 드물지만, 그들 대부분은 신뢰를 잃고 실직하게 된다. 그리고 그들은 고객들이나 자신의 역할에 투철한 규제기관과 소송을 벌이느라 엄청난 규모의 퇴직금과 노후 대비 자금을 허비하게 된다. 그들의 비참한 모습을 목격한다고 해서 살아남은 다른 은행의 동료들이 공포에 빠지거나 지금까지 일해 왔던 방식을 바꾸는 일은 발생하지 않을 것이다. 은행의 고객은 물론 정부 역시 그와 같은 상황이 벌어지는 것을 원하지 않기 때문이다. 특히, 정부는 지금과 같은 고도의 산업사회에서 은행들이 무사 안일주의에 빠져 무턱대고 대출을 승인해 주었을 때 발생하는 피해보다 은행들이 대출 조건을 지나치게 까다롭게 했을 때 발생하는 일상적인 손실이나 의도하지 않은 피해가 훨씬 심각하다는 판단을 하고 있기 때문이다.

정부의 판단은 많은 부분에서 타당하다. 하지만, 운영 방식의 부실함이나 부정행위의 규모가 예상을 뛰어넘는 경우도 있다. 1930년대 수백 개의 은행이 파산을 하고 뒤이어 연방예금보험공사FDIC가 창설된(1933년) 미국의 대공황 이후, 그리고 전후 35년 동안에도 미국의 은행들은 뱅크런과 관련된 어떤 종류의 공황도 겪지 않았으며, 파산을 하는 경우도 거의 없었다. 하지만, 1980년대에 접어들면서 상황은 급변했다. 느슨한 은행 규제를 틈타 대부분의 은행들(특히, 주택담보대출 상품에 특화되어 있던 저축대부기관들)이 부동산에 투기성 투자를 늘리면서부터 예금자들에게 아주 높은 금리를 제공했기 때문이다. 순식간에 호황은 불황으로 바뀌었다. 은행이 줄줄이 도산하기 시작했고, 1988년까지 매년 200군데 이상의 은행이 문을 닫기에 이르렀다. 1991년 연방예금보험공사는 미 재무부에서 300억 달러를 지원 받고도 그해 말에는 7억 달러라는 어마어마한 적자를 기록하며 파산한 은행의 부실자산을 요란스럽게 처리했다.(상황은 다르지만, 미국의 어느 상원의원은 "여기 10억 달러, 저기 10억 달러 마구 퍼주다가는 진짜 돈 걱정을 해야 하는 상황이 발생할 지도 모릅니다."라고 말한 적이 있었다.) 이후 금융규제를 철저하게 검토한 의원들의 대부분은 이제 어떤 위기 상황에서도 은행 시스템은 아무런 문제를 일으키지 않을 것이라고 생각했다. 하지만, 그들의 생각은 단지 착각에 지나지 않았다.

신뢰를 산다는 것

은행 시스템은 허약한 신뢰의 토대 위에 상호 의존적인 거래라는 '재료'를 이용해서 거대하고 화려한 '구조물'를 건설하고 있다. 하지만, 우리의 주변은 화려한 건축물이 아니라, 작고 소박한 건물들로 가득하다. 신뢰는 현대 사회에서 낯선 사람들 사이에서 이루어지는 수많은 만남을 연결해주는 회반죽 같은 역할을 한다. 노점에서 과일 하나를 구매할 때에도 구매자는 과일의 상태가 괜찮은지를 꼼꼼하게 살핀다. 이론적으로 대부분의 법률 제도는 물건이나 서비스를 구매하는 사람이 위험을 부담하고 매수자 스스로가 알아서 조심하도록 하는 '매수자 위험 부담' 원칙을 지지한다. 즉, 구매자는 스스로 속임수에 당하지 않도록 조심해야 하고 자신의 선택에 책임을 져야 한다는 것이다. 사실 일리가 있다. 상품의 결함을 확인하는 일에 가장 관심이 많은 사람은 구매자이고, 그래서 통상적으로 상품의 결함을 가장 잘 찾아낼 수 있기 때문이다. 하지만, 구매자에게만 온전히 책임을 지게 하는 법률 제도는 사실상 존재하지 않는다. 내가 노점에서 구입한 과일이 집에 도착해서 보니 생각보다 싱싱하지 않을 수도 있다. 이 경우에는 자신을 탓하는 것 외에 다른 누구를 원망하는 것은 부질없는 행동일 뿐이다. 하지만, 과일에 사용이 금지된 성분을 포함한 농약이 사용되었다면, 이 경우에는 법률의 개입이 필요하다.

매수자 위험 부담의 원칙은 구매자의 주의와 관심을 유도하려는 생각과 실제로 어떤 위험은 구매자의 주의와 관심만으로 확인하기 어렵다는 사실 사이에서 이루어진 타협의 산물이기 때문에 그 한계도 분명하다. 그래서 대다수의 선진 산업국가에서는 수많은 영역에서 이루어지는 일상적인 거래에도 법의 개입이 수시로 이루어진다. 작업 안전, 식품과 의약품의 화학 성분, 전기 설비의 기술 규격, 금융 서비스의 약관, 교사와 의사의 양성, 광고의 내용, 자동차 배기가스, 회사의 인수합병 등 거의 모든 분야에 법의 개입이 이루어지고 있다. 물론, 이 모든 법의 개입에 대해 소비자 보호만을 위한 것이라고 정당화할 수는 없겠지만, 한편으로 소비자가 보호 받고 있다는 것 또한 엄연한 사실이다.

　　그렇다고 하더라도 구매자의 입장에서 보자면 법은 '동맹'의 관계를 맺어야 하는 대상이지만, 다루는 것도 힘들고 전적으로 신뢰할 수도 없다. 그래서 법의 역할은 법정에서 또는 공식적인 행정절차에 따라 입증할 수 있는 분명하고 명확한 신뢰의 위반을 바로잡는 것으로 한정되어 있다. 현대 사회에서 수없이 많은 일상적인 제도는 구매자가 다른 구매자를, 심지어-이상한 역설이기는 하지만- 판매자들이 서로의 동맹자를 찾아내는 수단이라고 볼 수도 있다. 이와 같은 방식의 동맹이 결성되는 이유는 판매자들에 의해 이루어지는 신뢰하기 힘든 행동을 예방하기 위해서이다. 하지만, 신뢰하기 힘든 행동으로 인해 피해를 입는 것은 판매자들 역시 마찬가지이다. 품질이 좋은 차를 앞에 두고도 구매자에게 자동차의 장점을 설득하는 일은 아주 어렵고, 신선하고 맛있는 음식도 다른 매장의 평범한 음식과 차별화하는 것은 쉽지 않으며, 효과가 좋은 약도 약장수들이 팔고 다니는 조잡한 약과 비슷해 보이기 십상이기 때문이다. 무역조합, 환불보장 정책, 의사들의 히포크라테스 선서, 프랑스산 최고품질의 와인에만 붙일 수 있는 아펠라티옹 콩트롤레 appellation contrôlée, 국제도량형국, '신의를 고귀하게 생각하는' 풍토, 상표와 상표명, 판매원의 유니폼, 사무실의 벽에 걸려 있는 교육 수료증, 서비스 기관마다 구비되어 있는 대기실 문화 등은 모두 이와 같은 문제를 해결하기 위해서 생겨난 것들이다. 고객의 불안한 마음을 달래기 위해 만든 대기실에 앉아서 사람들은 비용을 걱정할 것이다. 하지만, 이렇게 많은 고객을 확보하고 있는 사람들의 조언이 아무런 근거가 없을 리는 없다고 은연중에 확신해 버린다. 즉, 이 모든 것들은 눈앞에 놓여 있는 상품이 모두가 상상하는 것보다 뛰어난 수준의 상품일 것이라고 생각하게 만드는 일종의 '신호'인 것이다.–사실 우리가 '신호'를 정확하게 포착하는 일에는 적지 않은 어려움이 뒤따른다. 경우에 따라서 달라지기도 하지만, 사람들에게 신뢰를 전달하는 이와 같은 신호는 다른 사람들이 따라 할 수 없을 정도로 정교하게 만들어야 한다. 1950년대의 광고와 그로부터 반세기 후의 광고를 비교해보면 흥미로운 사실을 발견할 수 있다. 세제를 예로 들어보면, 품질이 떨어지는 세제를 생산하는 업체에서 품질이 우수한 세제 생산업체들과 동일한 방식으로 자사 제품의 장점을 부각시킬 수 있다는 사실을 시청자들이 알아차린 다음부터는 세제의 품질을 전면에 내세우는 광고가 설득력을 잃어버렸다는 것이다. 이후에 시청자들을 설득하기 위한 경쟁이 벌어지면서부터 광고는 과거 어느 때보다 화려해졌다. 마치 공작의 꼬리가 처음에는 건강과 힘의 상징이었지만, 나중에는 성적 매력을 과시하는 용도로 점점 화려하게 진화한 것과 마찬가지라고 할 수 있을 것이다. 요즘 텔레비전을 보면, 온갖 화려함으로 치장을 하고 낯부끄러울 정도로 자기과시적인 광고들이 쉴 새 없이 등장하고 있다. 평범한 가정용품 광고에서조차도 사람들이 거름더미에서 보석을 찾은 것 같은 기분을 느낄 수 있도록 해주려는 것인지는 모르겠지만, 뭐라고 형언하기 힘든 특징(당당함? 아니면 세련미?)을 강조하기 위해 안간힘을 쓰고 있다는 생각을 지울 수가 없다.

　　　이 문제를 조금 다른 관점에서 바라볼 수도 있다. 어떤 사회든 농부의 미덕에는 모든 물건에 대해서 판매자들이 말하는 품질과 가격을 정직하고 순박하게 신뢰하는 태도와 함께 언제나 구매하는 물건의 상태를 꼼꼼하게 확인하는 습관이 포함되어 있다. 하지만, 직접 확인하는 절차는 하루치의 거래량이 엄청나게 늘어나면서부터는 불가능해졌다. 따라서 현대 사회가 다른 모든 일들을 분업에 의존했던 것처럼 신뢰를 입증하는 일도 분업에 의존하기 시작했다. 브랜드 구축-거의 수십억 달러의 비용을 필요로 하는 작업-은 신뢰에 대한 투자라고 볼 수 있다. 이는 고객에게 보내는 신호(제품 홍보에 많은 비용을 지불할 수 있을 정도로 여유가 있기 때문에 제품의 품질에 대해서는 의심의 여지가 없다는 주장)인 동시에 기업들이 표준을 유지하도록 만드는(표준에 미치지 못할 경우 브랜드의 가치는 추락할 것이다.) 자발적인 구속 기제로써의 신호이다.

　　　특히, 은행은 기존의 안전한 창고 역할에서 상당한 진보를 이루었다. 이제는 가장 튼튼한 금고를 보유하고 있는 은행을 가장 좋은 은행이라고 생각하지 않는다. 은행에 맡긴 당신의 돈이 금고에 가만히 보관되는 일은 없을 것이기 때문이다. 이와 같은 상황에서 가장 좋은 은행은 건실하고 안전한 투자처를 빠르게 찾아내는 안목을 가진 은행이다. 즉, 보험 신청자들이 보내준 사업계획서에 포함되어 있는 전망을 가장 설득력 있게 전달하는 은행이 가장 경쟁력 있는 은행이 되고, 동시에 가장 좋은 은행이 되는 것이다.

현대인은 의식주와 마찬가지로 신뢰 역시 돈만 지불하면 구입할 수 있다. 심지어 정부가 신뢰의 최종 보증인으로 나서는 경우도 있다. 하지만, 대부분의 경우에는 너무나 일상적이고 익숙해서 눈을 크게 뜨지 않고는 좀처럼 보이지 않는 주변의 '시민'들이 신뢰의 보증인 역할을 한다. 과연 신뢰해도 좋을 것인지에 대해 의심하던 바로 그 시민들 말이다. 역설적인 의미를 가지고 있기는 하지만, '도둑들의 의리honor among thieves'라는 말의 의미는 사실 지극히 단순하다. 실제로 의리를 가장 필요로 하는 곳이 도둑들의 세계이기 때문이다. 한 사회에서 의리와 관계되어 있는 규범이 가장 엄격하게 집행되는 것이 범죄자들의 관계를 관장하는 영역이라는 사실은 결코 우연이 아니다. 의리, 또는 신의는 법이 미치지 않는 '어둠' 속에 있는 관계를 지속하고 조정하는 가장 효율적인 방법이기 때문이다. (하지만, 해가 비치는 밝은 곳이라고 하더라도 법은 기껏해야 뒤쪽에 보이지 않게 서 있는 것뿐이다.) 당신이 아침에 일어나서 집을 나와 누군가를 마음 놓고 만날 수 있는 이유는 당신이 법에 보호받고 있다고 생각하기 때문이 아니라, 당신이 만나는 사람들의 명예나 평판-그들로서는 엄청난 투자를 한 결과이겠지만, 당신이 받아들이기에는 객관적 증거가 너무나 부족한 자질-을 신뢰하기 때문일 것이다. 현대 사회라는 하나의 거대한 구조물이 서 있는 신뢰의 토대가 겨우 이런 정도이기 때문에 은행 비리, 정치 파동, 유명인사의 부패사건 후에 일어날 수 있는 신뢰의 붕괴가 엄청난 사회적 지각변동을 불러올 수 있다는 사실은 너무나 자명하다.

chapter **08**

은행가들의 의리(?)
금융위기의 원인은 무엇인가?

신뢰의 붕괴

2007년에 발생한 세계 금융위기는 사회적 신뢰가 한꺼번에 무너진 결과라고 할 수 있다. 이 위기는 어떻게 보면 이 책의 주장을 뒷받침하는 좋은 사례이다. 우리 사회에서 가장 영향력 있는 기관들이 우리 개개인에게 이토록 심각한 타격을 입힐 수 있을 정도의 힘을 갖출 수 있었던 이유는 그 기관들이 신뢰의 확산에 성공을 거두었기 때문이다. 많은 사람들이 위험과 관련된 어려운 결정들을 다른 사람들에게 의심 없이 맡겼기 때문에 오늘날과 같은 경제 호황을 성취할 수 있었지만, 이 결정은 곧이어 시장의 붕괴라는 결과를 초래한 것도 분명한 사실이다. 이제 사람들은 위험과 관련된 결정을 내리는 과정에서 더 이상 다른 사람을 신뢰하지 않으려고 할 수도 있다.-이전의 맹목적인 낙관주의만큼이나 객관적 근거가 거의 없는 비관주의가 확산되는 분위기였다. 앞으로 살펴보겠지만, 이와 같은 종류의 집단적 변덕은 호모 사피엔스 사피엔스의 심리 중에서 가장 취약한 부분 가운데 하나이다.

　　과도한 낙관주의의 근원을 파헤치기 위해서는 1929년에 시작되었던 미국의 은행 위기, 그리고 이제는 위기의 근거를 분명하게 파악했으니 앞으로는 이와 유사한 사태를 미연에 방비할 수 있을 것이라고 확신했던 시기로 거슬러 올라가야 한다. 1929년에 시작되었던 미국의 은행 위기는 사실상 1933년 3월에 종식되었다. 부흥금융공사RFC, Reconstruction Finance Corporation에서 은행에 자금을 대출해줌으로써 예금자들에게 금 대신 통화로 예금을 지급할 수 있도록 하는 일련의 조치를 취했기 때문이다. 동시에 1933년에 창설된 연방예금보험공사FDIC가 개인의 예금에 대해 지급 보증을 해주었고, 결과적으로 예금자들은 최악의 결과를 예방한다는 차원에서 통장의 예금을 인출할 필요가 없어졌다.-실제로 금으로 예금을 인출했던 많은 사람들이 다시 은행에 금을 반환했다. 1930년~1932년까지 3년 사이에는 5,000곳이 넘는 은행이 파산했지만, 1934년에 파산한 은행은 9곳에 불과했다. 공황이 갑작스럽게 끝나면서 시민과 정치인들은 모두 안도의 한숨을 내쉬었다. 하지만, 이 사건을 계기로 정치인들은 현대의 은행 시스템에 대한 확신이나 신뢰가 어떤 결과를 초래하는지에 대해 중요한 세 가지의 교훈을 얻었다. 문제는 이 세 가지의 교훈이 모두 잘못되었다는 것에 있다.

　　첫째, 그들은 1929~1933년에 걸쳐서 일어난 은행 도산의 주요 원인이 많은 은행들이 지급불능 상태에 처해 있었기 때문이 아니라, 예금자들이 공황 상태에 빠졌기 때문이라고 생각했다. 둘째, 위기의 상황에서 쉽게 동요하는 사람들은 언제나 대기업이나 전문 투자기관이 아닌 소액 예금자들-일반 가정이나 영세 기업-이라고 생각했다. 마지막으로 대부분의 금융기관은 금융 시스템에 대한 신뢰만 유지할 수 있다면 위기 상황에서 스스로 생존이 가능할 뿐만 아니라, 번영의 기회를 얻을 수도 있을 것이라고 생각했다. 1929년에 발생했던 금융 위기의 원인에 대한 이 세 가지 추측은 처음 제기된 이후, 금융 시스템의 지속적인 안정과 번영으로 인해 오랫동안 타당성을 인정받았지만, 번영의 시대를 마감할지도 모른다는 위기에 직면하자마자 흔적도 없이 사라졌다. 경제적 안정이 지속되면서 저명한 경제 전문가들조차도 금융 시스템의 위험에 대한 분별력을 완전히 잃어버리고 있었다. 어느 유명한 금융 경제학자는 2008년 1월 말 자신의 블로그에 다음과 같은 글을 남겼다. "미국의 금융 시스템은 역사적으로 그 어느 때보다도 견고하고 안정적이다."[1] 그렇다면 1930년대 대공황에서 얻은 결론은 정확하게 무엇이 잘못된 것일까?

금융 시스템의 역할

21세기 초의 위기를 누구도 예상하지 못하게 만든 원인이 1930년대 금융위기의 성공적인 해결 때문이라는 사실을 이해하기 위해서는 은행의 역할에 대해 다시 한 번 살펴볼 필요가 있다. 위기가 상존하는 세계에서 은행들이 필수적으로 마련해 두는 것은 규모는 작지만 안전한 '섬'이다. 우리 주변의 세계는 끊임없이 변화하고 있으며 나와 내가 아는 사람들이 주도하고 있는 다양한 경제 계획이나 모험이 성공할 가능성은 아주 희박할지도 모르지만, 고맙게도 내가 물어볼 필요조차 없는 몇 가지 질문이 있다. 당신이 은행 수표에 50달러를 써서 나에게 주면 나는 그 수표가 다른 누군가가 써준 은행 수표 50달러와 동일한 가치를 지니고 있다는 사실을 의심하지 않는다. 또한, 거래 은행에 예치되어 있는 모든 50달러-평상시에-는 다른 은행에 예치된 50달러와 동일한 가치를 지닌다는 사실도 잘 알고 있다. 이처럼 은행 예금의 가치는 매일 오르내리는 주식이나 증권의 가치와는 다르다.(이와 같은 이유 때문에 증권을 일상적인 거래 수단으로 사용하지 않는 것이다.) 하지만, 내가 은행에 맡겨둔 예금의 가치가 그대로 유지될 것이라는 믿음은 내가 일상생활의 안정을 유지하는 데 핵심적인 요소이다. 내가 이용하는 은행이 얼굴도 모르는 낯선 사람들에 의해 관리되고 있는 것이 분명하지만, 은행이 얼마나 잘 운영되고 있는지에 대해서 일일이 질문할 필요는 없다. 은행 시스템을 이용하기 위해서 금융 전문가가 될 필요가 없다는 것은 정말로 다행스러운 일이다. 미국의 경제학자 게리 고튼Gary Gorton은 전기에 대해 별다른 지식이 없는 일반인들에게 전력 공급 시스템이 제공하는 역할과 금융에 대해 전문적인 지식을 갖추지 못한 일반인들에게 제공되는 은행의 역할이 동일하다고 이야기한다. 전력 공급 시스템은 전기에 대해 문외한인 우리가 전문가들처럼 전기를 안심하고-대부분의 경우- 사용할 수 있게 해주기 때문이다.[2]

은행 시스템은 어떤 방식으로 전력 공급 시스템과 같은 역할을 하는 것일까? 두 가지 대답이 가능하다. 첫째, 금융 시스템은 위험의 총량을 줄이기 위해 위험을 통합한 다음, 위험을 감당할 여력이 되는 사람들에게 위험을 분담하게 만드는데, 이 과정에서 불가피하게 위험이 분산되는 것이다. 전력 공급 시스템 역시 이와 같은 원리를 활용한다. 전기의 수요량은 가변적이고 불확실하며, 전력 공급원마다 생산할 수 있는 전기의 양 역시 가변적이고 불확실하다. 풍력발전단지와 태양전지판은 단적인 예이다. 풍력이나 태양력을 이용하는 발전 시설들은 전적으로 날씨에 의존하기 때문이다. 다수의 다른 전력 공급원이라고 해서 가변성과 불확실성이라는 심각한 위험에서 자유로운 것은 아니다. 이와 같은 상황에서 전기를 사용하고 싶은 사람들이 개별적으로 전력 공급원의 생산량을 파악해서 수요량을 조절해야 한다면 모든 사람들이 각각의 전력 공급원에 대한 신뢰 수준을 평가할 수 있는 정도의 전문가가 되어야 할 것이다. 매일같이 얘기치 못한 수요량의 변화에 대응해야 할 것이고, 수요와 관련된 불확실성에 누구도 정확하게 예측하기 힘든 공급의 문제까지 더해질 것이다. 하지만, 다행스럽게도 전력 공급 시스템은 공급과 수요의 전체적인 불확실성을 공동으로 부담함으로써 이와 같은 문제를 해결하고 있다. 다양한 전력 공급원의 생산량 변동은 전체적으로는 안정적이고, 수요량의 변동 역시 마찬가지이다. 간단하게 말해서, 전력 공급 시스템 전체를 생각해 보면 한 사람이 오븐의 전원을 켜면 다른 사람은 오븐의 전원을 끄는 방식으로 운영된다는 것이다.

하지만, 그렇다고 해도 완벽한 확실성이라는 것은 환상에 불과하다. 심지어 이와 같은 방식으로 여러 사람이 위험을 공동으로 부담한다고 하더라도 전체 공급과 수요의 불확실성을 제거할 수는 없기 때문이다. 그래서 전력 공급 시스템은 다시 한 번 위험을 분산하는데 확실성이 정말 중요한 사람들에게는 불확실성을 최소화한 상태로 전력을 공급받을 수 있게 하고, 어느 정도의 위험을 감수할 수 있는 소규모 사용자 집단에게는 불확실성으로 인해 발생하는 위험을 부담시킨다.(물론, 가격 할인 등의 혜택을 제공한다.) 개인 사용자들은 아주 특별한 상황이 아닐 경우 전기 사용에 제한을 받지 않는다. 하지만, 일부의 기업 사용자들은 전기 사용량이 이례적으로 증가하는 상황이 발생되었을 때 전기를 차단하는 계약을 맺는 조건으로 전기 요금을 할인받기도 한다. 또한, 일부 전력 공급업체는 필요한 경우에는 아무런 조건 없이 기업에 전기를 공급해야 한다는 내용을 계약에 포함시키기도 한다. 그럼에도 불구하고 가끔은 예상치 못한 정전이 발생하기도 한다.

은행 역시 투자를 할 때 발생되는 위험이나 고객들의 예금 인출과 관련된 불확실성을 최소화하는 방식은 전력 공급 시스템과 동일하다. 어떤 기업에 대한 투자는 실패하고 어떤 기업에 대한 투자는 성공을 거두지만, 횡단면 분석crosssection에서 기업에 대한 융자가 차지하고 있는 상대적인 비중을 고려해 보면, 대부분의 위험이나 불확실성은 결국 평균에 수렴하게 된다. 하지만, 이 경우에도 완벽한 확실성은 환상이다. 여전히 일부의 위험은 사라지지 않고 남아 있을 것이기 때문이다. 은행에서는 남아있는 위험을 다시 분산시킨다. 예금자들은 자신의 예금에 대해서 지급을 보장받을 수 있지만, 은행의 주주들은 그렇지 않다. 은행이 투자의 실패로 수익성이 나빠졌을 경우에 은행의 주주들은 그 결과에 대해서 책임을 묻지 않는다고 동의했기 때문이다.(그 대가로 예금자들보다 훨씬 높은 수익을 돌려받기도 한다.) 대부분의 경우 이 같은 금융 시스템의 위험통합-재분산 모델은 전력 공급 시스템의 위험 분산 모델만큼이나 효율적으로 작동한다.

하지만, 은행과 전력 공급 시스템 사이에는 결정적인 차이가 하나 있다. 예금은 다른 방식으로도 보관이 가능하지만(설령, 침대 매트리스 밑이라도 해도) 전력은 보관이 불가능하다는 점이다. 물론, 소형 배터리 같은 경우는 예외이다. 다른 방식의 대안이 있기 때문에 금융 시스템이 전력 공급 시스템보다 훨씬 안정적이라고 생각할 수도 있을 것이다. 하지만, 사실은 그 반대이다. 전력 공급 시스템에 문제가 생기는 것을 염려해서 미래에 필요한 모든 전력를 한꺼번에 서둘러 사용하는 것은 아무런 의미도 없다. 하지만, 은행의 파산이 우려되는 상황에서 예금자 보험도 없다면 7장에서 살펴본 것처럼 지금 당장 예금을 인출해야 한다. 모든 사람이 예금을 인출하게 되면, 결국 은행은 도산할 것이다. 은행이 확실한 투자처를 가지고 있다고 해도 투자금을 바로 현금화할 수는 없다. 따라서 전력 공급 시스템보다 은행 시스템은 모든 예금자들이 한꺼번에 예금을 인출하도록 만드는 공황에 더욱 철저하게 대비할 필요가 있다.

일반적으로 제대로 된 예금자 보험은 공황을 예방할 수 있다. 2007년 9월, 영국에서 일어난 주택담보대출 은행 노던록Northern Rock의 뱅크런 사태[3](대중들이 금융 시스템의 문제를 알아차린 첫 번째 조짐)는 여러 가지 면에서 아주 특이한 사건이었다. 미국의 은행에서는 최저 수준을 웃도는 예금에 대해서 원금의 90퍼센트를 보장해 주었고 상환 기간도 길었다. 하지만, 미국에서 뱅크런 사태가 일어난 이유는 은행들이 일부 예금에 대해서 불완전한 예금자 보험을 제공하고 있다는 우려 때문이었다. 이때부터 예금자 보험에 대한 규정이 바뀌었다. 세계 금융 시스템이 붕괴할 때조차도 이와 같은 일은 두 번 다시 일어나지 않았다. 하지만, 7장에서 이야기한 뉴잉글랜드 은행의 뱅크런처럼 특별한 상황이 전개되지 않았음에도 뱅크런은 발생할 수 있다. 2003년 4월, 미국 뉴욕의 국보은행Abacus Savings Bank의 뱅크런은 은행 간부 한 명이 100만 달러를 횡령했다는 소문이 퍼지면서 시작되었다.(미 재부무는 은행에서 현금을 인출해서 들고 다니다가는 도둑이나 강도의 표적이 될 수도 있으니 주의하라는 발표를 했다.)[4] 따라서 예금자 보험이 평상시의 뱅크런 사태를 완전히 예방하지는 못하지만, 적어도 예금자 보험으로 인해 금융위기 상황에도 소액 예금자들에 의한 뱅크런의 빈도는 평소와 별반 다를 바 없는 상태가 된 것은 분명한 사실이다. 노던록의 뱅크런 사태는 지금도 이례적인 사례로 남아있는 예외적인 경우인데, 평상시에도 신뢰가 얼마나 중요한지를 알 수 있다.

1930년대 금융위기에서 얻은 잘못된 교훈

하지만, 노던록의 뱅크런 사태가 흥미로운 이유는 공황에 빠진 예금자들의 행동이 사태를 훨씬 근본적으로 파악하고 충분한 근거를 가졌을 것이라고 생각했던 전문 투자가들에 의해 표출된 공황의 다른 형태이기 때문이다. 세계 금융 시스템의 설계자들이나 규제기관은 1930년대 미국의 은행 위기를 해결했다는 자만심에 빠져 이들의 공황을 완전히 간과하고 있었다. 2007년, 혹은 아무 늦추어 잡아도 2008년 무렵에 금융 시스템은 이미 삐걱대고 있었다. 원인은 금융에 대한 전문적 지식이 부족했던 대중들이 은행을 신뢰하지 않았기 때문이 아니라, 충분한 지식을 갖춘 은행과 대형 투자기관들이 서로를 더 이상 신뢰하지 않았기 때문이다. 이렇게 해서 파생된 위험은 훨씬 심각했지만, 금융 시스템 관계자들조차 위험을 예측할 수 없었다. 그들은 무엇을 간과했던 것일까?

첫 번째 교훈: 사자를 보고 달아나지 마라.
1930년대 은행의 위기에서 얻은 첫 번째 잘못된 교훈은 은행의 파산 원인이 공황인 것은 분명하지만, 은행의 파산이 임박했기 때문에 공황이 발

생된 것은 아니라는 사실이다. 사자를 보고 달아나면 사자를 자극해서 결국 잡아먹힌다는 이야기처럼 여기서 얻은 교훈에도 부분적인 진실은 담겨 있었다. 하지만, 진실은 지극히 부분적인 것에 국한되어 있었다. 동물보호구역에 무방비로 들어간 여행객들처럼 보호를 받지 못하는 예금자들이 전적으로 신뢰하기에는 부적절한 생각이었다. 사실, 공황의 발생에는 상황에 따른 제각각의 이유가 있기 때문이다.

1933년 예금자 보호법이 제정되기 전에 있었던 수많은 은행의 파산을 두고 주요 원인이 무엇인지에 대해 경제 사학자들 사이에서는 많은 논쟁이 있었다. 기존의 주장 가운데 다수가 동의하는 견해(가장 대표적으로 밀턴 프리드먼Milton Friedman과 안나 슈와츠Anna Schwartz가 있다.)로는 공황이 은행 파산의 주요 원인이라는 것이었다. 하지만, 최근에는 공황이 은행 파산의 부분적인 원인에 불과하다는 견해가 점차 확산되고 있다. 게리 고튼Gary B. Gorton은 이 문제에 대해 "평상시에 은행이 파산하는 원인은 부실 경영과 불법 행위이다. 공황이나 불경기에 평소보다 파산하는 은행의 수가 증가하는 것은 사실이지만, 전체적인 파산의 비율을 놓고 보면 여전히 파산의 주요 원인은 부실 경영과 불법 행위이다."[5]라고 말했다. 물론 고튼의 견해에 대해서도 여전히 논란은 있다.-은행의 파산 원인이 무엇인지를 진단하는 것을 '정밀과학'이라고 하기에는 무리가 있기 때문이다. 1930년대의 금융위기와 그 이후에 발생했던 위기의 진실이 무엇이든 2000년대에 발생한 금융위기는 상당 부분 부실 경영이나 불법 행위와 관련이 있다. 자세한 이야기는 차차 살펴볼 것이다.

두 번째 교훈: 프로는 공황에 휘말리지 않는다.

1930년대의 위기에서 얻은 두 번째 잘못된 교훈은 공황에 휘둘리는 사람들 대부분은 투자 전문가들이 아니라, 소액 예금자들-예금자 보호를 받을 자격이 있는 사람들-이라고 생각했던 것이다. 지금은 우리 모두가 이것이 잘못된 생각이라는 사실을 알고 있지만, 그 당시에는 타당한 근거도 없는 상태에서 모두가 이 잘못된 생각을 사실이라고 생각했다. 대기업과 다른 은행들도 즉시 인출 가능한 예금을 보유하고 있었을 것이다. 그들 역시 해당 예금을 한꺼번에 인출할 수 없다는 사실을 파악했다면, 은행이 파산의 조짐을 보일 때 그들 역시 일반 예금자들처럼 예금을 서둘러서 인출해야 하는 이유는 충분하다. 그럼에도 불구하고, 소액 예금자들만 공황에 휘둘릴 것이라는 생각은 공황이 '비이성적' 공포에서 시작되며, 당연히 노련한 전문 투자기관인 은행이나 대기업은 공황의 비이성적 공포에 영향을 받지 않을 것이라는 사고의 결과로 도출된 것일 뿐, 이에 대한 타당한 근거는 없다. 사람들은 전문 투자자라면 지나친 낙관주의에 빠져서 자금을 투자했다가 위기가 발생되었을 때 서둘러서 자금을 회수하기보다는 애초에 경영이 부실한 은행과는 거래 자체를 하지 않을 것이라고 생각했다. 따라서 은행의 시스템에 대해서 철저하고 치밀하게 규제를 한다고 해도 부실 경영의 문제는 발생하겠지만, 이 정도는 우발적인 사고일 뿐 대규모 혼란으로 이어지지는 않는다고 생각했던 것이다.

이 견해에 대해서는 은행의 파산에 대해 갖는 막연한 두려움 때문에 공황이 발생할 수 있다는 사실을 인정하면 논리가 더욱 명확해진다. 공황의 시기에는 경제 전반에 관해 풍부한 지식을 갖추고 있는 노련한 전문 투자자들도 공포에 질려버릴 수 있다. 실제로 교육, 근접성, 순응 유인을 지닌 전문 투자가들이 극도의 흥분 상태가 되었을 때, 그들은 자신의 소유가 아닌 투자자들의 자금으로 모험을 하고 있다는 사실 때문에 일반적인 투자자들에 비해서 낙관주의와 비관주의에 빠질 가능성이 훨씬 높아진다. 철저하고 치밀한 규제가 경영 실패의 영향이나 빈도를 성공적으로 억제할 수 있다면 전문 투자가들의 잘못된 대응으로 인해 대규모의 공황이 발생하는 일은 사라질지도 모른다. 하지만, 일단 경영 실패가 구조적인 문제로 인해 발생했을 경우에는 전문 투자자들의 대응이 오히려 상황을 더욱 악화시킬 수도 있다.

최근 은행들 사이에서 이루어지는 대출과 대기업의 예금액은 기하급수적으로 증가했다. 이와 같은 '그림자' 금융 시스템은 전통적인 저축은행에 적용되는 규제 시스템의 바깥에서 운영되고 있으며, 이로 인해 아주 빠른 속도로 성장할 수 있었다. 소위, '레포repo' 즉 환매 조건부 채권 시장에서 두드러지게 나타나는 현상인데, 일반 저축은행이 레포 시장을 통해 전문 투자자들-은행과 대기업-에 제공하던 서비스를 개인과 중소기업에도 제공했기 때문이다. 레포 시장은 미국 은행 시스템의 총 자산에 비견될 정도의 규모로 성장했다.-미국의 인구 1인당 3만 달러 정도의 규모이다.[6] 현대의 미국 경제는 전체 자산 중에서 전문 투자자기관의 손을 거쳐 가는 자금의 비중이 사상 최대를 기록하고 있다.

주식시장에 투자된 돈과는 달리 이와 같은 방식으로 은행 시스템에 맡겨진 자산은 소유주가 자산 가치의 등락에 대해 관심을 기울일 필요가 없으며, 자산 가치의 등락을 수용할 이유도 없다. 즉, 소유주에게 해당 자산의 가치는 정확하게 액면가 그대로의 금액을 즉시(주로 그 다음날) 인출할 수만 있으면 상관없기 때문이다. 이 '예금'은 예금자 보험의 대상이 되지는 않지만, 전문 투자자들의 입장에서는 평상시에 예금에 대해 어떠한 간섭도 받을 필요가 없다. 이것은 일반 예금자들이 아주 값비싼 담보물을 맡아두었다면 자신이 투자한 자금의 안전에 대해서는 의심할 필요가 없어지는 것과 마찬가지다. 하지만, 공황 상태에서는 담보물의 가치가 떨어지게 되는데, 전문 투자가들 사이에서 채권 담보물에 대한 평가 절하의 의미로 통하는 '헤어컷haircut' 비율-2007년 8월 0퍼센트에서 2008년 말 40퍼센트까지-은 놀라운 수준으로 증가했다.[7] 이는 자신의 현금을 예탁하는 은행에 대한 예금자들의 신뢰가 얼마나 낮아졌는지를 잘 보여준다.-헤어컷 40퍼센트는 일반 예금자들이 은행 예금을 40퍼센트 이상 인출해 갔다는 것을 의미하며, 그 정도의 손실을 입은 것과 다름없는 결과이다. 또한, 이는 상당한 액수의 현금을 융자해야 하는 사람들에게 부과하는 고액의 '세금'에 해당한다고도 할 수 있다.

1980년대 이후에 주요 선진국의 정치인들은 규제를 최소화하는 정책 방향에 동의했다. 여기에 핵심적인 역할을 했던 것이 바로 전문 투자자들은 신중하고 빈틈없다는 생각-자금의 융통과 관련된 문제에서 쉽게 설득 당하지 않고 공포와 불안감에 빠져 자금을 인출하지도 않을 것이라는 생각-이었다. 물론, 은행이 스스로를 규제할 수는 없으며, 전적으로 예금자들에게 규제를 맡길 수도 없었다. 예금자들은 전문지식을 갖추지 못하고 있을 뿐만 아니라, 예금자 보험이 생기면서부터는 은행의 건실함 여부에 대해 그렇게까지 신경을 써야 할 유인도 사라졌기 때문이다. 물론, 규제기관은 은행이 다른 사람들의 자금으로 과도하게 위험을 감수하고 있는 것은 아닌지에 대해 지속적으로 감시해야 한다. 하지만, 규제기관의 직원들은 언제나 과도한 업무에 시달리고 규제 대상인 은행 직원들에 비하면 박봉이었다. 이 문제를 개선하기 위해서는 규제기관의 역할을 다른 전문가들을 통해 보완할 필요가 있었다.- 예를 들어, 은행의 채권자들, 그리고 은행이 발행하는 증권과 그 증권의 자산 가치에 대해 신용등급을 부여하는 신용평가기관이 대표적인 사례이다. 결국, 전문 투자자들이 금융 시장에 적극적으로 관여한다면 규제기관의 일이 줄어들 것이라는 결론에 도달하는 것은 당연한 일이었다. 논리는 그럴듯해 보이지만, 결과는 비참했다. 이것은 마치 요리사가 감자 깎는 칼이 있으면 요리를 훨씬 잘할 수 있고, 나아가 요리사의 일을 감자 깎는 칼에 맡기면 훨씬 나은 요리가 나온다고 주장하는 것과 마찬가지였다.

신용평가기관이 자신들의 주요 거래처인 은행이 발행한 불량 증권에 대해 높은 등급을 부여하게 된 이유를 신용평가기관과 은행 사이에서 발생하는 이해관계의 대립으로 파악하고, 이를 다방면에서 분석한 내용의 보고서들이 쏟아졌다. 이와 관련된 유명한 일화가 있다. 국제신용평가사인 스탠더드 앤푸어스Standard and Poor's 직원들이 사내 메신저에서 주고받은 대화가 유출된 적이 있었는데, "소가 만든 상품이라도 우리는 등급을 매겨야 한다."[8] 라는 자조 섞인 내용이었다. 신용평가기관과 은행 사이에서 발생하는 이해관계의 대립이 중요한 것은 사실이지만, 지나치게 강조된 느낌이 있는 것도 사실이다. 신용평가기관들이 불량 증권에 높은 등급을 부여하는 이유를 파악하기 위해서는 이해관계의 대립보다는 금융전문가들이 왜 서로를 규제할 수 없는지를 설명하는 편이 훨씬 간단하고 명쾌하다. 여기에는 두 가지의 이유가 있다. 첫 번째, 다른 은행에서 발행한 유가 증권을 구입하는(또는 증권을 담보로 하는) 경우에 해당 은행에서는 증권을 판매하는 은행의 신뢰성에 대해 의심가능한 모든 요소를 날카롭게 파고들겠지만, 자신들이 증권을 판매하는 경우에는 신뢰성 면에서 의심스러운 요소들이 주목 받는 것을 원하지 않기 때문이다.

치과업계 종사자들은 다른 치과에서 진료를 잘 하는지에 대해서는 서로 관심을 갖고 살펴보지만, 치과업계나 치과진료 자체의 신뢰성에 의문을 가질 수 있는 문제에 대해서는 서로 묵인하며 지나간다.* 금융 시스템이 위기 직전의 단계에서 직면하게 되는 위험은 대체로 특정 개인이나 특정 기관이 저지른 최악의 부실 경영이나 불법 행위와 관련된 문제가 아니라, 모든 사람들이 아무런 의심도 갖지 않고 통상적으로 진행하고 있는 업무와 관련된 문제들이었다.

금융전문가들이 서로를 규제할 수 없는 두 번째 이유는 금융 전문가들이 서로에게 곤란한 질문을 주고받지 않기 때문이다. 금융 시스템을 통해 이룩한 업적은 바로 금융 전문가를 포함한 자신의 고객들이 금융에 관한 한 어떤 종류의 의심을 하지 않아도 문제가 없다는 사실을 인식하게 만든 것이다. 은행 시스템은 아무런 질문을 하지 않은 상태에서도 신뢰를 형성할 수 있게 만들어준다. 수익을 창출하고, 안정적인 수익구조를 구축하기 위해 개별 단위 금융상품을 재구성한 금융상품인 소위 '구조화' 상품structured product은 이와 같은 사실을 완벽하게 보여주었다.[9] 전력 공급 시스템과 마찬가지로 구조화 상품은 위험한 선물 박스라고 할 수 있다. 여러 가지 상품을 한데 묶음(저소득 대출자를 상대로 하는 주택담보 대출처럼)으로써 전체적인 위험은 낮

---

* 유사한 문제가 과학 학술지의 동료평가 시스템에서도 나타난다. 물론 저널에 논문을 발표하는 우리 입장에서는 그 시스템에 대해 자세히 이야기하고 싶어 하지 않는다. 동료평가 시스템은 개인이 정해진 절차를 제대로 준수했는지 점검하는 데는 탁월하다. 하지만, 정작 이와 같은 절차가 올바른 것인지, 상황에 적합한 절차인지를 확인하는 데는 그다지 유용하지 않다.

아지지만, 관련된 위험이 사라지는 것은 아니며, 단지 이용자들에게 불규칙적인 방식으로 분산될 뿐이다. 이용자들 가운데 일부('신용 1등급' 보유자들)는 전력 공급 시스템의 일반 가정 사용자들과 마찬가지로 정말 얘기치 못한 상황만 아니라면 거의 대부분의 위험으로부터 보호받을 수 있을 것이라고 생각했다. 따라서 자신이 투자하는 상품에 대해 신중하게 고민할 필요가 없다고 믿고 있었던 것이다. 사람들이 금융상품에 대해 신중하게 따져 보지 않은 것은 무지나 부패에 의한 이상 행동이 아니라, 금융 시스템이 우리에게 심어준 핵심적인 내용이 바로 그것이기 때문이다. 규제기관들 역시 구조화 상품과 같은 금융상품에 대해 신중하게 고민하지 않았고 위험은 더욱 증폭되었다. 규제기관의 허술한 감독으로 인해 금융상품이 복잡해지면서 결과적으로는 훨씬 심각한 위험에 직면하게 된 것이다. 흔히 복잡한 상품은 단순한 상품보다 장점이 많을 것이라고 생각한다. 하지만, 아주 복잡한 금융 상품들은 그 상품의 토대가 되는 단순한 상품보다 오히려 장점이 적은 경우가 많다. 예를 들어, 패키지로 묶인 모기지 상품들이 동일한 방식으로 위험을 분산하기 때문에 일견 더욱 안전해 보인다. 하지만, 이것은 겉으로 드러난 모습일 뿐이고 실제로 이 상품들의 부도 위험이나 부도 연관성은 상당히 높았다.[10]

금융계에서는 전 세계의 금융 시스템이 더욱 정교해지고 있기 때문에 누구도 복잡한 내용을 이해하기 위해 의문을 가질 필요가 없으며, 금융기관의 은밀한 로비 활동뿐만 아니라 그다지 은밀하지 않은 로비 활동(IMF의 수석 경제학자였던 사이먼 존슨Simon Johnson은 이와 같은 활동을 '조용한 쿠데타quiet coup'라고 묘사했다.[11])이 지속 불가능한 호황을 유지하는 데 중요한 역할을 했다는 생각을 확장, 심화시킴으로써 엄청난 이익을 얻는 사람들이 있다. 하지만, 이와 같은 속임수에 넘어간 사람들 역시 어느 정도는 '사기' 행위의 공모자들이라고 할 수 있다. 어쨌든 사람들이 시스템에 대해 신중하게 고민하지 않고 해당 시스템을 신뢰하게 만드는 것이 시스템의 목적이라고 한다면, 별다른 사고가 발생하지 않은 2007년 이전까지 대부분의 사람들-예금자, 투자자, 규제기관, 정치인 등-이 세계 금융 시스템의 정상적인 작동을 신뢰하고 있었다는 사실이 그다지 놀랍지는 않을 것이다.

세 번째 교훈: 자신감을 가져라.

최근 신경과학 분야에서 가장 별난 연구 결과 가운데 하나는 스스로를 간지럼 태울 수 없는 이유에 대한 것이었다.[12] 놀랍게도, 이 연구의 결과는 다양한 분야의 질문에 적용할 수 있다. 가령, 스스로를 위해 수표를 발행해도 부자가 되지 않는 이유를 설명할 수 있다. 간지럼은 피부의 특정 부위를 갑작스럽게 자극했을 때 일어나는 반응이다. 스스로 간지럼을 태우려고 준비하는 사람의 뇌는 자신의 손가락에 의해 일어날 자극과 느낌을 예상할 것이다. 따라서 손가락에 의한 자극은 더 이상 갑작스러운 느낌이 아닌 것이 된다.(예상은 주로 우리의 소뇌에서 이루어진다.) 하지만, 기계 등의 수단을 이용한다면 스스로 간지럼을 태울 수 있을지도 모르겠다. 왜냐하면, 기계 등의 수단을 이용하면 소뇌에서 예상하기 힘든 간접적인 도구를 통해 손가락의 움직임과 동일한 효과를 피부에 전달할 수도 있을 것이기 때문이다. 그때 의식을 관장하는 뇌의 부위에서는 간지러움이 다름 아닌 자신에게서 유발된 것이고, 이 느낌이 '사실은' 갑작스럽지 않다는 사실을 알겠지만, 이를 알아차리지 못한 소뇌가 간지럽다고 반응하는 것이다.

사람들이 간지럼을 느끼는 과정과 마찬가지로 얼마나 부유한가의 문제 역시 신뢰의 문제이다. 이상하게 들릴 수도 있을 것이다. 대부분의 사람들은 얼마나 부유한가의 기준이 당연히 얼마나 많은 것을 소유하고 있느냐로 평가된다고 생각할 것이기 때문이다. 즉, 주택, 가구, 동산, 은행 예금, 연금, 주식의 총합으로 그 사람의 부를 평가한다. 이와 같은 방식으로 평가된 부는 그 사람이 무엇을 신뢰하고 있는가에 대해서는 전혀 고려하지 않은 객관적인 사실이다. 하지만, 내가 소유한 재산의 상당 부분은 오직 다른 사람들이 가지고 있는 미래에 대한 '신뢰' 때문에 어떤 가치를 지니게 되는 것이다. 우리가 지금 살고 있는 집을 '소유하고 있는' 이유가 사회의 다른 구성원들과 나 사이에 내가 그곳에서 사는 것을 방해하지 않겠다는 암묵적인 합의가 이루어졌기 때문이라는 사실을 간과하더라도 그 사실이 달라지지는 않는다. 만약에 내가 주식을 보유하고 싶어 한다면, 해당 주택증서는 본질적으로 나에게 아무런 쓸모가 없다. 주택증서는 먹을 수도, 입을 수도, 덮고 잘 수도 없다. 벽지로 사용하려고 해도 괜한 허세로만 보일 것이다. 그럼에도 주택증서가 소중한 이유는 오직 미래의 이익에 대한 권리를 수반하기 때문이다. 그 권리의 상당 부분은 명시적이지 않으며, 어떤 의미에서는 오직 다른 사람들의 '선의'와 '운'에 달려 있다. 물론 주가가 상승하면 나는 지금보다 부유해질 것이다. 하지만, 이와 같은 결과는 순전히 주식을 소유했을 때 일어날 수 있는 결과에 대한 신념을 다른 사람들이 바꿨을 때에만 가능한 것이다. 마찬가지로 내가 소유한 집값이 올라간다면, 이 또한 집을 소유함으로써 얻을 수 있는 이익에 대한 신념을 다른 사람들이 바꿨기 때문이다. 친척 어른 가운데 누군가가 나에게 많은 재산을 상속해줄 것이라는 사실만으로도 나는 이미 부자가 된 듯한 기분을 느낄 것이다. 이 사실만으로도 저축이나 소비와 관련된 나의 행동은 달라질 것이다.

물론, 쉽게 신념을 바꿀 수 있다는 말은 아니다. 신념에는 충분한 근거가 필요하다. 내 자신에게 수표를 발행하면서 거액의 돈이 나의 은행계좌로 입금될 것이라고 생각한다면 나의 신념은 곧 허황된 것으로 판명될 것이다. 하지만, 다음의 경우라면 어떨 것 같은가? 내가 현재 시세의 3배를 주고 친구와 서로의 집을 교환하기로 했다. 친구와 나는 부자가 될 수 있을까? 한동안은 기분이 좋을지도 모른다. 특히, 어떤 모임에서 고가의 주택을 소유하고 있다는 사실이 부러움의 대상이 된다면 아주 흐뭇할 것이다. 하지만, 얼마 지나지 않아 이 거래가 얼마나 공허한 지를 깨닫게 될 것이다. 마치 간접적인 방법을 통해 억지로 스스로를 간지럼 태우는 것과 유사하다. 억지스럽게 성사시킨 거래는 아무런 노력 없이 부자가 되고 싶은 우리의 간절한 소망만으로 위장할 수 없기 때문이다.

하지만, 놀라운 사실은 지난 10년 동안 대부분의 선진국 국민들이 서로 과도하게 비싼 가격으로 집을 사고팔면서 스스로 부자가 된 기분을 만끽해 왔다는 것이다. 1995년부터 2006년까지 미국의 소비자 물가는 26.7퍼센트 증가했지만, 집값은 무려 167퍼센트13(즉, 11년 사이에 집값은 물가의 3배 이상 상승했다.)까지 치솟았다. 이익을 얻고 있다고 생각한 사람들 중에는 부유층뿐만 아니라, 서브프라임 대출자들(적은 소득과 실직, 낮은 신용 등급 때문에 대출이 어려운 대출자들)도 있었다. 다수의 서브프라임 대출자들이 주택담보 대출 계약서에 서명을 했던 당시에는 금리가 아주 낮았다. 금리는 2년 후에나 상승할 예정이었다.14 서브프라임 대출자들은 이자로 지불해야 하는 자금까지도 추가로 대출을 받을 수 있었다. 하지만, 집값이 충분하게 상승하지 않는다면 이들이 계속해서 높은 이자를 감당하는 것은 불가능에 가까웠다. 그럼에도 불구하고, 대출을 통해 주택을 구입하는 주거 사다리housing ladde(자가 주택을 마련한 다음 주택가격 상승을 기대하며 고가의 주택으로 갈아타는 과정) 정책에 올라타는 일이 사람들에게는 종자돈 없이도 많은 돈을 벌 수 있는 기막힌 방법으로 여겨졌다. 당시에는 집값이 계속해서 상승할 것이라고 생각했기 때문이다. 땀 한 방울 흘리지 않고 부자가 될 수 있다는 생각에 대해 아무도 의심을 품지 않았다. 하지만, 모두의 예상대로 미국의 저축률이 하락하기 시작했다. 생각해 보면, 편안하게 앉아서 집값이 오르기를 기다리면 저절로 돈을 벌 수 있는데 허리띠를 졸라가며 한 푼 두 푼 모을 이유가 무엇이겠는가? 급기야 1995년에는 저축률이 0퍼센트까지 추락했다.-이는 대공황 이후 가장 낮은 수치였다. 미래를 위해서 저축을 하는 행위는 인간의 지닌 기본적인 본성인데, 도대체 그 본성을 거스르면서까지 저축하는 사람들이 사라진 이유는 무엇 때문이었을까? 미국이 돈 많은 '친척'이 있다는 환상에 빠져 있었던 것은 아니었을까? 그렇다면 그 돈 많은 친척은 혹시 중국을 가리키는 것이었을까?

사실, 가격 상승의 이면에는 다단계 금융사기인 폰지 사기Ponzi scheme 의 요소가 포함되어 있었다. 폰지 사기와 다른 점은 규모가 엄청나다는 것뿐이었다. 1949년에 사망한 찰스 폰지Charles Ponzi는 행운의 편지와 동일한 원리를 이용해서 엄청난 규모의 금융사기를 벌였다. 모두들 행운의 편지에 대해서는 잘 알고 있을 것이다. 나는 여섯 살이 되던 해에 처음으로 행운의 편지를 받았다. 편지를 보낸 다음에 내가 받은 보상이라고는 한참 뒤에 누군가의 편지를 다시 받은 것뿐이었다. 행운의 편지를 보낸 후에 모두 스무 통이 넘는 편지를 돌려받았는데, 당시에 나는 참 운이 좋은 사람이라고 생각했다. 실제로 행운의 편지를 이용해서 돈을 벌 수 있다는 말은 대부분의 사람들에게 솔깃하게 다가온다. 행운의 편지는 누군가를 속이는 일이 아니며, 무엇보다 행운의 편지가 사람들의 자발적인 참여에 의해 유지된다는 생각은 스스로를 죄책감에서 벗어나게 만들어주기 때문이다. 달리 말하자면, 행운의 편지에 동참하는 사람들 모두가 자발적으로 스스로를 속이고 있다고 할 수도 있을 것이다. 어렵게 수학적인 계산을 하지 않아도 행운의 편지는 돈을 불리는 것이 목적이 아니라, 단지 편지를 전달하는 것이라는 사실을 누구나 간파할 수 있기 때문이다. 누군가가 돈을 벌기 위해서는 누군가는 돈을 잃어야 한다. 누군가가 재산을 10배로 불리려면 다른 9명이 그 만큼의 재산을 투자해야 한다. 이와 같은 맥락에서 본다면, 행운의 편지는 '사기'라기보다는 복권에 가까운 측면이 있다. 복권이 휴지조각으로 변했을 때, 탓할 수 있는 사람은 오직 자신밖에 없기 때문이다.

폰지는 행운의 편지에서 사용된 원리를 완벽한 사기로 탈바꿈시켰다. 행운의 편지에 처음으로 동참하는 사람들이 얻게 되는 이익은 적어도 더 이상 편지가 전달되지 않을 때까지는 나중에 참여하는 사람들의 노력에 의해 유지된다.(행운의 편지는 끝날 수밖에 없다. 실제로 계산해 보면, 행운의 편지는 열두 번째 사람에게 전달되기 전에 이미 지구상의 모든 사람에게 도착하게 된다.) 그럼에도 불구하고 행운의 편지는 적어도 편지를 받는 모든 사람들이 어떤 일이 벌어지고 있는지를 파악할 수 있다. 하지만, 폰지는 행운의 편지에서 모든 세부사항을 없애버린 다음, 놀랄만한 수익률을 보장하는 투자 계획만을 제시했다.(그는 해외에 우편을 보낼 때 요금을 미리 지불한 회신용 우표 쿠폰인 국제회신우표쿠폰international postal coupon을 대량으로 구입하면 환차익을 얻을 수 있다는 생각에서 사업 아이디어를 얻었다.) 하지만, 폰지의 투자 계획으로는 결코 엄청난 규모의 수익을 올릴 수도 없었고, 투자자들에게 높은 수익률을 보장할 수도 없었다. 사실, 폰지는 나중에 투자한 사람들의 자금으로 초기 투자자들에게 배당금을 지급했다. 투자금을 마치 투자 수익인 것처럼 위장했던 것이다. 이와 같은 방법은 금융 지식이 부족한 투자자들에게 더욱 효과적이었다. 수십 년이 지난 후에 밝혀진 놀라운 사실 하나가 있다. 희대의 금융 사기범으로 알려진 버니 매도프Bernie Madoff는 금융 지식이 부족한 투자자들은 물론, 금융 지식을 충분히 갖춘 투자자들에게도 이 방법이 통용될 수 있다는 것을 증명했다.

집값이 오르기를 기다리면 돈을 벌 수 있다는 생각 역시 일종의 폰지 사기이다. 모든 사람들은 어딘가에 거주할 곳이 필요하기 때문에 택시 미터기가 그렇듯이 집값이 오르는 것을 지켜본다고 해서 실제로 수입이 생기는 것은 아니다. 주택을 구입하는 것이 저축의 대안이 되기 위해서는 자신이 집을 구입한 가격보다 높은 가격에 집을 구매하려는 사람들이 줄을 이어야 한다. 서브프라임 대출자들이 대출에서 벗어나기 위해서는 새로운 주택 구매자가 필요했다. 그렇지 않았을 때, 연쇄적인 주택매매를 통해 유지되는 집값 상승의 기대는 무너질 수밖에 없었다. 하지만, 이처럼 명백한 문제임에도 그토록 오랫동안 연쇄적인 주택매매가 유지될 수 있었던 비결은 무엇이며, 또 마침내 일어난 주택 경기의 거품 붕괴가 그토록 엄청난 타격을 준 이유는 무엇일까? 이 질문에 대해서는 다음과 같이 말할 수 있다. 이 시기에 나타난 지속적인 주가의 상승과 마찬가지로 주택 가격의 상승 역시 단순한 폰지 사기로 볼 수 없는 측면이 존재했다는 사실이다. 주택 가격 상승은 1980년대에 시작되어 1990년대에 가속화된 다양한 변화와 함께 지속되었고, 세계의 경제 선진국들에 의해 주도된 실질적인 전망의 변화에서 비롯되었기 때문이다.[15] 이 시기에 이루어진 변화로는 치열해진 경쟁, 가속화된 혁신, 컴퓨터와 인터넷의 보급, 그리고 무엇보다 중국과 인도라는 거대한 국가가 세계 경제 체제로 편입 등을 들 수 있다. 중국과 인도 두 나라는 상품의 생산과 서비스의 확대에 열을 올렸을 뿐만 아니라, 전 세계에 아주 저렴한 가격으로 이를 제공하기 위한 준비도 충분했다. 그 결과 경제 선진국의 국민들은 더욱 부유해졌다. 심지어 이 변화의 시기에 '사회적 지분'을 소유하고 있던 사람들은 변화에 기여한 바가 거의 없었음에도 불구하고, 엄청난 이익을 얻었다. 그들은 단지 운이 좋았을 뿐인데 말이다. 그들이 가진 사회적 지분은 입지가 좋은 주택, 또는 주식이었을 수도 있고, 정부나 대학, 또는 독점 시장을 가진 유망한 대기업 같은 전망 좋은 일자리였을 수도 있다. 특별하게 칭찬할 부분이 있는 것은 아니지만, 그렇다고 해서 특별하게 비난받아야 할 부분도 없다. 역사를 되돌아보면, 부나 명예를 거머쥔 수많은 사람들은 누군가 샴페인을 터트릴 때 거품이 튈만한 자리에 서 있었기 때문에 그와 같은 성공을 거둘 수 있었다. 하지만, 중요한 사실은 자신의 수중에 혹은 자신의 통장에 돈이 들어왔을 때만 온전히 자신의 돈이라고 할 수 있다는 것이다. 세계 경제는 실제로 그 어느 때보다도 역할을 충실하게 수행하면서 호황을 구가하고 있었다.

이 시기에 최고의 사기꾼들은 자신이 가진 능력의 실행 가능성과는 무관하게 능력을 발휘하는 사람들이었고, 가장 큰 성공을 거둔 폰지 사기는 실제 투자 가능성을 바탕으로 계획된 수법이었다. 사람들이 탐욕스럽고 정직하지 못한 것은 능력이 부족하기 때문이라고 생각하는 것은 착각이다. 최고의 사기꾼은 자신의 아이디어와 능력, 그리고 잠재력과 가능성을 신뢰하는 사람들이기 때문이다. 짧고 폭발적인 경제 호황을 누리던 시기에 우리 모두는 자신의 아이디어와 능력, 그리고 잠재력과 가능성을 신뢰하는 사람이 되어 있었다. 우리는 실제로 성장하며 변화를 거듭하고 있던 경제가 이보다 더 좋을 수 없는 상태라고 생각했다. 하지만, 우리를 무방비 상태로 만든 것은 바로 성장하며 변화를 거듭하고 있던 경제였다. 1990년대 후반 주식시장의 거품이 사라졌을 때, 다른 투자자들과 마찬가지로 정부가 부인 반응은 부정denial이었다. 심리학자 엘리자베스 퀴블러 로스Elisabeth Kubler-Ross 박사는 임종을 앞둔 사람들의 심리 5단계[16] 중에서 첫 번째 단계를 '부정'이라고 했는데, 정부의 반응이 그랬다. 이 시기에 정부와 투자자들이 부정했던 것은 시장의 붕괴라는 사실 그 자체가 아니었다. 그들은 시장의 붕괴로 인해 우리가 실제로 부유한 것인지, 또 우리가 새로 나온 자동차나 가전제품을 구입하고 사치스럽게 휴가를 떠나도 되는 것인지를 재고하고 점검하기 위한 계기를 맞고 있다는 사실을 부정하고 있었다. 국회에서는 주식시장의 붕괴가 가져올 위험과 후폭풍에 대한 길고 고통스러운 회의가 이어졌다. 중앙은행의 지원과 저금리 정책, 그리고 부유해진 중국의 높은 저축률로 인해 낮아진 대출금리를 바탕으로 선진국들의 경제가 별다른 난관 없이 성장을 지속하고 있을 때, 우리는 모두 안도했다. 주식시장의 호황-지나친 낙관주의라고 할지라도 이 긍정적 전망은 새로운 기술이 세계 경제에 가져올 변화의 가능성에 대한 판단을 의미하는 것이었다.-에서 시작된 경제 번영에 대한 희망은 점차 주택시장의 호황에 대한 기대와 희망으로 옮겨갔다.—물론, 실제로는 전혀 그렇지 않았다. 이 시기에 서구의 모든 중앙은행과 재무부의 복도에서는 안도의 한숨이 이어지고 있었다. 적어도 신뢰를 위협하는 요소들은 사라졌다고 판단했기 때문이다.

21세기에도 경제 호황은 지속되는 것처럼 보였다. 은행들이 대출을 늘리면서 집값이 사상 최대치를 경신했을 때, 한숨은 점차 웃음으로 바뀌었다. 세계 경제는 '천국'에 온 것 같은 기분을 만끽했다. 전 세계가 스스로 간지럼 태우기에 성공했던 것이다.

시장 붕괴와 그 파급효과

중앙은행이 부동산 사업의 마케팅 에이전시 역할을 자처하고 나서면 무언가 잘못되고 있다는 사실을 알아차려야 한다. 사람들의 평균적인 수입을 고려해보면, 주택 가격이 계속해서 오를 수는 없다. 주택 가격의 상승을 뒷받침하는 것은 다름 아닌 사람들의 수입이기 때문이다. 주택 가격의 상승이 멈췄을 때 어떤 일이 발생될 것인지는 애초에 주택 가격을 상승시킨 원동력이 무엇인지에 따라 달라질 수 있다. 만약 사람들이 안정적인 주거를 목적으로 예상했던 금액보다 저렴해서 주택을 구입했다면, 주택 가격의 상승은 사람들이 원하는 수준에 도달했을 때 멈출 것이다. 물론, 주택 가격이 급격하게 하락할 이유도 없다. 하지만, 사람들이 미래에 발생할 수 있는 프리미엄을 통해 재산을 증식하려는 목적으로 주택을 구입했다면, 구매자들은 주택 가격의 상승이 멈추는 순간 한꺼번에 시장에서 이탈하려고 할 것이다. 향후에 가격 상승의 조짐을 보일 때에는 주택이 매력적이었겠지만, 가격 상승이 멈춘 주택은 더 이상 아무런 매력이 없기 때문이다. 물론, 가격의 상승이 멈췄다고 해서 곧바로 시장에서 가격이 하락한다는 것을 의미하지는 않는다.[17]

실제로, 주택 시장 붕괴의 직접적 원인은 더 이상 주택 가격의 상승을 기대할 수 없다는 사실을 알게 되면서 서브프라임 대출자들의 연체율이 높아졌기 때문이다.[18] 하지만, 이것만으로는 주택 시장 붕괴의 영향이 전 세계를 강타한 사실을 명쾌하게 설명할 수 없다.(미국의 풍자 작가이자 저널리스트인 P.J. 오루크 P.J. O'Rourke는 "고지식한 이웃사람 짐은 자신의 집 앞마당에 여러 대의 자동차를 주차해 두고는 주택담보 대출금을 연체하고 있으며, 아이슬란드의 경제는 무너지고 있다. 내가 놓치고 있는 사실이 있는 듯하다."[19]라고 이야기한다.) 사실 서브프라임 시장의 붕괴는 단순한 원인에서 비롯된 것이라기보다는 목전에 와 있는 아주 심각한 문제의 징후이기도 했다. 이것은 마치 나머지 사람들은 이미 만취해 있는 파티에서 난생 처음으로 파티에 참석한 10대 아이가 구토를 하는 상황과 흡사하다. 아이슬란드의 경제가 붕괴한 이유는 낙관적 전망에 현혹되어 흥청망청했기 때문이며, 아일랜드, 라트비아, 영국, 독일은 물론 미국도 마찬가지였다.

흥청망청한 모습은 다양한 장소에서 제각각의 모습으로 나타났다. 유난히 이성적이었던 독일 국민들은 서브프라임의 광풍에 휩쓸리지 않았지만, 그들이 은행에 맡긴 예금-그들이 모르는 사이에-은 간접적으로 서브프라임의 광풍에 휩쓸려 들어가고 있었다. 독일의 은행들 역시 미국의 모기지 대출기관에서 발행한 증권을 구입했기 때문이다. 신중한 스페인의 규제기관들은 자국의 은행에 이를 금지시켰지만, 파티에 열광하는 스페인 사람들 역시 결국 서브프라임의 광풍에 휩쓸렸다. 아이슬란드의 은행들은 예금자들에게 현실적으로 불가능해 보이는 높은 금리를 보장했다. 위기의 상황이 목전에 와 있었지만, 그들은 아이슬란드 통화를 평가절하하거나 나이지리아 지점에서 금리를 조정하는 등의 예방조치를 취하지 않았다. 아이슬란드 사람들은 주택을 사고파는 일에 대해 서로 아무런 거리낌이 없었으며, 이제 아이슬란드는 누구나 살고 싶어 하는 나라가 되었다는 사실에 대한 굳건한 믿음 위에서 전 국민을 대상으로 하는 거대한 사기극은 점점 그럴듯해졌다. 사람들은 은행 시스템이 아무런 문제없이 작동하고 있기 때문에 어떤 방식으로 높은 금리를 보장받게 되는지에 대해서는 굳이 알아야 할 필요를 느끼지 못했다. 특히, 구조화 파생상품에 관련된 위험이나 결국 그 위험을 누가 감당할 것인지를 결정하는 규칙 등 쉽게 알기 힘든 부분에 대해서는 의문을 가질 필요조차 없을 것이라고 생각했다.[20]

하지만, 얼마 지나지 않아서 미국을 비롯 자신들의 성공에 들떠있던 다수의 국가에서 은행들은 한계 상황을 맞게 되었다. 마치 모든 사람들이 저렴한 가격에 전력을 공급받을 수 있도록 하겠다는 약속을 남발했다가 정작 슈퍼볼 결승전이 열리는 날에 전력 소비량의 폭증을 견뎌내지 못하고 정전 사고를 일으킨 전력 공급 시스템처럼 은행들이 할 수 있는 일은 아무것도 없었다. 한계를 넘어선 상태에서는 아주 작은 충격만으로도 거대한 붕괴를 일으킬 수 있다.

역설적이지만 과거에 시장의 붕괴 상황에서는 그와 같은 사태, 즉 시장의 붕괴를 예방하기 위해서 만들어 놓은 메커니즘이 작동하면서 오히려 시장의 붕괴를 가속화시켰다. 이에 대응하기 위해 금융 시스템에 구축된 신뢰의 구성요소 가운데 하나는 지불 불능 상태의 은행을 폐쇄함으로써, 은행이 투자자들의 자금이나 예금을 지급 불능의 재정 상태 회복에 사용하지 못하도록 하는 것이었다. 부실한 은행들 역시 이와 같은 유혹에 쉽게 넘어갈 수 있기 때문에 규제기관들은 은행들을 엄중히 감시하고, 파산 사태가 연달아서 일어나지 않도록 조치를 취해야 한다. 예금자들을 보호하는 데 필수적이라고 할 수 있는 은행 폐쇄는 신용등급이 높은 우수 고객이 포함되어 있는 다른 대출 기관에서 자금을 차입하려는 은행에 보내는 엄중한 경고의 신호이기도 하다. 그렇다면 현금을 보유할 수도 있는 상황에서 굳이 탄탄한 기업에까지 대출을 해주어야 하는 이유는 무엇일까? 경제 전반을 고려해 보면 이 질문에 대한 답은 간단하다. 만약, 은행이 대출을 해주지 않는다면 직원들의 급여와 기업 운영을 위한 목적으로 대출이 필요한 기업들은 자금을 구할 수 없을 것이다. 한편, 자금의 여유는 있지만 당분간 사용할 곳을 찾지 못한 사람들은 은행이 문을 닫을 수도 있다는 두려움 때문에 현금을 맡길 수가 없을 것이다. 그리고 이와 같은 상황에서 만약 은행이 개장하지 않았다면, 그것은 규제기관이 은행의 영업을 중지시켰기 때문이다. 바로 이것이 금융 시스템이 떠받치고 있는 사회적 신뢰 구조의 붕괴 과정이다. 결과적으로 이 모든 구조를 설계했던 규제기관은 그 구조물을 받치고 있는 주춧돌을 빼는 철거 기술자의 역할을 하는 것이다.

우리는 왜 속는 것일까?

인류 사회는 왜 이와 같은 방식으로 스스로를 속이는 것일까? 전체 사회에서 조울증에 걸린 개인은 극히 소수에 불과한데 사회 전체가 조울증에 걸린 것처럼 보이는 이유는 무엇일까? 이와 같은 질문이 경제가 호황을 누리

던 시기에 모든 사람이 비합리적으로 행동했다는 것을 의미하지는 않는다.-
다수의 금융기관들은 오히려 호황에는 아주 많은 수익을 거둬들여도 문제가
없고, 불황에는 정부의 구제를 받을 수 있다는 점을 상당히 합리적인 방식으
로 이용했다. 좀 더 근원적인 질문은 그렇다면 우리 대부분이 우리 자신의 속
임수에 공모자가 된 것은 무엇 때문인가라는 것이다. 이번 장에서 이야기하
려고 했던 것처럼 규제기관이나 정치인은 물론, 시민들에게도 상황을 재고
해야 할 만큼의 충분한 근거가 주어져 있었다. 그럼에도 불구하고 일부 이성
적인 금융기관들이 사회에 심각한 위해가 되는 행동을 했던 것은 허점투성이
규제 때문이었을지도 모른다. 그렇다면 대부분의 사회에서 금융기관의 '위험
한' 행동을 열렬히 지지했던 이유는 도대체 무엇이라는 말인가?

　　　이념의 색안경을 씌운 것은 시작에 불과하다. 결과가 너무나 참혹했
음에도 색안경이 그렇게까지 효과적이었던 이유에 대해서는 이해할 필요가
있다. 경제학자 조지 애커로프George Akerlof와 로버트 쉴러Robert Shiller 교수는
공동 저서 『야성적 충동: 인간의 비이성적 충동이 경제에 미치는 영향Animal
Spirits: How Human Psychology Drives the Economy and Why It Matters for Global Capitalism』에
서 오늘날 경제에 영향을 미치는 인간의 5가지 심리적 특성을 제시하고 있
다. 미래에 대한 자신감, 강한 공정성, 신뢰를 배신당했을 때의 분노, 화폐 착
각money illusion, 그리고 서사를 통해 삶을 파악하려는 성향이 그들이 제시한
인간의 5가지 심리적 특성이다. 애커로프와 쉴러는 이 5가지 심리요인이 어
떤 식으로 금융위기를 발생시켰는지, 그리고 금융위기 이전의 짧고 강렬했던
호황이 어떻게 가능했는지를 설득력 있게 설명하고 있다.

　　　이와 함께 다른 심리 요인을 추가할 수도 있는데, 대표적인 3가지를

언급하자면 다음과 같다. 첫째, 우리는 엄청나게 위험한 사건이라고 하더라도 최근에 이와 유사한 사건이 일어나지 않았을 경우에는 그 사건이 가지고 있는 세부적인 위험을 평가할 수 있는 능력이 부족하다는 것이다. 위험 요인이 발견되지 않은 대출에서 연체가 연속적으로 발생하는 것이 대표적인 사례이다. 이와 같은 사례는 평상시에, 특히 우리 소유의 자산이 안전하게 보호되고 있을 것이라고 생각했을 때 더욱 두드러진다. 은행 시스템이 제대로 작동하고 있다고 생각하면, 사람들은 사건이 발생했을 때의 위험을 간과하기 때문이다.

둘째, 아주 복잡하고 다양한 상황이 중첩된 문제에 대해 도저히 적용할 수 없는 3~4단계의 전략적 추론에 매혹되는 성향이다. 이로 인해 사람들이 문제의 본질을 정확하게 파악하는데 취약해질 수 있다. 부동산 거품은 호황의 시기가 영원히 지속될 수 없다는 사실을 알려주는 일종의 신호였지만, 부동산 거품을 확인한 이후에도 대부분의 사람들은 상황을 정상적으로 되돌리지 않았다. 오히려 마지막까지 어떤 식으로든 거품 경기에 편승하려고 했는데, 그것이 다른 사람들보다 훨씬 많은 이익을 차지할 수 있는 방법이라고 생각했기 때문이다.

셋째, 사람들은 동종 업계 관계자(다른 금융 전문가를 비롯한)들을 신뢰하지 않는 성향, 그리고 동종 업계 종사자가 아닌 외부인들이 전달하는 불쾌한 정보에 대해서 신뢰하지 않으려는 성향을 지니고 있다. 그래서 내부자라고 인정하는 사람들과 그렇지 않은 사람들 사이에 존재하는 아주 작은 지위 차이에도 민감하게 반응하는 극도의 예민함을 보인다는 것이다. 이상의 3가지 특징들은 집단생활을 하는 영장류에게서 흔히 발견되는 것이다.

이 책의 전반부에서 강조했다시피, 10~20만 년 전 아프리카 대초원 지역에서 처음으로 출현한 대형 유인원인 호모 사피엔스 사피엔스의 유전자에서 몇 가지 심리적인 취약성이 발견되었다는 사실이 그리 놀랄 만한 일은 아니다. 이 유인원을 아프리카의 바깥으로 이끌었던 불안함 외에는 생존 기간 내내 은행이나 금융에 대한 관심이나 월 스트리트의 금융인이 될 만한 재능은 전혀 발견할 수 없었다. 이들은 군집 생활을 하는 대부분의 영장류에게서 공통적으로 발견되는 특징, 특히 강력한 경쟁본능, 연대를 통해 무리를 이루려는 성향, 지위와 서열의 차이에 대한 민감한 반응 등을 보이면서 집단생활을 하는 유인원이었다. 한편으로는 대단히 이례적인 영장류이기도 했다. 이들은 협력적 수렵채취를 아주 정교한 방식으로 발전시켰으며, 이를 바탕으로 아주 두드러진 생태적 지위를 누리고 있는 두뇌가 발달된 사회적 유인원이기도 했다. 이들이 지닌 뛰어난 협력의 재능은 무력 충돌을 배경으로 발전했다. 그래서 대규모의 사회 조직을 건설하려는 최초의 시도를 통해 이룩했던 업적의 상당 부분은 무력 충돌로 인해 파괴되었을 것이다. 마침내 전 세계에 걸쳐 수조 달러에 달하는 금융 시스템을 구축하려던 시점에, 그리고 그 현장에서 호모 사피엔스 사피엔스의 무수히 많은 심리적 취약성이 흘러들어간 것은 어쩌면 당연한 일인지 모른다.

이처럼 아주 긴 시간을 사이에 둔 역사적 사실을 비교하면 장기적 안목을 얻을 수 있을 것이다. 장기적 안목이 갖는 한 가지 이점은 향후 추가적인 경제위기를 예방할 수 있는 가능성에 대해서도 적당한 겸손함을 유지할 수 있다는 것이다. 이것은 이 책 전체의 핵심이기도 하다. 우리가 몸담고 있는 고도화된 사회와 복잡한 경제는 손쉽게 번영을 맞을 수도 있지만, 손쉽게 붕괴될 수도 있다. 발달된 두뇌를 가진 사회적 영장류는 세계를 하나로 이어주는 금융 시스템을 만드는 동시에 금융 시스템에 여러 가지 해악도 끼쳤다. 하지만, 시스템의 모순과 오류를 바로잡는 일은 바로 그 발달된 두뇌를 가진 사회적 영장류만이 할 수 있다. 무엇보다 시스템의 모순과 오류에 대한 해결책은 시스템 구축 과정에서 발달된 두뇌를 가지고 문제를 일으킨 바로 그 사회적 영장류에 의해 관리될 수 있을 정도로 견고해야 한다.

　　장기적 안목이 갖는 또 다른 이점은 위기 상황에서 발생된 손실에 대해 분별력 있는 시각을 지니게 된다는 점이다. 세계의 경제가 3~4년 내에 다시 성장세로 돌아설 수 것인지, 아니면 침체가 지속될 것인지를 속단하기에는 아직 너무 이른 감이 있다.-그리고 침체를 벗어나기 위해서는 필수적이라 할 수 있는 혹독한 긴축 재정이 일부 국가에서는 정치적 소요와 폭력적인 시위로 나타나는 것은 아닐지에 대해서는 더더욱 장담할 수 없다. 하지만, 이 정도의 위험은 과거에 인류가 협력을 통해 헤쳐 온 수많은 위험이나 낯선 무리들과의 전쟁, 그리고 약자에 대한 탄압을 수반한 사회적 질서의 붕괴에 비하면 아무것도 아니라고 할 수 있을 정도의 일이다. 3장에서 강조한 것처럼 오늘날과 같은 경제 발전의 토대였던 '협력'은 현대인들이 거의 이해할 수 없는 인간의 폭력적 성향과 재능을 성공적으로 길들인 바로 그 협력과 동일한 것이다. 지금 우리가 불안한 마음으로 경제적 전략의 위험과 보상을 계산할 때, 우리는 용암이 들끓고 있는 언덕에서 포커를 치는 도박꾼이나 다름없다. 정말로 위협적인 존재가 발밑에서 조용히 잠들어 있는 것도 모른 채, 카드를 주고받으면서 분출되는 아드레날린을 만끽하며 게임을 즐기고 있는 것이다.

　　"누군가는 이 세계가 불로 끝날 것이라고 하고, 누군가는 얼음으로 끝날 것이라고 한다." 로버트 프로스트Robert Frost가 쓴 시의 한 구절이다. 현재로써는 얼음보다는 불이 훨씬 가능성이 높아 보이지만, 진실이 무엇이든 이 세계가 금융위기로 끝나지 않는다는 것은 분명해 보인다. 이 글을 쓰고 있는 지금, 금융위기가 전 세계 정치인들의 가장 큰 관심사가 되었다는 사실은 인간의 기억력이 얼마나 짧고 근시안적인지를 알려줄 뿐만 아니라, 우리가 그 '시작'으로부터 얼마나 멀리 떠나와 있는지를 보여준다. 우리를 여기까지 올 수 있게 해준 힘의 근원이 바로 그 근시안적 안목이라는 사실에 대해서는 9장에서 다룰 예정이다.

chapter **09**

전문성, 일과 전쟁의 수행

군인과 철학자

페르시아 왕세자 키루스^{Cyrus}의 거짓말에 속아 그리스 용병 1만 명이 전선에 뛰어들지만, 이 전쟁은 사실 그의 형인 아르타크세르크세스 2세$^{Artaxerxes\,II}$의 왕위를 찬탈하기 위한 것이었다. 그리하여 용병들은 쿠낙사^{Cunaxa} 전투에서 패배하고 지도자도 없이 고향 땅으로부터 멀리 떨어지게 된다. 사방이 적들로 가득한 가운데 길을 찾아야만 하는 상황에 놓인 것이다. 그들이 원하는 것은 오로지 집으로 돌아가는 일이었지만, 그들이 벌이는 모든 일들은 곧 집단적인 위협이 되곤 했다. 굶주린 채 무장한 이 그리스의 1만 용병들은 마치 메뚜기 떼처럼 발길 닿는 곳마다 약탈과 파괴를 일삼았던 것이다. 그리고 가는 곳마다 자신들 뒤로 수많은 여자들을 끌고 다녔다.

– 이탈로 칼비노 『왜 고전을 읽는가』 민음사, 이소연 역 인용

이탈리아의 작가 이탈로 칼비노Italo Calvino가 기원전 5세기에 고향으로 돌아가기 위해 정처 없이 떠돌던 군대의 고난을 묘사한 글이다. 역사적으로 수많은 작가들이 비슷비슷한 상황을 묘사했지만, 당시 지휘관으로 참전했던 그리스의 철학자 크세노폰Xenephon이 쓴 글은 남달랐다. 크세노폰은 그때의 경험을 수기로 작성해『아나바시스Anabasis』라는 책을 남겼다. 칼비노는 크세노폰의 글을 후대의 작가 T.E 로렌스Lawrence의 글과 비교한 후-어느 정도는 인정을 받았는데- 로렌스의 미학적인 글과는 달리 "크세노폰의 글은 건조하고 정확하며 서술의 이면에 아무것도 숨기지 않았다."라며 다음과 같이 이야기한다.

물론『아나바시스』에도 정서적 파토스 같은 것이 있긴 하다. 그 파토스는 집으로 돌아가고자 하는 군인들의 갈망과 이국의 땅을 떠도는 방황, 서로 함께할 때만이 조국을 간직할 수 있기에 제각기 흩어지지 않으려는 필사적인 노력에서 나온다.…… 5세기 한 장군의 회고록에서는 이러한 대조가 대지를 파괴하는 한낱 메뚜기 떼로 전락한 그리스 군의 상황과, 크세노폰의 군대가 이러한 상황에서 실행하고자 했던 고전적인 덕목들, 그러니까 철학자이며 그리스 시민답고, 그리스 군에 걸맞은 그러한 덕목들로 드러난다.…… 크세노폰은 인간이 한낱 메뚜기와 같은 존재로 변할 수도 있지만, 그러나 기식자와 같은 이러한 상황에서도 규범과 위엄의 법칙이라는 일정한 '양식'을 적용할 수 있으며, 그러는 자신에 대해 자부심을 느낄 수 있는 존재라고 말한다. 즉 한 마리 메뚜기와 같은 비천한 현실에 대해서는 일절 언급하지 않은 채, 오직 존재하기 위한 최상의 방식만을 논하는 것이다. 보편적인 도덕의 관점에서 자신의 행위를 평가하는 것과는 독립적으로 '어떠한 사태에 대처할 수 있는 능력', '자신의 임무를 잘 수행하는 것'과 같은 근대적 윤리를 말이다.…… 아나톨리아 지방의 산과 들판을 가로 지르는 탐욕스럽고 폭력적인 인간의 파괴적인 행위에도 일정한 '양식'이나 규범을 부여하고자 하는 시도에 바로 크세노폰의 위엄이 자리한다. 그리하여 그의 위엄은 고대의 비극에서 찾아볼 수 있는 위엄이라기보다는 어느 정도 한계가 있는 위엄, 근본적으로 부르주아적인 위엄이다.…… 끊임없는 매복과 공격의 위협 속에서 험준한 산과 강을 헤쳐나갔던 그리스 군은 더 이상 어느 편이 희생자이고 어느 편이 승리자인지 구별할 수 없는 상황에까지 이르렀고, 무심한 전쟁의 포화나 우연한 자연재해로 인한 끔찍한 대학살의 현장에 갇히곤 했다. 그리고 그들이 이러한 이야기는 전쟁을 체험한 오늘날의 독자들만이 이해할 수 있는 일종의 고통의 표상을 불러일으킨다.[1]

– 이탈로 칼비노 『왜 고전을 읽는가』 민음사, 이소연 역 인용

군대는 전체의 번영이 개체의 절대적인 신뢰에 의해 결정되는 성향이 가장 강한 집단이다. 전 세계의 모든 군대는 혹독한 훈련을 통해 규범과 절차, 그리고 윤리라고 부르는 기준에 군인들이 복종하게 만듦으로써 최종적으로는 모든 개인이 참기 힘든 배신의 유혹 앞에서 스스로를 극복하고 집단에 충성하도록 만든다. 이와 같은 군대의 규범은 생각할 여유도 없이 반복되는 연병장에서의 제식 훈련에서부터 공병의 복잡한 작업 숙달에 이르기까지 온갖 훈련 과정을 통해 전달된다. 또한 '군대'라는 제도가 지닌 독특한 분위기를 통해서도 전달되는데, 경우에 따라서는 학계의 고상함이 될 수도 있고, 회식장의 배타적인 천박함이 될 수도 있으며, 공동 숙영지 혹은 야간 훈련의 강렬함이 될 수도 있다. 일단 방식에 상관없이 규범을 습관처럼 몸에 익히면 그것은 가장 두드러진 형태의 '터널 비전'이 된다. 규범에 복종함으로써 생기는 향후의 결과에 대해서는 고민을 하지 않을 뿐만 아니라, 의도적으로 고민

을 거부한다는 점에서도 그렇다. 1945~46년 나치 독일의 전범들과 유대인 학살 관련자들을 상대로 열린 뉘른베르크 전범 재판에서는 이와 같은 군대의 규범이 보편화된 인간의 의무에 대한 개념을 주장하는 다른 견해들에 의해 맹공격을 받았다.[2]

아우슈비츠 강제 수용소의 소장이었던 루돌프 회스Rudolf Höss –처음에 그는 재판에 회부되지 않았다.–는 뉘른베르크 전범 재판에 불려나가 증언을 하게 된다. 회스는 가스를 이용해서 수용자들을 대량 학살했다는 사실과 같은 차마 듣고 있기 힘든 내용들을 증언했다. 그리고 증언을 마친 다음 "수감자들을 살상할 때, 자신의 가족이나 자녀들을 생각하면서 동정심을 느낀 적은 없는가?"라는 질문에 대해 "동정심을 느낀 적이 있다."라고 회스는 대답했다. 심문은 계속되었다. "동정심을 느끼면서 어떻게 그와 같은 행동을 할 수 있었는가?"라는 질문에 회스는 "내가 온갖 문제에 의심을 품었다고 하더라도 결과는 달라지지 않았을 것이다. 결국에는 나치의 친위대장인 하인리히 히믈러Reichsführer Himmler의 명령과 논리에 따르는 수밖에 없었기 때문이다."라고 대답했다.

이후 전범 재판의 피고인들은 모두 이구동성으로 '뉘른베르크 변호 Nuremberg defense'라고 알려진 변명을 했다. 즉, 자신들은 명령에 복종했을 뿐이라는 것이다. 그들 가운데 변호의 타당성을 인정받은 사람은 거의 없었다. 하지만, 1932년 나치 정권 하에서 독일 총리를 역임하고 그 후 오스트리아와 터키의 대사를 지낸 프란츠 폰 파펜Franz von Papen의 경우에는 변호가 받아들여져 무죄 판결을 받았다.(뉘른베르크 재판에서는 무죄, 비非나치 재판에서는 유죄 판결을 받았지만 1949년 석방되었다.) 검사 데이비드 맥스웰 파이프

Sir David Maxwell-Fyfe가 이렇게 질문했다. "당신은 왜 4년이 훨씬 넘는 기간에 걸쳐 자행된 대량학살(그의 친한 친구와 지인들이 희생된)을 조사하지 않았습니까? 당신은 자신의 의사를 분명하게 밝히지도 않았고, 이들과 관계를 끊어버리지도 않았으며, 요르크 폰 바르텐부르크General Yorck 장군이나 역사에 이름을 남긴 다른 이들처럼 이 살인자집단에 반기를 들지 않았습니다. 도대체 이유가 무엇입니까?" 폰 파펜은 이렇게 대답했다.

"검사님, 제가 나치 독일에서 일하고 있었다는 사실을 생각하면 제가 할 수 있는 대답은 하나밖에 없습니다.…… 물으시니까 하는 말이지만, 저는 제 조국에 대한 의무를 다하고 있었을 뿐입니다. 검사님, 저도 분명히 알고 있습니다. 우리가 지금 알고 있는 모든 사건들, 그리고 수백만 명의 희생자를 낳은 학살을 보고 검사님께서는 독일을 범죄자의 나라라고 생각하시겠지만, 이 나라에도 애국자가 있다는 사실을 기억하셔야 합니다. 저는 조국을 위해 일했을 뿐입니다. 한마디만 더 덧붙이자면, 검사님, 나치 정권이 이끌었던 뮌헨회담과 폴란드 침공 당시에 주변의 강대국들은 독일에서 무슨 일이 있어 나고 있는지를 훤히 알고 있었습니다. 그러면서도 독일과 손을 잡으려고 했습니다. 검사님께서 저를 비난하는 이유가 강대국들이 원했던 것을 똑같이 원하고 똑같이 행동했기 때문입니까? 아니면, 제가 애국심이 투철한 독일 사람이기 때문입니까?"

재판의 회부된 전범들 가운데 가장 분명하게 자신의 입장을 변호한 헤르만 괴링Hermann Göring은 피고인들에게 적용되는 판결 기준의 비현실성에 대해 자신의 의견을 단호하게 피력했다. 그는 1907년에 체결된 헤이그 조약Hague Convention을 현대전의 상황에 적용하는 것은 타당하지 않다고 주장했다.

그리고 히틀러의 명령을 거역할 수 있지 않았냐는 질문을 받았을 때는 법정에 모인 사람들에게 다음과 같은 질문을 던졌다.

전쟁이 진행 중이거나 전쟁이 시작되기 전에도 마찬가지지만, 그 나라의 지도자들이 이미 결정한 일을 두고 그 결정이 옳든 그르든 누가 무슨 말을 할 수 있다는 말입니까? 장군이라고 해서 전쟁에 참여할 것인지 말 것인지, 군대가 고국에 남을 것인지 해외로 파송될 것인지에 대한 결정을 두고 어떻게 "부대에 의견을 물어보겠다."라고 말할 수 있다는 것입니까?

폰 파펜과 괴링이 너무나 분명하게 알았던 것처럼-많은 판사들과 검사들 역시 깨달은 아주 불편한 사실- 전쟁이 참여자들에게 요구하는 압도적인 절박감 속에서 윤리적 고민을 통한 억제력은 너무나 허약했다. 뉘른베르크 전범 재판은 어쨌든 모순투성이였다. 소련 측 재판관인 I.T. 니키첸코Nikitchenko는 1936년 스탈린의 선전용 재판에 참여했던 3명의 검사 가운데 한 사람이었다. 정부의 명령에 따르기만 했던 그에게는 반대의견을 제시한다는 개념 자체가 너무 낯설었고, 당연히 절차에 대해서도 잘 알지 못했다. 니키첸코는 전범들의 감형에 반대 입장을 표명하기 위해서 다른 재판관들에게 절차와 방법을 물을 수밖에 없었다.[3]

서사를 찾아서

인간이 가진 놀라운 능력 가운데 하나는 어떤 관점의 한계를 발견하고, 전반적인 상황을 고려하면서 이 관점이 다른 관점과 어떤 차이가 있는지를 파악하는 능력이다. 인간이 어떤 진화의 과정을 거쳐서 이와 같은 능력을 갖게 되었는지에 대해 설명하는 일은 불가능에 가깝다.**4** 그럼에도 불구하고, 인간이 진화의 과정을 거치면서 관점의 한계를 발견하고 관점의 차이를 파악하는 능력을 갖게 되었다는 것은 놀랄만한 사실이다. 왜냐하면, 구성원들에게 이와 같은 능력의 개발을 권장하고 그에 상응하는 보상을 할 수 있을 정도의 여력이 있는 사회에서 개인이 성공을 거두기 위해서는 군사적으로나 상업적으로 한 가지 목표를 설정하고, 그 목표를 향해 전력투구해야 했기 때문이다. 역사학자 피터 홀Peter Hall에 따르면, 고대 아테네의 문명은 우리에게 올바른 삶의 방식을 고민하게 만들었으며, 뉘른베르크식 사고의 근간이라고 할 수 있는 인간본성에 대해 탐구하는 능력을 갖출 수 있게 했다. 하지만, 상업이나 무역, 그리고 노동과 분업에 대한 태도와 관련해서는 일상화된 거부라고 할 수 있을 정도의 상반된 감정을 표현했다. "그리스인들은 바다에서 무역을 시작했고, 무역을 통해 '사고'라는 것이 만들어졌고, 제국이 탄생했다. 제국은 부를 창출했고, 부는 다시 새로운 생각과 예술을 창조할 수 있는 여유와 기회를 만들었다. ……[하지만] 점점 모순이 늘어나기 시작했다. 과거 귀족들의 가치체계에 따르면 농업, 또는 고차원적인 사업이나 금융업은 고귀한 일이었다. 하지만, 소매업이나 육체적 노동, 심지어 제조업까지도 상스러운 직업이었다."**5** 피터 홀은 이어서 역사학자 H. 미�셸H. Michell의 다음과 같은 말을 인용한다. "그들은 육체노동을 싫어했던 귀족이었다. 시장 거리를 이리저리 돌아다니면서 잡담을 나누거나 정치적 음모를 꾸미며 바쁜 나날을 보내는 것이 그들의 적성에는 훨씬 잘 맞았다."

　　군대처럼 극단적인 방식은 아니지만, 현대 사회의 거의 모든 직업이 윤리 규범, 즉 직업윤리를 규정하고 있다. 신뢰를 위해서는 신뢰성이 보증할 수 있어야 하기 때문이다. 가장 유능한 경찰은 감시가 아니라 우리의 내면, 즉 개인의 인격에 의해 작동되는 감시체계에 존재하는 법이다. 아무리 강력하다고 하더라도 작심하고 속이려 드는 사람에 대해서 외부의 감시체계는 그 신뢰성을 보증할 수 없다. 그러므로 외부의 감시체계에 의존하는 것보다는 인성 교육이나 학습을 통해 다른 사람을 속일 수 있는 기회가 생겼을 경우에도 그와 같은 행동을 하지 않도록 만드는 것이 최선이다. 다른 사람에게 자신이 뼛속까지 정직하다는 확신을 줄 수 있는 사람이 성공할 수 있는 사회가 된다면, 정직한 본성을 지닌 사람들은 다른 사람을 설득하는 일이 훨씬 수월해질 것이다. 정직성까지는 아니어도, 최소한 오랜 세월 동안 성의 있게 익힌 기술을 바탕으로 어떤 일을 정직하게 수행하면서 얻게 된 자신감이나 지식, 혹은 어느 정도의 기품을 갖춘 경우라면 훨씬 강한 설득력을 얻을 수 있다. 이와 같은 자질은 기회주의자들이 흉내조차도 내기 힘든 것이다. 공사현장이나 농장, 혹은 작업장이나 계산대 앞에서는 물론이고 심지어 특별한 기술이 필요 없는 허드렛일을 할 때에도 사람들은 어떤 방식으로 '팀'에 융화될 수 있는지를 배워야 한다. 기계를 다루는 기술자가 되기 위한 수습 기간, 변호사 시험의 준비과정, 요리사가 되기 위한 교육 과정 등 대부분의 직업 교육은 단순히 특정업무를 수행하는 방법뿐만 아니라, 다른 사람들이 자기 자신을 어떤 모습으로 바라보고 생각하게 되는지를 배우고 이에 대응하는 방식을 훈련하는 것이기도 하다.[6] 결과적으로, 사람들은 자신이 수행해야 하는 업무와 아무런 상관도 없는 교육을 받게 된다.(다시 말해, 실제로는 사람들이 일을 하는 과정이 아니라 훈련 과정에서 훨씬 많은 도전에 직면한다는 것이다.) 하지만, 이 과정을 거치면서 마지막 순간까지 견뎌낼 것이라는 다짐까지도 하게 된다. 이와 같은 다짐을 하는 사람이라면 자신이 헌신하기로 한 일의 목적이나 중요성을 적어도 스스로에게는 설명할 수 있어야 한다. 즉, 자신의 삶과 일에 대한 서사narrative가 필요해지는 것이다.

인류 역사에서는 오랜 기간 동안 사회에서 필요로 하는 제도를 구성원들에게 널리 알리는 역할, 즉 사회질서의 홍보를 담당했던 사람들은 주로 시인이나 철학자, 그리고 성직자들이었다. 이들은 사회구성원들에게 '서사'를 공급하는 역할을 했다. 이를 가장 잘 보여주는 사례가 바로 인도의 카스트 제도이다. 카스트 제도의 원래 목적은 분업이었지만, 실제로는 정교한 사회적 표식의 기능을 수행했다. 군인, 성직자, 상인, 농부, 도공, 가죽 세공인을 포함한 다양한 직업군에 계급을 부여했고, 다른 계급을 가진 사람들은 결혼은 물론 같은 지역에 거주하는 것조차 금지했기 때문이다.[7] 현대의 인도인들은 카스트 제도의 단순한 계급 분류와는 전혀 어울리지 않는 정교한 분업 체계를 구축했다. 하지만, 카스트 제도의 계급은 여전히 개인의 행동을 제약하고 있다. 과거로부터 이어져 온 서사가 개인의 행동에 영향을 미치는 것이다. 서사가 여전히 놀라운 힘을 발휘하고 있다는 사실은 인도의 신문에 자주 등장하는 결혼 광고란을 보면 쉽게 확인할 수 있다. 서로 계급이 다른 사람들이 결혼하는 일은 여전히 드물고, 여러 가지 이유 때문에 엄격한 계급 분리 현상은 자기 강화를 거듭하고 있다. 임의적이라고 할지라도, 결혼은 사회적 결속이나 성적 유대가 서로 일치하지 않는 사회에서보다는 사회적 융화의 토대가 되는 관습이 존재하는 사회에서 오래 지속된다는 것은 명백한 사실이다.

뿐만 아니라, 결혼생활이 위기에 직면했을 때에도 꿋꿋하게 헤쳐 나갈 수 있는 힘이 되기 마련이다. 우리에게 알려지지 않은 수많은 '로미오'와 '줄리엣'들은 엄청난 희생을 감수하면서 이를 실천했다. 셰익스피어는 어린 연인 로미오와 줄리엣이 생을 마감하는 방향으로 결말을 내렸는데, 증오심으로 가득한 중세 시대에 두 사람의 사랑이 이루어지는 모습은 도저히 상상할 수 없었기 때문일 것이다.

중세의 봉건제도 역시 마찬가지의 방법으로 사람들에게 서사를 제공했다. 이 시기에 만들어진 서사는 봉건제도가 붕괴되고 수십 년이 지난 후에도 여전히 인기를 끌었다. "부유한 자들은 성 안에 있고, / 가난한 자들은 성문 앞에 있네. / 신은 신분의 높고 낮음을 만드셨고, / 땅의 주인을 정하셨네."라는 빅토리아 시대의 성가에는 이와 같은 사실이 잘 드러나고 있다.

하지만, 뛰어난 시인들이나 선견지명이 있는 성직자들은 오래 전부터 사회의 변화를 감지하고 있었다. 그들은 사회 질서가 신에 의해 만들어졌다고 하기에는 너무나 부실하다는 사실을 이미 간파하고 있었다. 세인트 폴 대성당St. Paul의 주임사제였던 존 던John Donne은 1622년 한 설교에서 사회적 신분의 덧없음에 대해 다음과 같이 이야기했다.

[죽음]은 우리에게 똑같은 방식으로 찾아오고, 이로써 우리는 공평해집니다. 굴뚝에서 흩날리는 오크나무의 재를 보고서 그 나무의 높이와 둘레를 판단할 수는 없습니다. 그 나무가 살아있는 동안 어떤 동물들이 나무에 의지해 살았는지도, 그 나무가 쓰러졌을 때 누구를 다치게 하지는 않았는지에 대해서도 알 수 없습니다. 위대한 사람의 묘비 속에 있는 유골 역시 말이 없긴 마찬가지입니다. 아무 말도 하지 않으며, 아무

것도 구별하지 않습니다. 어느 가련한 자의 것인지 왕자의 것인지 알 수 없는 '재'가 바람에 날려 우리 쪽으로 불어오면 우리의 눈은 아릴 것입니다. 회오리바람이 교회 마당에 쌓인 먼지를 교회 안으로 날려 보내면, 누군가는 그 먼지를 교회 마당으로 쓸어낼 것입니다. 이제 누가 이 먼지를 하나하나 체에 걸러서 이것은 도시귀족의 것이고, 이것은 귀족의 '꽃'이고, 이것은 자작농의 것이고, 이것의 평민의 '나뭇가지'라고 밝히는 일을 할까요?[8]

던은 영원한 진리처럼 보이는 신분과 사회적 지위도 죽음을 맞는 순간 모두 사라진다는 사실을 알고 있었다. 하지만, 사실 계급 체계는 경제적 변화라는 세속적인 흐름에 의해 오래 전부터 위협받고 있었다. 중세 사회가 후기에 접어들고 오랫동안 유지되었던 계급과 사회적 지위에 대한 분류 체계가 변하면서 후대의 아들들은 자신의 아버지가 했던 일에 대해 자신이 대를 이어야 하는 이유에 대해 의문을 갖기 시작했다.(딸들은 이로부터 수 세기가 지나는 동안에도 자신의 어머니에 대해 동일한 의문을 가질 수 있는 기회가 주어지지 않았다.) 이와 같은 의문을 품게 된 이유는 사회의 변화, 특히 분업의 가속화로 인해 새로운 기회들이 생겨났기 때문이다. 하지만, 무엇보다 새로운 기회를 포착하는 일은 단순하게 대물림될 수 있는 것이 아니라, 개인의 자질 개발이 필수적이었기 때문이라고 할 수 있을 것이다. 근로자들은 도시로 이주해 갔고, 상공업자들의 동업 조합이었던 길드는 새로운 생산 형태의 도전을 받았으며, 작업장이나 창고를 소유한 사람들은 서로 무차별적인 경쟁을 벌여야 했다. 각자가 이야기할 수 있는 서사 또한 경쟁을 벌여야 하는 상황에 놓였다. 더 이상 개인은 기존의 사회 질서 속에서 단일한 지위를 보유하고 있는 사람, 즉 하나의 정체성을 가진 사람이 아니라 상황에 따라 역할과 지위가 달라지는 다양한 정체성을 가진 사람으로 바뀌어 있었기 때문이다. 개인은 도제이자 형제였으며, 친구이자 시민이고 병사이자 경쟁자가 될 수 있었다. 햄릿은 왕자이자 학자였고 누군가의 연인이었지만, 동시에 아버지를 잃은 아들이기도 했다. 햄릿이 고통 받은 이유는 자신의 정체성을 부정할 수도 없었고, 그렇다고 해서 아버지 없는 아들의 역할과 다른 역할을 모두 수용할 수도 없었기 때문이다.

햄릿의 딜레마는 일상의 생필품을 공급 받는 문제에 있어서 타인에 대한 의존도가 점점 높아지고 있는 현대인들이 끊임없이 되풀이하고 있는 이야기이기도 하다. 현대인들은 자신의 삶을 설명해주는 서사를 더 이상 다른 사람에게 의지할 수 없으므로, 스스로 자신만의 서사를 만들어야 한다. 분업에 의한 생산체제 속에서 살아가는 개인은 자신의 삶에 대한 이야기를 철저하게 자급자족의 방식으로 만드는 것 외에 다른 방법이 없기 때문이다. 프랑스의 사회학자 에밀 뒤르켐Emile Durkheim은 이와 같은 현대화의 결과에 대해 아주 잘 알려진 서글픈 이야기를 들려준다. 어떤 사람들은 현대 도시의 불안정한 삶을 보상할 만한 서사를 만들어내지 못하고, 외로움을 견디다 못해 자살로 생을 마감한다는 것이다. 실제로, 한 개인의 내면에서 서로 다른 정체성이 충돌하게 되면 결국에는 모든 것이 파괴되고 아무것도 남지 않을 것이다. 이는 개인의 직업에 대해 이야기하면서 언급했던 위험과 동일한 종류의 위험이 개인의 내면에도 똑같이 존재한다는 것을 의미한다. 즉, 분업화된 현대에서 살아남기 위해 모든 개인은 어느 정도의 능력과 기술을 갖추어야 하지만, 어떤 이들은 자신이 가진 기술이 그 기술을 필요로 하는 세계의 요구에 부응하지 못한다는 사실을 발견할지도 모른다. 또 어떤 이들은 자신의 다양한 정체성을 바탕으로 만들어진 서사가 다양한 정체성에서 비롯된 역할을 충분히 설명하지 못한다는 사실을 깨닫게 될지도 모른다.

뒤르켐의 '자살론'에 대해서는 논쟁도 많고 비난도 만만치 않았는데, 비난의 주된 이유는 증명이 불가능하다는 것이었다.[9] 뒤르켐의 이론이 과학적 이해나 사회적 진단에는 유용할 수도 있고 그렇지 않을 수도 있지만, 위험천만한 세계에서 자신의 정체성을 만들어가는 사람들 사이에서 어떤 일이 벌어지고 있는지를 설명해주는 매우 직관적이고 일리 있는 추측이라는 것만큼은 분명해 보인다. 이와 같은 나의 확신은 다음의 세 가지의 정보를 바탕으로 한다. 첫째, 누군가가 낯선 사람들과 교류하기 위해서는 자신의 신뢰성을 알릴 수 있는 방법이 필요하다는 것이다. 둘째, 신뢰성을 알리는 가장 효과적인 방법 가운데 하나는 스스로의 정체성을 만들고, 그것을 스스로 신뢰하고 삶의 기준으로 삼아야 하며, 그렇지 않았을 때 불행하다고 느낄 수 있을만한 내면의 규칙이 필요하다는 것이다. 셋째, 수많은 낯선 사람과 교류하다 보면, 정체성의 다양한 요소들 사이에서 충돌이 발생한다는 것이다. 우리가 이와 같은 종류의 갈등을 조절할 수 있는 심리적 자질을 갖춘 종으로 진화했다고 생각하고 싶을 것이다. 하지만, 현대 생활의 임의성-우리가 마주하는 수많은 만남, 일, 도전과제의 우연성- 때문에 발생하는 정체성의 갈등을 어떤 사람들은 견디지 못할 것이다. 우울증에 대한 최근의 연구 결과는 정확하게 이 견해와 일치한다. 예를 들어, 청소년의 경미한 우울증은 적응력을 높이는데 유용하게 작용하며, 스스로의 잠재력을 현실적으로 평가함으로써 자신의 목표를 조절하는 데에도 도움이 되었다. 반면, 심한 우울증은

이와 같은 방식으로 목표를 조절하는 일에 실패했을 때 발생하는 경우가 많았다.[10]

심지어 자살처럼 극적인 상황이 아닐 때조차도 사람들이 자신의 일과 삶에 만족할 수 있는가의 문제는 우리 삶에 주어진 객관적 여건만큼이나 개인이 자신의 다양한 정체성에 의해 부과된 역할들을 조정할 수 있는가에 의해 결정된다. 영국의 사회학자 프랭크 퓨레디Frank Furedi는 현대 사회에서 직장과 일에 집착하는 부모들이 아이들에게 무관심할 것이라고 생각하는 대중의 인식을 주제로 글을 썼다. 저서 『편집증에 걸린 부모Paranoid Parenting』에서 퓨레디는 최근 몇 십 년 동안 부모들이 직장에서 보내는 시간만 증가한 것이 아니라, 부모들이 자신의 자녀와 함께 하는 시간도 급증했다고 주장한다. "1995년 정규직으로 일하는 여성이 자녀와 보내는 시간은 1961년 직장에 나가지 않았던 여성이 자신의 아이와 보내는 시간보다 많았다." 이 놀라운 결과가 보여주는 진실이 무엇이든(이와 같은 변화를 엄격하게 문서화하는 것은 힘든 일이다.), 지금의 사회가 요구하는 부모의 역할이 지금까지의 방식과 아주 다르다는 것만큼은 너무나 분명하다. "오늘날 부모는 매 순간 아이에게 관심을 기울여야 한다. 아이들은 격려를 받으면서 성장 시기에 적합한 활동을 할 수 있어야 한다."고 했을 때, 부모는 자신의 역할을 성실히 수행하겠지만, 동시에 과거 어느 시기보다 자신의 역할에 대해 많은 불만을 가질 수밖에 없다.

미국의 구술 역사가 스터즈 터클은 일하는 사람들의 목소리를 담은 인터뷰집 『일』에서 뒤르켐보다는 낙관적인 관점에서 사람들이 다양한 일상에 대해 이야기하는 것들을 기록했다. 이와 유사한 종류의 책은 사람들의 일상사를 모아 놓은 아주 평범한 책으로 전락하기 쉽지만, 터클의 책은 여기에 머무르지 않는다. 이 책이 관심을 기울이는 것은 사람들이 하는 일뿐만 아니라, 사람들이 하고 있는 일이 각자의 삶을 어떤 방식으로 '구체화'시켜 주는지에 대해 이야기하는 것이기 때문이다.(이 책의 부제는 "사람들은 항상 자신이 어떤 일을 하고 있는지, 그 일을 어떻게 느끼고 있는지에 대해 이야기한다."이다.)*

"25년, 30년이 지나니 어떤 차든 아기처럼 다룰 수 있습니다. 엄마가 기저귀를 갈아주는 것처럼요. 한 손만 가지고도 주차할 수 있다고요. 이렇게 물어 오는 손님이 많습니다. "정말 대단하군요. 어떻게 이렇게 주차하실 수가 있죠?" 그러며 제가 말합니다. "사모님이 케이크를 굽는 거나 제가 운전하는 거나 마찬가지입니다." 신사숙녀 할 것 없이 저한테 와서 찬사를 늘어놓죠. "와우! 운전실력 한번 대단하군요!" 그러면 제가 말합니다. "감사합니다.""이 일 하신 지는 얼마나 되셨나요?""30년 되었습니다. 열여섯에 시작해서 아직까지 하고 있습죠." ……열아홉, 스물 때는 날아다녔죠. 어떤 사람이 "저 차는 주차 못 시킬 걸."이라고 하면서 5달러를 걸었습니다. 저는 한 손만 가지고 빈 자리에 정확히 주차를 시켰습니다. 세 번이나 다시 보여주었죠. 이렇게 말한 사람도 있었습니다. "자네, 키가 그렇게 작아가지고 가속 페달에 발이나 닿겠나?" 저는 이렇게 대꾸했습니다. "할 수 있다마다요. 의자를 뒤로 밀고 앉아서도 한 번에 차를 돌릴 수 있다고요." 물론 젊을 때 얘깁니다. 손님 중에 키가 2미터는 족히 되는 분이 있었습니다. 저는 160밖에 안 되죠. 그 손님이 말했습니다. "의자 좀 올리지 그러

---

* 터클의 책에 등장하는 주차요원의 이야기는 많은 곳에서 인용되고 있으며, 불교적인 의미에서 마음의 집중을 보여주는 사례이다.

나?" 제가 마치 뒷자리에 앉아 있는 것처럼 보인 거죠. 브레이크에 발이 닿을락말락했으니까요. 저는 한 번에 차를 집어넣었습니다. 손님이 말했습니다. "그렇게 작은 키로 어떻게 저기다 주차를 할 수 있는 건가?" "저는 손님 의자는 절대 움직이지 않습니다." 일어나서 운전대에 매달리는 때도 있습니다. 운전대 잡는 건 한 손이면 됩니다. 두 손을 쓸 필요도 없죠. 문 열고 뒤를 돌아보는 일도 없습니다. 머리는 항상 차 안에 있습니다. 룸미러를 보면서요. 그러니 사람들이 저보고 '멋쟁이 마법사 앨'이니 '한큐 앨'이라고 부르는 거죠.[12]

– 스터즈 터클, 『일』, 이매진, 노승영 역 인용

위의 사례뿐 아니라 다른 사례들에서도 볼 수 있는 것처럼 아무리 하찮아 보이는 일이라고해도 모든 일은 분명하게 설명하기 힘든 광범위한 영향력을 가지고 있다. 자신의 일이 다른 사람들에게 '의미 있다.'고 생각하지 않으면, 필요한 기술을 익히느라 헌신하기도 어렵고 몇 년 동안이나 매일같이 성실하게 일을 해 나가기도 힘들 것이다.

최근에는 새로운 기술의 영향으로 '일의 세계'가 붕괴될 위기에 처했다는 터무니없는 주장이 등장했다. 그럼에도 일터는 여전히 사회적인 가치를 개인에게 전달하는 가장 중요한 수단 가운데 하나이다. 일터는 상대적으로 짧은 시간 동안에만 영향력을 발휘함에도 불구하고, 인격 발달에 미치는 영향의 측면에서는 가정이나 학교에 뒤처지지 않는다. 대부분의 사람들은 '작업 환경'의 밖에서는 살아갈 수 없다.-예술가라고 하더라도 온전히 혼자서만 작업하는 경우는 매우 드물다. 사람들은 경제적으로 자립하기 위해 동료들의 기술과 능력에 기대고 있다.(이 사실이 기업의 구조에 어떤 영향을 미치고 어떤 결과로 나타나는지에 대해서는 앞으로 차차 살펴볼 예정이다.) 이처럼 자립을 위해서는 기댈 수밖에 없는 '의존성' 때문에 사람들은 스스로 만든 삶의 서사에서 가장 중요한 위치에 일터의 필요성과 요구를 배치하는 것이다.[13]

하지만, 이렇게 해서 서사를 완성한 사람들도 서사 구조에서 비롯된 거리감-사회생활의 세부적 요소에 집착하지 않고 한 걸음 물러서서 바라보는 것-으로 인해 자신의 모든 노력이 수포로 돌아가지 않을까 하는 불안감에 사로잡힌다. 이는 우리가 만든 서사로 인해 우리의 내면에 비현실적인 야망이 자리 잡게 되는데, 이로 인해 별 소득도 없이 우리 삶을 지치게 만드는 너무나 평범한 일들이 끊임없이 벌어지는 현실에 쉽게 좌절하기 때문인지도 모른다. 또는 이렇게 하찮아 보이는 일들이 우리의 에너지를 고갈시켜 버렸기 때문인지도 모른다. 즉, 우리의 관심을 불러일으키고 다급해 보이는 일도 좀 더 객관적인 시선으로 바라보면 아주 하찮은 일로 전락할 수 있으며, 현대적인 삶의 일부로 복잡하고 어려운 과제를 남기는 심각한 일[14]이 아주 가벼운 오락거리로 보일 수도 있다. 물론 터널 비전은 관심을 불러일으키는 것에도, 그리고 심각한 일을 단순하게 오락거리로 넘겨 버리는 것에도 관여하고 있다. 그 결과는 비극적이거나 희극적일 수 있으며, 어쩌면 둘 다일 수도 있다. 다음은 프랑스의 작가 조르주 페렉Georges Perec이 자신의 책 『인생 사용법Life: A User's Manual』에서 방송 제작자의 직장 생활을 묘사하는 부분이다.

로르샤흐의 활동은 실제로는 오로지 사무실 안에서만 이루어졌다. 그가 하는 일은 '총무직 별정직' 혹은 '연구 및 시행 방법 재편성 위원'이라는 애매한 직함으로 날마다 기획회의, 합동위원회, 연구 세미나, 운영위원회, 부처 간의 토론회, 총회, 작품 심사위원회 및 그 밖의 다른 여러 업무회의에 참석하는 것이었다. 특히 이 업무회의는 수많은 전화 통화, 복도에서의 대화, 사업상의 점심식사, 시청률 문제, 외국에서의 상영 문제 등으로 이루어지는 것이기 때문에, 굳이 위계질서를 따지자면 그 조직이 다루는 일상 업무의 가장 기본이 되는 회의였다. 물론 그가 프랑스-영국 오페라에 대한 아이디어나 수에토니우스에서 영감을 얻는 역사물 시리즈의 아이디어를 바로 이런 모임에서 내놓았을 것이라고 상상할 수도 있다. 하지만 그보다는, 그가 시청률 조사를 준비하거나 검토하고, 예산 문제를 옥신각신하고, 편집실 이용 수수료와 관련된 보고서를 정리하고, 메모를 하면서 시간을 보냈다고 보는 것이 더 그럴듯한 추측일 것이다. 아니면 자리에 앉자마자 전화를 받고 다시 자리를 떠야 하는 등, 항상 적어도 두 곳 이상의 장소에서 동시에 필요로 하는 존재라는 인상을 주면서 이 회의실에서 저 회의실로 왔다 갔다 하며 시간을 보냈다고 보는 편이 더 확실할 것이다.[15]

– 조르주 페렉, 『인생 사용법』, 문학동네, 김호영 역 인용

페렉이 책을 낸 지 30년이 지나고, 컴퓨터, 이메일, 휴대전화가 보편화된 지금까지도 그의 글에 담긴 풍자의 힘은 조금도 바래지지 않았다.

직업윤리와 터널 비전

하지만, 더욱 걱정스러운 것은 일에 대한 서사 가운데 일부는 우리를 불안하게 만들거나 의기소침하게 만들기는커녕 우리에게 아무런 동요를 불러일으키지 못하고 있다는 사실이다. 이와 같은 서사들은 우리의 터널 비전을 강화시킨다. 정확하게 말해서, 미래의 결과가 혼란스러울 때 터널비전이 더욱 강화된다는 것이다. 이유가 무엇일까?

서사는 현대 세계의 다양한 요구 속에서 개인에게 일종의 균형감을 가질 수 있게 만들어 준다. 서사가 개인의 균형감을 유지시켜 줄 수는 있지만, 세계에 대한 이해까지도 충족시켜 줄 수 있는 것일까? 이쯤에서 우리는 터널 비전이 우리에게 심어둔 편협함에 대해 생각해볼 필요가 있다. 한 가지 극단적인 사례를 살펴보자. 2001년 2월에 발표된 국제사면위원회^Amnesty International의 보고에 따르면, 전 세계 150개국 이상에서 고문도구로도 사용이 제한된 전기충격기를 제조하고 있다고 한다.[16] 이 장비의 거래와 관련된 규제는 많지 않은데, 문제는 규제가 오히려 전기충격기의 사용을 부추기는 역할을 한다는 것이다. 예를 들어, 독일 정부는 교도소는 물론 경찰들이 전기충격기를 사용하는 것에 대해서는 금지하고 있지만, 기업들이 전기충격기를 유통시키거나 해외에 수출하는 것은 허용하고 있다. 전기충격기에 관련된 여러 가지 장비를 생산하는 기업들은 범죄 조직이 아니다. 아마도 지극히 평범한 기업에 속할 것이다. 이들 기업의 사무실에서는 각자의 가정을 이루고 있는 사람들이 만나서 직장의 미래에 대해 이야기를 나누기도 하고, 커피 자판기 옆에 모여서 담소를 나누기도 하며, 때로는 팀워크를 다지는 모임을 갖기도 한다.

스터즈 터클이 녹음기를 손에 들고 이들 기업을 찾았다면 틀림없이 이전에 인터뷰한 기업들과 크게 다를 바 없는 유머와 철학, 심지어 불교의 참선에 버금가는 집중력을 발견했을 것이다. 인류학자인 휴 거스터슨^Hugh Gusterson은 캘리포니아에 위치하고 있는 로렌스 리버모어 국립연구소^Lawrence Livermore Laboratory에서 근무하는 남성들 대부분, 특히 물리학 박사학위와 진보적인 정치 성향을 가진 젊은 남성들이 '성실한' 핵무기 개발 전문가로 변해하는 미스터리한 과정에 대한 글을 썼다.[17] 나는 미국의 심리인류학자인 타냐 루어만Tanya Luhrmann(2000)의 책을 읽고 이 문제에 관심을 갖게 되었다. 여기에서 그 내용을 세세하게 설명하는 것은 어렵겠지만, 정신의학적 관점에서 장기적으로 지속된 교육, 특히 특정한 직업 교육의 영향력을 보여주는 훌륭한 사례라고 생각된다. 실제로, 현재의 환경이 사람들의 감정과 자질에 미치는 영향, 그리고 각자의 일과 먼 미래에 가져올 결과 사이에서 발생하는 간극에 대해서는 스터즈 터클이 자신의 다른 저작인 『선한 전쟁The Good War』에서 다룬 주제이다. 터클은 제2차세계대전을 직접 목격한 많은 참전용사들이 전쟁에 참가하고 있었던 기간 동안을 자기 인생의 황금기라고 기억하는 역설적 사실에서 영감을 받아 이 책을 쓰게 되었다. "그 때……병사들은 자신이 훨씬 중요하고, 지금보다 훨씬 나은 사람이 되었다고 생각했다. 소중한 기억이다."[18] 당시의 기억을 소중하게 생각하는 이유는 전쟁의 표면적인 목적(세계에서 나치정권을 제거하는 일)과는 아무런 관련도 없어 보였다. 심지어 연합군 측에 소속된 다수의 병사들 중에는 일말의 정당성도 없는 군사적 잔혹행위에 가담했음에도 불구하고 아름다웠던 기억 자체를 부정하지는 않았다. 그 기억은 병사 개인과 부대원들 사이에서 형성된 유대감의 산물이었기 때문이다. 군대는 과거에 남성들이 속했던 수렵 집단과 구조적으로 아주 유사한 특성을 보인다. 인류학자 피터 리처슨Peter Richerson과 로버트 보이드Robert Boyd의 주장처럼 유능한 군대가 되기 위해서 이 유사성을 활용하는 방법을 정확하게 알아야 하며, 이를 실천할 수 있어야 한다.[19]

　　군인과 시민으로 나뉘어진 분업만으로는 한 사회의 시민들이 어떤 방식으로 분업을 하는지에 대해 충분히 설명할 수 없다. 그리고-다행스럽게도-

터널 비전이 군대 내부에서처럼 군대 밖에서도 강력한 영향력을 발휘할 수 있을 것이라고 설득력 있게 주장할 수 있는 사람은 없다. 실제로도 고문 장비를 제조하는 기업보다는 고문 장비를 제조하지 않는 기업이 훨씬 많으며, 평범한 직업의 세계에서는 자신이 저지른 행동의 결과와 자신을 분리하는 데 필요한 변위의 정도가 군대보다는 훨씬 적을 것이다. 하지만, 양심적인 경영자들이라고 해도 기업을 성공적으로 운영하려는 선의의 목적 때문에 직원들이 스트레스를 받게 되고, 결과적으로는 최악의 상황에 내몰릴 가능성은 여전히 존재한다. 의식 있는 노동조합원들 역시 직장 내부의 혼란을 불러일으킬 수 있으며, 자신들이 지향하는 목표를 추구하는 사람들에게 피해를 끼칠 수도 있다. 존경받는 과학자들이 지구의 환경을 오염시키는 화학제품을 개발할 수도 있으며, 정의로운 정치 운동가들 역시 자신들의 활동으로 인해 수천 마일 밖에서 살아가는 사람들에게 피해를 입힐 수 있다. 이와 같은 행위의 결과들은 모두 명예나 직업 정신에 호소한다고 해서 바로잡을 수는 없다. 바로 그 명예와 직업 정신 때문에 이와 같은 결과가 발생했기 때문이다. 다시 말해서, 이와 같은 결과에 적절하게 대응할 수 있는 터널 비전을 제시하기 위해서는 '윤리'가 아니라 '정치'가 필요하다는 것이다.

가끔은 전쟁 역시 때로는 터널 비전에 의해 만들어진 상충되는 비전을 조정하는 것이 얼마나 어려운 일인지를 힘겹게 일깨워주는 사례이다. 크세노폰에게 희생당한 사람들은 아무런 기록도 남기지 못했지만, 그 이후에 일어난 수많은 전쟁들은 이와 관련된 의문들을 충분히 해소하고도 남을 정도의 기록을 남겼다.[20] 전쟁이 끝난 후에 아들과 극적으로 재회한 어머니는 전쟁이 진행되는 동안에는 생전에 아들을 다시 만날 수 있을 것인지에 대해 기약조차 할 수 없었다. 전쟁터에서 살아 돌아온 아들을 만나기 전까지 어머니의 귓가에는 겁에 질린 어린 아들의 목소리가 들리고, 핏빛이 선연한 낯선 전장에서 영문도 모르는 상태에서 상상조차 하기 힘든 위험을 헤쳐가는 아들의 모습을 생생하게 떠올리고 있었다. 전쟁터의 모습은 항상 흐릿하고 일그러진 형상이었다. 아들의 모습을 보며 어머니는 아들의 육체와 영혼이 모두 성장했을 것이라고 생각한다. 아들의 친구들은 돌아오지 못했지만, 자신의 아들은 시련을 이기고 돌아왔다는 사실에 가슴을 쓸어내리며 안도한다. 하지만, 그 기쁨을 감히 입 밖에 꺼낼 수는 없다. 저 멀리 아들이 떠나온 곳에서 욕정과 공포에 취해 행군하던 병사들에게 강간당한 다음에 유기되어 묘비명도 없는 무덤에 묻혀 있는 딸의 어머니에게 무슨 말을 할 수 있겠는가? 전쟁이 끝난 다음, 어머니들의 눈에는 연약하고 초췌하게만 보이는 아들들이 과거 전쟁 중에는 다니는 곳마다 어둠을 드리우며 약탈을 일삼던 바로 그 '괴물'들일지도 모르기 때문이다. 달라진 것은 단지 시간과 장소일 뿐이다.

　　지금도 계속되고 있는 잔혹한 군사 작전의 증거를 마주한다면, 우리는 충격에 빠질지도 모른다. 전쟁의 잔혹성-모든 전쟁의-은 지금까지 기록된 것만으로도 충분하기 때문에 적어도 자국 군인들의 참전에 찬성표를 던진 사람들 가운데서는 누구도 그 결과에 대해 결백을 주장할 수는 없다. 하지만, 우리는 우리의 일과 삶, 그리고 사회와 국가의 발전 방식이 향후에 미치는 파급 효과에 대해 어느 정도까지는 못 본 척 하고, 그로 인해 발생할 수 있는 불길한 메아리에는 귀를 닫는다. 그렇지 않았더라면,-우리에게 충성심이라는 규칙과 사람들이 기대하는 행동에 부응해야 한다는 규칙, 스스로의 존재감을 생기 있게 드러내는 동시에 이를 다른 사람에게 확실하게 전달할 수 있을 만큼 간단한 규범에 순응하는 규칙이 없었더라면- 우리는 우리가 속해 있는 공동체, 또는 세계가 지닌 종잡을 수 없는 복잡함 속에서 제대로 길을 찾지 못했을 것이다. 또한 우리는 다른 사람들 역시 자신의 규범을 따르도록 만들어야 한다. 자기주장이 강한 사람들은 우리에게 피해를 입히기도 하겠지만, 자기 고집이 확고하지 않은 사람들이 우리에게 신뢰를 줄 수 없다. 우리는 과거의 사례를 통해 우리가 지니고 있는 터널 비전이 세계에 전혀 의도하지 않은 결과를 가져올 수 있다는 사실을 이해할 필요가 있다. 3부에서는 의도하지 않은 결과에 대해 이야기할 것이다.

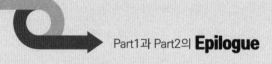

Part1과 Part2의 **Epilogue**

이기심과 신뢰의 거리

1부에서는 생산 활동과 교환 활동이 분산된 시스템을 통해 얼마나 놀라운 수준으로 조정되고 있는지에 대해 이야기했다. 이 시스템 아래에서 개인은 자신의 물건이 거래되는 시장에서 자신에게 어떤 일이 일어나고 있는지에 대해서만 걱정하면 된다. 현대 사회에 통용되고 있는 경제 분석들이 이와 같은 주장에 상당 부분 설득력을 더해 줄 것이다.[1] 특히, 몇 가지 주요 조건을 충족하는 시장은 파레토 효율, 즉 다른 사람에게 손해를 입히지 않고서는 한 개인의 효용을 증가시킬 수 없는 자원의 배분 상태를 달성한다. 이 가운데 가장 중요한 조건들은 다음과 같다.

- 다수의 구매자와 다수의 판매자가 존재해야 한다.(그래야 누구도 시장을 조작할 수 없다.)
- 시장의 참여자가 되는 방법 이외에 개인 간의 직접적 상호의존('외부효과'라고

알려져 있는)이 발생하지 않아야 한다. 즉, 한 개인의 행동이 다른 사람의 번영에 직접적인 영향을 주지 않아야 한다는 것이다.

- 모든 관계 당사자들은 거래되는 상품의 품질과 관련된 모든 정보를 이용할 수 있어야 한다.

사실 어떤 시장도 모든 조건을 완벽하게 충족하지는 못하지만, 조건의 심각한 위배가 발생하지 않는 시장이라면 일정 정도 효율적으로 돌아갈 가능성이 높다.[2] 경제 분석은 시장의 활동이 효율적으로 조정되지 않고 있다는 조짐이 나타나면 그것의 원인이 어디에 있는지를 알려준다. 즉, 독점이나 환경오염 같은 외부효과를 감시하거나 일부 참여자가 거래되는 상품의 품질(중고 자동차 시장 등)에 대해 다른 참여자들보다 훨씬 많은 정보를 가지고 있는 것은 아닌지 등을 살펴본다는 말이다. 관련 이론은 이와 같은 문제를 해결할 수 있는 방법을 제시한다. 가능한 방법으로는 치열한 경쟁 환경을 조성하는 방법, 환경오염을 유발하는 기업이 이로 인해 발생하는 손실의 실제 비용을 지불하게 만드는 방법, 판매자가 구매자를 속이지 못하도록 하는 유인책(규제 등을 통해)을 마련하는 방법 등이 있다.

현대의 경제학자들은 다양한 과제를 해결하는 과정에서 드러난 불완전하게 분권화된 시장의 장점과 중앙집권적(역시 불완전한) 행정 구조 아래에서 형성된 시장의 장점을 비교했다. 예를 들어, 시장의 조정이 실패했을 때 소요되는 비용은 상당히 높고, 조정을 위해 낭비되는 자원의 비용은 상대적으로 낮은 경우(비행기를 안전하게 목적지로 운행하는 경우처럼), 정보의 마찰이 발생하기 쉬운 시장이라면 결코 용인할 수 없는 시스템 붕괴의 위험을 내포하고 있을 가능성이 높다는 것이다.[3] 그토록 많은 선진국에서 전시에는 정부의 중앙집권적 개입과 계획을 선택하는 이유이다.–이와 같은 선택으로 인해 이들 국가는 전쟁 상황이 아닌 평상시의 문제를 해결하는 데는 적합하지 않은 관료주의라는 '족쇄'를 차게 되었다. 경제학자들은 위험을 분담하는 시장 시스템이 불완전하게 발달한 세계에 세계화가 어떤 위험을 가져올 것인지에 대해서도 연구를 진행하고 있다.[4]

흥미로운 점은 효율적 경쟁시장 이론에 두 가지의 커다란 오류가 존재한다는 사실이다. 첫째, 파레토 효율은 형평성과 관련된 문제를 전혀 고려하지 않는다는 것이다. 부자에게 피해를 주지 않고는 서민들의 형편이 나아질 수 없을 때, 경쟁시장은 결코 서민을 돕는 방향으로 작동하지 않는다. 실제로 최근에 나타난 경제 발전의 역사는 서민들과 부자들이 '교환'이나 '교류'를 통해 양쪽 모두 이익을 얻을 수 있다는 사실을 분명하게 보여주고 있다.[5] 하지만, 명심해야 할 사실이 있다. 경쟁시장은 서로에게 이익이 되는 수단을 찾아주는 역할을 수행할 뿐, 결코 기존에 존재하는 권력과 부의 불균형을 바로잡는 역할을 수행하지는 않는다는 것이다.

효율적 경쟁시장 이론의 두 번째 오류는 개인이 상대 거래자를 신뢰해야 하는 이유를 제시하지 않는다는 것이다. 효율적 경쟁시장 이론은 사람들이 서로 거래를 하거나 계약을 체결할 때, 당연히 거래조건이 준수되고 계약이 이행될 것이라는 가정에서 출발한다. 오늘날과 같은 시장 경제체제 아래에서 시민들이 평소에, 아니 최소한 함께 거래를 할 수 있을 정도로 서로를 신뢰하고 있다는 사실은 '분권화된 조정'이라는 위업을 달성할 수 있는 중요한 이유 가운데 하나이다. 하지만, 이에 앞서서 사람들이 서로를 신뢰하고 있다는 사실에 대해서는 설명이 필요하다. 우리가 낯선 사람들에 대해서 신뢰할 수 있다고 생각하는 것은 도대체 무엇 때문일까? 이것이 2부의 주제이다.

경제생활의 전반에 관여하고 있는 심리적 기반이나 문화적 토대에 대한 관심이 경제적 상호작용의 결과에 대한 관심에서 분리된 것은 경제학의 고유한 특징에서 비롯된 현상이라기보다는 20세기 후반에 경제학이 보다 전문화되는 과정에서 나타난 특이한 현상이라고 할 수 있다. 실제로, 애덤 스미스는 『도덕 감정론Moral Sentiments』과 『국부론The Wealth of Nations』[6]에서 이 두 가지 주제를 가지고 글을 썼다. 피터 도허티Peter Dougherty가 자신의 저서에서 이야기하는 것처럼 현대의 경제학자들은 이 두 주제 사이에 존재하는 밀접한 관련성을 재발견하고 있다.[7] 2부에서는 경제학에서 지속적으로 관심을 가져왔던 질문들 중에서 일부분에만 초점을 맞췄다. 사람들이 낯선 사람들을 신뢰하는 이유는 무엇인지, 그리고 신뢰가 깨지고 불신이 이를 대체했을 때에는 어떤 일이 일어나는지에 대해 중점적으로 파헤칠 것이다. 사람들이 거래를 하면서 상대방이 제공하는 상품의 품질을 신뢰하는 과정에서 직면하게 되는 어려움은 현재 '정보 경제학'[8]이라고 불리는 경제학 분야의 책에서 주로 다루어지는 주제이다. 이와 같은 상호 신뢰의 어려움으로 인해 일부 시장의 경우에는 작동이 원활하지 않거나 심지어 시장의 존재 자체를 위협받을 수도 있는데, 이 문제에 대해서는 미국의 경제학자인 조지 애커로프George Akerlof 교수가 중고 자동차 시장에 관한 유명한 논문 「레몬시장The Markets for Lemons」에서 다루었던 주제이다.[9] 애커로프 교수의 주장을 요약하면, 일부 중고차 판매자들이 품질이 떨어지는 중고 자동차를 판매하면 중고차 구매자들은 아주 신중하게 구매를 결정한다. 결국, 중고차 판매자들은 자신이 판매하는 제품의 품질을 전달할 수 있는 확실한 방법을 찾지 못한다면 품질이 우수한 중고 자동차를 판매하는 거래자들조차 제값을 받기 힘들어진다는 것이다.

만약, 빈번하게 거래가 이루어지고 있다고 하더라도 사람들이 지금 협력에 나서는 이유가 단지 미래에 발생할지도 모르는 또 다른 협력에 대한 기대 때문이라면, 과연 서로에 대한 신뢰가 강화될 수 있는가에 대해서는 많은 글들이 발표되었다. 이 문제에 대한 많은 연구자들이 지적하고 있는 공통적인 결론은 반복의 빈도가 상당히 높고(현재보다 미래를 더 중요하게 여긴다는 전제 하에), 각 개인이 상대방의 과거 행적을 분명하게 파악할 수 있으며, 사람을 속여서 얻을 수 있는 보상보다 협력을 포기했을 때 발생하는 손실이 훨씬 큰 경우라면 반복적인 만남은 신뢰를 구축하는데 있어서 아주 중요한 역할을 한다는 것이다.[10] 흥미로운 사실은 확실성을 보증하기 힘든 사람의 성격이나 행동의 동기 같은 것들도 신뢰의 구축에 도움이 된다는 것이다. 실제로는 부도덕한 사람(적절한 환경이라면)이라고 하더라도 다른 사람들이 자신을 도덕적이라고 생각해 주기를 원한다면 양심적으로 행동해야 하는 동기를 갖게 된다. 다시 말해, 그들에게는 '좋은 평판을 얻고 싶다.'는 바람이 있는 것이다. 그것이 비록 자연스럽게 형성된 평판이 아니라, 인위적으로 조작된 평판이라고 할지라도 말이다.[11] 반대로 도저히 신뢰할 수 없는 사람이라고 평판이 나버린 사람들에게는 애초에 좋은 평판에 대한 욕심이 없다. 우리는 고객을 유치하기 위한 경쟁이 신뢰할 수 있는 행동을 촉진하는 상황과 규제를 필요로 하는 상황을 통해서 좋은 평판에 대한 욕망을 확실하게 살펴보았다.[12]

이 연구는 타인의 기대가 신뢰할 수 있는 행동을 촉진하는 데 있어서 얼마나 중요한 역할을 하는지에 대해 사람들의 관심을 불러일으켰다. 즉, 신뢰의 문화나 불신의 문화는 자기 강화가 가능하다는 것이다.[13] 최근에는 이와 같은 개념들에 대해 이론적 연구와 함께 실증적 연구가 병행되고 있으며, '사회적 자본social capital'을 다루고 있는 많은 연구자들에 의해 사회 전체의 정치적 업적이나 경제적 성과를 신뢰 문화의 정착과 관련해서 설명하려는 시도도 이루어지고 있다.[14]

인간의 동기가 대부분의 경제학 연구에서 주요 가설로 수용하고 있는 계산적인 이기심과 다르다는 사실은 조사된 증거의 분석은 물론 실험의 결과를 통해서도 입증했다. 먼저, 에른스트 페르 연구팀의 실험은 누군가와 미래에 다시 만날 것이라는 기대가 없을 때조차도 상호성이 사람들의 행동에 강력한 영향력을 발휘한다는 사실을 분명하게 확인시켜 주었다.[15] 다음으로, 양부모와 친부모 가정을 철저하게 비교 분석한 결과를 통해 유전적으로 가까운 친족일 경우에는 사람들이 대체적으로 이기적인 행동을 자제한다는 사실도 확인할 수 있었다.[16] 이와 같은 연구들은 다른 변수를 철저하게 통제해서 개인이 지니고 있는 동기를 분리한 다음, 개인이 지닌 동기가 구체적 행위에 어떤 영향을 미치는지를 확인하는 것에 초점을 맞추고 있다. 하지만, 또 다른 연구에서는 사회에 따라 다르게 나타나는 행동의 양상에 대해서 조사했는데, 이 경우 타인의 행동에 대해 개인이 가진 기대와 개인이 지닌 동기의 역할은 구분할 수 없을 정도로 비슷했다. 사회적 영향력은 사회 구성원들이 타인의 신뢰성을 수용하는 범위에 작용하지만, 사회적 영향력의 효과는 사회마다 상당한 차이가 있었다.[17] 즉, 사회에서는 개인이 의도하지 않아도 무수한 개인들 사이에서 빚어지는 상호작용으로 인해 사회적인 특징이 발현될 수 있다는 것이다.[18] 이렇게 해서 모습을 드러내는 질서를 '빅 픽처big picture'라고 하는데, 질서의 출현, 즉 빅 픽처를 경제 발전과정의 이해에 적용하고 있는 책으로는 (대표적으로) 애덤 스미스의 『국부론』을 포함해 에릭 바인하커Eric Beinhocker, 윌리엄 번스타인William Bernstein, 로널드 핀들레이Ronald Findlay, 케빈 오루크 Kevin O'Rourke의 최근작이 있다.[19]

Part

03

의도하지 않은 결과들 :

씨족 집단에서부터 산업 도시에 이르기까지

계획과 우연의 상호작용

17세기, 그리고 18세기의 경제학자들은 고대의 윤리학자들처럼 인류 사회를 개미나 벌과 같은 사회적 곤충 집단과 비교하는 것을 즐겼다. 맨더빌 Mandeville이 우화로 쓴 시 「꿀벌의 우화Fable of the Bees」는 고대 그리스의 우화작가 이솝Aesop에게서 시작된 전통이며, 이는 매미와 개미에 관한 우화를 쓴 라 퐁텐La Fontaine 같은 동시대의 작가에게로 이어졌고, 오늘날 우디 앨런Woody Allen 같은 영화감독에게까지 영향을 미치고 있다. 사실, 인류 사회와 곤충 집단을 비교하는 것은 오해의 소지가 있다. 앞에서 살펴본 것처럼 현대의 인류 사회에서는 가까운 친족은 물론 혈연관계가 아닌 낯선 사람들과도 활발하게 교류하며 살아가는데, 개미, 벌, 흰개미 집단의 경우에는 이와 다른 모습을 보이기 때문이다. 지속적인 관찰과 연구의 결과로 사회적 곤충 집단 내에서 친족 관계가 아닌 개체들 사이에서는 평화로운 상호작용이 존재할 수 없을 것이라는 기존의 생각이 여왕개미가 만든 다수 집단에서처럼 평화로운 공존이 가능할 수도 있다는 보다 복잡한 논리로 대체되었다.[1] 하지만, 사회적 곤충 집단의 공존과 낯선 사람들 사이에서 일상적으로 상호작용을 주고받는 인류 사회는 그 어떤 유사성도 없다.

그럼에도 불구하고 사회적 곤충 집단은 우리에게 새로운 교훈을 제시해준다. 사회적 곤충 집단은 참여자의 어떤 의도도(심지어 어떠한 인식도) 개입되지 않은 상태에서 작동하는 복잡계의 대표적인 사례이기 때문이다. 다음 글은 흰개미들이 집을 짓는 과정을 묘사하고 있다.

흰개미들은 집을 짓기 시작하면서 작은 진흙 덩어리를 뭉쳐 바닥에 놓아둠으로써 주변 환경을 변화시킨다. 각진 흙덩이에는 소량의 페로몬이 함유되어 있다. 처음에는 흰개미들이 진흙덩이를 여기저기 산발적으로 놓아둔다. 하지만, 뒤따라오는 개미들이 진흙덩이에서 페로몬을 발견하게 되면서 진흙덩이가 특정 장소에 놓여 있을 확률은 높아진다. 처음에 임의로 놓아둔 진흙덩이를 발견한 다른 개미들 역시 자신의 진흙덩이를 기존의 진흙덩이 위에 놓을 확률이 높아지게 된다. 어떤 의도도 계획도 없이 이런 작업을 반복하면서 여러 개의 작은 기둥이 만들어진다. 주변 기둥에서 흘러나온 페로몬 때문에 여러 기둥의 꼭대기가 주변의 기둥 꼭대기 쪽으로 기울어진다. 결국 기둥 꼭대기들이 아치형으로 서로 이어지면서 기본적인 집의 형태를 갖추게 되는 것이다.[2]

다시 말해, 흰개미들이 하는 작업이 마치 '건축' 기술처럼 보인다고 하더라도 흰개미들은 건축가가 아니다. 흰개미들은 페로몬 냄새를 킁킁대며 진흙을 나르는 곤충일 뿐이다. 흰개미들의 집은 개체인 흰개미의 노력이 한데 모여 완성된다. 애덤 스미스 역시 약 200년 전쯤에 상인의 동기가 이윤추구라는 세속적인 목적에 있다고 보았지만, 그럼에도 불구하고 상인들이 협력을 통해 달성하는 결과에 대해서는 긍정적으로 평가했다.

> 따라서 각 개인이 최선을 다해 자기 자본을 자국의 노동을 유지하는 데 사용하고 노동 생산물이 최대의 가치를 갖도록 노동을 이끈다면, 결국 각 개인은 사회의 연간 수입이 가능한 한 최대의 가치를 갖도록 노력하는 것이 된다. 사실 각 개인은 일반적으로 말해서 공공의 이익을 증진시키려고 의도하지도 않고, 공공의 이익을 얼마나 촉진하는지도 모른다. 외국에서의 노동보다 자국에서 노동의 유지를 선호하는 것은 오로지 자기 자신의 안전을 위해서이고, 노동 생산물이 최대의 가치를 갖도록 그 노동을 이끈 것은 오로지 자기 자신의 이익을 위해서이다. 이 경우 그는 다른 많은 경우에서처럼 그가 전혀 의도하지 않았던 목적을 달성하게 된다. 그 자신이 사회의 이익을 증진시키려고 의도하는 경우보다, 오히려 자기 자신의 이익을 추구함으로써 더욱 효과적으로 사회의 이익을 증진시키게 된다. 나는 공공의 이익을 위해 사업을 한다고 떠드는 사람들이 좋은 일을 많이 하는 것을 본 적이 없다.[3]

후대의 많은 저자들과 정치인들이 우파의 다양한 목적을 달성하기 위해 선전용으로 애덤 스미스를 이용했다. 하지만, 당연하게도 스미스는 사사로운 탐욕의 의도하지 않은 결과가 사회적으로 반드시 이롭다고 주장한 것은 아니다. 잘 알려져 있다시피, 그는 가격 담합을 통해 대중들에게 손해를 떠넘기는 상인 조직을 맹렬하게 비난했다. 미국의 역사학자 엠마 로스차일드 Emma Rothschild는 심지어 애덤 스미스가 이야기한 '보이지 않는 손'이 셰익스피어 작품의 주인공인 맥베스가 자신의 범죄를 은폐하기 위해 외쳤던 '피로 얼룩진 보이지 않는 손bloody and invisible hand'이라는 말을 냉소적으로 비꼰 표현이라고 주장하기도 했다.[4] 스미스가 현대의 정치적 이합집산에 대해 어떤 생각을 가지고 있었는지에 대해서는 알 길이 없다. 하지만, 사회의 기능이 어느 누구도 예상하지 못한 양상을 보여준다는 사실에 매료되었던 것만큼은 확실하다. 이 양상 가운데 일부는 감탄을 자아냈을 것이고, 또 일부는 개탄스러웠을 것이다. 스미스는 누군가가 지니고 있는 동기에 대한 우리의 선호가 사회에서 그들의 행동을 독려할 것인지 통제할 것인지를 결정하는 기준이 되어서는 안 된다고 독자들에게 계속해서 주의를 주고 있다.

　　이 책의 2부에서는 인류 사회가 어떤 방식으로 낯선 사람들 사이에서 협력이 가능하도록 만들었는지에 대한 두 가지 질문, 즉 협력은 어떻게 시작되었으며, 협력의 신뢰성은 어떤 심리적, 제도적 토대에 바탕을 두고 있는지를 물었다. 2부에서는 인간의 행동이 영향을 미치는 광범위한 결과에 대해 이야기했다면, 이제 3부에서는 인간이 상호작용을 통해 이룩한 결과에 대해서 다양한 역사적 사례를 통해 살펴볼 예정이다. 10장에서는 사회적 번영과 창의성의 공간인 동시에 오염과 폭력, 그리고 질병의 소굴-보통의 경우에는 이 세 가지가 동시에 나타난다.-이었던 '도시'에 대해 이야기할 계획이다. 대도시의 모든 것은 결코 의도의 산물이 아니지만, 도시 거주자들 사이에서 발생된 무수한 상호작용과 함께 의도적인 계획과 우연 사이에서 만들어진 설명하기 힘든 조화를 통해 완성되었다. 이와 같은 상호작용을 경제학자들은 '외부효과'라고 일컬으며, 이 외부효과는 나머지 도시들과 구분되는 대도시의 미묘한 활기를 이해하는 열쇠이다. 하지만, 외부효과 중에서 특히 오염과 질병이 가져오는 외부효과는 우리가 협력하는 문제에 있어서 가장 큰 걸림돌이기도 하다. 다수의 도시에서는 집단적인 행동을 통해서 도시의 오염 문제를 극복하기도 하지만, 대부분의 경우 오염 물질을 주변의 오지로 보내버리는 것으로 문제를 해결한다. 여전히 남는 문제 한 가지는 우리가 살아가는 '세계'에서는 이 방식을 사용할 수 없다는 것이다. 세계에는 중심과 주변이 구분되지 않으며, 당연히 주변도 없고 오지라는 개념은 존재하지도 않기 때문이다. 따라서 문제를 총괄하는 책임자가 존재하지 않는 모든 인간의 활동이 환경에 입힌 피해를 정확하게 규명하고 세계의 환경 문제를 해결할 수 있는 방안을 찾아야 한다. 11장에서는 인류가 직면한 과제이자, 이 과제에 대한 우리의 시대별 대응 방식을 살펴볼 수 있는 아주 구체적인 환경 문제, 즉 물 사용의 사례를 통해 살펴볼 예정이다. 지금까지 성공을 거둔 대응책의 대부분은 소유권 제도-책임의 분배-를 바탕으로 하고 있는데, 이때 소유의 우선권은 가격제도에 의해 결정되었다. 하지만, 가격이 이와 같은 소유나 분배의 역할을 수행하는 과정에서 필요한 복잡하고 다양한 정보를 어떻게 모두 담을 수 있게 되었는지에 대해서는 여전히 미스터리이다. 따라서 12장에서는 가격제도에 대해 살펴보고, 시장의 상호작용 과정을 통해 가격제도가 어떻게 변화하는지에 대해서도 알아볼 예정이다. 시장은 시장 참여자들이 의도하지 않았음에도 구매자와 판매자들이 필요로 하고, 신뢰할 수 있는 사실에 대한 정보를 수집하고 요약해 줄 뿐만 아니라, 희소성의 원리가 작동하는 세계에서 자원을 관리하는 방법에 대한 아주 중요한 정보를 알려준다.

하지만, 인류 사회에서 일상적으로 일어나는 중요한 상호작용은 결코 시장에 의해 조정되지 않는다. 대신 각각의 활동을 의식적으로 조정하는 기관-대표적으로는 기업-의 내부에서 이루어진다. 13장에서는 현대적인 기업의 성장과 성격상의 특징은 무엇인지, 그리고 분업에서 시장과 기업은 각각 어떤 역할을 하는지에 대해서 알아 볼 것이다. 기업은 지식을 확산하는 수단을 효과적으로 이용함으로써 괄목할만한 성장을 거두었지만, 동시에 지식의 확산을 통제하는 역할도 수행하고 있다. 따라서 14장에서는 사회 내부의 지식 증가가 실제로는 어떻게 낯선 사람들 사이에서 의도하지 않은 상호작용의 또 다른 현상-세대 간의 분업-으로 나타났는지에 대해 이야기할 것이다. 마지막으로 15장에서는 현대 사회의 다양한 혜택을 받지 못하고 있는 가난하고 병든 사람들, 특히 정신 질환과 우울증을 앓고 있는 사람들에 대해 살펴볼 예정이다. 분업은 이 문제와 관련해서 어느 정도의 책임이 있는 것일까? 그리고 높은 수준의 의식적인 협력이 증가했음에도 소외계층이 더 많아지는 이유는 무엇일까? 이 이야기는 4부로 자연스럽게 이어질 것이다. 4부에서는 집단적인 행동-의도하지 않은 결과이지만, 낯선 사람들 사이의 교류로 인해서 나타나는 불안에 대한 계획적인 대응-의 특성에 대해 다룰 예정이다.

chapter **10**

도시: 고대 아테네에서
현대의 맨해튼까지

대도시의 자질

대도시를 탄생시킨 것은 무엇일까? 어떤 시대에는 창의력과 혁신적인 재능이 넘쳐나고, 재능과 아이디어를 가진 사람들이 도시로 모여드는데 도대체 무엇 때문인 것일까? 이 문제 역시 전쟁의 경우에서처럼 관건은 위치와 시간이 될 것이다. 그만큼 단순하면서도 불가사의하다. 사람들은 인류가 탄생시킨 놀라운 여타 현상에 비해 도시에 대해서는 유난히 "왜 여기일까?" "왜 지금일까?" "왜 거기는 아닐까?" "왜 그때는 아니었을까?"라는 의문을 자주 제기해 왔다. 세부적인 내용에서는 조금씩 차이가 있겠지만, 설득력 있는 대답들을 관통하는 공통점이 있다. 도시, 특히 대도시는 하나같이 모두 그 도시에서 가장 영향력 있는 사람들이 원하는 특정한 의도는 물론 심지어 모든 시민들이 원하는 의도까지도 초월하는 자질을 갖추고 있다는 것이다. 우리는 이 자질에 대해 분위기, 활기, 네트워크, 기회, 경향성 등 다양한 이름을 붙여

왔지만, 누구도 이를 현실적으로 계획할 수 있을 것이라고 기대하지는 않는다. 물론, 도로부터 하수 배출시설에 이르는 다른 모든 것들은 계획이 가능하다. 이탈리아의 마르케 국립박물관에 있는 유명한 그림 「이상도시citta ideale」는 비율적으로는 가장 조화로울지 모르지만, 오싹할 정도로 생명력을 찾아볼 수 없다.[1] 세계에서 가장 유명한 계획도시들-브라질리아(브라질), 찬디가르(인도), 캔버라(오스트레일리아), 밀턴 케인스(영국)-은 훌륭한 겉모습과 달리 활기가 없는 도시의 대명사이며, 러시아의 상트페테르부르크가 이국적인 도시라는 평판을 얻을 수 있었던 것도 계획 때문이 아니라, 오랜 세월을 거치면서 만들어진 그윽한 분위기와 예스러운 멋 때문이었다.(따분함에 몸서리치던 귀족들의 호기심이 창의적인 방향으로도 발현될 수 있다는 것을 보여준 거의 유일한 사례이다.)[2] 현대에 접어들면서부터 이루어진 양적 조사 역시 유럽의 도시들은 아무런 계획 없이 우연하게 성장했다는 사실을 보여주고 있으며, 800~1,800년에 이르는 1,000년 동안 유럽이 아랍 세계를 경제적으로 추월할 수 있었던 이유 역시 치밀한 계획의 결과라기보다는 단지 이 시기에 유럽이 강대국의 침탈에 시달리지 않았기 때문이라는 사실을 시사하고 있다.[3]

역사학자 피터 홀은 다수의 도시들이 맞았던 전성기-페리클레스가 통치하던 아테네, 르네상스 시대의 피렌체, 합스부르크 왕조 시대의 비엔나처럼 예술적 전성기를 구가했던 빅토리아 시대의 맨체스터나 글래스고, 위대한 산업 혁신의 전성기를 구가했던 전후의 로스앤젤레스 등과 같은-에 어떤 공통점이 있는지를 연구했다. 피터 홀이 기술한 아테네의 현실은 수많은 도시의 전성기를 설명하는 경우에도 적용할 수 있을 것이다.

기원전 4세기 아테네는 사회 진화의 과정에서 아주 독특한 시기를 맞고 있었는데, 여기에서 비롯된 개인적 활기와 사회적 긴장을 통해 엄청난 이익을 얻을 수 있었다. 이 시기에 아테네는 대부분의 토지를 귀족들이 소유하고 있는 정적이고, 보수적인 사회에서 재능에 따라 출세의 기회가 보장되는 상업 도시로 탈바꿈했다. 기존의 사회가 새로운 사회에 자리를 내주면서 기존의 가치관도 함께 변화했다. 도시의 역사를 살펴보면 다른 시기에도 이와 동일한 과도기적 사회의 사례를 찾을 수 있는데, 과도기의 도시는 대부분이 상당히 창의적이다. 엘리자베스 1세 시대의 런던, 19세기의 파리, 바이마르 공화국 시기의 베를린. ……하지만…… 어떤 사회도 그 창의성을 영원히 지속할 수 없었다. 창의성은 내부에 파괴의 씨앗을 품고 있다. 규율의 원칙과 자유의 원칙 사이에서 발생된 긴장은 유례없이 훌륭한 결과를 만들어내지만, 이를 통해 할 수 있는 일은 짧은 기간 동안의 전성기를 구가하는 것뿐이다. 긴장 상태에서 승리를 거두는 것은-항상 그렇지는 않지만- 대개 변화의 힘을 손에 넣은 쪽이며, 그들이 승리를 확인하고 누리는 시기를 거치면서 창의성의 원천은 바싹 말라버리기 때문이다.[4]

피터 홀이 말하고 있는 창의성의 발현에 관계하는 주요 요소로는 ① 아이디어를 가진 사람들을 지원할 수 있는 후원자 그룹과 경제력 ② 기존의 질서를 간절히 바꾸고 싶어 하는 상당한 수의 이민자 ③ 중요한 인재 확보를 가능케 하는 충분한 인구와 효율적인 네트워킹을 위한 지역의 내부 집중도 등이 있다. 이와 같은 창의성 발현의 요소는 고대 아테네뿐만 아니라 오늘날의 실리콘밸리에서도 대단히 중요하게 여겨지고 있다. 피터 홀이 거듭 강조하는 것은 인재를 모으고, 한 곳에 모인 인재들을 재정적 후원자(미술상 또는 벤처 투자자 등)와 연결해 주고, 예술가를 비롯한 다양한 인재들이 다양성과 뜻

밖의 상황에서 자극을 받을 수 있도록 하는 네트워크의 중요성이다. 예를 들어, 홀은 19세기 말 파리fin de siecle Paris에 대해 이렇게 기록하고 있다. "예술가들이 지리적으로는 몽마르뜨와 몽파르나스에 몰려들었고 그들은 같은 지역을 오가면서 교류했다. 그들은 카페와 카바레에서 많은 시간을 보냈으며, 무엇보다 강변을 중심으로 함께 일하고 살았기 때문에 파리는 분명 고도화된 네트워크를 갖춘 사회였다."[5] 무엇보다 중요한 사실은 화가나 작가들의 교류가 단지 같은 일을 하는 사람들끼리의 교류에 머물지 않고 다양하게 이루어졌다는 것이다. 몽마르뜨는 "파리의 모든 전위 예술가들이 만남의 장소로 이용했으며, 이곳에 모인 화가, 시인, 작가들의 수는 상당했다."[6] 네트워크를 통해 사람들이 한 곳에서 어울린다는 것이 다른 무엇보다 중요하다. 역설적으로 들리겠지만, 지나치게 정교한 네트워크는 사람들이 한데 어울리는 것을 방해하는 요소가 될 수도 있다. 지나치게 원시적이고 비효율적인 네트워크는 아이디어를 가진 사람들이 서로 만날 수 있는 기회를 제공할 수 없을 것이다. 반면에 지나치게 예측 가능하고 효율적인 네트워크는 늘 끼리끼리 모이게 되고, 공식적 규율에 집착하게 만들기 때문에, 예측할 수 없는 일에는 누구도 뛰어들지 않게 될 가능성이 높다. 결과적으로 당시 프랑스 사회에서 가장 두드러진 사교 네트워크를 구축한 곳은 학계와 '살롱'이었으며, 학계와 살롱의 형식주의와 창의성 부족에 대해 인상파 화가들을 비롯한 다수의 후대인들이 반기를 들었다. 사실 창의성을 직접적으로 겨냥하는 것은 거의 불가능에 가까운 일이다. 피터 홀은 일부 마르크스주의 이론의 오류에 대해 다음과 같이 설명한다.

그들은 당대 예술가들이 고의적으로 상당히 비정상적인 수준의 의도를 가지고 있으며, 자본주의적 질서의 토대를 무너뜨리려는 욕망을 마음 깊은 곳에-심지어 무의식적인- 소유하고 있을 것이라고 파악하는 실수를 했다. 하지만, 실제로 예술가들은 그들의 생각과는 다른 사람들이었다. 그들은 자신이 발견한 것을 그렸고, 자신이 마음을 빼앗긴 순전히 예술적인 문제를 해결하기 위해서 눈앞에 놓인 대상들을 해석했다. 그들은 단 한 사람을 그리기도 했고, 한 자리에 모인 여러 사람들의 모습을 그리기도 했다. 하지만, 그들이 사람들을 그린 가장 근본적인 이유는 사람들에게 비치는 빛의 움직임이나 평평한 캔버스 위에 입체성을 만드는 문제에 관심이 있었기 때문이다.[7]

누군가가 예술 혁명을 사전에 계획할 수 없는 것처럼 누구도 예술가들이 필요로 하는 네트워크를 계획할 수 없다. 네트워크는 보통의 사람들이 어디서 살고 일할 것인지를 선택하는 과정에서 그들의 행동에 따라 구축된 다양한 관계의 산물이기 때문이다. 누군가 다른 곳으로 이동할 때 그렇게 하려는 의도도 없었고 심지어 인식조차 하지 않았다고 하더라도 기존의 환경에는 변화가 발생하기 마련이다. 뿐만 아니라, 새롭게 옮겨간 환경에 새로운 성격을 부여하기도 한다. 탁월한 창의성을 가진 사람들은 시대와 장소를 불문하고 언제나 한 곳에 머물지 않았으며 끊임없이 기회를 찾아 옮겨 다녔다. 200여 년 전에 애덤 스미스는 숙련공과 혁신가들이 마을, 또는 도시로 모여든 이유를 서로가 서로를 찾았기 때문이라고 주장했다. 한 지역에 모여 있었기 때문에 그들은 서로 경쟁했지만, 새로운 기술을 익히는 문제 등에서는 서로 도움을 주고받았을 것이다. 이와 같은 방식의 학습을 통해서 얻게 되는 이익이 경쟁에서 비롯된 손해보다 많았을 것이다. 하지만, 농경사회에서는 이와 같은 집중의 과정에 어쩔 수 없는 한계가 있었다. 농경사회에서는 대부분의 사람들이 '땅'에 의존해서 고정된 방식으로 일했기 때문이다. 지금과 같은 시대에도 눈코 뜰 새 없이 바쁜 기업가들이 주변 사람들과 함께 자신의 집무실에서 너무 멀리 떨어진 곳까지 움직이는 것은 쉽지 않다. 대장장이들에게는 같은 일을 하는 동료들이 필요했을 것이다. 하지만, 무엇보다 자신들을 먹여 살릴 수 있을 정도로 충분한 수의 말을 확보한 다음의 일일 뿐이다.

사람들이 도시로 이주하지 않았을 때, 그들의 선택적 친화성elective affinity은 자유롭게 작용하면서 그들만의 물리적 공간을 형성했다. 미술 비평가 로버트 휴즈Robert Hughes는 중세의 바르셀로나에 관한 글을 통해 이와 관련된 사례를 설명한다.

18세기 말까지 모든 작품은 수작업으로 제작되었으며, 작업실의 규모는 아주 작았다. 그들의 절반 정도는 길거리에서 작업을 했다. 작업실에는 주로 베테랑 화가, 즉 스승mestre 한 명과 한두 명 정도의 도제aprenent가 있었다. 이와 같은 소규모 작업장들이 한곳에 모이기 시작했다. 다른 중세의 도시들과 마찬가지로 바르셀로나에도 복잡하고 단단한 지역정신esprit de quartier이 발현될 수 있었던 이유는 동일한 업종에 종사하는 사람들끼리는 자연스럽게 공감대를 형성할 수 있었기 때문이다. 화가는 다른 화가들과 어울리거나 미술 도구를 공유했다. 밤나무 판자나 리본 두루마리가 지속적으로 필요하면 가까운 곳에 위치한 목수나 싸개쟁이의 작업장 근처로 이사를 가면 그만이었다. 염색업자는 강 근처에 살았고, 제화공은 무두장이의 작업장 근처에 가게를 열었으며, 무두장이 역시 제화공의 작업장 근처에 가게를 차리려는 경향이 있었다. 사람들은 여기저기를 힘들게 돌아다니기보다는 동일한 장소에서 다양한 장인들이 만든 제품을 비교해보고 싶어 했다. 알려진 바에 따르면, 당시의 시각 장애인들은 바르셀로나 고딕 지구 근처에서 냄새와 소리만으로 길을 찾았다고 한다. 나무 통 제조업자의 톱질 소리와 망치질 소리, 가죽을 무두질하는 냄새, 에스파드리유 제조업자가 아프리카 띠를 말리는 신선한 건초 냄새나 대장간의 단내로 위치를 파악한 것이다. 이와 같은 소리와 냄새가 거리의 표지판이었고, 동일한 지역에 동종업계의 사람들이 모여 있었기 때문에 다른 업자들과 치열하게 경쟁을 벌일 필요도 없었다.[8]

중세의 바르셀로나에서 앞장서서 지역정신을 형성하려고 애를 쓴 사람은 아무도 없었다. 그렇게 낭만적이고 감각적인 '표지판'을 만들 생각을 했던 사람은 더더욱 없었을 것이다. 사람들은 생계를 꾸리는 것만으로도 정신이 없었고, 지역정신은 아무런 조정도 거치지 않은 상태에서 개인들이 자발적으로 내린 결정에 의해 자연스럽게 만들어졌다. 작업실을 만든 사람들은 다른 사람들을 위해 작업환경을 바꾸기도 했다. 당연하게도 그 의도가 선할 때도 있었지만 그렇지 않을 때도 있었다. 경제학자들은 개인이 다른 사람들에게 영향을 미치려고 의도하지 않았지만, 결과적으로 영향을 끼치게 되는 현상에다 이름을 붙였다. 이처럼 의도하지 않은 영향의 파급효과는 대중 사회에서 가장 흥미롭고 유쾌하며 때로는 혼란스럽기까지 한 몇 가지 삶의 양상을 만들었다. 우리는 이 현상을 '외부효과'라고 부르는데, 이는 터널 비전으로 인해 제대로 인식되지 못한 채 무심히 지나치게 되는 부분이기도 하다.

앞서 말한 것처럼 일부의 외부효과는 터널 비전의 시야에서 벗어나 있다. 그 이유는 외부효과를 예상할 수 있음에도 불구하고 우리가 그 사실에 대해 그다지 신경을 쓰지 않기 때문이다. 예를 들면, 출퇴근 시간에 대도시의 초입에서 교통 정체가 있을 것이라는 예상은 누구나 할 수 있다. 실제로 모든 운전자들이 자신의 차가 뒤에 있는 차들을 막아서고 있다는 사실을 쉽게 알 수 있다. 하지만, 집에 차를 두고 오면 도로 정체 해소에 도움을 줄 뿐만 아니라, 다른 사람들이 이익을 얻을 수 있다는 사실에 대해서는 인정하지 않는다. 자신이 다른 사람의 출근을 방해하고 있다는 생각은 하지 않고, 다른 사람들 때문에 자신의 출근이 늦어진다고 생각하기 때문이다. 모든 공장들이 대기 중에 오염물질을 방출할 수 있는 자유가 주어진다면, 전 세계 모든 도시의 사람들은 숨도 쉬기 힘든 상태에서 살아가야 할지도 모른다. 어떤 공장의 주인도 오직 다른 사람들을 위해서 엄청난 이익을 향한 자신의 욕망을 억제하지 않을 것이기 때문이다. 당근이나 채찍, 혹은 두 가지 수단을 모두 동원해서 외부효과를 예측하고, 또 억제하는 일은 정치인들의 일상적인 업무이다. 이와 같은 과제의 해결 여부는 우리의 정치제도가 각 개인의 터널 비전이 놓치는 부분을 파악하는 통찰력을 갖추고 있느냐 그렇지 않으냐에 달려 있다. 자세한 내용은 뒤에서 살펴볼 예정이다.

하지만, 우리가 제대로 파악할 수 없는 종류의 외부효과도 있다. 이와 같은 종류의 외부효과는 우리가 예상하기도 힘들 뿐만 아니라, 개인들이 상호작용하는 방식과 상호작용을 통해 생성되는 '독특한' 에너지 때문에 만들어지거나, 예측 불가능한 우연으로 인해 만들어지는 것이기 때문이다. 도시계획의 역사를 살펴보면, 수많은 도시들이 물리적인 황폐함의 주요 원인을 제거하기 위해 최선을 다했지만, 권태, 범죄, 그리고 폭력의 문제만큼은 끝내 해결하지 못했다. 심지어 제인 제이콥스Jane Jacobs는 『미국 대도시의 죽음과 삶 The Death and Life of Great American Cities』에서 우리의 신체적인 안전에 대한 문제까지도 어떻게 해서 정부가 주도하는 치안 활동의 결과가 아니라, 보도 위에서 발생한 '표면상의 무질서'에 의한 의도하지 않은 산물인지를 춤에 빗대어 설명한다.

내가 사는 허드슨 스트리트에서는 매일 얽히고설킨 보도 발레의 장면이 펼쳐진다. 나는 여덟 시가 조금 넘어서 쓰레기통을 내놓으면서 처음 무대에 등장하는데, 이것은 확실히 단조로운 일이지만, 어슬렁거리는 중학생 무리가 사탕 껍데기를 버리면서 무대 중앙을 걸어갈 때 나는 내 역할을, 쨍그렁거리는 작은 소리를 즐긴다. (이른 아침부터 웬 사탕을 저렇게 많이 먹을까?) 포장지를 쓸어버리면서 나는 아침의 다른 의례들을 지켜본다. 헬퍼트 씨는 지하실 문에 묶어 두었던 세탁소 손수레를 풀고, 조 코나키아의 사위는 조리 식품점에서 빈 나무상자를 꺼내 쌓고 있으며, 이발사는 보도에 접이식 의자를 내놓고, 골드스타인 씨는 철물점 문을 열었다는 표시로 둘둘 말린 철사를 펼쳐 놓고 있으며, 공동주택 관리인의 아내는 땅딸막한 세 살짜리 아이에게 장난감 만돌린을 쥐어 준 채 현관 계단에 내려놓는데, 이 자리는 아이가 어머니는 할 줄 모르는 영어를 배우기 좋은 곳이다. 이제 초등학생들이 세인트루크 학교 방향인 남쪽으로 종종걸음을 재촉한다. 세인트베로니카 학교에 다니는 아이들은 서쪽으로, 제 41 공립 초등학교^{P.S. 41}에 다니는 아이들은 동쪽을 향해 간다. 무대 옆에서는 두 차례에 걸쳐 새로운 등장인물들이 나온다. 잘 차려 입은 우아한 여자들과 서류가방을 든 남자들이 현관과 골목에서 모습을 드러낸다. 이 사람들은 대부분 버스나 지하철을 타러 가고 있지만, 일부는 거리에서 서성거리다가 때마침 기적적으로 나타난 택시를 불러 세운다. 택시는 아침 의례의 일부분이기 때문이다. 미드타운에서 태운 승객을 시내 금융지구에 내려놓고 온 택시들은 이제 시내 사람들을 미드타운으로 태우고 오고 있다. 이와 동시에 실내복을 입은 수많은 여자들이 나타나는데, 동분서주하다가 서로 마주치면 잠시 멈춰 서서 짧은 대화를 나누며 으레 박장대소를 하거나 공분을 나타낸다. 어중간한 대화란 없다. 이제 나도 출근을 서두를 시간이고, 로파로 씨와 의례적인 인사를 나눈다. 땅딸막하고 단단한 체구에 흰 앞치마를 둘러맨 과일가게 주인 로파로 씨는 거리 위쪽의 자기 집 현관 앞에 나와 있는데, 팔짱을 낀 채 두 다리로 떡하니 버티고 선 모습이 마치 대지만큼이나 단단해 보인다. 우리는 서로를 향해 고개를 끄덕인다. 둘 다 재빨리 거리를 위아래로 훑어보고는 이내 서로를 돌아보면서 미소를 짓는다. 이미 10년 동안 아침마다 수도 없이 이런 인사를 하고 있는 우리는 그것이 무슨 의미인지 안다. 별일 없다는 뜻이다.[9]

– 제인 제이콥스, 『미국 대도시의 죽음과 삶』, 그린비, 유강은 역

제이콥스의 글에서 느껴지는 리듬은 다른 의도를 가지고 있을지도 모른다. 하지만, 이 글은 상상 속의 시골마을에서 생활하는 모습을 도시로 옮겨온 다음에 대장장이와 성직자를 도시에 적합한 직업으로 바꾸는 방식으로 재현한 것이 아니다. 그럴 수가 없다. 도시는 시골이나 작은 마을과는 다르다. 도시의 거리를 가득 채운 사람들의 대부분은 낯선 사람들이기 때문이다. 하지만, 낯선 사람들 사이에서도 신뢰가 자리 잡을 수 있으며, 서로 잘 아는 사람들 역시 자신을 둘러싸고 있는 낯선 사람들과 거래하기 위해서는 서로를 신뢰할 수 있어야 한다. 덧붙여 제이콥스는 우리에게 다음과 같은 사실을 일깨워준다.

거리의 신뢰는 오랜 시간 길에서 이루어지는 수많은 만남에 의해 형성된다. 맥주를 한 잔 하러 바에 들렀다가, 마트 주인에게 조언을 듣고, 신문 가판대 주인에게 뭔가를

이야기하면서 생겨난다. 또 빵집에서 다른 손님들과 어떤 빵이 맛있네 이야기를 하면서, 집 앞에서 콜라를 마시는 남자아이 두 명에게 고갯짓으로 인사를 건네며, 저녁 약속을 기다리며 여자아이들을 힐끔거리면서, 아이들을 야단치면서, 철제상에게 일 이야기를 들으며, 약사에게 1달러를 빌리면서, 아기가 예쁘다고 칭찬하면서, 코트색이 바랜 걸 안 타까워하면서 신뢰가 싹튼다. 고객들은 각양각색이다. 어떤 동네에서는 사람들은 자신들의 애완견에 대한 수다를 떤다. 또 다른 동네에서는 집주인에 대한 뒷이야기를 한다. 이런 이야기는 대부분 겉으로 보기에는 별 볼 일 없어 보이지만, 합쳐놓고 보면 전혀 별 볼 일 없지 않다.[10]

– 제인 제이콥스 『미국 대도시의 죽음과 삶』, 그린비, 유강은 역

악취와 쓰레기

도시는 외부효과로 가득하다. 도시에서의 외부효과는 앞에서 로버트 휴즈의 묘사에 등장하는 소리와 냄새로 이루어진 '표지판'처럼 모두가 창의적인 결과로 이어지는 것은 아니며, 사실 그다지 낭만적이지도 않다. 그 시기의 다른 대도시들과 마찬가지로 중세의 바르셀로나 역시 수시로 콜레라와 역병의 고통을 겪어야 했다. 15세기 한창 전성기를 누리던 플로렌스에서는 전체 인구의 절반이 넘는 시민들이 역병으로 사망하는 아픔을 겪었다.[11] 그 누구도 바실루스 균을 다른 사람에게 옮길 의도는 없었다. 19세기 이전까지는 전염병의 원인을 아는 사람조차도 없었기 때문이다. 런던에서 가장 유명한 지도 가운데 하나는 콜레라가 창궐했던 1854년 내과의사 존 스노우 박사Dr. John Snow가 제작한 것이다. 스노우 박사는 콜레라 환자들이 소호의 양수기 설치지점 주변에 몰려 있다고 설명했다. 스노우 박사의 발표를 확인한 정부 당

국은 양수기를 폐쇄함으로써 전염병의 확산을 서둘러 막으려고 했지만, 이미 500명이 넘는 사람들이 목숨을 잃은 다음이었다.[12]

하수 처리는 수만 년 전부터 농업과 정주형 생활방식이 도입된 이래로 인류의 끊이지 않는 골칫거리였다. 하수 처리 문제가 제대로 해결되지 못했을 때 대도시는 질병의 소굴로 뒤바뀌었다. 물론, 그렇게 열악한 환경에서도 창의성을 꽃피운 시기가 있었다. 18세기 초반 런던에서는 생후 1년 안에 사망하는 영아의 비율이 35~40퍼센트에 달했다. 주변 시골지역의 영아 사망률에 비하면 아주 양호한 수준이었지만, 지금의 우리로서는 상상조차도 하고 싶지 않을 정도의 비율이다. 대도시에서 악취와 쓰레기는 불가피한 현실이었다. 시민들이 쾌적한 도시 환경을 누릴 수 있었던 것은 19세기에 최초의 대규모 하수 처리장이 생긴 이후의 일이다. 고대 아테네에서는 도시의 중심에 위치한 아크로폴리스의 웅장함과 주택가의 불결함이 확연히 구분되어 있었다. 하지만, 유독 그 불결함이 두드러져 보이는 것은 우리가 현대의 눈높이를 가지고 있기 때문일 것이다

아르헨티나의 작가 호르헤 루이스 보르헤스Jorge Luis Borges는 에세이 「아르헨티나의 작가와 전통The Argentine Writer and Tradition」에서 영국의 역사가 에드워드 기번Edward Gibbon이 아랍어로 기록된 경전 코란에는 낙타가 나오지 않는다는 말을 인용한다. "코란에는 낙타가 등장하지 않는다. 코란의 진위 여부에 의심이 생긴다면, 낙타가 나오지 않는다는 사실만으로도 코란의 원본임을 충분히 입증할 수 있을 것이다. 코란은 모하메드가 기록했으며, 아랍인인 모하메드는 낙타가 특별히 아랍을 대표하는 동물이라는 사실을 인식할 필요조차 없었다. 마호메드에게 낙타는 삶의 일부였기 때문에 낙타를 특별하게

선택해야 하는 이유가 없었던 것이다. 한편 경전 위조범이나 여행객, 혹은 아랍의 민족주의자들은 가장 먼저 낙타를 떠올렸을 것이다."**13** 공교롭게도 보르헤스(와 기번)는 낙타에 대해 잘못 알고 있었다. 실제로 코란에는 낙타가 여러 번 등장한다. 한편 발자크나 디킨스의 작품, 또는 과거 불결한 대도시의 삶을 다룬 동시대의 소설에서는 코를 마비시키는 악취를 표현한 문장을 찾아보기 힘들다. 이것은 도시에서 살아가는 시민들에게 악취가 하찮은 문제였기 때문이 아니라, 악취는 시민들이 매일 매일 나누는 대화의 주된 관심사였으며, 또한 연구의 대상이기도 했기 때문이다. 심지어 악취는 과학적인 탐구의 주제로 다뤄지기도 했다.(프랑스의 역사학자 알랭 코르뱅Alain Corbin은 저서 『악취와 향기The Foul and the Fragrant』에서 악취가 과학적 탐구의 주제로 다루어지는 상황을 자세하게 묘사하기도 했다.)**14** 반면, 소설가들은 독자들의 감수성을 자극하고 싶을 때 모든 사람들이 잘 알고 있는 사실보다는 좀처럼 눈치채기 힘들거나 제대로 이해하기 어려운 도시의 모습에 집중하는 경향이 있었다. 18세기 파리의 악취를 콧속까지 생생하게 느껴보고 싶다면 현대 작가인 파트리크 쥐스킨트Patrick Süskind의 소설 『향수Perfume』의 한 대목을 보면 된다. 이 책에서 이야기되고 있는 시대에는 우리 현대인들로서는 거의 상상도 할 수 없을 정도의 악취가 도시를 짓누르고 있었다.

길에서는 똥 냄새가, 뒷마당에서는 지린내가, 계단에서는 나무 썩는 냄새와 쥐똥 냄새가 코를 찔렀다. 부엌에서는 상한 양배추와 양고기 냄새가 퍼져 나왔고, 환기가 안 된 거실에서는 곰팡내가 났다. 침실에는 땀에 절은 시트와 눅눅해진 이불 냄새와 함께 요강에서 나는 코를 얼얼하게 할 정도의 오줌 냄새가 배어 있었다. 거리에는 굴뚝에서 퍼져 나온 유황 냄새와 무두질 작업장의 부식용 양잿물 냄새, 그리고 도살장에서 흘러나온 피 냄새가 진동하고 있었다. 사람들한테서는 땀 냄새와 함께 빨지 않은 옷에서 악취가 풍겨왔다. 게다가 충치로 인해 구취가 심했고 트림을 할 때는 위에서 썩은 양파즙 냄새가 올라왔다. 어느 정도 나이가 든 사람들한테서는 오래된 치즈와 상한 우유 그리고 상처 곪은 냄새가 났다. 강, 광장, 교회 등 어디고 할 것 없이 악취에 싸여 있었다. 다리 밑은 물론이고 궁전이라고 다를 바가 없었다. 농부와 성직자, 견습공과, 장인의 부인의 냄새에 있어서도 매한가지였다. 귀족들도 전부 악취에 젖어 있었다. 심지어 왕한테서도 맹수 냄새가 났고, 왕비한테서는 늙은 염소 냄새를 맡을 수 있었다. 여름이나 겨울이나 차이가 없었다. 18세기에는 아직 박테리아의 분해 활동에 제약을 가할 방법을 알지 못했을 뿐만 아니라, 건설하고 파괴하는 인간의 활동, 싹이 터서 썩기까지의 생명의 과정치고 냄새 없이 이루어지는 것은 하나도 없었기 때문이다. 물론 그 냄새는 파리에서 가장 심했는데, 파리가 프랑스에서 가장 큰 도시였기 때문이다.[15]

– 파트리크 쥐스킨트 『향수』, 열림원, 강명순 역

　　냄새는 마치 질병처럼 공기 중에 떠다니면서 소득과 같은 전통적인 기준으로는 오늘날보다 훨씬 극심한 차이를 보였던 부자와 서민의 거리를 좁혀 주었다. 18세기 후반까지는 부잣집 아이들 역시 가난한 집 아이들만큼이나 질병에 노출될 위험이 높았다. 즉, 외부효과는 계급은 물론 빈부의 차이도 따지지 않았다.[16] 현대 세계에서 부유한 사람들은 가난한 사람들에 비해 질병에 노출되는 일이 훨씬 적은데, 이는 전 세계 모든 곳에서 공통적으로 나타나는 현상이다. 이와 같은 변화의 이유는 현대에 접어들면서부터 질병 전염의 특성을 훨씬 잘 이해할 수 있었기 때문이다. 무엇보다 정치인들이 질병 전염에 대한 이해를 바탕으로 도시를 건설하겠다는 강력한 의지를 지니고 있었기 때문이기도 하다. 오늘날 이렇게 건설된 대부분의 도시에서 부유한 사람들은 쓰레기를 '오지'로 보내거나 자신들의 주거지를 교외로 옮기는 등의 방법을 통해 생활 폐기물과 일정한 거리를 두고 살아간다. 세계의 모든 도시에서 부유한 사람들은 자신들이 배출한 쓰레기로부터 안전한 거리를 유지하고 있지만, 가난한 사람들은 쓰레기에 포위된 상태에서 살아간다. 어느 환경 저술가가 지적한 것처럼 "가난한 도시, 특히 가난한 동네에서 환경과 관련된 위험의 대부분은 생활환경과 공존하고 있다는 데에 문제의 심각성이 있다. 오염된 운하보다는 비위생적인 가정용 상수도가 사람들의 건강을 직접적으로 위협하는 요소이며, 집 밖의 오염된 공기를 걱정하기에는 주방의 오염된 공기가 너무나 심각하기 때문이다."[17]

　　그럼에도 불구하고, 대부분의 부유한 국가에서는 도시를 정화하는 과정에서 빈곤계층의 생활환경을 어느 정도까지 개선하는 데에는 성공을 거두었다. 이들 국가에서 이와 같은 조치를 취한 것이 자국의 이익을 위한 것이라고 하더라도 훌륭한 성과를 거둔 것은 분명해 보인다. 생후 1년된 영아의 생존율을 100년 전과 비교해 보면, 오늘날 세계에서 가장 가난한 국가에 해당되는 일부 국가들조차도 100년 전 세계에서 가장 발달된 국가의 신생아 생존율보다 훨씬 높게 나타난다. 제2차세계대전 직전 이탈리아는 지금의 우간다에 비하면 거의 모든 면에서 훨씬 발전된 상태였음에도 불구하고, 영아 사망률은 오늘날 우간다의 영아 사망률만큼 높았다. 이와 같은 전 세계적인 발전, 혹은 진보는 어떤 식으로 보면 개인들이 질병을 예방하는 방법에 대해 잘 알게 되었기 때문이라고 볼 수 있는 측면이 존재한다. 가령, 평소에 물을 끓여 마신다거나 설사를 할 때에는 지사제와 수분 보충제를 복용하는 방법 등이 그 예이다. 물론, 수두, 말라리아, 결핵 같은 질병을 예방하기 위해 예방 접종을 실시하는 등의 공중보건 활동도 여기에 상당한 영향력을 발휘했을 것이다. 하지만, 질병 예방의 성공과 동시에 우리는 질병 예방과 관련된 과거의 엄청난 성공이 지속되지 않을 수도 있다는 사실 역시 깨닫기 시작했다. 멸종시킬 수 있을 것이라고 생각했던 병원균 가운데 일부는 우리가 사용했던 약에 대한 내성을 갖게 되었기 때문이다. 우리의 기대와는 달리 쉽게 승리를 확신할 수 없는 이 진화의 게릴라전에서 생존하기 위해 현재까지 우리가 찾은 유일한 방법은 자연계의 박테리아와 바이러스를 퇴치할 수 있는 성능 좋은 약을 꾸준히 개발하는 것뿐이다.

하지만, 유아 생존율을 증가시킨 가장 핵심적인 이유는 도시에서 발생된 폐기물을 처리하는 일에 꾸준하게 관심을 기울였기 때문이다. 과거의 사람들은 불결함을 용인했기 때문에 도시 전체의 환경이 아주 형편없는 상태였지만, 현대에는 열악한 도시환경을 지속하는 일이 아주 위험한 일이라는 사실을 깨닫게 되었다. 이에 부유한 계층과 정치적 영향력을 가진 사람들은 더이상 인간의 배설물이나 생활하수가 바로 강으로 유입되는 상황을 방지하기 위해 하수 처리장의 건설을 요구하고 관철시켰다. 또한 일상적인 생활폐기물, 특히 식재료의 불필요한 부분이나 남겨진 음식물, 그리고 소비재의 유, 무기 포장지를 처리할 수 있는 다양한 방법도 찾아냈다. 요즘은 도시의 규모와 상관없이 늦어도 동이 트기 전에는 폐기물 처리가 이루어진다. 하지만, 세계의 도시들마다 이를 처리하는 방법은 제각각이다. 캘커타처럼 자원과 공공기관의 능력이 부족한 국가의 도시에서는 넝마주이, 땜장이, 오물 처리인, 폐지 수거인, 심지어 개나 소와 같은 가축까지도 재활용할 수 있는 쓰레기를 수거하고 처리하는 일에 동원된다. 그들은 어둑어둑한 시간에 나타나서 부유한 사람들이 지난밤 흥청망청 즐기고 내다버린 쓰레기 더미를 뒤지기 시작한다.

　　혹시 이 사례를 가지고 한 개인의 외부효과는 다른 사람에게 이익을 가져다주고, 따라서 터널 비전과 관련해서도 누군가의 끊임없는 기회주의적 행동은 다른 사람이 지니고 있는 터널 비전으로 인해 미처 보지 못하는 부분만 챙기면 된다고 생각할지도 모르겠다. 하지만, 우리의 역사를 되짚어보면 알 수 있듯이, 이 같은 기회주의는 비극의 산물에 불과하다. 찢어지게 가난하고 천대받는 시민들이 존재하는 사회가 아니라면, 쓰레기 처리를 전적으로 개인에게 떠넘기는 일은 발생하지 않았기 때문이다. 빅토리아 시대의 런던에서는 고무 가황용으로 거래되던 개의 배설물을 수거하는 사람들, 즉 '개똥 pure' 수거인들이 매일 아침 개똥을 먼저 찾기 위해 치열한 경쟁을 벌였다. 결국 힘없고 나이 든 사람들은 경쟁에서 밀려났다. 영국의 언론인 헨리 메이휴 Henry Mayhew는 1861년에 출간된 『런던의 노동자 계급과 빈민London Labour and the London Poor』에서 개똥 수거인을 "뼈 수거인, 넝마주이, 실제로 같은 사람이었던……담배꽁초와 오래된 목재 수거인……"[18] 보다 낮은 계급으로 분류했다. 메이휴의 분류에서 알 수 있는 것처럼, 빅토리아 시대 영국에서의 분업은 오늘날보다 훨씬 정교한 부분도 있었는데, 메이휴는 이를 가장 탁월하게 정리한 저자이다.(그는 매일 런던에 떨어지는 말똥의 양을 계산하는 다양한 방법을 몇 페이지에 걸쳐 정리한 다음에 말똥의 총량이 700톤에서 1,000톤 정도라는 결론을 도출할 정도로 꼼꼼하게 자료를 정리하고 기록했다.) 메이휴는 "[자신의] 아파트 한쪽 구석의 더러운 밀짚 더미 위에 놓인 넝마와 쓰레기를 닮은 가난한 노파"와 인터뷰를 한 다음에 "놀랍게도 이 가련한 노파는 꽤 '능력 있는' 여성이었다. 글을 읽고 쓰는 것은 물론 언어 사용도 아주 정확했다. 세월과 가난, 그리고 질병 때문에 무뎌지기는 했지만, 그녀는 천성적으로 분별력 있는 사람이었다."는 기록을 남겼다. 그녀가 메이휴에게 설명한 '개똥' 수거 과정은 공급과 수요의 법칙을 정확하게 보여준다.

"그때는 개똥을 한 양동이만 모아도 부족함 없이 살 수 있었어. 하지만, 사실 개똥은 차고 넘쳤지. 당시에는 그 일을 하는 사람이 많지가 않아서 개똥을 구하는 것이 수월했거든. 나중에 그 많은 인간들이 다 어디서 나타났는지 알 수가 없어. 세상이 점점 살기가 팍팍해지는가 싶었지. 개똥 가격은 계속 떨어졌지만, 가난한 사람들은 뭐라도 해야 했어. 그래야 입에 풀칠이라도 하니까. 뭐 6~7년 전만 해도 한 양동이에 3.6~4실링(지금의 화폐 단위로 40~50펜스 가량)정도는 쳐 주었고, 모으는 족족 팔려나갔어. 하지만, 요즘은 한 양동이에 겨우 1실링이나 쳐줄까 말까야. 어디서 나타났는지 개똥 모으는 사람들이 늘어나면서 이제 나 같은 가난한 늙은이는 눈 씻고 봐도 찾을 수가 없어."[19]

쓰레기 처리를 온전히 개인의 몫으로 떠넘긴 도시들은 엄청난 수준의 인적 비용을 감당해야 했다.

시민들의 활동과 도시환경

다행하게도 오늘날 일정 수준의 발전을 이룩한 사회에서는 쓰레기 처리와 관련된 모든 일을 온전히 개인의 몫으로 떠넘기지 않는다. 주로 정부가 전체적인 계획을 입안하고 기꺼이 이 작업에 투입될 준비가 되어 있는 이민자들에게 일을 분배하는 공공의 시스템이 존재하기 때문이다. 최근에 플로렌스를 찾는 여행객들이라면 거리에서 묵묵히 일하는 청소부 무리-주로 에티오피아나 소말리아 출신들-와 마주치는 경험이 아주 드물 것이다. 그들은 새벽 4시경이 되면 도시의 거리 곳곳에 쌓인 르네상스적 사치로 얼룩진 쓰레기들을 청소한다.(나는 여행 준비를 제대로 못하는 바람에 새벽에 호텔을 구하러 돌아다니다가 청소부 무리와 마주친 적이 있다.) 멕시코시티에서는 동네가 개별 조직-주로 범죄 조직-의 단위로 구분되어 있다. 그들은 거친 방식, 즉 때로는 폭력을 동원해서 자신의 구역을 사수한다. 왜냐하면, 값나가는 물건들이 쓰레기 더미 여기저기에 섞여 있기 때문이다. 그렇게 찾아낸 물건들은 하나씩 떼어놓고 보면 보잘것없지만 모두 모아 놓으면 상당한 가치가 있다. 그래서 폐기물 처리와 관련된 일은 실속 있는 사업이 될 수도 있다. 메이휴는 빅토리아 시대의 런던에 대해 이렇게 이야기한다. "많은 사람들이 제각기 쓰레기를 수거했다면, 즉 개인이 단지 생계를 유지하기 위해 쓰레기를 수거하는 일을 했다면 누구도 쓰레기를 수거하는 일로 부를 축적할 수는 없었을 것이다. 하지만, 뼈다귀와 넝마, 심지어 개똥 수거가 '조직적으로' 이루어졌다면, 즉 수많은 수거인들이 한 사람의 '리더' 밑에서 일했다면 대도시에서 할 수 있는 가장 비참한 일이라고 할 수 있는 쓰레기 수거조차도 엄청난 부를 축적하는 밑바탕이 될 수 있었을 것이다."

　　문제는 쓰레기 처리 사업은 미래의 골칫거리를 비축하면서 번창하는 사업이라는 것이다. 사회가 번영을 맞이하면 사람들은 대부분의 폐기물을 최대한 멀리 실어 나르려고 한다. 하지만, 이와 같은 방식은 지구라는 공간의 한계 때문에 제한될 수밖에 없다. 결국 오늘날 번영을 이룬 국가들이 채택하고 있는 쓰레기를 실어 나르는 방식의 폐기물 처리 정책이 미래에도 지속될 수는 없을 것이다.

　　무엇보다 분명한 사실은 현대인들이 원하는 편안한 생활방식은 쓰레기를 만들어낼 수밖에 없다는 것이다. 지금 우리는 두 가지 방식으로 쓰레기를 처리하고 있다. 첫째, 쓰레기를 어떤 무해한 물질, 또는 가능하면 유익한 물질로 바꾸는 것이다. 박테리아를 활용해서 우리의 배설물을 토양을 비옥하게 하는 성분으로 분해하거나, 쓰레기 더미를 뒤지는 사람들의 에너지를 다른 방식으로 활용해서 대체 사용이 가능한 폐기물로 변화시키는 것이다. 둘째, 미래에도 우리가 관심을 기울이지 않을 만한 장소에 쓰레기를 실어 나르는 방법이다.(생태학자들은 이 장소를 '쓰레기 매립지'라고 부른다.) 하지만, 지난 시기 동안 사람들은 지구와 자원을 너무나 무분별하게 개발했기 때문에 이제 쓰레기를 안전하게 매립할 수 있는 장소도 점점 사라지고 있다. 런던을 비롯하여 다른 거대 공업국에서 엄청난 스모그가 발생하기 시작했던 1950년대 이전까지만 해도 우리는 대기를 '거대한 하수구'라고 생각했다. 매연 입자가 멀리 이동하는 것이 아니라, 도시의 표면에 머무르고 있다는 사실이 밝혀지면서 정치적 대응이 조직적으로 이어졌고, 이는 효과를 거뒀다. 현재 런던, 파리, 뉴욕의 대기는 실제로 50년 전에 비하면 훨씬 깨끗해졌다. 그때 이후로 우리는 이산화탄소와 클로로플루오르카본(지구온난화를 일으키고 오존층을 파괴하는 배기가스로 흔히 프레온 가스라고 한다.)이 훨씬 천천히, 훨씬 멀리 이동한다고 하더라도 여전히 치명적이라는 사실을 알게 되었다. 때로는 재활용을 위한 우리의 노력이 오히려 대기 흡수원에 부담을 가중하는 일이 되기도 한다. 가령, 우리가 재활용을 하기 위해서 유리병을 녹이면 우리 집의 뒷마당과 창고는 깨끗하게 정리할 수 있을 것이다. 하지만, 동시에 대기 중에는 엄청나게 많은 양의 이산화탄소가 축적되는 일이기도 하다.

인류의 역사를 통틀어 우리가 배출하는 쓰레기의 위험을 줄이기 위해서 집단 활동(폐기물을 유기 분해하거나 '안전한' 거리에 실어 나르는 방법을 통해)을 조직하는 방식의 대안으로 제시된 해결책은 오직 한 가지밖에 없다. 바로 생물학적 특징에 기초한 극단적인 해결책, 즉 내성의 진화이다. 마을과 크고 작은 도시에 사람들이이 모여 살기 시작하면서부터 유해한 환경에 어느 정도의 내성을 가진 사람들만이 번식력을 가진 성인으로 성장할 수 있었으며, 내성은 다음 세대로 이어졌다. 재레드 다이아몬드는 『총, 균, 쇠』에서 16~17세기 유럽에서 건너온 정착민들과 아메리카 원주민들 사이에 있었던 교류의 가장 인상적인 한 가지 특징을 설명한다. 유럽인들이 잔인하게 살해한 아메리카 원주민의 수는 유럽의 토착 질병으로 인해 사망한 원주민의 수에 비한다면 아주 미미한 수준이었다는 것이다.[20] 유럽인들 역시 자신들에게는 없던 아메리카의 토착 질병에 걸리기도 했지만, 유럽인 사망자의 수는 원주민 사망자에 비한다면 아주 적었다. 다이아몬드에 따르면 그 이유가 유럽의 농업에서는 가축 사육이 훨씬 일반적이었기 때문에 유럽인들은 몇 천 년을 지나는 동안 소, 양, 돼지, 말 등의 가축들과 어울려 살면서 동물들의 세균에 익숙해져 있었을 것이라고 주장한다. 반면, 아메리카 원주민들은 그렇지 않았다. 인간과 인간 사이에서 이루어지는 감염은 물론, 쥐를 통해 감염되는 세균에 대해서도 마찬가지였을 것이다. 수천 년 동안 중세의 도시에서 창궐했던 질병으로 인해 기록된 어마어마한 사망자 수는 유럽의 시민들을 강인한 보균자로 만들어 주었다. 하지만, 아메리카 원주민들에게는 보균자인 유럽인의 존재 자체가 어떤 정교한 무기보다 치명적이었던 것이다.

　　다이아몬드가 이야기한 가축을 통한 질병 전염의 증거에서도 알 수 있
는 것처럼 인간이 서로에게 가져다준 외부효과는 도시에 한정해서 일어나는
것이 아니었다. 인간이 만든 심각한 환경 위기 가운데 일부는 2장에서 이야
기한 아랄 해의 사막화처럼 도시에서 멀리 떨어진 주변 지역에서 벌어진 일
들이다. 환경 경제학자 게리 리버캡Gary Libecap과 제이넵 한센Zeynep Hansen은
인간이 만든 또 다른 재앙으로 1930년에 미국의 대초원 지대에서 있었던 먼
지 폭풍Dust Bowl에 대해 연구했다. 먼지 폭풍의 피해에 대해서는 존 스타인벡
John Steinbeck의 소설 『분노의 포도The Grapes of Wrath』에 생생하게 묘사되어 있
다. "흙먼지는 아침에도 안개처럼 허공에 떠 있었다. 태양은 핏방울처럼 붉었
다. 하루 종일 흙먼지가 조금씩 하늘에서 떨어져 내렸고, 다음날에도 계속해
서 먼저가 떨어져 내렸다. 폭신한 담요가 땅을 덮고 있는 것 같았다. 옥수수
위에도, 울타리 기둥의 꼭대기에도, 전선 위에도 흙먼지가 쌓였다. 잡초와 나
무도 담요를 덮은 것같았다."[21] 리버캡과 한센은 경제적으로 자립농이 되기
에는 지나치게 작은 단위로 평원을 구획한 결과가 이와 같은 재앙으로 이어
졌다고 설명한다. 작은 단위로 평원을 구획했기 때문에 농부들은 최대한 많
은 농작물을 심기 위해 집약 농업을 했고, 농작물을 지나치게 빽빽하게 심었
기 때문에 바람에 의한 침식이 심각한 피해를 발생시켰다. 하지만, 휴경이나
목초지로 전환할 수 있을 정도의 여유는 없었다. 대평원에 자리 잡은 2만 곳
이상의 농가에서는 당연히 생계에 도움이 되는 방식을 택했다. 토양 침식을
예상했던 농가는 단 한 곳도 없었지만, 흙 입자의 크기를 작아지게 만드는 집
약 농업을 그만둘 수 있는 농가도 없었다. 1930년대 초반에 가뭄이 찾아왔을

때, 계속된 집약 농업으로 인해 고운 입자로 변한 흙 알갱이들이 바람에 속절없이 날렸다. 결과는 참혹했다. "1934년 몬타나에서 시작된 먼지 폭풍은 남쪽으로 이동하며 3억 5,000만 톤의 흙을 동부 해안 방향으로 날려 보냈다. 1937년 2월 7일 폭풍이 몰아친 하루 동안, 아이오와 주의 에임즈에는 평방마일 당 34.2톤, 미시건 주 마켓에는 14.9톤, 뉴 햄프셔는 지역 전체에 10톤의 흙이 떨어졌다. 1935년에만 8억 5,000만의 톤의 표토가 430만 에이커에 달하는 남부 평원지대에서 날아온 것으로 추정된다." 단위별로 농지를 합병해서 생태적으로 건강한 재배방식을 실천하는 것이 상황을 개선할 수 있는 최선의 방법이었다. 하지만, 이와 같은 개선책은 지역 정치인들의 반대에 부딪혔다. 당시의 정치인들은 소규모 가족 농장이라는 감상적인 생각에서 벗어나지 못했고, 무엇보다 자신의 지역구에서 유권자 수가 줄어드는 것을 우려했지만, 얼마의 시간이 지난 다음에는 농지 합병이 이루어졌다. 1950년대~70년대에도 대평원 지역에는 연이어 가뭄이 있었다. 하지만, 1930년와 같은 참혹한 환경 재해는 두 번 다시 일어나지 않았다.

이와 같은 사례들은 정치 시스템이 중세 유럽의 끔찍한 전염병처럼 점점 부유해지는 우리의 생활방식에서 비롯된 치명적인 과제에 제대로 대응하지 못했을 때 어떤 일이 발생하는지를 잘 보여준다. 하지만, 어떻게 보면 역사는 정말 희망적이다. 적어도 지금까지는 무능해 보이는 정치 시스템이 새로운 환경으로 인해 발생된 여러 가지 문제들에 대해 성공적으로 대처해 왔기 때문이다. 역사에서는 어떠한 발전도 찾을 수 없다고 생각하는 비관주의자들에게도 전 세계에서 공통적으로 나타나고 있는 영아 사망률의 지속적인 감소는 확실한 대답이 될 것이다. 비좁은 주택과 악취 나는 거리로 악명이 높앉던 고대 아테네에서조차 단결된 정치적 행동을 바탕으로 엄청난 자금을 들여 완성한 아크로폴리스는 시민들에게(노예가 아닌 성인 남성) 희망의 메시지를 전할 수 있었다. 19세기 후반의 런던, 파리, 베를린 같은 도시에서는 지하철, 하수 처리 장치, 상수도 시설을 확충해갔다. 이로 인해 우리는 과거 어느 시기보다 많은 인구 수를 유지하고 있음에도 우리가 배출한 쓰레기와 폐기물 사이에서 질식하지 않고 공존할 수 있게 되었다.

하지만, 다른 관점에서 보면 인류의 역사는 우리에게 수많은 경고를 보내고 있다. 우리의 정치 시스템은 언제나 끔찍한 재앙이 코앞에 닥치고 실제로 눈앞에서 위협을 맞닥뜨리는 다급한 상황이 되었을 때에야 비로소 대응을 시작했다. 부와 더불어 강력한 정치권력을 갖춘 나라의 경우에는 과거에 비해 훨씬 많은 정보를 보유하고 있다. 또한, 이를 바탕으로 더욱 조직화된 대응 체계를 마련함으로써 여러 가지 위협에 대한 관리도 원활하게 이루어지고 있으며, 예측 가능한 외부효과 역시 지속적으로 관리되고 있다. 하지만, 아직 눈앞에 닥치지도 않았고 모습을 드러내지도 않고 있는 위협들이 여전히 존재하고 있으며, 예측하기도 힘든 먼 미래의 위협들이 여전히 해결되지 않은 상태로 남아 있다. 그리고 우리가 살아가는 시대는 더 부유하고 더 편안해지기 위해서 더욱 거대한 규모의 새로운 산업을 지속적으로 만들어낼 것이기 때문에 개개인이 터널 비전에 대응하는 속도보다 훨씬 빠른 속도로 위협을 생산할 것이다.

도시의 통치

미국의 소설가 레이먼드 챈들러Raymond Chandler는 언젠가 범죄 조직의 영향력과 그 영향력이 미치는 범위에 대해 이렇게 이야기했다. 현대 세계에서 "범죄 조직은 도시는 물론 국가까지도 통치할 수 있는 능력을 갖추었다."[22] 챈들러는 엄청난 권력-누구도 문제 삼지 않는 폭력을 행사하는 능력에서 비롯된-을 쥐고 있는 것처럼 보이는 사람들조차도 도시에서 만들어지는 극도의 복잡함을 만족스럽게 조직화해내는 일은 거의 불가능에 가깝다는 사실을 인정한다고 주장했다. 도시에서 거주하는 사람들은 자신들 스스로는 물론 심지어 누구도 예측하지 못한 방식으로 상호작용하고 있다. 보수적인 권력기관들-귀족, 교회, 길드-은 한시도 도시에 대한 경계심을 늦추지 않았다. 그들의 눈에 비친 도시는 타락한 장소였다. 그들은 도시에서의 생활을 선택한 사람들은 타락에 빠질 수 있는 요소를 갖추고 있다고 생각했을 뿐만 아니라, 도시에서의 생활을 시작하면서부터 사람들의 행동이 변화한 것이라고 생각했기 때문이다. 한 마디로 도시에서 살아가는 사람들의 행동은 계속된 실험과 발명의 연속이라는 것이다. 그들은 정치적 이념에서부터 부모와의 관계, 성 생활, 음악적 취향, 그리고 종사하고 있는 일과 그 일의 공정에 이르는 모든 것을 바꿔가면서 살아가고 있다. 누군가는 단지 이와 같은 이유 때문에 도시를 찬양했다. 발자크 같은 작가들은 도시의 부패와 냉소야말로-사람들의 성격을 쉽게 변화시키는- 도시에 활력과 생명력을 불어넣는 원천이라고 생각했다.

실제로 세계가 하나의 거대한 도시로 변화하고 있는 것이 사실이라면, 기존의 도시와 그 역사를 지켜본 우리는 인류의 미래를 낙관할 수 있을 것이다. 도시는 언제나 폭력이나 전염병, 혹은 오염의 문제로 골머리를 앓았고 외관상으로는 혐오스러울 때도 있었다. 하지만, 인간의 놀라운 독창성은 뛰어난 기술의 발명뿐만 아니라, 정치와 사회 조직에 관해서는 엄청난 위업을 달성했다. 더욱이 일부의 국가, 혹은 문명과는 달리 도시는 한 번도 스스로 멸망의 길을 걷지 않았다. 도시는 주변의 자연환경을 통해 안전밸브를 확보하고 있었기 때문이다. 도시는 주변, 혹은 외곽이나 오지의 자원-음식, 물, 에너지-으로 생명을 이어가고, 도시에서 만들어진 쓰레기는 다시 그곳으로 실어 나른다. 하지만, IT 기술의 눈부신 발전으로 하나의 '거대한 공간'에서 전 인류가 얼굴을 마주할 수 있게 되었다고 하더라도 세계는 하나의 도시가 아니며, 하나의 도시가 될 수도 없을 것이다. 이유는 간단하다. 전체로서의 '세계'에는 주변이나 '오지'가 존재하지 않기 때문이다. 세계는 스스로 자원을 찾아야 하고 스스로 쓰레기를 처리해야 한다. 그렇게 하기 위해서는 우선 다음의 두 가지 문제를 정확하게 파악할 필요가 있다. 인류사의 오랜 기간 동안 우리 스스로는 도시에서 사용했던 자원을 과소평가했다는 사실, 그리고 도시에서 만들어지는 쓰레기와 쓰레기 처리 비용을 대수롭지 않게 생각했다는 사실이 바로 그것이다. 도시에서 우리는 터널 비전으로 인해 발생된 손실과는 비교할 수 없을 정도로 많은 이익을 얻었다. 따라서 11장에서는 도시에서 사용했던 자원 가운데 하나를 자세하게 이야기해보고, 자원의 용도를 제대로 평가해서 자원이 어떤 의미를 갖는지에 대해 살펴볼 예정이다.

그 자원은 부유한 국가의 도시에서는 많은 시민들이 거의 '공짜'라고 생각하면서 사용하고 있는 자원, 바로 물이다.

chapter **11**

물은 재화인가? 사회제도인가?

물의 다양한 의미

물을 제대로 평가해서 귀중한 자원으로 받아들여야 한다는 말을 도대체 어떤 의미로 받아들여야 하는 것일까? 이 질문에 답하기 위해서는 우선 우리가 물을 귀중하게 생각해야 하는 이유와 물의 어떤 특성을 가치 있게 생각해야 하는지를 이해할 필요가 있다. 첫 번째 질문에 대한 답은 가변적이면서 모순적이다. 예를 들어, 멕시코 정부는 국민들에게 식수를 공급하기 위해 연간 약 4억 달러의 돈을 쏟아 붓고 있지만, 시골에 거주하는 사람들 가운데 거의 절반 정도는 여전히 안전하게 사용할 수 있는 식수를 공급받지 못하고 있다. 4억 달러라는 금액은 매년 프랑스(프랑스의 인구는 멕시코 인구의 4분 3 정도이다.)의 소비자들이 광천수와 용천수를 포함한 시중에서 판매하고 있는 생수를 구입하는 데 사용하는 돈의 5분의 1에 해당한다. (잡지나 텔레비전 광고에 나오는 것처럼)프랑스에서는 병에 담긴 생수를 마시는 것이 건강에 더 좋은 것처럼 알려져 있지만,[1] 프랑스 수돗물의 수질은 훌륭할 뿐만 아니라 언제 어디에서나 편리하게 이용할 수도 있다. 결과적으로 판매용 생수를 마셔서 얻을 수 있는 건강상의 이점은 생수 때문에 줄어드는 음주의 양 정도에 지나지 않는다. 그렇다고 해서 멕시코 사람들이 건강에 무신경하다는 의미는 결코 아니다. 멕시코시티에서 태어난 아이는 미국의 대도시에서 태어난 아이에 비해 기본적인 예방접종을 받을 확률이 훨씬 높다. 멕시코시티에 공급되고 있는 수돗물은 프랑스 중남부에 위치한 마시프 상트랄Massif Central의 샘물과 화학적으로 거의 비슷하다. 프랑스와 멕시코 두 나라의 물은 인류가 건강에 대해 갖고 있는 깊은 우려를 해소하는 데 도움이 된다는 점에서는 공통적이지만, 경제적 상품으로써는 현격한 차이를 보인다.

더블린에서 열린 국제 물 환경 회의에서는 물을 '경제재economic good'로 관리해야 한다는 결의안을 채택했다. 세계의 모든 국가에서 이 결의 사항을 제대로 이행하지 않는다면, 21세기에는 전 세계가 건강은 물론 안보와 경제적인 면에서 심각한 위기에 직면하게 될 것이라는 사실에는 이견이 없다.[2] 물을 경제재로 관리해야 한다는 생각은 세계은행이 진행하고 있는 물 프로젝트의 핵심이기도 하다. 그렇다면 물이 경제재라는 것은 구체적으로 어떤 의미를 지니는 것일까? 그리고 물이 경제재라면 어떤 종류의 경제재에 포함되는 것일까? 관련 자료들을 자세하게 살펴보면, 물은 한 가지 성격을 지닌 재화가 아니라 여러 가지 성격을 복합적으로 지니고 있는 재화라는 사실을 알 수 있다. 물과 같은 재화는 관점에 따라서, 즉 물리적 관점에서 접근하느냐 생물학적 관점에서 접근하느냐에 따라서도 그 성격이 달라질 수 있다. 하지만, 무엇보다 중요한 사실은 그 사회가 처한 환경이나 조건에 따라 물이 재화로 구성되는 방식이나 평가하는 방식에서 차이가 발생된다는 것이다.

이 장을 통해서 우리는 물이 저마다의 환경과 조건에 따라 다양한 사람들에게 완전히 다른 가치를 지니게 된다는 사실을 살펴볼 예정이다.(물은 누군가에게는 생명의 원천이고, 누군가에게는 위협이며, 또 누군가에게는 시적 영감이 되기도 하고, 다른 누군가에는 정치권력을 독점하고 집중하는 이유가 되기도 한다.) 가격처럼 단순하고 1차원적인 척도로 물의 현실적인 가치를 평가하는 것은 최후의 수단이 되어야 한다. 하지만, 정확하게 그렇기 때문에 물은 희소한 자원으로, 즉 '가격을 책정'해서 제대로 평가할 필요가 있다. 사용자들에게는 제각각의 이유로 물이 지니고 있는 의미가 다르기 때문에 모든 사용자들의 의견이 반영된 물의 '공유' 방법을 찾는 것은 불가능할지도 모른다. 하지만, 사용자들이 원하는 만큼 물을 사용할 수 없는 이유, 바로 물의 희소성에 집중한다면 모두의 의견이 반영된 물의 공유가 가능할지도 모른다. 그리고 물을 평가한다는 것의 의미는 물이 얼마나 중요한 것인지, 혹은 아름답고 낭만적인 것인지를 측정한다는 의미가 아니라, 사람들이 물을 필요로 하는 곳에서 물이 얼마나 부족한지를 측정한다는 것이다.

희소성은 모든 재화가 지니고 있는 경제적인 특징 중에서 가장 근본적인 측면이라고 할 수 있다. 실제로 경제학의 고전적 의미는 "희소한 자원을 다양한 필요에 따라 적절히 배분하는 방법을 연구하는 학문"[3]이다. 물은 전 세계의 많은 지역에서 사람들의 생리적 욕구를 해결하는 데에도 턱없이 부족하다. 주민들이 기본적인 생활을 영위하고 자급용 농작물을 생산하기 위해서는 매년 1인당 약1,250㎥(125만 리터)의 물이 필요하다. 이는 산업용이나 판매용으로 생산되는 환금 작물을 재배하는 데 필요한 물의 양을 제외한 수치이다. 전 세계 인구의 3분의 1이상은 물 부족 국가나 물 기근 국가에서 살고 있으며, 물 부족 국가에서는 연간 100만㎥(10억 리터)의 물을 600명 이상이 함께 사용하고 있다. UN이 추산한 바에 따르면 물 부족, 또는 물 기근의 환경에서 살아가는 인구 비율은 2000년 8퍼센트에서 2025년에는 50퍼센트를 넘어설 것이라고 한다.**4** 한편, 물이 필요 이상으로 공급되는 지역도 있다. 방글라데시나 중국에서는 홍수로 인한 인명 피해를 수시로 겪고 있으며, 전 세계적으로도 홍수로 인한 사망자의 수가 가뭄으로 인한 사망자의 수보다 많다. 부족하지도 과하지도 않을 만큼 적절한 양의 물이 공급되는 운 좋은 나라들도 있다. 물에 대한 우리의 태도를 결정하는 것은 물의 희소성이다. 물이 부족한 곳에서 물은 생명을 살리지만, 물이 과한 곳에서는 물이 생명을 위협할 수도 있다. 물은 자연의 힘 가운데 가장 위협적인 존재이기도 하다. 16세기 후반 네덜란드 공화국 초창기에 국민들의 의식을 지배했던 것은 이제 바다의 위협에서 벗어났다는 생각이었다. 재미있는 것은 그들이 일을 태만하게 하는 사람들을 처벌하기 위해 무시무시한 '물 감옥'을 고안했다는 사실이다. "죄수들은 나귀처럼 묶인 채로 물이 가득 들어찬 감옥에 수감되었다. 익사하지 않으려면 부지런히 펌프질을 해서 물을 퍼내는 수밖에 없었다."**5**

다시 말해, 물의 가치는 우리가 원하는 장소에 필요한 만큼의 물이 존재하느냐 그렇지 않으냐에 따라 달라진다는 것이다. 도시개발 연구자인 로이스 핸슨Royce Hanson은 "미국 전체를 두고 생각한다면, 미국은 지금 현재는 물론 미래를 위해 필요한 양의 물을 충분히 보유하고 있다. 문제는 당연하게도 '전체로서의 미국'에서 살 수 있는 사람이 아무도 없다는 사실이다."**6** 라고 말했다. 세계의 경우에도 마찬가지이다. 즉, 세계 전체의 담수 자원은 인구 1인이 필요로 하는 평균량을 넘어서는 것은 물론이고 평생 동안 물을 아껴 쓸 필요조차 없을 정도로 충분하다는 것이다. 문제는 물을 필요로 하는 장소에 물이 언제나 충분하게 공급되지 않는다는 사실이다. 역사적으로 제국의 건설은 수원지에 있는 물을 사람들이 필요로 하는 곳으로-물이 풍부한 곳에서 물이 부족한 곳으로- 이동시키는 일을 조직화하는 문제와 관련이 있다. 이것은 한 가지 중요한 기술적 진보에 관련된 사실, 즉 사용자에게 부과되는 비용의 대부분이 물의 수송과 저장, 그리고 공급에 필요한 것이라는 사실의 논리적 귀결이다. 여기에서 사용되는 기술은 규모가 클수록 물을 수송하는 데 소요되는 비용이 줄어든다는 규모의 경제economies of scale 또는 economics of scale가 주요한 주제로 다루어진다. 이와 같은 사실은 물의 관리와 통제가 역사적으로 주요한 독점의 성격을 띠고 있었다는 것을 의미한다.-실제로 여기에는 '자연 독점'natural monopoly(거래에 대한 인위적인 규제로 인해 발생한다기보다는 기술 자체의 특성으로 인해 나타나는 독점)이라는 용어가 사용된다. 물의 관리는 언제나 상인이 아니라, 정치권력이나 군대와 같은 권력 기관에서 담당했으며, 최근까지도 거의 모든 지역에서 민간이나 시장이 아니라 국가에서 물의 관리를 담당하고 있다.

또한, 물의 가치는 우리가 직접 확인하기 힘든 부분인 수질에 의해 좌우된다. 사실, 물은 깨끗하다고만 할 수는 없으며, 물의 생물학적 성분이나 화학적 성분으로 인해 우리는 생명에 위협을 받을 수도 있다. 2004년 세계보건기구WHO의 추산 결과를 보면, 대표적인 수인성 질병이라고 할 수 있는 설사병으로 인해 매년 180만 명 이상의 사망자가 발생하고 있다. 이 수치는 매일 12대의 여객기가 추락한 것과 맞먹는 숫자이다.[7] 또한, 세계보건기구는

2008년 한 해 동안 말라리아(오염된 물에서 번식하는 모기가 옮기는 질병) 감염자는 2억 4,700만 명이었으며, 그 가운데 약 88만 명이 사망했다고[8] 발표했다. 사상충증onchocerciasis 또는 river blindness 감염자도 매년 수백만 명에 이르며, 대부분 아프리카에서 집중적으로 발생되고 있다. 가장 치명적인 콜레라 감염자도 2007년 한 해 동안에만 17만 8,000명에 이른다.[9]

　따라서 세계 수백만 명의 사람들이 충분한 양의 물을 공급받는다고 하더라도 여전히 문제로 남는 것은 수질이다. 수질 오염의 주요 원인인 유기 화합물은 장기적으로는 무기 화합물보다 위험이 덜하다. 자연스러운 물의 순환 과정에서 물속에 있는 유기 화합물은 생물학적 부식 과정을 통해 파괴되고, 다시 물이 보충되는 과정에서 평형 상태를 이루기 때문이다. 하지만, 무기 화합물, 즉 화학적 오염물질은 물의 순환 전체를 위협한다. 화학적 오염물질은 시간이 지나도 분해되지 않은 상태로 남는데, 이유는 간단하다. 공업용 화학약품이나 농약은 여러 가지 이유에서 화학적 안정성을 필수적으로 갖추어야 하기 때문이다. 그렇지 않을 경우에 이 약품들은 비활성 물질로 분해되어 원래의 기능을 발휘할 수 없게 된다. 따라서 모든 연구기관에서는 화학 약품의 설계과정에서 수명 증대에 많은 노력을 기울였다. 이는 전형적인 터널 비전이라고 할 수 있다. 그들은 화학적 설계를 통해 화학물질을 만들었지만, 그 과정에서 화학물질이 자연 환경에 어떤 영향을 미치게 될 것인지에 대해서는 전혀 고려하지 않았기 때문이다.

　화학물질이 지닌 안정성과 지속성으로 인해 물은 기존의 재생가능 자원renewable resource에서 재생불능 자원으로 바뀌어 버렸다. 무기 화학물질에 의한 수질 오염을 복구할 수 없는 것은 아니지만, 강과 같은(오늘 강에 버려지는 오염물질은 바다로 흘러가겠지만, 이는 미래에 엄청난 골칫거리가 되어 돌아올 것이다.) 특정한 환경에서만 가능한 일이다. 1986년에 라인 강에서 발생한 오염사고(스위스에 있는 한 의약품 공장에서 화재가 발생했고, 그 과정에서 약 30톤의 오염물질이 라인 강으로 흘러 들어간 사건)로 인해 수십억 달러의 비용을 지불했던 사례에서도 알 수 있듯이 단순하게 강의 오염만 복구하는 일에도 엄청난 수준의 비용이 필요하다. 1980년대 중반에 수립된 라인 강 생태복원 계획Rhine Action Plan의 주요 목표는 연어를 비롯한 다른 어종의 회귀였다. 19세기 후반에 어획량이 25만 마리 정도였다는 기록이 정확하다면, 생태 복원을 위해 세계 최대의 화학 회사인 바스프BASF에서 사용한 5억 달러의 비용을 단순하게 금전적인 가치로 환산하더라도 연어 한 마리는 대략 2,000달러 이상의 가치를 지닌다고 할 수 있을 것이다.[10] 하지만, 라인 강 생태복원 계획의 놀라운 기술적 성공은 적어도 하천이나 강에서 발생한 화학적 오염은 복구할 수 있다는 사실을 확인시켜 주었다. 예를 들어, 지하수는 오염에 훨씬 취약할 수도 있고, 오염 복원 작업에도 훨씬 천천히 반응할 가능성이 높다. 이와 비슷한 사례로 DDT가 있다. 살충제인 DDT는 어패류에도 그 성분이 농축되었는데, 그 농축의 정도는 1960년대 DDT의 위험이 처음으로 발견된 이후에 놀라울 정도로 개선되었다. 하지만, 2006년 미국 지질연구소의 발표에 따르면 미국 도심 지역 지하수의 상당량이 검출 가능한 수준의 살충제 성분을 포함하고 있으며, 스무 곳 가운데 한 곳은 인간의 건강에 치명적인 영향을 미치는 수준의 살충제 성분이 포함되어 있었다.[11]

물의 물리적 특성 가운데 가장 특징적인 것은 가변적이라는 것이다. 이 가변성과 함께 또 다른 물리적 특성 한 가지는 이동을 방해하거나 촉진한다는 것이다. 물은 장벽이 될 수 있다. 영국 해협English Channel은 제2차세계대전 당시(이전의 많은 전투에서와 마찬가지로)에 영국 본토와 그 밖의 영토를 침략으로부터 보호해 주었으며, 오늘날에도 많은 나라의 (정치적) 국경은 강을 기준으로 나뉘는 경우가 많다. 다수의 하천과 그 유역(자연스러운 경제단위) 일대가 여러 정치권력 간의 협상을 통해 관리되고 있는 것은 그와 같은 이유 때문이다. 한편, 물은 이롭거나 해로운 것들이 들어오는 통로가 될 수도 있다. 강이나 바다, 그리고 이를 연결하는 운하는 세계에서 가장 효율적인 장거리 통상로의 역할을 해왔으며, 실크로드 같은 거대한 육로가 융성했던 시대는 해상 무역로를 이용하기에는 거리가 너무 멀거나 안전을 보장하기 힘든 위험이 도사리고 있을 때였다. 또한, 지중해와 흑해처럼 육지에 둘러싸여 있는 내해는 세계에서 가장 역동적인 문명을 탄생시키는 중추 역할을 했다.[12] 하지만, 번영을 가져다 준 바로 그 바다는 질병도 함께 실어왔다. 흑사병에 감염된 쥐는 배에 실려 유럽 곳곳으로 퍼져나갔고, 콜레라균은 오염된 식수를 통해 전국으로 퍼져나갔다.

물로 인한 전염의 특징인 위험 요인의 비가시성은 위험 요인에 대한 우리의 인식이 강력한 문화적 조작의 경향을 지닐 수도 있다는 것을 의미한다. 힌두교의 카스트 제도를 확립한 이념의 바탕에는 하층 계급에 의해 전염이나 오염이 발생할 수 있다는 두려움이 자리 잡고 있으며, 여기에서 물은 전염의 가장 강력한 상징이다. 심지어 오늘날에도 수백만 명의 힌두교도들은 자신이 속해 있는 계급의 구성원들이 제공하는 물이 아니면 마시지 않는다.[13] 미국의 북동부와 서부 지역에서는 상수원으로 사용되는 저수지에 몸을 담그는 여가활동이 전통적으로 금지되어 있는데(실제로 건강상의 위험이 없음에도 불구하고), 그와 같은 여가활동은 오염을 발생시킨다는 것이 수자원 관리 기관은 물론 대중들의 공통된 의견이었기 때문이다. 이 지역들을 제외한 미국의 다른 지역에서는 물놀이가 허용될 뿐만 아니라 권장되기까지 한다.[14] 물에서의 여가활동에 대한 허용 유무보다 심각한 오염을 유발할 수 있는 원자력이나 산업공해 등도 아주 가까운 곳에서 우리를 위협하고 있다. 과거 반핵운동을 떠올리게 만드는 가요 「그들은 비에 무슨 짓을 한 것일까?What have they done to the rain?」에는 이 문제에 대한 비판적 정서가 잘 담겨 있다.

이와 달리 물에 대한 정서적 친숙함은 우리의 모순적인 감정을 대변하고 있다. 제2차세계대전 이후 선진 공업국에서 나타난 성적 행동이나 성적 관습의 변화는 피임약으로 인해 가속화된 측면이 있지만, 개인의 위생수단이 개선되었다는 것 역시 이와 같은 변화를 만든 주요한 원동력이었다. 귀족과 같은 상위 계층의 사람들은 피임 여부에 상관없이 언제나 섹스를 하나의 놀이이자 예술로 생각해 왔다. 섹스가 누구나 평등하게 즐길 수 있는 놀이로 인식되기 시작한 것은 개인 주택에 수도시설이 보급되면서부터였다. 이후 에이즈의 확산으로 물은 다시 해방의 수단인 동시에 위협적인 존재로 인식되었다. 이 시기에 체액은 질병의 매개인자로, 샌프란시스코의 대중목욕탕은 전염병 확산의 상징이 되었다. 하지만, 용매로써의 기능을 모두 갖추고 있는 물은 강렬하고 모순적이어서 시적 설득력을 가지고 있다. 다음은 영국의 시인 W. H. 오든Auden이 쓴 석회암에 바치는 시 「석회암 찬가In Praise of Limestone」의 도입부이다.

물이 우리가 끊임없이 그리워하는 풍경을 만들 수 있는 이유는 우리의 향수(鄕愁)가 녹아있기 때문이다.

이 부드러운 경사면을 보라.

표면에는 시의 향기가 가득하지만 바닥에는

동굴과 지구 모세혈관의 은밀한 시스템이 숨겨져 있다.[15]

시 속에서 물은 균형과 익숙함(물은 '가까운 거리에서 눈에 익은 장소'의 풍경을 만들어내기 때문에), 그리고 신비로움(음악처럼 물은 '어디서든 만들어지며 무색무취이다.')을 상징한다. 물론 물은 삶의 소멸, 즉 죽음을 상징하기도 한다. 물은 어디에나 존재하기 때문에 수없이 많은 상징성을 가진다.

다른 관점에서 보면, 사회가 풍요로워지면서 물에 대한 우리의 인식이 개선된 부분도 있다. 각 가정에서는 일상적으로 물을 사용할 수 있게 되었고, 한편으로는 교육을 통해 물이 지니고 있는 비가시적인 특성에 대해서도 폭넓게 알려졌기 때문이다. 물이 수행해 왔던 화학적 기능은 언제나 상반된 것이었다. 때로는 촉매제로, 때로는 소화제로 사용되었다.—우리는 물이 지니고 있는 소화제로써의 기능에 대해서는 오래 전부터 알고 있었다. 지금은 과거와 달리 물이 지니고 있는 촉매제로써의 기능에 대해 알아가는 중이다. 몇 가지 여론 조사에 따르면, 부유한 국가와 빈곤 국가는 물과 관련된 문제를 인식하는데 있어서도 현격한 차이를 보인다고 한다.[16] 부유한 국가에서는 환경문제가 다른 정치적 사안에 비해 훨씬 중요하게 취급되고 있을 뿐만 아니라, 여론 조사에 참가한 사람들 대부분은 가장 우선해야 하는 환경 문제 두 가지 가운데 하나로 수질 개선을 꼽았다. 반면, 빈곤 국가에서는 수질 개선이 우선적으로 고려해야 할 환경문제 목록의 하위권에 위치해 있었다. 1990년 페루의 수도 리마Lima에서 실시한 여론 조사에서 페루가 직면해 있는 주요 환경문제를 식수의 오염이나 강과 바다의 오염이라고 답한 사람은 조사에 참여한 사람들 가운데 겨우 1퍼센트에 불과했다. 이는 거리와 공공장소의 쓰레기(42퍼센트), 자동차 배기가스로 인한 대기오염(30퍼센트), 발전소와 산업 오염(12퍼센트)과 비교해 봐도 아주 낮은 수치였다. 수질 악화의 위험에 노출된 정도는 빈곤 국가가 부유한 국가에 비해 훨씬 심각함에도 불구하고, 빈곤 국가의 국민들이 관심을 가진 문제는 단지 물을 충분히 확보하는 것이었다는 사실은 아주 역설적이다. 이와 같은 결과는 수질의 문제를 눈으로 직접 확인할 수 없었기 때문이라고 밖에는 설명할 수 없을 것 같다.

요약하자면, 물은 아주 다양한 의미와 용도, 그리고 가치-추상적인 의미에서의 가치는 물론 윤리적인 의미에서의 가치까지도 포함하는-를 지닐 수 있다. 하지만, 다행스럽게도 낯선 사람들이 물을 교환하기 위해서 물이라는 재화의 의미, 즉 물에 담긴 의미와 용도, 그리고 가치를 두고 지루한 논쟁을 벌일 필요는 없다. 우리는 가격에 대한 절충, 즉 얼마를 받고 얼마의 물을 건넬 것인지에 대해서만 합의하면 된다. 여기에도 시장에서 이루어지는 교환의 단순성이 숨어 있다. 문제는 구매자들이 거래하는 다른 물건의 희소성에 비해 물의 희소성이 결코 뒤처지지 않는다는 사실이다.

희소성과 재산권

물의 희소성은 단순히 물의 자연 지리적 특징만으로 결정되지는 않는다. 여기에는 물에 귀속될 수 있는 다양한 소유권도 영향을 미친다. 일반적으로 자신의 소유가 아닌 경우에도 물을 마시는 것은 허용된다. 하지만, 수도관

등을 통해 물을 실어 나르는 행위는 금지되어 있다. 실제로 사람들이 실어 나를 수 있는 양을 생각해 본다면 물이 충분하지 않기 때문일 것이다. 이를 달리 생각해보면 물을 필요한 장소로 이동할 수 있는 권리를 소유하게 되면 지리적으로 원래부터 물이 부족한 지역의 제약을 어느 정도 해소할 수 있다. 이것이 물의 소유권을 중요시하는 이유이다. 결과적으로 이 경우에 소유권이란 무엇보다 물의 사용에 대한 모든 것을 결정하는 규칙이며, 우리 모두가 공동으로 만든 규칙을 현실에 적용하는 일종의 사회제도이다. 이와 관련된 규칙은 전 세계적으로 아주 다양한데, 물 사용에 관한 규칙은 물의 희소성이나 이용자들 사이에서 일어나는 상호작용의 목적과 성격에 따라 그 내용이 달라지기 때문이다. 또한, 물 사용에 관한 규칙은 우리가 규칙을 실제로 적용하는 과정에서 발생하는 비용을 감당할 수 있을 때에만 비로소 그 가치를 인정받을 수 있기 때문이기도 하다. 어떤 경우에 물은 완전한 사유재로 취급되는데, 병에 담아서 판매하는 생수의 경우가 대표적이다. 이처럼 물을 사유재로 취급하기 위해서는 소유주가 다른 사람의 이용을 제한할 수 있어야 한다. 물은 가치에 비해 무게와 부피가 엄청나기 때문에 이를 실현하는 것은 결코 쉬운 일이 아니다. 결국, 물이 완전한 사유재가 되기 위해서는 물을 소유하고 이용하려는 사람, 또는 단체나 기관이 외부인의 물 이용을 차단하는데 필요한 비용을 기꺼이 지불해야 하며, 또 물의 소유와 판매를 통해 얻게 되는 이익으로 인해 다른 사람들이 직접적인 피해를 입지 않아야 한다는 것이다. 한편, 어떤 경우에는 수자원, 즉 물을 바다처럼 모든 사람들이 자유롭게 이용할 수도 있다. 영해 침범에 관한 규정을 시행하기 위해 국가가 지불하는 엄청난 비용을 고려한다면, 사실상 개인에게 이와 관련된 규정은 없는 것이나 마찬가지이다. 이처럼 누구나 자유롭게 사용할 수 있는 자원을 '공공재public goods'라고 부르는데, 공공재에는 두 가지 뚜렷한 특징이 있다. 첫 번째는 누구도 재화의 사용에 대해 제한 받지 않아야 한다는 것이고, 두 번째는 어떤 사람이 재화를 사용한다고 해서 다른 사람이 이용할 수 있는 재화의 양이 줄지 않아야 한다는 것이다.

사유재와 공공재라는 극단적인 사례 사이에는 이와는 다른 유형의 소유권인 공유재가 존재하고 있다. 이와 관련된 대단히 흥미로운 사례로는 물이 공유재산인 경우, 즉 물 사용에 대한 권리를 집단 전체가 공유하는 경우가 있다. 이때 집단의 구성원들은 서로가 물 사용을 통해 잠재적으로 다른 사람들에게 외부효과를 유발하는 위치에 놓일 수 있다. 물을 오염시킴으로써, 또는 단순히 다음 사람이 사용할 물을 남겨두지 않고 모두 사용해 버림으로써 외부효과를 유발하게 되는 것이다. 공동 관개 시스템이나 근해 어업, 그리고 물을 보유하고 있는 지층인 대수층의 이용 등이 대표적인 사례들이다. 이와 달리, 집단의 구성원들이 물 사용을 통해 완전하고 일방적으로 외부효과를 유발할 수도 있다. 예를 들어, 한 사용자 집단은 물 사용에 대한 통제권을 가지고 있다. 반면, 다른 사용자 집단은 통제권을 가진 집단의 물 사용으로 인해 직접적으로 영향을 받지만, 이를 제한할 수 있는 공식적 권리를 갖지 못해서 상대를 설득할 수밖에 없는 경우가 여기에 해당한다. 국제 하천international river의 상류에 위치한 국가와 하류에 위치한 국가의 관계가 대표적이다. 이처럼 상류에 위치한 국가와 하류에 위치한 국가 사이에서는 갈등이 빈번하게 발생되어 왔는데, 최근에는 이와 같은 갈등을 '물 전쟁water wars'이라고 표현하고 있다. 갈등의 근본적인 원인은 강의 이용과 관련된 이해관계를 조정할 수 있는 국제법이나 중재 수단이 제대로 마련되지 못하고 있기 때문이다. 이로 인해 21세기 세계 안보에 가장 위협이 되는 요인 가운데 하나를 물 전쟁이라고 보는 시각이 설득력을 얻어가고 있다.[17] 수단의 다르푸르처럼 물 기근 지역에서 발생한 폭력 분쟁은 물론 이스라엘과 팔레스타인 사이에서 계속적으로 벌어지고 있는 물 부족과 관련된 '충돌'은 앞으로 물 기근 현상이 심각해졌을 때 우리가 자기 파괴적인 행동까지도 할 수 있다는 것을 보여준다.

앞서 살펴본 바와 같이 물에 대한 소유권의 성격은 이용자가 얼마나 쉽게 다른 이용자의 접근을 차단할 수 있는지에 따라서 결정되기도 한다. 하지만, 이용자를 차단하는 것을 양자택일의 문제로 생각해서는 안 된다. 대수층에서 물을 끌어올리는 행동을 금지하면 물을 사용하는 일은 불가능해질 수 있겠지만, 물을 사용할 수 없다고 해도 물을 오염시키는 것은 충분히 가능한 일이다. 또 물 자체에 대해서는 개인이 권리를 소유할 수 없을지도 모르지만, 물속에 있는 자원, 즉 매장 광물이나 어족 자원 등에 대해서는 명시적인 권리를 소유할 수도 있기 때문이다. 그러므로 물의 사용과 관련된 모든 권리를 적절하게 관리하기 위해서는 규칙이나 규정이 상당히 정교해야 할 것이다. 더불어 기술의 발전이나 그 밖에 다른 상황의 변화에 맞춰 지속적으로 변화해야 하며, 또한 수자원이 위치한 장소의 특정한 자연환경의 변화에도 민감하게 대응할 수 있어야 한다는 사실을 기억해둘 필요가 있다.

물 사용을 통제하는 문제와 관련해서 우리의 사회제도는 그 사회에 소속된 사람들이 느끼는 필요성이나 이를 실현할 수 있는 능력을 바탕으로 물리적 환경에 아주 유연하게 적응해 왔다. 이와 같은 사실을 증명하는 역사적 자료는 너무나 많은데, 대표적인 사례로는 미국의 지표수의 사용과 관련된

법률이 있다. 이 법률은 그 내용적인 면에서 미국의 동부와 서부에서 상당한 차이를 보인다.[18]

　　대략적으로 이야기하자면, 미국 동부에서는 '하천부지 소유자의 권리 riparian rights'의 원칙을 토대로 하는 법을 채택하고 있다. 이 법은 수자원에 대한 절대적인 소유권을 인정하지는 않지만, 강이나 호수의 인근에 거주하는 사람들이 제한된 사용권을 행사하는 것은 인정하고 있다. 반면, 서부에서는 '우선 점유권prior appropriation'의 원칙에 근거한 법을 채택하고 있다. 이 법은 수자원을 선점한 사람들 대부분이 소유권과 사용권에 대해서 절대적인 권리를 행사할 수 있다.(또한, 미국 중북부의 많은 주에서는 이 두 가지 법률이 혼합된 형태의 법률을 채택하고 있다.) 하천부지 소유자의 권리와 우선 점유권의 원칙에 기초한 두 가지 법률은 수자원의 이용 방식은 물론 적용 지역의 환경에서도 상당한 차이를 보인다.

　　하천부지 소유자의 권리를 토대로 하는 법은 물이용과 관계된 문제에서 집단 전체의 권리를 우선적으로 고려하고 개인의 수자원 이용에는 제한을 둔다. 개인의 행동을 제한하지 않았을 경우, 개인의 선택이 다른 구성원들에게 외부효과를 유발할 수도 있기 때문이다. 하지만, 이와 같은 엄격한 규제로 인해 사회적 비효율의 문제가 발생하기도 한다. 수자원을 생산적인 용도로 이용하려는 동기를 제한하기 때문이다. 한편, 우선 점유권의 원칙에 근거한 법의 경우에는 수자원 이용과 관련해서 이해당사자들이 자유로운 단체협약 규정을 통해 다양한 문제를 해결하도록 유도하고 있으며, 각각의 수자원 이용자들이 그 용도(가령, 물을 다른 장소로 수송하는 방식을 통해)를 자유롭게 조정하는 것까지도 허용하고 있다.

어떤 법도 완벽하다고 할 수는 없다. 하지만, 하천부지 소유자의 권리에 기초한 법은 수자원의 이용에 대한 집단 간의 상호작용이 상당히 원활하게 일어나고, 이와 같은 상호작용에 대해 집단 수준의 대응책을 마련하기 어려운 경우에 적합하다. 이와 달리, 우선 점유권에 기초한 법은 수자원의 이용과 관련해서 부족한 수자원을 생산적으로 이용해야 하는 실질적인 필요보다 집단 간에 일어나는 상호작용의 중요성이 크지 않은 경우에 적합하다. 실제로, 19개의 주가 우선 점유권 원칙에 기초한 법을 채택한 미국의 서부(그 가운데 9개의 주에서는 이를 아주 엄격하게 적용한다.) 지역은 동부 지역에 비해 물이 부족하다. 그리고 이 법은 강에서 멀리 떨어진 지역에서 물을 분사해서 광물을 채광하는 수력채광 기술hydraulic mining technique의 집약적인 물 사용을 해결하기 위해 만들어진 것이었다.-당시에는 무기 오염물질이 수질에 미치는 영향은 대중의 관심을 끌지 못했다. 지하수의 사용권과 관련해서는 상황이 훨씬 복잡하다. 이용자들 사이에 존재하는 상호 의존의 문제로 인해 많은 문제들이 빈번하게 발생하겠지만, 마찬가지로 동부와 서부의 지역적 차이는 있을 수 있다.

물이 지닌 물리적 특성이 물을 재화로 정의하는 사회적 관습이나 법적 관습의 진화에 영향을 미쳤을 것이라는 생각은 역사학자 칼 비트포겔Karl Wittfogel이 쓴 『동양적 전제주의Oriental Despotism』의 극단적이고 대담한 결론에 잘 드러나 있다.[19] 비트포겔은 물을 통해 법 체제뿐만 아니라, 중앙집권적 사회와 정치권력의 구조까지도 설명한다. 그는 과거의 역사학자들이 "근동 지역, 인도, 중국 문명을 연구한 결과…… 고대 로마뿐만 아니라, 중세와 근대 유럽에는 존재하지 않았던 다양한 제도적 특징을 동양 지역에서 발견했다.…… 문화적 다양성을 지닌 동양 사회에서 드러난 가장 공통적인 특징은 독재적인 정치권력이었다."라고 이야기한다. 비트포겔의 주장에 따르면, 동양의 모든 정치권력은 자신이 이름 붙인 '관개농업'-물을 원래 있던 곳에서 토양의 비옥도를 높일 수 있는 곳으로 이동시키는 대규모 수리사업-을 조직화하려는 노력에서 비롯된 것이라고 할 수 있다. 지역에 있는 협력적인 조직만으로 그때그때 사용 가능한 빗물을 이용하는 농업('소규모 수경 재배')과는 달리 관개농업은 "특정한 형태의 분업을 필요로 하며, 집약적인 경작이 이루어지는 방식으로 대규모의 협력이 필수적이었다."는 것이다. 정치적 권위주의가 자급자족형 도시국가에서는 반드시 필요한 요소가 아닐 수도 있다. 하지만, 대규모의 관계시설을 건설하는 데 있어서는 어느 정도 불가피한 측면이 있었다. 또한, 이와 같은 분업을 통해 정치권력은 궁전이나 사원을 비롯해서 다양한 공공건물을 건설했는데, 우선적으로 인구를 정확하게 파악하고 관리함으로써 강제노동에 필요한 인력을 충당했다. 다시 말해, 물이 지닌 물리적 특성을 독특하게 분석("물은 대부분의 식물보다 무겁지만 관리는 훨씬 편리하다."는 등의)함으로써, 비트포겔은 이 필수불가결한 자연자원과 정치권력이 어떤 관계를 맺는가에 따라 사회의 구조가 달라진다는 복합적이고 대담한 명제를 이끌어낸 것이다. 그는 이와 같은 차이가 필연적인 것이라고 주장하지는 않았으며, 물리적 관계의 기저에 함축되어 있는 의도, 즉 물이 다른 요인들을 상쇄할 수 있을 정도로 중요하다는 것을 다양한 사례를 통해 보여주었다. 비트포겔이 주장하는 이론의 핵심적인 내용이 궁극적으로 옳다고 볼 수도 있고 그렇지 않다고 볼 수도 있지만, 무엇보다 이론의 바탕이 되는 독특한 사고 그 자체는 여전히 중요한 의미를 갖는다. 즉, 자원으로써의 물은 다양한 형태를 지니게 되는데, 그 가운데 일부의 것들은 물이 지닌 물리적 특성의 다양함 때문이다. 하지만, 대부분의 것들은 물의 사용을 제한하는 규칙이나 관습의 다양함 때문이라는 것이다. 물의 사용 제한에 관한 규칙과 관습은 사회의 구성에도 핵심적인 요소이기 때문에 자연스럽게 사회의 다양한 특징에도 영향을 미치게 된다.

　　물론 비트포겔의 주장과 유사하지만, 온건한 사례들도 있다. 공식적인 것은 아니지만, 지역사회에서도 공동으로 관리하는 관개용수 시스템을 만들어낸 증거는 상당히 많다. 이와 같은 시스템을 통해 개인의 '무임승차' 시도까지도 방지할 수 있었기 때문에 아주 유용했을 것이다. 정치 경제학자 로버트 웨이드Robert Wade가 인도의 남부 지역을 연구한 결과에 따르면 "관개 시스템의 끝부분에 위치해 있고, 어느 정도 규모의 가축 사육을 감당할 수 있으며, 비옥한 토지를 보유하고 있는 마을의 경우에는 그렇지 못한 마을에서는 찾아볼 수 없을 정도의 규모를 갖춘 공동 조직이 존재했다."는 것이다. 이와 같은 특징을 가지고 있는 마을에서 물 관리가 제대로 이루어지지 않았을 때에는 엄청난 양의 작물 손실이 발생했을 것이기 때문이다.[20] 따라서 농부들 사이에서는 공동으로 결정하고 시행하는 시스템을 통해 경제적 상호의존성을 관리해야 하는 동기가 상당히 커지게 되었는데, 이들이 특정 지역에 모여 집단을 구성했다는 사실은 결코 우연이 아니다. 농부들이 서로 모여서 살아야 집단 내부의 규칙을 감독하고 시행하는 일이 수월해지고, 농부들 사이에서 일어나는 상호의존성을 관리하는 시스템을 발전시키는 일도 쉽게 이루어질 수 있기 때문이다. 비트포겔 역시 자신이 이야기한 수리관개 시스템의 규모는 물론 지리적인 범위를 유지하기 위해서는 그에 상응하는 완벽한 해결책이 필요하다고 주장했다.

지금까지 우리의 사회제도는 물의 이용이나 물의 사용량에 따라 발생하는 제약에 탁월하게 대응해 왔다. 하지만, 이것이 우리의 미래를 낙관할 수 있는 근거는 아니다. 누구도 '전체'로써의 미국에 살 수 없는 것처럼 누구도 '모든 시기'가 포함되어 있는 역사를 살 수는 없다. 과거의 제약에 대해서는 그토록 훌륭하게 맞설 수 있었던 사회제도들이 미래의 도전과제 앞에서는 무기력할 뿐만 아니라, 오히려 장애가 될 수도 있다고 생각하는 데에는 몇 가지 이유가 있다. 첫째, 과거의 성공이 미래의 성공을 보장하는 것은 아니기 때문이다. 예를 들어, 비트포겔이 이야기한 관개 시스템을 갖춘 문명에서 만들어 낸 가장 인상적인 결과물은 물시계였다. 물시계는 유럽에서 처음으로 제작된 기계 시계에 비하면 너무나 정확했을 것이다. 하지만, 경제사학자 데이비드 란데스David Landes는 유럽에서 개발한 기계시계는 "어떤 시간과 날씨에도 사용할 수 있는 편리함 외에도……휴대가 가능한 크기로 소형화할 수 있다."라고 설명하며 물시계의 제작 기술을 '위대한 종점'이라고 표현했다. 또한 사람들이 정부와 같은 권력기관에서 정해둔 시간을 준수하는 것과 함께 분주한 일상에 효율적인 시간 사용이라는 개념을 적용하고, 또 이를 훨씬 중요하게 생각할 수 있었던 것도 시계의 소형화 때문이라고 주장했다. "그렇게 해서 시계는 공적인 시간 대 사적인 시간, 보통 사람의 시간 대 성직자나 귀족의 시간으로 나누어질 수 있었다." 결국, 란데스의 견해(추측에 근거한)에 따르면 소형화된 시계에서 생산성과 생산성의 향상이라는 개념이 탄생되었으며, 이 생산성 개념은 이후에 기술 진보의 바탕이 되었다는 것이다. "기계 시계가 서양에서 등장하고, 이와 함께 시간 측정과 시간에 대한 지식을 기초로 해서 문명이 만들어졌다는 사실은 서양을 다른 세계와 구분해줄 뿐만 아니라, 유럽이 기술은 물론 경제력에서도 패권을 쥘 수 있었던 결정적 요인이라 할 것이다."[21]

　　수자원의 미래를 낙관할 수 없는 두 번째 이유는 물이 흐르는 방향과 바로 그 방향으로 인해 물 이용자들 사이에서 발생하는 불균형과 관련되어 있다. 강의 상류에서 살아가는 이용자들은 상호 의존성에 영향을 받지 않으면서도 강의 하류에서 살아가는 이용자들의 생활이나 생존에 결정적인 영향을 미칠 수 있다. 사실, 일부 낙관주의자들은 피해 당사자들이 비공식적 교섭을 통해 환경적인 조건으로 인해 발생하는 외부효과와 그 결과를 극복할 수 있을 것이라고 생각한다. 경제학자 로널드 코스Ronald Coase는 이에 관한 대표적인 사례로 등대를 거론한다. 등대는 유익한 외부효과를 발생시키는데, 바로 이 등대의 상당수가 국가 기관이 아니라 개인에 의해서 건설되었다는 것이다. 실제로 코스는 '코스의 정리Coase theorem'라는 유명한 이론에서 비록 개인들 사이에서 외부효과가 발생한다고 하더라도 피해를 주고받는 당사자들 사이에서 재산권을 명확하게 설정할 수 있다면 협상을 통해 모든 문제를 해결할 수 있다고 주장했다. 오염을 일으키는 당사자는 오염으로 피해를 입는 사람들의 손실에 대해 무신경할 수도 있지만, 오염의 피해자는 오염 유발자가 관심을 가질만한 유인책을 제시할 수 있다는 것이다.[22]

　　강 하류의 이용자들이 효율적인 물 관리 방식에 대해 상류의 이용자들과 협상할 수 있다는 낙관적인 생각-즉, 협상을 통해 얻을 수 있는 이익보다 손실이 적은 유인책을 상류의 이용자들에게 제시할 수 있다는 생각-은 그와 같은 협상이 필요하다고 할지라도, 그 협상을 전적으로 신뢰하는 것은 불가능에 가깝다는 사실을 간과하고 있다. 오늘 약속한(심지어 선의에서) 내용이 내일도 반드시 지켜질 것이라고 장담하는 것은 쉽지 않은 일이다. 특히, 물의 이용과 관련된 계획은 오랜 시간에 걸쳐 지속적인 노력이 필요할 뿐만 아니라, 정치권력의 변화와 함께 약속이행에 대한 의무를 둘러싼 분쟁을 피할 수 없다는 점에서 실현 가능성이 아주 낮다고 봐야 한다.

이와 다른 예를 통해 설명할 수도 있다. 통상로 근처에 거주하는 모든 개인들에게 통상로를 이용하는 사람들로부터 통행료를 받을 수 있는 권한이 주어진다면, 그 통상로는 얼마 지나지 않아서 상인들의 발길이 끊어지게 될 것이다. 효과적인 방식으로 통행료의 수준에 대해서 합의를 했다고 하더라도 누군가 한 사람이 통행료를 일방적으로 인상해버리면 합의는 물거품이 되어 버리기 때문이다. 이와 같은 방식의 합의는 감독하는 것도 힘들지만, 무엇보다 합의를 파기한 개인에게 돌아가는 이익이 통상로 주변에서 피해를 입은 사람들의 보복으로 인해 발생되는 손실보다 훨씬 많기 때문에 사람들은 이웃의 눈을 피해 통행료를 올리고 싶은 유혹에 시달리게 된다는 것이 문제이다. 몽골의 황제들이 연이어 중앙집권적 독재 체제를 구축하자 중앙아시아를 통과하는 거대한 육로가 경제적으로 중요해진 것처럼, 수리관개 시스템이 넓은 지역에 물을 공급하기 시작하면서부터 정부의 중앙집권적 수리관개 시스템은 물과 관련된 문제에 대한 무엇보다 확실한 해결책으로 자리 잡게 되었다. 15세기 초에는 유럽의 여러 국가를 지나는 라인 강 주변으로 통행료를 징수하는 곳이 16군데나 있었고, 이것이 걸림돌이 되어 유럽대륙에서는 무역이 활발하게 이루어지지 않았다. 반면, 하천 통행료가 없었던 영국에서는 무역이 발달했다.[23] 오늘날 아프가니스탄에서 벌어지고 있는 군벌들의 잦은 약탈 행위는 이와 같은 현상의 대표적인 사례이다. 하지만, 소련에서 중앙통제로 인해 발생된 비극적인 환경 재앙에서 볼 수 있었던 것처럼 중앙집권적 통치가 언제나 효율적인 결과를 보장하는 것은 아니다.

실제로 생태 보호와 함께 경제 발전을 이루는 문제에 대해 어느 정도까지는 중앙집권 시스템을 통해 안정적으로 대응할 수 있다. 하지만, 중앙집권 시스템은 외부적인 요인-정치기구의 안정성이나 경쟁적인 통치 세력 간의 군사적 균형-에 대한 의존도가 지나치게 높기 때문에 21세기 수자원을 둘러싸고 벌어지는 갈등을 해결하는 방법으로 이를 과도하게 신뢰하는 것은 섣부른 낙관주의에 불과하다. 수자원 관리에 있어서 중요하게 여기는 국제적 상호관계(향후 댐과 관개 시설 개발로 증가하리라 예상되는) 가운데 몇 가지는 세계에서 정치적 불안이 가장 심각한 지역이라고 할 수 있는 요르단 강 유역과 티그리스-유프라테스 하계에서 일어나고 있다. 이와 관련된 국제법의 제정 수준은 미미한 상태일 뿐만 아니라, 그 적법성에 관해서도 논란이 많다. 중앙 통제 기관도 없고, 공정성의 기준도 합의되어 있지 않다. 성공적인 집단 관리를 통해서 우리가 얻을 수 있는 교훈은 집단 관리가 어느 정도 성공적으로 이루어지고 있을 때 지속가능한 규범을 합의할 필요가 있다는 것이다. 계약을 어기고 싶은 개인의 이기심, 즉 이익 추구에 대한 욕망은 구성원 전체가 수용하고 있는 합리적인 합의라는 시스템만으로는 완벽하게 제어하기 어렵기 때문이다. 적법한 기준이나 합의된 규범이 없다면 수자원 이용에 대한 효율성과 공정성을 기대할 수는 없을 것이다.

물 관리와 관련해서 이제까지 살펴 본 다양한 사회제도들은 인류 사회의 유연성과 적응력을 증명해 주고 있으며, 동시에 물에 대한 우리의 태도를 반영하고 있는 규범의 내부에서는 다양한 가치들이 서로 충돌하고 있다는 의미이기도 하다. 어떤 사람들은 물을 경제재로 보는 시각이 잘못된 것이라고 주장하는데, 물이 경제재가 되면 숭배의 대상처럼 자유롭게 변화될 수 없다고 (잘못)생각하기 때문일 것이다. 이유가 무엇이든, 물의 사용량을 측정하고 비용을 청구하는 일은 전통적으로 물을 '기본재'로 생각해왔던 많은 나라에서 거센 반대에 부딪혔다. 대부분의 국가에서는 기본재를 무상으로 제공하는 것이 일반적이다. 하지만, 물의 사용에 비용을 청구하는 방안에 반대하는 일이 설득력을 얻기 위해서는 무엇보다 수자원이 풍족해야 한다. 오늘날과 같이 많은 나라들이 물 부족에 시달리고 있는 상황에서 물 사용을 무상으로 한다면 우리에게는 '목마른' 미래가 기다리고 있을 뿐이다. 어떤 사람들은 가정용 물 소비량은 다른 소비재와 비교했을 때, 가격과 소득에 따른 영향이 거의 없기 때문에 물에 비용을 청구하는 것은 무의미한 일이라고 주장한다. 1980년대 후반 텍사스 주의 오스틴Austin에서 실시했던 연구에 따르면, 1인당 물 소비량은 1950년대 이후에는 소득에 따른 변화를 거의 관찰할 수 없었으며, 1970년부터는 전혀 변화를 확인할 수 없었다. 반면, 도시와 시민들의 소비습관은 거의 모든 면에서 급변했다.[24] 가정에서 직접 소비하는 물 사용량이 환경에 미치는 영향은 상대적으로 미미한 편에 속한다. 하지만, 농업이나 산업을 통해서 간접적으로 소비되는 물 사용량이 환경에 마치는 영향은 엄청날 뿐만 아니라, 가격에도 상당히 민감하게 반응한다. 1960년대 이후 빈곤 국가에서는 농업 기술의 '녹색혁명'이 일어났는데, 이로 인해 농업에서 집약적인 물의 사용은 필수적인 것이 되었다. 또한, 면화에서부터 자동차에 이르기까지 모든 제품을 생산하는 과정에서 소비되는 물의 양은 천차만별이지만, 새로운 생산 방식으로 인해 대부분의 경우 사용량이 급격하게 증가했다.

　　물을 경제재로 취급하는 것을 제외하면, 아직까지는 마땅한 대안이 없다. 전 세계는 아니라고 하더라도 다수의 국가에서는 물이 부족한 실정이며, 이는 결국 전 세계의 숨통을 조일 것이다. 하지만, 물을 경제재로 취급하는 것은 논쟁의 끝이 아니라 논쟁의 시작이 될지도 모른다. 그렇다면, 물을 경제재로 취급한다는 것은 도대체 어떤 의미일까? 첫째, 물의 희소성은 사용자가 물을 효율적으로 이용해야 하는 유인을 제공한다는 것이다. 이 유인책이 언제나 가격일 필요는 없지만, 가격은 다른 유인이 가질 수 없는 너무나 매력적인 특징을 가지고 있다. 특히, 가격 유인은 자세한 정보가 부족하고 직접적인 규제나 도덕적인 설득에 필요한 상호 신뢰가 존재하지 않는 경우에 의사결정권을 분산시키는 효과를 거둘 수 있다. 누가 물을 더 가지고 덜 가질 것인지에 대해 더 이상 논쟁이 필요 없어진다는 것은 가격, 즉 물의 유료화를 통해 얻을 수 있는 가장 큰 장점이라고 할 수 있을 것이다. 물론, 빈민층에 대해서는 적절한 지원이 필요할 것이다. 그리고 다른 상품과의 비교를 통해 산출된 희소성을 반영해서 물 가격이 책정된다면, 빈민층에 대해 물과 의식주, 그리고 기타 생필품을 지원하는 과정에서 물을 어떤 방식으로 지원할 것인가의 문제 때문에 발생할 수 있는 갈등을 획기적으로 줄일 수 있을 것이다. 적정한 가격을 책정하는 것은 빈민층을 지원해야 하는 당위성을 약화시키기보다는 오히려 당위성을 강화할 것이기 때문이다. 둘째, 물을 경제재로 취급한다는 것은 전 세계의 모든 곳에서 비슷한 방식으로 물을 관리할 수 있다는 생각을 폐기하는 것이다. 건조한 지역에서의 물 관리에 대한 법률이나 제도적 장치는 물이 풍부한 지역의 그것과는 달라야 하며, 가격 책정과 규제 방식은 물론 물에 대한 태도 역시 달라질 필요가 있기 때문이다. 셋째, 물을 경제재로 취급한다는 것은 기술적인 제약에 따라 다른 방식의 해결책이 필요하다는 의미이다. 예를 들어, 물의 수송이나 저장처럼 규모의 경제가 필요한 분야에서는 어느 정도의 독점이 불가피하다. 한편, 정화 기술은 규모의 영향을 적게 받는다.(실제로 정화 작업은 물이 대량으로 모일 때까지 기다리는 것보다는 방류 시점에 실시하는 편이 훨씬 효율적이며 수월하다.) 따라서 분산된 관리 방식은 물 공급보다는 정화에 적합한 방식일 수 있다. 넷째, 물을 경제재로 취급한다는 것은 '흥정trade-offs'(하나를 얻는 대신, 다른 하나를 포기하는 것)을 인정한다는 의미이다. 각각의 물 이용자는 저마다 손실을 보거나 이익을 얻게 되며, 손실과 이익의 분배는 사람들마다 다를 것이다. 수자원을 둘러싸고 언제 터질지 모르는 국제 분쟁의 위험은 가격 협상의 장, 즉 다른 자원에 대해서 국가 간의 거래가 이루어질 때와 마찬가지로 그날그날의 환율로 분명하게 명시되었을 때 오히려 감소할지도 모른다.

우리는 앞서 멕시코의 수돗물과 프랑스의 판매용 생수를 비교하면서 화학적으로 동일한 물질도 문화적 인식에 따라 상당히 다른 두 가지의 경제재가 될 수 있다는 사실을 확인했다. 우리는 법률적 제도, 공정성의 기준, 정치권력의 구조 등을 반영해 수세기 동안 물의 관리와 공급을 관할하는 제도를 구축해 왔다. 이렇게 만들어진 제도에서 발견할 수 있는 차이점들은 제도가 만들어진 환경이나 상황을 고려했을 때에만 설명이 가능하다. 다가오는 세기에 세계의 수자원을 둘러싼 극단적인 갈등이 발생하는 사태를 방지하기 위해서는 이와 같은 차이를 좁힐 필요가 있다.

우리 인간이 지니고 있는 고유한 특징인 터널 비전을 고려했을 때, 이와 같은 차이를 조정할 수 있는 현실적인 대책을 마련할 수 있을까? 1장에서 우리는 셔츠 생산과정에서 발생하는 국제적인 활동들이 탁월하게 조정되는 과정에 대해 살펴봤다. 셔츠 생산은 종합적인 계획 없이 이루어졌다. 즉, 각각의 시장 참여자는 고객과 공급업체가 제공하는 기회에 대응하고, 그와 같은 기회가 시장 참여자들이 사고 팔 수 있는 가격으로 명시되었기 때문에 셔츠 생산이 가능해진 것이다.

물로 인해서 발생하는 갈등을 해결할 수 있는가의 문제는 다른 자원을 둘러싼 갈등과 마찬가지로 당장의 사용자뿐만 아니라, 모든 사람들이 지불해야 하는 비용이 가격을 통해 정확하게 반영될 수 있느냐에 달려 있다. 이 말의 의미를 이해하기 위해서는 우선 '가격'제도가 어떻게 만들어진 것인지, 그리고 상호교환이 조율되는 과정에서 '가격' 제도가 갖는 강점과 한계점이 무엇인지를 살펴봐야 한다. 12장의 주제는 바로 가격 제도이다.

chapter **12**

모든 것의 가격?

조정자의 역할을 하는 가격

전 세계의 증권 거래인들은 컴퓨터 앞에 앉아서 화면에 떠 있는 수십 개, 혹은 수백 개의 숫자를 확인한다. 이 숫자들은 가격이며, ('시장 조정자'라고 알려진)다른 거래인들이 말 그대로 기업 운영의 권리-다른 사람들과 함께 기업의 운영 방식을 결정하고, 운영 수익의 일부를 돌려받을 수 있는 권리-인 주식을 거래하고자 하는 금액을 의미한다. 오랜 시간 동안 아무런 변동이 없을 때도 있다. 숫자는 좀처럼 변화가 없고, 화면 앞의 얼굴들은 최면에 걸린 듯 공허한 표정이다. 가끔은 뉴스가 전 세계에 전기 스파크처럼 퍼져나가 기도 한다. 어떤 회사의 수익률이 예상 외로 낮다거나 기적의 약에 대한 임상실험 결과가 성공적이었다거나 미국 연방준비제도이사회FRB 의장이 알 수 없는 발언을 했다는 등의 기사는 순식간에 전 세계로 퍼져 나간다. 불가사의한 뉴스가 나올 때도 있다. 민간 보험회사와 경쟁하게 될 건강보험 의무가입을 실시하겠다는 오바마 미국 대통령의 건강보험 계획안에 상원의원 6명이 반대표를 던질 것이라는 뉴스가 보도 되자마자 곧이어 대형 민간보험회사의 주가가 치솟기 시작한다. 즉, 누군가는 신경을 곤두세우고 있다는 의미이다.[1] 수천 명의 사람들이 컴퓨터 마우스를 클릭해서 뉴스를 접하게 되고, 처음으로 뉴스를 접한 사람들은 전해 들은 정보를 다시 전달한다. 매도와 매수가 이어진다. 주식의 가격이 가파르게 변동되고, 아직 뉴스를 접하지 못한 사람들도 뭔가 일이 벌어지고 있다는 사실을 깨닫게 된다. 아드레날린이 요동친다. 투우나 공개적인 전투보다는 격렬하지 않은 '오락거리'이지만, 중독성-모험, 혹은 투기적인 활동을 좋아하는 사람들이라면-은 그에 못지않게 강하다. 주식 거래는 상당부분 공개적으로 이루어진다. 도쿄와 티에라 델 푸에고Tierra del Fuego의 거래자들은 각자의 방에 홀로 앉아 있을 것이고, 심지어 접속하고 있는 웹 사이트도 제각각일 것이다. 하지만, 그 순간에는 동일한 화면을 보고 있을 가능성이 아주 높다. 두 지역에서 보고 있는 마이크로소프트 사의 주식 시세는 미세한 차이도 용납되지 않는다. 시세의 차이가 생긴다면, 사이버 공간을 순찰하는 '론 레인저Lone Ranger'들이 순식간에 그 주식을 싸게 매입해서 비싸게 매도함으로써 시세 차이를 사라지게 만들 것이다.

　　주식처럼 모든 '물건'의 거래 가격이 공개되어 있는 것은 아니다. 모로코 마라케슈의 전통시장인 수크Souk에 가서 카펫을 슬쩍 쳐다보기라도 한다면, 당신은 어느 새 가게 안에 앉아서 민트 차 한 잔을 앞에 두고 카펫에 대한 비밀스러운 대화를 나누고 있을지도 모른다. 그리고 누구를 만나든 '특별 할인가'를 제안 받을 수 있을 것이다. 당신이 제안 받은 특별 할인가가 아주 특별하게 저렴하다고 생각하지만 않는다면 덤터기를 쓸 일은 없을 것이다. 당신이 제안 받은 가격은 카펫 판매상들이 당신의 구매동기, 상품에 대한 지식, 그리고 당신이 정해 둔 예산에 맞춰서 책정한 것일 뿐이다. 즉, 그 가격은 다른 사람이 지불하는 가격보다 높을 수도 있고 낮을 수도 있다는 것이다. 당신이 카펫에 대해 해박한 지식을 갖추고 있으며, 구매동기가 불분명할 뿐만 아니라, 정해둔 예산이 많지 않다는 사실을 분명하게 보여줄 수만 있다면 가격은 만족스러울 정도까지 떨어질 것이다. 하지만, 이렇게 해서 정해진 가격은 어디까지나 당신이 지불하는 가격일 뿐이며, 당신에게만 해당되는 가격이다. 당신과 상인이 흥정하는 장면을 아무도 목격할 수 없었기 때문이다.

겉보기에 비슷비슷한 제품에 대해서 사람들이 지불하는 가격은 천차만별이다. 컴퓨터나 인터넷과 같은 새롭고 현대적인 기술을 동원한다고 하더라도 제각각으로 매겨져 있는 가격이 하나로 통일된다거나, 혹은 가격차가 반드시 줄어들지는 않을 것이다. 다음 기회에 비행기에 탑승할 일이 생기면 옆자리에 앉은 두 사람에게 항공권을 얼마에 구매했느냐고 물어보라. 최대 10배까지 차이가 날 수도 있다. 한 사람은 한 달 전에 예매를 했고, 다른 한 사람은 체류기간이 일주일도 안 되며, 나머지 한 사람은 대기표를 급하게 구매해서 탑승했을 지도 모른다. 노선이나 좌석의 종류, 그리고 여행기간이나 예매시기에 따라 요금에 차등을 두기 위해서 항공사는 아주 정교한 소프트웨어를 사용한다. 고객들 역시 항공사 별로 항공료를 비교할 수 있는 정교한 소프트웨어를 사용한다. 모든 판매자들은 구매자에게 최대한 비싼 값에 항공권을 판매하려 하고, 모든 구매자들은 최대한 많은 항공사의 항공권을 비교한 다음에 가장 저렴한 항공권을 구매하고 싶어 한다. 이 과정은 경쟁 관계에 있는 판매자들은 항상 다른 어딘가에 존재하고 있다는 사실의 바탕 위에서 구매자의 성향이라는 미스터리한 요소와 기회는 지금 그리고 이곳에 있는 동안 유효하다는 판단에 의해서만 잠시 멈추는 영원히 '지속되는 탱고'이다.

구매자들과 판매자들은 모두 점점 더 테크놀로지에 의지하게 될 것이다. 가령, 내 컴퓨터는 내가 방문한 웹 사이트의 관리자가 내 하드디스크에 심어놓은 작은 프로그램('쿠키cookie')의 감시를 받아왔다. 이제 아마존 사이트를 내가 다시 방문하게 되면 특별한 '감정'이 이입되어 있는 컴퓨터를 통해 내 취향에 맞춘 추천목록이 화면에 표시된다. 자동차 제조업체는 과거 어느 시기보다 정교한 전략을 수립한 다음, 특별히 자동차를 구매하려는 욕구가 강한 사람들을 선별해서 오직 그들만을 겨냥한 마케팅을 펼치고 있다. 어떤 자동차 회사에서는 결혼이나 사망 등 '라이프 이벤트life event'에 관련된 웹 사이트와 연계된 마케팅 전략을 선보이기도 하는데, 이들 사이트가 제공한 정보에 따르면 결혼이나 출산, 이혼이나 사별 등 인생에서 중대한 전환을 경험한 사람들의 80퍼센트가 1년 내에 새로운 자동차를 구입한다고 한다.("스미스 부인, 남편 분의 소식은 너무나 안타깝습니다. 하지만, 지금이 소형차로 바꿀 최적의 시기일 것 같습니다.") 한편, 테크놀로지를 활용하는 고객들도 있다. 그들은 다양한 사이트를 방문해서 가격을 비교한다.ㅡ구매하려는 상품이 값비싼 것일수록 철저하게 조사가 이루어진다. 물론, 꿋꿋하게 자신의 생각을 고수하는 고객들도 있다. 스미스 부인의 경우 씀씀이를 줄이기는커녕 구두쇠 남편이 살아있는 동안에는 꿈도 꾸지 못했던 컨버터블 자동차를 구매할 계획을 세우고 있을지도 모른다. 그렇다면 가격이라는 제도는 어떤 방식-겉으로 보기에는 다소 혼란스러운 방식으로 정해지는-으로 현대의 경제생활에서 요구하는 온갖 활동을 조정하는 놀라운 성취를 달성하는 것일까? 1장에서 살펴본 것처럼 셔츠를 생산하는 비교적 단순해 보이는 일조차도 그 과정에서는 수많은 단계를 거쳐야 하는데, 각각의 단계를 이어주는 총괄 책임자는 없다. 이와 같은 의미에서 가격은 연쇄적인 과정에서 각 단계들 사이의 연결고리를 만드는 일종의 협약이라고 할 수 있다. 농부는 자신이 생산한 면화를 상인에게 넘기면서 적당한 가격을 제시할 것이다. 그러면 상인은 방적공장과 직물, 직조 공장에 농부에게 지불했던 가격과는 다른 가격을 제시해서 면화를 판매할 것이다. 각 단계에서 이루어지는 거래를 성사시키는 일은 틀림없이 아주 힘들 것이고, 실제로 이 거래에서 발생하는 이익의 대부분은 일방적으로 어느 한쪽에서 취하게 될 것이다. 하지만, 거래 당사자들은 다른 사람들과 거래하는 것보다는 조금이라도 유리하게 거래가 성사되었다고 확신할 것이다. 거래를 성사시키는 과정에서 이루어지는 협상을 유리하게 이끌어가기 위해서는 대신할 수 있는 기회, 즉 대안이 많아야 한다. 상인은 농부에게 지불한 가격보다 훨씬 높은 가격을 제시하며 방적공장에 면화를 판매할 수 있겠지만, 농부는 다른 상인과 흥정을 한다고 하더라도 기대만큼 많은 이익을 얻을 수는 없을 것이다. 바로 이것이 전 세계에서 다수의 가난한 사람들이 시골지역에 몰려있는 한 가지 이유인 대안의 부재, 즉 상인들과 달리 농부들은 농작물의 다양한 판로를 확보하지 못하고 있기 때문이다.

대안이 많을수록 거래에서 유리한 위치를 차지할 수 있다는 사실은 가격이 공급과 수요에 어떻게 반응하는지를 설명해 준다. 오늘따라 시장에 감자가 넘쳐나고 있다. 어떤 일이 벌어질까? 고객들은 시장 구석구석을 뒤져서 판매 가격보다 낮은 가격을 제시할 것이다. 어떤 상인은 그 가격을 거부하겠지만, 그 가격에 감자를 판매하려는 다른 상인이 있다는 사실을 고객이 알고 있기 때문에 가능한 일이다. 오늘따라 신선한 과일이 눈에 띄지 않는다. 이제 어떤 일이 벌어질까? 이번에는 판매자가 유리하다. 과일을 사려는 구매자가 많을 것이기 때문에 판매자는 과일 가격을 자신이 원하는 수준까지 높일 수 있다. 시장이 끊임없이 반복되는 일종의 제비뽑기였던 것처럼, 이와 같은 가격의 동향이 구매자가 판매자에게, 또는 판매자가 구매자에게 단순하게 현금을 건네는 역할만 하는 것은 아니다. 제품 공급자에게는 가격 동향이 제품을 어디로 보내는 것이 가장 좋을지를 알려주는 역할도 하기 때문이다. 어떤 지역에 흉년으로 인해 식량부족이 발생하면, 치솟은 농작물의 가격은 자석처럼 외부 사람들을 끌어당겨서 가격의 상승세를 꺾어 놓겠지만, 결과적으로는-무엇보다 중요한 것은- 물자가 부족한 곳으로 물자를 이동시키는 역할도 수행한 셈이 된다.

이처럼 자연스럽게 이루어지는 안정화 반응은 유익한 일이겠지만, 기회를 찾아 나선 외부 사람들에 의해 주도된다. 모든 시장이 개방적인 것은 아니다. 시장으로의 접근이 제한되어 있고 독점기업이나 몇몇의 내부자에 의해('카르텔cartel'이라고 알려진 기업 연합을 통해 이루어지는 집단행동을 통해) 시장이 움직이고 있을 때, 긍정적인 조정자 역할을 수행하는 가격의 능력은 심각하게 손상될 수 있다. 대체적으로 독점기업은 다른 공급자가 없다는 점을 이용해서 가격을 올린다. 그렇다고 해서 무작정 가격을 올리는 것은 아니다. 고객들이 그 기업에서 생산한 제품의 구입을 포기할 경우에는 자칫 모든 고객을 잃을 수도 있기 때문이다. 하지만, 독점기업이 훨씬 많은 이익을 남기기 위해서 고객 가운데 일부를 잃을 수 있다는 각오가 되어 있다면 전혀 다른 상황이 펼쳐질 수도 있다. 가격 상승을 견디지 못한 고객들은 더 이상 독점기업에서 생산한 제품을 이용할 수 없게 될 수도 있다. 이 경우에 고객들은 제품의 생산이나 수급에 필요한 만큼 비용을 반영할 수 있는 가격이라면 그 기업에서 생산한 제품을 구입할 의사가 있지만, 기업은 고객들이 원하는 가격에 제품을 공급할 의사가 전혀 없다. 이로써 기업과 고객 모두에게 이익이 되는 거래가 성사될 수 있는 기회가 사라지게 되었다. 이것이 바로 경제학자들이 '시장 실패market failure'라고 말하는 한 가지 사례이다. 즉, 시장에서 책정된 가격이 낯선 사람들 사이에서 효율적인 거래가 이루어질 수 있게 만드는 신호로써의 기능을 더 이상은 수행하지 못하는 상황을 의미하는 것이다. 이와 같이 시장에서 발생하는 병리현상-부유한 산업사회보다는 개발도상국의 정보가 단절된 시장에서 훨씬 자주 발생하는-은 독점을 억제하고, 시장을 개방하고, 무역을 장려하는 정책을 세우기 위한 지적 토대를 제공한다. 이 모든 정책들은 독점주의자들의 반발을 불러일으킬 수 있으며, 고안하고 시행하는 것도 쉽지 않다. 하지만, 최근에는 거의 모든 국가에서 독점기업의 출현을 예방하고 방지하는 정책에 진지하게 관심을 쏟아야 한다는 입장을 지지하고 있으며 관련 정책 역시 시행되고 있다.

라이벌인 구매자와 판매자들 사이에서도 경쟁이 존재하고(즉, 각자 거래 상대를 선택할 수 있는 상황), 구매자와 판매자들이 그들 앞에 놓여 있는 기회에 대해 충분히 인지하고 있으며, 거래 당사자들 사이에서 이루어지는 거래가 다른 누군가에게 심각한 영향을 미치는 것이 아니었을 때, 터널 비전은 탁월한 효과를 발휘한다. 셔츠 생산 전체를 조정하는 복잡한 과정은 조금이라도 유리하게 거래할 수 있는 기회를 찾는 구매자들이나 판매자들의 끝없는 기회주의와 완벽하게 맞물려서 움직인다. 소비자들이 다양한 디자인 가운데 특정 디자인이 마음에 든다는 결정을 내리는 순간, 판매자는 가격을 올릴 수 있는 기회를 얻을 수 있다. 그리고 판매자들은 제품의 생산 가격을 최대한 낮추기 위해 가능하다면 많은 공급업체를 물색한다. 옷감과 실, 단추 생산업체를 선정한 다음 최신 유행 디자인의 셔츠를 주문한다. 누구도 시스템 전체를 움직여서 수요를 맞추지는 않지만, 전체 시스템은 바로 이와 같은 방식으로 움직이고 있다. 셔츠 생산과 관련된 일을 찾고 있는 사람이라면, 셔츠와 셔츠제작에 사용되는 모든 제품의 가격을 살펴보고 마진이 충분한지를 계산해봄으로써 업계에 대한 전망과 평가도 가능할 것이다. 셔츠의 가격이 옷감, 실, 단추 등의 가격을 모두 합한 것보다 월등하게 높게 나온다면, 여러 개의 셔츠 생산업체에서는 조금이라도 이익을 나눠가지기 위해 달려들 것이다. 셔츠 생산과 관련된 직종은 여전히 도박이다. 하지만, 이 도박에서의 승리는 누구나 찾을 수 있고 요구할 수 있는 다른 정보들이 아니라, 셔츠와 셔츠 제작에 필요한 부속품의 가격과 관련된 정보에 의해 결정될 것이다.

가격과 관련된 정보는 누구나 이용 가능할 뿐만 아니라, 이해 가능한 방식으로 미래에 대한 가장 중요한 정보를 요약하고 있다고 생각하는 것은 가격이 뛰어난 조정자 역할을 수행하는 과정을 이해하는데 있어서 필수적인 열쇠이다. 셔츠의 가격은 구매자들이 셔츠를 소유할 수 있는 기회를 얼마나 중요하게 생각하는지를 보여준다. 그리고 옷감, 실, 단추의 가격은 셔츠 생산업체들이 셔츠를 생산하는 고충과 수고, 그리고 비용을 얼마나 염두에 두고 있는지에 대해서도 보여준다. 이 두 가지 가격 사이에서 이윤이 발생한다면, 이는 셔츠 구매자와 셔츠 생산자 모두에게 이익이 되는 거래가 성사될 수 있는 여지가 있다는 것을 의미한다. 가격이 이와 같은 역할을 수행할 때, 터널 비전이 아주 지루하고 느린 속도로 작동하면서 쌍방 계약이라는 거대한 퍼즐을 조립하게 되면 우리는 혼자서 우리 삶의 모든 요소를 조립할 때보다 훨씬 많은 이익을 얻을 수 있을 것이다.

가격의 여론 조사 기능

그렇다면 가격은 어떻게 이와 같은 방식으로 정보를 모으고 담을 수 있게 된 것일까? 수많은 개인들이 행하는 예측 불가능한 판매와 구매 결정에 따라 변동하는 가격이 어떤 과정을 통해서 온갖 흥미로운 정보를 담을 수 있게 된 것일까?

이 과정을 알아보기 위해 미국 대통령 선거를 불과 몇 주 앞둔 아이오와 전자거래소Iowa Electronic Markets2에 대해 살펴보자. 아이오와 전자거래소는 아이오와 대학교의 헨리 B. 티피 경영대학이 운영하는 금융상품('주식') 중개 사이트이다. 하지만, 뉴욕 증권거래소에서 거래되는 대부분의 금융상품과는 달리 이곳에서 중개되는 상품은 기업의 실적에 따라 배당이 주어지는 것이 아니라 좀 다른 기준에 따라 현금을 지급한다. 이 사이트에서 거래되는 상품은 공화당 후보의 대통령 당성 가능성이기 때문이다. 당선될 경우에는 1달러를 지급하지만, 그렇지 않을 경우에는 배당금을 지급하지 않는 상품이다.(민주당 후보를 비롯해서 대통령 선거에 입후보한 모든 후보들에 대해서도 유사한 거래가 이루어진다.) '승자독식' 상품이라고 알려져 있는 이 상품은 성과에 따라 다양한 금액을 지급하는 다른 금융상품들과는 상당한 차이가 있다. 선거일이 다가오면 사람들은 '주가'를 주시한다. 거래자들이 후보의 승리 가능성을 높게 예상할 경우에는 주가가 상승하고, 낮게 예상할 경우에는 주가가 하락한다. 어떻게 이와 같은 결과가 발생하는 것일까? 현재의 상품 가격이 50센트라고 가정해 보자. 공화당 후보가 승리할 가능성이 높다고 생각하는 거래자들은 주식을 매입하겠지만, 승리 가능성이 희박하다고 생각하는 거래자들은 주식을 매도할 것이다. 매도하는 사람들보다 매입하는 사람들이 많을 경우, 낙관주의자와 비관주의자들이 균형을 잡을 때까지 주가는 계속해서 상승할 것이다. 공화당 후보가 승리할 가능성이 높다는 것을 뒷받침하는 뉴스가 나오면, 균형을 유지하던 가격은 다시 상승할 것이다. 따라서 주식의 가격은 거래자들이 결정한 승리 확률에 대한 평가의 중간 값을 의미한다.(실제로 통계 전문가들은 이를 중앙값median이라고 부른다.)[3] 2000년 11월 대선이 치러지기 2개월 전, 주가는 민주당의 승리를 올바르게 예측하고 있었다.-'올바르게'라고 말한 이유는 '승리'는 가장 많은 지지표를 받는 경우라고 정의할 수 있으며, 당시에는 실제로 민주당 후보인 앨 고어Al Gore가 가장 많은 지지를 받고 있었기 때문이다. 고공행진을 이어가던 사전 지지율에도 불구하고 2000년대선에서 앨 고어는 백악관의 주인이 되지 못했다.

주가가 곧 승리 예측확률이 되는 승자독식 상품뿐만 아니라, 선거 후보자가 얻은 득표율과 동일한 금액을 지급하는 상품도 거래되고 있다. 따라서 이 상품은 득표율에 대한 전체 거래자들의 가장 근접한 예측율과 동일한 가격에 거래된다. 이것은 기존의 여론 조사 기관들이 자신들만의 방식을 통해서 알아내려고 했던 바로 그 정보들이다. 아이오와 전자거래소는 대부분의 여론 조사 기관이 탐낼 정도의 예측 적중률을 보여 주었으며, 이에 대한 누적된 실적을 보유하고 있다. 1992년과 1996년 대선이 있기 3개월 전에 아이오와 전자거래소에서는 자신들의 최종 예측결과와 빌 클린턴 후보의 득표율이 2퍼센트 이하의 오차를 보일 것이라고 발표 했다. 또한, 2008년 대선에서는 선거 2년 전부터 민주당 후보가 약 4퍼센트의 득표 차로 승리할 것이라고 예측했다. 실제로 2년 후에 민주당 후보인 버락 오바마는 약 7퍼센트의 득표차로 대통령에 당선되었다. 아이오와 전자거래소의 최대 거래금액보다 아주 큰 금액의 거래가 이루어지는 정치 배팅사이트인 '인트레이드Intrade' 같은 거래소들 역시 정치 예측에서 두드러진 성과를 보여주고 있다. 새삼스러운 일도 아니지만, 여론조사 기관이 1,000~2,000명을 대상으로 투표 의향을 조사할 경우, 여론조사에 응하는 사람들이 조사원에게 반드시 자신의 의향을 솔직하게 답해야 할 이유는 전혀 없다. 반면, 아이오와 전자거래소에서는 참여를 원하는 많은 거래자들의 솔직한 의견을 바탕으로 정보를 구성할 수 있다. 왜냐하면, 재정적인 혜택을 제공함으로써 진실을 말하도록 만들기 때문이다. 뿐만 아니라, 이를 통해 최대한 많은 사람들로부터 정확한 정보의 수집 역시 가능해졌다.

　　다른 많은 웹 사이트를 통해서도 다양한 미래 예측이 이루어지고 있다. '뉴스퓨처스Newsfutues'4는 프랑스와 미국에서 운영되는 사이트로 대 테러 전쟁의 각 단계, 매년 프랑스에서 열리는 전국 일주 사이클 대회인 '투르 드

프랑스Tour de France'와 슈퍼볼의 결과에 배당금을 걸고, 외계생명체 탐색 프로젝트인 '세티SETI'가 외계 생명체로부터 메시지를 발견할 가능성, 고고학자들이 클레오파트라의 무덤을 발견할 가능성, 인간복제의 연구 현황, 심지어 제니퍼 로페즈나 브리트니 스피어스 같은 스타들의 애정 전선에 대해서도 베팅을 한다. 다시 말해, 사람들이 관심을 집중시키거나 중요한 의미를 가지는 문제들의 일부를 예측해 보는 것이다. 매사건마다 특정한 상황에 한정되는 승자독식 상품이 존재하며, 해당 상품의 가격 변화를 기록함으로써 해당 사건이 예측한 대로 일어날 것이라는 거래자들의 생각이 어떤 변화를 보이는지에 대해서도 정확하게 살펴볼 수 있다. '인트레이드'[5]는 아일랜드에서 만들어진 사이트로 다양한 사건들에 대해 훨씬 많은 금액을 베팅할 수 있는 곳이다. 헐리우드 증권 거래소Hollywood Stock Exchange[6]는 조금 다른 종류의 상품을 거래한다. 이곳에서 이루어지는 거래는 기본적으로 특정 영화의 박스오피스 기록에 대한 베팅이다. 여기에서 거래되는 상품의 가치는 불과 몇 달러에 지나지 않지만, 실제로 이 금액을 통해 이루어지는 일은 해당 영화가 개봉 첫 주에 거둬들이는 수백만 달러의 수입을 예측하는 것이다. 영화가 5,000만 달러의 수익을 올리면, 해당 계약에 따라 50달러를 지급하는 식이다. 시세가 과소평가되어 있다는 정보를 가진 사람은 해당 상품을 매수함으로써 막대한 수입을 올릴 수 있고, 시세가 과대평가되어 있다고 생각하는 사람은 해당 주식을 매도함으로써 손실을 줄일 수 있다. 낙관주의자와 비관주의자들이 적절한 균형을 이루고 있다면, 가격은 안정세를 지속할 것이다. 따라서 다른 거래소와 마찬가지로 특정 시점의 가격은 전체 거래자가 선택한 최선의 예측률을 의미한다. 즉, 평가 절하된 가격이라고 생각하는 사람과 평가 절상된 가격이라고 생각하는 사람들이 적절하게 합의를 이루고 있는 상태가 바로 가격을 통해 나타나는 것이다.

이와 같은 예측 시장들은 순수한 의미에서의 '금융 거래소'라고 할 수 있을 것이다. 특정한 상황에서 신중하게 결정을 내린 참여자들이 거래하는 것은 실제 상품이 아니라 단지 거래만 이루어지는 것이기 때문이다. 물론, 수많은 시장에서는 실제로 상품을 거래하고 실제로 서비스를 제공한다. 이때 가격은 해당 상품이나 서비스가 거래자에게 제공하는 가치에 대한 정보를 반영하고 있다. 때로는 이와 같은 방식으로 정보를 이끌어냄으로써 가장 높은 가격을 지불하는 거래자들에게 해당 상품이나 서비스를 전달하는 것이 시장의 목적이 되기도 한다. 최근 정보 공개와 관련해서 가격의 역할이 가장 분명하게 드러나는 곳은 경매장이다.

경매

오늘날의 이베이 웹 사이트에서는 '골동품과 미술품'부터 '장난감'에 이르기까지 온갖 상품들이 거래되고 있다. 경매는 고가로부터 물건들의 거래에 사용된 아주 유서 깊은 방식이다. 잘 알려진 것처럼, 로마 시대에는 노예가, 17세기 네덜란드에서는 튤립이 경매에 등장하기도 했다. 영국의 역사가 에드워드 기번의 설명에 따르면, 서기 193년 로마 제국에서는 황제의 자리가 경매를 통해 거래된 사건도 있었다. 로마의 황제 근위대는 황제에 등극한 페르티낙스를 암살한 후에 로마제국 황제의 자리를 경매에 붙였는데, 최초의 황제 내정자였던 페르티낙스의 장인인 술피시아누스가 "정당한 대가를 치르지 않고 고귀한 자리를 차지하려는 것"을 우려했기 때문이라고 한다.

이 악명 높은 제안은 ⋯⋯ 부유한 원로원 의원 디디우스 율리아누스의 귀에까지 전해졌다.⋯⋯ 허영심 강한 원로원 의원인 디디우스는 서둘러서 술피시아누스와 교섭 중이던 근위대를 찾아갔고, 성의 초입에서부터 가격을 제시하기 시작했다. 이 부당한 협상은 신뢰할 수 있는 밀사들에 의해 이루어졌고, 이들은 두 황제 후보 사이를 오가며 상대 후보의 입찰가를 제시했다. 술피시아누스는 각 근위병에게 5,000드라크마(1드라크마는 당시 노동자의 하루치 임금에 해당하는 금액이었으며, 지금의 금액으로 환산하면 대략 160파운드를 호가한다.)의 기부금을 제공할 것이라고 이미 약속했다. 이에 황제 자리가 탐이 난 디디우스는 즉시 200파운드를 호가하는 6,250드라크마로 올린 금액을 제시했다. 곧이어 최종 낙찰자가 근위대의 문을 통과했다. 디디우스는 황제로 선포되었고, 근위병들은 충성의 서약을 했다. 당시의 근위병들은 황제의 자리를 경매에 부치는 엄청난 일을 저질렀지만, 디디우스는 술피시아누스와의 '경쟁'을 불문에 부치겠다고 명시했다. 그 정도의 분별력은 가지고 있었던 것이다.[7]

경매는 사람들이 각자의 가격을 제시하거나 경매인이 공표한 최소 가격을 지불할 의사가 있는지를 밝히는 방식, 또는 시계 같은 기계 장치를 이용하는 방식을 통해 진행되기도 한다. 사람들은 때로는 공개적으로, 또 때로는 봉인된 봉투를 이용하는 등 여러 가지 방식으로 가격을 제시한다. 가격을 제시할 때에는 대부분 신중을 기한다. 적어도 디디우스 율리아누스보다는 조심스럽게 자신의 가격을 제시한다.(기번의 기록에 따르면, 디디우스는 황제에 오른 후에 "불면의 밤을 보냈다."고 한다.) 일반적으로 경매에 참가하는 사람들은 물건을 사고 싶다는 열망을 강하게 드러내 보이면, '입찰가가 높아지는 것은 않을까?'하고 우려한다.(보통의 시장과는 달리 경매에서는 사람들이 우선적으로 구매 의사를 밝힌 다음에도 입찰을 통해 가격이 조정되기 전까지는 거래가격이 정해지지 않은 상태이다.) 따라서 입찰자들은 당연히 감정을 숨긴다. 그럼에도 불구하고, 잘 설계된 경매에서는 입찰자들이 경매품의 최대 입찰가를 얼마 정도로 평가하고 있는지를 거의 정확하게 알아내기도 한다.-바로 이같은 통찰력을 바탕으로 로마의 황제 근위대는 엄청난 이익을 얻을 수 있었다. 참가자들의 본심을 알아내기 위해 사용되는 방법 역시 아주 다양하다. 대표적인 방법 가운데 하나는 최종 낙찰자에게 두 번째로 높은 입찰 가격을 지불하게 만드는 방식이다.(따라서 사람들은 최종적으로 지불해야 하는 가격과 자신의 입찰 금액이 다르는 사실을 알고 있다.) 다른 방법은 아주 간단한데, 최종적으로 한 사람이 남을 때까지 계속해서 입찰을 진행하는 것이다. 최종 낙찰자는 다른 사람이 제시하는 금액보다 높은 금액을 제시하기만 하면 되기 때문에 굳이 해당 경매물에 대해서 실제로 어느 정도의 가격을 책정했는지에 대해서는 밝힐 필요가 없다.

물론, 경매가 경매물품에 대해서 여러 사람들이 생각하는 평가 가격을 정말 실제로 비교할 수 있는지에 대해서는 의문을 가질 수도 있다. 개인적인 견해를 덧붙이자면, 나는 내가 그 미술품에 대해 평가하고 있는 가치보다 거장들의 미술품들을 실제로 구매하는 부유한 입찰자들이 그 미술품에 대해 훨씬 높은 평가를 내리고 있다고 생각하지 않는다. 나는 단지 그들이 나보다 돈이 많기 때문에 나보다 돈이 중요하지 않은 것뿐이라고 생각한다. 하지만, 그들이 나보다 부유하다는 사실은 모든 물건들에 대해 나보다 훨씬 높은 가격을 지불할 수 있다는 의미이다. 또한, 나와 비교했을 때 그들이 그림을 구매하는 일 자체보다는 거장들의 작품을 구매하는 일을 더욱 중요하게 생각하는 것은 그들의 개인적인 선호일 수도 있다. 그런 의미에서 생각해 본다면, 경매에 나온 그림들은 모두 적임자에게 돌아간 것이라고 할 수 있다. 나와 그 미술품을 구매한 부자 사이에 있는 부의 불균형을 바로잡는 것은 경매의 목적이 아니기 때문이다. 경매의 목적은 어떤 사람은 가난하고 어떤 사람은 부유한 상태, 즉 이미 존재하고 있는 불균형을 감안해서 해당 미술품에 가장 많은 돈을 지불하려는 사람에게 작품을 판매하는 것일 뿐이다.

최근 들어 경매는 과거 정부기관이나 위원회에서 수의계약을 통해 단독으로 결정했던 수많은 의사 결정에도 자주 활용되고 있으며, 그 영역과 빈도도 증가하고 있는 추세이다. 2000년 3월과 4월에 걸쳐 영국에서 실시된 3세대 무선통신 서비스에 대한 주파수 경매에서 영국 정부는 225억 파운드라는 천문학적 수익을 올렸다.-과거에는 방송국과 통신회사에 무료로 제공했던 사용권(특정 주파수에서 방송할 수 있는 권리)에 대한 경매였다. 원칙적으로는 좋은 일인 것처럼 보인다. 주파수 사용권은 주파수를 가장 적합한 방식으로 활용할 수 있는 기업에 돌아갔고, 주파수 사용권이라는 공유물이 기업의 주주들에게 불로소득을 안겨주는 대신 국가의 수익 창출에 기여한 측면도 있기 때문이다. 하지만, 현실에서는 예상과는 조금 다른 방향으로 일이 진행되었다. 실제로 주파수를 최종 낙찰 받은 기업은 경매가로 지불한 금액이 너무 과도했기 때문에 막대한 부채를 안게 되었고, '승자의 저주

winner's curse'라고 알려진 문제가 불거지면서 이와 같은 경매 방식에 대한 우려의 목소리가 터져 나왔다. 앞에서 이야기한 미술품 경매에서 우리는 구매자들이 온전히 자신의 즐거움을 위해 미술품을 구매하는 것이고, 입찰가를 결정할 때 자신의 개인적인 선호가 반영된다는 이야기를 했다. 사실 잘못된 일은 아니지만, 그렇다고 해서 완전히 옳은 것도 아니다. 미술품 경매에서조차 많은 구매자들은 해당 경매물에 대한 자신의 즐거움뿐만 아니라, 향후에 그 미술품이 시장에서 얼마에 거래될 수 있을 것인지에 대해서도 신경을 곤두세우고 있기 때문이다. 결국, 이것은 개인의 문제가 아니라, 객관적인 사실 (아직 정확하게 알려지지는 않았지만)의 문제라고 할 수 있다. 주파수 사용권 경매에서 승리한 회사와 승리하지 못한 회사 사이에서 결정적인 차이를 발견한다는 것은 쉽지 않은 일이며, 설사 차이를 발견했다고 하더라도 그 차이는 향후에 이들 회사가 직면하게 될 3세대 무선통신 서비스 시장에서 거둬들이게 될 수익의 불확실성에 비한다면 정말 보잘 것 없는 것이다. 이와 같은 상황에서 발생하게 되는 위험의 실체는 해당 경매물품에 대해서 가장 높은 평가를 하는 회사에서 우선권이나 소유권을 취하는 것이 아니라, 아무런 대책도 없이 가장 낙관적으로 생각하는 회사에 그 권리가 돌아갈 수도 있다는 것이다.

"안타깝습니다. 최종 낙찰자가 되셨습니다."

최종 낙찰자가 된 자신이 경매 참가자들 중에서 가장 낙관적인 생각을 가졌을 뿐이었다는 사실을 알게 되면, 다른 사람들은 모두 알고 있는데 나만 몰랐던 사실이 무엇인지가 궁금해질 것이다. 돈으로 황제의 지위를 차지한 디디우스 율리아누스 역시 이 점에 대해 자문해봤을 것이다. 경제학자 폴 클렘페러Paul Kelmperer는 로마 제국의 경매에서 디디우스가 거둔 승리를 "역사적으로 기록된 최초의, 그리고 가장 안타까운 승자의 저주"라고 이야기했다. 디디우스가 황제의 지위를 누린 것은 겨우 두 달에 불과했고, 로마 제국의 제20대 황제가 된 셉티미우스 세베루스Septimius Severus에게 처형을 당하는 것으로 생을 마감했기 때문이다.[8] 유혈사태는 없었지만, 유럽 주파수 경매에서 낙찰을 받은 통신회사들은 신용등급 추락과 주가 폭락이라는 후폭풍에 휘말렸다. 일부 경영진의 경우에는 편안한 노후를 보장 받았겠지만, 떠밀려서 은퇴할 수밖에 없었다. 디디우스나 퇴출당한 대기업의 경영진에게 연민의 감정을 품는 사람은 거의 없을 것이다. 대기업의 경영진들에게 거액의 연봉을 지급하는 이유는 그들이 근거 없는 낙관주의를 경계하고 예방할 수 있을 것이라고 생각했기 때문이다. 그러므로 이들이 승자의 저주에 의해 희생되는 입장이 되었다고 해서 동정해야 할 이유는 전혀 없다. 하지만, 이와 같은 사례가 낙관주의자들에게 모든 권리를 넘겨주는 경매 시스템의 기능에 대해서는 의문을 갖게 만든다. 과연 지금처럼 진행되는 경매 시스템이 미래에 대한 정보를 요약해서 전달하는 가격의 역할과 양립 가능한 것일까?

사실 질문을 던지는 방식에도 문제가 있다. 일반적인 시장과 마찬가지로 경매는(원활하게 진행되었을 때) 대상물을 소유하려는 욕망이 가장 강한 사람들이 물건을 소유하게 되는 경향이 있다. 경매에는 이와 같은 욕망이 내재되어 있었던 것인지, 어리석은 낙관주의에서 비롯된 것인지를 묻지 않는다. 앞에서 살펴본 것처럼 모든 '물건'의 거래 가격은 가장 낙관적인 거래자의 평가액과 가장 비관적인 거래자의 평가액을 절충하는 수준에서 정해지는 것이 바람직하다. 결국, 가장 낙관했던(다른 사람들에 비해) 거래자가 언제나 물건을 차지하게 된다는 사실은 비관주의자가 무심결에 저지르는 판단의 실수를 피할 수 있는 최고의 동기가 되기도 한다. 누군가가 그토록 낙관했던 경매물을 소유하기 위해 필요한 의무를 모두 이행했다면 그것으로 충분하다. 그 사람은 자신이 품었던 낙관주의에 대해서도 충분한 대가를 치를 것이기 때문이다. 가장 깨어있는 심의 위원회조차도 집단의 합의된 판단을 이끌어내기 위해 이렇게 엄청난 열의를 보이지는 않기 때문이다. 15장에서 살펴보겠지만, 때로는 시장에서 오히려 현대 사회의 과도한 낙관주의와 비관주의적 현상이 확대되어 나타나기도 한다는 이야기는 확실한 근거가 있다. 시장 가격의 놀라운 점은 개개인의 평가액이 반영된다는 사실이다. 평가액이 터무니없다면, 시장 가격 또한 터무니없이 나올 수밖에 없다.

만약, 경매에서 분별력 없는 입찰자들이 계속해서 낙찰을 받는다면 경매 참여자는 점차 줄어들 것이다. 대부분의 경매 참여자가 승자의 저주에 대해 잘 알고 있으며, 그들은 이같은 사실을 충분히 감안해서 입찰에 응할 것이다. 승자의 저주로 인해 경매 참가자들은 보다 신중하게 행동할 것이다. 그리고 경매에 나온 물건의 불확실성이 크다면 참가자들의 조심성도 강화될 것이다.(이와 같은 성향은 고가 경매, 특히 석유 채굴권 경매에 대한 다양한 연구 자료에서 찾아볼 수 있다.)[9] 구매자들의 조심스러운 행동을 판매자의 입장에서 본다면, 그것은 수익이 줄어든다는 것을 의미한다. 따라서 판매자들은 자신이 판매하는 상품에 관한 정보를 최대한 공개하고, 그 정보의 신뢰성을 높이기 위해 고심을 거듭한다. 회의적인 구매자에게 자신이 제공하는 정보가 신뢰할 수 있는 것이라고 납득시키는 일은 결코 쉽지 않지만, 그 효과는 너무나 분명하다. 이베이가 만든 독창적인 피드백 시스템, 즉 구매자들의 피드백 점수에 따라 판매자의 신뢰 등급을 부여하는 시스템(현재는 많은 사이트에서 사용 중이다.)은 온라인 경매 회사인 이베이의 놀라운 성장에 결정적이고 중대한 기여를 했다. 구매자와 판매자들은 서로에 대해 코멘트를 남기는 동시에 등급을 부여하고, 다른 구매자들과 판매자들은 이를 바탕으로 만들어진 평가를 참고함으로써 한 번도 만난 적 없는 사람에 대해서는 신뢰해도 괜찮다고 생각하면서 결정을 내린다. 이베이 사이트를 둘러보면 금방 알 수 있는 것처럼 구매자로부터 긍정적인 피드백을 받는 비율이 99퍼센트를 상회하는 판매자의 수도 상당하다. 치밀하게 계획된 모든 경매는 신뢰에 의존할 뿐만 아니라, 신뢰를 확산시키기도 한다. 결과적으로 이베이는 여기저기 흩어진 수많은 인터넷 사용자 커뮤니티에 신뢰를 확산하는 탁월한 제도적 장치를 만들었고, 이것은 성공의 바탕이 되었다.

모든 것을 판매할 수 있을까?

현대의 경제생활은 결과적으로 우리의 선조들이 살았던 시대보다 훨씬 많은 개인 간의 거래에서 가격을 명시적으로 활용하고 있다. 이는 훨씬 광범위하고 정교하게 분업이 이루어지고 있다는 것, 그리고 거래의 대부분이 낯선 사람들과의 관계를 통해 이루어지고 있는 현실에서 분명하게 드러난다. 당신이 낯선 사람들과 거래를 하고 있다면 회계 기록에 각별히 관심을 기울여야 할 것이다.-2장과 3장에서 살펴본 것처럼 회계 시스템은 실제로 우리가 살고 있는 세계의 복잡한 분업을 관리하기 위해서 진화를 거듭한 체계적인 상징추론의 핵심이다. 과거의 관행과는 달리 일부의 사람들은 서로 잘 아는 사이에서도 명시적인 상호 계약을 통해서 거래를 진행한다. 뿐만 아니라, 양측이 거래하는 상품의 품질과 양에 대해서도 확실한 이해를 바탕으로 거래가 이루어져야 한다고 생각한다.(생각하는 것보다는 훨씬 더 추측에 근거한 것이긴 하다.) 한쪽 거래자가 일방적인 행동을 취한다거나 상대 거래자가 미래에 어떤 행동을 취할 것인지에 대해 결정된 것이 아무것도 없는 불투명한 거래와는 달리, 명시적 거래는 가격을 친밀한 관계의 영역으로 가져온 것이라고 할 수 있다. 몇몇 사람들은 이와 같은 명시적 거래의 경향을 명시적 가격 사용의 보편화가 낳은 불행, 즉 현대 사회의 어두운 단면 가운데 하나인 '상업화'라고 생각하기도 한다. 오스카 와일드Oscar Wilde의 유명한 말처럼 모든 사람이 "모든 물건의 가격이 얼마인지는 알고 있지만, 그것의 가치에 대해서는 아무것도 알지 못하는" 냉소주의자가 되고 있다면, 지금과 같은 현대적인 시장제도는 신뢰와 상호 존중에 기반하고 있는 '선물 교환'이라는 빛나는 전통은 내팽개치고 천박한 계산만 난무하게 만든 추악한 제도로 변질될 수도 있다.

현대의 시장제도에 대해서는 긍정적인 생각을 가질 수도 있고 부정적인 생각을 가질 수도 있지만, 우리 선조들이 아주 자발적이고 능동적인 방식으로 상호교류에 나섰다는 식의 과장된 주장을 펼쳐서는 안 된다. 프랑스의 인류학자 마르셀 모스 Marcel Mauss는 자신의 저서 『증여론The Gift』에서 '고대사회'에서 선물은 "이론적으로는 자발적이라고 할 수 있지만, 실제로는 이를 주고받는 것이 의무에 가까웠다."고 밝히고 있으며, 고대사회에서는 선물을 교환하는 것이 물건을 유통시키는 대표적인 방식이었다고 주장했다.[10] 그렇다면 고대사회에서도 비록 화폐를 통한 거래는 아니었지만, 시장 경제와 마찬가지로 거래 가격('소 한 마리는 양 여섯 마리'식으로)이 책정 되어 있었을 것이다. 결과적으로는 '선물'이라고 이름 붙여진 물건의 교환 역시 개인의 이익을 추구하는 '상품'과 별반 다를 바 없이 명시적으로 거래되었으며, 세속적인 계산이 포함되어 있다는 점에서는 선물과 상품은 동일한 것이었다. 다만, 시대가 달랐을 뿐이다. 결국, 친밀한 관계에 있는 사람들과의 거래에서도 가격의 역할이 중요해진 것을 두고 현대 사회에서만 찾아볼 수 있는 독특한 일이라고 생각하는 것은 어쩌면 우리가 전통 사회에서 관계가 갖는 본질적인 면을 제대로 직시하지 않았기 때문일 수도 있다.

하지만, 사실 모스는 선물 교환을 통해 이루어지는 유통과 화폐를 통한 명시적 거래 사이에는 중요한 차이가 있다고 주장했다. 특히, 선물을 받는 순간에 발생하는 감정이나 의무와 책임 등을 결정하는 것은 그 선물이 무엇인가가 아니라, 증여자와 수혜자의 상대적 지위와 사회적 유대 관계, 혹은 감정적 유대 관계의 연관성 속에서 결정된다는 특징이 있다. 모스는 가끔 이와 같은 유대 관계의 복잡성이 시장에서 이루어지는 거래로부터 위협받게 되고, 결국 현대 사회는 "순수하게 개별적인 계약, 화폐가 유통되는 장소로써의 시장, 판매 규범, 무엇보다 유대 관계의 가치까지도 화폐로 환산하고 화폐로 책임진다는 인식"의 단계로 접어들 것이라고 생각하는 것처럼 보인다. 하지만, 한편으로는 "우리의 도덕성이나 구체적인 삶이 드러나는 부분에서는 여전히 의무감과 자유가 뒤섞인 선물의 경제와 같은 분위기가 남아 있다. 다행히, 아직까지 모든 것이 순전히 사고파는 항목으로 분류되어 있지는 않다. 여전히 물건에는 금전적 가치와 함께 정서적 가치도 내재되어 있다."고 말하며 안도

하는 모습을 보이기도 한다.

선물에도 상호 간의 의무가 수반되었다는 사실을 고려한다면, 선물이 어떻게 해서 계산적으로 여겨지지 않을 수 있었는지에 대해서는 여전히 미스터리다. 어쩌면 이것은 모스가 이야기한 사회적 상호주의 전략의 일부였을 수도 있다. 사회적 상호주의가 통용되는 사회에서는 선물에 담겨 있는 계산적인 의도가 드러나지 않도록 숨겨야 했기 때문이다. 역사학자 나탈리 제먼 데이비스Natalie Zemon Davis는 저서인 『16세기 프랑스의 선물 문화 The Gift in Sixteen Century France』[11]에서 선물의 교환과 관련된 다양한 생각들은 적어도 수세기 동안은 공존했다고 주장한다. 이 시기의 프랑스 사회에서는 상호주의와 관련된 복잡한 규칙들이 고결한 이상, 즉 "대가를 바라지 않으며 가치를 금전적으로 환산하지 않"고 수혜자의 감사하는 마음만 돌려받으면 된다는 너그러움에 가려져 있었다. 당시의 사람들이 현대의 후손들보다 훨씬 더(또는 훨씬 덜) 이기적이지는 않았을 것이다. 하지만, 그들이 거래에서 사용하는 언어 가운데 이익이라는 말은 의무감이나 유대감이라는 말보다는 암묵적이었다. 이와 같은 사실을 염두에 두고 보면, 명시적인 가격을 통해 이루어지는 거래가 그렇지 않은 거래와 다른 점은 거래의 동기나 이해타산적인 태도가 아니라, 이해타산적인 의도를 전달할 수 있는 간접적 수단이 없다는 것이다. 어떤 물건을 판매하는 행위는 누군가에게 그 물건을 제공함과 동시에 그 사람이 당신에게 돌려줘야 할 '부채'가 있다는 사실을 일깨워준다. 그 부채는(부채가 함의하는 것은) 지각과 지성을 갖춘 사람이라면 누가 이야기하지 않아도 당연히 알고 있는 사실이며, 부채를 되돌려줘야 한다는 사실을 그렇게 상스럽게 알게 되는 것에 대해서는 마땅히 분개해야 한다.

　실제로 선물은 상업적인 거래보다 훨씬 고상하고 품위 있는 경제적 교환의 수단이었다. 따라서 고상하고 품위 있는 미술품처럼 선물은 주도권의 장악이 손쉬운 특권 귀족층에게 유리했다. 데이비스의 연구에서 알 수 있는 것처럼 부유한 특권층은 상당한 선물을 증여할 수 있는 위치에 있었다. 하지만, 그들은 중요한 '자원'에 대한 실질적인 지배권을 선물로 나눠주지는 않았다. 이것에 대해 데이비스는 이렇게 기록하고 있다. "선물은 지위와 지식의 벽을 초월해서 소통의 통로를 열어 주었다. 즉, 선물은 부자연스럽기는 하지만 사회적 계급과 경제적 계급이 다른 계층들 사이에서 진심이 담긴 상호주의를 표현하는 거의 유일한 수단이었다고 할 수 있다." 물론, 선물이 계급 체계 자체를 바꾼 것은 아니다. 선물을 교환할 때 적용되는 가격이 화폐로 명시된 가격에 비해 투명하지 못한 이유는 사회의 구조나 체제로부터 이익을 얻는 사람들이 다른 사람들에게 자신의 이익이 어떤 식으로 분배되는지에 대해 알려줄 생각이 없었기 때문이다.

　그렇다면 서로 잘 아는 사람들과의 거래까지 포함한 모든 거래가 과거 우리의 선조들이 살았던 사회에서보다 현대 사회에서 훨씬 투명하게 이루어지고 있으며, 또 주로 명시적인 가격을 통해 이루어진다고 가정해 보자. 그렇다면 거래 방식이 이렇게 바뀐 이유는 무엇일까? 한 가지 이유는 낯선 사람들과 거래하기 위해서 반드시 필요했던 체계적인 추론이나 회계 기록의 습관을 잘 아는 사람들과의 거래에도 동일하게 적용했기 때문이다. 삶의 특정 영역에서는 일련의 의식적인 노력을 통해서라도 습관을 형성하는 것이 절실한 경우가 있다. 일단 이렇게 해서 형성된 습관은 그다지 필요성을 느끼지 못했던 영역에도 아무런 어려움 없이 그대로 적용할 수 있는데, 잘 아는 사람들과의 거래에 명시적인 가격을 적용하는 것도 마찬가지였을 것이다.

현대 사회에서 명시적 가격을 통해 아주 투명한 방식으로 거래가 이루어지는 또 다른 이유는 소유권 규정이 과거에 비해 훨씬 분명해졌기 때문이다. 앞서 5장에서 살펴본 것처럼 대규모의 분업이 성공적으로 이루어지기 위해서는 누가 무엇을 소유하고 있는지, 특히 거래에서 재화와 서비스를 제공할 수 있는 권리를 누가 가질 것인지에 대해서는 어느 정도의 사회적 합의가 필요하다. 사회적 합의는 토지 소유권의 등록, 토지를 포함한 여러 가지 소유권의 행사와 관련된 규칙, 그리고 소유권자가 자신의 권리를 행사하는 데 필요한 시행 규칙 등 공식적인 법 제도를 통해 구현될 수 있다. 물론, 이와 같은 사회적 합의를 필요로 하는 사람들이 쌍방의 합의 결과를 신뢰할 수 있는 경우라면 공식적인 법 제도에서 벗어나 비공식적인 합의를 이룰 수도 있다. 이 경우 지금 나에게 호의를 요구하고 이를 나중에 갚겠다는 상대의 약속이 지켜질 가능성은 그가 갚겠다고 약속한 물건의 소유 정도에 따라 달라질 수 있다. 만약 나에게 넘기기로 한 물건에 대해 상대가 가진 권리가 불확실하다면, 상대의 약속에 대한 나의 신뢰는 줄어들게 될 것이다.

오늘날 대부분의 소유권은 고대 사회나 중세 사회에서보다 훨씬 명확해지고 공식화되었지만, 이는 산업화된 서구 사회에서 특히 두드러진 특징이다. 고대 로마에는 시가지에 대한 소유권 제도가 아예 없었기 때문에 사람들은 법의 테두리를 피할 수 있는 곳이라면 어디에나 집을 지었다. 오늘날에도 빈곤 국가의 도시 빈민가에서는 이와 유사한 일이 벌어진다. 하지만, 오늘날에는 빈곤 국가의 빈민가에서조차 허가받지 않은 건물을 짓기 위해서는 법률적 제약은 물론 비법률적 제약에 노출되는 것을 피할 수는 없다. 중세의 서유럽에서는 토지에 대한 개인의 명확한 권리를 인정하지 않는 상태에서 농지를 운영했다. 토지에 대한 권리를 명확히 하게 된 계기는 국가의 필요가 아니라, 오히려 시민들의 요구에 의해 마련되었다. 시민들이 공유지에 담이나 울타리를 쳐서 사유지 표시를 하는 '인클로저enclosure' 운동을 전개함으로써 토지에 대한 권리를 보장받게 된 것이다. 당시에는 개인의 사유재산을 인정하지 않았다는 말을 하려는 것이 아니다. 경제학자 디어드리 맥클로스키Deirdre McCloskey에 따르면, 오히려 영국의 개방경지제도open-field system는 "공동으로 관리되지만, 개인이 소유하고 있는 여기저기 흩어진 길고 좁은 땅"으로 유지되고 운영되었다.[12] 사실상 공유지는 곡물의 경작은 불가능하고, 오직 방목의 용도로만 사용할 수 있는 목초지였다. 하지만, 여기저기 분산되고 구획된 작은 규모의 토지에서 발생하는 잦은 분쟁과 그 분쟁을 해결하기 위해 마련된 공동 규제는 개개인이 자기 소유의 토지에 대해 아주 제한된 수준의 사용권만 인정되었다는 것을 의미한다. 여기서 중요한 사실은 그들은 토지 이용에 따른 비용을 적게 부담했고 이익 역시 조금밖에 취하지 못했지만, 그들로서는 가장 생산적인 방식을 선택한 결과였다는 것이다.

소유권을 명확하게 결정하는 일은 소유권이 있는 자원이 희귀한 경우(다시 말해, 해당 자원이 희소한 경우)에 특별히 중요해진다. 소유권이 결정되어 있지 않으면 희소한 자원의 가치를 적절히 고려하지 않은 상태에서 자원에 악영향을 미치는 결정-자원의 고갈 또는 자원의 질을 저하시키는-이 내려질 뿐만 아니라, 사후 조치 또한 이와 크게 다르지 않은 결정이 내려질 것이기 때문이다. 우리는 11장에서 미국 서부의 물 부족 지역에서 지난 세기에 물과 관련해서 시행된 가장 종합적인 소유권 제도의 사례를 살펴봤다. 세계적으로 토지 소유권이 체계적으로 발전했던 지역의 대부분은 사람들이 요구하는 주택과 식량의 수요에 비해 토지 공급이 턱없이 부족한 지역이었다. 이것은 아프리카의 여러 지역에서 여전히 토지 소유권이 개인 소유가 아니라, 공동 소유로 남아 있는 가장 결정적인 이유이기도 하다. 물론, 아프리카의 경우에는 토지, 즉 조금 엄밀하게 말해서 '땅'이 부족한 것이 아니라 그 땅을 개간할 수 있는 일손이 부족하기 때문이다. 특정 자원이 무제한적으로 공급되는 것이 아니라 부족하고 귀하다는 인식이 필요한 곳이라면, 일단 누군가가 해당 자원에 대해 아주 명확한 권리를 가질 필요가 있다. 그렇지 않을 경우에는 관련된 모든 사람들이 터널 비전의 영향으로 해당 자원의 관리를 소홀히 할 것이기 때문이다. 하지만, 우리가 살고 있는 세계의 환경과 생태가 변하고 있는 지금, 우리의 소유권 제도가 변화하는 현실을 따라잡기 위해서는 꽤 오랜 시간이 필요할지도 모른다. 더욱이 지구의 일부 환경 자원-예를 들어, 지구의 대기-은 소유자는 물론 관리를 책임지는 사람도 없기 때문에 우리 모두의 집단의식에 기대는 것 외에는 아무런 방법이 없다.

토지나 곡물, 그리고 금융상품 등 무언가를 사고팔기 위해서는 각각의 매매 행위에서 해당 대상물에 대한 권리를 분명하게 명시해야 한다. 여기에는 해당 대상물에 대한 권리를 다른 사람에게 양도할 권리도 포함된다. 지금 우리가 살아가는 세계에서는 중세 시대보다 훨씬 많은 물건들에 대해서 권리가 분명하게 명시되어 있지만, 이와 같은 경향이 지속적으로 발전할 수 있을 것이라는 생각에는 무리가 있어 보인다. 나에게는 너무나 소중하지만,

다른 사람에게 양도할 수 없는 권리도 있다. 대표적으로 자유에 대한 권리를 들 수 있는데, 노예제 폐지 이후 자유를 양도하는 행위는 법적으로 금지되어 있기 때문이다. 즉, 소중하게 생각하지만 가격이 책정되지 않은 권리도 있다는 것이다. 이때의 가격은 분명한 수익을 전제로 하는 양도를 의미한다. 양도권에 대한 제약은 주로 사회적 합의에 의해서 결정된다. 대표적인 사례가 노예제(그럼에도 불구하고, 미국에서는 잔혹한 남북전쟁이 끝나기 전까지 노예제에 대한 합의를 이루지 못했다.)이다. 가끔은 양도권에 대한 제약이 비극적인 사회적 실패라고밖에 말할 수 없는 지점에 놓여 있는 것도 사실이다. 경제학자 헤르난도 드 소토Hernando De Soto는 개발도상국의 빈민층들이 실제로는 도심의 빈민가에 위치한 주택을 비롯해서 아주 값비싼 자산을 '소유하고 있다.'는 놀라운 모순에 대해 이야기했다.[13] 하지만, 이들의 소유권은 어디까지나 비공식적이며 법과 제도의 승인을 받을 수 없는 권리일 뿐이다. 그렇기 때문에 이들은 소유하고 있는 자산을 담보로 해서 대출을 받을 수도 없고, 자산을 불릴 수도 없다. 그리고 주택의 서류상 주인을 되어 빈곤 계층이라는 사회적 지위에서 벗어날 수도 없다. 즉, 양도권이 없는 소유권을 가진 소유주는 아무런 권한도 행사할 수 없으며, 현대적인 분업의 핵심이라고 할 수 있는 거래를 통한 이익을 얻을 수도 없다.

가끔은 가격이 책정된 상품과 가격이 책정되지 않은 상품 사이에 존재하는 보이지 않는 경계가 허물어지기도 한다. 다음은 경제학자 제니퍼 간 Jennifer Gann이 이야기한 인상적인 사례이다.

1999년 8월, 한 남자가 온라인 경매 사이트인 이베이에 자신의 오른쪽 신장을 내놓았다. 미국에서는 신장 이식 대기 환자가 4만 7,000명을 넘어섰다. 1988부터 1996년 사이에 신장 이식 대기자들의 평균 대기 기간이 2배 이상 늘어났기 때문에 경매에 나온 신장에 대한 관심은 폭발적이었다. 이베이 담당자가 해당 경매물을 내리기 전까지 입찰 가격은 무려 580만 달러까지 올라갔다. 이베이가 이 경매 건을 폐쇄한 이유는 1984년에 채택된 미국 장기 이식법에 저촉될 가능성이 있었기 때문이었다. 이 법은 인간의 신체기관을 판매하는 행위를 금하고 있다. 법 자체에서 금지의 이유에 대해 설명하고 있지는 않지만, 이 문제와 관련해 의회 청문회에서 나온 이야기는 법안 발의의 동기를 분명하게 설명해준다. "만약……살아 있는 사람들의 신체 기관을 사고팔 수 있다면, 이는 인간에 대한 엄청난 비하라고 생각한다 ……개인의 신체기관에 대한 '자유시장'식 판매는 도덕적으로 문제가 되며 윤리적으로도 옹호의 여지가 없다." 실제로 우리의 신체기관 일부를 판매한다는 생각에 대한 도덕적 반감은 전 세계적으로 보편적인 듯하다. 유엔^{UN}과 유럽연합^{EU}은 각 회원국에 신체기관 판매를 금지할 것을 요구하고 이를 관철시켜 왔다. 세계보건기구^{WHO}는 세계 인권조약^{Universal} Treaty on Human Rights을 인간의 장기 판매를 금지하는 조약으로 해석했다.[14]

우리가 명심해야 할 것은 많은 사람들이 신체기관을 판매하는 것에 반감을 가진다고 해서 누군가의 장기가 다른 사람에게 이식되는 것에까지 반감을 갖지는 않는다는 사실이다. 이식되는 신장의 상당수는 살아 있는 기증자가 기증하는 것이며, 이들 대부분은 장기 수혜자의 가족이거나 가까운 친척들이다. 대부분의 사람들은 오히려 장기 기증자들의 희생정신에 박수를 보낸다. 사람들이 거부감을 느끼는 부분은 명시적 거래의 요소, 즉 돈을 받고 신체기관을 '기증'할 수 있다는 생각이다.(대리 출산이나 성 매매, 그리고-일부 국가의- 돈을 받고 혈액을 기증하는 매혈의 경우도 이와 유사한 반감을 불러일으킨다.)[15] 낯선 사람이 아무런 대가없이 신장을 기증하는 이례적인 경우에도 사람들은 은밀한 거래가 아닌지에 대해 의심할 것이다. 신장 기증이 거래가 아니라는 사실이 입증되지 않는 경우, 기증의 동기에 대해서 노골적인 적개심을 드러낼 수도 있다. 이와 관련해서 2009년 라리사 맥파쿼Larissa McFarquhar는 《뉴요커》에 다음과 같은 글을 기고했다. 이 사실에 대한 확인 작업은 심리학자들에 의해 조만간 이루어질 것으로 기대한다.

1967년 친족관계가 아닌, 살아 있는 신장 기증자들에 대한 장기적인 연구를 시작했다. 연구의 목적은 이식센터들이 혼란변수에 해당하는 개인에 대한 정책의 수립을 돕기 위함이었다. 이 연구에서는 기증자들을 대상으로 자유연상 인터뷰, 꿈 분석, 로르샤흐 테스트Rorschach test, 주제 통각검사thematic-appreciation 등을 진행했다. 1971년에 공개된 이 연구의 결과에 따르면, 기증자들 중에는 원초적 마조히즘, 초기 사디즘에 대한 반동 형성, 동성애적 갈등, 임신의 상징적 증상, 페니스 선망의 증세를 보이는 사람들도 있었다. 하지만, 기증자들은 보통의 일반적인 사람들과 전혀 다르지 않았으며, 이식 수술 후에는 상당히 자긍심이 높아진 것같은 기분이라고 대답했다. -"유익하고 자연스러운 일을 한 기분이며 전혀 후회하지 않는다."라고 말했다.[16]

맥파쿼가 이야기한 것처럼 미국에서는 매일 신장 이식을 대기하는 환자 가운데 9명이 사망한다. 인간의 장기를 명시적으로 거래하는 것에 대해 일부 사람들이 느끼는 거부감은 상당하며, 신체기관이나 장기 거래에 대한 금지 조치가 인간과 인간의 신체가 지닌 고결함을 지켜주는 측면이 있는 것은 사실이다. 하지만, 고결함을 지키는 것에는 대가가 따른다.

우리가 시장 거래와 암묵적 교환 또는 선물 교환 사이의 경계를 타당하게 생각하고 있든 그렇지 않든, 그와 같은 경계는 언제나 존재해 왔고 지금도 분명히 존재하고 있다. 우리가 낯선 사람들과의 거래에 대해 아무리 꼼꼼하게 기록한다고 하더라도, 사회생활의 거의 모든 영역에서 이루어지고 있는 우리의 상호작용이 항상 명시적인 것은 아니며 명백하게 상호적인 방식의 거래로 이루어지지도 않는다. 우리는 가끔 일시적인 감정이나 가족 관계 같은 혈연에 대한 의무감에 매어 있으며, 가끔은 동아리나 친구 관계, 침목 모임처럼 자발적으로 집단행동에 참여하고 싶은 욕구에 따라서 행동하기도 한다. 그리고 가끔은 습관이나 자발성에 따른 행동이 계산적인 행동보다 훨씬 기분이 좋으며, 이와 같은 행동은 아무리 반복해도 실제적으로 아무런 해가 없는 사치라고 느끼기도 한다.

하지만, 계산적이지 않은 행동처럼 명시적이거나 상호적인 방식의 거래로 설명되지 않는 행동의 특성들은 현대 생활의 다양한 활동들을 조정하는 시장의 놀라운 성취에도 불구하고, 시장이 수행하고 있는 탁월한 조정의 역할을 대신하는 다양한 기관들이 존재하는 이유이기도 하다. 시장의 조정 역할을 대신하는 기관들 중에서 가장 뛰어난 곳은 누가 뭐라고 해도 기업일 것이다. 대부분의 개인은 명시적인 거래의 일환으로 회사에 입사를 하고, 대개는 노동을 제공하는 대가로 임금을 약속 받는다. 하지만, 일단 기업에 입사한 후에 매일 매일 그들이 내리는 결정은 시장의 분명한 논리와는 전혀 다른 방식의 논리에 지배를 받는다. 바로 행정적 서열의 논리이다. 이같은 논리 속에서 사람들은 재량을 발휘하고, 지시를 내리고 또 지시에 따른다. 기업의 논리는 가격으로 규정되는 명시적 거래와는 비슷한 구석이 거의 없다. 13장에서는 기업이 어떤 일을 할 수 있는지, 현대 생활에서 기업의 규모가 커지고 중요성이 증가하는 이유는 무엇인지, 그리고 기업과 시장의 경계는 어디인지를 살펴볼 예정이다. 기업이 현대적인 분업에서 중추적인 역할을 한다는 사실은 시장이 할 수 없는 일들 가운데 어떤 일에 대해서 다시 한 번 생각하게 만들어준다.

chapter **13**

가족과 기업

기업의 경계

개발도상국의 대도시 골목에는 작은 작업장들이 빼곡히 들어서 있다. 작업장에서는 다양한 연령대의 사람들이 제작과 제조, 그리고 수리와 수선 같은 각종 서비스를 제공하는데, 일반적으로 작업장들은 서로 연결되어 있다. 재단사, 차량 정비사, 라디오나 플라스틱 장난감을 조립하는 사람, 귀금속상, 전당포 업자가 매일같이 온종일 장사를 한다. 대부분은 같은 건물에서 요리도 하고 잠도 자고 빨래도 하면서 일과 살림을 병행하느라 정신이 없다. 관료주의적인 시선에서 보면 혼란스럽기 짝이 없다. 이들은 시장에 의존해서 생계를 이어가지만, 서로가 맺고 있는 관계를 들여다보면 시장과는 아무런 관련도 없다. 즉, 그들은 권력을 행사하는 사람과 권력에 복종하는 사람들 사이에서 오고가는 명령 체계의 규제를 받고 있는 것이다. 분명한 상호성도 없고, 당연히 자신들의 행동을 조정하는 가격 제도도 작동하지 않으며, 항상 누군가가 책임을 지고 있기는 하지만, 외부인들이 책임자가 누구인지를 파악하는 것은 거의 불가능에 가깝다. 총괄 책임자가 없는 분권화된 시장에서 구축된 '관계의 바다'에는 권력의 집중과 계획, 그리고 계급으로 이루어진 무수한 '섬'이 존재한다. 이와 같은 섬들은 '시장의 바다'에서와 마찬가지로 현대 사회를 구성하는 필수적인 요소들이다. 현대 사회를 살아가면서 부딪히게 되는 가장 큰 과제 가운데 하나는 이와 같은 상황에서 해안선이 어디인지, 섬의 경계는 어디이며 바다가 시작되는 곳은 어디인지를 이해하는 문제라고 할 수 있다.[1]

　　이 문제에 대한 해답은 여러 가지 면에서 아주 중요한데, 특히 기업의 존재로 인해 상품과 서비스, 그리고 현대적인 생활을 유지하는데 필수적인 사회시설을 생산해내는 우리의 물리적인 능력은 놀라울 정도로 향상되었기 때문이다. 수렵채집인 무리에서 현대의 인류에 이르는 과정에서 성취했던 정신 문화의 질적인 성장은 이미 수천 년 전에 이루어졌으며, 고대 그리스나 중세 시대의 파리 시민들이 낯선 사람을 상대하는 방식은 정신적으로 구석기 시대의 공통조상들보다는 현대인들과 훨씬 가까울 것이다. 하지만, 우리가 관리하고 소비하는 자원의 양적인 측면에서 가장 극적인 변화는 지난 200~300년 년 사이에 이루어졌으며, 특히 지난 세기에 급변했다. 인류는 200년 전보다 약 50배의 전기를 생산하고 있으며, 에너지의 소비는 75배, 물의 소비는 60배를 넘어섰다.[2]

　　이 모든 것을 가능하게 만든 요인이 오직 시장에서 이루어진 거래의 결과라고 할 수는 없겠지만, 시장의 거래 기능과 기업의 내부 조직이 서로 맞물려 돌아가면서 어느 때보다 활발하고 생산적인 협력을 이끌어낸 결과라는 사실을 부인할 수는 없을 것이다. 어떤 방식을 통해 이와 같은 결과를 성취할 수 있었는지를 알아보기 전에, 우선은 시장에서의 거래를 통해 만들어진 기회에 대해 기업들이 어떻게 대응했는지를 살펴볼 것이다.

자카르타나 마라케스의 뒷골목에서 심심치 않게 목격되는 소규모의 가내 수공업 공장에서는 부유한 국가의 대규모 공장에서나 겨우 해낼 수 있을 것 같은 일들을 거뜬하게 해치운다. 라디오, 알람시계, 앰프, 키보드와 같은 단순한 전자 기기를 조립하는 일은 한 가지 사례에 불과하다. 하지만, 전반적으로 일상적인 일을 수행하는 사회조직은 점차 규모와 체계를 갖추는 방향으로 발전해 왔으며, 발전 방식 또한 세계 여러 지역에서 대부분 비슷했다. 물론, 일부에서는 특정한 업무를 관리하는데 가장 적합한 규모와 체계를 경험을 통해 구성하기도 했다. 대규모의 토지에서 노예 노동을 통해 농사를 짓는 경우를 제외하면, 농사는 오랜 역사를 거치는 동안에도 변함없이 가족 내부의 협력을 통해 이루어졌다.[3] 20세기에 소련에서 시도되었던 대규모의 공장식 농가는 온갖 수단을 동원해서 규모를 확장하는 일에 집착했던 중앙계획당국에 의해 강제로 집행된 예외적인 경우였다. 한편, 자동차 제조는 소규모 작업장에서 시작되었지만, 헨리 포드Henry Ford의 선구적인 시도를 통해 규모를 갖춘 대기업에서 운영하는 산업으로 급격하게 성장했다.[4] 1913년 포드 사는 이미 미국 자동차 생산물량의 절반 정도를 차지하고 있었고, 나머지 299개의 회사에서 절반에 조금 못 미치는 나머지 물량을 생산했다.(300곳에 가까운 기업들의 직원 수를 모두 합하면 포드의 5배가 넘었다.) 몇 년이 지나기도 전에 이들 기업 대부분은 사라졌다. 그렇다면 포드 사와 나머지 자동차 생산업체는 작업 방식에서 어떤 차이가 있었을까? 그리고 어떤 일이 소규모 작업장에 적합한 이유는 무엇이고, 또 어떤 일은 대형 공장에서 진행되어야 한다고 생각하는 이유는 무엇일까?

앞서 던진 질문에 대해 '기술'이나 '표준화'와 같은 단어를 떠올린다고 해서 잘못된 것이라고 말할 수는 없지만, 그렇다고 해서 그것이 전부라고 말할 수도 없다. 실제로 항공기와 같은 하이테크 제품의 생산은 작업 공정의 표준화는 물론 기술력까지 갖춘 대기업에서 이루어지는 경우가 대부분이다. 가령, 보잉 항공사Boeing Aircraft Corporation는 15만 명이 넘는 직원들을 거느리고 있다. 하지만, 정밀기기를 제조하는 일은 대부분 30명 내외, 혹은 규모가 크다고 하더라도 100명 정도의 직원들이 근무하는 작은 규모의 기업에서 주로 이루어지고 있다. 실리콘밸리에는 아주 작은 규모의 회사들이 넘쳐나며, 영국의 케임브리지나 독일의 뮌헨도 상황은 비슷하다. 앞서 말한 표준화에는 서로 다른 두 가지의 방식이 있다. 먼저, 헨리 포드는 표준화를 이루었기 때문에 대규모 공장에서 대량으로 자동차를 생산할 수 있었다. 그리고 오늘날 니산Nissan은 표준화를 통해 자신들이 원하는 아주 정확한 사양의 부품을 부품 공급업체들에 요구할 수 있게 되었다. 니산에 부품을 공급하는 업체의 대부분은 아마도 주요 조립공장에서 수백, 혹은 수천 마일 이상 떨어진 곳에 위치해 있는 영세한 기업들이 대부분일 것이다.

질문에 대한 답을 이해하기 위해 이쯤에서 다시 '가족'에 대한 이야기로 돌아갈 필요가 있다. 가족은 인류 사회에 출현한 최초의 중앙 집권적인 조직이자 제도라고 할 수 있다. 인간의 아이는 다른 종에 비해 오랜 기간 동안의 보살핌이 필요하며, 실제로 젖을 먹는 기간이 지난 후에도 짧지 않은 시간 동안 부모에게 모든 문제를 전적으로 의존하는 시기인 유아기를 거치는 유일한 포유류이다. 가족은 애초에 이와 같은 아이의 양육을 위해 만들어졌고, 바로 이 목적의 수행을 위해 구성된 일종의 협력적 조직이다. 식량의 공급이나 상호 방위의 문제는 수렵채집인들이 상대적으로 규모가 작은 가족과 같은 집단을 통해서도 어느 정도 수행 가능한 일이었다. 하지만, 정주형 농경 생활이 시작되면서부터 식량의 공급이나 신변의 안전과 보호는 규모를 갖춘 협력 조직의 도움을 받게 되었다. 그럼에도 불구하고 일상적인 농사일-경작, 파종, 추수-은 각 가정에서 개별적으로 수행해야 하는 노동이었으며, 이것은 지금까지도 이어지고 있다. 추수철이나 농번기와 같은 특별한 시기에는 친척이나 이웃에 도움을 요청하기도 한다. 하지만, 11장에서 살펴봤던 것처럼 농사에 사용할 물을 확보하기 위해서 관개시설을 갖추려고 한다면 가족보다는 훨씬 복잡한 조직의 구성, 즉 개별적인 가족들의 연대가 필요했다. 특히 수로에서 멀리 떨어져 있는 메마르고 척박한 땅에서 농사를 짓기 위해 강물의 흐름을 바꾸는 일을 한 가족의 힘으로 해낸다는 것은 불가능했기 때문이다. 관개시설을 갖추려면 가족보다 훨씬 복잡한 조직이 필요했다. 외부의 침입에 대비하는 일 역시 개별 가족의 노력과 공동의 연대가 동시에 필요했다. 가족 단위로 살아가기 위해 필요한 것은 판단력과 분별력, 그리고 전투 기술이었다. 특히, 언제 싸워야 하고 언제 도망가야 하는지에 대한 판단과 분별은 가족의 안위를 확보하고 재산을 보호하는데 있어서 필수적인 요소였다. 어떤 가정에서는 가족들을 안전하게 보호하기 위해서는 적들의 눈에 띄지 않는 것이 최선이라고 판단했을 것이다. 예를 들면, 동화책에 수없이 등장하는 유명한 주인공-숲 속의 나무꾼처럼-은 도적들이 자신의 집을 발견하지 못하기를 바랐다. 만약 도적들이 자신의 집을 발견했다면 초라한 집의 모습을 보고는 약탈하고 싶은 마음이 생기지 않기를 바랐다. 그리고 도적들이 집을 약탈하는 예기치 못한 사태가 벌어지면 무사히 도망쳐서 숨을 수 있기를 바랐다.

하지만, 보다 현명한 전략은 연대하는 것이었다. 물고기들이 쉽게 노출될 수 있는 위험에도 불구하고, 안전을 위해서 떼 지어 다니는 것처럼(전시에 상선들이 잠수함에 노출될 위험이 있음에도 몰려다니는 것도 마찬가지다.) 인류 최초의 농부들은 가족보다 규모가 큰 단위로 연대해서 외부의 침입에 대비하는 것이 유리하다는 사실을 발견했다. 농부들이 눈에 잘 띄는 것은 어쩔 수 없는 일이었다. 농사를 지은 흔적은 뚜렷한 자국을 남겼고, 식량을 저장하는 장소는 물론 가축을 한곳에 모아둘 수 있는 장소까지도 필요했기 때문이다. 따라서 농부들에게는 연대를 해야 하는 이유가 너무나 분명했다. 함께 모여서 살아가는 마을이나 도시는 연대를 위한 수단이 되었다. 시간이 지나면서 마을과 도시는 한 가족의 힘으로는 상상조차 불가능한 튼튼한 요새로 바뀌었다. 여리고jericho에 최초의 마을이 들어선 것은 기원전 9,000년으로 거슬러 올라간다. 마을이 들어선 이후 진흙 벽돌로 지은 주택과 두꺼운 성벽을 갖춘 도시로 성장하는 데까지 필요한 시간은 1,000년 남짓이었다. 유명한 여리고의 성벽과 관련된 최초의 증거가 발견된 것은 기원전 8세기 무렵이었으며, 관개용으로 사용되었을 것으로 생각되는 거대한 저수지 터는 7세기에 발견되었다. 깊이 9미터, 폭 3미터에 이르는 거대한 해자는 금속 도구도 없는 상태에서 바위를 뚫어서 만든 것이었다. 가족 단위의 노동으로는 결코 이 정도 규모의 해자를 팔 수 없었을 것이다.

마을과 도시가 성장하기 위해서는 무엇보다 시간이 필요했다. 요새는 농작물의 재배와 함께 안전한 보관이 절실했던 사람들이 엄청난 시간과 에너지를 투여한 결과물이었다. 요새는 눈에 잘 띄었기 때문에 외부 공격의 목표물이 되기도 했지만, 다른 한편으로는 공격을 억제하는 역할도 했다. 요새는 내부에 약탈할만한 물건이 있다는 신호이기도 했지만, 철저한 방어체계를 갖추고 있다는 의미도 함께 지녔기 때문이다. 여리고 성벽은 파괴와 재건을 수없이 반복했다. 기원전 3,000년경에 여리고 정도의 규모를 갖춘 정착지는 아주 드물었다.(또 다른 초기 정착지인 터키의 차탈 휘위크$^{\text{Çatal hoyük}}$는 기원전 6,000~7,000년경에 번영했다.) 하지만, 규모의 이점은 대규모 인력 동원이 필요했던 도시 건설자들의 입장에서는 무엇보다 중요한 것이었다. 기원전 2,000년이 끝나기 전에 건설된 메소포타미아, 이집트, 갠지스 계곡, 미노스 왕조 시대의 크레타, 중국의 도시와 문명은 모두 규모를 갖춘 사회가 어떤 업적을 이룩할 수 있는지를 세계사의 지도 위에 남긴 증거물들이다. 방어 시설이 구축되면서부터 가족 공동체는 낯선 사람들에게 노출되기 시작했다. 낯선 사람들은 교역을 위해서, 또는 웅장한 규모를 자랑하는 도시를 구경하거나 구걸을 하기 위한 목적으로 방문했으며, 때로는 정복을 위해 침략하는 무리들도 있었다. 도시에는 그들이 소유하고 있던 특별한 물건이나 이국적인 음식과 함께 질병까지도 들어왔을 뿐만 아니라, 이상하기도 하고 아름답기도 한 아이디어가 전달되기도 했다. 그 결과 방어 시설의 구축과 함께 법률에 대한 복종, 그리고 통치자의 변덕까지도 생겨나기 시작했다.

농경 생활의 도래와 함께 인류의 상호의존 방식도 상당 부분은 쌍방 무역(애덤 스미스가 이야기한 인간의 '교환$^{\text{truck, barter, and exchange}}$' 성향)에 의해 이루어졌다. 하지만, 마을과 도시가 건설되었다는 것은 개별 가족 사이에서 이루어지는 쌍방 무역만으로는 해결할 수 없는 중요한 문제들이 산적해 있었다는 증거이기도 하다. 이 모든 문제들은 대규모의 집단행동이 필요한 작업이라고 할 수 있는데, 공동 자산의 구축과 관리, 그리고 외부 침입에 대한 방어 등은 역사적으로 거의 모든 시기에 걸쳐 이루어져 왔다. 그리고 언제부턴가 이를 '통치'라고 부르게 되었다. 여러 가족이 함께 모여 사냥을 하고, 집을 짓고, 공동체를 방어하고, 축제를 열었다. 공동체를 유지하고 운영하는 규칙에 대해 의견을 나누었으며, 구성원들이 규칙을 준수하는지에 대해 감시했다. 이 규칙 중에는 거래의 체결과 계약의 이행에 관한 것들도 포함되어 있었다. 이와 같은 작업-현대 생활에 필수적인 물리적 기초와 사회적 기반을 구축하는 작업-들은 16장에서 다룰 주제이다.

통치를 위해 필요했던 거대한 공동 작업과는 대조적으로 일상적인 일-모종 심기, 실 짜기, 젖 짜기, 제련, 요리, 장사, 미용, 그리고 개인과 가족의 생활에 필요한 물건을 제작하고 서비스를 제공하는 일 등-은 인류 역사의 대부분의 시기 동안 일반 가정에서도 충분히 소화할 수 있었다. 규모와 체계를 갖춘 군대의 역사는 도시의 역사와 비슷하지만, 아주 예외적으로 대기업은 300~400년 전에 처음으로 생겨났으며 200년 전까지만 해도 보편적이지는 않았다.[5] 그렇다면 군대, 혹은 대기업에서나 소화할 수 있을 정도의 일들이 그토록 오랫동안 가족이나 가정에 맡겨진 이유는 무엇일까? 그리고 이와 같은 경향이 멈추지 않고 지속되었던 이유는 무엇일까? 여기에 대한 답은 한 마디로 산업화와 관련이 있다는 것이다. 물론, 이 답변은 다시 수많은 질문을 양산할 것이다. 아무튼 산업화는 단지 이익 추구라는 목적을 달성하기 위해 세워진 일부의 조직이 어떻게 규모와 정교함의 측면에서 국가와 정부의 힘을 위협할 정도로 막강해진 것인지를 설명해준다.

사실, 대기업은 어떻게 보면 과거 성공을 거둔 군대에서 사용된 몇 가지 교훈을 스스로에게 적용함으로써 현대 사회에서 그 역할과 의미를 찾았다. 군대를 통해 얻은 교훈 중에서도 특정 작업을 간소화하고 표준화하면 다수의 사람들이 쉽게 익힐 수 있을 뿐만 아니라, 실행도 효율적이라는 것에서 깨달음을 얻었다.[6] 미국 해군에서 실시한 연구에 따르면, 신병 훈련소에서 신병들이 반드시 기억하고 실행해야 하는 첫 번째 규율이 "만약 무엇인가가 움직이면 경례를 하라. 그 무엇인가가 움직이지 않으면 다른 곳으로 치워라. 그것을 치울 수 없다면 하얀색 페인트를 칠하라."[7]였다는 것이다. 특히, 근대 초기에 설립된 초창기 대기업들은 17세기에 설립된 동인도 회사East India Company처럼 기업이 소유하고 있는 권리 중에는 군대의 역할을 수행하는 것까지 포함되어 있는 경우도 있었다. 엘리자베스 1세가 여왕의 칙허를 내려 승인한 기업인 동인도 회사는 무역뿐만 아니라, 그들이 진출한 지역에서 공식적으로 법을 제정하고 시행할 수도 있었다.(이와 유사하게 무역과 식민화라는 이중의 목적을 가진 칙허 기업으로는 1670년에 칙허를 받은 허드슨만 회사Hudson's Bay Company와 왕립 아프리카 회사Royal African Company가 대표적이다.) 실질적으로 기업이 군대의 역할을 수행하지는 않았지만, 대부분의 기업과 전투 부대는 상당히 많은 공통점을 가지고 있다. 기업과 군대의 가장 대표적인 공통점으로는 구성원들을 지휘해야 하는 책임이 있다는 것, 그리고 그들이 하는 '작업'과 행동, 심지어 개인적인 습관에 대해서도 감시를 늦추지 않는다는 것을 들 수 있다. 미국 해군의 연구 결과를 다시 한 번 인용하자면 "[해군]기지를 대표하는 것은 병사들의 짧게 자른 단정한 헤어스타일과 잘 정돈된 짧은 잔디이다. 이 곳에서는 외양은 물론 본성까지도 통제 관리하고, 단련시켜서 좋은 인상을 전달하기 위한 준비를 한다."[8] 산업혁명 초기의 몇몇 유럽 기업들은 이를 실현하려는 야망에 불타올랐었다.

표준화, 그리고 통제와 감시

프랑스 서남부 빌뇌브Villeneuvette에 위치한 왕립 공장은 표준화와 함께 시작된 감시의 초기 형태를 엿볼 수 있는 사례이다. 오늘날 이 곳은 잔디와 야생화, 낡은 건물들이 늘어서 있는 조용한 마을로 바뀌었다. 건물 가운데 일부는 이 마을의 목가적 매력을 즐기러 오는 관광객들을 상대로 기념품을 판매하는 예술가들과 공예가들이 작업실로 이용할 수 있도록 리모델링을 진행했다. 하지만, 과거에 이 마을은 제조업의 중심지였다. 루이 14세 시절의 재무장관인 콜버트Colbert에 의해 17세기 초에 만들어진 이 마을에서는 주로 의류를 생산-특히, 직조와 염색-했는데, 이와 함께 노동자들의 생활을 감독하기 위한 목적으로 숙식까지 제공했다. 노동자들에 대한 감독은 작업 시간은 물론, 작업 사이 사이의 휴식 시간까지도 이어졌다. 빌뇌브는 버밍험 근처의 본빌, 시카고 외곽의 풀먼 등 19세기 '밀 타운mill town'의 전신[9]이었는데, 도시 건설의 목적으로 가족주의를 공공연하게 내세웠다. 이들 도시는 직원들의 복지에도 신경을 기울였다. 직원들의 건강 상태와 영향 상태가 양호하고 감시를 철저히 했을 경우에 일의 능률이 올라갈 것이라고 생각했기 때문이다. 감독관들은 직원 가족들의 생활환경에도 주의를 기울였다. 의무적으로 교회에 나가도록 했으며, 무엇보다 음주에 대해서는 철저하게 단속했다. 생산성을 높이기 위해서는 근무 시간에 열심히 일하는 것 외에도, 주변 사람들(가족)의 도움이나 노력까지도 필요하다고 생각했기 때문이다.

　　그럼에도 불구하고, 빌뇌브를 비롯한 한 두 군데의 공장 지대의(이탈리아 북부의 실크 공장 등) 생활환경은 그 당시 유럽의 상황을 고려한다면 이례적이라고 할 수 있을 만큼 우수했다.**10** 중세부터 이어져 온 길드 체제가 붕괴되기 시작하면서 이를 대신한 것은 산업화된 생산 시스템이 아니라, 여기저기 흩어져 있는 사람들이 각자의 집에서 방적과 직조, 그리고 염색과 재단 등의 작업을 수행하는 방식의 탄력적이고 분산된 시스템(영국에서는 '선대제putting out'라고 알려져 있다.)이었다. 여러 분야의 중개상들-무역상, 금융업자, 총괄 관리자-이 원자재의 공급과 완제품의 수합에 이르는 모든 과정을 관리했다. 지역마다 차이가 있었지만, 유럽 내의 많은 국가에서 섬유 제조의 대부분이 선대제 방식으로 이루어졌으며, 일본에서도 1920년대 후반까지는 이 방식이 보편화되어 있었다. 선대제는 18세기 영국에서 처음으로 등장한 공장제도factory system에 의해 밀려나게 되는데, 기술의 발전(수력 방적기, 롤러 방적기 등)과 공장의 조직 혁신에 따른 결과였다. 기술의 발전과 조직의 혁신은 거의 동시에 이루어졌다. 수력 방적기로 특허를 얻은 리처드 아크라이트Richard Arkwright(아크라이트가 다른 사람의 아이디어를 도용한 사실이 1785년 재판에서 드러났다.)는 대규모 방적 공장을 건설하는 일에 몰두했다. 공장의 규모가 커지면 생산의 집중화는 물론 하나의 공장에 모든 인력을 배치할 수 있기 때문이었다. 실제로 하나의 공장에서 모든 작업이 이루어지면서 직공들을 더욱 철저하게 감시하는 것이 가능해졌다. 아크라이트와 거의 동시대를 살았던 누군가는 다음과 같이 말했다.

아크라이트가 공장 제도를 정착시키는 과정에서 부딪힌 어려움은 사람들의 상상을 초월했다. 먼저, 아크라이트는 직원들에게 정확성과 근면함을 모두 교육해야 했다. 기존에 존재하지 않던 내용을 교육하려다 보니 직원들은 의욕을 보이지 않았고, 수시로 산만한 행동을 표출했다. 이 과정을 끝낸 다음에는 그들을 주도면밀한 기계공으로 단련시켜야 했다. 아크라이트의 문제는 이와 같은 방식이 당시의 제조업자들이 용인했던 체계 없이 일하던 방식과는 완전히 다른 것이었다는 데 있었다.

역사학자 시드니 폴라드Sydney Pollard가 이야기한 것처럼, "그곳에서 필요한 것은 개개인이 세우고 있는 계획이 아니라 규칙과 지속적인 집중이었으며, 능력에 대한 개인적인 자부심이 아니라 설비와 재료에 대한 세심한 관리였다. …… 직원들에게는 두 가지 가운데 어느 것도 쉽지 않았다." 또 다른 역사학자가 남긴 이야기는 훨씬 비관적이었다. "공장주들은 공단지역에서 밤낮없이 에일 맥주를 마셔대는 직원들을 감시하는 문제로 골머리를 앓았다."**11**

당시 논쟁의 대상이 되었던 문제들 가운데 일부는 오늘날에도 지속되고 있다. 산업화를 이룩하는 과정에서 필수적인 요소라고 할 수 있는 정신적 절제나 육체적 금욕의 강요는 인간의 존엄성과 공존할 수 있는 것일까? 잘 알려져 있는 것처럼 칼 마르크스는 산업화로 인해 인간은 원래의 본성에서 '멀어졌다.'고 주장했다. 물론, 마르크스Karl Marx는 자본주의가 실현한 엄청난 생산성의 증대에 대해서는 찬사를 아끼지 않았다. 레닌은 미국의 경영학자 프레더릭 테일러Frederick Taylor의 과학적 관리 원칙scientific-industrial principle(또 다른 유명한 일화로 소련의 사회주의를 '권력'과 '전력'의 합작품이라는 새로운 정의를 내놓기도 했다.)을 적극적으로 지지했다. 마르크스와 마찬가지로 레닌 역시 생산성의 향상이라는 측면에서 테일러의 원칙에 매료되었던 것으로 보인다. 테일러의 원칙을 바탕으로 계획되고 시행된 레닌의 정책이 당시에는 대단한 경쟁력을 갖고 있었다. 이와 관련해 헨리 포드는 공장 제도가 노동자들에게 미치는 영향에 대해 통찰력 있는 옹호론을 내놓았다.

사실 지금의 시대정신이 아닌가 싶기도 한데, 포드에서는 뛰어난 기술을 필요로 하지 않는다는 소문이 돌고 있는 것 같습니다. 하지만, 그것은 잘못된 소문입니다. 오히려 우리는 발전된 기술을 필요로 할 뿐만 아니라, 이를 아주 잘 활용하고 있습니다. 우리는 기획과 관리는 물론 설비 제작에도 가장 높은 수준의 기술력을 활용하고 있으며, 그로부터 나온 결과물들은 아직 기술적으로 성숙되지 않은 직원들이 누리고 있습니다.[12]

물론, 공장제도가 단순하게 직원들의 작업 습관만을 표준화한 것은 아니다. 공장 제도에서의 표준화는 다양한 작업 영역의 표준화에 관한 것이기도 하기 때문이다. 헨리 포드의 혁신은 부품 제조의 가장 본질적인 부분까지 완전하게 변화시켰다. "부품을 아주 정밀하게 제조했기 때문에 다른 차종을 분해해서 얻은 부품을 활용해서 재조립하는 일도 가능해졌다. 1913년 이전에 생산된 저가 자동차에서는 상상조차 할 수 없는 일이었다."[13] 포드의 생각 자체가 완전하게 새로운 것은 아니었다. 이미 100년 전에 뉴잉글랜드에서는 정밀하게 설계되어 호환이 가능한 부품을 총기 제조 과정에서 활용[14]하고 있었을 뿐만 아니라, 소위 '미국적 생산 방식'은 1851년 런던에서 개최된 대영제국 박람회에서 이미 한 번 엄청난 관심을 불러일으킨 적도 있었기 때문이다.[15] 그럼에도 불구하고, 헨리 포드의 생각이 새로웠다고 평가되는 이유는 포드가 표준화를 대규모 생산방식에 적용했고, 이를 정밀함의 영역으로까지 확장시켰다는 사실 때문이다. 이와 같은 생각은 성공한 적이 없었을 뿐만 아니라, 실제로 시도조차 된 적이 없었다.

당연히 표준화에도 많은 문제가 있었다. 대표적인 문제로는 생산하는 제품의 종류를 줄일 수밖에 없다는 것을 들 수 있다. 여기에 대해 헨리 포드는 다음과 같이 이야기했다.

1909년 어느 아침에 저는 아무런 사전 예고도 없이 갑작스럽게 앞으로 우리 회사는 '모델 T' 한 가지만 생산할 예정이며, 모든 차종의 차체를 동일하게 제작할 것이라고 발표 했습니다. 그리고 이렇게 말했습니다. "고객들은 원하는 모든 자동차를 가질 수 있을 것입니다. 단, 검정 색인 경우에 한해 말입니다." 제 의견에 동의한 사람이 있었는지는 잘 모르겠네요.[16]

포드는 생산 공정과 함께 생산하는 제품의 종류를 대폭 축소하면 직원과 설비를 효율적으로 활용할 수 있고, 이를 통해 생산량도 늘어날 것이라는 사실을 이해하고 있었다. 뿐만 아니라, 생산량의 증가는 일반적인 근로자 가정에서도 자동차를 구입하게 될 것이라는 사실까지도 정확하게 이해하고 있었다. 당시 일부의 기업가들처럼 포드가 다양성의 가치를 알지 못했던 것은 아니었다. 오히려 그 반대였다. 과거 농장의 노동자로 일한 경험이 있었던 포드는 미국의 농부들이 모델 T를 통해 시골 생활의 숨 막히는 단조로움에서 벗어날 수 있기를 바랐다고 한다.[17] 포드의 도박과도 같은 모험은 엄청난 성공을 거두었다. 직원들의 입장에서 보자면, 포드의 계획으로 인해 그들은 작업의 단조로움을 견뎌야했다. 하지만, 경쟁사에 비해 월등하게 높은 포드 사의 임금을 고려한다면, 작업 과정에서 느끼는 단조로움 정도는 아주 사소한 문제에 지나지 않았다. 또한, 소비자들이 느끼는 자동차 디자인의 단조로움 역시 경쟁사에 비해 훨씬 낮은 가격을 고려한다면, 충분히 감수할 수 있는 정도의 문제에 불과했다.

포드의 모험이 미국에서는 성공을 거두었지만, 유럽에서라면 그 정도로 성공할 수는 없었을 것이다. 유럽은 대륙 내의 국가(일부 극렬한 국수주의 국가까지 포함해서)들이 자신의 특수한 환경에 맞게 만들어둔 수많은 법률과 규제의 장벽이 이미 자리 잡고 있었기 때문이다. 그러므로 유럽 대륙에서 대량 생산에 따른 대규모의 판매 시장이 출현할 가능성은 미국보다 훨씬 낮았을 것이다. 역사학자 데이비드 란데스는 대규모 판매 시장의 형성과 관련해서 아주 미묘한 부분을 지적했다. 란데스는 미국 경제가 19세기부터 영국 경제를 추격하기 시작했는데, 제1차세계대전이 발발하기 직전에 영국 경제를 추월(1인당 소득에서)할 수 있었던 주요한 이유 가운데 하나를 미국이 사회적으로는 물론 문화적으로도 대규모의 판매시장을 수용할 준비가 되어 있었기 때문이라고 이야기한다.[18] 수백만 명의 미국인들은 표준화를 통해 가격을 낮춘 자동차, 옷, 가구를 아무런 거부감 없이 받아들였다.-이를 북미 대륙 전체로 확대해 보면, 대량 생산을 통한 공급을 수용할 수 있는 잠재 고객 또한 충분했다. 하지만, 유럽은 상황이 달랐다. 언어도 제각각이었으며 계급적으로도 구분되어 있었다. 유럽 사람들은 오히려 수공업적 방식으로 생산되는 고가의 자동차, 옷, 가구를 구입했으며, 이를 더욱 선호했다. 품질의 미묘한 차이는 오히려 물건을 구입하는 사람들의 사회적 출세와 성공을 입증하는 명백한 증거처럼 인식되고 있었다. 주요 제조업자들이 상류층을 주요 고객으로 생각하고 경쟁을 벌이는 세계에서 평범한 시민들에게는 가격이 저렴할 뿐만 아니라, 공급도 원활하게 이루어질 수 있는 규격 상품의 생산을 늘려야 한다고 이야기할 수 있는 기회조차 주어지지 않았다.

　　그렇다면 표준화와 대량 생산 사이에는 정확하게 어떤 상관관계가 있는 것일까? 표준화는 대량 생산을 가능하게 만들기도 하지만, 동시에 표준화를 위해서는 대량생산이 필수적이다. 표준화가 대량 생산을 가능하게 만든 이유는 표준화로 인해서 공정의 자동화가 가능해졌기 때문이다. 표준화는 복잡한 작업의 많은 요소들을 분리했기 때문에 인력 그리고 기계, 또는 이 둘을 동시에 이용함으로써 빠른 속도로 반복적인 작업이 가능하게 만들었다. 애덤 스미스는 『국부론』에서 핀 제작과 같은 지극히 간단한 보이는 작업조차도 다양한 작업 단계로 분리할 수 있다는 유명한 이야기를 남겼다.(오늘날 우리는 이와 같은 하위의 작업들을 '서브루틴'subroutine이라고 부른다.) 이 작업 방식은 작업 속도도 훨씬 빠를 뿐만 아니라, 직업 훈련을 제대로 받지 못한 사람들도 쉽게 익힐 수 있다. 실제로, 공장제도는 사람들 사이에 특정한 지식을 확산시키는 과정에서 아주 중요한 역할을 했다. 그 역할은 스미스가 살았던 시대보다는 현대 세계에서 더욱 중요하다. 이 부분에 대해서는 14장에서 자세히 살펴볼 것이다.

　　대량 생산 과정에서 표준화가 필수적인 이유는 생산과정의 각 단계에서 품질에 대한 엄격한 감시가 필요하기 때문이다. 사람들이 각자의 집에서 작업을 진행했던 선대제의 경우에는 제품의 확인은 대충 살펴보는 정도로 충분했다. 당장 필요한 목적에 부합되기만 하면 제품의 품질이 문제가 되는 일은 거의 없었기 때문이다. 하지만, 대량 생산은 제품의 품질에 대한 세부적인 부분까지도 살펴야 필요가 있었다. 품질의 세부 사항에 대해 따지기 시작하면서 품질 수준을 육안으로 확인하는 것은 힘들어졌고, 생산과정을 감독하는 일의 중요성도 점차 높아졌다. 생산과정을 감독함으로써 부품의 작은 하자로 인해 제품 전체에 심각한 피해가 발생되는 일을 방지할 수 있고, 또 문제가 발생했을 때 이를 바로잡는 것도 용이하기 때문이다. 산업화 초창기의 제조업자들이 깨달았던 이 교훈을 소련의 공장제도 계승자들은 150년이 지난 후에도 제대로 이해하지 못하고 있었다. 소련의 공장제도 계승자들은 모든 직원들을 한데 모아 하나의 공장에서 관리하면 규율 준수와 근무 태만을 감독할 수 있을 것이라고 생각했지만, 이를 통해 섬세한 품질 관리가 가능할 것이라는 생각까지는 하지 못했던 것 같다. 그래서 자동차와 탱크가 생산 라인을 벗어나기 전까지는 누구도 제품의 하자를 정확하게 알지 못했다.(때로는 최종 소비자의 손에 들어가기 전까지도) 뒤늦게 발견된 하자로 인해 발생되는 천문학적인 손실액은 제품 생산 과정에서 제대로 된 감독이나 검사를 했더라면 훨씬 줄었을 것이다.

물론, 지금까지 살펴본 것 외에도 대량 생산에는 또 다른 이점이 있다. 대량 생산은 특히 크고 값비싼 기계나 건물을 사용하는 과정에서 효율성을 재고할 수 있다. 최근 들어 몇몇 대기업에서는 개별적으로는 규모가 작은 공장들의 네트워크로 변화를 시도하고 있으며, 그 수도 점점 증가하고 있다.

기업의 규모(공장의 규모와는 달리)는 상표명, 은행을 비롯한 투자기관과의 관계, 연구개발 능력, 심지어 대단히 재능 있는 경영팀의 판단 능력 등 다양한 무형의 자산을 이용하는 것과 불가분의 관계에 있다. 하지만, 표준화 과정에서 효율적인 품질 관리가 특별히 중요한 경우나 현장을 벗어난 상태에서는 품질에 대한 관리와 감독이 힘든 경우에는 일정 정도의 규모가 필수적이다.

경제 주체들의 다양한 특성을 연구하는 경제학자들에 따르면, 여러 가지 경제활동을 지근거리에서 실행하는 것보다 기업 내부로 가져오는 것의 '거래비용'이 더 적으면 대기업은 시장을 고려해서 이를 실행할 방법을 찾는 성향이 있다고 한다. 반대로 규모가 중요하지 않은 작업의 경우에는 오히려 '가정'이 기업에 비해 상당한 우위를 차지할 수도 있다는 것이다. 사실 작업을 표준화하기 힘든 경우에는 규모의 중요성이 낮아진다. 기술적인 지원이 크게 필요하지 않으며, 고객과의 개인적인 접촉이 관건인 서비스업과 같은 경우가 여기에 해당된다. 개별 구매자의 요구에 따라 제작해야 하는 맞춤 제품도 마찬가지이다. 제품의 작업 요건을 명시하는 것이 용이하고, 해당 작업을 필요로 하는 사람들이 가까운 거리에 있어서 곧바로 작업이 이루어질 수 있는 경우에도 규모는 그다지 문제가 되지 않는다. 밭을 경작하거나 벽에 페인트칠을 하는 일처럼 작업이 주로 현장에서 이루어지는 경우에도 규모는 중요하지 않다. 밭이나 벽은 생산 라인으로 가져올 수도 없을 뿐만 아니라, 작업을 도울 수 있는 기계가 있으면 도움이 되는 것은 분명하지만, 이 경우에는 많은 사람이 작업에 참여한다고 해서 반드시 한 사람의 작업량에 비례해서 작업의 능률이 올라가는 것은 아니기 때문이다.(이와 같은 맞춤형 작업이나 현장 작업에도 기업의 맞춤형 소프트웨어 패키지나 지하 탄광용 유량계와 같은 고도의 선진 기술을 활용할 수는 있다.) 따라서 규모의 중요성이 떨어지는 경우, 팀의 구성원들은 일반적으로 서로의 작업과 평판은 물론 서로가 지닌 선의에 대해서도 신뢰를 가지고 협력해야 한다. 낯선 사람들의 네트워크와는 달리 가족은 선사시대부터 지속적으로 소규모 협력 작업의 문제점들을 해결해 왔다. 물론, 이 문제와 관련해서 가족을 통해 인류는 무수한 실패를 경험했던 것도 사실이다. 하지만, 가족이 축적하고 있는 집단 경험은 인간이 창조한 어떤 제도보다 훌륭하다.

가족 기업을 넘어

대부분의 기업은 가족 회사에서 출발한다. 실제로 오늘날의 미국에서조차도 전체 기업의 90퍼센트 정도가 가족 기업이다. 물론, 나머지 10퍼센트의 기업이 전체 경제 활동의 대부분을 차지하고 있다. 이쯤에서 흥미로운 질문 한 가지를 해 보자. 가족 단위에서 관리하기 힘든 규모로 성장한 기업은 어떤 방식으로 가족의 테두리를 벗어날 수 있었던 것일까?[19] 한 가지 간단한 통계를 예로 들어보자. 100명 이상의 직원을 두고 있는 기업의 비율은 미국 내에서 전체 등록기업 가운데 극히 일부분-0.5퍼센트에도 못 미치는-에 불과하지만, 그들이 차지하는 비중은 절대적이다. 이들 기업은 미국 전체 고용인구의 60퍼센트 이상을 고용하고 있으며, 이들 기업의 매출은 미국 전체 매출의 70퍼센트에 육박한다.[20]

가족 기업이 직면하게 되는 가장 중요한 과제 가운데 하나는 가족의 규모를 벗어나 성장하는 일이다. 역사학자 알프레드 챈들러Alfred Chandler

는 근대 초기 영국 기업의 다수는 가족에 의한 지배를 넘어서지 못했고, 이로 인해 20세기에 접어들면서부터 영국 기업이 독일과 미국의 기업에 비해 성과의 측면에서 뒤처질 수밖에 없었다고 주장했다. 미국과 독일의 경우, 기업 성장의 비교적 초기 단계에 영향력 있는 전문 경영인들이 기업의 경영권을 장악했다.[21] 미국의 정치 경제학자 프랜시스 후쿠야마Francis Fukuyama는 한 국가의 문화가 기업의 규모에 미치는 영향이 결정적인 것은 아니지만, 아주 중요한 측면이 있다고 주장했다.[22] 대량 생산 작업이 필요한 시기가 도래 했을 때, 가족 기업은 외부인을 영입할 수밖에 없었다. 가족 구성원만으로는 대량 생산을 실행해 옮길 수 없었기 때문이다. 결과적으로 경영의 책임을 지고 결정을 내려야 하는 자리에 외부인을 영입해야 하는 상황에 직면했던 것이다. 하지만, 외부인을 영입하는 일은 위험 부담이 따른다. 무엇보다 신뢰할 수 있는 사람이라는 것을 어떻게 확신할 수 있을까? 그들에게 어느 정도까지 권리를 이양하는 것이 적당하고 책임은 어느 정도까지 물을 수 있는 것일까? 그들에 대한 신뢰가 흔들렸을 때에는 어떻게 행동해야 하는 것일까? 후쿠야마의 주장에 따르면. 사실 모든 문화에는 낯선 사람, 즉 외부인을 상대하는 전통이 있으며, 기업이 외부인과의 관계를 어떻게 설정할 것인지를 고민할 때에는 기업의 외부 환경과 함께 그 기업이 속해 있는 집단의 문화적 전통을 모델로 삼는다는 것이다. 이와 같은 문화적 전통으로는 결혼을 통해 외부인을 받아들이는 것이 있다. 일본을 비롯한 일부 문화권에서는 결혼을 통해 새로운 가족 구성원에 포함된 사람의 경우에는 거의 대부분이 가족의 의사결정에 전적으로 참여할 수 있는 권한을 갖게 된다. 예를 들면, 가족의 재산에 대한 소유권을 갖게 되고, 가족 내에서 책임이 따르는 역할을 담당하

는 것이다. 하지만, 중국을 비롯한 일부의 문화권에서는 혈연관계를 훨씬 중
요하게 생각한다. 그래서 혈연관계가 아니라 결혼을 통해 새로운 가족 구성
원에 포함된 사람의 경우에는 가족 문제에 대한 결정권이나 재산에 대한 실
제 소유권을 넘겨받는 일이 아주 드물다. 이와 같은 차이가 사소해 보일 수
도 있다.(전반적인 느낌을 전달하는 방법 외에 이 차이를 달리 정확하게 표
현하는 일은 아주 어렵다.) 하지만, 경제 문제에 있어서 단일한 '아시아적 가
치'가 존재한다는 주장은 설득력을 얻지 못하게 되었다. 비교적 자본주의에
잘 적응한 것으로 평가받고 있는 일본, 대만, 홍콩, 싱가포르 등의 화교 사회
에서 분명하게 확인되는 기업 규모의 평균적인 차이는 실로 엄청나다. 전 세
계에 흩어져 있는 모든 화교 사회와 비교해도 일본의 화교 사회에서 대기업
이 차지하는 비율은 월등하게 높다. 후쿠야마는 그 이유를 일본의 가족 기업
에는 중국의 가족 기업과 달리 기업의 확장이 필요한 시기에 외부인을 가족
구성원으로 포함시키는 문화 모델을 가지고 있기 때문이라고 주장한다.

　　어떤 가족 공동체에서 적절한 기업의 규모를 고민할 때, 그 결정에 영
향을 미치는 요인으로 문화 모델만 있는 것은 아니다. 법이나 제도 역시 문
화만큼 중요하다. 법과 제도는 소주주들의 이익 보호와 관련해서 특히 중요
한 역할을 한다.-기업이 어느 정도 성장한 후에 가족 구성원들은 예외 없이
소주주가 된다. 규모를 확장하는 기업은 인력뿐만 아니라, 자본-현재의 기
업 활동과 미래의 투자를 뒷받침할 재원-이 필요하다. 재원이 부족한 가족
기업은 재정적 지원이 가능한 투자자를 찾아야 한다. 투자자나 투자 기업은
투자금을 회수할 수 있을 것이라는 확신이 들 때에만 자금 조달에 나설 것이
다. 대체로 두 가지 종류의 자금 조달 방식이 있다. 첫 번째 방식은 일반적으

로 소규모 기업의 자금 조달 방식인 대출이다. 대출은 기업이 대출금을 상환하지 않았을 때, 대출 기관이 재산의 압류 또는 파산(즉, 채권자들의 채무 상환을 담당하는 법원에서 지정한 행정관이 기업을 관리하는 것이다.)요청이 가능한 법적 구속력을 가진 약속이다. 두 번째 방식은 증권, 즉 기업의 활동에 직접적으로 참여할 수 있는 권리를 의미하는 주식을 발행하는 것이다. 주식을 가진 사람은 채무 불이행 상황뿐만 아니라, 정기적으로 주주회의에서 이사회 선출 권한을 통해 기업 운영에 관여할 수도 있다.

가족 기업이 규모를 확장하려고 했을 때에는 어려운 선택에 직면하게 된다. 대출을 통해 기업을 운영할 수도 있지만, 이때에는 고정된 금액의 분할 상환금을 감당해야 한다.-이는 수시로 변화하는 기업의 상황을 전혀 고려하지 않는다는 의미이다.(물론 전반적인 경제상황에 따라 달라질 수는 있다.) 바로 이 상환 계약의 불가변성 때문에 가족 기업은 완전히 통제 불능상태에 빠질 수도 있다. 한편, 증권, 즉 지분은 그와 같은 면에서는 훨씬 유연하다. 그해의 기업 실적이 나쁜 경우 기업은 배당금이 없다고 발표할 수 있다. 하지만, 유연성을 얻었기 때문에 지불해야 하는 실질적인 대가가 있다. 기업의 주식을 넘겨야 한다는 것이다.

권한의 공유는 사실 아주 미묘한 개념이다. 기업의 의결권 주식을 절반 이상 소유하고 있는 사람은 원칙적으로 나머지 의결권 주식을 소유하고 있는 사람들의 의사에 상관없이 모든 결정을 내릴 수 있는 권리가 있다. 여기에 개입하는 것이 법과 제도이다. 대부분의 법은 소주주들의 권리를 보호한다.(법률에 따라 그 정도가 다르기는 하다.) 가장 대표적인 방법은 모든 주주에게 1주당 동일한 배당금을 지급하도록 의무화하는 것이다. 이를 통해 지배주주들이 자신의 배당률을 높이고 소주주들의 배당률을 낮추는 사태를 예방할 수 있다. 법은 그 외에도 여러 가지 방법으로 소주주들을 보호한다. 예를 들어, 인수 입찰자들은 다른 사람들과 동일한 조건으로 소주주에게도 주식 입찰share offer을 확대해야 한다는 것이 있다. 기업의 자본과 관련해서는 소주주임에도 불구하고 투표권과 관련해서는 지배주주가 됨으로써 자신의 입지를 견고히 할 수 있다. 다수의 가족 기업에서는 무의결권 주식을 발행하고, 이에 근거해서 외부 자본을 조달함으로써 자신들이 소유하고 있는 기업에 대한 의결권을 지켰다. 이와 같은 상황에서는 법이 내부인을 보호하는 것이 아니라, 내부인들로부터 외부인들을 보호한다.

기업의 소유주가 외부인들로부터 자본을 조달 받는 조건에 대해 법이 사사건건 개입하는 것에 대해서는 논란의 여지가 있다. 지배주주들의 권리를 제한하는 것은 실제로 투자자들에게 전혀 이익이 되지 않을 뿐만 아니라, 금융 계약의 유연성을 약화시킬 수 있다고 주장하는 사람들도 있기 때문이다. 결국, 투자자들은 높은 수익을 보장받는 대가로 법률에 의한 명시적 보호를 포기할 수도 있어야 한다는 것이다. 가령, 투자자들은 높은 이자율을 대가로 고위험 채권(정크 본드junk bond)에 투자하기도 한다. 또한, 투자자 보호 제도의 범위가 너무 광범위하면, 이로 인해 투자자들이 혼란스럽게 될 수도 있기 때문에 모든 투자자에게 일정 정도의 기본 보호 조항만 제공해야 한다고 주장하는 사람들도 있다. 이와 관련된 논쟁은 특히 유럽에서 기업의 환경 변화에 중요한 영향을 미쳤다. 2001년 7월, 많은 논란이 있었던 유럽 의회의 기업 인수합병 지침Takeover Directive은 찬반 각 273표로 동일한 득표수를 기록하며 아쉽게 부결되었다. 이 법안은 외부인outsider이 지배권을 가진 내부인insider을 쉽게 교체할 수 있도록 만드는 것이 목적이었다.[24] 특정한 조건에 있는 사람들에 대한 보호정책이 법적으로 어떤 장점을 가지고 있든, 우선 논쟁의 핵심을 이해할 필요가 있다. 이 논쟁은 이제 막 기업을 시작한 사람들(항상 그렇지는 않지만, 대부분의 가족 기업)과 기업의 성장을 위해 낯선 사람들의 도움을 필요로 하는 사람들이 상호 신뢰를 구축하기 위해서 법의 보호나 제한, 또는 이 두 가지를 모두 필요로 하는가의 문제에 관한 것이기 때문이다.

우리가 이전의 장에서 살펴본 것처럼 시장은 낯선 사람들이 서로 거래를 할 수 있는 길을 열어준다. 현대 사회에서 시장의 운용과 관련된 복잡한 제도는 낯선 사람들의 거래에서 반드시 필요한 신뢰를 구축하는 방편이라고 할 수 있을 것이다. 오늘날 기업들은 이와 유사한 방법으로 낯선 사람들이 생산 과정에서 서로 협력할 수 있는 방법을 제시하고 있다. 생산 과정에서 협력이 이루어지기 위해서는 '거래' 이상의 무언가가 필요한데, 구체적으로는 상당한 수준의 집적과 계획, 그리고 위계질서가 갖추어져 있지 않은 상태에서 목표에 도달하는 것은 거의 불가능하다. 현대적인 기업의 설립과 운영을 뒷받침하는 공식적 제도와 비공식적 제도(회사법, 회계 제도, 복장 규정, 안전 수칙, 경영진의 발언을 망라하는 모든 것) 역시 낯선 사람들 사이에서 신뢰를 구축하는 방편이라고 볼 수 있다. 이와 같은 제도들을 통해 혈연관계도 아니며, 또 서로에 대해 아무런 사전 지식도 없는 사람들이 서로의 손에 자신의 재산은 물론 미래와 행복, 심지어 생명까지도 맡길 수 있게 되었다. 그럼에도 불구하고, 대량 생산이 정확하게 어떤 이점을 가지고 있는지를 설명하는 것은 여전히 어렵다. 비행기를 제작하는 것, 또는 전력의 공급 과정에서 대량 생산의 이점을 의심하는 사람은 없다. 하지만, 삶의 다양한 영역에서 존재하는 '신뢰 네트워크'의 대부분은 자연스럽지 못한 특성을 가지고 있기 때문에 아무리 정교하게 조직한다고 해도 '대면 네트워크'의 자연스러움을 대신할 수는 없을 것이다. 그래서 대다수의 레스토랑은 여전히 소규모로 운영되는 기업인 것이다. 그렇지 않은 기업(맥도널드처럼)은 고객들에게 세련미나 창의성 대신 표준화를 판매한다.[25]

기술과 기업의 규모

오늘날의 기술은 이상에서 살펴 본 모든 것들을 어떻게 변화시키고 있을까? 현대의 기업이 갖추고 있는 정보 기술과 그밖의 놀라운 기술력을 살펴보기 전에 과거의 기술혁명이 기업의 규모에 어떤 방식으로 영향을 미쳤는지에 대해 살펴볼 필요가 있다. 18~19세기의 기술이 대규모 작업을 촉진시킨 방식은 대략 두 가지이다. 즉, 정밀 공학은 표준화를 가능하게 만들었고, 증기선이나 철로는 물론 산업현장에서도 한결같이 대형 기계를 통해 에너지를 효율적으로 이용했다. 20세기 초반의 전기와 전자 통신의 뒤이은 발전은 양면적인 결과를 가져왔다. 더 이상은 고객의 주변에서 물건을 생산할 필요가 없어졌고, 따라서 몇 개의 소규모 시설에서 집중적으로 생산하는 것도 가능해졌다. 한편, 소규모 작업장에서 이루어지는 작업은 더 이상 권력이나 정보가 몰려 있는 곳의 주변에 있어야 할 필요가 없어졌으며, 사실상 생산의 중심 역할을 했던 대규모 작업장과도 경쟁이 가능해졌다. 하지만, 알프레드 챈들러는 규모의 이익은 결코 저절로 만들어진 것이 아니라는 사실을 강조했다. 첫째, 대규모 생산시설은 대규모의 시장이 형성되어 있을 때에만 통용될 수 있다.(19~20세기 미국의 기업들은 분명히 유럽이나 다른 나라의 기업들보다 유리한 위치에 있었다.) 대량 생산을 위해서 생산 설비에 투자하는 일은 공장의 높은 가동률을 유지할 수 있는 경영 능력이 있고, 이론적으로는 상식에서 벗어나 있는 다수 고객의 마음을 움직일 수 있는 마케팅 능력을 갖추었을 때에만 그 가치를 인정받을 수 있다.[26] 듀퐁, 제너럴 모터스, 스탠더드 오일, 시어스 로벅, US 스틸 등이 다른 기업들에 비해 엄청난 성공을 거둘 수 있었던 것은 이들 기업에 기술적인 면에서 특별한 기회가 주어졌기 때문이 아니라, 자신들에게 주어진 기회를 최대한 이용할 수 있을 정도의 기업 규모와 함께 탁월한 경영진의 능력이 뒷받침되었기 때문이다. 그들은 시장의 '보이지 않는 손'을 경영진의 '보이는 손'으로 보완했다.(『보이는 손The Visible Hand』은 챈들러의 가장 유명한 저서 제목이기도 하다.)[27] 그 결과 기업의 규모는 더욱 커졌는데, 이것은 단순히 이들 기업들이 대량 생산이 가능한 공장을 보유하고 있었기 때문이라고 할 수는 없다. 오히려 공장의 높은 가동률을 유지하기 위해 한편에서는 원자재의 확보에 주력하고, 다른 한편에서는 마케팅과 유통에 주력할 수 있는 최선의 방식을 찾았기 때문에 가능한 일이었다.*

챈들러의 『보이는 손』은 1977년에 출간되었다. 역설적이지만, 이 시기에는 변화된 경제 상황으로 인해 미국의 기업을 바라보는 챈들러의 관점

---

* 이와 같은 경향은 주로 공산주의 국가에서 정책 입안자들에 의해 되풀이되었는데, 대부분 재앙과도 같은 결과를 초래했다. 이들은 공공의료 서비스, 휴가용 별장, 직원 매점용 식품 생산 농가 등 분야를 가리지 않고 수직 통합이 효율적인 생산을 위한 충분조건이라고 생각했다. 1990년대 초반 폴란드의 산업부 장관은 나에게 폴란드 크라코우Cracow 외곽에 위치한 노바 후타Nowa Huta의 제철소는 스스로 독립된 영토라는 사실을 공표하기 위해 주변 울타리를 보강하기만 하면 된다고까지 이야기했다.

에 한계가 드러나기 시작한 무렵이었다.**28** 그 이후 점점 많은 대기업, 특히 전통적인 제조업에 주력하던 대기업들은 발 빠른 소규모의 기업들에 비해 성과 면에서 뒤처지기 시작했다. 이들 소규모 경쟁사들은 핵심 사업에 주력하며, 완전한 수직 통합vertical integration과는 다른 방식으로 자사의 공급업체와 원활한 협력 관계를 유지하려는 경향이 뚜렷했다. 여기에는 단지 기술적인 이유만 있는 것이 아니었다. 예를 들어, 국제적인 무역의 증가와 국내 시장에서의 경쟁 심화로 인해 다수의 기업들은 내부에서 진행하는 작업은 물론 외부에서 구입하는 제품에 대해서도 점차 실리적인 자세를 취하기 시작했다. 기업의 입장에서는 경쟁에서 뒤처지는 계열사를 납품업체로 거느리는 것은 감당하기 힘든 사치로 여겨졌기 때문이다.

하지만, 그렇다고 해서 기술이 중요하지 않다는 것은 아니다. 20세기 후반부터 21세기 초반까지 이어진 기술 혁명은 기업의 구조에 상당한 영향을 미쳤다. 우선, IT 기술은 규모의 경제를 포기하지 않으면서 동시에 고도로 개별화된 고객의 취향에 적합한 제품을 주문 생산할 수 있도록 만들었다. 또한, 고객과 공급업체가 품질 수준에 대해 어느 정도의 합의만 이룰 수 있다면, 제품을 공급하는데 있어서 업체와 고객 사이의 거리까지도 극복할 수 있다. 소프트웨어 관련 제품이 대표적이다. 예를 들어, 미국의 금융업계에서 사용되는 소프트웨어의 상당수는 인도에서 생산되고 있다. 허용 가능한 오차 범위와 한계를 정확하게 확인할 수 있다면, 객관적인('객관적'이라는 말은 밀라노나 마닐라 어디에서 검사를 하더라도 동일한 결과가 나온다는 의미이다.) 검사가 가능한 정밀 부품에도 이 방식을 적용할 수 있을 것이다. IT 기술은 금융 서비스-물론 어느 정도의 제한은 있다.-에도 적용이 가능하다.

하지만, 미술품이나 또는 신선함을 유지해야 하는 생선에 IT 기술을 적용할 수는 없을 것이다. 훈제 연어는 인터넷으로도 구매가 가능하지만, 신선한 연어는 직접 눈으로 확인한 다음에 구입하는 것이 훨씬 현명한 선택이기 때문이다. 마찬가지로 모든 종류의 책은 인터넷으로도 구입할 수 있겠지만, 모든 종류의 옷을 인터넷으로 구입하려고 한다면 쉽지 않은 일이 될 것이다. 또한, 인터넷이나 IT 기술을 이용해서 가공한 다이아몬드와 다이아몬드 액세서리를 구입할 수는 있겠지만,-역시 어느 정도의 제한은 있겠지만- 가공하지 않은 다이아몬드 원석을 구입하는 것은 무모한 일이 될 것이다. 다이아몬드의 자연스러운 정도를 판단하기 위해서는 전문가가 직접 확인하는 과정이 필요하기 때문이다. 내가 이와 같은 비교를 하고 있는 지금, 이베이에서 판매 중인 6만 8,000개의 세공된 다이아몬드 또는 다이아몬드 액세서리 가운데 가장 비싼 제품은 400만 달러였다. 반면 101개에 불과한 다이아몬드 원석 가운데 가장 비싼 제품은 고작 299달러였다. 런던 드비어스 경매('시장 sight'이라고 알려져 있는)에서 거래되는 양과는 비교조차 할 수 없을 만큼 적은 규모이다.

　　IT 정보 혁명은 정확하게 어떤 점에서 '혁명적'이라고 할 수 있는 것일까? IT 기술은 기업에 '공정의 표준화'라는 변화를 몰고 왔다. 이를 통해 수공업적 시스템이었다면 생산의 모든 단계마다 반드시 거쳐야 했던 길고 고통스러운 견습 기간을 사라지게 만들었다. 굳이 견습 기간을 거치지 않아도 작업에 필요한 지식을 사람들에게 전달할 수 있었기 때문에 가능한 일이었다. 이미 앞에서도 이야기했다시피, 완전하게 새로운 현상은 아니다. 과거 로마의 군대 역시 '표준화'를 지식의 전달과 확산을 이용했으며, 이를 통해 자신의 선조들은 물론 라이벌들보다 훨씬 강력한 전력을 구축할 수 있었다. 바로 이와 같은 방식의 표준화를 적절하게 활용했기 때문에 19세기 후반에 접어들면서부터 협력은 인류의 역사에서 가장 눈부신 발전을 거듭할 수 있었다. 하지만, 오늘날 우리가 경험하고 있는 표준화의 과정 중에서 다음의 두 가지는 그 이전에는 한 번도 등장하지 않았던 완전히 새로운 것이라고 할 수 있다. 첫째, 우리는 훨씬 복잡하고 훨씬 탄력적인 대응이 필요한 고차원적인 공정까지도 표준화할 수 있는 방법을 고안했다. 너트로 볼트를 조이는 것과 같은 단순한 공정뿐만 아니라, 전체 생산 라인을 중단하고 다른 모델의 자동차를 생산하기 위해서 설비를 교체하는 것과 같은 아주 복잡한 공정까지도 표준화했다. 작업을 진행하는 속도 역시 예전과는 비교할 수 없을 정도로 빨라졌다. 그 결과, 우리는 애덤 스미스가 이야기했던 핀을 생산하는 것보다 훨씬 정교한 작업까지도 같은 기업 내에서 효율적으로 분산할 수 있게 되었다. 이 과정을 통해 우리는 규모의 이점을 포기하지 않으면서 동시에 융통성을 발휘하고, 동기를 부여했을 때 얻을 수 있는 이점까지도 취할 수 있게 되었다.[29] 둘째, 공정의 표준화는 재생 가능한 형식, 대부분의 경우 디지털 방식으로 기록하는 일 자체를 아주 수월하게 만들었다. 이렇게 해서, 작업 공정에 관련된 지식은 표준화를 통해 기업 내부에 쉽게 확산되었으며, 표준화된 지식은 기업의 내부에서만 머물지 않고 훨씬 가변적이고 자유로운 형태의 경쟁으로 이어지기도 했다. 과거에는 로마의 군사 제도를 배우기 위해서는 로마의 군인이 되는 것 외에는 다른 방법이 없었겠지만, 오늘날 경쟁사의 회계 제도를 모방하는데 필요한 것은 경쟁사에 입사하는 것이 아니라, 경쟁사에서 사용하는 소프트웨어를 구입하는(또는 훔치면) 것이다.(특허 제도나 허가 제도와 마찬가지로 청사진이나 화학식 역시 수십 년, 심지어 수백 년 동안 이와 유사한 역할을 해 왔다.)

정보의 디지털화가 진행됨에 따라 기업이 받아들이는 정보의 총량은 엄청나게 증가하고 있으며, 가치 있는 정보의 양도 늘어나고 있다. 이와 같은 현상은 기업의 구조에 엄청난 영향을 미칠 수 있으며, 그 영향은 단지 기업에서 주력하고 있는 일과 같은 업무의 영역에 국한되지 않는다. 예를 들어, 화물차에 내장형 컴퓨터를 설치한 이유는 화물차 운전자의 업무 감독이나 화물차 운전자와 차량 배치 담당자의 원활한 의사소통을 돕기 위한 것이었다. 그 결과 대형 제조업체와 개별적으로 거래하는 화물차 운전자의 수는 줄어들었지만, 독립적인 회사로 분리된 화물 운송 기업의 수는 증가했다.[30]

하지만, 이와 같은 방식 역시 최근에 생겨난 것이라고 단언할 수는 없다. 인쇄술의 발전이 중세 교회에 미친 영향과 정보의 디지털화가 화물 운송업과 같은 산업 전반에 미친 영향은 거의 비슷하기 때문이다. 알파벳은 그 자체로 디지털 부호와 형태나 개념이 아주 유사하지만, 수도원 기록실에서 손으로 직접 베껴 쓰는 행위, 즉 필사가 책을 복제하는 유일한 방식으로 통용되는 동안에는 교회의 바깥에서 아무런 진전을 이루지 못하고 있었다. 교회에서는 책의 복제 과정을 통제함으로써 필사한 책을 소유하고 싶어 하는 일부 부유한 신도들을 관리할 수 있었다. 하지만, 인쇄술의 발달로 인해 복제 과정이나 복제 기술은 교회의 담장을 넘었고, 그 결과 교회에 충성심을 갖고 있지 않은 사람들에게도 서서히 책이 보급되기 시작했다.-이들 중에는 '시장'에서의 직접적인 라이벌이라고 할 수 있는 프로테스탄트 교회도 포함되어 있었다. 이들 프로테스탄트 교회는 로마 가톨릭교회와는 별개로 유지되고 있었다. 앞에서 이야기했던 화물 운송 회사가 수세기 후에 독립적인 회사로 분리된 것과 마찬가지이다. 지난 역사를 돌아보면, 기술 발명품은 그 발명품이 만들어진 최초의 환경과는 아주 동떨어진 방식으로 모조품을 확산하기도 했다. 말의 가축화와 2륜 전차의 개발은 기원전 3,000년 무렵에 유럽과 아시아 전역에서 벌어진 전쟁의 방식을 완전히 바꿔놓았다.[31] 좀 더 일상적인 사례로는 에어컨이 있다. 에어컨의 개발로 인해 발생한 이익의 대부분은 에어컨 발명가나 에어컨 장비 제조업체가 아니라, 플로리다처럼 무덥고 습기가 많은 지역의 건물주들이 가져갔다.[32] 고가의 진귀한 물건이지만, 상대적으로 질이 떨어지는 에어컨의 제작에 필요한 기술이나 공정에 관한 노하우보다는 궁극적으로 토지나 건물이 훨씬 가치를 인정받았기 때문이다.

한편, 우리가 축적한 유용한 지식 가운데 상당수가 마우스 클릭 한 번으로 전 세계로 퍼져 나갈 수는 있겠지만, 이를 필요이상으로 과장해서는 안 된다. 1장에서 이야기한 것처럼 IT 기술이 현대적인 생활에 필수적이라고 할 수 있는 여러 가지 업무들과 작업 전체를 빠른 시간 내에 숙달시켜 주는 것은 아니기 때문이다.-호텔의 객실 청소나 화단의 잡초를 정리하는 비교적 단순한 일에서도 이와 같은 사실은 분명하게 드러난다. IT 기술만으로는 여전히 다이아몬드 원석이 지닌 가치를 감정하는 일이나 냄새를 통해 생선의 신선도를 측정하는 일을 수행할 수 없을 뿐만 아니라, 어떤 종류의 옷을 입었을 때 그 사람이 가장 멋있고 아름답게 보이는지에 대해서도 조언을 건넬 수 없다. 그리고 어떤 일들은 다수의 기업에서 확인되는 '기업 문화'처럼 극도로 모방하기 어려운 무형의 특징을 가지고 있다.(하지만, 여기 공항 서점에 산더미처럼 쌓여 있는 고리타분한 경영서적을 보면 알 수 있는 것처럼 사람들은 결코 희망을 버리지 않는다.) 최근의 연구 결과에 따르면, 물리적인 거리는 과학적 정밀함을 핵심적으로 다루는 분야에서조차도 지식의 확산에 핵심적인 영향을 미친다고 한다. 예를 들어, 미국의 대학에서 특허 받은 발명품에 대한 라이선스의 사용은 주로 발명품이 처음으로 만들어진 장소 주변에 밀집되는 경향이 있다는 것이다.[33] 전부는 아니라고 하더라도 무형의 지식과 기술을 전달함에 있어서 대면 접촉을 완벽하게 대체할 만한 다른 방법이 (아직은) 존재하지 않을 수 있다는 사실도 인정할 필요가 있다.-이와 같은 무형의 요소가 없다면 유형의 요소 역시 제대로 작동하기 힘들 수 있다. 대면 접촉, 특히 책임과 관련해서 복잡한 지휘 계통을 통해 중재되는 대면 접촉은 기업이라는 '섬'을 주변의 시장이나 거래라는 '바다'와 분리시켜 주는 지점이기도 하다.

하늘 아래 진정으로 새로운 것이 존재하지 않는 것처럼 보이기도 한다. 하지만, 사소한 변화가 무수히 쌓인다면 기업 환경에 엄청난 영향을 미칠 수도 있다. 전통적인 제조업에 주력하는 다양한 기업들이 규모를 축소하고 핵심 사업에 집중해 왔다면, 일부 서비스 기업들이나 다른 무엇보다 브랜드화 하는 것을 중요하게 여기는 기업들은 상당한 규모로 성장을 이루었다. 디지털이 규모 확장의 원동력으로 작용했다는 사실을 보여주는 한 가지 사실은 디지털 정보를 복제하는 일에는 비용이 거의 소요되지 않는다는 것이다. 마이크로소프트 같은 기업은 소프트웨어 제품을 개발하기 위해 수십억 달러를 쏟아 부은 다음에, 고작 시디롬 한 장의 제작비로 수백만 개의 복제품을 만들어낸다. 이와 같은 방식은 제품의 잠재적 사용자가 수백만 명

이상일 때에는 아주 유용할 수 있지만, 사용자의 수가 한정되어 있는 고도의 전문가용 제품인 경우에는 전혀 유용하지 않게 된다. 규모 확장의 또 다른 원동력은 네트워크의 중요성에 대한 인식이다. 신용카드 회사는 카드 사용자가 자기 소유의 카드를 받아주는 매장을 찾을 수 있고, 또한 매장에서 신용카드 사용 고객을 충분히 확보했을 때에만 매출 증대를 기대할 수 있다.-그렇게 연결된 네트워크의 가치는 사람들이 세계 각국으로 더 멀리, 그리고 더 자주 여행을 떠난다면 더욱 중요해질 것이다. 규모 확장의 세 번째 원동력은 브랜드화의 힘이다. 쉐라톤 호텔의 고객이나 코카콜라의 구매자들은 브랜드만 확인할 수 있다면 전 세계 어디에서나 자신들이 받는 서비스와 음료에 대해 확신을 갖는다. 물론, 홍콩 쉐라톤 호텔의 직원들이 뉴욕에서 직원 연수를 받았을 수도 있고, 아프리카에서 판매되는 코카콜라는 프랑스에서 생산되고 포장되었을 수도 있다. 하지만, 고객이나 구매자들의 신뢰를 얻게 된 요인은 결국 브랜드를 소유하고 있는 기업의 규모와 서비스와 품질의 일관성, 그리고 무엇보다 일정한 방식을 유지하고 있는 조직의 구성 등으로 요약할 수 있을 것이다. 통신과 방송의 영향으로 전 세계의 많은 사람들이 거의 비슷비슷한 정보를 공유하게 되면서 기업들 역시 브랜드의 가치를 올리는 것이 여러 가지 면에서 유리하다는 사실을 확인하고 이를 실행해가고 있다.

이와 같은 요인으로 인해 규모의 확장이 진행되는 한편에서 현대의 IT 기술은 다양성의 확산에도 일조를 하고 있다. 예를 들어, 인터넷은 많은 사람들에게 쉐라톤 호텔을 알리는 역할을 수행함과 동시에 스마트한 이용자들에게는 모든 호텔이 똑같은 모습을 가지고 있는 것은 아니며, 일부 호텔의 경우에는 브랜드화된 대형 호텔 체인보다 지방 특유의 모습을 훨씬 잘 담고 있다는 정보를 제공하기도 한다. 나 역시 외국으로 여행을 떠나면서 호텔의 어떤 부분이 집처럼 편안했으면 좋겠다는 바람을 갖게 된다. 즉, 깨끗한 식수와 적절한 위생 상태, 마음의 평화와 안정을 유지하고 싶은 것이다. 하지만, 어떤 부분은 집과는 좀 달랐으면 하는 바람도 가지고 있다. 음식, 풍경, 인테리어, 그리고 '매력'이라고밖에 말할 수 없는 표현하기 힘든 요소들이 여기에 해당될 것이다. 브랜드 호텔은 이름만으로도 대략적인 모습이 그려진다. 즉, 어느 정도의 신뢰를 담보할 수는 있겠지만, 어쩔 수 없이 다양성은 포기해야 하는 것이다. 이 경우 인터넷으로 내가 여행하려는 지역 내에 있는 규모가 작은 호텔들을 검색할 수도 있다. 물론 검색을 한다고 해서 브랜드와 전혀 관련이 없다고 말할 수 있는 것은 아니다. 오히려 여행 정보를 안내해주는 일부 사이트에서는 '지역의 브랜드화'에 주력하는 모습을 보이기도 한다. 이처럼 브랜드화를 목적으로 하는 사이트에서는 각각의 호텔이 일정한 수준의 품질이나 매력을 확보하고 있으며, 다만 품질이나 매력을 표현하는 방식이 다를 뿐이라고 사용자들을 안심시킨다. 이와 같은 방식으로 브랜드화를 할 경우에 가장 중요한 사실은 지방에 있는 중소 규모의 호텔들이 호텔 체인처럼 일정 수준의 서비스를 유지하기 위해서는 특정 기업에 소속되는 방식을 선택하거나, 그렇지 않으면 최소한 아주 체계적인 관리가 이루어지는 프랜차이즈에 가입하는 선택을 할 수밖에 없다는 것이다. 다만, 일정 수준의 서비스를 포기하고 단순히 '매력' 같은 보이지 않는 특징만을 공유하고 싶다면 관련 정보를 제공하는 네트워크에 소속되어 있는 것만으로도 충분하다. 이때 IT 기술은 어떤 기업에게는 규모 확장의 기회를 제공하지만, 또 어떤 기업의 경우에는 현재의 규모를 유지하면서 규모의 이점을 활용할 수 있게 만들어준다.

기업과 기업 환경의 제약들

이제 처음의 질문으로 되돌아가보자. 도대체 왜 어떤 일은 대기업에 적합하고, 어떤 일은 중소기업에 적합한 것일까? 그리고 대기업의 성장을 경제 행위라는 토양에 뿌리를 두고 있는 하나의 현상이라고 이야기할 수 있는 것일까? 단순히 시대적 흐름이나 관습, 또는 기업 경영자나 기업 소유주들의 권력 추구에 바탕을 두고 있을 뿐인 우연의 결과는 아닐까? 현대적인 기업에 발을 들여놓은 경험을 가진 사람이라면, 권력을 추구하는 일이 사람들의 일상생활을 결정하는 아주 분명한 목적이라는 사실을 부정하는 것은 힘들지도 모른다. 경영진들은 다른 사람들에게는 명령하고 싶은 욕망을 갖고 있지만, 다른 사람의 명령에 복종해야 하는 상황에 대해서는 모욕감을 느끼고 분노를 표현한다. 이제 갓 입사한 신입 사원들은 상관에게 무조건 복종하며 다시 청소년기로 회귀해버린 것 같은 생활을 경험하게 된다. 이에 관련된 사실은 신문 기사를 포함해서 체계적인 연구 결과를 통해서도 수많은 증거를 찾을 수 있다. 회사의 중역 회의실에 처박혀 있던 인수합병에 관한 안건은 탐욕과 허영심, 권력에 대한 야심, 대기업(성공적인 기업이든 아니든)을 경영하고 싶은 욕심, 업계 1위를 향한 야망, 투자은행 업계에서 '벌지 브래킷Bulge Bracket'이라고 알려져 있는 대형 투자은행에 속하고 싶은 욕망 등에 의해 현실화된다. 인간의 본성을 이루고 있는 요소들을 잘 이해하고 있는 사람이라면 인간이 지니고 있는 이와 같은 욕망이 그다지 놀랍지는 않을 것이다. 이 가운데 어떤 욕망도 놀랍지 않을 뿐만 아니라, 사실 이 모든 것들-놀랍게도-이 그다지 중요하지 않을 수도 있다. 과장된 감정들이 연극 무대에서 대사를 하는 '배우'의 역할을 한다면, 거대한 경제 권력은 이 모든 이야기를 만드는 '작가'의 역할을 한다고 할 수 있기 때문이다.

　　왜 그런 것일까? 탐욕, 허영심, 권력에 대한 욕망은 인간 스스로가 자연 환경의 정복에 나서도록 만들었지만, 인간의 정복 활동이 언제나 성공적이기만 한 것은 아니었다. 물론, 자연 환경을 성공적으로 극복한 사람들이 자연 환경의 극복에 실패한 사람들보다 반드시 탐욕스럽거나, 자만심이 강하거나, 권력에 대한 야망이 훨씬 강하다고 할 수는 없다. 비즈니스의 세계에서도 마찬가지이다. 다만, 성공한 기업은 환경이 가져다 주는 가능성에 맞춰 자신들의 목적을 성공적으로 조정했을 뿐이다. 여기에는 다른 사람들이 추구했던 목적으로 인해 새롭게 변형된 환경도 포함되어 있다. 대기업을 경영하고 싶은 욕망이 원하고 꿈꾸는 일을 실현시켜 주지는 않는다. 경쟁사를 인수하고 싶은 야망이나 새로운 시장에 맞춰 사업을 다각화하고 싶은 욕망이 어떤 전략을 실현시켜 주지도 않는다. 자연과 마찬가지로 당신의 전략은 주변 환경이 제공하는 기회에 부응할 수 있어야 한다. 세렝게티 초원을 어슬렁대는 거대 동물들은 경쟁 상대인 다른 동물들은 물론 동물학자와 관광객들에게 깊은 인상을 남길 수는 있지만, 엄청난 양의 에너지를 필요로 하기 때문에 주변에 쉽게 먹이를 공급받을 수 있는 환경이 조성되지 않으면 살아남을 수가 없다. 이것이 성공적으로 적응한 동물들 가운데 거대 동물이 극소수에 불과한 이유이며, 공룡 같이 거대 동물들이 환경의 변화에 적응하지 못하고 사라진 이유이기도 하다. 따라서 거대 동물들이 가장 살기 좋은 환경은 상대적으로 변화가 적은 해양 환경에서 쉽게 찾아볼 수 있다. 이와 마찬가지로 대기업 역시 유지와 운영에 엄청나게 많은 자원을 소비하며, 주변 환경-주주, 고객, 정부-에서 충분한 '연료'를 공급받지 못한다면 오랜 기간 지속하는 것은 불가능할 것이다. 규모의 확장에 지나친 관심을 기울였던 기업들-엔론, 비벤디, 월드컴, 리먼 브라더스 등-은 환경의 변화에 적응하지 못하고 수시로 가동을 중단하다가 결국에는 영원히 사라졌다.

물론, 일부의 기업들은 환경 적응에 완전히 실패했음에도 불구하고, 영향력 있는 후원자들의 도움으로 생존할 수 있었다. 1990년대 중반, 소련의 공산주의가 붕괴된 지 불과 몇 년 후에 우크라이나의 수도 키예프Kiev 근처에 있는 공장을 방문했다. 다양한 제품군을 생산하는 여러 기업을 방문했는데, 그 중에서도 가장 기억에 남는 기업이 하나 있다. 이 기업은 나를 놀라게 만들었다. 일단 이 기업에서는 우주선의 부품 가운데 하나인 도킹장치와 함께 소나무를 원재료로 하는 주방가구도 생산하고 있었다. 여기에 플라스틱 주사기, 아케이드 게임, 항공기의 기체와 부품, 퍼스널 컴퓨터의 키보드, 심지어 광산에서 사용되는 여러 가지 정밀기기까지도 생산하고 있었다. 생산 품목 가운데 어느 것 하나도 일관된 비전에서 계획된 상품은 없어 보였다. 나는 정밀기기 제작과 가구 제작에 필요한 기술이 어떤 상호보완성을 갖고 있는지에 대해서도 알 수 없었다. 이 기업에서는 1,200명이나 되는 재능을 주체하지 못하는 발명 팀에서 제작을 원하는 제품이라면 그것이 무엇이든 생산했다. 제품을 구입하고 사용할 고객에 대해서는 신경조차 쓰지 않았다. 그럼에도 불구하고 이 기업이 살아남을 수 있었던 이유는 간단했다. 기업의 대표가 산업부에 영향력 있는 관료들과 친분을 맺고 있었는데, 이것이 지난 수십 년 동안 쓸데없는 일에 자금을 쏟아 부을 수 있는 여건으로 작용했기 때문이다.

　　회사의 대표, 그리고 몇몇 직원들과 함께 경제학자 존 서튼John Sutton의 이론에 대해서 긴 대화를 나누었다. 어떤 기업은 대기업으로 성장하지만, 어떤 기업은 대기업으로 성장하지 못하는 이유에 대해 존 서튼은 현대의 어떤 연구자들보다 다양하고 활발한 연구를 진행했다.³⁴ 회사의 대표는 "항공기 제작과 정밀기기 제작 부서를 통합한 것은 당연히 합당한 이유가 있습니다. 결국 두 부서 모두 첨단기술을 다루는 업무로 볼 수 있지 않습니까?"라고 이야기했다. 만약, 서튼이 이 답변을 들었다면 본드 스트리트의 재단사가 "결국 모두 옷이잖아요."라고 주장하며 막스앤스펜서 입구에 맞춤 전문 수제 양복점을 개업하는 것만큼이나 말이 안 되는 주장이라고 지적했을 것이다. 본드 스트리트의 재단사들은 고객들의 취향에 따라 달라지는 미세한 치수의 조정(정밀기계처럼 미세한 것은 아니겠지만)과 같은 아주 개인적인 요구사항도 충실하게 반영해야 한다. 한편, 막스앤스펜서에서는 대량 생산을 통해 가격을 낮춘 동일한 제품들을 진열한 다음 광고에 막대한 자금을 투자하는 방식으로 판매에 나설 것이다. 막스앤스펜서에서는 제품의 미세한 차이를 문제라고 생각하지 않는다. 어마어마한 자금을 자신들의 전략에 맞추어 투자한 다음, 그 전략을 통해 끌어들인 수많은 고객들을 통해서 자신들의 전략이 정당화될 것이라는 사실을 잘 알고 있기 때문이다. 맞춤 양복점과 막스앤스펜서의 전략은 둘 다 타당성이 있지만, 이 둘의 전략은 상당한 차이를 가지고 있다. 그러므로 고객들은 자신이 이용하고 있는 제품의 특징을 이해할 필요가 있다. 막스앤스펜서에서 양복을 구입할 경우, 바지 수선을 요구할 수는 있다. 하지만, 지나친 수선을 요구한다면 점원에게 맞춤 전문 양복점을 방문하는 것이 좋지 않겠냐는 정중한 거절의 말을 듣게 될지도 모른다. 항공우주 산업 역시 마찬가지이다. 항공우주 산업은 대체로 설계나 구상의 문제(가령, 최소한의 연료를 이용해서 최대한 많은 사람들을 가장 멀리까지 수송하는 방법 등)에 어마어마한 투자를 하지만, 이를 바탕으로 항공기를 대량 생산한다. 이는 소수의 고객들이 원하는 정확한 요구를 반영해서 제작되는 맞춤형 제품인 정밀기기를 제조하는 것과는 전혀 다른 방식이다. 전체 산업이라는 측면에서 이 둘을 조망해 본다면, 항공기 제조업체는 거대한 '육식 동물'이라고 할 수 있고, 정밀기기는 환경에 적응하며 살아가는 작은 '설치류'라고 할 수 있을 것이다. 이 두 가지 산업이 같은 '식습관'을 가지고 있다면, 두 가지 산업이 함께 생존할 수 있는 방법은 없다.

이와 유사한 사례는 세계 도처에서 찾아 볼 수 있다. 국제 구호단체들과 수많은 빈곤 국가의 정부 관계자들은 정부 지원을 받는 은행의 신용 정책만으로는 시골 지역에 뿌리내리고 있는 전통적인 고리대금업자들을 몰아낼 수 없다는 사실에 대해 수시로 좌절감과 실망감을 토로했다. 문제는 고리대금업자들이 '설치류'라는 것이다. 그들은 시중에 있는 어떤 은행보다 대출자들에 대한 자세한 정보를 갖고 있다. 그들은 자신들의 전략이나 조건, 그리고 대출자금의 한도를 대출자들의 상황이나 조건, 그리고 수요에 맞춰 조정한다. 시원한 에어컨이 설치된 사무실에서 컴퓨터에 저장된 자료를 이용해 대출기록을 확인하는 방식으로 운영되는 현대적인 은행은 강력한 수단을 갖추고 있는 것처럼 보이지만, 사실은 상당히 다른 환경에 속해 있는 거대 포유류라고 할 수 있다. 전 세계의 빈곤 국가에서는 전통적인 고리대금업자와 현대적인 은행 어느 쪽도 서로를 대신할 준비가 되어 있지 않은 것으로 보인다.

우크라이나의 회사에서 직원들과 나눈 대화를 통해 정치와 비즈니스의 유사성에 대해서도 분명하게 인식할 수 있었다. 공산주의 정권 아래에서 우크라이나의 기업들은 전제주의적 정치 전통에 맞게 단 한 사람의 '독재자'에 의해 운영되는 체제였다. 한 사람의 책임자가 훌륭했던 시절도 있었고 그렇지 못한 시절도 있었으며, 게으른 경우도 있었고 열정적인 경우도 있었다. 하지만, 기업 내부에서는 언제나 그의(대부분 '그'였다) 말이 곧 법이었다. 반대로 미국이나 서유럽의 기업들은 미국 헌법의 토대가 된 18세기의 정치 이론, 즉 견제와 균형의 원리checks and balances를 통해서 만들어진 결과물이라고 할 수 있다. 능력 있고 열정적인 발명가가 자신의 능력을 충분히 발휘하기 위해서는 비용을 검토하는 총무 담당자, 소비자들에게 제품 구입을 설득할 수 있는 마케팅 담당자, 신규 채용이 필요한 지를 고민하는 인사 담당자가 필요하다. 창의적인 이론가나 발명가들의 입장에서 이들의 이야기는 듣기 거북할 수 있으며, 이 사람들이 사라지기만 한다면 현대 사회는 지금보다 훨씬 발전하게 될 것이라고 생각할 수도 있다. 실제로, 발명가와 창업 기업가들은 텔레비전이나 신문의 칼럼을 통해 금융 기관이나 세무를 담당하는 정부 기관의 규제에 대해 말도 안 되는 일이라고 불만을 표현하며, 자신들의 창의성을 놀라운 수준으로 발휘할 수 있는 기회가 이들에 의해 제약당하고 있다는 주장을 펼친다. 하지만, 이렇게 말하는 사람들 역시 전문가 집단이나 정부기관, 그리고 유권자들이 방해가 된다고 불평하는 정치인들만큼이나 비난 받아 마땅하다. 앞에서 이야기했던 키예프 공장의 혼란을 목격했다면,

이와 같은 환상은 금세 사라질 것이기 때문이다.

현대사에 기록된 가장 인상적인 기업 파산 가운데 상당수는 지나친 욕심을 가진 창의적인 개인에 의해 발생된 것이었다. 어떤 부분에서는 오늘날 대부분의 기업이 지니고 있는 일반적인 관리 메커니즘이 제대로 작동하지 않았기 때문이기도 하다. 위험이 눈앞에 닥치기 전에 위험의 징후를 보고, 듣고, 느끼면서 배고픔이나 성적 욕구를 실행하려는 욕망을 점검하는 거대 포유류의 감각 능력과 마찬가지로 오늘날의 현대적인 기업들은 견제와 균형의 기능을 발휘함으로써 재앙이 닥치기 전에 재앙의 징후를 감지하고 충동에 따라 행동하려는 욕망을 억누르는 것이다. 설령 그 충동이 아주 위대하고 창의적인 것이라고 해도 마찬가지이다. 기업의 내부 견제가 무너진다는 것은 시력과 청력이 약해지면서 결국 도태되어 버린 거대 포유류들처럼 기업 역시 그 수명이 얼마 남지 않았다는 의미이기 때문이다. 기업의 규모가 거대하면 거대할수록 일상적인 신진대사를 유지하는 일에 많은 에너지가 소요되고, 그만큼 기업의 연료는 더 빨리 바닥을 드러내게 될 것이다.

따라서 앞서 던진 질문에 대한 답은 명확하다. 낯선 사람들의 집단이라고 하더라도 현대 사회에서 일상적인 생산 작업을 수행하기 위해서는 협력할 수 있다. 하지만, 규모가 큰 집단이 규모가 작은 집단보다 우위를 차지하기 위해서는 자신들이 처한 환경에 맞는 최적화된 전략이 필수적이다. 힘과 능력, 그리고 야망만으로는 부족하다. 기업이 처해 있는 환경이 대규모 조직을 필요로 할 때, 즉 시장과 정보 네트워크의 익명성을 이용해서 전달하는 것보다 대면 접촉을 통해 전달하는 것이 조직 내에서 더욱 효율적으로(낮은 '거래비용'으로) 작동하는 기술을 이용할 때에는 대규모 집단이 소규모 집단에 비해 조직적인 우위를 차지하게 된다. 하지만, 그렇지 않았을 때에는 오히려 대규모 조직으로 인해 기업이 낯선 사람과 낯선 사람들의 상호 대립, 그리고 초기 인류에게는 너무나 일상적이었던 상호 의심의 장소로 전락해 버릴 수도 있다.

기업이 시장의 외부에서 분업을 조정하는 유일한 조직은 아니다. 자선 단체, 마피아 조직, 정부 부처, 교회, 민족 네트워크, 군대 역시 놀랍도록 이와 유사한 역할을 하고 있다. 13장을 시작하면서 이야기한 것처럼 대기업은 비교적 최근에 발명된 '발명품'이며, 지식과 기술의 탁월한 생산과 흡수, 그리고 확산 능력을 바탕으로 엄청난 성공을 거두었다. 농경 생활이 시작된 이후 인류 역사의 상당 기간 동안-아마도 과거 1만 년 가운데 9,500년 동안- 지식의 생산과 소비는 장군과 성직자, (더 최근에는)숙련된 장인의 특권이었다. 14장에서 살펴보겠지만, 지식이 이와 같은 집단의 독점적 통제에서 벗어나게 되면서부터 분업은 상당히 정교해졌고, 또 아주 다양하게 활용되고 있다. 하지만, 동시에 분업은 현대 세계에서 아주 위험한 형태로도 발전을 거듭하고 있다.

chapter **14**

지식과 상징

최초의 상징 조형물

1994년 크리스마스를 일주일 앞둔 어느 일요일 늦은 오후, 프랑스 남부의 아르데슈^{Ardèche}에서 세 사람의 친구들이 동굴 탐험을 거의 마무리할 때쯤이었다. 이들은 동굴 탐험가들과 주변 사람들 사이에서 아주 유명한 바위 동굴의 내부에 있는 아주 작은 틈이 사실은 아주 넓은 공간으로 이어지는 '새로운' 동굴의 입구라는 것을 발견했다. 입구는 안쪽으로 들어갈수록 넓어졌다. 이 통로를 계속 탐험하기 위해서는 장비가 필요했고, 장비는 동굴 밖에 세워둔 차에 있었다. 하지만, 이미 날이 어두워졌고 셋은 지쳐 있었다. 일단 차에 도착한 그들은 동굴로 돌아가지 않는 것이 좋겠다는 결정을 내렸다. 다음날 다시 동굴을 찾은 그들은 동굴 내부로 이어지는 여러 개의 통로를 추가로 발견했다. 내부의 공간은 그 길이가 수백 미터에 달했다. 세 사람 중에서 엘리에트 브루널이라는 친구가 돌출된 바위에서 붉은 황토로 채색된 조그마한 매머드 그림을 발견했다. 이 그림을 확인한 세 사람은 정신을 가다듬은 다음에 동굴의 벽을 샅샅이 뒤졌다. 그들은 수백 개의 그림, 즉 바위 벽화를 찾아냈다. 그림 중에서 일부는 아주 정교했으며, 엄청나게 정성을 들인 것으로 생각되었다. 그림을 발견했을 당시에는 정확하게 알지 못했지만, 이 가운데 가장 오래된 그림은 그 역사가 무려 3만 년을 넘는 것도 있었다. 프랑스 남서쪽에 있는 라스코 동굴Lascaux의 유명한 동굴 벽화보다 2배 이상 오래된 것이었다. 어느 날 저녁, 세 사람의 탐험가에 의해 인류 문명의 기원에 대한 우리의 지식은 수천 년이나 연장된 것이다.

아르데슈에 있는 이 쇼베 동굴Chauvet cave(탐험대 대장 장-마리 쇼베 Jean-Marie Chauvet의 이름을 따서 지었다.)은 현재 세계적인 명성을 자랑하며, 인류의 진화를 이해하려는 사람들에게는 너무나 중요한 참고 자료로 인정받고 있다.[1] 하지만, 쇼베 동굴 벽화가 전해주는 가장 놀라운 사실은 이와 같이 훌륭한 미술작품이 아주 오랜 역사를 간직하고 있었다는 것이 아니라, 너무나 많은 미술작품들이 아직 발견되지 않고 있을지도 모른다는 사실을 발견한 것이다. 쇼베 동굴의 그림과 벽화를 그린 사람들은 분명히 뛰어난 상상력과 함께 이를 표현할 수 있는 기술까지도 갖추고 있었다. 그리고 상징적 표현을 사용할 수 있는 능력과 함께 자신이 몸담고 있는 세계에 대한 호기심도 가지고 있었을 것이다. 하지만, 현재의 유럽인의 선조라고 할 수 있는 사람들이 이와 같은 상징적 표현 능력이나 세계에 대한 호기심을 지니고 있었다는 증거는 어디에도 없다. 도구 제작의 증거는 100만 년도 훨씬 전의 것으로 추정되는 고고학적 유적지에서 다량으로 발견되고 있다. 돌을 이용해서 만든 도구, 즉 석기가 유용했을지는 모르겠다. 하지만, 여기에서 발견된 석기들에서 창의적인 부분은 거의 발견할 수가 없었다. 100만 년의 역사에서 대부분의 시기를 지나는 동안 석기의 재료는 아주 한정적이었고, 종류도 지루할 정도로 제한되어 있었으며, 시기별로 발전된 흔적도 거의 찾을 수 없었다.[2] 초창기의 인류는 자신의 선조들과 동일한 방식으로 돌을 깨고 깎아서 석기를 만들었다. 과거의 기술을 동일하게 습득하는 것 외에는 뭔가를 배운 적도, 집단의 지식이나 경험을 축적한 적도 없는 것처럼 보였다. 인류가 문화적 실험을 했다는 흔적-그림, 공예, 외모 장식-이라든가 추상적인 것에 대한 호기심은 물론 선천적으로 어떤 것에 대해 호기심을 가졌다는 증거조차도 찾을 수 없다. 마치 인류의 '문화'에 대한 관심은 어느 날 갑자기 출현한 것처럼 느껴진다.

인류, 특히 유럽에서 문화에 대한 관심이 갑자기 출현한 현상을 논리적으로 설명하기 위해서는 문화에 대한 관심이 어느 날 갑자기 출현한 것이 아니라는 사실에서부터 출발해야 한다. 실제로 문화에 대한 관심은 다른 곳에서 시작되었다는 것이 거의 확실하며, 그 지역은 바로 아프리카이다. 어느 사회에나 존재하기 마련인 다수의 창의적인 사람들처럼 쇼베 동굴의 유적을 남긴 숙련된 예술가들은 진화론적 시간으로만 보자면 가장 최근에 정착한 이민자였을 것이다.[3] 4만 년 전에 동아프리카 리프트 밸리Rift Valley에 위치한 엔카푸네 야 무토Enkapune Ya Muto, 또는 트와일라잇 동굴Twilight cave에 살았던 사람들은 타조 알의 껍데기를 깎아서 예쁜 구슬을 만들었다. 그들은 상호성의 상징으로 타조 알 구슬을 다른 사람들과 교환했을 것이다. 이것은 오늘날 보츠와나의 칼라하리 사막에 사는 쿵산KungSan 족의 교환 방식과 아주 흡사하다.[4] 남아프리카공화국의 블롬보스 동굴Blombos에서 발견된 돌에는 무늬가 새겨져 있었는데, 그 역사를 추적한 결과 무려 7만 년 전의 것으로 밝혀졌다. 블롬보스 동굴의 유적을 연구하는 일부 고고학자들은 오늘날과 같은 문화적 행동에 어울리는 능력을 갖기 위해서는 수십만 년, 아니면 수백만 년의 기간 동안 진화를 거듭했을 것이라는 주장을 펼쳤다. 고고학적 기록이 어느 시대에 갑작스럽게 중단된 이유는 블롬보스 동굴의 유적과 같은 유물이 어느 시대에 갑자기 만들어졌기 때문이 아니라, 유물의 보존과 발견이 우연히 일어난 일이기 때문이라는 것이다.

유물과 증거에 대한 이와 같은 해석에 대해서는 지금까지도 의견이 분분하다. 특히, 인간의 행동 능력이 혁명적으로 발전한 것에 대해서 인간 두뇌의 해부학적 미세구조가 경미하게 변화한 결과라고 주장하는 것에 대해서는 추측하는 것 외에는 누구도 확실하게 대답할 수 없다. 뇌는 화석을 남기지 않는다. 화석으로 남는 것은 뇌가 아니라 두개골일 뿐이다. 최초의 문화적 유물을 남긴 현대 인류의 두개골은 문화적 유물이나 유적을 남기지 않았던 직계 조상의 두개골과 전혀 차이가 없다. 또한 인류가 블롬보스 동굴의 유적과 같은 방식으로 문화를 형성하는데 정확하게 어느 정도의 지능이 필요했는지에 대해서는 전문가들도 일치된 의견을 제시하지 못하고 있다. 예를 들어, 수전 블랙모어Susan Blackmore는 자신의 저서 『밈The Meme Machine』을 통해 문화를 형성하기 위해서는 다른 사람을 모방할 수 있는 능력이 필요하다고 주장했다. 모방능력은 인간과 다른 동물들을 구분해줄 뿐만 아니라, 일단 모방능력을 갖춘 다음에는 모방이 여기저기에서 홍수처럼 일어나게 되고 우리의 아이디어와 제도들까지도 독립적인 '생명'을 얻게 된다는 것이다. 미국의 발달심리학자인 마이클 토마셀로Michael Tomasello는 저서 『인간 인지의 문화적 기원The Cultural Origins of Human Cognition』에서 현생 인류인 우리가 지니고 있는 모방 능력은 모방 이외에 다른 기술도 함께 필요로 하는데, 가장 대표적인 것이 다른 사람의 관점에서 자기 자신을 바라보는 능력이라고 주장했다.

하지만, 이와 같은 여러 가지 의견에도 불구하고 인류가 문화를 형성할 수 있는 능력을 갖게 된 것이 혁명적이라는 사실에는 누구나 공감한다. 이와 같은 능력을 갖추었기 때문에 인류의 문화가 지금까지 발전해 올 수 있었다. 문화를 형성할 수 있는 능력이 혁명적인 이유를 알고 싶다면, 인간의 문화적 능력이 기존에 존재했던 인간의 두 가지 행동 능력, 즉 상징적인 표현 능력과 인공적인 가공품을 창조하는 능력5을 합친 것이라고 생각하면 이해가 쉬울 것이다. 이 두 가지 능력은 그 자체로도 충분히 놀라운 바가 있다. 하지만, 이 두 가지 능력이 결합되면서부터는 더욱 눈부신 잠재력을 갖게 되었다. 상징적인 표현은 의사소통을 위한 기호의 사용을 의미하는데, 외부 세계에서는 기호가 지시하는 대상이나 의미를 알아차리기 어려웠을 것이다. 기호의 의미는 사회적인 관습에 따라 달라졌고, 또 보완되었기 때문이다. 이와 같은 기호는 현대 인류의 선조인 호모 에르가스테르Homo ergasther도 사용했으며, 그림을 이용한 표현 역시 실제로 존재했었다. 하지만, 기호의 사용은 예상치 못한 새로운 방식으로 기호의 재조합이 가능했기 때문에 자연을 기계적으로 복제하는 것을 훨씬 뛰어넘는 유동성은 물론 표현력까지도 갖추게 되었다. 쇼베 동굴에서 발견된 그림 가운데에는 상반신이나 머리는 들소의 형상이고 다리만 인간인 반인반수를 그린 작품이 있다. 이것은 상징적 추론이 세계에서 얻은 정보를 전달하는 인간의 능력을 획기적으로 변화시켰다는 사실을 의미한다. 이제 인간은 현재의 사건은 물론 과거와 미래의 사건도 표현할 수 있게 되었다. 또한, 실제로 일어난 사건뿐만 아니라 상상 속의 사건까지도, 그리고 강렬한 경험뿐만 아니라 일반적인 개념까지도, 불만과 욕구뿐만 아니라 희망과 공포, 그리고 꿈까지도 표현할 수 있게 되었다.

이처럼 상징은 현대 인류가 등장하기 전부터 훨씬 이전부터 존재했다는 것이 거의 확실하다. 결국 언어는 자의적인 음성을 이용해 어떤 대상을 지시하며,[6] 해부학적 증거에 따르면 우리의 선조(호모 에르가스테르 등)와 사촌(호모 네안데르탈인 등)은 다양한 사회적 목적에 따라 적절한 언어를 구사했다는 사실을 알 수 있다.[7] 이들이 사용했던 언어에는 자의적인 기호 체계가 포함되어 있었을 것이다. 가령, 네안데르탈인 남성이 네안데르탈인 여성에게 매머드 두 마리를 봤다는 이야기를 할 때, 그 남성의 음성은 들소나 매머드의 소리와는 분명히 달랐을 것이다. 하지만, 네안데르탈인 남성이 표현했던 '음성 상징'은 입 밖으로 나온 순간 공기 중으로 사라졌을 것이다. 그리고 어떤 흔적도 남기지 않았기 때문에 다음 세대로서는 분명하지 않은 기억에 의지하는 수밖에 없었을 것이다. 상징이 혁명으로 받아들여지는 이유는 무엇보다도 상징이 조형물로 구현되었기 때문이다. 상징적 조형물은 이를 제작하는 행위에 참여했던 사람들보다 훨씬 오래 살아남을 수 있었다. 물론, 조형물 자체가 기존에 존재하지 않았던 완전하게 새로운 것은 아니었다. 석기 역시 일종의 조형물-매우 정교한 조형물-이라고 볼 수 있으며, 오늘날에도 이와 같은 석기를 제작하기 위해서는 오랜 숙련 기간과 높은 수준의 기술력을 필요로 한다. 하지만, 석기 시대까지 인류가 제작한 석기에는 별다른 상징적 의미가 포함되어 있지 않았다. 트와일라잇 동굴과 쇼베 동굴에서 확인할 수 있는 인지능력의 대변혁이 놀라운 이유는 상징적 표현과 조형물의 창작 능력이 하나로 결합된 결과물이기 때문이다. 인류 역사에서 처음으로 상징을 담은 유물이 등장한 것이다. 이를 통해 인류는 후손들에게 의미가 담긴 유물을 남길 수 있게 되었으며, 이 유물을 통해서 사후에도 유물에 담아 둔 생각만큼은 전달할 수 있게 되었다.

인류에 대한 이야기를 할 때, 앞선 세대로부터 무엇인가를 배우는 능력은 가장 핵심적인 부분이다. 인류학자들은 '문화'를 후천적으로 습득하는 것이며, 단지 역사적 우연으로 인해 집단마다 다르게 표현되는 행동이라고 정의하기도 한다. 이와 같은 의미에서 본다면 인간 이외의 동물에게도 문화는 존재한다. 예를 들어, 침팬지를 연구하는 동물학자들은 침팬지들이 무리에 따라 다른 방식의 약탈 행동을 보이는데, 그 방식들이 정확하게 인간의 방식과 동일하다는 사실을 발견했다.[8] 그럼에도 불구하고, 선천적으로 타고 나거나 혹은 후천적으로 경험할 필요 없이 삶의 다양한 난관들을 극복하게 해주는 집단적인 사고의 축적이라는 의미에서 문화는 인간만이 가진 독특한 현상이기도 하다. 현생 인류가 해부학적으로 이전의 인류와 다른 한 가지 특징은 상당한 수준으로 연장된 수명이며, 여성의 폐경도 거의 비슷한 시기에 진화한 것으로 보인다.[9] 수명과 가임기간이 함께 늘어나는 방향으로 진행된 이 두 가지의 진화는 어린 손자와 아이 양육에 대한 직접적인 책임에서 벗어나 있는 조부모, 그리고 그 밖의 다른 친족들과의 만남을 가능하게 만들었다. 이렇게 직접적인 만남의 방식을 통해 윗세대에서 다음 세대로 전달되는 성인들의 기억은 지식의 보고 역할을 했을 뿐만 아니라, 부족 사람들이 예측할 수 없는 난관에 부딪혔을 때에도 문제해결을 도울 수 있었다. 하지만, 이와 같은 인간 백과사전은 수명이 너무 짧았고, 또 너무 쉽게 소멸해버렸다. 지식 혹은 문화의 '수명'을 늘리기 위해서는 상징적 조형물이 반드시 필요했을 것이다.

상징적 조형물은 순수한 구전 문화에 비해 몇 가지 아주 중요한 장점이 있다. 일반적으로 상징적 조형물은 인간의 뇌 조직보다는 수명이 길다. 그리고 많은 사람들이 상징적 조형물을 보거나 상징적 조형물에 기록된 글을 읽음으로써 정보의 공유가 광범위하게 이루어지는 것이다.(상징적 조형물은 경제학자들이 이야기하는 '공공재'가 지니고 있는 몇 가지 특성이 있다.) 그 결과, 사람들은 자신의 뇌에 저장되어 있는 정보보다 훨씬 규모가 방대한 '사고의 도서관'을 이용할 수 있게 되었다. 마지막으로 상징은 예측하지 못한 방식으로 새로운 재조합이 이루어지기 때문에 상징을 사용하는 사람들은 미래의 사용자를 위해서 자신의 발명품을 실험함으로써 더욱 새로운 것으로 만들었을 뿐만 아니라, 그 과정을 기록으로 남길 수도 있었다. 이것이 바로 고고학자 스티븐 미슨이 이야기한 '인지적 유동성cognitive fluidity'이다. 인류가 사냥이나 채집의 대상으로만 생각했던 동식물과 새로운 관계를 형성함으로써 농업의 발명이라는 혁명적인 결과물을 산출하는 과정에서 가장 핵심적으로 작용한 것이 바로 이 인지적 유동성이다. 어쨌든, 인류의 진화가 시작된 지 수백만 년 후에, 그리고 인류 최초의 상징적 조형물이 제작된 지 불과 수천 년이 지난 후에 최소한 전 세계 7곳의 장소에서 독립적인 방식으로 농업이 발명되었다는 사실은 대단히 놀라운 일이다. 농업의 발명과 관련해서는 인지적 유동성 외에도 기후 변화와 같은 다른 요인들이 개입되었을 것이라는 주장이 제기되었고, 일정 부분 타당성을 인정받았다. 하지만, 인간의 행동에 근본적인 변화를 불러올 만큼 극적인 기후 변화는 발견되지 않고 있다. 우연의 일치에 따른 결과일 가능성도 있다. 하지만, 적절한 생태적 조건이 주어졌을 때 한 가지 발명(상징적 조형물)이 새로운 발명(농업)을 불러왔을 것이라는 가능성에 비하면 설득력이 떨어진다.

이와 같이 인류 진화의 역사에서 최초의 집단적 지식 축적이 가능해진 것은 상징적 조형물의 제작과 밀접하게 연관되어 있다. 사실, 가장 위대한 발명은 다른 사람들이 새로운 발명을 할 수 있는 계기를 제공하는 것이다. 문자의 발명은 다양한 지역에 걸쳐서 개별적으로 이루어진 발명의 사례라고 볼 수 있다. 5,000년 전 무렵에 이집트, 메소포타미아, 중국, 파키스탄, 중앙아메리카 등 전 세계에 흩어져 있는 5곳의 지역에서 발명된 문자가 대표적이다. 문자의 발명은 이후 다양한 발명으로 이어졌는데, 발명이 진행되는 과정에서 표현과 확산은 물론 의미의 이해까지도 문자에 의존해야 했다. 1450년경 요하네스 구텐베르크에 의해 이루어진 인쇄술의 발명은 '유일한' 사건처럼 보이지만, 사실 인쇄술은 같은 시기에 여러 곳(유럽과 중국)에서 연구와 개발이 이루어지고 있었다. 즉, 구텐베르크가 아니었다고 하더라도 인쇄술은 얼마 지나지 않아서 발명되었을 것이다. 하지만, 구텐베르크가 발명한 인쇄술이 미친 영향은 많은 사람들이 손쉽게 책을 접할 수 있게 되었다는 1차적인 혜택에 그치지 않았으며, 실제로 인쇄술이 이 세계에 끼친 영향은 상상을 초월했다. 역사학자 엘리자베스 아인슈타인Elizabeth Einstein은 이렇게 이야기한다. "1483년 이탈리아의 출판사 리폴리Ripoli Press는 피치노Ficino

가 번역한 플라톤의 「대화편Dialogues」 한 권quinterno, 즉 다섯 부분을 하나로 철해서 묶은 책의 가격은 3플로린florin이었다. 당시에 사본을 필사하는 사람이라면 한 권을 베껴 쓰는 비용으로 1플로린을 받았을 것이다. 하지만, 리폴리 출판사가 1,025권의 책을 찍어내는 동안 필경사는 1권을 겨우 필사할 수 있었을 것이다." 결과적으로 책을 제작하는 비용이 몇 년 사이에 300분의 1로 줄어들었던 것이다.[10]

인쇄술의 발명으로 책을 접할 수 있게 된 수많은 독자들 가운데 일부는 오직 자신의 즐거움과 깨달음을 위해 독서를 했을 것이다. 물론, 독서를 통해 얻은 영감이 새로운 발명으로 이어진 경우도 있었다. 한 가지 예로, 엘리자베스 아인슈타인은 다음과 같은 말을 했다. "코페르니쿠스Copernicus, 타코 브라헤Tycho Brahe, 요하네스 케플러Johannes Kepler와 같은 천문학자들은 과거의 어떤 천문학자들보다 훨씬 많은 양의 독서를 할 수 있었을 뿐만 아니라, 훨씬 많은 양의 자료를 직접 정리한 다음에 참고할 수 있는 기회도 얻었다." 앞에서 이야기한 것처럼 어떤 사람들은 인쇄술의 발명 자체를 토대로 하는 사업을 벌이기도 했다. 1476년 영국 최초의 인쇄소를 설립한 윌리엄 캑스턴William Caxton이 대표적인 인물이다.(캑스턴은 성경을 비롯해서 제프리 초서Geoffrey Chaucer의 『켄터베리 이야기Canterbury Tales』보급판을 최초로 인쇄한 인물이기도 했다.) 캑스턴의 원래 목적은 발명보다는 사업이었지만, 그 과정에서 출판 편집이나 철자법을 바로잡는 일에도 기여함으로써 이후 지속적으로 진행된 영어의 표준화에 아주 중요한 역할을 했다.

현대에는 상징적 조형물이 아이디어에 응축되어 있는 힘을 수천 배, 아니 수백만 배 이상으로 증폭시킬 수 있다는 사실로 인해 유용하거나 매력적인 아이디어를 가지고 있는 사람들이 돌려받는 보상과 관련해서 엄청난 파급효과를 낳았다. 실제로 아이디어의 복제가 가능해졌기 때문에 빌 게이츠Bill Gates 같은 사람들은 억만장자가 될 수 있다. 바야흐로 천재는 1퍼센트의 영감과 99퍼센트의 '복제'로 만들어지는 시대가 도래한 것이다. 이와 마찬가지로, 음악가들은 복제 때문에 작품을 통해 거둬들이는 수익에 영향을 받지는 않을까를 걱정했다. 하지만, 작품을 복제할 수 있게 되었기 때문에 일부의 음악가들은 엄청난 부를 누리게 되었다. 20세기 이전에는 음악가들의 수입이 공연을 보러오는 관객의 수에 의해 결정되었다. 공연장에 들어갈 수 있는 유료 관객의 수는 제한되어 있었기 때문에 수입 역시 지금과 비교하면 아주 보잘 것 없었을 것이다. 간혹 극소수의 음악가들, 대표적으로 프랑스 루이 14세의 궁정에서 음악을 연주한 장 밥티스트 륄리Jean-Baptiste Lully 같은 사람은 드물게 귀족 후원자를 만나 넉넉하게 생활할 수 있었다. 하지만, 장 밥티스트 륄리 같은 극소수의 음악가들을 제외한 대부분의 음악가들은 설사 천재적인 창의력을 가졌다고 하더라도 생계를 이어가는 것조차도 힘에 겨웠다. 모짜르트는 너무나 유명했지만, 사망 당시에는 정말 비참할 정도로 가난했다. 오늘날에는 모짜르트에 비한다면 '하찮은' 정도의 재능을 가졌을 뿐인 몇몇 음악가들은 백만장자처럼 생활하면서도, 자신의 음악이 인터넷에서 무료로 다운로드되고 있다는 사실에 대해 불평을 늘어놓고는 한다. 실제로 창의적인 아이디어 하나를 통해 다른 아이디어의 수요가 창출되는 사례는 굉장히 많다. 웹 사이트의 운영자들은 사람들을 유혹하기 위해 콘텐츠의 일부를 무료로 제공하지 않으면 콘텐츠 이용 고객이 증가하지 않는다는 사실을 잘 알고 있다. 비디오 장치의 발명은 할리우드의 영화사들을 가난하게 만들기는커녕 그들에게 엄청난 부를 안겨 주었다. 그들은 현재 티켓 판매 수익에 비견될 정도의 엄청난 수익을 DVD 대여를 통해 거둬들이고 있다. 마찬가지로 복제 기술이 발전한다고 하더라도 음악가들이 과거처럼 생계를 걱정해야 하는 상황이 다시 발생하는 일은 결코 없을 것이다.

하지만, 복제 기술의 발달로 인해 재능을 가진 사람들의 빈부격차는 심화될 것이다. 자신의 재능이 대중에게 알려진(어떤 이유에서든) 사람들과 상대적으로 소수의 사람들에게만 알려진 사람들 사이에서 엄청난 소득차가 발생될 것이라는 사실은 너무나 분명하기 때문이다.[11] 경제학자 로버트 프랭크Robert Frank는 그 과정을 다음과 같이 설명한다.

승자 독식 시장이 지금처럼 광범위하게 확산된 이유는 전 세계에 흩어져 있는 재능 있는 음악가들의 영향력과 그 영향력이 미치는 범위를 기술력이 상당한 수준으로까지 확장시켰기 때문이다. 20세기 말에는 아이오와 주에만 1,300개가 넘는 오페라 하우스가 있었고, 수천 명의 테너가 생방송을 하거나 청중 앞에서 라이브 공연을 했다. 아주 많은 수입은 아니었지만, 그럭저럭 생계를 꾸려갈 수는 있었다. 우리가 듣고 있는 음악의 대부분이 미리 녹음되고 있는 지금, 세계 최고의 테너들이 우리가 흔히 말하는 것처럼 '모든 곳'에 존재하게 되었다. 우리가 파바로티를 듣는 이유는 루치아노 파바로티의 마스터 레코딩 CD를 구입하는 데 드는 비용이 유명하지 않은 테너의 CD를 구입하는 비용과 별반 차이가 없기 때문이다. 그리고 수백만 명의 사람들이 파바로티보다 천재성이 떨어지거나 유명하지 않은 테너의 음악을 듣는 대신 비용을 조금 더 지불하더라도 파바로티의 음악을 들으려고 한다. 이로 인해 파바로티가 한 해에 벌어들이는 수익은 수백만 달러에 이른다. 파바로티가 엄청난 수익을 벌어들이는 동

안, 파바로티처럼 천재적인 재능을 가진 무명의 테너들은 겨우겨우 생계를 이어갈 뿐이다.[12]

창의성에 대한 보상이 오직 금전적으로만 이루어지는 것은 아니다. 어떤 음악가들은 오페라 가수들보다 수입이 적지만, 그럼에도 불구하고 다른 사람들에게 존경과 찬사를 받는다.(존경은 시장에서 책정된 가격보다 훨씬 소중한 일을 한 사람들에게 대중이 마음으로 '가격'을 지불하는 보상의 방식이다.) 17~19세기까지는 인쇄술의 발전으로 인해 책(그리고 판화 같은 복제 가능한 미술품)의 독자가 늘어났다. 그에 따라 천재성을 지닌 개인으로서의 문학가나 예술가라는 개념에 관심이 집중되는 것은 아주 자연스러운 현상이었다. 그 과정에서 문학 작품이라는 상징적 조형물의 질적인 측면이 조형물을 제작한 개인의 다른 어떤 행위보다 중요해지게 되었다. 상징적 조형물이 제작자보다 훨씬 수명이 길고, 동시에 사람들에게 훨씬 직접적인 영향을 미친다는 사실을 감안하면 수긍이 되는 측면이 있다. 하지만, 역설적이게도 어떤 예술가가 난삽하고 분명한 삶의 목적을 보여주지 못했을 뿐만 아니라, 아름다움과는 동떨어진 삶을 살았다는 사실은 그 예술가가 지닌 예술적 진정성을 드러내는 시금석처럼 여겨졌다. 마치 어떤 예술가의 작품이 삶의 정점에 도달한 순간에 탄생된 완벽한 조형물이라는 증거는 당연히 예술가의 흐트러진 삶과 분리될 수 없다고 생각하는 것처럼 보인다. 이와 같은 현상은 모든 영광을 신에 돌릴 수밖에 없었던 중세, 그리고 고대에 그 뿌리를 두고 있는 영적 수양을 통한 초월이라는 개념이 독특한 모습으로 드러난 것이라고 볼 수도 있을 것이다.

세대 간의 신뢰

상징적 조형물이라는 수단을 통해 집단적인 지식이 축적되었기 때문에 우리는 수렵채집인 선조들이 상상하기도 힘든 과제를 해결할 수 있게 되었다. 앞장에서 살펴본 것처럼 현대의 인류는 분업을 통해 무한한 가능성을 열었다. 하지만, 무인도에서 누구의 도움도 없이 홀로 살아가야 하는 상황이 발생한다면, 현대적인 교육을 받은 사람들은 우리의 수렵채집인 선조들보다 환경에 잘 적응해서 생존할 수 있을까? 결론부터 말하자면, 그렇다고 할 수 있다. 현대적인 교육을 받은 우리들에게는 수렵채집인들이 다른 어른들로부터 직접 전수받은 여러 가지 지식은 없다.―그 지식들 중에는 생존에 필수적인 것들도 있을 것이다. 실제로 수렵과 채집은 현대적인 산업과 관련된 직업에 비해서도 훨씬 높은 수준의 인지능력이 요구될 정도로 아주 어려운 작업이다. 뿐만 아니라, 현대인들은 일상적인 생활을 유지하는 데 필요한 물품의 공급을 다른 사람들에게 의존하는 습관을 가지고 있기 때문에 이를 극복하는 일도 무척 힘들 것이다. 하지만, 현대적인 교육을 받은 사람이면 누구나 많은 세대를 거치면서 쌓아올린 지식은 물론, 문화의 교류를 목적으로 조성된 상징적 조형물을 통해서 전해진 방대한 양의 지식을 물려받았다. 최초의 난관만 잘 극복한다면, 우리 선조들이 부딪히게 될 현실, 즉 시작 단계에서의 반복적인 실패와 그로 인한 고통스러운 경험, 그리고 생명을 위협하는 여러 가지 '덫'을 피할 수 있을 것이다. 반대로 수렵채집인들이 지금과 같은 현대적인 세계에서 살아가야 한다면, 그리고 무엇보다 그들이 눈앞에 펼쳐진 다양한 과제들을 헤쳐가기 위해서는 정교하게 노동을 분담하는 능력부터 갖추어야 할 것이다. 뿐만 아니라, 앞선 세대로부터 물려받은 문화적 유산이나 지적 전통을 공유하는 능력도 갖추어야 할 것이다. 이처럼 우리는 여러 세대에 걸쳐 축적된 지식을 물려받았기 때문에 모든 것을 새롭게 발명할 필요가 없어졌다. 달리 말하자면, 상징적 조형물은 정교하게 이루어지는 분업이 한 세대 안에서는 물론, 여러 세대에 걸쳐서도 가능할 수 있도록 지식을 축적하고 전달하는 역할을 했다는 것이다.

그러므로 '세대 간의 분업'에서와 유사한 방식으로 상징적 조형물을 이용하기 위해서는 신뢰-즉, 미래에 우리의 커뮤니케이션 방식과 내용을 이해하게 될 낯선 사람들을 신뢰한다는 의미-라는 요소가 필수적이다. 앞선 몇 개의 장에서 우리는 현대 사회에서 신뢰가 더 이상 특정한 개인이 갖고 있는 생각, 즉 단순하게 개인의 심리에 관한 문제가 아니라는 것을 살펴봤다. 근본적으로 신뢰는 어떤 사람에 대해 갖는 개인적인 감정과는 무관하며, 상호교류를 위해 사람들이 서로를 의지할 수 있게 만드는 일련의 사회제도에 관한 것이다. 이와 같은 사회제도에는 법과 법 집행의 메커니즘, 그리고 합의에 도달한 모든 종류의 관습-비공식적 습관과 동기-이 포함되어 있다. 우리는 이 사회제도를 통해 수용 가능한 신뢰의 수준을 가늠하고, 동시에 다른 사람들의 행동이 신뢰할 수 있는지 없는지를 판단할 때 필요한 근거도 마련했다. 그리고 이와 같은 사회제도가 다른 사람들과 맺은 계약에 대해 개인이 갖게 되는 신뢰의 정도에 영향을 미친다면, 이와 관련된 요소들은 그 사회의 소유권 제도를 대신하는 것이다. 마찬가지로 상징적 커뮤니케이션의 사용 역시 소유권의 지배를 받는다. 우리의 커뮤니케이션을 이해하려는 사람들이 보다 강한 신뢰를 갖게 만드는 것이 소유권이 존재하는 목적이라는 사실을 생각한다면, 상징적 커뮤니케이션과 함께 사용되는 소유권이라는 용어가 아주 낯설게만 보이지는 않을 것이다. 신뢰는 여러 가지 이유에서 우리에게 중요하며, 상징적 커뮤니케이션에도 어느 정도는 영향력을 발휘한다. 조금만 더 자세하게 들여다보면, 상징적 커뮤니케이션과 관련된 소유권은 일반적인 물건에 대한 소유권보다 훨씬 복잡한 특징을 갖는다는 사실을 알 수 있을 것이다.

간단한 예를 하나 들어보자. 미국의 작가이자 철학자인 에머슨은 이웃이나 경쟁자들보다 훨씬 좋은 쥐덫을 만들 수만 있다면, 설령 집이 깊은 산속에 있다고 하더라도 쥐덫을 구매하려는 사람들로 문전성시를 이룰 것이라고 말했다. 내가 실제로 성능 좋은 쥐덫을 만들 수 있다고 가정해 보자. 하지만, 내가 만들려고 하는 쥐덫은 정교한 기계장치가 아니다. 단지 누군가가 혼자서 아주 적은 비용으로 사업화했을 때 좀 더 많은 이익을 얻을 수 있도록 도와주는 간단한 아이디어일 뿐이다. 내 입장에서는 나의 아이디어가 누군가가 이익을 얻는 데 도움이 되었기 때문에 당연히 그 이익의 일부를 돌려받을 수 있을 것이라고 생각한다. 실제로 나는 세상 사람들 모두가 쥐덫을 사기 위해 우리 집 앞으로 몰려들 것이라는 행복한 상상에 자극을 받아 여러 날을 고민했고, 그 결과 지금과 같은 쥐덫의 아이디어를 구상하게 되었다.-쥐를 잡아야겠다는 생각은 상대적으로 사소한 문제였다. 그렇다면 당신이 나의 아이디어를 이용해서 거둬들인 이익의 일부를 돌려받기 위해서 나는 어떤 일을 해야 하는 것일까?

이론적으로는 내 아이디어를 누군가에게 양도하면 된다. 하지만, 이 방법은 생각처럼 그렇게 간단하지 않다. 실제로 나는 아이디어가 도용당하지 않는 수준에서 나의 아이디어를 정확하게 설명할 수 있을까? 이와 관련된 문제는 지적 재산권 제도에서 다루고 있으며, 특허법, 저작권법, 상표법 등으로도 구현되어 있다. 기본적인 원리는 간단하다. 내가 누군가에게 쥐덫에 대한 아이디어를 이야기할 때에는 아주 조심스러워질 필요가 있다. 내 이야기를 들은 누군가가 혹시 나의 아이디어는 아무런 가치도 없다는 소문을 주변에 퍼트린 다음에 그 아이디어를 슬쩍 도용할 수도 있기 때문이다. 하지만, 신뢰할 수 있는 제3의 기관에 가서 아이디어를 설명한다고 가정해 보자. 낯선 사람 앞에서 이야기를 하는 상황이라면 그 사람이 신뢰할 수 있는 사람인지에 대해 의심을 품겠지만, 내 이야기를 듣는 상대가 신뢰할 수 있는 기관이라면 나는 아무런 의심도 하지 않게 될 것이다. 그 기관에서는 내 아이디어가 어느 정도의 가치를 가지고 있는지에 대해 평가해 줄 수 있으며, 무엇보다 확실하게 나의 소유라는 것을 보증해줄 수 있기 때문이다. 뿐만 아니라, 누군가가 나에게 아무런 대가도 지불하지 않고 아이디어를 사용했을 때에는 제재를 가해줄 것이라는 사실까지도 알고 있기 때문이다. 특허청 같은 곳이 바로 그 제3의 기관이다. 특허청은 아이디어를 가지고 있는 사람과 그 아이디어를 사용하려는 사람들 사이에서 이들을 중재하는 역할을 한다.

내가 아이디어에 대한 특허를 받아서 이제는 누구도 나의 아이디어를 도용할 수 없다고 가정해 보자. 사람들은 내가 구상한 아이디어를 바탕으로 제작한 쥐덫을 구매해야 한다. 내가 상상했던 그대로 세상의 모든 사람들이 쥐덫을 구매하기 위해 집 앞으로 몰려들 것이고, 나는 엄청난 부를 소유하게 될 것이다. 하지만, 그것이 전부는 아니다. 먼저, 나는 쥐덫을 독점하고 있기 때문에 더 많은 이익을 얻기 위해 쥐덫의 가격을 아주 높게 책정할 수도 있다. 결국 다수의 잠재적 구매자들이 제품을 구입할 수 있는 기회를 빼앗기게 되고, 나는 쥐덫의 생산 비용을 충당하지 못하게 될 수도 있다. 또한, 나는 아이디어를 내는 일에는 아주 천재적인 재능이 있다. 하지만, 아이디어를 바탕으로 좋은 제품을 생산할 수 있는 능력은 형편없을 수도 있다. 그래서 내가 생산한 쥐덫은 너무 고장이 잦기 때문에 제품 생산의 권리를 다른 사람에게 넘기는 것이 훨씬 나은 선택이었을지도 모른다. 혹은 내가 생산한 쥐덫이 아주 쓸모가 없는 것은 아니지만, 다른 누군가의 혁신적인 개량을 통해 아이디어를 발전시켰더라면 지금보다 훨씬 나은 제품이 되었을 가능성도 있다. 어떤 경우든 아이디어에 대한 소유권을 가지고 있기 때문에 이를 통해 얻을 수 있는 보상은 괜찮은 편이었지만, 나의 아이디어를 다른 사람들에게 '전달'하는 과정에 많은 제약이 뒤따랐다. 그렇다면, 이와 같은 문제들이 결정적으로 중요한 것일까? 그렇지 않다면, 아이디어의 개발과 관련된 신뢰할 수 있는 제도를 마련하기 위해서 사회가 치러야 하는 비용인 것일까?

최근까지만 해도 이 질문에 대한 대다수의 경제학자들이나 법학자들이 제시하는 답은 아주 간단했다. 실제로 아이디어에 대한 독점권이 비용이기는 하지만, 새로운 아이디어를 창조하는 사람들에게 동기를 부여한다는 측면에서는 필수적인 비용이라고 할 수도 있다. 결국, 대부분의 발명은 엄청난 시간과 자원을 투여해야 하는 일이며, 발명과 관련된 대부분의 아이디어 역시 발명가들의 머릿속에 우연히 떠오르는 것이 아니라는 사실이다. 나의 쥐덫 아이디어도 마찬가지였다. 독점적인 권리를 얻을 수 있는 가능성이 없었다면, 나와 같은 입장의 발명가들은 생산적이지 않은 발명을 그만두고 다른 일을 찾았을 것이다. 하지만, 대부분의 경우 특허권의 존속기간은 20년 정도로 제한한다. 이처럼 특허 제도에서 시간적인 제한을 두는 이유는 독점권 자체가 일종의 '비용'이기 때문이다. 한 가지 재미있는 사실은 내가 가진 독점권의 비용에는 지속적으로 가격을 높이기 위해 공급량을 제한함으로써 생산을 포기했던 쥐덫의 개수까지도 포함되어 있다는 것이다. 내가 가진 아이디어를 바탕으로 기존의 제품이 훨씬 좋은 제품으로 개선되는 것이나 제품을 생산할 수 있는 사람에게 아이디어를 넘기는 것이 훨씬 나은 선택이라면 그것 자체를 두려워할 이유는 없다. 내가 가진 특허 사용권을 다른 사용자에게 넘기는 것 역시 여러 가지 선택 가운데 하나일 뿐이기 때문이다. 그리고 다른 사용자가 나보다 특허권을 효율적으로 사용할 수 있다면, 그 사람과 특허권에 대한 사용계약을 맺으면 된다. 내가 특허권을 보유하고 있기 때문에 발생하는 수익보다 특허권 사용 계약자가 나에게 지불하는 금액이 훨씬 많을 수도 있다. 이 문제와 관련해서는 다양한 논의가 진행 중이지만, 나는 단지 아이디어를 소유하는 것보다는 더 나은 방향으로 아이디어를 개선하고 제품을 개발하는 것에 더 많은 관심을 가지고 있다. 처음에 내가 제시한 아이디어와 더 나은 방향으로 개선된 아이디어는 경쟁적인 관계에 있는 것이 아니다. 오히려 내 아이디어를 개선함으로써 아이디어의 가치를 높여 준다. 나에게 무엇이 유리한 것인지를 알고 있기 때문에 나는 아이디어의 연구와 개발을 적극적으로 지지할 것이다.

실제로도 이와 관련된 논의는 이전에도 있었고, 지금도 계속되고 있다. 사실 아이디어의 개발과 아이디어의 개선이 활발하게 이루어졌을 때 어떤 일이 일어날 수 있는지에 대한 역사적인 증거를 찾는 일은 생각처럼 쉽지 않다. 대부분의 혁신가들은 자신의 아이디어를 다른 사람들이 자유롭게 사용하는 것을 제한했고, 그 결과 아이디어의 개선과 발전도 제한되었기 때문이다. 리처드 아크라이트가 개발한 수력 방적기의 경우, 다른 발명가들이 방적기의 성능을 개선하고 이를 통합한 관련 제품을 개발하기 위해서는 아크라이트의 특허 기간이 끝날 때까지 기다리는 것 외에는 방법이 없었다. 제임스 와트James Watt의 증기 기관 역시 작동에 필수적인 성능의 개선조차도 와트의 특허권이 만료된 이후에 이루어졌다.[13] 두 명의 위대한 발명가들조차도 다른 사람들이 자신의 발명품을 개선하는 일에는 그다지 관심을 갖지 않았으며, 심지어 비용을 지불하겠다는 사람들의 제안도 단호하게 거절했다. 이보다 훨씬 더 전에는 로마 가톨릭교회의 출판물 유통 제한 정책이 있었다. 로마 가톨릭교회에서는 금서 목록Index Librorum Prohibitorum을 지정하는 등 출판물의 유통을 제한하기 위해 많은 노력을 기울였다. 물론, 그들의 노력은 결국 실패했다. 로마 가톨릭교회의 제한 정책으로 인해 지식인들은 개신교 국가로 이주했고, 그 결과 출판물 유통 제한 정책은 효과를 거둘 수 없었기 때문이다. 엘리자베스 아인슈타인은 이 문제에 대해 다음과 같이 이야기했다. "1550년대 칼뱅 종교개혁의 근거지였던 제네바로 종교 난민이 유입되면서 제네바의 산업구조는 완전히 뒤바뀌었다. 손에 꼽힐 정도로 적었던 인쇄업자와 출판업자의 수는 3,000명 이상으로 훌쩍 뛰었다.…… 프랑스는 이로 인한 손실을 견뎌야 했겠지만, 제네바는 엄청난 이익을 얻었다."

아주 최근의 사례를 살펴보면, 미국 정부에서는 마이크로소프트 사가 넷스케이프 사의 웹브라우저 소프트웨어인 내비게이터의 발전을 방해하고 있다는 혐의를 제기했고, 법무부가 혐의의 타당성을 인정한 사건이 있었다. 원칙적으로 넷스케이프 사의 내비게이터는 해당 소프트웨어가 응용 프로그램으로 장착된 윈도우 운영 시스템의 성능을 향상시키는 역할만 할 수 있었기 때문이다. 실제로 최근 소프트웨어 업계의 활발한 성장은 소유권이 혁신을 장려하기보다 저해한다는 사실을 단편적으로 보여주고 있다.(경제학자 애덤 제프Adam Jaffe와 조쉬 러너Josh Lerner의 주장이다.)**14** 소프트웨어 업계에서는 특허권이나 저작권의 역할이 미미한 편이다. 그래서 혁신적인 기술이 등장하는 순간, 다른 혁신가들은 특허가 만료되는 20년을 기다리지 않고 즉시 제품을 개선하는 작업에 착수한다. 금융업 같은 다른 업계에서도 이미 비슷한 일이 일어나고 있다. 사실 금융업계에서는 지적 재산권이 구체적인 역할을 하지 않지만, 혁신은 활발하며 지속적으로 일어나고 있다. 반면, 제약업계에서는 특허권의 보호가 아주 중요한 역할을 하는데, 특허 제도가 보장하는 보호의 수준에 맞춰 혁신의 분야가 한정되는 경향이 있다.**15** 19세기의 섬유업이나 식품 가공업 등 일부 업계에서는 특허권의 도움을 받지 못한 상태에서도 혁신이 활발하게 이루어졌다. 한편, 다른 업계(농기계와 제조기계 등)에서는 혁신의 분야가 해당 국가 내의 특허 보호 수준에 상당히 많은 영향을 받는 것처럼 보였다.**16** 해당 분야에서 얼마나 뛰어난 혁신이 이루어졌는가의 문제가 아니었다.-과학기술이나 도구의 혁신을 이루는 일에는 특허가 별 도움이 되지 않았다. 특허권이 어떤 업계에서는 중요하고 또 어떤 업계에서는 중요하지 않았던 이유에 대해서는 과거에도 그랬지만 지금도 여전히 이해하기 힘든 문제들이 얽혀 있다.

얼핏 보기에는 새로운 아이디어를 가진 사람들이 자신이 소유하고 있는 아이디어의 가치를 높일 수 있는 다른 사람들의 아이디어를 차단하려고 한다는 사실이 이상해 보일 수도 있다. 하지만, 가톨릭교회에서는(제임스 와트, 리처드 아크라이트, 그리고 미국 정부의 의혹이 옳다면 마이크로소프트 처럼) 교회가 얻게 될 장기적 이익을 분명히 알고 있었을 것이다. 오늘 내가 소유한 아이디어를 바탕으로 새롭게 등장한 아이디어는 내일이면 내 아이디 어를 위협할지도 모른다.-이는 단순하게 불운한 우연이 아니라, 예측하지 못 한 새로운 방식으로 상징을 재결합할 수 있는 가능성과 탄력성을 지닌 상징 적 커뮤니케이션의 본질이다. 가톨릭교회에서는 정통성 있는 서적에 대한 독 자가 확산되면 지식을 갖춘 '외부인'들이 늘어날 것이고, 이들이 언젠가는 자 신이 가진 지식의 자양분이 된 원래의 '아이디어'에 도전할 것이라는 사실을 분명히 알고 있었다. 마이크로소프트 사는 넷스케이프 사의 웹브라우저가 오 늘은 윈도우의 성능을 개선하겠지만, 미래에는 윈도우를 대체하게 될 수도 있다는 사실을 우려했을 것이다. 실제로 학자들은 최근 일부의 기업들이 기 존 제품의 보완이나 개발을 방해하는 심리에 대해 이들 기업이 지니고 있는 공포에 초점을 맞추어 설명하고 있다. 이들 기업은 자사 제품의 보완이나 개 발을 허용하는 일이 미래에는 자사의 제품을 위협하는 발판을 제공하는 일이 된다는 사실을 두려워한다는 것이다.[17] 이와 같은 두려움의 열쇠는 상징의 재 조합이다.

내가 상징적인 복잡성이 낮은 제품의 생산에 관한 독점권을 가지고 있 다고 가정해보자. 예를 들어, 나에게는 대장간에서 사용하는 모루나 철도 선 로에 대한 생산 독점권이 있다. 이제 나의 독점 제품과 상호보완적인 관계에 있는 다른 제품의 품질 향상-편자와 철도 서비스-은 나로서는 아주 좋은 일 이다. 사람들이 내가 생산한 모루(또는 철도 선로)를 훨씬 많이 구입할 것이 기 때문이다. 나는 새로운 종류의 편자 개발자(또는 혁신적인 철도 서비스 개발자)를 지원할 생각도 있다. 그들이 발명 작업을 하는 동안 나의 독점 상품에 대한 무제한 사용권을 줄 수도 있다. 비슷한 예로, 나에게 전기 생산에 대한 독점권이 있다면 냉장고와 세탁기 개발 소식에 기뻐하며 해당 제품 개발자들에게는 전력 사용료를 할인해줄 수도 있다. 전력 소모량이 많은 제품이 개발되면 전력의 수요가 늘어날 것이기 때문이다. 두 가지 경우 모두 제품의 상징적 복잡성이 낮아서 완전히 새로운 형태의 모루나 철도 선로, 그리고 자체적으로 전기를 생산할 수 있는 냉장고 개발을 촉진함으로써 나에게서 이익을 빼앗아갈 가능성은 희박하다. 하지만, 제품의 상징성이 강한 경우에는 상징적 재조합의 여지가 지나치게 많은 것이 걱정스러울 수도 있다. 나의 아이디어에서 나온 다른 아이디어들이 원조 격인 내 아이디어를 무용지물로 만들어 버릴 수도 있기 때문이다.

인간의 뇌가 지니고 있는 상징의 조작 능력은 너무나 다양한 방식으로 아이디어를 재해석할 수 있다. 인간이 시를 창작하는 능력은 '매복'같은 평범한 작전을 아주 기막히게 놀라운 방식으로 재구성하는 능력을 극대화시켜 주기도 한다. 예를 들어, 항공 우주 엔지니어들은 비행기에서 놀라운 기술적 조화와 함께 인간 정신의 위대함을 발견하지만, 정신 분석학자들은 비행기를 누군가의 공상이 만들어낸 '남근'이라고 해석할 수도 있다. 실제로 일부의 시인들, 그리고 오지에 고립된 상태로 산업화 이전의 시대를 살고 있는 사람들은 비행기를 거대한 '새'라고 생각했다. 한편, 제2차세계대전을 일으킨 일본의 전략가들이나 현대의 이슬람 원리주의자들은 비행기를 '폭탄'과 같은 역할을 할 수 있는 고철 덩어리로 보기도 했다.

말 그대로 발명가는 자신의 아이디어를 상징 조형물의 형태로 표현하는 작업을 멈추지 않은 사람들이다. 최초의 동굴 벽화를 그린 사람들이 쇼베 Chauvet, 알타미라Altamira, 라스코Lascaux 동굴 벽에 '불쏘시개'로 그림을 그리면서, 어느 날 벽화를 보고 사람이 사는 흔적을 확인한 적들의 침입으로 인해 자신과 그의 가족들이 해를 입을 수 있다는 사실을 걱정했을까? 인류 역사에서 가장 먼저 바퀴 달린 전차를 만들었던 전사들은 언젠가 자신의 기술을 도용한 적군이 바퀴 달린 전차를 몰고 쳐들어 올 수도 있다는 걱정 때문에 그들이 만든 전차를 모두 폐기했을까? 미 국방부가 처음으로 전자메일을 개발할 당시에, 미래의 어느 날에는 테러리스트들이 미국을 공격할 작전을 구상하면서 전자메일을 이용할 것이라는 사실을 예측했을까? 우리 주변에는 발명가들의 창의성이 성공적으로 구현된 증거들로 가득하다. 이 모든 증거들로 미루어 짐작하건대 세대 간에 발생하는 신뢰의 문제는 적어도 창의성과 관련된 부분에서는 별다른 문제가 없는 것처럼 보인다. 최근 몇 세기 동안에는 점점 빠른 속도로 혁신이 이루어지고 있기 때문이다. 하지만, 지나치게 혁신의 속도에만 집중하다 보면 혁신가들이 수시로 자기 소유의 아이디어가 확산되는 것을 막으려고 노력했다는 아주 미묘한 사실에 대해서는 대수롭지 않게 지나칠 수도 있다. 다음 세기에 인류가 가난과 질병, 그리고 테러리즘처럼 끊임없이 변화를 거듭하는 문제들을 해결하는데 있어서 혁신의 속도는 핵심적인 요소가 될 것이다. 그래서 혁신가들이 자기 소유의 아이디어가 확산되는 것을 막으려고 했다는 사실을 대수롭지 않게 지나칠 수 없으며, 이와 관련된 다음과 같은 질문이 더욱 중요해지는 것이다. 우리의 지적 재산권 제도는 세대 간에 발생하는 신뢰의 문제를 얼마나 잘 해결하고 있는가? 이 제도는 인류의 모든 세대가 물려받은 지식을 다시 다음 세대로 전해주는 과정에서 정말 제대로 된 역할을 하고 있는 것인가?

상품의 보호와 아이디어의 보호

혁신가들이 자기 소유의 아이디어가 확산되는 것을 수시로 막았다는 증거에 대응하는 한 가지 방법은 지적 재산권을 보호해야 한다는 생각에 이의를 제기하는 것이다. 경제학자 미셸 볼드린Michele Boldrin과 데이비드 레빈David Levine은 아이디어에는 재산권을 설정할 수 없다는 사실을 모든 사회에서 수용해야 한다는 급진적인 제안을 했다.**18** 볼드린과 레빈의 주장에 따르면, 재산권은 교환 가능한 '상품의 세계'로 한정되어야 한다는 것이다.―물론, 상품의 대부분은 그와 같은 아이디어를 구체화한 것이다. 어떤 상품에 포함되어 있는 아이디어가 뛰어나면 뛰어날수록 복제의 가치가 높아질 것이다. 하지만, 뛰어난 아이디어가 상품을 소유하는 사람들에게 이익이 되는 방향으로 작동되어야 하는 것이지 불이익을 주는 방향으로 작동해서는 안 된다는 것이다. 예를 들어, 내가 제작한 새로운 음반을 구입하려는 사람들이 많았을 때, 나는 최초 구매자에게 아주 높은 금액을 제시할 수 있다. 하지만, 나의 음반을 처음으로 구입한 사람은 원하는 만큼 CD를 복제(그리고 판매)하는 권리를 얻을 수 있어야 한다는 것이다.

사실, 지적 재산권이 아예 존재하지 않고 법률은 물리적인 대상물에 대한 소유권만 보호하는 세계에서도 창작자들이 창작물에 대한 보상을 온전하게 돌려받을 수 있었다는 사실을 증명하는 일은 어렵지 않다. 하지만, 이와 같은 일이 가능해지기 위해서는 특수한 상황이 필요하다. 내가 놀라운 효능을 가진 신약을 개발했다고 가정해 보자. 이 약에는 젊음을 되찾아주는 효능과 개구리를 왕자로 만드는 효능, 그리고 암을 치료하는 효능까지 기적같은 세 가지 효능이 있다.[19] 모든 사람들이 이 약의 효능에 대해 동일한 가치평가를 하지는 않겠지만, 그럼에도 불구하고 이 약이 엄청난 가치를 지니고 있다는 사실만큼은 인정할 것이다. 이제 이 약을 구매하려는 이용자들이 약의 가치를 높게 평가하는 정도에 따라 순서대로 왼쪽에서부터 오른쪽으로 줄을 서 있다고 하자. 줄의 왼쪽 끝에는 암에 걸린 늙은 개구리들이 서 있고, 오른쪽 끝에는 건강한 젊은 왕자들이 서 있다. 줄의 가장 오른쪽 끝에 있는 사람은 그 약의 가치를 제조비용보다 조금 높은 정도로 평가했고, 자신이 책정한 가치 이상의 비용을 지불할 생각이 전혀 없다. 그 사람 바로 왼쪽에 있는 사람은 그보다는 조금 높은 가격을 생각하고 있다. 그 사람은 얼마를 지불하려고 할까? 그는 자신이 생각하는 가격만큼의 약값을 지불하고, 자신보다 왼쪽에 서 있는 사람들에게 그 약을 다시 판매하려고 할 것이다. 그 사람 옆에 있는 사람 역시 자신이 책정한 가치만큼을 지불하고, 자신보다 왼쪽에 서 있는 사람들에게 약을 다시 판매하려고 할 것이다. 이를 모두 계산해보면, 결국 최초의 구매자는 약이 필요해서 줄을 서 있는 모든 구매자들이 생각하고 있는 총 가치에 해당하는 비용을 부담해야 한다는 사실을 알 수 있다. 다시 말해, 법률이 아이디어에 대한 재산권을 따로 보호하지 않고 단순히 물리적인 대상물에 대한 소유권만 고려한다고 하더라도 혁신가들은 그들이 개발한 상품에 대한 온전한 가치를 보상받을 수 있다는 것이다.

11장에서 살펴본 '코스의 정리'처럼 이와 같은 주장은 당연히 현실성 있는 제안이라기보다는 판타지에 가깝다.(사실, 이 주장은 겉모습을 달리한 코스의 정리이다.) 하지만, 이 판타지는 아주 유익하다. 혁신가들의 혁신을 방해하는 현실의 문제에 관심을 갖도록 만들어주기 때문이다. 어쨌든, 이와 같은 방식의 연속적인 거래가 실제로 일어나기 힘든 이유는 내가 약을 개발했을 때 그 약의 가치를 가장 높게 평가하는 사람이 누군지를 알아내는 것은 불가능에 가깝기 때문이다.(사람들은 약에 대한 필요를 스스로 판단해서 줄을 서지는 않을 것이다.)[20] 이렇게 연속적으로 이루어지는 방식의 거래가 실현되기 힘든 또 다른 이유는 경매와 같은 방식을 통해 약값을 가장 높게 평가하는 사람이 누구인지를 알아낸다고 하더라도, 그 약을 가상의 줄에 서 있는 다음 구매자에게 전달하기 위해서는 또 다시 처음처럼 경매를 진행해야 하기 때문이다. 이 모든 일이 마무리될 때쯤이면 젊고 건강했던 왕자들조차도 암이나 노환, 또는 개구리에게 병이 전염되어 죽고 난 다음이 될 것이다. 세 번째 문제는 경매에 참가한 구매자들이 복제 약을 제조하기 위해 약의 성분을 완벽하게 알아낼 때까지는 입찰 금액을 결정하지 못할 수도 있다는 것이다. 그리고 네 번째 문제는 경매에 참가한 일부 구매자들은 다음 경매에서 가치가 떨어질 수도 있다는 걱정 때문에 약의 가치에 합당한 입찰가를 제시하지 않을 수도 있다는 것이다. 즉, 아이디어에 대한 어느 정도의 보호 정책이 없다면, 현실적으로 혁신가들이 모든 구매자들로부터 혁신적인 제품에 대한 온전한 가치를 인정받는 것은 거의 불가능하다. 결국, 이와 같은 사실들이 불완전한 지적 재산권 제도의 토대인 것이다.

이 모든 난관에도 불구하고, 원칙적으로 내가 약의 개발에 따른 수익을 많이 얻기 위해서는 당연히 약을 복제하는 것이 쉬워야 한다.(따라서, 훨씬 많은 환자들이 약의 혜택을 받을 수 있어야 한다.) 일부 개발도상국에서 특허권을 행사할 수 없다고 불평하는 다국적 기업들이 다시 한 번 생각해 봐야 하는 교훈이다. 어쨌든 개발도상국에 제품을 수출할 수 있는 기회를 얻게 되면 제품의 판매 수익이 증가하게 되고, 또 언제나 기대만큼은 아니라고 하더라도 무역을 통해 얻을 수 있는 수익 역시 증가할 것이기 때문이다. 실제로, 국가 간의 커뮤니케이션이 과거에 비해 훨씬 용이해지면서 혁신을 통해 얻게 되는 보상 역시 상당한 수준으로 증가했다. 위성 안테나의 보급이 유명 브랜드의 세계 진출이라는 결과를 만들어낸 것처럼 전화와 팩시밀리, 그리고 이메일과 인터넷의 보급은 제품은 물론 작업공정이나 비즈니스 방식의 세계화, 즉 국경을 넘어 세계로의 확산이라는 결과를 만들었다. 세계화의 결과가 모두 긍정적이라고 할 수는 없지만, 스스로의 혁신이나 혁신의 도입을 통해 얻게 되는 수익은 지속적으로 증가할 전망이다.

지적 재산권은 특허법과 저작권법 등의 공식적인 법률과 과학논문의 인용 등에 적용되는 관습-아이디어를 이용하고 그에 대한 대가를 치르는 과정에서 상호 간의 신뢰를 강화하는 관습-과 같은 사회적 관습을 결합한 제도라고 이해하면 쉬울 것이다. 우리가 소유하고 있는 아이디어에 대해 완전하고 무조건적으로 인정하는 것이 신뢰를 강화하는 방법이라면 그것은 지나치게 극단적인 방식이다. 완전하고 무조건적으로 소유권을 인정한다면 자신의 아이디어를 다른 사람에게 전달하기 위해 노력할 필요가 없어지기 때문이다. 아이디어에 대한 소유권을 인정하지 않는 방법 역시 너무나 극단적이다. 우리가 개발하려고 했던 아이디어가 다른 사람들에게도 전달되어야 하겠지만, 자신이 개발한 아이디어에 대한 소유권을 전혀 인정받지 못한다면 애초에 아이디어를 개발하기 위한 노력을 하지 않을 수도 있기 때문이다.(당신이 쓴 일기, 혹은 사진 자료가 공개적인 웹 사이트에 게시된다고 생각해 보라. 사진이나 일기의 내용에 조금이라도 더 신경을 쓰지 않겠는가?) 이 두 가지 방법 사이에서 만들어진 절충안은 항상 불완전하며, 아주 특별한 상황에서만 기능할 수 있을 뿐이다. 어떤 선택이든 절충안은 점진적인 보완이 필요하다. 하지만, 절충을 통해 균형을 맞추는 방법을 고민할 때에는 목적이라고 할 수 있는 신뢰의 강화뿐만 아니라 얼마나 많은 사회제도가 이와 유사한 방식으로 신뢰를 강화하고 있는지에 대해서도 고려해야 할 것이다. 또한, 우리가 사회생활에서 부딪히게 되는 많은 제도들 역시 아이디어 확산의 수단으로 이해해야 할 것이다.

아이디어와 제도의 형성

사실 볼드린과 레빈이 제안한 생각-아이디어가 아니라, 상품을 보호해야 한다는 생각-은 수많은 혁신가들이 지난 수세기 동안 비공식적으로 수행해 왔던 일이다. 이 혁신가들의 생각에는 현대적인 기업의 성장을 이해할 수 있는 열쇠가 숨어 있다. 아이디어의 성장과 관련해서 특허 제도의 공식적 보호보다 훨씬 중요한 것은 두 가지 비공식적 보호 방식의 통합된 역할이었다. 첫 번째 보호 방식은 아이디어를 상품으로 만들어내는 방법이다.-보다 나은 방식으로는 조직과 기관을 통해 구현하는 방식이 있다. 13장에서 살펴본 것처럼 현대 사회에서 이루어지고 있는 복잡한 분업을 조직화하는 방식에서 기업은 시장과 뚜렷하게 구분되는 대안으로 자리 잡고 있다. 그 이유는 이용자들 사이에서 이루어지는 지식의 전달은 시장에 비해 기업이 훨씬 효율적이기 때문이다. 어떻게 보면 이와 같은 현상은 당연해 보이는데, 아주 중요한 혁신의 대부분이 '조직'을 통해서 이루어지기 때문이다. 21세기에도 국가와 국가 사이에서 이루어지는 기술 이전은 다양한 분야에서 이루어지고 있다. 하지만, 기술 이전의 대부분은 제약 산업이나 항공 산업 같은 첨단 과학 분야보다는 회계나 호텔경영과 같은 비교적 촉망 받지 못하는 분야에서 이루어지는 것도 사실이다. 이와 같은 추세는 어떻게 보면 물리적인 대상물-기계나 제품-로 구현된 기술이 제 기능을 다하고 결함 없이 유지되기 위해서는 노하우가 필요하기 때문이다. 또한, 관련 위험(약물 치료의 부작용처럼)을 완전히 인식한 상태에서 이를 실행하기 위해서는 특정한 기술력을 갖추어야 하기 때문이기도 하다. 그래서 대부분의 혁신가들은 혁신을 효율적이고 확실하게 확산시키기 위해서는 시장에서 거래를 통해 이루어지는 상품의 단순한 전달보다는 조직(병원이나 기업 등)이 필요하다는 사실을 깨닫게 되었다. 또한, 단순한 절도행위만으로는 시장에서 거래를 통해 달성할 수 없는 것들을 손에 쥘 수 없다는 사실도 깨달았다. 결과적으로 자신이 이룬 혁신에 대해 조직의 지원을 확보할 수 있는 혁신가라면 누군가가 자신의 보상을 훔쳐갈 것인가에 대해서는 전혀 두려워할 필요가 없을 것이다.

20세기 후반부터 21세기 초반에 일어난 정보 혁명으로 조직은 쓸모없는 기관으로 전락한 것이 아니라, 과거 어느 시기보다 중요한 곳으로 탈바꿈했다. 인터넷에 검색어를 입력했다가 수백만 개의 검색 결과가 나온 경험을 해본 사람이라면 정보를 많이 가졌다는 것이 양질의 지식을 갖추었다는 것을 의미하지 않는다는 사실을 이해할 수 있을 것이다. 우리가 살아가고 있는 이 세계를 이해하기 위해서는 정보를 찾는 것만큼이나 걸러야 하는 정보가 무엇인지를 알아내는 것이 중요해졌다. 호모 사피엔스 사피엔스는 블롬보스, 엔카푸네 야 무토, 쇼베 동굴 시절에 비해 엄청난 발전을 이룩했다.

횃불을 통해 모습을 드러낸 형형색색의 상징은 그 속에 표현된 의도를 알아낼 방법이 없는 한밤의 교통 신호에 불과한 것이었다.(이로 인해, 상징에 굶주려 있던 인류는 숲과 하늘을 온갖 신으로 가득 채웠다.) 한편, 현대적인 도시에서 발견되는 눈에 거슬릴 정도로 복잡한 시각적 상징들은 이와 극명한 대비를 이루고 있다. 심리 분석가이자 미술 평론가인 에이드리언 스토커스 Adrian Stokes는 현대적인 도시에서 찾을 수 있는 풍경과 소음은 정신 질환자들이 경험하는 무질서와 동일하다는 주장을 펼쳤다.[21] 이는 근거 없는 가설이 아니다. 예를 들어, 정신분열증의 원인을 규명하는 유력한 이론에 따르면, 정상적인 사람들은 무의미한 감각정보를 거르거나 자연스럽게 흘려보내는 능력을 갖고 있지만, 정신분열증 환자들에게는 이와 같은 능력이 없다는 것이다. 결국, 그들에게 세상은 끝없이 울부짖는 모습이나 소리에 불과한 것이다.[22] 만약, 현대인들이 끝없이 쏟아지는 창의적인 결과물을 평가하는 방법이나 기준이 없다면 사람들은 일제히 편집성 정신분열증을 앓게 될지도 모른다.[23] 가난에서부터 발기 부전에 이르는 온갖 문제들에 대한 해결책을 제시하는 이메일이나 우리 세계가 안고 있는 문제에 대한 해결책을 홍수처럼 쏟아내는 야망에 눈이 멀어버린 정치인들, 그리고 전 세계 수없이 많은 기업들이 쏟아내는 제품과 제품의 사용절차에 대해 숨 막힐 정도로 많은 '매뉴얼'들을 걸러내기 위해 우리는 신뢰할 수 있는 사람들의 조언과 현명한 판단에 계속해서 의지해야 할 것이다. 상징적 커뮤니케이션은 신뢰의 문제를 폐기한 것이 아니라, 단지 바꿔놓았을 뿐이다. 즉, 어떤 사람을 신뢰할 수 있는지에 대해 알고자 하는 욕구가 어떤 집단이나 정보를 신뢰할 수 있는지에 대해 알고자 하는 욕구로 바뀌었을 뿐이라는 것이다. 그 결과, 정보 혁명의 다른 결과물들처럼 인터넷은 기업이나 다른 조직이 지닌 본질을 근본적으로 변화시킬 수는 있지만, 결코 기업과 같은 조직들을 사라지게 만들 수는 없을 것이다.

　　역사적으로 창의성이 공식적인 지적 재산권 제도 없이 보호받을 수 있었던 두 번째 보호책은 다양한 정치 조직의 지원을 통해서 이루어졌다. 역사학자 데이비드 란데스는 에릭 존스Eric Jones의 글에 이어서 중국보다 유럽에서 산업혁명이 먼저 일어나게 된 결정적인 이유(중국은 중세를 거치는 동안 놀라운 기술적 진보를 이룩했으며, 유럽이 산업화를 이룩하기 7세기 전인 송나라 시대에 눈부신 성장을 이루었음에도 불구하고 그것이 산업혁명으로 이어지지 못했던 요인)에 대한 글을 썼다. 란데스는 그 이유를 변화와 분산의 소용돌이 속에서도 유럽 내부에서는 정치세력들의 주도권 다툼이 계속되었기 때문이라고 밝혔다.[24] 즉, 어떤 곳에서 자신의 아이디어가 충분히 인정받지 못했을 때 혁신가들은 다른 곳에서 지원과 보호를 받으려 했다는 것이다.(개신교의 중심지였던 제네바가 이를 통해서 어떤 이익을 얻었는지에 대해서는 이미 앞에서 살펴보았다.) 하지만, 중국에서 황제의 지지를 받지 못한 혁신은 단지 약화되는 것에 그치지 않고 금지되기까지 했다. 란데스는 15세기에 중국의 대규모의 대양 항해가 황제의 칙령에 의해 계획적으로 중단된 사례를 소개한다. 란데스에 따르면 "중국 함대는 규모 면에서 이후에 나온 포르투갈 함대를 훨씬 능가했다."고 한다. 16세기에는 2개 이상의 돛대가 달린 배를 제작했다는 이유만으로 배를 제작한 사람을 사형에 처했으며, 1525년에는 해안경비대가 외항선을 파괴하고 선주들를 체포하기까지 했다. 급기야 1551년에는 돛대가 1개 이상 달린 배를 타고 바다에 나가는 것은 물론, 심지어 무역선의 항해조차도 법으로 금지시켰다.[25] 중국의 황제는 외국인을 포함한 누구도 두려워할 이유가 없었다. 반대로 유럽의 통치자들은 끊임없이 이익을 조율하고, 창조적 사고를 수용할 수밖에 없는 환경에서 두려움에 시달리며 살아야 했다는 것이다.

정치 조직은 다양한 방식으로 현대 사회의 운영에 개입해 왔으며, 그 결과는 대부분 성공적이었다. 하지만, 애덤 스미스가 부정적인 시선을 거두지 않았던 상인들과 마찬가지로 정치 조직이 지니고 있는 동기는 그들이 내뱉는 화려한 말과는 비교할 수 없을 정도로 고상하지 못하다는 것은 사실이다. 창의적인 생각은 대를 이어가며 많은 황제와 왕족들의 전폭적인 지지를 얻었는데, 대부분은 이와 같은 창의적인 생각이 공격과 방어의 수단으로 활용할 수 있지 않을까 하는 기대 때문이었다. 16장에서는 이처럼 혁신에 대한 공식적인 지지를 통해 나타난 몇 가지 결과에 대해 살펴볼 예정이다. 하지만, 그에 앞서 현대 사회에서 분업으로 인해 벌어진 의도하지 않은 엄청난 결과부터 살펴봐야 할 것이다. 바로 소외계층에 대한 외면이 그것이다.

chapter **15**

소외계층 : 실직자, 빈곤층, 그리고 환자

실직자들

1995년에 우크라이나의 수도 키예프를 처음 방문했을 때였다. 여기저기에 펼쳐진 엄청난 규모의 공사장을 보고 놀라움을 감출 수 없었다. 우크라이나는 당시에 심각한 경기 침체를 겪고 있었기 때문이다. 공항에서 도심으로 이어지는 수 킬로미터의 도로를 따라 철골 비계가 설치된 고층 건물들이 반쯤 완성된 상태로 우뚝 솟은 크레인을 둘러싸고 있었다. 공사장에는 트럭과 시멘트 혼합기가 놓여 있었고, 모래더미도 여기저기 눈에 띄었다. 이 놀라운 규모의 공사 현장을 지나치면서 문득 나는 뭔가 이상하다는 생각이 들어서 일행에게 물었다. "혹시 오늘이 공휴일인가요?" 그는 고개를 가로저으며 이렇게 대답했다. "이상해 보이실 겁니다. 공사장에서 인부들의 모습이 사라진 채로 벌써 몇 년이 지나고 있으니 말입니다." 정신없이 바쁜 공사 현장처럼 보였던 건물과 공사차량, 장비들의 엄청난 장관이 한순간에 절망의 풍경으로 변했다.-당시에는 건설 경기가 너무 좋지 않았기 때문에 건설 장비를 수거하려는 사람조차 없었던 것이다. 어차피 제대로 굴러가는 공사 현장이 없다면 건설 장비를 수거한다고 해도 쓸모가 없었을 테니까 말이다.

건설 현장에서 아무렇게나 흩어져 있는 장비들과는 달리 실직한 인부들의 모습은 찾아볼 수 없었다. 그들은 직장을 잃고 집에서 쉬고 있거나, 조만간 다시 현장으로 돌아와 일할 수 있을 것이라는 헛된 희망을 위안 삼아 '임시직'이나 '계약직'을 전전하며 살아가고 있을 것이다. 현대 서구사회에서 경기 침체의 희생자들은 가난이나 질병의 희생자들처럼 눈에 잘 띄지는 않지만, 그렇다고 해서 아예 존재하지 않거나 그 수가 아주 적은 것도 아니다. 이들은 규칙적이고 바쁘게 일하는 사람들의 질서정연한 모습에 익숙한 사람들이 보기에는 다소 놀라운 방식으로 그 모습을 드러내 보인다. 역사학자 피어스 브렌던Piers Brendon은 대공황의 시기인 1932년에 일어난 이 사건을 스스로 "미국의 역사에서 가장 충격적인 국가 강압의 사례"라고 주장했다. 그리고 당시의 상황을 "일자리를 잃은 제1차세계대전 참전용사 2만 명이 워싱턴 D.C.로 몰려들었다."라고 말하며 다음과 같이 설명을 이어갔다.

언론의 주목을 받으면서 미국 전역에서 워싱턴 D.C.로 몰려든 퇴역 군인들의 수는 더욱 늘어났다.…… 퇴역 군인들은 공터에 막사를 짓거나 국회의사당 근처의 빈 건물을 무단으로 점거했다. 그들 대부분은 '애너코스티어 강의 재앙'이라고 불리는 강변의 진흙 바닥에서 모기에 시달리며 야영을 했다. 그들은 땅을 파서 임시 화장실을 만드는 등 청결과 위생을 유지하기 위해 최선의 노력을 기울였으며…… 심지어 작은 텃밭까지 일궜다. 가족을 함께 데려온 사람들도 있었다. 그들은 품위와 규율을 지켰

다.…… [하지만 그럼에도 불구하고] 좌절감은 대립으로 이어졌다.**1**

　　퇴역 군인들이 국회의사당 주변에 있는 철거 예정 건물 몇 개를 무단으로 점거했을 때, 나중에 태평양 전쟁과 한국전쟁에서 명성과 악명을 동시에 쌓은 육군참모총장 더글러스 맥아더 장군은 시위대의 '기세를 꺾어놓아야겠다'는 결심했다. "그래서 7월 28일 늦은 오후, 4개 중대의 기병대와 4대의 탱크, 그리고 철모를 눌러쓰고 총검과 기관총으로 무장한 4개 중대의 보병대가 펜실베니아 애비뉴를 점령했다.…… 기병대는 공포에 질린 사람들을 마구 짓밟았다.…… 수많은 사람들이 부상을 입었다." 건물들은 하나씩 비워졌고, 빈민촌은 불길에 휩싸였다. 물론 맥아더가 빈민촌의 방화를 명령한 것은 아니었지만, 미국 정부는 맥아더의 작전을 지지했다. 맥아더는 이후 한국전쟁에서 훨씬 놀랍고 위험한 일을 일삼았다.(맥아더는 언론을 통해 퇴역 군인들이 "혁명의 본질에 고무된 것"이라고 주장함으로써, 이미 많은 사람에게 비웃음을 샀던 전력이 있었다.) 이 사건 이외에도 다수의 정부 관계자, 심지어 허버트 후버Herbert Hoover 당시 대통령조차도 미국 대공황 시기에 생겨난 어마어마한 숫자의 실직자들로 인해 골치를 앓고 있었다는 증거는 너무나 많다. 하지만, 이 일화를 통해 미국 정부에서는 실직자들이 다수의 평범한 국민들의 눈에 띄는 것을 결코 원하지 않았다는 사실을 우리는 분명하게 확인할 수 있을 것이다. 실직자들이 모습을 드러내면 그들의 존재로 인해 사람들의 심리적 불안감이 증폭될 수 있기 때문이다. 그럼에도 불구하고, 워커 에번스Walker Evans같은 다큐멘터리 사진작가들은 자신들의 사진에 정치적 비판의 메시지를 담으려는 시도를 멈추지 않았다. 에번스는 미국인들에게 대공황으로 인해 피폐해진 사람들의 실상을 보여주기 위해 노력했고, 그 결과 미국 정부에서 금기로 여겼던 것들이 그 모습을 드러내면서 금기는 자연스럽게 깨져 버렸다. 사실, 당시에 에번스와 가장 첨예한 갈등을 빚은 부처는 농림부였다. 농림부에서는 대공황 사진 전시 프로젝트를 통해서 미국의 시골 지역에 '지금보다 나은 미래'가 있음을 보여주려고 했다. 하지만, 정작 에번스의 암울한 다큐멘터리 사진은 그 가능성을 부정하는 것처럼 비춰졌기 때문이다.[2]

대공황은 실직이나 주기적으로 발생하는 경제 붕괴가 산업 자본주의의 고유한 특성, 즉 자본주의가 절정의 시기를 향해 치닫는 과정에서 확인되는 경제적 호황이나 생산성 향상의 어두운 일면이라는 생각을 확산시켰다. 1920년대 경제가 호황을 누리기 시작한 지 10년도 지나지 않아 대공황이 일어나자, 사람들 사이에서는 여러 가지 경제 시스템 중에서도 자본주의 시스템은 유난히 호황과 불황의 사이클을 반복하는 경향이 강하다는 인식이 싹트고 있었기 때문이다. 즉, 근거 없는 낙관주의로 흥청거리는 호황의 시기를 지나면 얼마 지나지 않아서 많은 사람들이 집단 우울증에 빠져드는 불황의 시기가 반복된다는 생각을 갖게 된 것이다. 결국, 금융시장의 중심지인 월 스트리트는 금융업자들이 기업이나 사람들의 재산과 생명을 담보로 널을 뛰듯 반복되는 낙관주의와 비관주의 사이에서 도박을 벌이는 '카지노'와 다름없다는 사실을 깨달은 것이다.

호황과 불황, 그리고 분업

놀라운 사실은 실제로 오늘날에도 경제적 호황이나 불황은 어떤 상황에 대해 사람들이 어느 정도의 '확신'을 가지고 있느냐에 의해 결정된다는 것이다. 하지만, 현대의 산업 자본주의에서 사람들이 갖는 확신의 정도에 따라 경제적 상황이 변화하는 것을 두고 새로운 일이라거나 유별난 일이라고 생각할 필요는 없다. 왜냐하면, 이와 같은 현상은 분업 자체에 아주 깊숙하게 내재된 특성 같은 것이라고 할 수 있기 때문이다. 더욱이 이로 인해 발생하는 위험은 산업사회뿐만 아니라, 순수 농경사회에서도 확인할 수 있기 때문이다. 화폐를 사용하지 않았던 '단순사회'를 생각해 보면 그 이유를 분명하고 쉽게 이해할 수 있을 것이다. 화폐가 존재하지 않았던 단순사회에서 농부들은 농작물을 재배할 것인지 그렇지 않으면 다른 일을 할 것인지를 선택해야 하는 상황에 놓이게 된다. 즉, 농사를 짓는 일 외에 빵을 굽는 일을 할 수도 있고, 소를 키워 고기와 우유를 생산할 수도 있다. 빵을 굽는 일과 소를 키우는 일은 모두 그 바탕에 신뢰가 자리잡고 있다는 점에서 공통적이다. 분업이 안정적으로 정착된 사회에서 농부들은 농작물을 재배한다. 그리고 추수를 마친 농작물을 가져다가 제빵업자의 빵이나 축산업자의 우유 또는 고기와 교환할 것이다. 이와 같은 방식으로 '전문화'가 진행되면, 그에 따른 여러 가지 이점이 수반된다. 모든 사람들이 제빵용 오븐을 사고 싶어 하는 것은 아니며, 또한 모든 사람들이 오븐을 잘 다룰 수 있는 것도 아니기 때문이다. 마찬가지로 모든 사람들이 축산에 필요한 기술이나 장비를 갖추고 있지 않으며, 이를 잘 활용할 수 있는 것도 아니다. 하지만, 제빵업자와 축산업자는 둘 다 빵의 재료나 소의 먹이로 사용할 수 있는 곡물이 필요하며, 또한 빵이나 우유 또는 고기와 같은 제품을 생산할 때까지 생계를 유지하기 위해서도 곡물이 필요하다. 다만, 축산업자는 제빵업자에 비해 훨씬 많은 양의 곡물을 더 오랜 기간 동안 필요로 한다는 점에서 차이가 있을 뿐이다. 제빵업자는 농부에게 곡물을 빌린 다음, 하루나 이틀 정도의 아주 짧은 시간 내에 빵을 만들어서 이를 되돌려줄 수 있다. 하지만, 축산업자는 최소한 몇 개월은 지나야 고기와 우유를 생산할 수 있기 때문에 그때가 되어서야 비로소 농부에게 곡물을 빌린 대가를 되돌려줄 수 있다. 제빵업자와 축산업자는 모두가 신뢰를 필요로 하지만, 두 사람이 요구하는 신뢰의 정도에는 상당한 차이가 있다는 것이다.

　　단순사회에서 신뢰에 대한 필요성이 표면적으로 드러나기까지는 상당한 정도의 시간이 필요했을 것이다. 제빵업자는 곡물을 빌린 대가를 즉시 빵으로 되돌려 주었을 것이고, 축산업자 역시 필요한 곡물을 빌린 대가로 고기와 우유를 되돌려 주었을 것이다.-제빵업자와 축산업자 모두 자신이 생산한 결과물을 제공한 대가로 미래에 자신의 생산물이 만들어질 때까지 필요한 자원을 제공받는 방식이다. 신뢰가 안정적으로 정착된 사람들 사이에서는 전혀 문제될 일이 없다. 아주 공정한 교환이 이루어질 것이기 때문이다. 하지만, 이제 막 일을 시작하는 신출내기 제빵업자와 축산업자라면 전혀 다른 상황이 펼쳐질 것이다. 그들은 빵이나 우유와 고기를 생산할 때까지 곡물의 상환을 연기해 달라는 부탁을 하거나 설득을 해야 하기 때문이다. 그리고 축산업자가 되기 위해서는 신뢰를 얻기 위해 제빵업자에 비해 훨씬 많은 노력을 기울여야 했을 것이다. 가장 일반적으로 말하자면, 제빵업이나 축산업에 종사하려는 젊은 사람들이 많아지는 것이 가장 좋은 해결 방법이다.

　　이번에는 이 단순사회에 신뢰의 위기가 닥쳤다고 생각해 보자. 수확량은 형편없고 곡물이 부족해질 것이라는 소문이 파다하다. 제빵업자와 축산업자는 빵과 고기를 비축해 두고서 빌린 곡물을 갚지 않으려고 할 수도 있다. 혹은 민족들 간에 발생한 분쟁의 여파로 곡물 재배업자(A부족)가 갑자기 제빵업자(B부족)를 의심하고, 축산업자(C부족)에게는 노골적인 적대감을 드러낼 수도 있다. 의심이 팽배해진 분위기 속에서 농부들은 제빵업자나 축산업자에게 더 이상 곡물을 빌려주지 않으려고 할 것이다.

비교적 가볍게 지나가는 위기였다면 가장 힘들어지는 사람은 제빵업자가 될 것이다. 축산업자는 우유와 고기로 한동안 연명할 수 있겠지만, 제빵업자는 기껏해야 며칠 정도를 견딜 수 있는 빵이 전부이기 때문이다. 반면, 위기가 아주 심각한 경우라면 이번에는 축산업자가 힘들어질 것이다. 소가 굶어죽을 수도 있고, 나중에 아무도 곡물을 빌려주지 않는 상황에 대비하기 위해서 자신이 신뢰할 만한 사람이라는 것을 증명하려면 그동안 갚지 못한 곡물을 한꺼번에 되돌려줘야 하는데, 이 경우 소를 도축해야 할 수도 있기 때문이다. 제빵업자 역시 곡물이 바닥나는 것은 마찬가지지만, 제빵업자는 상대적으로 손실이 크지 않기 때문에 위기가 지나간 다음에 손쉽게 재기할 수 있다. 제빵업자와 축산업자는 처음부터 농사를 지었더라면 훨씬 수월했을 것이라며 자신들의 선택을 후회할 수도 있다.(이것은 자신의 미래를 지속적인 자급자족의 방식으로 되돌리려는 사이렌의 유혹일 수도 있다.) 결국, 빵이나 고기와 우유가 부족해지면 몇몇의 용기 있는 사람들은 다시 제빵업이나 축산업에 뛰어들 생각을 할 것이고, 일부에 불과할지도 모르지만 모험심 강한 몇몇의 사람들은 현실의 위기를 극복하기 위해서 기꺼이 곡물을 빌려줄지도 모른다. 단순사회에서 호황과 불황의 순환은 단지 사회 전체의 신뢰가 증가하느냐 감소하느냐에 따라 되풀이될 뿐이다. 이 사회에는 기업이나 주식시장이 존재하지 않기 때문이다.

　　단순사회의 사례는 현대 산업사회에서 일어나는 많은 사건들과 그 과정을 자연스럽게 요약하고 있다. 우리는 사람들이 축산업자를 더 이상 신뢰하지 않게 된다면, 축산업자는 파산을 하거나 실직자가 될 것이라고 생각한다. 하지만, 현대사회에서는 신뢰의 상실이 축산업자의 경우와는 전혀 다른 방식으로 진행된다. 예를 들어, 사람들이 어떤 기업의 재무담당 이사를 신뢰하지 않았을 때 실직을 당하는 사람은 재무담당 이사가 아니라 그 기업의 말단 기능공이 될 것이다. 또 주택시장에 대한 신뢰의 위기는 집값의 하락으로 이어지고, 집값의 하락으로 인해 은행의 주택담보대출 수익이 감소하면 은행이 기업에 대출할 수 있는 자본도 줄어들게 된다. 따라서 몇몇의 사람들이 주택이라는 미래의 투자대상에 대한 신뢰 정도를 바꾼 것만으로도 셔츠 생산업체는 문을 닫게 될 수 있다. 현대 세계에서는 신뢰관계가 아주 복잡한 방식으로 형성되어 있기 때문에 아주 작은 부분에서 발생한 신뢰관계의 균열은 그와 같은 신뢰관계의 형성에 참여하지 않은 개인에게 피해가 전가될 수도 있다는 것이다. 비록 단순화시킨 것이기는 하지만, 이 사례를 통해 분명하게 알 수 있는 사실은 신뢰의 상실이 분업에 의존하는 모든 사회에 내재해 있는 위험이라는 것이다. 그리고 분업이 일반화된 상황(거의 언제나)에서 개인이 전문적인 능력을 갖추기 위해서는 다른 사람의 신뢰에 의지하는 수밖에 없다는 것이다. 하지만, 문제는 분업이 정교해지면서 분업을 유지시켜주는 신뢰의 네트워크가 붕괴될 가능성도 높아진다는 것이다.

　　신뢰를 얻는 일이 때로는 너무 쉬운 일이어서 사기꾼들은 이를 활용하기도 한다. 이를테면, 어떤 예비 목장주들은 거들먹거리는 걸음걸이와 카우보이 모자만으로도 엄청난 양의 곡물을 손쉽게 확보했으며, 어떤 신생 닷컴 기업은 예상 수익이 전혀 없음에도 불구하고 엄청나게 높은 가격에 주식 거래가 이루어지는 경우도 있다.(높게 형성된 주가를 이용하면 기업주는 대출을 쉽게 받을 수 있다.) 이와는 정반대로 신뢰를 얻는 일이 때로는 너무 어려운 일이어서 정직하고 유능한 사람들이 생계를 유지하는 일조차 힘들어 질 수 있을 뿐만 아니라, 이전에 벌어두었던 재산을 모두 잃어버리는 경우도 있다. 이 모든 사태의 근본적인 원인이 '주식시장' 때문이라고 생각하는 것은 21세기를 지나고 있는 지금이나 1930년대나 마찬가지이다. 대공황이 시작되기 직전인 1920년대 후반처럼 1990년대 후반부터 2000년대 초반까지 우리는 이후에 이어질 불황을 뒤로 미루기 위해 버블을 확산시키는 등의 비정상적인 방식으로 주식시장을 폭등시키는 일을 서슴지 않았기 때문이다. 주식시장은 대출자와 대출 기관, 기업가와 투자자, 아이디어를 가진 사람과 비축해 둔 자금을 가진 사람들을 모두 한자리로 불러 모으는 효율적인 시스템이지만, 이로 인해 위험도 증폭되었다. 결국 주식시장은 우리에게 미래를 위한 투자의 기회를 제공하는 동시에 부를 소유하고 싶은 우리의 절실한 바람을 이용할 뿐이다. 그 과정에서 발생될 수 있는 부작용, 즉 누군가가 우리를 속일 수 있는 기회를 차단하는 방법 같은 것은 애초에 만들어진 적이 없으며, 앞으로도 만들어질 가능성은 거의 없다. 하지만, 농부, 제방업자, 축산업자의 이야기에서 알 수 있는 것처럼 주식시장의 호황과 불황은 현대적인 모습으로 변화된 신뢰의 순환구조일 뿐이며, 8장에서 살펴본 것처럼 신뢰의 순환구조는 유서 깊은 역사를 가지고 있다.

어쨌든 결과적으로 1930년대에 있었던 심각한 경제 불황과 형편없는 정치적 이벤트들은 현대의 산업 자본주의가 유난히 불안정하다는 생각을 확산시켰다. 대공황 이후에는 이 불안감을 적극적으로 예방하고 방지하는 것이 정부의 역할이라는 생각 역시 확산되었다. 이와 같은 발상은 매력적이고 타당하지만, 동시에 위험하기도 하다. 실제로 현대의 산업 자본주의는 대단히 불안정하다. 물론, 불안정이라는 것이 인류의 역사에서 처음 등장한 것도 아니고, 이를 발생시키는 '특별'한 이유가 있는 것도 아니다. 사실 시장에는 우리의 신뢰를 이용하려는 매력적인 낙관주의자(철저한 사기꾼은 물론 기업이나 집행기관까지도)들이 넘쳐나는데, 정부 기관이나 정당이라고 해서 크게 다르지는 않다. 우리가 가진 정치적인 견해는 투자에 대한 견해에 못지않게 입소문에 의존하고 있으며, 집단적 행동에 좌우되는 강하기 때문이다.-때로는 투자에 대한 개인적인 견해를 표출할 때에는 이와 같은 경향이 훨씬 강하게 드러난다. 왜냐하면, 정치적인 견해를 뒷받침하기 위해 엄청난 규모의 자금을 투자하는 경우는 아주 드물기 때문이다. 8장에서 살펴본 것처럼, 전문가들이라고 해서 이렇게 일반적인 경향에서 자유롭지는 않다. 이상하게도 평소에는 상황을 신중하게 판단했던 투자자들이 시장의 열풍에 휘말리는 경우가 발생하는데, 이는 평소에 빈틈이 없던 규제기관들 역시 마찬가지다. 아주 유명한 사례가 있다. 평소에 신중하기로 정평이 나 있던 전 미국 연방준비제도이사회FRB의 의장이자 세계에서 가장 영향력 있는 경제 관료였던 앨런 그린스펀Alan Greenspan은 1996년 주식시장의 '비이성적인 과열'에 대해 경고를 보낸 지 1년이 지나기도 전에 자신이 했던 경고를 자신이 지나쳐 버렸다. 당시 그린스펀은 주식 시세가 이례적으로 고공 행진을 하는 이유를 미국 경제의 급진적인 변화 때문이라며 주식시장의 과열 양상을 정당화해 주었다.-이는 1929년에 "미국의 주가는 이제 영원히 지속되는 고원에 도달했다."고 말했던 경제학자인 어빙 피셔Erving Fisher를 연상시키는데, 그린스펀의 상황 인식이라고는 도저히 믿을 수 없는 내용이었다. 결과적으로 우리가 얻을 수 있는 교훈은 경제적 분업이 필연적으로 호황과 불황의 순환을 거듭하게 만든다는 사실이다. 이는 시민, 시민들이 선출한 정치인, 그리고 그 정치인들이 지명한 규제기관 사이에서 이루어지는 분업 역시 마찬가지다. 그러므로 우리는 현대 사회를 구성하고 있는 다양한 분야에서 신뢰가 순환되는 방식을 제대로 이해할 필요가 있다. 우리가 신뢰의 순환방식을 이해할 때, 건전하게 신뢰를 잘 유지하고 있는 기관들을 통해 신뢰가 부족해서 부패해버린 기관의 결핍을 보완할 수 있기 때문이다.

세계 경제가 비교적 원활하게 돌아가고 있었던 해(2007년 금융위기가 터지기 전이었으므로)에도 산업화된 국가들이 공식적으로 집계한 연간 실직자의 수는 300만 명에 달했다.-이는 캐나다나 모로코의 전체 인구와 거의 맞먹는 숫자이다. 불경기에는 실직자의 수가 두 배 이상 치솟을 것이고, 이들이 실업수당을 받기 위해서 모두 한 줄로 선다면 그 줄은 뉴욕에서 라스베이거스까지, 또는 런던에서 모스크바까지 이어질 것이다. 누구라도 엄청난 수의 실직자들을 직접 확인한다면 놀라겠지만, 실제로 실직자들은 여기저기 분산되어 있으며 눈에 잘 띄지도 않는다. 실직자들 가운데 상당수-불경기에는 훨씬 많아지겠지만-는 앞에서 이야기한 제빵업자나 축산업자와 같은 처지라고 할 수 있다. 이들이 분업에서 맡은 역할은 신뢰의 기반 위에 구축된 것이었지만, 지금은 그 신뢰가 증발해버렸다. 어쩌면 이들은 극심한 '눈보라'가 지나간 다음에는 새로운 환경에서 원래의 역할을 수행해야 할지도 모른다. 하지만, 지금 당장 그들은 기운을 차리고 새롭게 출발할 수밖에 없다. 당분간 그들은 상당한 스트레스에 시달릴 것이다. 실직은 고정적인 수입의 상실과 동시에 자신감과 소속감의 상실을 의미하는 것이기 때문이다. 일부의 실직자들은 다른 직장으로 옮겨가기 전에 잠시 쉬고 있는 것이기 때문에 불안감이 훨씬 덜하다.(이들의 실직은 기차역의 승객들이 다음 기차를 기다리는 것과 같다.) 하지만, 실직한 사람들의 대부분은 그들과는 전혀 다른 이유로 실직자가 된다. 이들이 할 수 있고, 이들에게 주어지는 일들은 너무나 비생산적이고 너무나 고단한 노동을 요구하는 것들밖에 없다. 그래서 아예 처음부터 아무 일도 하지 않고 쉬는 편이 오히려 나은 선택이라고 생각해버리는 것이다. 이와 같은 종류의 실업은 가장 최근에 나타난 것으로 선진 산업사회에서도 발생하고 있다. 또한, 최저 수준의 임금이라고 하더라도 일단 취업을 하고 수입이 발생되면 그 가운데 일부를 회수하도록 만들어진 조세제도와 제대로 정비되지 않은 급여제도로 인해 의도하지 않은 실업이 발생하기도 한다. 특히, 조세제도의 경우에는 사람들이 최저 수준의 임금이라고 해도 일단 급여를 받기 시작하면 세금을 거두어들이기 때문에 실직상태에 있을 때와 취업을 해서 일을 하고 있는 때의 차이를 느낄 수 없게 되고, 이로 인해 사람들은 다시 힘든 상황에 직면하게 된다. 이와 같은 종류의 실직은 개발도상국, 특히 시골 지역에서 만성적이고 심각한 수준으로 발생하고 있다. 개발도상국의 시골이라면 어디서나 이들을 쉽게 찾아볼 수 있을 것이다.

가난과 정보의 '섬'

코빌루르Kovilur는 남인도의 타밀 나두Tamil Nadu 주의 황폐한 평야지대에 위치한 작은 마을이다. 비가 내린 다음, 주민들은 촉촉해진 땅에 수수와 기장을 심는다. 하지만, 건기에는 땅의 색깔이 윤기 없는 붉은 벽돌색을 띤다. 마을의 집들은 서른 채 정도인데 사원을 중심으로 주변에 뿔뿔이 흩어져 있으며, 진흙이나 콘크리트를 이용해서 지었다. 사원의 탑은 위쪽으로 길게 늘인 사다리꼴 모양이며, 사원 내부는 힌두교 신상으로 장식되어 있다. 사원은 밤하늘을 배경으로 거대한 규모를 자랑하며 우뚝 서 있다. 비록 낡았고 방문객도 얼마 없는 사원이기는 하지만, 인도 남부의 기준에서 보면 이례적으로 아름답다. 하지만, 이 마을과 이웃해 있는 마을들은 여러 가지 면에서 수백만에 이르는 다른 개발도상국의 국민들의 모습과 별반 다르지 않다. 상당수의 주민들이 영양실조를 앓고 있으며, 아직 소아마비처럼 예방 가능한 질병 때문에 사망에 이르는 사람들의 수도 여전하다. 학교에 다니는 아이들은 많지 않다. 그리고 대부분의 사람들은 그늘을 찾아다니며 할 일 없이 시간을 보낸다. 그들에게는 일자리가 없기 때문이다.

주민들이 아무 일도 하지 않는다는 말은 아니다. 대부분의 여성들은 아직도 새벽 4시가 되면 일어나서 집을 청소하고, 가족들을 위해 아침을 준비한다. 아직 어둑어둑한 새벽이지만 그녀들은 물을 길어오고 땔감을 준비하는 일부터 시작하는데, 대부분 먼 길을 걸어 한 무더기의 나무를 머리에 이고 오거나 물이 찰랑거리는 물동이를 엉덩이에 묶어서 온다. 하루 종일 소소한 일에 시달리던 여성들이 잠자리에 드는 시간은 밤 11시에서 자정 무렵이다. 대부분의 여성들이 평생 일만 하고 산다며 불평을 한다. 젊고 건강한 남성들도 별반 다르지 않다. 그들은 6시에 일어나서 7시가 되면 일거리를 찾아 마을을 나선다. 자전거라도 있으면 다행히 여러 가지 일거리를 선택할 수 있다. 하지만, 자전거가 없는 남성들은 혼자서는 자전거를 타지 못하게 되어 있는 여성들과 마찬가지로 걸어서 갈 수 있는 거리에 있는 일거리를 찾는 수밖에 없다.

일거리가 아예 없는 것은 아니다. 12킬로미터 정도 떨어져 있는 마니푸람Manipuram 마을은 코베리Cauvery 강3에서 물을 끌어다 사용하는 비옥한 지역에 위치해 있으며, 인구도 많고 활기가 느껴진다. 논과 바나나 밭, 사탕수수 밭이 여기저기에 자리하고 있으며, 침수지에서는 돗자리의 재료가 되는 갈대를 재배한다. 갈대를 수확하고 말리는 작업에는 많은 인력이 필요하다. 흉년이 들어 수확이 적을 때에는 남성들이 투입되기도 하지만, 이 일은 주로 여성들이나 아이들에게 맡겨진다. 갈대를 수확하고, 수확한 갈대를 말리고, 말린 갈대를 수거하는 작업 등을 조율한 다음 그렇게 완성된 갈대를 돗자리 제작하는 사람들에게 공급하는 역할은 상인들의 몫이다. 그들은 항상 이 모든 작업에 필요한 사람들을 구하는 일이 쉽지 않다며 투덜댄다. 그런데 생각해 보면 고작 12킬로미터 떨어져 있는 마을의 주민들은 실직자 신세를 면치 못하고 있다. 도대체 무엇이 문제인 것일까?

상인들이 직접 12킬로미터 거리에 있는 작업자들에게 갈대를 가져다주는 것은 이치에 맞지 않는다. 이제 막 수확한 갈대는 물기가 많아서 무겁기 때문에 수송비용이 만만치 않다. 하지만, 가공을 마친 갈대는 물기가 없고 가볍기 때문에 갈대를 수확한 곳 근처에서 가공 작업을 끝낸 다음에 완성된 갈대를 돗자리 제작업자에게 배달하는 것이 여러 가지 면에서 이익이 되기 때문이다. 그렇다면 작업자들은 왜 갈대밭으로 오지 않는 것일까? 12킬로미터는 자동차를 소유하고 있는(우리 같은) 외국인에게는 가까운 거리일 수 있지만, 제대로 먹지도 못하고 굶주린 사람이 그늘도 없이 땡볕을 맞으며, 그것도 일거리를 찾을 수 있다는 확실한 보장도 없는 상태에서 걸어가기에는 너무 먼 거리이다.(외지에서 오는 사람이 일자리를 찾을 확률은 4분의 3이며, 그나마 그들은 아주 낙천적인 사람들이거나 마을에 인맥이 있는 사람들이다.) 대부분의 마을 사람들에게 이와 같은 행위는 거의 성지순례처럼 느껴질지도 모른다. 처음부터 형편이 좋지 않다면 제한된 에너지로 도박을 하는 것보다는 나중을 위해 에너지를 비축해놓는 편이 현명한 선택이라고 판단했을 것이다.

다시 말해서, 굶주린 남성은 강력한 경쟁자가 될 수 있다. 하지만, 먼 길을 걸어가야 하는 굶주린 남성은 경쟁의 대열에 합류하는 것조차 어려울 수도 있다는 것이다. 그 결과, 마니푸람의 일자리가 많아진다고 하더라도 코빌루르 주민들의 삶에는 거의 아무런 영향을 미치지 않게 된다. 이 두 마을은 불과 12킬로미터 떨어져 있을 뿐이지만, 경제적으로는 전혀 다른 세계에 속해 있는 것이다.

그렇다면, 이 세계는 왜 생산적인 일을 할 수도 있는 사람들을 이와 같은 방식으로 소외시키는 것일까? 이 질문에 대한 답을 찾기 위해서는 각각의 개인이 자신이 속해 있는 사회에서 다른 사람들과 맺고 있는 관계의 유형들을 살펴볼 필요가 있다. 앞의 여러 장을 통해 살펴본 것처럼 우리들은 지난 1만 년의 역사 가운데 대부분의 시기를 지나는 동안 낯선 사람들과 가깝게 지내는 방식을 발전시켜 왔다.-이동의 장벽이 붕괴되면서 물리적으로도 가까워졌고, 지식의 교류 차원에서도 한층 더 가까워졌다.(원한다면 세계의 반대편에 있는 두 사람은 서로에 대한 정보를 충분히 얻을 수 있다. 그래서 그들은 횡단보도를 건널 때처럼 서로를 신뢰하면서 수백만 달러의 거래를 진행할 수도 있다.) 하지만, 현대에는 분업이 세분화되고 복잡해짐에 따라 우리가 부담해야 하는 위험은 거의 한계 수준에 다다랐다. 일면식도 없는 외국의 은행가에게는 아무렇지도 않게 돈을 빌려주면서 같은 아파트의 옆집 이웃에게 돈을 빌려주는 것에 대해서는 망설일 수도 있다. 그 사람은 도대체 누구이며, 그 동안의 금융 거래 이력은 깨끗할까? 옆집에 사는 사람은 나와 물리적 거리는 가깝지만, 과연 금전적으로도 신뢰할 수 있는가?라는 의문이 생긴다면 우리는 이미 '정보의 섬'에 살고 있다고 할 수 있다.

　　빈곤 국가의 거의 모든 마을은 '정보의 섬'이라고 할 수 있다. 세계화를 통해 진행되고 있는 통합의 효과는 빈곤 국가에도 전달되고 있지만, 낙관주의자들이 기대했던 것에 비해서는 턱없이 부족한 상태에 머물고 있다. 부유한 국가에서 빈곤 국가를 지원하기 위해 보낸 엄청난 규모의 민간 자본과 수십 년 동안의 대외 원조가 개발도상국의 빈곤 문제를 획기적으로 개선하지 못한 이유 역시 바로 이 '정보' 때문이다. 투자자들은 정보가 많지 않은 사회에 투자하는 것을 꺼려한다. 그럼에도 불구하고, 그들이 투자를 결심했을 때 그들 대부분은 어리석은 선택을 한다. 투자자들의 무지는 막다른 길에 도달한 후에야 실체를 드러낸다. 따라서 코빌루르 마을 주민들은 기업이나 학교를 세울 자금을 마련할 수 없다.-어떤 사람들은 자전거를 살 돈조차 마련할 수 없다. 그들이 어쩔 수 없이 선택하게 되는 농사일로는 굶주림과 허약함에서 벗어날 수가 없다. 외부인들은 굶주리고 허약한 그들에게 일자리를 주려 하지 않을 것이기 때문이다. 농사일 역시 단순하기는 하지만 그 일 조차도 맡기려 하지 않을 것이다. 농사일은 강인한 체력을 필요로 하기 때문이다.

부유한 나라에서도 수도나 거점 도시에서 멀리 떨어진 지역 역시 '정보의 섬'이 될 수 있다. 사회학자 수디르 알라디 벤카테시Sudir Alladi Benkatesh의 설명에 따르면, 시카고의 사우스사이드South Side 지역은 실직과 가난, 범죄가 끊이지 않는 반면, 몇 블록 떨어진 지역에서는 번영과 활기가 넘친다.[4] 이사를 간다고 해서 해결되는 문제가 아니다. 자신이 살고 있는 지역사회가 제기능을 하지 못하는 것처럼 보일 수도 있지만, 그렇다고 해서 이사를 간다면 최악의 상황을 막아주던 얼마 되지 않는 유대관계까지도 잃게 될 것이기 때문이다. 자신의 능력이나 진실성을 보증해줄 수 있는 사람도 사라지고, 무엇보다 신뢰가 중요한 이 세계에서 우리는 이름 없는 떠돌이가 될 수도 있다.

현대 사회에서는 '정보의 섬'에서 살아가는 사람들을 위해 새로운 '다리'를 건설하는 일을 꾸준히 진행하고 있지만, 이는 실패의 연속이었다. 뿐만 아니라, 때로는 이와 같은 일이 파괴적인 결과로 작용해 이미 존재하고 있던 다리마저 부실하게 만들어 버리기도 했다. 이는 '고소득자들 간의 결혼assertive matching'이라고 알려진 과정을 통해 일어난다. 가난과 소외의 지속성을 설명하는 과정에서 고소득자들 간의 결혼과 같은 현상의 중요성은 점차 인정을 받고 있는 추세이다.[5] 14장에서 살펴본 것처럼, 익명의 기관들을 통해 정보를 퍼트리는 시장에 비해 기업을 비롯하여 현대 사회에서 가장 중추적인 역할을 하는 일부 기관들은 구성원들에게 아주 효율적으로 정보를 전달하는 채널의 역할을 하고 있다. 개발도상국의 마을에서도 이와 비슷한 일이 일어난다. 부유한 마을이든 가난한 마을이든 상관없이 어떤 마을이 개발도상국에 있다는 것은 마을의 주민들이 부유한 국가의 도시나 교외에 거주하는 사람들보다 서로 간의 비밀이 훨씬 적다는 것을 의미할 것이다. 그리고 무엇보다 분명한 사실은 정보의 소통이 마을과 마을보다는 마을 내부에서 더욱 원활하게 이루어진다는 것이다. 은행 직원은 자신이 사는 마을 주민 가운데 누가 대출금을 제때 상환할 것인지에 대해서는 정확하게 파악할 수 있을 것이다. 하지만, 몇 킬로미터나 떨어진 다른 마을에서 똑같은 판단을 해야 한다면 머릿속이 하얗게 변해버릴 것이다. 뿐만 아니라, 누군가 조언을 해줄 수 있는 사람을 찾는 일조차도 가능하지 않을 수 있다.

기업이나 마을과 같은 기관이 효율적인 정보의 채널이라면, 어떤 사람들이 당신과 동일한 집단에 소속되어 있는지가 대단히 중요해진다. 여기서 자신이 가진 정보를 효과적으로 사용하는 사람이란 그 정보를 동료 구성원들에게 효율적으로 전달할 수 있는 사람을 의미할 것이다. 요점은 간단하지만, 결과의 차이는 엄청나다. 과거에 비한다면 현대 사회에서는 여행, 구직, 주거지의 선택은 물론, 심지어 적합한 결혼 상대자나 마음이 맞는 사업 파트너를 찾는 일도 수월해졌다. 이에 따라 사회에서 가장 중추적인 역할을 하는 단체의 회원 자격은 과거처럼 출생한 가문이나 신분이 아니라 개인의 능력에 따라 결정된다. 능력이 있는 개인은 자신의 마을에서 도시로 이주해서 능력이 있는 다른 사람들과 어울린다. 즉, 고소득자는 다른 고소득자와 어울리고 결혼까지도 그렇게 이루어진다는 것이다. 뿐만 아니라, 대규모 조직의 여러 가지 제약에 불편함을 느낀 재능 있는 직원들이 조직을 나와서 재능 있는 다른 동료들과 힘을 합쳐 새로운 기업을 세운다거나 자녀가 받고 있는 교육에 불만을 느끼는 부모들이 집을 팔고 재정적 지원이 많은 학군(잘 사는 지역이기 때문에)으로 이사를 하는 것도 모두 '고소득자들 간의 결혼'이라는 범주에 포함시킬 수 있을 것이다. 이처럼 재능 있는 사람들의 끝없는 야망은 창의성의 원천이기도 하지만, 그들이 떠나고 남겨진 사람들에게도 영향을 미친다. 예를 들어, 최근에는 이와 같은 경향이 부유한 국가의 기업 구조에 지대한 변화를 가져온 원인으로 지목되기도 했다.(사실을 조금만 과장하자면) 1950년대의 전형적인 미국 기업이라고 할 수 있는 제너럴 모터스는 숙련된 직원과 미숙련 직원을 함께 고용했다. 반면, 20세기 후반의 전형적인 기업은 마이크로소프트(주로 숙련된 직원을 고용하는)와 맥도널드(주로 미숙련 직원을 고용하는)였다. 중요한 것은 현대 사회에서는 숙련된 직원과 미숙련 직원이 같은 기업에서 함께 일할 가능성이 아주 적어졌다는 사실이다. 이는 정보의 소통이 기업과 기업 사이에서 이루어질 때보다 기업 내부에서 이루어질 때 훨씬 효율적이기 때문이다.

고소득자들 간의 결혼

왜 이와 같은 일이 발생하는 것일까? 최근에 나온 고소득자들 간의 결혼 이론은 인력 시장과 금융 시장은 물론 이성 간의 행동이나 교육과 같은 다양한 상황 속에서 공통적으로 거치게 되는 어떤 과정을 설명하는데 중요한 해결의 실마리를 제공한다. 이 이론의 핵심은 개인의 생산성-즉, 한 개인이 도출해낸 '생산품'이 자신이나 다른 사람에게 제공하는 가치-은 단지 자신의 재능과 노력에 의해 결정되는 것이 아니라, 함께 일하는 동료들의 재능과 노력에 의해 결정되기도 한다는 것이다. 주변에 있는 지극히 평범한 동료들이 발목만 잡지 않았어도 지금보다 훨씬 높은 생산성을 도출할 수 있었을 것이라고 생각해 본 경험이 있는 대기업 직원이라면 대부분 절대적으로 공감하는 이야기이다.(물론, 동료들 역시 동일한 생각을 할 것이다.) 즉, 10장에서 살펴본 것처럼 개인은 도시에서와 마찬가지로 기업 내부에서도 서로에게 외부효과를 발생시킨다.(결국, 도시 역시 기업과 마찬가지로 정보의 채널인 셈이다.) 이처럼 외부효과는 개인이 조직이나 사회 전체에 병적인 영향이 미치고 있는 것은 아닌지를 돌아보게 만들기도 한다.

　　이 이론이 강력하게 시사하고 있는 것은 이 외부효과로 인해 타격을 입게 되는 사람들은 능력이 빼어난 쪽이 아니라, 아주 평범하거나 능력이 부족한 쪽이라는 사실이다. 개인의 선택과는 무관하게 우연(또는 전통, 가문, 가족사 등)에 의해 동료가 된 사람들과 일을 하는 경우보다는 어떤 개인이 함께 일할 동료를 직접 선택할 수 있는 경우에는 그 타격이 훨씬 심각해진다. 실제로 선택의 자유는 분류로 이어지고, 그렇게 되면 재능 있는 사람은 재능 있는 사람들과 파트너가 되고, 나머지 사람들은 결국 남겨진 사람들 중에서 자신의 파트너를 찾아야 한다. 이것은 능력이 부족한 사람들을 두 번이나 좌절시키는 결과가 된다. 자신의 능력 부족으로 한 번, 함께 일하게 된 사람들의 능력 부족으로 다시 한 번 피해를 감수해야 하기 때문이다.[6] 반면, 뛰어난 재능을 가진 사람들은 스스로의 생산성을 개선하는 일에 대한 투자를 아끼지 않을 것이다. 자신의 생산성에 투자한 결과가 함께 일하는 사람들의 낮은 생산성으로 인해 감소하는 일은 절대로 발생하지 않을 것이기 때문이다.

　　이와 같은 과정이 어떻게 진행되는지를 좀 더 면밀히 살펴보기 위해서 한 개인의 생산성이 동료에 의해 결정된다는 주장의 극단적인 사례를 가정해 보자. 그리고 이를 생산의 '가장 약한 연결고리'라고 해 두자. 팀 전체의 생산성은 팀에서 가장 열등한 직원의 재능과 노력에 의해 결정될 것이다.(1986년에 발사한 챌린지 호의 폭발 원인은 둥근 고리 모양의 고무, 즉 O링의 접합부에 문제가 발생했기 때문이었다. 경제학자 마이클 크레머Michael Kremer는 챌린지 호의 폭발 사고에서 아이디어를 얻어 이를 생산의 'O링' 이론이라고 불렀다. 크레머의 O링 이론은 간단하게 말해서, 단순한 부품 하나가 제 기능을 못하면 거대하고 값비싼 장비도 제대로 작동할 수 없다는 주장이다.[7] 먼저, 어떤 팀의 내부에는 재능 있는 사람과 재능이 부족한 사람이 무작위로 섞여 있으며, 적절한 교육이라는 약간의 투자를 통해 모든 사람의 재능이 향상될 수 있다고 가정해 보자. 이때 가장 효율적인 방식은 재능이 가장 부족한 팀원에게 투자를 집중하는 것이다. 재능이 가장 부족한 팀원은 팀의 '가장 약한 연결고리'인데 그의 재능 부족으로 인해 팀 전체가 무너질 수도 있기 때문이다. 결국, 시야를 넓혀서 전체 사회의 관점에서 보면 소외 받는 사람들을 돌보는 일은 소외받는 사람들은 물론 그 사회를 구성하고 있는 다른 사람들의 성공 가능성까지 높이는 결과가 될 수도 있을 것이다.

이번에는 사람들이 함께 일할 동료를 자유롭게 선택할 수 있다고 가정해 보자. 당연히 사람들은 누구나 재능 있는 사람들과 함께 일하고 싶어 할 것이다. 그러므로 재능 있는 사람들을 '분배'하기 위한 방법이나 수단이 필요한데, 그 수단을 경매라고 가정해 보자. 물론, 반드시 경매일 필요는 없다. 인력 시장이나 주택 시장에서도 가능하다. 일반적으로 이와 같은 시장에서 사람들

(또는 그들이 경영하는 기업)은 재능 있는 동료나 성공한 이웃을 데려오는 특권을 누리기 위해 그에 합당한 '몸값'을 지불하는데, 재능 있고 성공한 사람일수록 자신의 몸값을 높게 책정하는 경향이 있다. 자신을 채용하는 사람이 누구든 상관없이 재능이 부족한 입찰자와 일을 했을 때보다는 자신과 함께 일했을 때의 생산성이 훨씬 더 높아진다는 사실을 알고 있기 때문이다. 결국 재능 있는 사람은 재능 있는 사람과 파트너가 될 것이다.

그렇다면 이번에는 이와 같은 경향이 교육이나 실무 훈련을 통해 직원들의 생산성 향상에 투자하고자 하는 동기에는 어떤 영향을 미치는지에 대해 생각해 보자. 이 경우에도 어떤 작업 집단이든 가장 재능이 부족한 직원에게 투자를 집중하는 것이 효율적이다.('가장 약한 연결고리'이기 때문이다.) 하지만, 투자효과를 높이기 위해서는 재능이 부족한 집단에 투자하는 것보다 재능 있는 집단에 투자하는 것이 올바른 선택이 될 수 있다. 새롭게 교육을 받은 사람들이 재능 있는 동료들과 함께 일하게 될 것이기 때문이다. 결과적으로 재능이 부족하고, 투자에 비해 효율성이 떨어지거나 성장이 더딘 사람들은 결국 재능이 부족한 사람들과 함께 모여서 일을 하게 된다. 반면, 재능 있고 투자효과가 분명하며 눈에 띄는 성장을 거듭하는 사람들은 재능 있는 사람들과 함께 모여서 일하게 된다는 것이다.

인터넷의 네트워크 대역폭에 대한 투자 사례는 유용한 예가 될 수 있을 것이다. 광대역 통신망은 엄청난 다운로드 속도를 자랑하며, 1초의 시간 동안에도 엄청난 일을 할 수 있다고 광고한다. 하지만, 실제로 광대역 통신망을 설치한 많은 사람들은 다운로드 속도가 광고한 속도에 미치지 못한다는 사실을 알고 실망하게 된다. 소스와 대상 컴퓨터를 링크할 때 모든 사람들의 다운로드 속도는 가장 느린 접속에 의해 결정되기 때문이다. 결과적으로, 다운로드 속도를 개선하기 위해서는 네트워크에서 속도가 가장 느린 접속에 집중적인 투자를 해야 한다. 하지만, 평균적으로 접속 속도가 빠른 네트워크는 투자를 하면 그 네트워크의 다운로드 속도는 비약적인 향상을 기대할 수 있게 된다. 이는 광대역 접속의 '눈덩이 효과snowball effect'를 설명해준다. 아무도 광대역 인터넷을 이용하지 않을 때에는 광대역 인터넷에 투자할 가치가 없다. 하지만, 많은 사람들이 광대역 인터넷에 가입하기 시작하면 그 가치는 점차 높아질 것이다. 이처럼 시장의 규모가 수요에 영향을 미치는 것을 '네트워크의 외부효과network externalities'라고 부르는데, 이와 같은 효과는 사람들이 기술을 통해 연결될 때, 즉 광대역 인터넷, 전화, 심지어 비포장도로에서 말이나 우마차를 통해 사람들이 연결될 때에도 발생한다. 사람들이 기술을 통해 연결되는 모든 순간에 외부효과가 발생될 수 있다는 것이다. 쉽게 말해서, 연결은 두 사람이 있어야 가능하며, 연결할 사람이 없다면 연결의 가치도 사라지게 된다. 조금 과장해서 말하자면, 연결에서 제외된 사람들의 고독은 어떤 식으로든 경기 침체의 주요한 원인이 되며, 전 세계 수십억 명의 삶을 파괴할 수도 있다는 것이다.

그렇다고 해서 코빌루르 마을 주민들처럼 고립된 소외계층의 문제를 기술의 보급만으로 해결할 수 있다는 말은 아니다. 코빌루르 마을은 이 세계에서 물리적으로 고립되어 있지 않기 때문이다. 마을 주민들은 자유롭게 마을 밖으로 나갈 수 있으며, 공무원이나 낙후지역의 개발 전문가들은 물론 이동상인(자전거 뒤에 벌집처럼 냄비와 솥을 싣고 위태위태하게 균형을 맞추면서 여러 마을을 돌아다니는)들까지도 자유롭게 마을을 출입할 수 있다. 종교적인 사명을 가진 여행자들은 예배를 드리기 위해서 과거 유명한 순례지였던 힌두교 사원을 수시로 방문한다. 은행 관계자들은 상환 약속을 이행할 수 있는 농부들에게 대출을 해주기 위해 마을을 방문한다. 그럼에도 불구하고, 은행 이자의 몇 배나 되는 이자를 받아 챙기는 고리 대금업자들은 여전히 마을에서 사업을 이어가고 있다. 대다수의 아이들은 가까스로 자신의 이름을 쓸 수 있을 정도의 교육을 받고는 겨우 1~2년 남짓한 기간의 학교생활을 중단한다. 그나마 무슨 일만 생기면 수업을 하지 않는 한 사람밖에 없는 선생님 밑에서 무사히 학교를 마친 아이들조차도 결과적으로는 고된 밭일을 하게 될 것이다. 밭일을 하는 것보다 더 많은 임금을 받을 수 있는 일자리를 찾을 수 없기 때문이다. 이제 막 젖을 뗀 아이들은 굶주림에 지친 표정으로 집 앞에 앉아 있고, 소아마비에 걸린 아이들은 앙상하게 휘어진 다리를 끌며 동네를 배회할 것이다. 코빌루르 마을은 상당한 잠재력을 가지고 있었지만, 그 잠재력을 꽃피우지는 못했다. 마을의 발전을 이끌어갈 수 있을 정도로 여력이 있는 사람들은 주민들을 신뢰할 수 없었기 때문에 투자를 망설였으며, 마을 주민들은 이들을 설득하지 못했다. 뿐만 아니라, 대부분의 마을 주민들은 외부 세계의 복잡하고 까다로운 절차를 통해 자신들이 신뢰할 수 있는 사람이라는 것을 보여줄 정도의 자신감도 경험도 없었다. 오늘날 세계는 역사적으로 그 예를 찾을 수 없을 정도로 서로 '연결'되어 있다. 하지만, 바로 그 연결된 세계의 한가운데에서 코빌루르는 수십만 곳이나 되는 인도의 마을처럼, 나아가 전 세계 수백만 곳의 마을처럼 여전히 '정보의 섬'으로 남아 있는 것이다.

질병과 소외

부유한 국가에서 살아가는 일부의 사람들 역시 대다수 사람들에 의해 유지되고 있는 신뢰의 협약에서 소외된 상태, 즉 불가사의한 바다 한가운데의 섬이 되어 버린 것과 같은 기분을 느끼게 되는 경우가 있다. 최근의 통계에 따르면, 한 해에 1,500만 명 정도의 미국인들이 우울증을 앓고 있는 것으로 밝혀졌지만, 우울증 치료를 받고 있는 사람은 전체 우울증 환자의 절반에도 미치지 못한다는 것이다. 2006년에는 자살로 생을 마감한 미국인의 숫자는 3만 3,000명에 달하는데(공식적 수치에 따르면), 이는 살인으로 인한 사망자보다 높은 수치이다. 자살은 젊은 사람들의 사망 원인 가운데 세 번째 자리를 차지하고 있다. 더욱이 사고사(특히, 자동차 사고)로 분류된 사망자의 상당수는 자살이었을 가능성이 높은 것까지 감안한다면 자살로 인한 사망자의 수는 훨씬 늘어날 수도 있을 것이다. 전 세계적으로는 한 해에 100만 명이 자살로 인해 생을 마감하고 있으며, 국가별로 비슷한 수치를 유지했던 지난 반세기 동안에도 자살자의 수는 꾸준하게 증가했다.[8] 자살의 원인을 분명하게 규명하는 것은 아주 어려운 일이다. 다만, 자살의 원인을 개인적인 차원에서 찾는다면 경제적 불안과 관련된 경우가 많다는 것 정도는 밝혀져 있다. 자살률은 일반적으로 불황기에는 치솟고 호황기에 감소한다.(예를 들어, 미국 경제가 장기 호황으로 돌아선 1994~1999년까지는 미국의 자살률이 매년 하락했고, 2000년 이후에는 뚜렷한 변화의 양상을 찾을 수가 없다.) 그렇지만, 빈곤 국가의 자살률이 부유한 국가보다 반드시 높게 나타나는 것은 아니다. 라틴 아메리카 국가의 자살률은 유럽이나 캐나다에 비해 훨씬 낮으며, 남유럽의 라틴 국가들(이탈리아, 스페인, 포르투갈) 역시 오스트리아,

독일, 스위스에 비해 자살률이 훨씬 낮게 나타나고 있기 때문이다. 자살율은 경제적 원인 외에 다른 기준을 적용했을 때에도 분명한 차이를 보인다. 일반적으로 남성은 여성보다 자살률이 4배 정도 높지만, 자살을 시도하는 비율은 오히려 여성이 높다. 네덜란드는 남성의 자살률이 이웃국가인 벨기에의 40퍼센트에 불과하다. 노르웨이, 스웨덴, 덴마크의 남성 자살률은 세계 평균의 절반 정도에 불과하지만(대중적 인식 또는 노르웨이의 극작가이자 시인 입센Ibsen, 스웨덴의 문학가 스트린드베리Strindberg, 스웨덴의 영화감독 베르히만Bergman이 끊임없이 만들어낸 인식과는 달리), 핀란드 남성의 자살률은 전 세계 평균의 2배에 달한다. 미국에서 아메리카 원주민의 자살률은 백인의 자살률에 비해 아주 조금 낮은 편이며, 흑인의 자살률은 백인의 절반에도 미치지 않는다. 이와 같은 사실 역시 대중들의 일반적 인식과는 아주 다른 결과이다. 최근에는 동유럽과 구소련에서 자살률이 급격하게 증가하고 있다. 특히 러시아, 벨로루시, 우크라이나, 카자흐스탄, 라트비아, 헝가리, 리투아니아의 경우에는 인구 2,000명 가운데 한 명 이상이 매년 자살로 생을 마감한다.

어떤 경제이론도 한 개인이 우울증이나 자살에 취약한 이유를 타당하게 설명할 수는 없다. 우울증은 생물학적 요인은 물론 정서적인 요인까지도 영향을 미치는 '질병'이기 때문이다. 하지만, 그럼에도 분명한 사실 한 가지는 우울증의 치료는 엄청나게 많은 경제적 자원을 필요로 하는 일종의 '경제 현상'이라는 것이다. 다른 정신적 질환이나 육체적 질병처럼 우울증 역시 발병률이나 진행과정에서 드러나는 거의 모든 특성이 경제적 유인에 반응을 하며, 경제적 제약에 따라 그 모습을 달리한다. 그런데 우울증 환자의 치료와 관련해서 어느 정도의 비용을 사용할 것인지, 정확히 어디에 사용할 것인지와 같은 문제를 결정하는 것은 아주 어려운 일이다. 이 어려운 결정의 대부분은 환자가 아니라, 건강한 사람들에 의해 이루어진다. 즉, 환자를 대신해서 내리는 결정이 건강한 사람들의 우선순위와 기준에 따라 정해진다는 것이다. 놀라운 부분도 있지만, 어쩔 수 없는 부분도 있다. 그리고 여러 가지를 종합적으로 고려해 볼 때 이와 같은 결정이 대체로 바람직하다는 것도 사실이다. 하지만, 문제는 바로 이 바람직한 결정으로 인해 환자가 느끼는 고립감이 점점 커지고 있다는 것에 있다.

환자들을 대신해서 건강한 사람들이 내리는 결정은 두 가지 방식으로 이루어진다. 첫째, 그들은 우울증 환자의 치료에 사용할 예산을 책정한다. 환자 자신이 이와 같은 결정을 내리기도 하는데, 보통은 질병을 앓기 전에 이루어진다. 일반적으로는 어느 정도 수준의 건강보험에 가입할 것인지를 결정하는 정도가 될 것이다. 어떤 보험은 보험료가 부담스럽지만, 혜택도 많다. 병에 걸린 다음에는 혜택이 많은 보험에 가입하지 않은 것을 후회하겠지만, 그렇다고 해서 어리석은 선택을 한 것은 아니다. 눈이나 비가 오는 날에도 대비를 해야겠지만, 언제 비가 올지도 모르고, 또 얼마나 올지도 모르는 상황에서 우리는 맑은 날도 살아가야 하기 때문이다. 건강보험을 가입할 때에는 어떤 종류의 위험에 대비할 것인지, 그리고 매달 어느 정도의 보험료를 감당해야 할 것인지를 결정해야 한다. 하지만, 아무리 현명한 결정을 내린다고 하더라도 실제로 몸이 아프면 우리는 건강했을 때에는 미처 알지 못했던 사실을 깨닫게 된다. 그 사실을 통해 우리는 과거의 건강했던 자신과 지금의 자신 사이에 있는 거리를 확인하게 된다.

그럼에도 불구하고, 환자들에게 어느 정도의 자원을 투여할 것인지에 대한 결정이 일부의 건강한 사회 구성원들에 의해 내려지기도 한다. 미국처럼 해당 국가에 공공의료 서비스가 존재하기 때문일 수도 있고, 조세제도를 통해 의무적으로 보험료를 부과하는 국민건강보험을 채택한 결과일 수도 있으며, 일부의 개인들이 보험에 가입하지 않았거나(무지, 가난, 또는 자발적인 선택 등의 이유로) 병원에서 치료를 받을 만큼 형편이 되지 못했기 때문일 수도 있다. 대부분의 현대 사회에서는 보험에 가입하지 않은 사람들이 스스로 판단하고 결정한 일의 결과에 대해 국가가 책임지는 것을 꺼려했다. 이와 같이 국가가 주도하는 공공의료 서비스가 존재하지 않는 국가라고 하더라도 항상 사람들로 붐비고 자금난에 허덕이겠지만 공공병원이 없는 것은 아니며, 일부의 건강한 사람들은 환자들에게 재원을 직접 지원하기도 한다. 왜냐하면, 이들 모두는 환자의 생사와 관련해서 직접적인 이해관계에 놓여 있다고 볼 수도 때문이다. 10장에서 살펴본 것처럼, 환자들은 특히 전염성 질병을 가진 환자들은 다른 사람들에게 아주 중대한 외부효과를 발생시킬 수 있다. 이것은 어떤 사회에서도 외면할 수 없는 부분이다.

환자들을 대신해서 건강한 사람들이 결정을 내리는 두 번째 방법은 주어진 보건 예산을 어떤 방식으로 사용할 것인지에 대해 조언을 하는 것이다. 이 경우에는 보유하고 있는 자금을 바탕으로 어떤 치료법을 시행할 수 있는지에 대해 환자에게 조언을 할 수 있다. 그리고 자금 제공자들-보험회사, 병원, 해당 정부당국 등-에게 환자의 분류, 그리고 질병의 수준에 대해서도 조언을 할 수 있다. 사실 이 모든 조언은 대부분 동시에 이루어진다. 어떤 경우든 보건 예산의 사용방법에 대한 결정은 건강한 사람들과 적절한 의료 기술을 갖춘 사람들이 함께 모여서 합의하는 것이 바람직하다. 환자에게 조언이 필요한 이유는 환자가 전문가가 아니기 때문이기도 하지만, 실제로 병에 걸린 상태에서는 정확한 판단이 어렵기 때문이기도 하다. 물론, 환자가 제대로 된 판단능력을 갖추고 있다고 해서 과학적 지식과 경험을 가진 누군가의 조언이 필요하지 않다고 할 수는 없다. 병으로 인해 죽을 수도 있는 환자에게는 의사의 전문성과 함께 때로는 자신의 치료를 담당할 사람에 대한 신뢰도 절실하게 필요하기 때문이다.

따라서 환자에게는 자신을 대신해서 결정을 내려줄 수 있는 누군가가 필요하다. 그 결정은 환자 자신의 건강 상태뿐만 아니라, 다른 사람을 치료할 수 있는 자원에도 중요한 영향을 미친다.(의사가 어떤 환자에게 긴급 수술을 제안했을 때, 그 의사가 담당하고 있는 환자들의 대기 시간은 상당히 길어지기도 한다.) 환자는 그 의사가 자신에게 이익이 되는 방식으로 결정을 내렸을 것이라고 생각한다. 의사들이 하는 히포크라테스 선서는 이를 위한 엄숙한 선언이기도 하다.(히포크라테스 선서에는 명시되어 있지 않지만, 많은 의사들은 자신의 직업이 가지고 있는 지향과 관계되어 있는 이 거북한 사실을 이야기하는 것조차도 몹시 불편해 한다.) 거의 대부분의 의료 상담은 환자 자신은 물론, 치료에 필요한 자금을 제공하는 보험회사나 다수 금융기관을 대신해서 이루어지는 것이다. 의사는 신속한 치료를 위해서라고 하더라도 환자의 상태를 과장해서는 안 된다. 물론, 의사들은 아주 단순하게 상식과 인류애에 입각해서 환자들에게 유리한 결정을 내리기도 한다. 하지만, 의사들 대부분은 자신이 몸담고 있는 조직의 규칙, 즉 자원의 분배에 있어서 우선순위를 결정하는 내부 규칙을 바탕으로 약을 처방하거나 수술을 결정하는 등의 진단을 내린다. 그렇다면 초기 암 환자의 목숨을 살리는 것 대신 2차 종양 제거술을 진행하는 것은 자원의 낭비인 것일까? 노화 방지와 미용을 목적으로 성형하려는 환자 대신 교통사고 환자의 회복을 위한 성형수술을 우선하는 것은 언제나 바람직한 일일까? 비아그라는 언제 처방해야 하는 것일까? 실제로 의학적인 결정은 단순한 진단이라기보다는 경제적 결정이라고 할 수 있다. 왜냐하면 사소한 것에서부터 아주 심각한 것에 이르는 모든 결정에 경제적 판단이 포함되어 있기 때문이다.

대리 의사결정 과정에서 발생하는 왜곡

다른 사람이 당신을 대신해서 의사결정을 하는 것이 경제적으로 어떤 결과를 가져오는지에 대해서는 최근 아주 다양한 상황을 바탕으로 한 연구가 이루어지고 있다. 사장과 직원, 정치인과 유권자의 관계에서부터 농부가 결정을 내리는 방식이나 정부의 대외 원조 할당 방식에 이르기까지 연구 분야도 아주 다양하다. '본인-대리인 문제principal-agent problem'는 자신을 대신할 대리인(예를 들어, 의사라고 생각해 보자.)을 통해 어떤 일을 실행해야 하는 사람(본인)이 자신에게 가장 이익이 되는 행동을 유도하기 위해서 자신의 대리인에게 동기를 부여하는 다양한 방법을 가리킨다.[9] 의학적인 결정을 내릴 때, 가장 중요한 동기가 단지 금전적인 문제에만 국한되어 있는 경우는 아주 드물다. 물론, 의사가 금전적인 문제에 대해서만 관심을 기울일 수도 있지만, 단지 금전적인 것에만 관심을 기울이는 경우는 거의 없다. 금전적인 문제 외에도 의사는 자신의 환자에 대한 관심과 애정은 물론 '과학자'로서 자신의 역할, 그리고 동료들 사이에서의 평판까지도 관심을 가질 수밖에 없다. 왜냐하면, 의사가 의료 과실 등의 사건으로 인해 업계에서 제명되는 것은 단순하게 소득을 얻을 수 없게 되는 것만을 의미하는 것이 아니라, 거의 치명적인 타격을 의미하는 것이기 때문이다. 하지만, 호의적인 평판을 조작하는 것만으로도 금전적인 문제가 포함된 경제적 인센티브를 작동시킬 수 있다. 의사가 수술에 실패했다면 환자는 당연히 소송을 제기할 수 있다. 하지만, 불필요한 수술을 했다고 해서 소송을 제기하는 것이 불가능한 시스템이라면 당연하게도 불필요한 수술은 증가할 것이다. 또한, 책임을 지는 것에 대한 두려움은 경제적 인센티브가 간접적인 방식으로 작동시킬 수도 있다. 어느 의료사례연구에 따르면, "의사들이 환자를 입원시키는 이유 가운데 한 가지는 환자들이 휴식을 취하면서 간병을 받을 수 있기 때문이다. ……[하지만] 의사들이 불필요한 수술을 하는 이유 가운데 하나는 병원에서 수술 도구를 쉽게 이용할 수 있다는 이유(하던 일을 잠시 멈추고 깊이 생각하지 않는 한) 때문"[10]이라고 한다. 이에 대해 의사들이 갖는 부담은 정반대의 방향으로 작동되기도 한다. 어떤 종류의 질병은 병원에 입원하는 것조차 어려울 수 있다. 특히, 정신질환처럼 진단이 어려운 분야에서 두드러지게 나타나는 현상이다. 결과는 모순적이다. 어떤 질병에 대해서는 치료가 너무 과하지만 어떤 질병에 대해서는 치료가 너무 부족할 뿐만 아니라, 입원 기간은 짧아지고 있는 추세이다. 하지만, 이와 같은 추세와는 정반대로 입원 기간 동안에 첨단 의료기술의 사용은 과도하게 늘어나고 있다.

의료 업무에 관한 사례연구에 따르면, 경제적인 부담은 어떤 방식으로든 의사가 환자에 대해 갖게 되는 생각을 변화시키며, 의사에 대해 환자가 갖고 있는 신뢰에도 영향을 미친다는 사실을 강조해 왔다. 의료 산업이 갖고 있는 두 가지의 독특한 특징으로 인해 이와 같은 갈등이 특별히 심화되는 경향이 있는 것도 사실이다. 의료 산업이 갖고 있는 첫 번째 독특한 특징은 의사들이 두 사람의 '주인'을 모셔야 한다는 점이다. 두 사람의 주인 가운데 한 사람은 환자이고, 다른 한 사람은 환자의 병원비를 직접 지불하는 사람들이다. 대부분의 선진 산업 국가에서는 건강 보험 비용은 물론 관련 비용도 급격하게 증가했다. 건강 보험 비용과 관련 비용의 급격한 증가는 기술의 진보에 따라 수명이 연장된 것도 한 가지 원인이겠지만, 비교적 치료기간도 짧고 비용도 적게 드는 '빈곤의 질병'에 비해 만성적이고 비용도 많이 드는 '풍요의 질병'이 증가했기 때문이기도 하다. 이에 대해 정부와 의료관련 기관, 그리고 민간 보험회사에서 제시한 대응책은 예산의 축소와 함께 의사들에게 개별적인 치료과정에 대해 명시적이고 타당한 이유를 제시할 것을 요구하는 것이었다. 이와 같은 대응방식은 의사들에게 과거보다 훨씬 분명하게 자원 관리자의 역할을 주문하는 것이었다. 이와 같은 모든 일들이 미국에서는 주로 '관리 의료 managed care'라고 불리는 제도, 즉 어떤 집단이 의료를 의사 집단에 도급을 주는 방식으로 건강관리가 이루어지는 것이다. 이 과정에서 보험회사는 치료를 끝낸 다음에 병원에서 청구하는 의료비를 지불하는 역할에서 벗어나게 되었다. 이제 그들은 병원에서 환자를 치료하기 전에 치료 방식에 대해 자신들과 협의할 것을 요구한다. 보험회사의 요구가 불가피한 측면이 있는 것도 사실이다. 하지만, 대부분의 의사들은 보험회사의 요구를 수용하는 것이 현실적으로 어려울 뿐만 아니라, 오히려 역효과를 낳을 수도 있다고 생각한다. 의사들은 우선적으로 신뢰관계의 저해, 즉 의사와 환자 사이에서 가장 핵심이라고 할 수 있는 '치료적 인간관계'의 훼손이 불가피하다는 것이다.

갈등을 심화시키는 의료산업의 두 번째 독특한 특징은 즉각적으로 효과가 나타나고 입증 가능한 치료 방식은 극히 일부에 불과하다는 사실이다. 즉각적으로 효과가 나타나지 않는 치료 방식도 환자의 쾌유를 위해서는 굉장히 중요하다. 하지만, 특정 질병에 대해서 이와 같은 치료 방식이 타당했다는 판단만으로 보험회사나 의료 당국을 설득하는 것은 너무나 어려운 일이다. 이에 대한 뱅트 홀름스트롬Bengt Holmström과 폴 밀그롬Paul Milgrom의 주장은 아주 간단하다. 누군가의 대리인이 결과를 입증하기 쉬운 일과 중요하지만 결과를 입증하기 힘든 일 사이에서 결정을 내려야 한다면, 그들은 결과를 입증하기 힘든 일을 피하고 결과를 입증하기 쉬운 일에 모든 노력을 쏟아 붓게 된다는 것이다.[11] 의료업계에 비추어서 말하자면, 의사들이 약물의 처방에만 집중하고 다른 치료법은 거들떠보지도 않을 것이라는 의미이다. 인류학자 타냐 루어만은 미국의 정신의학 분야에서는 실제로 이와 같은 일들이 일어나고 있다고 이야기했다. 심리요법은 약물 치료보다 효과를 입증하기 어렵다. 그리고 동일한 약물 치료라고 하더라도 장기적인 효과를 입증하는 것은 즉각적인 증상 완화 효과를 입증하는 것보다 훨씬 힘들다. 또한, 입원 환자의 안정된 상태 유지를 위한 치료 효과가 위독한 환자의 상태를 안정화하는 효과만큼 가치 있다는 사실을 입증하는 것은 거의 불가능에 가깝다. 미국의 의료업계에서 느끼는 예산에 대한 부담은 다른 진료 분야에 비해 정신의학 분야에 훨씬 많은 영향을 미쳤다. 그 결과 정신의학계에서는 심리요법 중심의 '대화 치료법'에서 순수 약물 치료법으로 빠르게 이동하고 있는 추세이다.[12]

무엇보다 분명한 사실은 어떤 치료법은 효과가 거의 나타나지 않고,

어떤 치료법은 처음에 약속한 것보다 치료 효과가 오래 지속될 수도 있다는 것이다. 그럼에도 불구하고, 정신의학계에서는 순수 약물 치료법만을 지속하기 보다 약물 치료법과 심리요법을 병행하는 것이 훨씬 효과적이라는 증거가 지속적으로 늘어나고 있다. 그럼에도 불구하고, 심지어 제한된 입원 기간을 넘길 수 없다는 것도 일종의 규칙으로 받아들여지고 있다. 이와 같은 관리의료의 압박으로 인해 나타나는 역효과는 너무나 엄청나다. 병원들은 문제의 소지가 있는 환자들을 서로 떠넘겼는데, 병원들의 이 같은 관행은 결과적으로 환자와 병원은 물론 국가까지 포함하는 모든 관련 당사자들을 피해자로 만들어 버렸다. 입원기간이 만료되어서 병원에서 너무 빨리 퇴원해 버린 우울증 환자를 비롯한 여러 가지 정신질환자들은 제대로 된 치료를 받지 못하다가 어느 순간 자신이 다니던 병원 근처에 있는 다른 병원의 응급실로 실려가게 된다. 그리고 이 병원 저 병원을 옮겨 다니며 정신질환에 대한 지식이 부족한 의사에게 치료를 받다가 결국 자신이 처음에 다녔던 바로 그 병원으로 다시 돌아오게 되는 것이다. 처음부터 입원 기간을 조정할 수 있었다면 쉽게 해결할 수 있었던 일이었지만, 치료시기를 놓쳐서 악화된 상태에서는 처음에 예정된 시간보다 훨씬 오랜 기간을 병원에서 보낼 수밖에 없다. 이를 루어만은 나라 전체가 '수건돌리기' 게임을 하는 상황이라고 비유했다.

정신질환의 놀라운 결과 가운데 하나는 주 행정 담당자가 환자들을 다른 주로 떠넘기는 방식이다. 캘리포니아 남부에 있는 정신과 전문 병원의 응급실에 실려 온 환자들 중에는 가끔 미네소타나 일리노이 주에서 왔다고 말하는 사람들이 있다. 그들은 하나같이 자신이 살고 있는 도시의 버스 정류장에서 카운티의 보건부서에 근무하는 마음씨 좋은 공무원을 만났는데, 언젠가 샌디에이고를 꼭 방문해 보고 싶다고 이야기했더니 그 자리에서 샌디에이고 행 버스표를 끊어주었다고 말했다.[13]

경제적인 부담은 질병 그 자체의 성격에도 영향을 미칠 수 있다. 이에 대해 루어만은 다음과 같이 설명한다.

> 일반인들뿐만 아니라 정신과 의사들 역시 정신질환을 앓고 있는 환자들에게 기대하는 증상이 있다. 우리는 정신질환의 증상을 확인이 쉽거나, 아주 확인이 어려운 두 가지 방식으로 제도화하고 있기 때문에 우리가 기대하는 증상을 사람들이 흉내 낼 수 있게 만들어 버렸다. 집 없는 퇴역군인이 편안한 잠자리를 필요로 할 때, 그는 어떤 말과 어떤 행동을 하면 정신과 의사가 자신의 입원을 허락할 것인지를 배울 수 있다. 정신질환 진단을 받고 매달 장애인 보조금을 받는 여성 역시 지원금을 계속 받기 위해서 퇴역군인과 똑같은 방법을 사용할 것이다.…… 반대의 경우에도 마찬가지이다. 정신 질환자가 완치를 증명하기 위해서는 우리 사회가 그들에게 요구하는 역할을 수행하는 방법만 배우면 되는 것이다.[14]

루어만의 다른 연구가 고통스럽지만 분명하게 보여주는 것처럼, 일부의 정신 질환자들이 우리가 그들에게 요구하는 역할을 학습하더라도 그들의 치료에는 전혀 도움이 되지 않는다.

소외와 집단행동

대체로 현대의 인류 사회라는 '기묘한' 체계는 신뢰의 협약에 의해 성공적으로 지탱되어 왔다. 하지만, 실직을 했거나 가난하거나 심각한 질병에 시달리는 사람들은 각각 다른 방식으로 이 신뢰의 협약에서 제외되었다. 이와 같은 상황이 의도했던 것은 아니지만, 용납하기 힘든 결과임에는 틀림없다. 사실, 이 모든 과정을 왜곡하려 해서는 안 된다. 오늘날 실직과 가난, 그리고 질병에 시달리는 사람들의 대부분은 200년 전이나 2,000년 전의 사람들에 비하면 비교할 수조차 없을 정도로 나아진 상태이기 때문이다.[15] 중세 시대 어느 시골 지역의 가난과 궁핍을 낭만으로 미화하는 일이나, 정신질환과 관련된 의학지식이나 약품의 발견, 그리고 전문병원이 생기기 전까지는 정신 질환자가 거의 성인처럼 추앙받았던 창의적인 인물이라고 주장하는 것은 대부분 가난이나 정신질환으로 인해 발생했던 암울한 불행을 얼버무리는 판타지에 불과하다. 이전 시대에 사회적 약자들에게 자행되었던 잔혹 행위(예를 들어, 정신질환에 걸린 여성들을 마녀로 몰아 화형에 처했던 마녀사냥)[16]는 말할 것도 없으며, 여유롭고 행복하게 생활하는 수렵채집인들을 그린 이야기들도 거의 비슷한 사례라고 할 수 있다. 3장에서 이야기한 폭력의 증거 외에도 북아메리카와 남아메리카 수렵채집인들의 두개골에는 그들의 절반 이상에 해당하는 사람들이 종양으로 인해 엄청난 고통에 시달렸다는 증거가 남겨져 있었다. 아스피린이 개발되기 훨씬 전이었던 사실을 감안한다면, 당시 종양으로 인해 받은 고통은 말로 표현할 수 없을 정도였을 것이다.[17]

그럼에도 불구하고, 현대 사회에서 살아가는 대다수의 사람들에게는 완벽하지는 않지만, 우리의 선조들이 상상했던 것보다는 훨씬 나은 수준으로 신뢰의 협약이 작용하고 있다. 반면, 소외된 사람들은 신뢰의 협약을 통해 만들어진 혜택을 거의 누리지 못하고 있다고 말해도 좋을 정도의 수준이다. 또한 소외계층의 생활환경이 과거에 비해 조금이라도 나아졌다면, 이것은 대부분 '집단행동'이라는 의식적인 노력의 산물이라고 할 수 있다. 현대 사회는 강압 또는 설득과 같은 집단행동을 통해 조직되어 있지 않은 분업 때문에 발생하는 문제를 바로잡기 위해 노력해왔다. 다행히 분업은 번영으로 이어졌고, 조직되어 있지 않은 분업으로 인해 발생된 문제도 어느 정도까지는 바로잡을 수 있었다. 우리는 이와 같은 집단행동을 아주 넓은 의미에서 '정치'라고 부른다.

　　책임자가 없고, 터널 비전과 허약한 신뢰 네트워크에 의존하는 사회가 환경을 보호할 수 없을 때, 그리고 사회의 소외계층을 돌볼 수 없을 때 우리의 집단행동은 어떤 역할을 수행하는 것일까? 집단행동은 분업의 결함을 어느 정도까지 보완할 수 있는 것일까? 이것이 4부의 주제이다.

Part3의 **Epilogue**

시장과 기업의 외부효과

3부에서는 구석구석 포진해 있는 외부효과에 의해 인류 사회의 전반적인 성격이 변화되는 과정에 대해서 다루었다. 인류 사회가 지닌 이와 같은 특성은 매력적인 면도 있고 혐오스러운 면도 있지만, 경제학자들의 관심은 사회의 성격 변화에 집중되어 있었다.[1] 경제학의 모든 분야는 3부에서 다룬 다양한 주제들을 연구하기 위해서 생겨난 것이다. 여기에는 도시의 지형과 더 나아가 경제 발전의 지형,[2] 환경 자원이 자원 관리의 동기 부족으로 고갈되는 과정,[3] 개별 시장이 자원을 배분하고 거래자들이 무의식적으로 드러내는 동기와 신념에 대한 정보를 요약하는 방식[4]이 포함되어 있다. 가장 마지막에 등장했던 '정보', 즉 시장에서 거래자들이 지닌 동기와 신념에 대한 정보를 요약하는 방식에 대한 주제는 가장 포착하기 힘들지만, 중요한 외부효과 가운데 일부가 정보에 의해 만들어진다는 사실을 보여준다. 대부분의 경우 개인이 다른 개인에게 무료로 공개하는 이 정보를 혼자서 구해야 했다면 엄청난 시간과 비용, 그리고 노력이 필요했을 것이다. 정보의 공개를 경계하는 사람들은 정보를 꼭꼭 숨겨서(4부에서 다룰 예정이다.) 쌓아두고는 겨우 절반의 성공만을 거둔다. 성공을 거두는 경우든 그렇지 않은 경우든 상관없이 정보를 쌓아두기 위한 시도는 인류 사회를 구성하고 있는 '기관들'에 영향을 미친다.[5] 예를 들어, 어떤 종류의 정보를 전파하는 데에는 기업이 시장보다 효율적이다. 바로 이와 같은 장점 때문에 어떤 일을 조정하는 데 있어서 시장보다 우위를 차지하는 것이다. 그리고 우위가 확고할 때, 기업은 분산된 시장의 바다에서 계층과 계획으로 이루어진 '거대한 섬'으로 확실하게 자리매김할 수 있게 된다.

　　오늘 내가 고기를 잡으면 내일 다른 어부가 잡을 수 있는 고기의 양이 줄어드는 것은 너무나 당연하다. 이 당연한 원리에 근거해서 이루어진 행동으로 인해 아무런 고의적인 의도 없이도 어부들이 바다에서 대구를 남김없이 포획해버리는 것처럼 상징의 조작 과정에서 우리 인간은 내일의 지식 이용자가 이용할 수 있는 지식의 양을 결정짓는다. 하지만, 의도한 것인지 그렇지 않은 것인지에 상관없이 오늘날 연구자들의 노력을 통해 미래의 우리 후손들은 지금 우리가 알지 못했던 많은 사실들을 알게 될 것이다. 지식의 이용은 지식을 고갈시키는 결과보다는 지식의 양을 늘리는 결과를 가져오기 때문이다. 앞으로 살펴보겠지만, 이것 역시 항상 좋은 것은 아니다.

　　4부에서는 가장 치명적인 외부효과에 대해 알아볼 예정이다. 즉, 한 집단 내에서 이루어지는 협력(주로 조정되지 않은 개별 행동이 지니고 있는 결함의 일부를 극복하기 위해 시작되는)은 외부인을 상대할 경우에 해당 집단이 지닌 파괴적인 공격 성향을 높일 수도 있다. 과거 수렵채집의 모든 유

산 중에서도 특히 이 부분이 1만 년 전부터 시작된 인간의 위대한 실험을 가
장 심각하게 위협하고 있다.

Part
04

집단행동:

호전적인 도시국가에서
민족국가의 시장까지

현대 사회의 구조를 만든
공격과 방어의 논리

선사시대의 가장 미스터리한 '사건' 가운데 하나는 농업이 어떻게 그토록 빨리 확산되었는가 하는 것이다. 농업이라는 개념이 등장했고, 때마침 기후도 농사를 하기에 적합했다고 생각할 수 있다. 주거지에 편안하게 머물며 곡식이 자라는 것을 보고만 있으면 되는데, 굳이 힘들게 사냥이나 채집을 할 필요가 있겠는가? 하지만, 현실은 이보다 훨씬 복잡했을 것이다. 주거지에서 곡식의 성장을 지켜보는 일은 전혀 평화롭지 않았다. 한곳에 정착해 사는 사람들은 외부의 공격에 취약했기 때문이다. 수렵채집인들은 적이 침략해 오면 맞설 수도 있었고, 힘의 열세를 확인했을 때에는 숲 속으로 숨어버리면 그만이었다. 하지만, 농부들은 입장이 달랐다. 그들은 수렵채집인들에 비해 잃을 것이 너무 많았기 때문이다. 그들은 주거지와 여러 가지 도구는 물론, 비축해 둔 식량까지 소유하고 있던 모든 것을 잃게 될 수도 있었다. 그래서 농부들은 외부의 침략이라는 위험에 대비하기 위해 시간과 에너지, 그리고 비축하고 있던 자원을 자기 방어에 투자하기 시작했다.-울타리를 만들고 벽을 쌓기도 했으며, 망루에 올라 보초를 서는 것은 물론 가축도 돌보고 논밭도 순찰해야 했다. 상황이 이렇다 보니 식량 생산에 투여되는 시간과 에너지, 그리고 자원은 상대적으로 아주 부족해지기 시작했다. 심지어 식량을 재배하기 위해 사용하는 시간이 자신의 안위와 수확한 식량을 지키기 위해 사용하는 시간보다 적어지는 상황에 이르게 되었다.-결과적으로 식량 생산량이 줄어들 수밖에 없었다. 실제로 근동 지방에서 초기의 농경사회를 형성했던 부족들의 유골과 치아를 조사한 결과, 농부들은 이전에 살았던 수렵채집인들보다 건강 상태(영양 부족으로)가 좋지 않았다.[1] 이후 1,000년 동안에 이루어진 농업 생산력의 증가는 이를 만회하고도 남는 것이 있을 정도였지만, 그렇다고 하더라도 여전히 풀리지 않는 의문이 남아 있다. 그토록 빠른 시간 내에 농업이 도입되고, 또 비교적 아주 짧은 시간 동안에 농업이 확산된 계기는 과연 무엇이었을까? 농업은 최소 7개의 지역에서 개별적으로 도입된 것으로 보이는데, 아나톨리아Anatolia, 멕시코, 남아메리카의 안데스 산맥, 중국 북부, 중국 남부, 미국 동부, 사하라 사막 이남의 아프리카 지역이 여기에 해당된다. 틀림없는 사실은 농업이 도입되기 시작한 이 시기와 빙하기(적어도 한 번, 최대 네 번까지도)가 거의 끝나가는 시점이 맞물린다는 것이다. 그로 인해 기후나 그밖의 환경은 이전의 척박했던 시기에 비해서 농업 생산력이 향상되는 방향으로 작용했을 것이다. 하지만, 기후와 환경, 그리고 새로운 농업 기술을 도입함으로써 발생된 부가적인 혜택을 방어에 사용했을 때 아무런 문제도 발생하지 않았을까? 문제가 발생했다면, 도대체 어떤 문제가 발생했을까? 그리고 무엇보다 새로운 농업 기술의 도입이 절실했던 이유는 무엇이었을까?[2]

이 모든 의문에 대해서 분명하게 답할 수는 없다. 어떤 공동체에서 성벽이나 무기와 같은 흔적을 남겼다면 우리는 그 공동체에 자기 방어(또는 공격)가 필요했을 것이라고 판단할 수 있겠지만, 그 방어(또는 공격)의 순간을 위해 쏟아 부은 시간이나 에너지에 관련된 것들은 아무런 고고학적 증거도 남기지 않기 때문이다. 따라서 초기의 농부들이 수렵채집인들에 비해 영양 상태가 좋지 않았던 이유를 단언할 수는 없다. 하지만, 다음과 같은 추측은 가능하며, 또한 타당하다.

농업은 자기 방어를 위해 무리생활을 하는 인류에게 많은 혜택을 가져다주었다. 정주형 생활방식으로 발이 묶여버렸기 때문에 더 이상은 적들과의 숨바꼭질이 불가능해졌다. 이 어려움을 타개하는 과정에서 인류는 여러 개의 소규모 집단으로 나뉘어져서 살아가는 방식보다는 하나의 거대한 집단을 이루어서 살아가는 방식이 훨씬 안전하다는 사실을 깨닫게 되었다. 하지만, 어느 정도 규모를 갖춘 집단이 자기 방어에 시간과 노력, 그리고 자원을 투여해서 만들어진 결과는 단지 해당 집단이 외부의 침입으로부터 안전해졌다는 것으로 마무리되지 않는다. 이웃한 집단에서는 이를 위협으로 느낄 것이기 때문이다. 또한, 이토록 간단하고 냉혹한 외부효과 안에는 현대사회의 엄청난 기술 발전과 함께 놀랄만한 수준의 잔인함이 숨겨져 있다.

최초의 농경사회 가운데 한 사회에서 본격적으로 방어에 자원을 투여하기 시작했을 때, 아직 농업을 도입하지도 못한 집단을 비롯한 여러 이웃 집단들에게 방어체제를 정비하고 있는 사회는 존재 그 자체가 위협이었다. 사실, 순수하게 방어만을 위해 사용하는 기술이라는 것은 존재할 수 없기 때문이다. 처음에는 외부의 침입을 방어하기 위해 성벽을 쌓았겠지만, 도시를 둘러싼 성벽만 완성하더라도 주변 사회에 대한 침입이 굉장히 용이해진다. 성벽으로 둘러싸인 도시라는 안전한 은신처가 있기 때문이다. 선사시대의 사람들은 외부의 침입자들을 막기 위해서 연대를 결성했지만, 그렇게 결성된 연대는 그 힘을 방어뿐만 아니라 다른 사회를 공격하는 일에도 사용했다. 규모에 상관없이 어떤 집단에서 용병, 혹은 집단의 구성원들로 군대를 결성한 다음, 그들의 선택은 이미 정해져 있었다. 군대를 유지하는 비용을 충당하기 위해 약한 이웃을 침입하려는 유혹을 뿌리치는 것은 거의 불가능에 가까웠기 때문이다. 최초의 농경사회가 반드시 농업이 정착되기 이전의 사회에 비해 번영을 누렸다고 할 수는 없다. 하지만, 일단 농업 정착의 과정이 진행된 이후에는 대부분의 사회들이 이 대열에 합류했다. 문제는 우리가 앞에서 살펴본 것처럼 도시인들 사이에서 발생한 혼잡이나 질병으로 인한 외부효과와 마찬가지로 이와 같은 상호적 관계는 어떤 집단이나 한 개인의 행동이 공동의 이익과 배치되는 결과로 이어질 수 있다는 것이다.

최초의 농경사회에서 농부들의 건강상태가 좋지 않았던 이유는 수렵채집인들에 비해 균형 잡힌 식생활을 하지 못했기 때문일 수 있다. 또한, 가축을 키우면서부터 사람들이 한곳에서 모여 살게 되었고, 이로 인해 질병에 노출될 위험이 높아졌기 때문일 수도 있다. 그들의 좋지 않은 건강상태에 외부의 침입을 방어하기 위한 행위가 일조를 했는지, 혹은 어느 정도 부분적인 역할을 했는지는 중요한 문제가 아니다. 여기서 이야기하려는 핵심은 최초의 농부들이 이전 시대와 달리 정주형 생활방식을 채택하면서부터 자신이 소속되어 있는 집단의 방어체계를 구축하기 위해 상당한 정도의 투자를 했고, 이

는 인류가 영위하는 사회생활의 성격을 완전히 바꿔버렸다는 것이다.[3]

4부에서는 이처럼 아주 간단해 보이는 공격과 방어의 논리가 현대 사회의 구조에 어떤 영향을 미쳤는지에 대해 알아볼 것이다. 방어라는 양날의 칼은 주로 3가지 측면에서 주요한 위협으로 등장했다. 첫 번째는 방어 체제를 정비한 집단이 이웃에 안겨주는 위협이다. 이 위협은 서로 이웃한 집단이 방어를 위해 투자경쟁을 지속할 수밖에 없었던 이유였다. 두 번째는 내부적인 위협이다. 어떤 집단이 번영을 맞이하면 방어라는 과제를 다른 사람들(용병이나 다른 집단의 구성원들로 이루어진 전문적인 군대)에게 맡기게 되는데, 자신들을 보호해줄 것이라고 생각했던 바로 그 사람들이 위협으로 등장하는 것이다. 이와 같은 위협은 과거 유명한 정치 사상가들이 집중적으로 연구했던 문제였다. 14세기 튀니지의 위대한 철학자인 이븐 할둔Ibn Khaldun부터 18세기 스코틀랜드의 정치 경제학자 애덤 퍼거슨Adam Ferguson에 이르기까지 아주 다양한 사람들이 이 문제에 관심을 기울였다. 특히, 퍼거슨은 저서 『시민사회 역사론Essay on the History of Civil Society』에서 다음과 같이 이야기한다.

우리는 의류상과 피혁공의 기술을 분리함으로써 신발과 옷을 아주 원활하게 공급받을 수 있게 되었다. 하지만, 시민과 정치인들로부터 정책과 전쟁의 기술을 분리하는 것은 인간성을 훼손하고, 우리가 향상시켜야 할 기술을 파괴하려는 시도이다. 정책과 전쟁 기술의 분리로 인해 우리는 자유로운 사람들로부터 그들의 안전을 지키는데 반드시 필요한 권리를 빼앗았다. 이밖에도 안전을 지키기 위해 필요한 권리를 빼앗기는 경우로는 외부로부터의 침입, 즉 약탈 가능성에 대비한다거나, 내부적으로는 군사정부가 들어서는 것에 대한 위협 등이 있다.[4]

세 번째 위협은 군사력의 바탕이 되는 경제적 번영의 본성, 즉 조정되지 않은 혼란스러움으로부터 비롯된 것이다. 무역으로 번영을 맞은 국가는 자신들에게 방어 물자를 공급하던 무역상이나 기업가들이 적에게도 물자를 공급했었다는 사실을 뒤늦게 파악했다. 아군과 적군에게 똑같이 물자를 제공하는 분업의 '민주적 관대함'은 고대 전쟁의 특징이었으며, 오늘날에도 변함없이 이어지고 있다.

16장에서는 정주형 농경사회의 구성원들 사이에서 단지 방어의 수단으로 구축했던 소규모 집단이 어떻게 오늘날과 같은 현대적인 국가로 성장할 수 있었는지 그 과정을 살펴볼 예정이다. 역사적으로 모든 집단이나 공동체, 혹은 국가를 하나로 묶어주는 원동력은 외부의 침입을 방어하기 위해서 단결해야 한다는 것이었다. 하지만, 이웃한 집단이나 국가를 상대하는 과정에서 모든 국가들은 결과적으로 끊임없이 두 가지 전략 가운데 하나를 선택할 수밖에 없는 상황에 놓이게 된다. 두 가지 전략은 번영을 통해 군사력을 추구하는 전략과 군사력을 통해 번영을 지속하는 전략이다. 두 전략은 본질적으로 다른 것이 아니라, 하나의 뿌리에서 뻗어 나온 것이다. 대체로 '번영을 통해 군사력을 추구하는 전략'은 도시국가 혹은, 민족 국가의 전략이라고 할 수 있으며, '군사력을 통해 번영을 지속하는 전략'의 경우에는 중앙집권적 통치 체제를 구비한 제국의 전략이라고 할 수 있다. 역설적이게도, 번영을 통해 군사력을 추구하는 전략으로 성공을 거둔 국가들의 대부분은 그 전략이 성공을 거두면서부터 기존의 전략을 버리고 점차 군사력을 통해 번영을 지속하고 싶은 유혹을 뿌리치지 못했다. 결국, 인류 역사의 거대한 역동성은 경제 성장, 군사적 모험주의, 과도한 정치적 야심과 그에 뒤따르는 경제 쇠퇴가 반복되는 과정 속에서 만들어졌을 것이다.

물론, 번영을 이룬 국가가 이웃한 국가와 조화를 이루는 전략, 즉 평화로운 거래의 전략을 포기하고 이웃한 국가의 자원을 손쉽게 강탈하려는 욕망을 실현하려 들 때에는 이에 따른 상당한 정도의 위험을 감수해야 했다. 하지만, 이것이 번영을 이룬 국가가 마주하게 되는 위험의 전부는 아니었다. 대표적인 것이 편협한 시각 즉, 터널 비전이다. 어떤 국가가 터널 비전에 빠지게되는 이유 역시 그 출발은 '욕구'나 '욕망'에서 비롯된다. 실제로 오늘날 국가의 역할은 점점 늘어나고 있으며, 또 복잡해지고 있다. 이 과정에서 현대적인 분업이 안고 있는 병폐를 국가의 역할이나 기능을 통해 해결하고 싶은 욕망이 생기기 시작했다. 오늘날 국가는 세금을 부과하고, 보조금을 지급하며, 수익을 재분배하고, 시장을 규제할 뿐만 아니라, 실업이나 생계의 문제에도 개입하고 있다. 한 마디로 말해서, 오늘날 국가는 역사적으로 전례를 찾아볼 수없는 방식으로 시민과 기업, 그리고 시장의 활동을 제한하고 있다는 것이다. 이와 같은 국가의 활동은 우리 사회가 지니고 있는 가장 치명적인 문제, 즉 우리는 터널 비전에 노출되어 있지만 모든 것을 총괄하는 책임자가 존재하지않기 때문에 발생하는 문제점을 보완할 수 있는 가능성도 있다. 하지만, 동시에 국가가 맡고 있는 역할에 대한 규제의 필요성도 증가하고 있다. 현대 사회를 관리하는 일은 너무나 복잡한 일이어서 국가 역시 (불가피하게) 내부의 분업을 피할 수는 없었다. 더 이상 모든 것을 책임지는 '왕'과 같은 존재는 없다. 왕을 대신해서 재정편성기관, 규제기관, 입법기관, 위원회, 대사관, 자문기관, 내각, 법원, 로비 단체 등이 탄생하게 되었다. 이들 기관은 자신들만의 의제와 역할을 가지고 있으며 외부인들은 도저히 파악할 수 없는 일종의 '경쟁

관계'를 형성하고 있다. 대통령이나 총리는 여전히 '시민'들을 전쟁에 파견하는 등 개인의 생사가 달린 문제에 대해서도 일정 정도의 권한을 가지고 있다. 하지만, 이 모든 결정을 구체화시키는 힘은 너무나 다양하고 모순적 성격을 가진 정치적 압박과 타협의 산물이다. 이를 국가적 과제에 적용했을 때의 결과는 시장 경제에서 터널 비전이 작용했을 때의 결과와 오싹할 정도로 유사해 보인다. 물론 그렇다고 해서 국가의 역할이 시장경제의 규제와 관련해서 아주 무력하다거나 맹인이 맹인을 인도하는 것과 같은 경우라고 할 수는 없다. 하지만, 새롭게 등장하는 현대적인 기술이 지니고 있는 장기적인 영향력이나 파괴력으로 인해 전에 없이 폭넓은 시각을 필요로 하는 세계에서 부분적이라고 하더라도 터널 비전으로 인한 편협한 시각은 결국 편협한 결과로 이어질 수밖에 없을 것이다.

17장에서는 1만 년 전에 시작된 이 오래된 실험이 21세기를 살아가고 있는 우리를 어디로 데려왔는지에 대해 묻는다. 세계화가 새로운 현상은 아니지만, 외양과 형식은 계속해서 새롭게 만들어가는 중이다. 호모 사피엔스 사피엔스는 놀랍도록 복잡한 제도를 만들었다. 이 놀라운 제도를 통해 수렵채집인들은 적어도 심리적으로는 자연계에서 전례가 없는 방식으로 환경을 지배할 수 있었다. 그럼에도 불구하고 우리가 만든 이 놀라운 제도는 우리 자신은 물론 이 세계에도 엄청난 위험이 될 수 있다. 이와 같은 위험을 해결하기 위해서는 위험 그 자체에 대한 대응도 중요하겠지만, 위험에 대응하는 인간의 능력을 제약하고 있는 심리 구조, 즉 우리에게 내재되어 있는 수렵채집인의 심리에 맞춰 그 대응을 달리해야 할 것이다.

chapter **16**

국가와 제국

방어와 공격

효과적인 방어를 위해서는 작업 과정에서의 협력이 반드시 필요하다. 또한, 공격을 하는 경우에도 팀을 이루어 전투에 참가하는 군사들은 한 개인이 혼자서 싸우는 것보다 살아남을 가능성이 훨씬 높아진다. 거의 예외가 없지만, 유일한 예외는 기동성을 갖춘 병사가 혼자 도주해서 생존하는 경우이다.(게릴라 군의 경우 항상 이 작전을 사용했다.) 혼자서 싸우는 것이 생존에 도움이 되는 거의 유일한 경우이다.

우리 선조들은 농경과 목축을 시작하면서 이동의 장점을 포기했다. 적으로부터 도주하는 것은 이제까지 비축해 둔 식량을 그대로 적에게 넘겨주는 것과 마찬가지이기 때문에 피해가 더욱 커질 수 있었다. 사실 소나 양, 그리고 돼지를 사육하는 일은 곡식을 재배하는 일과는 달리 특정한 장소에 얽매일 필요가 없었다. 물론, 가축을 약탈하는 것은 약탈한 후에 가축들을 몰고 다녀야 하는 불편이 수반되었을 것이기 때문에 단순하게 창고의 곡식을 탈취하는 것과는 그 양상이 아주 달랐을 것이다. 어쨌든 우리의 선조들은 농경 생활을 시작하면서부터는 어쩔 수 없이 과거보다 규모가 큰 집단을 이루면서 살아야 했다. 물론, 처음에는 어느 정도 규모가 있는 가족집단에 불과했을지도 모른다. 수렵채집 시기의 가족집단은 식량 부족으로 인해 발생하는 경쟁과 갈등이 심해지면 쉽게 분열되었다. 하지만, 초기의 농경민들은 분열이 다른 무엇보다 위험하다는 사실을 깨달았다. 그들이 당면한 가장 중요한 과제는 갈등을 회피하기보다는 갈등을 조정하면서 다른 사람들과 더불어 살아가는 방법을 배우는 것이었다.

무리 생활을 한다는 것이 단순하게 규모가 큰 집단을 이루어서 살아간다는 것 정도의 문제는 아니었을 것이다. 여기에는 물리적으로 아주 가까운 거리에서 부대끼며 살아가야 한다는 의미까지도 포함되어 있기 때문이다. 또한, 같은 장소에 머물거나 정착하는 것이기 때문에 당연히 외부의 적으로부터 그 장소를 안전하게 지킬 수 있어야 했을 것이다. 집단 내에서 단순한 협력 작업을 통해 벽이나 울타리를 쌓아두는 것만으로도 전투에서 유리한 위치를 차지할 수 있었을 뿐만 아니라, 일상적인 약탈자들로부터 주거지를 보호하는 데에도 도움이 되었다. 그리고 무엇보다 이와 같은 협력이 가능했던 이유는 방어하는 장소가 넓어지면, 동일한 방어물로 보호할 수 있는 면적도 넓어지기 때문인데 이것은 아주 단순한 기하학적 공식으로도 쉽게 확인할 수 있다.(원주는 지름의 길이만큼 늘어나지만, 원의 면적은 지름의 제곱만큼 늘어난다.) 그러므로 농경사회가 수렵채집 사회에 비해 규모도 크고, 인구도 많은 것은 어쩌면 아주 자연스러운 현상일 수도 있다. 하지만, 무리 생활에서 인구가 증가한다는 것은 공간을 분할하는 문제나 폐기물을 처리하는 방법 등과 같은 여러 가지 어려움(10장에서 살펴본 것처럼)을 동반하게 된다. 자기 방어의 전략을 포함한 무리 생활에서 발생하는 여러 가지 어려움에 대한 해결 방안은 오늘날 경제학자들이 말하는 '공공재'의 성격을 띠고 있다. 즉, 이와 같은 문제에 대한 해결 방안의 대부분은 개인의 기여 정도와 무관하게 공동체의 모든 사람에게 차별 없이 적용된다는 것이다. 예를 들어, 성벽은 모든 사람, 심지어 성벽 건설을 반대했던 사람들이나 성벽 건설에 참여하지 않고 기피했던 사람들까지도 보호하며, 분뇨 처리 시스템은 관리 비용을 부담하지 않으려는 사람들도 혜택을 누리게 된다. 따라서 작업과 비용의 분담에 대한 강제력이 뒷받침되는 체계가 갖추어져 있지 않았다면, 모든 사람들은 다른 사람의 노력에 무임승차하려고 들었을 것이다. 이를 방지하기 위해 작업과 비용의 분담 체계를 갖춘 제도가 필요했고, 이와 같은 제도의 출현은 권한의 집중과 행사가 이루어진다는 것을 의미했다. 이 모든 과정을 거치면서 인류 최초의 농업혁명은 자연스럽게 집단적인 위계 시스템을 탄생시켰다.

　　시스템이나 제도가 효율적으로 작동하면 공동체는 이전에 비해 한층 발전하게 되며, 발전 속도도 가속화된다. 그리고 공동체가 발전을 거듭하는 과정에서 인구에 비해 부족한 토지 때문에 문제가 발생하는데, 이에 대한 해결 방안으로 공동체에서는 영토 확장을 계획한다. 정복의 대상은 그들의 발전을 시기하고 질투하는 이웃(또는 단순하게 궁금해 하는 이웃)이나 그들이 영토 확장을 계획하고 있는 지역에 거주하고 있는 주민들이다. 이때 정복을 계획한 공동체에서 이웃들에게 취할 수 있는 행동은 두 가지밖에 없다. 그들과 싸우거나 더불어 사는 것이다. 역사적으로 이웃과의 전쟁에서 승리를 거둔 사회가 패배한 지역의 주민들에게 취한 행동은 학살이나 추방, 또는 노예로 삼는 것이 보통이었다. 물론, 학살과 추방, 그리고 노예로 삼는 방식이 동시에 진행되는 경우도 있었다. 반면, 이웃과 더불어 살기 위해 노력했던 공동체에서는 물건이나 서비스를 활발하게 거래하거나(때로는 이와 같은 과정을 거치면서 두 공동체가 통합되는 결과로 이어지기도 했다.), 또는 적극적인 접촉은 최소화하면서 그들을 적극적으로 수용하는 태도를 취했다.

농업을 도입한 직후부터 수천 년 동안 이웃을 상대하는 두 가지 방법 가운데 어느 쪽이 일반적이었는지를 확인할 수 있는 문건이나 자료는 없다. 하지만, 다른 기록을 통해 최소한 몇 가지 가능성을 배제할 수는 있다. 유전학자인 루이기 루카 카발리 스포르차Luigi Luca Cavalli-Sforza와 그의 동료들은 기원전 7,500년~3,000년까지는 중동에서 유럽에 이르는 다양하고 광범위한 지역에서 농업 기술(주로 밀)의 보급과 인간의 유전적 변이 양상이 놀라울 정도로 일치한다는 사실을 확인했다고 발표 했다.[1] 이 증거에 대한 가장 합리적인 해석은 농부들이 유럽 대륙에서 4,000년 정도의 기간을 지나오는 동안, 농부들이 해마다 확장한 영토가 평균적으로는 1킬로미터에 불과했다는 것이다. 최근의 탄소 연대측정법에 따르면 영토 확장과 관련된 발전이 특정 지역에서 훨씬 빠르게 일어났으며,[2] 북부 내륙지역보다는 지중해 주변에서 특히 빠르게 진행되었다는 사실을 보여주고 있다.

초기의 농경민들은 특정 유전자 빈도에서 차이를 보이는 현지의 수렵채집인 집단과 '혼인'을 했는데, 그들의 후손을 통해 오늘날에도 그 흔적을 확인할 수 있다. 예를 들어, 프랑스 남서부의 바스크 지방과 스페인 북부 지역 사람들은 다른 유럽인들과 비교했을 때, 유전자 빈도의 차이가 상당하다. 즉, 그들은 동쪽에서 이주해온 농경 집단과의 혼인하는 것에 대해 상대적으로 오랫동안 저항했음을 알 수 있다.(물론, 상당한 정도의 혼인이 이루어진 것은 분명하다.) 또한, 그들은 사용하는 언어 역시 다른 지역의 언어와는 근본적으로 다르다.

여기에서 우리가 알 수 있는 것은 무엇일까? 우선, 눈에 띄는 수준으로 발전한 이웃의 생활방식을 단순하게 모방했던 수렵채집인들처럼 농경 생활 역시 문화적 모방에 의해 확산되었다는 주장은 신빙성이 떨어지게 된다. 반면, 농경 생활이 '이주'로 인해 확산되었다는 주장은 힘을 얻게 되었다. 모방에 의해 확산된 것이 아니라 이주에 의해 확산되었다면, 농경 생활을 영위하는데 필요한 기술은 사람과 함께 이동했을 것이다. 당연히 모방을 통해 습득한 것도 일부 있겠지만, 대부분은 농경지를 확장하고 있었던 새로운 정착민들에 의해 전파된 것이 분명하다.[3] 이와 같은 현상은 유럽에만 국한되지 않았다. 멕시코 남부에서 안데스 지역으로의 확장이나 3,000년을 넘게 이어졌던 아프리카 서부 또는 중앙아프리카에 기반을 둔 아프리카 토착 민족인 반투Bantu 족의 아프리카 남동쪽으로의 이주[4] 등 농업의 전파, 즉 이주에 의한 농업의 확산과 관련된 다양한 사례들이 연구되고 있다. '씹는담배' -유카의 섬유 뭉치를 껌처럼 씹은 것-에서 추출한 DNA를 이용해서 옥수수 농업이 남아메리카에서 북아메리카의 남서부로 확산되었다는 것을 증명하기도 했다.[5]

둘째, 이주해 온 농경민들이 수렵채집인을 무차별적으로 학살했다거나, 혹은 그들을 그곳에서 영원히 추방했을 가능성 역시 아주 낮아지게 된다. 물론, 이주 농경민들이 자신과 함께 살면서 후손을 생산할 수 있는 여성을 찾아 헤매는 동안 얼마나 많은 남성들이 살해되었는지에 대해서는 알 수 없다.[6] 하지만, 이후에 출현했던 사회에서 발견된 증거에 의하면, 농업을 통해 생계비 이상의 수익을 얻을 수 있었던 대부분의 지역에서는 포로로 잡은 다수의 남성들을 학살하거나 추방하기보다는 노예로 부렸을 것이라는 사실을 유추할 수 있다. 실제로 경제사학자들은 역사적으로 다른 부족을 정복한 다음, 정복한 부족의 부족민들을 노예로 삼지 않은 사회는 존재하지 않았다는 사실과 어느 정도 부를 축적해서 풍족해진 사회일수록 노예 제도를 적극적으로 수용했다는 사실을 뒷받침하는 아주 분명한 증거들을 발견했다. 적어도 어떤 사회가 도덕적인 관점에서 노예 제도를 반대해도 별다른 경제적인 영향이 없을 정도로 부유해지기 전까지는 노예제가 지속되었다는 것이다.[7]

하지만, 이와 동시에 동일한 지역에서 함께 살아가는 초기 농경민과 수렵채집인, 또는 서로 이웃해 있는 농경 공동체들 사이에서는 반목과 조심스러운 교류가 반복되었을 것이다. 이는 기회주의적 속성과 함께 당면한 생계를 해결하기 위해 필요한 일이었으며, 계획적이고 정책적으로 이루어졌다기보다는 여러 가지 사건들에 대해 즉흥적으로 대응한 결과였을 것이다. 하지만, 공동체나 사회의 규모가 어느 정도 이상으로 성장한 다음에는 이웃과 '교류'를 할 것인지 '대결'을 할 것인지를 선택하는 일은 전략적으로 엄청나게 중요하다. 바로 이 전략적 선택은 하나의 정책으로 체계화 되었으며, 정책의 구현 방식은 그 사회가 처한 상황에 따라 조금씩 차이를 보였다.

군사력과 번영

인류의 역사에서 지난 1만 년 가운데 이전의 절반에 해당하는 시기동안에는 그 규모에 관계없이 어떤 집단이 어딘가에 정착한다는 것은 아주 드문 일이었다.(여리고 같은 도시의 등장은 기원전 3,000년까지도 상당히 이례적인 일이었다.) 하지만, 몇 가지의 발명-문자, 바퀴, 말의 가축화, 바퀴 달린 마차, 철제품, 벽돌 생산, 석조 건축술의 향상, 돛과 노, 농업 생산력의 증가 등-으로 인해 꽤 규모를 갖춘 도시들이 늘어났고, 도시를 중심으로 형성된 사회에서는 이전의 어느 시기보다 강력하고 방대한 규모의 군대를 조직할 수 있었다. 도시의 규모가 커짐에 따라 군대의 규모도 커졌는데, 군대의 규모가 커진다는 것은 전투에서 승리할 가능성이 월등히 높아진다는 것을 의미했다. 한편, 대규모의 군대를 보유하고 있는 사회는 이웃 사회와 적에게는 공포의 대상이 되었지만, 이들 사회에서는 이웃하고 있는 사회의 자원을 약탈함으로써 군대의 유지와 운영에 필요한 비용을 여유 있게 충당할 수 있었다. 조공과 상납에 지친 이웃 사회에서 더 강력한 군대를 양성해야겠다는 결심을 하게 되면 경쟁은 더욱 치열해졌다.

그럼에도 불구하고, 기원전 11세기 초에 페니키아 지역을 중심으로 성장한 도시국가들이 등장하면서부터 일부의 국가에서는 군사력을 통해 번영을 지속하는 전략이 아니라, 번영을 통해 군사력을 유지하는 전략을 채택했다. 이들 국가들은 번영을 통해 군사력을 추구하는 전략을 채택했기 때문에 그 전략을 실현하기 위한 수단으로써의 생산과 무역, 그리고 외교(주로 무역을 통해 촉진된) 활동에 총력을 기울였다. 이렇게 만들어진 재원을 바탕으로 군대를 유지하고 운영하는 데 필요한 비용을 충당했다. 그 결과, 이들 국가들은 정규군으로 징집할 수 있는 병력보다 훨씬 많은 전투 병력을 거느릴 수 있었다. 용병 채용을 통해 군사력 강화를 이루었기 때문에 가능한 일이었다. 하지만, 이와 같은 국가의 체제를 갖추고 유지하기 위해서는 상당한 수준의 내부 조정을 필요로 하기 때문에 국가의 규모는 한정될 수밖에 없었고, 국가의 위치 역시 정보와 명령의 신속한 전달이 가능한 지역으로 제한될 수밖에 없었다.—실제로 지난 2,000년 동안 번영을 통해 군사력을 유지하는 전략을 채택한 국가의 출현은 대부분 도시, 또는 도시의 배후지로 한정되어 있었다. 군사력을 유지하기 위해 용병을 채용하는 전략을 택한 국가의 시민들은 자신이 소유하고 있는 재산의 일부를 국가에 제공해야 한다는 의무가 부과되었다. 심지어(그리스 도시국가에서처럼) 재산의 일부가 노예들의 부역을 통해 축적된 것이라도 마찬가지였다. 이렇게 해서 탄생된 도시국가에서는 역사상 처음으로, 그것도 상당한 규모의 상인 계급이 등장했다. 그 가운데 일부의 상인들은 외부세계에서 도시국가의 '대리인' 역할을 수행하기도 했다.

하지만, 군사력을 통한 번영의 지속과 번영을 통한 군사력 추구라는 전략의 구분을 왜곡해서는 안 된다. 대부분의 도시국가에서는 국방에 엄청난 노력을 기울였으며, 물리적인 방어 체계를 갖추는 일에도 어마어마한 투자를 했다. 사실, 농업 생산 중심의 사회가 도시 근처에서 발달하는 가장 중요한 이유는 국방 때문이라고 할 수 있다. 이는 정치학자 아자르 가트의 저서에 잘 나타나 있다.[8] 번영을 통해 군사력을 추구하는 전략의 특징은 이웃을 단순히 '위협'의 대상으로 여기지 않고, '자원'으로 생각하는 발상의 전환을 이룬 것이었다. 그래서 도시국가에서 추구했던 전략을 구현하는 방식은 과거 대규모 조직사회가 추구했던 방식과는 상당한 차이가 있었다. 이들 도시국가는 전적으로 신뢰하기에는 다소 무리가 있는 일부 국가들에 대해서도 적이 아니라 최고의 동맹국이자 무역 상대국으로 여겼다. 문제는 이와 같은 동맹 전략은 반드시 위험을 수반한다는 것이다. 하지만, 군사 역사학자 빅터 데이비스 핸슨Victor Davis Hanson의 연구[9]에서 확인할 수 있듯이 동맹 전략의 성공은 단지 경제적 이익에 그치는 것이 아니라, 순수하게 군사적인 측면에서도 상당한 파급효과를 기대할 수 있었다. 예를 들어, 경제력을 갖춘 국가는 생산한 사람이나 생산된 장소에 구애받지 않고 가장 강력한 살인 무기(함선이나 공성 무기, 그리고 대포와 같은 첨단의 기술력을 갖춘 제품까지도)를 구매할 수 있었다. 또한, 필요에 따라서는 대규모의 용병을 채용하는 일도 가능했다. 무엇보다 경제력은 동기를 부여했다. 핸슨은 그리스의 도시국가들이 "문명사를 통틀어 가장 독자적이고 자유롭게 재산을 소유할 수 있었던 군인들-동시에 민병대이자 가족농이고 유권자이기도 했던-을 보유한 최초의 합의제 정부였다"고 주장한다. 그래서 그리스의 도시국가에서는 적들이 선호하는 소규모의 국지전이나 장기전보다는 단기간에 결판을 내는 총력전을 선호했다. 그리스 시민들이 "장기전으로 농장을 오래 비워두고 싶어 하지 않았"기 때문이다. 그리스인들은 치밀한 계획을 바탕으로 한 총력전을 통해 적군을 몰살하는 전략을 구사했다. 그 최초의 사례가 쿠낙사 전투에서 크세노폰이 이끈 군대가 거둔 승리이다. 이 전투에서 페르시아군은 전멸한 반면, 그리스군의 사상자는 화살에 맞아 부상을 입은 병사 한 명에 불과했다고 전해진다.

아테인들은 자신들의 군사력이 무역이나 경제에 기초하고 있다는 사실을 누구보다 잘 파악하고 있었다. 그리스의 역사가 투키디데스Thucydides의 『펠로폰네스 전쟁사The History of the Peloponnesian War』 1권에는 페리클레스Pericles가 동료인 아테네 병사들에게 적군에게는 더 이상 필요한 '자원'이 없다고 이야기하는 부분이 나온다.

지금 펠로폰네소스 사람들은 민간의 지원은 물론 국가의 지원도 없이 전쟁을 치르고 있다. 각자 스스로 농사를 지어서 생계를 해결해야 하는 그들은 가난으로 인한 제약 때문에 외국에서 장기적인 전투를 치른 경험이 없다. 그들의 경제력으로는 장기적으로 함대를 배치하거나 군대를 파견하는 것이 힘들기 때문이다. 지금 이들은 나라 밖에서 자신들이 사용하는 경비를 감당할 수가 없을 것이다. …… 명심해야 할 사실은 전쟁을 치르기 위해서는 군사력보다 자본이 필요하다는 것이다.[10]

재미있는 사실은 군사력을 통해 번영을 지속하려고 했던 사회는 생각만큼 번영을 이루지 못했을 뿐만 아니라, 강력한 군사력을 갖출 수도 없었다는 것이다. 어쨌든, 일단 강력한 군사력을 갖춘 다음에는 자신들보다 약한 이웃을 상대로 그 힘을 행사하고 싶은 유혹을 뿌리치기 힘든 법이다. 아테네와 로마는 도시국가의 지위가 강해지자 자신들의 상업적 수완을 발휘함으로써 아주 오랜 기간에 걸쳐 팽창주의와 제국주의의 야망을 실현했다. 핸슨은 그리스와 로마의 전쟁에 대한 경제적 접근방식과 그들이 대면했던 다른 군대의 강압적 접근방식을 다음과 같이 대비시켰다.

알렉산더 대왕이 아케메니아 제국의 부를 약탈한 사건을 계기로 지중해의 동부 지역에서는 200년이 넘는 기간 동안 군사적 르네상스가 일어났다. 셀레우코스 왕조의 아시아나 프톨레마이오스 왕조의 이집트에서는 그리스어를 사용하는 비교적 소수의 통치자 집단이 엄청난 수의 아시아 인들을 통치해야 했기 때문이다. …… 고대 세계에서 로마는 탁월한 자본주의적 전쟁 조직이었으며, 군수물자를 민간 사업가에게 위탁하는 복잡한 시스템도 갖추고 있었다. …… 자본주의적으로 재정을 부담하면서 전쟁에 대비하는 방식으로는 비용을 지불하지 않고 강제적으로 병사들을 모집하는 방식인 강제 모병과 전리품의 분배를 약속하고 '부족민'을 동원하는 용병제가 있다. 두 가지 방식 모두 엄청난 규모의 강한 군대를 결성할 수 있었다. 25만 명이나 되는 갈리아 군대를 이끌고 알레시아^Alesia에서 카이사르를 패퇴 직전(기원전 52년)까지 몰아붙였던 갈리아^Gallia의 족장 베르킨게토릭스^Vercingetorix의 군대, 아시아의 대부분을 점령하고 영토를 확장했던 칭기스칸^Genghis Khan(1206~1227)과 티무르^Tamerlane(1381~1405)의 유목민 군대가 가장 대표적인 사례이다.…… 하지만, 가장 용맹했던 군대조차도 정교한 무기를 갖추고, 군사력을 유지하는 데 필요한 비용−먹고 입고, 임금을 지급하는 등−을 장기적으로 감당할 수는 없었다. 군인들 역시 농부와 상인, 그리고 무역상들과 마찬가지로 비용을 지불하지 않으면 어느 순간부터 일을 하지 않을 것이기 때문이다.[11]

이 과정을 단순하게 동기의 문제로 바꿔서 생각해 보면 핵심은 아주 명확해진다. 일부라고는 하더라도 어떤 사회에서 이웃을 협력자가 아니라 단지 적으로만 파악했을 때, 장기적인 군사 계획을 실행할 수 있는 자본을 축적하는 일은 불가능하다. 문제는 과거 대부분의 정치 지도자들이 미처 이 사실을 깨닫지 못했다는 것이다.

상업적 전략의 결함

지난 5,000년 동안 국가와 국가, 제국과 제국, 혹은 제국과 국가(국가는 주로 '무역'의 기반 위에 세워졌고, 제국은 주로 '무력'의 기반 위에 세워졌다.)의 경쟁은 국가나 제국의 흥망성쇠로 마무리되었다. 이것은 13장에서 살펴본 기업 간의 경쟁과 다를 바가 없다. 성공적인 도시국가들은 제국으로 그 모습을 바꾸기도 했고, 실패한 제국은 분쟁이 끊이지 않는 평범한 '국가'로 전락하기도 했다. 16세기 이후에 이 문제가 어떻게 진행되었는지에 대해 독보적인 연구 성과를 남긴 폴 케네디^{Paul Kennedy} 같은 일부 학자들은 제국의 성공이 과도한 확장으로 이어진 본질적인 원인을 알아내기 위해 내재적인 역학에 관심을 기울였다. 그들은 그 원인을 제국을 유지하기 위해 필요한 투자는 군사적인 성공을 뒷받침하는 상업적인 기반을 유지하기 위해 필요한 투자와 양립할 수 없다는 사실에서 찾았다.[12] 그럼에도 불구하고, 그 진행 과정(동부 지중해의 그리스 제국을 연구했던 핸슨의 설명에 따르면, 제국의 확장이 때로는 아주 오랜 시간 동안에 걸쳐 이루어지는 경우도 있다고 한다.)에서는 사소해 보이는 혁신과 같은 '우연'이 상당한 영향력을 발휘했다.-역사학자인 존 다윈^{John Darwin} 역시 15세기 이후의 제국과 국가의 흥망에 대한 연구에서 이와 동일한 주장을 펼쳤다.[13] 예를 들어, 어떤 도시국가가 제국의 약탈에 맞서 살아남은 비결을 해당 국가의 외교적 능력뿐만 아니라, 공격과 방어 기술의 혁신에서도 찾을 수 있다는 것이다. 갑옷과 투구를 갖춘 갖춰 입은 병사가 말을 탈 수 있도록 훈련시키는 것, 그리고 아테네에서 개발했던 3단 노가 달린 갤리선이나 고대 로마가 이루었던 조직의 혁신(그 유명한 도로를 포함해서) 등은 모두 규모의 장점을 극대화하는 방향, 즉 제국에 유리한 방향으로 작용했다. 반면, 석조 건축술의 발달, 그리고 석궁과 활의 발명 등은 작은 규모를 가진 조직이 방어를 하는데 유리한 방향, 즉 도시국가에 유리한 방향으로 작용했다는 것이다.

　　　겉으로는 사소해 보이는 수많은 혁신이나 발전이 장기적으로는 엄청 난 결과를 만들어내기도 한다. 말을 타고 그 위에서 두 발을 딛는데 필요한 도 구인 등자stirrup는 아시아에서 발명되었고, 나중에 이를 유럽에서 수입했다. 역사학자인 린 화이트Lynn White는 등자의 수입으로 인해 기병들이 대규모 전 투를 수행할 수 있었으며, 결과적으로는 이것이 봉건제도의 토대가 되었다고 주장했다.[14] 등자로 인해 봉건주의가 출현했다는 화이트의 주장은 설득력이 떨어지지만, 등자가 기병의 전력을 향상시켰다는 것만큼은 분명한 사실이다. 또한 장거리 수송이나 통신에 필요한 비용의 변화는 제국의 흥망과 직결되 는 아주 결정적인 차이를 만들 수도 있다.(과거 로마 제국은 기반시설의 확충 을 통해 제국을 하나로 단결시켰다. 하지만, 로마 제국의 말기에는 일부 빈곤 한 지역에서 기반시설의 유지비용을 감당할 수 없게 되었고, 이는 로마 제국 의 파멸로 이어졌다.) 이와 같은 물리적인 혁신만큼이나 결정적으로 작용한 것이 조직의 혁신이다. 예를 들어, 중국과 로마 제국에서 시작된 인구 조사는 근대 초에는 유럽의 민족 국가에서도 조직적으로 실시되었다. 당시 유럽의 국가들이 인구 조사를 실시한 것은 자신들의 영토에 대한 정치적 장악력과 지리적 지배력을 확보하기 위한 것이기도 했지만, 무엇보다 경제적인 지배력 을 강화하기 위한 것이었다. 인구 조사와 함께 만들어진 것이 개인의 성씨 제 도이다. 성씨 제도가 최초로 도입된 것은 기원전 4세기경 중국이었고, 이후 전 세계의 많은 나라에서도 이의 도입을 시도했다. 하지만, 이와 같은 시도가 항상 성공을 거둔 것은 아니다.[15] 사실, 한 국가에서 성씨를 표준화할 수 있다 는 것은 단지 성씨의 표준화를 성취할 수 있는 수단을 소유하고 있다는 사실만을 의미하지는 않는다. 성씨 표준화는 국가 조직 전체의 역량을 평가하는 시금석이 될 수도 있기 때문이다.

국가와 제국의 경쟁 과정에서 이루어진 수많은 혁신은 아주 양면적인 결과를 가져왔다. 혁신이 이루어진 초기에는 혁신이 국가에 유리한 방향으로 작용했을 수도 있지만, 시간이 지나면서 혁신은 제국에 유리하게 작용하는 방향으로 바뀌었을 것이다. 기원전 10세기 이전까지 페니키아 인들이 가진 훌륭한 조선 기술은 통상을 중심으로 운영된 페니키아 경제의 토대가 되었다. 하지만, 기원전 10세기 이후에는 라이벌인 그리스 인과 로마 인들에 의해 페니키아 인들의 조선 기술이 통상은 물론 군사적인 목적으로도 활용되었다. 이와 같은 사실은 1,000년이라는 시간 동안 상업적 기반의 구축을 통해 군사력을 추구하는 전략이 오직 강력한 군사력의 구축을 통해 경제적 번영을 추구하는 하는 전략에 비해 훨씬 놀라운 성공을 거두었다는 것을 보여준다. 하지만, 여기에는 치명적인 결함 3가지가 있었다.

군사력의 격차로 인한 위험

사실, 상업적 기반의 구축을 통해 군사력을 추구하는 전략에는 치명적인 결함 3가지가 있다. 이 3가지 결함은 모든 방어 기술은 언제나 공격에도 이용될 수 있다는 사실에서 비롯된 것이다. 첫 번째 결함은 부유한 국가는 이웃에게 공포의 대상이 될 수도 있다는 사실이다. 이웃과 전쟁이 아니라 통상을 선택하는 전략은 기본적으로 군사력의 격차가 현저한 상황에서는 유지되기 어렵기 때문이다. 그렇다고 해서 주위에 군사력이 엇비슷한 이웃들만 있다는 사실이 반드시 좋기만 한 것도 아니다. 양쪽 모두에게 이익을 가져다주었던 기존의 평온한 투자 방식을 버리고 언제든 훨씬 많은 비용이 소모되고 때로는 위험까지 감수해야 하는 군사 기술에 자원을 쏟아야 하는 상황이 벌어질 수 있기 때문이다. 뿐만 아니라, 상대에게 선제공격을 당하지 않기 위해서 선제공격을 가하고 싶은 유혹을 느낄 수도 있기 때문이다. 이는 실제로 고대 그리스의 도시국가인 스파르타가 번영을 지속했던 아테네와 펠로폰네소스 전쟁을 일으킨 이유이기도 하다. 오늘날 이웃한 국가들 사이에서 이루어지는 통상이나 무역이 전쟁의 가능성을 낮춘다는 견해(제2차세계대전 이후 서유럽 내 유럽경제공동체EEC 설립의 핵심이 된 생각)는 보편적인 것으로 통용되고 있다. 하지만, 이 견해가 확실하게 역사적인 근거를 가지고 있는 것은 아니다.[16] 이웃 국가들 사이에서 벌어지는 전쟁을 예방할 수 있는 거의 유일하고 타당한 대안이 통상이나 무역인 것은 분명하지만, 그렇다고 해서 통상이나 무역 그 자체가 전쟁으로부터의 안정성을 확실하게 보장하다고 할 수는 없다.

비록, 일시적이지만 인접해 있는 이웃 국가들이 적당한 상태의 안정을 유지하고 있는 순간에도 어딘가에서 위협에 시달리는 있는 이웃국가는 반드시 존재하게 마련이다. 지난 500년 동안 서유럽 국가들이 제국주의적 야망을 강력하게 표현한 시기에는 제국주의 열강들의 경쟁관계가 아슬아슬하게 균형을 유지하고 있었다. 16세기, 18세기 후반, 19세기 후반 어느 시기를 살펴봐도 마찬가지이다. 제국주의 열강들 사이에서는 이와 같은 과정을 '문명화'하려는 시도가 있었지만, 이것이 이웃 국가들에게 반드시 좋은 일만은 아니었다. 19세기 초에 유럽의 열강들은 대서양 연안에서의 노예무역을 금지했다. 하지만, 식민지 내에서 원주민의 대량 학살은 계속해서 자행되고 있었다. 여기에는 영국의 오스트레일리아와 태즈메이니아 원주민 학살(태즈메이니아 원주민의 경우에는 거의 몰살되었다.), 1904년 독일령이었던 남서 아프리카(지금의 나미비아) 헤레레[Herero] 족의 대학살[17], 그리고 1880년~1920년까지 벨기에 식민 당국에 의해 자행된 1,000만 명에 이르는 콩고 대학살 사건 등이 포함되어 있다. 콩고 대학살 사건은 인류 역사를 통틀어 단일 지역에서 이루어진 가장 큰 규모의 집단 학살일 가능성이 높으며, 무엇보다 충격적인 사실은 무려 40년 동안 평균적으로 2분에 한 명씩을 살해한 정도의 규모였다는 사실이다.[18]

경쟁 집단 사이에서 발생하는 군사력의 격차–특히, 현저하게 드러나는 무력의 우위–는 전쟁이 일어나는 가장 중요한 이유라는 사실을 군사 전략가들은 이미 오래 전부터 파악하고 있었다. 흥미로운 사실은 일부 동물 종에서도 성체가 되면서부터 싸움의 빈도 증가가 발견되었다는 것이다. 이것은 동물 행동의 수수께끼 가운데 하나였는데, 그 이유에 대해서도 '군사력의 격차'와 비슷한 설명이 제기되고 있다. 침팬지(사자, 늑대, 점박이 하이에나처럼)는 성체가 된 동일한 종의 동료 침팬지를 주기적으로 살해한다. 한편, 고릴라는 다른 대부분의 동물들과 마찬가지로 동일한 종 내에서의 살해 빈도가 현저하게 낮게 나타난다. 하지만, 폭력적인 성향만을 비교한다면 침팬지와 고릴라는 아무런 차이가 없다. 왜냐하면, 고릴라–역시 다른 대부분의 동물들처럼–는 성체가 된 동료를 살해하는 비율은 낮지만, 새끼를 살해하는 비율은 굉장히 높게 나타나기 때문이다.(예를 들어, 르완다에 위치한 다이앤 포시[Dian Fossey] 연구센터에서는 그들이 관찰하고 있는 새끼 고릴라 일곱 마리 가운데 한 마리는 성체가 된 고릴라에 의해 살해당하는 것으로 파악하고 있다.) 새끼, 즉 영아 살해는 자연계에서 흔히 일어나는 일이지만, 성체가 된 동물들이 서로를 살해하는 일은 아주 드물다. 이유는 간단하다. 새끼들은 성체에 비해 훨씬 약하기 때문이다. 따라서 주기적으로 성체들끼리의 살해가 발생하는 종이 실제로 식량을 찾아 헤매다가 덩치와 힘의 차이가 분명한 집단과 수시로 마주쳤던 바로 그 종이라는 사실이 그다지 놀랍지는 않다.[19] 침팬지는 바로 여기에 속하는 종이다. 침팬지들은 상황에 따라 집단의 규모를 달리해서 효율성을 유지하며, 더없이 광활한 지역을 예측 불가능하지만 아주 탐구적인 방식으로 배회하면서 식량을 확보한다. 안타깝지만, 인간 역시 이 종에 속해 있다. 지난 1만 년 동안에는 정주형 농경 생활방식으로 변화를 모색했기 때문에 일시적으로 특정 집단에서는 방랑을 멈추거나 늦추었을 수도 있다. 하지만, 인구 증가에서 비롯된 이주, 그리고 도시나 국가의 규모는 물론 군사력의 현격한 차이로 인해 오히려 전쟁의 기회와 동기는 급증하고 있다. 21세기에는 세계화가 이와 비슷한 역할을 하고 있는 것처럼 보인다.-이 문제에 대해서는 14장에서 이미 다루었다. 또한 냉전이 종식된 이후 미국과 그 외의 모든 나라들 사이에서 관찰되는 군사력의 엄청난 격차는 심지어 미국 입장에서도 전혀 반갑지 않은 소식이었다. 이와 관련된 내용은 책의 마지막 부분에서 다시 한 번 다룰 예정이다.

군인과 민간인

상업적 기반의 구축을 통해 군사력을 추구하는 전략의 두 번째 결함은 방어를 목적으로 하는 성공적인 통상 전략 역시 다른 목적을 위한 성공적인 통상 전략과 마찬가지로 전문가와 일반인 간의 분업을 필요로 한다는 점이다. 아라비아의 역사가이자 철학자인 이븐 할둔이 600년 전에 아주 분명하게 지적한 것처럼(이후 400년 전쯤에는 애덤 퍼거슨이 다시 한 번 지적했다.), 어떤 사회에서 직업 군인에게 군사문제와 관련된 결정권을 전적으로 위임하고 나머지 모든 구성원들은 사회 번영을 이루는 일에만 집중한다고 했을 때, 군인들은 정작 자신들이 보호해야 할 시민들을 향해 무력을 휘두르려고 할 수도 있다. 무력의 행사를 반복하다 보면, 학살이나 노예화까지는 아니라고 하더라도 최소한 과도한 세금 부과, 혹은 강탈로 이어질 것이다.(때로는 세금이 강탈과 거의 동일한 의미로 사용되기도 한다.) 철학자인 토머스 홉스Thomas Hobbs는 잘 알려져 있는 것처럼 군주 한 사람의 절대 권력이 경쟁관계에 있는 여러 무리의 경쟁적인 권력보다는 낫다고 주장했다. 홉스는 유럽의 열강들이 치열한 유혈 경쟁을 펼쳤던 시기를 살았다.(홉스는 자신의 어머니가 1588년 스페인의 무적함대가 쳐들어오는 소리에 놀라 자신을 낳았다고 주장했다.) 홉스의 탁월한 저서 『리바이어던Leviathan』은 유럽 역사에서 가장 치열하고 참혹했던 전쟁으로 기록된 30년 전쟁이 끝난 직후에 출간되었다. 그래서인지 홉스는 정치권력을 두고 벌어진 경쟁으로 인해 발생하는 인명의 피해에 과도하게 집중한 나머지 국가 내부에서 힘의 불균형으로 인해 발생하는 피해를 간과해 버렸다. 내부적인 힘의 불균형으로 인해 발생하는 피해와 관련된 문제는 이후에 등장하는 정치사상의 핵심을 이루었다. 실제로, 국가의 내부에서 이루어지는 권력의 행사를 억제하는 방법에 관한 문제가 현대 정치철학에서 다루는 중심 문제가 되었다는 주장은 결코 과장이 아니다.(이와 관련된 전문용어가 출현했다는 것은 국가와 국가 사이에서 힘의 행사를 억제하는 문제가 단지 철학의 문제로 국한되지 않고, 국제

관계라는 학문의 영역에도 해당된다는 사실을 의미한다.)

무기 시장

상업적 기반의 구축을 통해 군사력을 추구하는 전략에서 이와 같은 결함은 최근 전 세계에서 벌어지고 있는 민족국가의 정치 혁명이나 군사 혁명을 통해 적나라하게 드러나고 있다. 하지만, 이에 못지않게 치명적인 세 번째 결함이 있다. 그리스 인들은 이에 대한 위험을 분명하게 인식하고 있었으며, 이는 앞의 두 가지 결함과 함께 현대 세계에서 살아가는 우리에게도 위협적인 요인이다. 방어를 목적으로 하는 성공적인 통상 전략을 실행하기 위해서는 분업의 일환으로 무기를 발명하고 설계하고 제작하는 사람들에게 상당한 수준의 자유가 주어져야 한다. 이를 위해서는 영리를 두고 벌어지는 경쟁, 괴짜들을 위한 공간, 그리고 독창적이지만 예측하기 힘든 문제에 대한 해결 방안도 필요하다. 또한, 무기 설계자들은 비용을 지불하는 모든 사람들에게 무기를 판매할 수 있기 때문에 이에 대한 해결 방안도 고민해야 한다. 빅터 핸슨은 아테네에서 "추진력의 대부분은 자본주의나 민주주의였다. 즉, 무기 설계자들은 경쟁자보다 발전된 무기를 만들어서 자유롭게 수익을 올릴 수 있었던 반면, 통치자들은 자신의 군대가 가장 저렴하면서도 치명적인 무기로 무장할 수 있기를 원했다."[20]라고 주장했다. 또 다른 역사학자인 에드워드 코헨Edward Cohen은 아테네 해상 무역의 특징은 '극단적인 시장 분할'의 상황이었다고 지적했다. 즉, 아테네에는 다수의 배를 거느리고 있는 함대의 단독 소유주나 유력한 무역회사, 그리고 항구를 관리하는 기업이 존재하지 않았다는 것이다.[21] 핸슨의 설명에 따르면 심지어 유럽의 암흑기라고 불리우는 중세 시대에도

"유럽인들은 철판을 두른 갑옷부터 우수한 양날 검과 석궁, 그리고 그리스 화약까지 최고급 군수물자를 대량으로 제작하는 것이 가능했기 때문에 대부분의 국가에서는 상인들이 미래의 적군이 될지도 모르는 상대에게 그와 같은 무기의 판매를 금지하는 법령을 서둘러서 발표 했다."는 것이다. 단적인 예로 1198년에 교황 인노첸시오 3세는 "사라센 사람들에게는 갤리선 제작에 필요한 무기, 철, 나무를 공급하는 자"를 추방한다는 법령을 발표 했다.

이와 같은 수출금지 법안은 효과를 거둘 수 없었다. 금지 법안의 효력이 막대한 경제적 이권 앞에서 무력해졌기 때문이다. 실제로 교황인 인노첸시오 3세 자신도 베니스 사람들로부터 법령을 완화하여 이익을 나누자는 로비를 받았다. 그리고 교황 인노첸시오 3세는 베니스에 보낸 편지에서 타협의 의사를 전했다.

당신의 전달자이며 우리의 사랑하는 두 아들 안드레아 도나투스Andreas Donatus와 베네딕트 그릴리온Benedict Grilion이 최근 사도의 교회를 찾아 와서 아주 고통스러운 얼굴로 이 법령 때문에 당신들의 도시에 적지 않은 손해가 발생했다는 사실을 전해 주었습니다. 당신들의 도시에서는 농업을 제쳐두고, 운송과 무역에만 온 신경을 집중하고 있기 때문이겠지요. 하지만, 하느님의 사랑으로 다음과 같이 제안합니다. 사라센 사람들에게 철, 아마포, 모루, 밧줄, 총, 철모, 배, 합판이나 가공하지 않은 목재를 팔거나 제공하거나 교환하는 행위를 하는 것은 저주의 고통 속에 빠지게 될 것입니다. 다만, 추후에 다른 발표가 있을 때까지 당분간은 위에서 언급한 물자 이외의 물건을 이집트와 바빌론으로 가지고 들어가는 것을 허용합니다. 당신들에게 베푼 은총과 친절에 대한 보답으로 당신들이 예루살렘을 돕고 사도의 칙령을 어기지 않기를 바랍니다. 누구라도

이 법령과 관련해서 양심을 어기는 자는 결코 신의 분노를 피할 수 없을 것입니다.[22]

수출 규제의 실패는 단지 유럽 국가들의 미숙한 국정운영에서 비롯된 우연한 결함이 아니었다. 오히려 그 반대였다. 기술(유일하지는 않지만 경쟁력을 갖추고 있는, 대표적으로 군사 기술)을 두고 벌인 제작자와 수출업자의 지속적인 경쟁은 중세 시대와 초기 근대에 이르기까지 유럽이 놀라운 경제 성장을 이룰 수 있었던 주요 원동력이었다. 데이비드 란데스는 유럽과 중국 명 왕조의 접근방식을 비교한다.

화약을 발명했음에도 불구하고 중국은 현대적인 총의 제작기술을 배우려 하지 않았다. 더욱 애석한 일은 13세기 초에 대포를 들여와서 사용했음에도 불구하고 그에 대한 지식과 기술이 사라지는 것을 방치했다는 사실이다. 중국의 성곽과 성문에는 대포를 올려놓는 포좌가 있었지만, 정작 대포는 없었다. 그것을 어디에 사용한다는 말인가? 당시 중국과 적대적인 관계에 있었던 국가들 중에 대포를 소유한 국가는 단 한 곳도 없었다.…… [하지만] 유럽에서였다면 어떤 국가에서도 적이 약점을 노출했다고 해서 무기 생산을 중단하지는 않았을 것이다. 오히려 유럽인들은 위기의 순간을 대비하기 위해 무기생산을 극대화했을 것이다.[23]

무기 수출의 기본이 되는 논리는 군사 기술을 발전시키기 위해서는 엄청난 투자가 필요하기 때문에 투자비용을 회수하기 위해서는 생산한 무기를 최대한 많이 팔아야 한다는 것이다. 실제로도 이를 실행할 수 있으면 사람들이 강한 동기를 갖게 된다. 이 논리는 21세기를 지나고 있는 지금도 여전히 유효하다. 중세의 무기 설계자들처럼 오늘날 세계 최강대국의 천재적인 설계자들은 다른 국가에 방위 산업물품을 판매하기 위해서 경쟁을 한다. 이들 가운데 상당수의 국가에서는 오랜 시간 동안 우방이라고 생각했던 상대를 대상으로 그 무기를 사용하게 될 것이다.

스톡홀름 국제평화연구소의 공식 발표에 따르면, 세계 5대 무기 수출 국가에서는 2008년 한 해 동안에만 거의 180억 달러(1990년대 가격으로)에 이르는 재래식 무기를 수출했다.[24] 이 수치는 같은 해에 1조 4,000억 달러를 넘어서는 전체 군사비용에 비하면 당연히 적어 보인다. 하지만, 군사비용 가운데 상당액은 무기 구매가 아닌 군인들의 급여로 사용된다는 것을 기억할 필요가 있다. 게다가 이 수치는 틀림없이 실제보다 훨씬 적게 계산된 것일 가능성이 크다. 여기에는 밀반입이나 도난, 그리고 통계에 잡히지 않는 군사 장비의 비용이 포함되어 있지 않기 때문이다. 이와 같은 장비의 비용을 포함한다면 재래식 무기 수출과 관련된 비용은 적어도 2~3배 정도는 늘어날 것이다. 재래식 무기는 가장 파괴적인 무기가 될 수는 없겠지만, 가장 위험한 무기가 될 수는 있다. 무기의 위험성에 대해서는 크기와 무게, 은폐의 용이성 사이에 어떤 균형이 존재하기 때문이다. 항공모함은 엄청난 파괴력을 가지고 있지만, 여행 가방에 숨기는 것은 불가능하다. 반면, 전 세계 어디에서나 쉽게 구할 수 있는 소형 무기는 대규모의 핵전쟁이 일어나지 않는 한 적어도 향후 수십 년 동안에는 모든 종류의 무기에 희생된 사람을 모두 합친 것보다 훨씬 많은 사상자를 만들어낼 것이다.

최초의 수렵채집인들과 마찬가지로 세계의 모든 국가들은 엄청난 규모의 국방비를 지출하고 있다. 그 결과로 우리는 더욱 불안해질 것이고,

평화롭고 생산적인 목적에 사용할 수 있는 에너지와 자원, 그리고 창의성을 국방에 쏟아 부어야 할 것이다. 한 국가에서 국방비의 지출이 늘어나면, 경제 성장에 좋지 않은 영향을 미친다는 결과를 뒷받침하는 증거는 엄청나게 많다.[25] 하지만, 최초의 수렵채집인들과 마찬가지로 단지 이들 국가가 어리석기 때문에 국방비에 이토록 엄청난 비용을 투여하는 것은 아니다. 다시 한 번 말하지만, 역사적으로도 여러 번 입증된 것처럼 국방의 위기에 직면한 국가들은 모두 군비 확충에 엄청난 투자를 했다. 가만히 앉아서 군사적 긴장이나 위협이 저절로 사라지기를 기다리는 것보다는 군비를 확충하는 편이 훨씬 바람직한 선택이기 때문이다.[26] 결국, 개별 국가의 분별력에 호소하는 것만으로 세계 곳곳에서 이루어지고 있는 군비 확충 경쟁을 멈추게 할 수는 없다. 어떤 국가에서 일방적으로 국방 예산을 늘리고 군비 확충을 계획하는 일은 서로의 불안감을 자극하는 행동으로 비칠 수도 있겠지만, 그와 같은 행동을 취하는 국가의 입장에서는 나름의 이유가 있기 때문이다.

물론, 국방 예산의 증가나 군비의 확충이 언제나 이웃 국가를 위협하는 것은 아니다. 어떤 무기는 공격의 목적보다는 방어의 목적을 가지고 있으며, 일부 무기의 경우에는 특정한 환경에서만 사용이 가능하도록 설계되어 있다. 하지만, 우리가 반드시 생각해야 하는 문제 가운데 하나는 무기 수출업자들도 결국 기업가라는 사실이다. 기업가들은 방어의 목적, 또는 무기를 사용하려는 의도가 적거나 거의 없는 사람들보다 공격의 목적, 또는 무기를 사용하려는 의도가 분명한 사람들에게 판매하는 것이 훨씬 높은 수익을 보장한다는 사실을 누구보다도 잘 알고 있다. 그들이 어떻게 행동할 것인지는 너무나 자명하다.

정부의 역할

물론, 21세기에 접어든 오늘날에는 정부의 역할을 외부의 침입으로부터 국민을 안전하게 보호하고 영토를 지키는 일로 제한하지는 않는다. 정부는 국민의 소득 가운데 일정 부분을 세금으로 거둬 역할 수행에 필요한 재원을 마련한다. 해마다 발생하는 '불안정성'이나 통계에 포함되지 않는 '지하경제'의 예상 규모를 얼마나 정확하게 구체화시키는가에 따라 그 수치가 달라지기도 하지만, 일반적으로 세율은 역사적 배경이나 국가의 소득 수준과 같은 현재 환경에 따라 아주 다양하게 나타난다. 부유한 국가들, 예를 들어 일본과 미국에서는 소득의 3분의 1, 서유럽에서는 5분의 2, 프랑스와 스칸디나비아에서는 소득의 절반 정도를 세금으로 거둬들인다. 세금의 상당부분은 국가에 의해 다시 납세자에게로 '전달'된다. 주로 국민연금, 실업급여, 사회보장연금처럼 납세자의 대부분이 수령자가 되는 경우이다. 하지만, 예술지원기금이나 수출 보조금, 그리고 신용 보조금-이것은 무기를 생산하는 업체에게 혜택이 돌아가는 것이기도 하다.-처럼 납세자와 직접적인 연관이 없는 수혜자에게 돌아가는 것도 있다. 경제 활동의 영역, 특히 재화와 서비스(운송과 투자는 제외한)의 소비와 관련이 있는 영역만 살펴보면, 부유한 국가의 정부에서는 세금의 20퍼센트 정도를 사용하고, 빈곤 국가의 정부에서는 16퍼센트 정도를 사용한다. 이전의 세기와 비교하면, 총 사용 금액은 훨씬 많아졌다.(빈곤 국가에서도 세금 징수와 사회 통제 분야에서 현대적인 기술을 이용하고 있다.) 그럼에도 불구하고, 모든 국가에서 세금을 거둬들이고 정책을 입안하고 이를 실행하기 위해서는 정치적 지배력을 확보할 필요가 있는데, 이 정치적 지배력을 확보하기 위해서는 군대와 같은 강제력의 뒷받침이 필수적이다. 이렇게 해서 확보된 정치적 지배력은 정부가 과세와 지출, 그리고 규제 권한 등을 행사하는 근거가 된다.

그렇다고 해서 정부가 언제나 원하는 결과를 얻을 수 있다는 것은 아니다. 사실 1장에서 이야기한 것처럼, 막강한 군사력을 보유하고 있는 국가나 정부도 주변에서 일어나는 사건의 세부사항을 통제할 때에는 이상할 정도로 무기력한 모습을 보인다. 그리고 민간의 영향력이 커지면서 국가는 다양한 가치들을 옹호할 수밖에 없었고, 결과적으로 분권화된 모습을 보이게 되었다. 뿐만 아니라, 민간에 대한 국가의 통제가 때로는 저항에 부딪히기도 한다. 이와 같은 상황의 변화에도 불구하고, 정부기관에서는 여러 가지 이유에서 민간의 활동을 규제하기 위해 다방면으로 노력을 기울여 왔다. 우리는 10장에서 도시의 오염이나 질병 문제를 해결하기 위해 환경 정화와 관련된 다양한 대응방식들이 지역 차원에서 만들어지는 과정을 살펴봤다. 이와 같은 대응이 가능했던 이유는 이타주의 때문이 아니라, 권력자와 권력을 갖지 못한 사람들 사이에서 발생하는 외부효과로 인해 모두의 운명이 하나로 연결되어 있다는 인식을 공유했기 때문이다. 빈곤 계층 위해서 건강한 도시 환경을 만들 수 없다면 부자들 역시 도시에서 건강하게 생활하는 것이 힘들어질 것이다. 마찬가지로 19세기와 20세기에 걸쳐 지속적으로 시도되었던 정치 제도를 민주화하려는 움직임이 정치 권력을 가진 사람들의 인정이나 선의에서 비롯된 것은 결코 아닐 것이다. 오히려 민주주의의 요건이 충족되지 않았을 때 발생할 수 있는 혁명에 대한 두려움 때문에 시작되었다고 보는 편이 훨씬 타당할 것이다.(1832년 영국의 선거법 개정안 통과를 지지하는 연설에서 당시의 정치가이자 작가였던 매콜리Macaulay는 "개정하면 지킬 수 있을 것이다."라고 말했다.)[27]

하지만, 정부의 규제 정책은 일관된 비전의 산물이라기보다는 당면한 문제에 대응하기 위해 만든 일시적인 대응책인 경우가 대부분이다. 이 부분에 대해서는 정부도 정부가 규제 대상으로 파악하는 개인이나 집단과 크게 다르지 않다. '정부의 역할'이라는 것도 다른 모든 기관이나 집단의 역할만큼이나 분업의 대상이 되었기 때문이다. 중앙 정부는 지방 정부에서 일어나는 일에 대해서는 대략적인 부분만 확인하고 관리한다.(지방 정부가 중앙 정부보다 훨씬 효율적이고 능률적으로 일하는 것처럼 보이는 이유 가운데 한 가지이다.) 심지어 중앙 정부 내부에서도 농업 분야를 담당하는 공무원들은 운송 규제와 관련된 정보에 대해서는 문외한이나 다름없고, 중앙은행의 경우(물론 예외도 있지만)에는 정부의 감독으로부터 법적인 지위를 확보해 독립 기관으로 운영되고 있으며, 시장의 기능을 감시하는 반독점 감독기구 역시 노동부나 국방부 등 다른 부처와의 '협력'하는 정도의 관계 속에서 독자적으로 업무를 처리한다. 이와 같은 추세는 업무 관련 영역이 광범위해지고, 전문가를 필요로 할 만큼 복잡해진 업무의 변화에 따른 불가피한 결과이다. 전문가들이 넘쳐나는 경제 분야를 '아마추어' 정부에서 규제한다면, 관련 부처의 정책이 속수무책으로 뒤처지게 되는 것은 물론 정부의 신뢰에도 부정적인 영향을 미치게 될 것이기 때문이다. 하지만, 때로는 독자적인 업무 처리 방식이 정부 부처 일부에서 필요로 하는 업무의 일관성, 또는 정부의 역할을 수행하는 과정에서 발생할 수 있는 로비활동으로부터 독립할 필요가 있다는 생각에서 만들어진 신뢰의 결과물일 수도 있다. 사법 제도와 마찬가지로 중앙은행이나 반독점 감독기구의 중요한 역할에는 현명하게 의사결정을 하는 것과 함께 사회에 분명하고 일관된 신호를 보내는 것도 포함되어 있기 때문이다. 이들 기관이 결정해서 보낸 신호는 정치적 구현 과정을 거치면서 그 신뢰성이 아주 약해지거나 사라질 수도 있다. 따라서 정부 내에서 이와 관련된 업무를 수행하는 사람들은 시스템의 다른 모든 것을 관리하는 일상이나 정치적 압력에서 분리된 방식으로 선출될 필요가 있다. 일상적으로 이루어지는 정치적 압력은 유권자, 로비단체, 정당 활동가, 선출직 공무원, 언론인, 그리고 이권 관계자부터 일자리를 구하는 사람, 부양할 가족이 있는 사람, 원한을 품은 사람까지 온갖 사람들에게서 나온 모순적인 계획의 결과물이기 때문이다. 복잡한 현대 사회에서 정부의 역할이 이와 다른 방식으로 이루어질 수 있다는 것은 상상조차 불가능하다.

　　지금까지의 주장은 모두 타당한 측면이 있으며, 반박하는 것도 쉽지 않을 것이다. 하지만, 현대 사회에서 이루어지고 있는 분업이 우리를 어디로 이끌고 갈 것인지를 고민하는 순간에 정부의 개입은 어떤 새로운 문제를 발생시키기보다는 문제를 극복하거나 해결할 수 있을 것이라는 생각에 대해서는 경계할 필요가 있다. 그것이 가장 손쉬운 방법이라고 하더라도 경계를 늦추지 말아야 한다. 집단행동-한 마디로 '정치'-은 분업의 문제점을 바로잡는 과정에서 정확하게 분업을 재연한다. 이때 분업은 그 자체에 포함되어 있는 미덕과 악덕-창의성, 유연성, 그리고 터널 비전-을 모두 가지고 있다. 분업이 지니고 있는 미덕과 악덕은 인류 발전에 상당한 기여를 했다. 하지만, 동시에 인류의 발전과 미래에 위협이 되기도 했다. 분업은 개인과 개인 사이에서 적절하게 조합되어 있는 무계획적인 교류 네트워크를 통해서 비슷한 정치적 성향을 지닌 개인의 연합을 만들 뿐만 아니라, 개인의 연합 사이에서 또 하나의 무계획적이고 느슨한 교류 네트워크를 만들어낸다. 과연 해결 방안이라고 제안된 것은 처음에 제기했던 문제에 비해서 우리의 불안을 덜어준다고 확신할 수 있는 것일까?

21세기가 시작된 지금도 우리는 가난과 전쟁, 그리고 전 지구적 환경 오염 상황에 직면해 있다. 다수의 사람들은 기존의 해결책이 모두 실패로 돌아갔다는 사실을 확신한다. 방송과 통신의 발달은 우리에게 기존의 정치적 프로세스를 통해 해결할 수 있는 문제들보다 더욱 심각한 문제들이 산적해 있다는 것을 인식할 수 있게 만들었다. 이에 따라 많은 시민들이 기존의 정치적 프로세스를 신뢰하지 않게 되었으며, 여기에서 벗어나려고 한다. 시민들은 투표, 로비 활동, 정치 지도자들과의 논쟁을 통해 정치적 의제에 영향력을 행사하는 방식보다는 국제적인 정치회담이 진행되는 장소 밖에서 가두시위 하는 방식을 선택하고 있다. 세계화는 시민들에게 세계의 반대편에서 살아가는 사람들의 고통을 인식하게 만들었고, 전 세계에서 활동하는 압력 단체를 조직할 수 있는 환경도 마련해 주었으며, 동시에 시민들을 통제 불능의 상태로 몰고 간 것처럼 보이기도 한다. 2007년부터 시작된 금융위기는 현대 세계의 규모와 복잡함의 정도가 한계치를 넘어서고 있다는 사람들의 확신에 힘을 실어주었다.

과연, 그들의 말이 옳은 것일까? 1만 년 전 호모 사피엔스 사피엔스에 의해 시작된 위대한 실험은 이미 허용 한계선에 도달한 것은 아닐까? 만일 그렇다면 이 실험은 중단될 수도 있는 것일까?

chapter **17**

세계화와 정치활동

연대와 분쟁

북쪽 시베리아의 툰드라 지역에서 최상품의 딸기 아이스크림을 캐낸 다음, 아이스크림 속에 있는 딸기를 추출하고 가공해서 모든 사람들이 생계를 꾸려가는 사회를 상상해 보라. 그리고 남쪽 지역에서는 훌륭하게 숙성된 와인이 흐르는 계곡이 발견되었는데, 지금까지 숨겨져 있던 이 미지의 사회에서는 모든 사람들이 와인에서 알코올을 제거한 다음, 천연 포도즙을 추출하고 가공해서 살아간다고 상상해 보라. 실제로 그 사람들이 발견되면 우리는 틀림없이 민족지학적 자료가 풍성해질 것이라는 생각에 기뻐하면서, 최소한 《내셔널 지오그래픽》의 특집기사로는 다루어질 것이라고 생각한다. 하지만, 우리가 이와 같은 발견을 이국적인 것에 대한 호기심을 넘어서 새로운 시선으로 바라본다면 엄청난 사업의 기회를 발견할지도 모른다.

지금까지의 상황을 실제라고 가정해 보자. 우리와 전혀 다른 가치관을 가지고 살아가는 사람들을 만난 다음에, 이들을 단지 사업 확장의 발판쯤으로 생각하는 것은 너무나 이기적이어서 비열한 태도로 비춰질 수도 있다. 하지만, 우리 선조들이 그와 같은 상황에서 취했을 것이라고 예상되는 행동에 비하면 이 정도의 변화조차도 획기적인 발전이라고 할 수 있을 것이다. 우리 선조들은 진귀한 자원을 가지고 있는 사람을 만나면 죽이거나 노예로 삼으려 했을 것이기 때문이다. 노예 제도를 유지하거나 집단 학살을 실행하지 않는다고 하더라도 상대를 위협해서 가진 것을 빼앗으려는 충동은 애덤 스미스가 이야기한 '교환하는truck, barter, and exchange' 인간의 성향과 불편한 공존을 이어 왔다. 실제로 스미스는 보기 드물게 현명하고 점잖은 사람이었다. 그럼에도 불구하고, 애덤 스미스가 경제적인 면에서 각각의 개인이 지니고 있는 이기적 태도와 그것의 미덕에 냉소적인 찬양을 보내는 모습은 동시대의 사람들에게는 충격이었을 것이다. 하지만, 오늘날의 시각에서 본다면 스미스의 태도는 냉소와 상당한 거리가 있어 보이기도 한다. 경제적 동기 역시 훨씬 야만스러운 유혹 앞에서는 무력해질 수 있다는 사실을 간과하고 있기 때문이다. 스미스는 너무나 잔혹했던 시대를 살아야 했고, 그 잔혹함은 전 세계에 영향을 미쳤다. 이와 관련해서 매콜리는 1740년에 오스트리아의 왕위계승 전쟁을 일으킨 장본인(다른 많은 사람들 중에서)인 프리드리히 대왕에 대해 인상적인 이야기를 남겼는데, 당시에 스미스는 옥스퍼드 입학을 앞둔 학생이었다. "프리드리히 대왕과 평화조약을 맺은 이웃 국가들은 평화조약을 체결하자마자 약탈에 나섰다. 그들의 목적달성을 위해 뉴질랜드의 코로만델Coromandel 해안에서는 흑인들이 싸웠고, 북아메리카 대륙의 오대호 근처에서는 아메리카 원주민들이 서로의 머리 가죽을 벗기며 싸워야 했다."**1** 스미스는 자신의 저서를 통해 전쟁의 발생이나 진행과정, 그리고 전쟁의 결과에 대해서 자주 언급했다. 하지만, 그렇다고 하더라도 인간이 교환에 대해 강력한 의지를 지니고 있다고 확신했던 스미스 자신의 신념을 포기하지는 않았던 것으로 보인다.

역사를 돌이켜보면, 플라톤을 시작으로 영국의 정치가 에드먼드 버크Edmund Burke, 영국의 사상가 토머스 칼라일Thomas Carlyle을 비롯해서 현재 진행되고 있는 세계화에 대해서 문제의식을 드러내고 있는 비평가 존 그레이John Gray2까지 낭만적 보수주의자들은 '상인정신'이 천박하고 속물적이라는 이유로 경멸했다. 이들 낭만적 보수주의자들은 남성적인 미덕을 유난스럽게 찬양했다.(버크는 어린 마리 앙투아네트 프랑스 왕비에 대해 모호하면서 동시에 조금은 성적인 묘사를 통해 "1만 개의 칼"이 "왕비를 모욕하는 사람들을 응징하기 위해 칼집에서 튀어 나오지" 않았다는 사실에 대해 개탄했다. 그리고는 안타까움을 담아서 "기사도가 지켜지던 시대는 갔다. 이제 궤변론자와 경제전문가, 실용주의자의 시대가 왔으며 유럽의 영광은 영원히 저물어버렸다."3라고 말했다.) 하지만, 남성적인 미덕은 역사가 진행되는 동안 살인과 강탈의 변함없는 단짝이었다. 반면에 우리가 누군가와 '교류'를 하는 것은 당당함이나 기백은 부족해 보일 수 있지만, 유일하게 문명화된 행위이다. 따라서 교환은 필수적이다. 우리는 원하기만 한다면 시와 미술작품을 교환할 수 있다.(상대방이 코카콜라를 훨씬 선호하지 않는다면 말이다.) 하지만, 문명사회가 안고 있는 고민은 인류가 지닌 교환의 성향을 보다 강력한 무엇-습관, 즉 제2의 천성-인가로 변화시키기 위한 방법을 찾아내는 것이다. 제2의 천성은 현대의 진화 생물학이 보여준 것처럼 우리가 목표로 할 수 있는 최고의 자질이다.(불행하게도 애덤 스미스는 진화 생물학의 성과를 접할 수 있는 기회를 갖지 못했다.) 왜냐하면, 제2의 천성은 우리의 본성과는 판이하게 다르기 때문이다.

북쪽 시베리아의 툰드라 지역에서 아이스크림을 캐는 사람들의 이야기는 당연히 지어낸 것이지만, 그다지 이상하게 들리지는 않는다. 왜냐하면 다른 곳에 사는 사람들이 그토록 갖고 싶어 하는 물건을 다른 물건으로 대체하거나, 갖고 싶어 하는 욕망에서 벗어나게 만들고 해소시켜 주기 위해 노력하는 사람들은 실제로 어디에나 존재하고 있기 때문이다. 가령, 방글라데시에는 물이 너무 많은 것이 문제이지만, 유목 생활을 하는 베두인 족은 물이 너무나 부족한 것이 문제가 된다. 유럽의 농부들은 수확한 밀을 창고에 쌓아 두고 있지만, 에티오피아의 어린 아이들은 먹을 것이 없어서 굶주리고 있다. 피서객들은 해변의 내리쬐는 태양 아래에 누워 있고 싶겠지만, 해변 마을의 주민들은 태양을 피하기 위해서 그늘만 찾아다닌다. 이와 같은 '차이'로 인해 서로 다른 처지에 있는 사람들이 공동의 이익을 얻게 될 수도 있는데, 바로 그 차이 때문에 우리는 교환을 한다. 때로는 차이가 정말 하늘이 내려준 우연 때문에 발생되기도 하는데, 이와 같은 차이는 200년 전에 데이비드 리카드로가 이야기했던 것처럼 교류의 당사자들에게 '비교우위'를 제공한다.[4] 또, 가끔은 차이가 아주 비슷한 사람들 사이에서 진행된 전문화의 결과인데, 대개의 경우 이와 같은 차이에는 개개인의 취향이나 가치관, 그리고 세계관이 반영되어 있다. 하지만, 이렇게 발생된 차이 역시 교류를 방해하기보다는 정당화하는 방향으로 작용한다. "식성은 토론의 대상이 아니다."라는 로마의 속담은 취향의 차이가 위협이 아니라, 기회일 수 있다는 것을 의미한다.

인류의 본성에 내재되어 있는 폭력을 개인적인 문제와 분리하거나 단지 개인의 문제로 국한시킬 수 있었다면, 아마도 우리는 전쟁보다는 교류를 통해 얻을 수 있는 이익이 훨씬 많다는 낙관적인 결론에 도달했을 것이다. 사람들 사이에 존재하는 분명한 차이는 전쟁보다는 거래를 하는 것이 유리하다는 주장의 근거가 될 수 있기 때문이다. 하지만, 침팬지 사회의 폭력과 마찬가지로 인간의 폭력 역시 단지 개인과 개인 사이에서 발생하는 반목이나, 또는 개인들 간의 다툼으로 인해 발생한 결과가 전부는 아니다. 인간의 폭력은 조직적이며, 거대한 집단과 집단 사이에서 발생하는 분쟁의 결과물이기도 하기 때문이다. 이때 집단의 구성원들은 개별적으로 싸울 때보다 협력을 통해 더욱 잔인하고 치명적인 폭력을 행사한다. 집단을 통해 폭력을 행사할 경우에는 개인들의 협력을 통해서 비로소 얻게 되는 능력을 개개인이 활용할 수 있기 때문이다. 이 능력은 다른 상황에서라면 평화의 토대가 된다. 이 모든 일을 가능하게 만들기 위해 집단의 구성원들 사이에서는 유사성을 강조하고, 외부인들과는 차이를 강조하게 된다. 이를 위해 집단에서는 개인의 취향이나 요구와는 다른 신념(집단 내에서 차이를 공유하고 강화시킨 생각이나 신념)을 강요하고, 이렇게 만들어진 신념의 차이는 전쟁을 할 수밖에 없는 이유를 제공한다. 어떻게 이와 같은 일이 가능한 것일까? 이 질문에 답하기 위해서는 유사성과 차이를 강조한 이유를 살펴 볼 필요가 있다. 먼저, 구성원들 사이에 존재하는 유사성을 강조하는 것에는 명백한 이유가 있다. 유사성을 강조하면, 친족이 아닌 집단 내에서도 진화의 과정을 통해 강화된 친족 집단(우리가 형제, 자매, 조국이라고 말하는)의 동질감을 불러일으킬 수 있기 때문이다. 외부인과의 차이를 강조하는 이유 역시 명백하다. 진화는 우리와 혈연관계가 아닌 사람, 즉 유전적 협력자보다는 경쟁자를 폭력의 대상으로 여기는 방향으로 진행되었기 때문이다. 인류의 진화사에서는 이와 같은 생각들이 유전적 생존에 도움을 주었지만, 오늘날에는 모든 사람들의 생존을 위협하는 요소가 되고 있다.

세계화와 세계화의 유산

21세기 들어 '세계화'는 편리하게 사용가능하며 동시에 아주 포괄적인 의미를 지닌 용어가 되었다. 즉, 세상의 많은 일들이 진행되는 과정에서 사람들이 불편함을 느끼게 되는 여러 가지 이유, 그리고 가끔은 모순되는 이유까지도 아우르는 말이 되었다. 세계화는 지난 1만 년 동안에도 다양한 방식으로 진행되고 있었다. 하지만, 세계화라는 현상이 마치 지난 몇 년 사이에 새롭게 출현한 것처럼 여기저기에서 호들갑스럽게 논의가 진행되고 있다. 세계화의 물결은 5,000년 전, 2,500년 전, 500년 전에 거세게 일어났고, 150년 전쯤에도 다시 한 번 강하게 일어났으며, 제2차세계대전 직후에는 다시 한 번 부흥기를 맞았었다. 내가 살고 있는 프랑스에서는 정치인들이 하나같이 자신들의 옷이나 음식은 물론, 독서와 같은 취미 생활이나 휴대하고 있는 전자제품 등에 세계화의 증거를 뚜렷이 새기고 다니면서도 세계화가 좋지 않은 영향을 미칠 수 있다는 것에 대해서는 하나같이 동의를 표한다. 세계화를 제외하면 프랑스의 정치인들을 하나로 뭉치게 해주는 사건은 아마도 존재하지 않을 것이다.

이미 앞에서 살펴본 것처럼, 세계화는 지구의 미래에 몇 가지 심각한 위험을 가져올 것이다. 하지만, 우리는 세계화가 인류에게 가져다준 엄청난 혜택에 대해서도 기억해야 할 것이다.[5] 오늘날 우리에게 통용되는 것과 동일한 통계의 잣대로 과거의 사회를 엄격하게 조사하는 것은 쉽지 않은 일이다. 많은 어려움에도 불구하고 경제학자 프랑수아 부귀뇽François Bourguignon과 크리스티앙 모리슨Christian Morrison은 나폴레옹 전쟁(1803~1815)이 끝난 다음, 대략 200년 동안 전 세계에 나타난 소득 변화–부유한 국가와 빈곤 국가 사이에 나타난 소득 격차와 평균 소득수준–의 추이를 측정하는 것을 목표로 하는 의미 있는 연구를 진행했다.[6] 과거의 실질 소득과 오늘날의 소득을 비교하는 일은 간단하지 않다. 왜냐하면, 오늘날에는 빈곤 국가에서도 손쉽게 이용할 수 있는 것(전기와 같은)들이 과거에는 존재하지도 않았기 때문이다. 하지만, 과거에도 지금과 마찬가지로 현재 빈곤 국가의 지출 가운데 상당한 비중을 차지하고 있는 시장성 있는 재화와 서비스(음식, 옷, 주택)를 비교해 볼 수는 있다. 부귀뇽과 모리슨의 설명은 아주 인상적이다. 오늘날 극빈층은 세계 인구의 4분의 1에 조금 못 미친다. 극빈층에 대한 그들의 정의를 따른다면, 극빈자는 1달러도 안 되는 돈으로 하루를 살아가는 사람들이다. 물론, 이와 같은 현실은 현대 세계가 안고 있는 끔찍한 단면을 보여주는 것이지만, 그렇다고 해서 오늘날 극빈자들이 겪고 있는 가난에서 특별하게 현대적인 특징이라고 할 수 있는 것은 없다. 아무튼 부귀뇽과 모리슨은 1820년에는 전 세계 인구의 84퍼센트 정도가 극단적인 빈곤의 상태에서 살았을 것이라고 추정한다. 우리가 19세기의 극빈자들에 대한 이야기를 자주 접하지 못하는 이유는 그 시대에 대해 우리가 가지고 있는 인식에 영향을 끼친 소설이나 일기, 그리고 신문의 기사들이 모두 부자들에 의해 기록된 것이기 때문이다. 19세기 소설에 등장하는 가난한 사람들(발자크, 디킨스, 빅토르 위고 같은 작가들에 의해 기록된)의 대부분은 도시의 빈민층이었다. 소설에 등장하는 인물들의 기름때에 찌든 옷과 육체는 세계화의 산물이라 할 수 있는 산업화의 폐단을 보여준다. 헤아릴 수 없을 정도로 많은 사람들이 영양 부족이나 질병으로 고통받았으며, 공장 근처에는 가보지도 못하고 요절했지만, 단지 시골 지역의 빈곤층이라는 이유로 소설에서도 제외되어야 했다. 그러므로 우리는 1만 년 전에 호모 사피엔스 사피엔스에 의해 시작된 '세계화'라는 위대한 실험이 진행되는 과정의 매 시기마다 엄청나게 많은 사람들은 찢어지게 가난했으며, 또한 그들의 삶은 암울했다는 사실을 기억할 필요가 있다.

실질 소득에 관한 통계를 바탕으로 한 설명보다 훨씬 직접적인 증거가 있다. 과거의 빈민들은 질병으로 인한 조기 사망의 위험이 오늘날에 비해 아주 높았다는 것이다. 10장에서 이야기했던 것처럼 제2차세계대전 직전에 이탈리아의 영아 사망률은 오늘날 우간다의 영아 사망률만큼이나 높았다는 사실을 기억해 보면 될 것이다. 이는 이탈리아에 국한된 사례가 아니었다. 1860년대에 아주 부유했던 국가들의 평균 소득을 지금의 시세로 환산해 보면 1인당 1,300~3,200달러 정도에 불과했다. 지금의 가나와 루마니아의 중간 정도이다. 하지만, 오늘날 루마니아의 영아 사망률은 약 2퍼센트이고, 가나는 약 7퍼센트 정도이다. 반면, 1860년에는 개발도상국들의 영아 사망률이 14(스웨덴)~26(오스트리아)퍼센트나 되었다. 빈곤 국가의 영아 사망률이 감소한 것은 인류가 이룩한 놀라운 위업 가운데 하나이다.(이와 같은 업적을 달성할 수 있었던 이유를 항생제와 같은 구체적인 해결 방안에서만 찾는 것은 바람직하지 않다. 오히려 개인위생이나 영양 상태, 쓰레기와 폐수 처리 방식의 지속적이고 꾸준한 발전, 그리고 유용한 의학 지식의 보급 등이 훨씬 광범위한 영향력을 행사했기 때문이다.)

실제로 세계화가 진전됨에 따라 이 세계에 부분적으로 남아있던 '시적 성향'이 약화될 수는 있을 것이다. 남인도의 도시에서 거리를 지나는 여성들은 조그마한 재스민 꽃을 길고 가늘게 땋은 끈으로 머리를 장식한다. 도시의 불쾌한 냄새로 가득할 것 같았던 저녁 무렵의 대기를 사람들의 몸에서 나는 재스민 향이 향기롭게 바꾸고, 나를 지날 때에는 향기로운 바람이 되어 나를 감싼다. 나에게는 재스민 꽃으로 만든 머리 장식에 대한 기억이 인도에서 경험했던 가장 즐거운 추억 가운데 하나이다. 하지만, 아이들이 고사리 같은 손을 쉴 새 없이 움직여서 재스민 꽃을 꿰어야 이 머리끈을 만드는 '공장'이 수익을 올릴 수 있다. 인도에서도 빈곤 계층의 형편이 나아지고 있기 때문에 공장에서 일하는 아이들은 점점 줄어들 것이다. 이 모든 사정을 고려하면, 재스민 꽃으로 만든 머리 장식 같은 수공예 제품이 사라지는 것에 대한 아쉬움을 솔직하게 드러내는 일에 불편한 마음이 없는 것은 아니다. 물론, 세계화나 풍요로움에 묻혀 사라지는 것이 재스민 꽃으로 만든 머리 장식만은 아닐 것이다. 하지만, 세계화의 진전이 아이들의 노동으로 만들어진 수공예 제품을 사라지게 한다면, 그것은 세계화의 실패가 아니라 세계화의 성공적인 면이라고 인정해야 할 것이다.

우리가 흔히 지금보다 훨씬 폐쇄적이었을 것이라고 생각하는 과거 사회에 대한 글과 오늘날 정치인들이 경제 개방이나 사회 개혁에 대해 이야기하는 격앙된 글을 비교해서 읽다 보면 때로는 놀라움을 감출 수 없는 순간들이 있다. 고대 아테네의 정치인이자 군인이었던 페리클레스는 어느 장례식의 추도 연설에서 아테네 시민들에게 다음과 같은 이야기를 했다.

우리는 이 도시를 세계에 공개하고 개방할 것입니다. 뿐만 아니라, 외국인들을 규제하는 법률을 만들어서 외국인들에게 배움과 관찰의 기회를 빼앗으려고 하지도 않을 것입니다. 물론, 우리의 적들이 제도나 정책보다 시민들의 본성을 신뢰하는 우리의 자유 민주주의 때문에 이익을 취하게 되는 경우도 더러는 발생할 것입니다. 교육 제도에서도 적들은 어린 시절부터 고된 훈련을 통해 남자의 기상을 키웠을 것입니다. 하지만, 아테네 인들은 스스로 원하는 삶을 선택했기 때문에 이 모든 위험에 당당하게 맞설 각오가 되어 있다고 생각합니다.[7]

멋있고 매력적인 생각이다. 물론 노예를 거느렸고, 여성에 대한 비하나 혐오가 남아 있었고, 끝없이 전쟁을 일으켰던 당시의 도시국가들이 개방적인 태도를 취했다고 하더라도 현대 국가들의 개방 정책과는 상당한 차이가 있다.[8] 하지만, 페리클레스의 추도문 마지막 문장에서는 어떤 비애가 느껴진다. 아테네는 펠로폰네소스 전쟁에서 패했으며, 국가 간의 교류를 바탕으로 했던 정치 제도와 경제 제도의 부실함으로 인한 문제들이 여전히 세계 곳곳에서 그 모습을 드러내고 있기 때문이다.

정치와 충성심

그렇다면 이와 같은 부실함 앞에서 정치는 어떤 역할을 해야 하는 것일까? 현대의 민주정치는 추론 능력이나 상징적 지식을 활용할 수 있는 인간의 능력과 여전히 수렵채집 시절의 무리본능을 좇으려는 인간의 본성 사이에서 타협한 기회주의의 결과물이다. 적어도 정상적으로 기능하는 산업화된 국가 혹은 정부에서라면 대부분의 일상적 업무는 일련의 규칙에 따라 진행될 것이다. 이때 개개인 모두에게 적용되는 규칙은 그 규칙의 적용대상인 특정 개인과는 전혀 관계가 없는 추상적인 카테고리로 이루어져 있다. 이렇게 적용된 상징 추론의 완벽한 본보기가 바로 관료 조직이다. 물론, 관료 조직에서 규칙이 실제로 적용될 때에는 이상적인 목표로 규정되어 있는 엄격한 객관성이 부족할 수도 있다. 하지만, 정치적 프로세스에서 엄격한 객관성 그 자체를 목표로 두는 경우는 아주 드물기 때문에 무리 없이 작동하는 것처럼 느껴지는 것이다. 이 과정에서 정치인들이 노골적으로 겨냥하는 것은 인종이나 민족과 같은 집단의 정서적 반응인데, 이와 관련해서 오늘날의 정치인들을 고대 그리스의 광장이나 스타디움에서 보다 더욱 돋보이게 만들어주는 것은 다름 아닌 영상매체이다.

영상매체를 통해 연설을 하는 정치인들은 시청자 한 사람 한 사람에게 마치 친척이나 친구와 이야기하는 것과 같은 환상을 심어준다. 시청자들의 이성을 속이지 못할 수도 있다. 하지만, 그들은 처음부터 시청자들의 이성을 겨냥한 것이 아닐지도 모른다. 4장에서 살펴본 것처럼 진화의 시기를 거치면서 우리 선조들이 낯선 사람들의 미소와 웃음에 호응적인 반응을 보이게 된 것처럼 시청자들의 잠재의식은 이미 정치인들의 연설에 반응할 준비를 끝냈을 수도 있다. 그래서 "저를 믿어주십시오."라고 정치인이 웃으면서 이야기하면 시청을 하는 우리는 안도감을 느끼는 것이다. 또, "국민 여러분!"이라고 정치인이 걱정스러운 얼굴로 이야기하면 우리도 함께 걱정스러워지고 심각해지며, 나중에는 스스로 희생해야겠다는 각오를 다지는 상황에 이르기도 한다. 정치인들이 조국에 대해 이야기하면 우리의 애국심은 끓어오른다.(이와 같은 상황에서 어떻게 협력을 거부할 수 있다는 말인가?)

이것은 단지 정치인들에게만 국한된 사례가 아니다. 오늘날에는 기업들 역시 자사의 제품을 판매하기 위해 이와 비슷한 '수법'을 사용하고 있기 때문이다. 스포츠 스타나 연예인 같은 유명한 사람들이 특정 자동차나 휴대폰 광고에 등장하면 많은 사람들이 그 제품을 구매하고 싶어 한다. 무슨 이유 때문일까? 기업이 제품광고를 통해 사람들에게 스포츠 스타나 유명 연예인을 잘 알고 있는 사람이 된 것 같은 환상을 심어주었기 때문이다. 또한, 기업들은 영향력 있는 집단이나 명성이 높은 집단의 일원으로 인정받고 싶어 하는 사람들의 심리를 이용하기도 한다. 다른 사람들과 구분되는 어떤 상징을 구입함으로써 우리가 포함되고 싶어 하는 집단의 일원이 될 수 있다고 유혹하는 것이다. 집단에 포함되고 싶어 하는 우리의 욕망은 아주 강렬한 것이다. 사회적으로 높은 지위를 가진 집단이 가진 매력은 너무나 분명하기 때문이다. 또한, 사회적인 영향력이 강하지도 지위가 높지도 않은 집단이라고 하더라도 어느 곳에도 포함되지 못하는 것보다는 훨씬 매력적으로 비칠 수 있기 때문이다. 집단에 포함되고 싶어 하는 욕망은 진화사에서도 아주 중요한 역할을 했는데, 대인 관계가 원만하지 못한 개인들까지도 친족집단을 이탈하지 않고 살아갈 수 있었던 이유를 바로 이 욕망에서 찾을 수 있다. 한편, 오늘날과 같이 다양한 것을 접할 수 있는 환경에서 우리가 현혹적인 광고에 넘어가는 이유 역시 집단에 포함되고 싶어 하는 욕망 때문이라고 할 수 있다.[9] 그렇다고 해서 수십 년 전에 밴스 패커드가 『숨은 설득자들』에서 주장한 것처럼 광고회사나 광고주인 기업이 전능하다는 말은 아니다.[10] 그들은 우리에게 물건을 팔기 위해 서로 경쟁하지만, 그렇다고 해서 우리가 기업들이 원하는 대로 움직이는 꼭두각시는 아니기 때문이다. 자연선택은 우리에게 스스로의 정서적 취약성을 반성할 수 있는 두뇌도 함께 선물해 주었다.

그러므로 정치에서 일상적인 권모술수가 언제나 비난 받아야 한다고 말하려는 것이 아니다. 흥미롭게도 정치적인 계략 가운데 일부는 사회의 번영이나 평화에 이바지한다. 하지만, 평화적 해결방안과 공격적 해결방안이 모두 유사한 정서에 의해 강화된다는 사실은 정서적 상호작용이라는 특성만으로는 정치적 행위가 사회 전체에 어떤 결과를 가져올 것인지에 대해 예측할 수 없다는 의미이기도 하다. 세계적인 육상 대회나 축구 시합에 젊고 건장한 선수들을 출전시킨 다음에 정치인들이 선수들에게 지지를 보내며 애국적 연대를 결성할 때, 우리는 전사의 본능을 갈고 닦거나 혹은 실제 전쟁에 대한 열망으로부터 전사의 본능을 다른 곳으로 돌리기 위해 전쟁을 흉내 내는 행동을 하고 있는 것은 아닐까? 정치인들이 가난, 마약, 또는 실직 등의 추상적인 문제에 대해 '전쟁'을 선언했을 때, 현실에서 그들이 말한 전쟁은 어떤 방식으로 모습을 드러내고, 또 실제 희생자들에게서 어떻게 지지를 모으는 것일까?

여러 집단 사이의 협력을 포기하는 것의 대가로 특정한 집단의 내부에서 충성심을 불러일으켰을 때에는 모든 사람이 그 피해를 입을 수 있다. 경제학자이자 정치학인 레너드 원체콘Leonard Wantchekon은 자신의 고향 아프리카 서부의 베냉Benin에서 놀라운 정치 실험을 진행했다. 2001년 대통령 선거가 진행되는 동안에 그는 다수의 마을을 대상으로 국가 전체의 공공이익에 호소하는 정치 프로그램의 효과를 시험해볼 수 있도록 상대 정당을 설득했다. 그가 실험에서 채택한 정치 프로그램과 달리 다른 정치 프로그램에서는 동일한 이슈(건강, 실직 등)에 대해서 다른 지역의 유권자들이 일자리를 잃고 피해를 입는다고 하더라도 해당 지역의 유권자들에게는 당파적인 입장에서 일자리와 혜택이 노골적으로 돌아갈 수 있는 공약을 약속했다. 결과는 너무나 분명했지만 충격적이었다. 당파적인 정치 프로그램을 제시했을 때보다 공공의 이익에 호소하는 정치 프로그램을 제시했을 때 정당의 득표율이 훨씬 낮게 나타난 것이다. 유권자들은 당파적인 정치 프로그램을 더 신뢰할 수 있다고(실현하기 쉬우므로) 생각했을지도 모르겠다. 어쨌든 이 실험은 많은 정치학자들이 오랫동안 두려워했던 사실을 확인시켜 주었다. 다른 집단과의 경쟁을 선동함으로써 하나의 집단에서 충성심을 끌어내는 당파적인 방식의 선거 운동은 정치인 개인에게는 이익이 되는 전략이다. 물론 전체로써의 정치제도에는 해가 될 수도 있다.[11]

그렇다면 정치에서 일반적인 관념과 고귀한 원칙의 자리는 어디쯤에 있는 것일까? 진화론적 향수와 수렵채집인들의 감정을 바탕으로 하는 정치적 비전에 이와 같은 이념이나 원칙이 들어설 수 있는 자리가 있기는 한 것일까?

자유주의와 자유주의의 역사

현대 사회에 존재하고 있는 가장 강력한 정치사상 가운데 하나가 바로 자유주의이다. 자유주의에 대한 이야기의 기원은 일반적으로 300~500년 전으로 거슬러 올라간다. 정확한 시기는 자유주의 사상이 처음으로 눈에 띨 만큼의 영향을 발휘했을 때를 기준으로 할 것인지, 그렇지 않으면 기록으로 분명하게 명시되었을 때를 기준으로 할 것인지 따라 달라진다.

대략 500년 전에는 신대륙이 발견되었고 개신교가 탄생했다.(마틴 루터가 독일의 보름스 의회에서 종교재판을 받았던 시기는 1521년이었다.) 그리고 약 300년 전인 1689~1692년에는 영국의 철학자이자 정치사상가인 존 로크John Locke가 『통치론Two Treatises of Government』과 세 권으로 된 『관용에 대한 서한집Letters on Toleration』을 발표 했다. 그 사이에도 수없이 많은 일들이 있었다. 자본주의의 초기 형태가 등장했고, 영국의 내전과 엄청난 수의 희생자를 낳은 유럽의 30년 전쟁이 일어났다. 역사학자들은 자유주의가 탄생한 정확한 배경에 대해 아주 긴 논쟁을 벌이고 있다. 하지만, 대다수의 역사학자들이 동의하는 사실은 자유주의가 현대의 자본주의와 서구 기독교의 산물이라는 것이다.

대부분의 정치 철학처럼 자유주의는 인간의 조건에 관한 비전, 그리고 삶의 기준이 되는 일련의 이념과 가치들로 구성되어 있다. 세부 내용에서는 차이가 있지만, 수많은 자유주의자들이 제시한 이념적 가치에는 다음과 같은 핵심적인 공통 주제가 존재한다.

- 핵심 가치 – 가장 핵심적인 이념으로는 자유, 다양한 수준의 평등, 그리고 다원주의
- 도덕적 추론의 절차 – 로크나 루소의 사회계약, 또는 존 롤스John Rawls가 제시한 '무지의 베일veil of ignorance' – 롤스는 이를 통해 전통이나 권위에 의존하고 있는 지각된 임의성을 배제하고자 한다.– 같은 절차[12]
- 헌법상의 기준 – 보통 선거권이나 권리장전처럼 핵심 가치를 보호하기 위한 목적
- 정치개혁 프로그램의 내용은 현재의 정치 환경을 바탕으로 하지만, 그 목적은

항상 자유의 행사에 대한 위협을 제거하는 데 있다.

자유주의에 내포되어 있는 인간의 조건에 관한 비전은 부분적으로 선천적인 심리 작용, 즉 인간이 생각하고 느끼는 방식을 설명하는 것이 반영된 결과물이다. 또한 어떤 면에서는 인간이 처한 사회적 곤경을 바라보는 관점의 결과물이기도 하다. 즉, 스스로를 자유로운 존재라고 생각하고 느끼는 인간이 갈등하는 이유는 무엇 때문인지, 그리고 타고난 심리적 제약과 양립 가능한 방식으로 이 갈등을 해결하기 위해서는 무엇을 해야 하는지에 대한 고민의 결실이었다고 할 수 있다. 일반적으로 자유주의의 역사에서는 인간의 정신을 '백지와 같은 상태'를 의미하는 '타불라 라사tabula rasa'로 전제하고, 사회적 곤경은 기본적으로 현대의 서구 자본주의에 의한 것이라고 설명한다. 하지만, 인간의 정신을 백지 상태로 보는 이론은 오늘날 과학적 신빙성을 잃었고, 근대 서구 자본주의로 사회적 곤경을 설명하는 이론 역시 역사적으로 특정한 시기와 특정한 장소에서만 통용되는 것일 뿐이다. 그러므로 이와 같은 관점에서 보자면, 자유주의는 오늘날 세계가 안고 있는 많은 문제들에 대해 아주 제한적인 설명만 가능하다. 그렇다고 해서 여러 가지 사상을 바탕으로 '시련'에 대처하는 것 역시 올바른 문제 해결방식은 아니다. 사회주의에서 민족주의, 이슬람 원리주의까지 그 많은 사상들을 무슨 수로 모두 이해할 수 있겠는가? 우울하게도 그 유명한 새뮤얼 헌팅턴Samuel Huntington의 말처럼 '문명의 충돌'이 유일한 대안인 것일까?**13**

우선 자유주의에 대한 기존의 역사적 해석이 어떻게 진행되어 왔는지 살펴보자. 대부분의 역사적인 설명은 자유주의의 근원을 자본주의(그리고 역사학자 C.B 맥퍼슨Macpherson이 이야기한 자본주의와 '소유적 개인주의'의 강한 상관성14), 종교개혁, 그리고 개인의 양심에 대한 신성불가침, 그리고 16세기부터 시작되어, 특히 17세기에 유럽을 파멸로 이끌었던 종교 전쟁의 야만성으로 공포에 질려버린 대중들의 행동에서 찾곤 했다.15 이와 같은 관점에 따르면, 자본주의와 종교개혁은 신분에서 계약으로, '선물'에서 시장으로, 주술에서 과학으로, 그리고 익숙한 사람들의 세계에서 낯선 사람들과의 세계로 옮겨가는 촉매제의 역할을 했다. 자본주의와 종교개혁이 이와 같은 역할을 할 수 있었던 이유는 로크에서부터 루소에 이르기까지 많은 철학자들이 인간은 심리적 유연성을 지닌 존재라는 사실을 제시하고 널리 확산시켰기 때문이다. 동시에 인류는 현대성으로 인해 파생된 문제, 즉 근본적으로 새로운 해결책이 필요한 문제들을 떠안게 되었다. 그래서 자유주의의 옹호자들은 현대성의 도입을 계획하는 것뿐만 아니라, 현대성에 대한 불만까지 해결할 수 있는 방법도 적극적으로 제시해야 했다. 그래서 로크나 루소, 볼테르Voltaire, 존 스튜어트 밀John Stuart Mill 같은 저술가들은 자유주의 사상을 토대로 보편적인 사회악에 대해 해결책은 물론, 그 해결책이 통용되는 범위 내에서의 사상적, 사회적 체계까지 제시했던 사회 개혁가들이기도 했다. 그들의 저서와 그들이 제시한 사상은 발전을 거듭했고, 다음과 같이 몇 가지 아주 중요한 결과로 나타나게 되었다.

- 1789~1848년의 유럽 혁명
- 19세기 초에 있었던 라틴 아메리카의 반식민지 운동, 그리고 비록 오랜 시간
  이 지난 후이기는 하지만 20세기의 아프리카와 아시아에서 일어났던 반식민

지 운동

- 19세기의 유럽 주요 열강들, 특히 영국과 독일의 자유무역을 위한 노력
- 최근의 이성중심주의와 다원주의 사이의 갈등, 그리고 새로운 생활방식을 수용하려는 바람과 생활방식을 포함한 모든 것이 이성적 평가와 비판의 대상이 될 수 있다는 생각 사이에서 비롯된 갈등의 심화. 이와 같은 갈등은 현대 다문화주의의 가장 큰 문제점이며, 일부의 자유주의 비평가들은 이것을 자유주의의 아킬레스건이라고 주장[16]

　　자유주의의 역사를 통해 알 수 있는 중요한 사실은 자유주의로 인해 발생된 어려움이나 우려스러운 현실들이 고대의 문제들과는 상당한 차이를 보인다는 것이다. 벤자민 콘스탄트Benjamin Constant의 유명한 에세이 「고대의 자유와 현대의 자유The Liberty of the Ancients and the Liberty of the Moderns」는 이와 같은 견해를 가장 적절하게 표현한 글[17]이라고 할 수 있다. 하지만, 어느 쪽이든 우리가 서구의 자본주의 사상을 자유주의의 핵심이라고 여긴다는 것이다.- 비서구 사회, 비자본주의 사회, 이슬람 사상에서 몰두하고 있는 주제에도 부합한다는 생각은 여전히 근거가 부족해 보인다. 일부의 저자들은 고대 감성과 현대 감성을 구분하는 이론이 지닌 설득력에 의문을 제기했다.(작고한 버나드 윌리엄스Bernard Williams가 대표적이다.)[18] 하지만, 이와 관련된 모든 의문은 자유주의가 경제, 정치, 문화 체계에 필적하는 몇 가지 체계 가운데 하나를 바탕으로 한다는 기존의 합의에 아무런 영향을 미치지 못했으며, 자유주의가 전 세계에 영감을 제공하고 있다는 주장에 대해 근거가 빈약하다는 문제 제기로 이어지지도 못했다.

하지만, 자유주의에 대한 역사적인 해석은 인류가 지난 1만 년 동안 낯선 사람들과 함께 살아갈 수밖에 없는 도전에 직면했었다는 사실에 대해서는 아무런 내용도 반영하지 못했다. 전통을 공유하지 못한 사람들에게 마음을 열어야 하는 도전이 신대륙을 항해했던 콜럼버스로부터 시작된 것은 아니며, 성직자들이 지닌 '위태로운' 권위에 도전한 최초의 사례가 개신교인 것도 아니다. 그리고 저마다의 언어를 사용하고 전통 복장을 갖춘 사람들이 공동의 이익을 위해 물건을 사고팔았던 시장 제도 역시 그 시작이 자본주의는 아니었다. 아테네 사회의 개방을 옹호했던 페리클레스의 발언이 현대 자유주의 국가의 토론무대에서 등장했던 것은 아니지만, 자유주의가 해결해야 하는 어려움과 현대 사회에서 낯선 사람에 대한 공포를 극복해야 하는 필요성만큼은 거의 완벽하게 담아내고 있다고 생각된다. 이와 같은 생각들은 로크, 루소, 볼테르, 흄의 저술이 등장하지 않았다면 철학계의 인정을 받지 못했을지도 모른다. 하지만, 우리의 경쟁자이며 동시에 이익을 공유하고 있는 낯선 사람들과 지구라는 행성에서 한데 어울려 사는 문제에 대한 해결책을 최초로 만들었던 사람들은 로크, 루소, 볼테르, 흄과 같은 철학자들이 아니다. 다만, 이들은 인간의 능력에 이미 내재되어 있던 해결책을 저술로 정리해서 대중적으로 확산시킨 사람들일 뿐이다. 우리가 수천 년 동안 낯선 사람들과 거래-사실상-를 지속할 수 있었던 것은 로크, 루소, 볼테르, 흄과 같은 철학자들 때문이 아니라, 바로 낯선 사람들과 한데 어울려 사는 문제에 대한 해결책을 최초로 만들었던 이름 없는 사람들 때문일 것이다.

자유주의를 겨우 500년이 아닌(적어도 암묵적으로) 1,000년의 역사를 가진 이념이라고 보는 것은 두 가지의 커다란 이점이 있다. 첫째, 다른 정치사상과 자유주의의 관계를 객관적으로 확인할 수 있다. 예를 들어. 사회주의는 인간의 사회적 곤경을 바라보는 자유주의적 사고에 대한 대안이 아니라, 그 곤경을 해결하기 위해 제안된 수단이라고 할 수 있다. 사회주의는 자유주의자들과 다른 방식의 진단을 내놓은 것이 아니라, 자유주의자들이 내놓은 몇 가지 해결방안과 경쟁관계에 있는 이론이라는 것이다. 실제로 사회주의와 고전적 자유주의는 인간이 낯선 사람들과 함께 살아갈 수 있는 방법을 모색해야 한다는 것에 대해서는 모두 동의한다. 다만, 이를 위해서 얼마나 많은 진취성과 집단적 행동이 필요한 것인지에 대해서 의견을 달리하고 있을 뿐이다. 고전적 자유주의는 집단적 행동 없이 개인의 진취성에만 의존했을 때 어떤 일이 일어날 수 있는지를 수시로 간과했고, 사회주의는 집단적 행동이 목적 달성의 용이함과 함께 동반하는 위험, 즉 군사적 압박이나 정치적 탄압의 목적으로 오용되고 남용될 수도 있다는 사실을 자주 간과했다.

이와 마찬가지로 정치 이데올로기로써의 이슬람은 역사적으로 중요한 전환점을 맞아 곤경에 처해 있는 사회를 성공적으로 단결시킬 수 있는 이념과 가치들로 구성되어 있다. 수세기 동안 이슬람 사회는 문화, 세계주의, 군사력 등 거의 모든 면에서 세계 최정상의 자리를 지키고 있었다. 이와 관련해 역사학자이자 중동 정치 연구자인 버나드 루이스Bernard Lewis는 이렇게 말했다. "이슬람 세계는 다민족, 다종족적, 국제적, 심지어 초 대륙적이라고까지 할 수 있는 세계적인 문명을 만들어냈다."[19] 기독교도들이 이슬람을 축출할 목적으로 재정복에 성공하기 전까지 스페인의 남부지역이나 오스만 제국의 개방된 지역에서 확인할 수 있는 것처럼 일부 이슬람 중심지들은 관용(당연하게도)과 자유주의의 모델이었다. 이후의 어떤 문화권에서도 이에 필적

할 만한 사례는 나오지 않았다. 이슬람 문화는 낯선 사람으로 가득한 당시의 세계에서 발생하는 많은 문제들에 대한 대응방안을 마련했다. 그 대응방안들이 현대적인 문제에 대해 취약한 모습을 보이고 있지만, 그와 같은 취약성이 갑자기 나타난 것은 아니다.[20] 이슬람 세계는 건설을 시작한 지 불과 몇 년 만에-기독교와는 달리- 놀라운 수준의 군사력과 정치력을 갖추었다. 이와 같은 사실이 이슬람교가 세속적인 권위와 타협하는 철학을 개발할 필요가 없었다거나, 사회생활의 포괄적인 규제라는 야망을 충족시킬 수 있었다는 것을 의미하지는 않는다. 따라서 무슬림이 비무슬림에 대해 관용을 베풀었던 시대는 그들의 사상이 낯선 사람들의 지속적인 출현에 적응했기 때문이라기보다는 당시의 이슬람 사회가 지니고 있었던 엄청난 자신감과 내부적인 도전이 부재했던 현실의 결과라고 할 수 있을 것이다. 이슬람 사회가 미래에 어떤 식으로 변화할 것인지를 짐작하는 것은 쉽지 않다. 하지만, 이슬람의 성전주의자 Jihadist들이 주장하는 것이 무엇이든, 그리고 비무슬림에 대한 전면전이 가져다주는 것이 무엇이든 상관없이 이슬람 문화가 현대 세계에서 생존하기 위해서는 낯선 사람들이나 비무슬림들과 새로운 방식을 융합을 모색해야 한다는 것이다.

동일한 맥락에서 반세계화 운동antiglobalization, 자본주의적 세계관, 특히 거대 다국적 기업의 권력 남용과 횡포를 비판하는 운동 역시 눈에 보이는 대로 해석하는 것은 문제가 있다. 세계화는 농경 시대 이후에 출현한 오랜 역사의 결과물이기 때문에 사라져버리기를 원한다고 해서 사라질 수 있는 성질의 개념이 아니다. 반세계화는 집단 내부의 단결을 위해서는 최고의 슬로건이라는 것이 입증되었으며, 실제 또는 가상의 세계에서 벌어지는 외부적 위협에 대한 저항을 바탕으로 하는 모든 종류의 단결과 마찬가지로 집단 내부의 협력은 물론 집단과 집단 사이의 협력을 바탕으로 발전해 나가야 할 것이다. 반세계화 운동이 언론의 주목을 끌어내는 것에 성공한 지금, 의식 있는 리더들이 조금이라도 빨리 그 과제를 시작해야 한다. 하지만, 2007년 시작된 금융위기로 인해 그와 같은 작업을 시작하는 것이 쉽지는 않을 것이다. 호황기에는 욕심껏 주머니를 불리다가 불황이 닥치자 파산한 사람들의 무절제함으로 인해 금융위기가 촉발되었기 때문에 이에 대해 다수의 선량한 사람들이 분노하는 것은 정당한 측면이 있다. 금융위기에 대한 정당한 분노는 사람들에게 자급자족에 대한 환상, 타인과의 경제적 거래에 대한 완벽한 통제, 자신들의 안정된 관습을 교란할 수 없도록 하는 폐쇄적 경제생활의 구축 등과 같은 새로운 생활방식을 고민하게 만들었다. 하지만, 이 책을 통해 계속해서 이야기하는 것처럼 이와 같은 판타지는 충족되지 않을 것이며, 설사 충족된다고 하더라도 현대의 경제생활과 불가분의 관계에 있는 근원적 위험이나 불안까지 해소할 수는 없을 것이다.

자유주의의 기원을 1,000년으로 이해할 때 얻을 수 있는 두 번째 커다란 이점은 도저히 받아들이기 힘든 자유주의의 이념적 본질에 얽매이지 않고도 위대한 자유주의 철학가들이 주장하는 핵심이념을 이해할 수 있다는 것이다. 현대 심리학에서는 로크가 제시한 인간 심리에 대한 '타불라 라사' 이론이 더 이상 진지하게 다루어지지 않으며, 인간 지능의 특징인 가소성plasticity은 선사 시대의 생태적 필요에 의해 생긴 것이라고 보고 있다. 즉, 우리는 선천적으로 어떤 능력을 물려받았다기보다는 필요한 것들을 학습하고 익힐 수 있는 능력을 물려받은 것이다. '고상한 야만인'들에 대한 루소의 주장은 진화론적 관점에서는 전혀 타당성이 없다. 루소의 책 『인간 불평등 기원론On the Origins of Inequality』에서 루소는 고상한 야만인의 정신에 대해 다음과 같이 익살스럽게 기록한다.

> 야만인들은…… 아무 걱정도 없다. 미래에 대한 계획 없이 오직 현재의 순간만을 위해 살아간다. 미래를 내다본다고 해도 그날 하루에 불과하다. 오늘날에도 카리브 인디언들은 오늘만 생각하며 살아간다. 그들은 아침에 목화 침대를 내다 팔고 저녁에 울면서 다시 침대를 사러 간다. 다음날 밤에 다시 침대가 필요하리라는 생각을 하지 않기 때문이다.[21]

루소가 묘사했던 것처럼 카리브 인디언들이 세계 전 지역으로 퍼져나간 것은 말할 것도 없고, 어떻게 한 세대를 넘어 생존할 수 있었는가를 이해하는 것도 결코 쉽지 않다. 1만 년 전의 인류는 낯선 사람들의 모든 행동을 의심하고, 어떤 경우에는 낯선 사람들을 향해 야만적인 폭력을 행사하는 심리적인 유산을 물려받았다. 하지만, 형식적으로라도 낯선 사람들을 '친구'로 대하려는 제도적인 준비를 시작함으로써 이후에는 엄청난 혜택을 얻을 수 있었다. 따라서 이론적으로는 '부족'에 대한 순수한 충성심과 친구에게만 허락된 자유를 낯선 사람들에게도 허용하는 태도, 새롭게 주어진 기회에 대해 마음을 열고 나아가 자신에게 주어진 기회를 자유롭게 선택하는 능력, 의식주나 생활 방식이 다른 사람들과도 기꺼이 소통하려고 하는 의지, 그리고 숭배하는 신이 다른 사람들과 공간을 공유하면서 살아가는 생활 방식 등이 완전하게 서구 자본주의자들의 사고방식이라고 생각할 수는 없을 것이다. 물론, 역사적으로는 서구의 자본주의가 이 모든 능력이나 태도, 생활 방식을 통해 가장 많은 경제적 이익을 얻은 것은 분명한 사실이다. 사실 자유주의적 사고방식만으로는 완벽하게 통일된 세계관을 만들어내는 것은 힘들었겠지만, '생각' 자체가 없었다면 역사에 등장하는 어떤 문명도 중대한 발전을 이룩할 수는 없었을 것이다.

이와 같은 생각은 정치에서 이념이 얼마나 중요한 것인가라는 우리의 질문에도 해답을 제시한다. 이념이 단지 추상적인 개념에 지나지 않는다면 아무런 변화도 만들어낼 수 없었을 것이다. 정치의 근본은 미래의 리더들이 우리가 지닌 충성심과 협력에 대한 본능을 일깨울 수 있는 방법을 찾아내기 위해 경쟁하는 지극히 '부족적인 활동'이라고 할 수 있기 때문이다. 하지만, 이념은 우리가 친구처럼 대하는 사람들에게 영향을 미치는 사유의 습관, 그리고 그 사유의 습관이 작용하는 제도로 구현될 수도 있다. 이 책의 앞부분에서 자세하게 이야기했던 것처럼, 현대 사회를 구성하고 있는 거의 모든 제도는 낯선 사람들 사이에서 이루어지는 부자연스러운 분업에 전적으로 의지한다고 볼 수 있다. 협력에 대한 이와 같은 방식의 이해는 협력이 필요한 상황에서도 다른 사람을 신뢰하게 만들 수 있는 제도가 없다면 협력은 이루어질 수 없으며, 제도 역시 집단 내에서 협력하고자 하는 인간의 본성을 바탕으로 하지 않는다면 제대로 작동할 수 없다는 것이다. 따라서 우리가 다음 세기를 살아가기 위해 필요한 정치사상은 협력을 바탕으로 만든 제도를 제대로 작동하게 만드는 일에 관계된 모든 것이라고 할 수 있을 것이다.

역사를 돌이켜보면, 오늘날의 자유주의가 지니고 있는 몇 가지의 딜레마를 이해할 수 있다. 현대 산업사회의 시민들은 문화에 대한 새로운 견해나 주장을 어느 정도까지 용인할 수 있는 것일까? 그들을 신뢰하는 데 필요한 만큼이라고 답할 수 있을 것이다. 이성은 다원주의와 충돌하지 않는다. 낯선 사람을 신뢰하기 위해서 필요한 용인의 범위가 그들의 문화적 견해나 주장에 완전하게 동의하기 위해서 필요한 용인의 범위보다 훨씬 적기 때문이다. 우리는 누군가의 문화적 견해나 주장에 대해 좋은 감정을 느낄 수도 있고 그렇지 않을 수도 있다. 하지만, 그들과 같은 사회적 공간을 공유하기 위해서 본심을 속일 필요는 없다. 관용은 우리와 다른 모든 이념에 대한 거짓 찬양을 의미하는 것이 아니기 때문이다. 쉽게 말해서, 관용은 이념적인 차이가 있다고 하더라도 다른 사람들과 문명화된 교류를 금하지 않는다는 의미이다. 마찬가지로 누군가의 문화를 싫어한다고 해서 그들과 교류할 수 없는 것은 아니며, 그들과 교류한다고 해서 우리 자신이 지니고 있는 가치를 위협받는 것도 아니다.

자유주의가 함의하고 있는 이와 같은 생각이 대단하게 여겨질 수도 있고, 이와 같은 생각을 소수의 부유한 특권층뿐만 아니라 인류 전체가 품어온 유산이었다는 사실에 경악을 금하지 못할 수도 있다. 하지만, 오늘날의 현실은 자유주의에 대한 우리의 감정을 새롭고 혼란스러운 압력에 시달리게 만들고 있다. 과연 지난 1만 년 동안의 위대한 실험은 그 실험이 만들어낸 예측할 수 없는 인간의 에너지보다 오래 지속될 수 있는 것일까?

chapter 18

결론:
위대한 실험은 얼마나 무너지기 쉬운가?

숨어있는 친구, 숨죽이고 있는 적

당신이 이 책을 읽는 동안에도 당신을 한 번도 만난 적 없는 누군가는 당신을 위해서 열심히 일하고 있다. 당신을 위해서 많은 사람들이 일하고 있다는 사실은 너무나 자명하다. 인도의 농부는 거세한 수소를 몰아서 밭을 갈고 목화를 심을 준비를 하고 있다. 그 목화는 내년에 당신이 구입할 셔츠의 재료가 될 것이다. 또한 브라질의 농부는 당신이 다음 달 어느 아침에 마시게 될 커피를 수확하고 있을 것이다. 시청의 공무원들은 당신이 출근길에 경유하는 사고가 잦은 교차로 주변의 도로 보수공사를 계획하고 있고, 화학자는 아직 발견되지 않은 당신 몸의 질병을 고치기 위해 약품들을 조합하고 있다. 이들은 당신을 알지도 못하고 알아야 할 필요도 없지만, 당신의 생명과 건강, 그리고 성공은 전적으로 그들의 손에 달려있다. 그들과 당신을 하나로 묶어주는 밀접한 연계에 매 순간 감사해야 할 것이다.

반대로 지금 이 순간 당신이 잘 알지 못하는 누군가가 당신을 사지로 몰아갈 계획을 수립하고 있을 수도 있다. 당신이 세상에 얼굴이 알려진 유명한 사람이 아니라면 끔찍한 범행의 대상이 아닐지도 모르지만, 사이코패스의 계획은 특정인이 아니라 아무나 무작위로 선택된 사람들을 살인하는 것일지도 모른다. 하지만, 어떤 면에서는 이 '묻지 마 범죄'가 더욱 위험하다. 묻지 마 범죄는 대비할 수 있는 방법도, 경계해야 할 대상도, 하지 말아야 하는 행위까지도 도저히 파악할 수가 없기 때문이다. 당신은 낯선 사람을 무조건 의심하게 될 수도 있는데, 이것 역시 누군가의 의도에 포함되어 있는 것일 수도 있다.

2001년 911 사건 이후의 미국 사회에서는 낯선 사람-특히, 겉모습이 중동인과 비슷한 사람이나 이슬람을 종교로 가진 사람-들에 대한 의심의 정도가 눈에 띄게 강해졌다. 놀랍게도 이와 같은 위험은 세계 전역에서 당신과 뜻하지 않게 상호작용을 주고받는 수백만 명의 낯선 사람들보다 당신에게 직접적인 영향을 미칠 가능성이 훨씬 적다. 그들은 누군가에게 좋은 영향을 미칠 것인지 나쁜 영향을 미칠 것인지를 자각한 상태에서 행동하는 것이 아니기 때문이다. 실제로 가장 중요하고 가장 시급한 위험은 전염성 질병일 수도 있다. 역사적으로도 전염병은 폭력보다 훨씬 위협적이었으며, 항생제와 현대적인 의술의 발전에도 불구하고 여전히 수많은 전염병이 발병하고 있다. WHO에 따르면, 2002년-물론, 전형적인 해였다.- 전 세계의 사망자 수는 약 5, 700만 명이었다. 전체 사망자 가운데 1,100만 명은 전염성 질병이나 기생충 감염으로 사망했다. 전체 사망자의 20퍼센트에 조금 못 미치는 수준이다.[1] 전쟁과 폭력으로 인한 사망자는 65만 명 정도였다.-전체 사망자의 1퍼센트가 조금 넘는 수준이다. 대규모의 전쟁이 벌어지고 있었던 시기에도 전쟁으로 인한 사망자 수는 질병으로 인한 사망자 수에 비해 비교하기 힘들 정도로 적었다. 1918년에는 전 세계에서 유행성 인플루엔자로 인해 5,000만 명이 사망했다. 이는 4년 동안이나 계속되었던 제1차 세계대전의 전체 사망자 수를 훨씬 웃도는 끔찍한 수치이다. 3장에서 살펴본 것처럼, 우리는 영상매체를 통해 전 세계에서 벌어지는 전쟁의 모습들을 생생하게 목격하고 있다. 하지만, 세계인들이 두 눈으로 마주하고 있는 전쟁의 평균적인 위험은 사실 역사적으로는 그 어느 시기보다 적다.[2]

전염병이 발병할 수 있는 있는 환경을 키우고 확산하는 일 외에도 전 세계에서 내가 얼굴 한 번 마주한 적이 없는 낯선 사람들이 희소자원을 소비하고, 강과 대기를 오염시키고, 산림을 벌채하고, 농지를 부족하게 만들고, 도심을 혼잡하게 만들고, 수자원을 고갈시키거나 훼손하고 있다. 또한, 바다와 시골 지역을 플라스틱으로 뒤덮고 에너지 자원을 고갈시킨다. 그들은 '고의적'으로 발생시킨 이와 같은 손실에 대해 아무런 비용도 지불하지 않는다. 내일, 아니면 내년, 심지어 수십 년 후에 이를 때까지도 당신을 비롯한 주변 사람들이 이 비용을 고스란히 부담해야 할 것이다. 그렇다고 해서 그들의 행동방식에 대해 분개하는 것 역시 아무런 의미가 없다. 당신 역시 이와 같은 일을 저지르고 있거나, 혹은 다른 사람에게 그 비용을 떠넘기고 있을 가능성이 높기 때문이다. 하지만, 낯선 사람들로 인해 당신이 입고 있는 온갖 피해를 살펴보면 폭력의 위험은 상대적으로 아주 적다는 생각을 하게 될 것이다. 경계심 많고 잔혹한 유인원인 호모 사피엔스 사피엔스가 세계 전역에 전염병과 오염을 확산시켰을지는 모르지만, 적어도 이 종이 지니고 있는 폭력적인 본성은 성공적으로 길들여진 듯하다.

　　장기적으로는 이와 같은 사실이 그다지 위안이 되지 못할 수도 있다. 누군가가 우리에게 도움을 주려는 의도를 갖지 않고도 엄청난 도움을 줄 수 있다면, 반대로 다수의 다른 사람들이 해를 입히려는 의도를 갖지 않고도 우리에게 끔찍한 피해를 입힐 수도 있기 때문이다. 최근에 발생된 지구온난화의 원인 중에서 인간의 이산화탄소 배출이 정확히 어느 정도까지 영향을 미쳤는지를 알아내는 것은 거의 불가능에 가깝고, 인간의 행동이 지금처럼 계속 된다면 향후 어떤 결과로 이어질 것인지를 예측하는 것은 아주 힘든 일이다. 하지만, 가장 타당성이 있고 폭넓게 인정받고 있는 견해에 따르면, 기후변화로 인해 물을 비롯한 자원의 부족 현상은 향후 수십 년 간 더욱 심각해질 수 있다는 것이다.[3] 더욱 심각한 것은 질병과 환경오염으로 인해 발생된 많은 문제들이 무력 충돌로 이어질 수 있다는 사실이다. 질병과 환경오염으로 인해 발생할 수 있는 무력 충돌의 과정은 크게 두 가지로 볼 수 있다. 첫째, 오염된 환경과 부족한 천연자원 때문에 사람들의 생활은 전체적인 혼란에 빠지게 되고, 이로 인해 사람들의 불만과 평화로운 번영의 길에 대한 환멸이 무력 충돌을 불러오는 경우이다. 둘째, 특정 집단이 환경자원의 희소성을 모면하기 위해 다른 지역으로 이주했을 때 발생하는 민족 간의 갈등이 무력 충돌을 불러오는 경우이다.[4] 결국, 충분히 효율적이고 지속 가능한 방법으로 환경 자원을 관리할 수 있을 것으로 여겨졌던 제도들은 이와 같은 갈등으로 인해 붕괴의 위기에 처하게 될 것이다.-내전을 치르고 있는 사회에서 백년대계가 될 수 있는 아주 바람직한 수자원 보호 정책을 내놓을 수는 없다. 예를 들어, 수자원의 이용에 대한 갈등은 요르단 서안 지구West Bank와 가자 지구Gaza 내에 위치한 이스라엘과 팔레스타인의 관계를 심각한 수준으로 악화시켰다. 이스라엘 사람들은 전체 지하수 사용량의 40퍼센트 정도를 서안 지구의 지하 대수층에서 얻고 있다.[5] 애석한 일이지만, 다가올 미래에도 수자원 보호와 공유에 대한 두 나라 사이의 갈등이 공정하고 효율적인 합의로 이어질 가능성은 아주 낮아 보인다.

이와 동시에, 현대적인 기술은 향후 분쟁 가능성에 대해서 두 가지의 주요한 방식으로 영향을 미치게 될 것이다. 우선, 통신 기술-텔레비전과 인터넷은 대중의 관심을 다른 곳으로 돌리기 위한 두 가지 무기이다.-이 전 세계에 보급되면서부터 희소한 자원을 얻기 위해 무력을 사용하는 이들은 자신들의 군사적인 행동을 지켜보는 수많은 '관객'을 확보했을 뿐만 아니라, 가장 공격하기 쉬운 목표나 대상에 대해 아주 유익한 정보까지도 획득할 수 있게 되었다. 이와 같은 기술의 보급은 철저하게 이해 타산적이고 목적 달성의 수단으로 무력을 이용하는 사람들의 이해관계에만 변화를 일으킨 것이 아니다. 기술의 보급은 죽음을 각오하고 무력의 사용을 감행하는 사람들에게는 대단히 극적인 무대와 함께 매력적인 서사까지도 제공할 수 있게 되었기 때문이다. 결과적으로 현대 사회는 인간의 폭력적 성향이 자신을 향하도록 만들었으며, 3장에서 살펴본 것처럼 이로 인해 오늘날에는 많은 사람들이 다른 누군가가 아니라 자신의 행동으로 인해 죽음을 맞게 되는 것이다. 전 세계적으로 스스로 목숨을 끊는 사람은 매년 100만 명에 이른다. 상당히 많은 사람들이 우울증으로 친구 한 명 없이 홀로 쓸쓸하게 생을 마감한다. 다행히도-아마도- 스스로 목숨을 끊겠다는 결정을 군사적인 의도나 정치적인 목적을 위해 사용할 수 있는 우울증 환자는 거의 없을 것이다. 우울증이 통찰이나 계획을 수립하는 능력에 치명적인 손상을 입히기 때문이다. 하지만, 문제는 자살하는 사람들 모두가 우울증 환자는 아니라는 사실이다. 임상적으로 보면 어떤 사람들은 정신분열증 환자이며, 또 병원 진단의 혜택을 받지 못한 사람들 중에는 자신들의 행동에 대한 보상으로 '천국'-진짜 천국이든 인터넷이나 텔레비전 속에 등장하는 가상의 천국이든-에 갈 것이라고 믿는 경우도 있다. 첨단의 통신 기술들이 전 세계에 확산된 지금, 삶의 희망을 잃고 절망에 빠진 소수와 함께 세상의 모든 텔레비전 카메라 앞에 놓여 있는 매혹적인 '출구'의 유혹에 굴복하는 사람들이 점점 늘어나는 것이 실제로 그다지 놀라운 일은 아니다.

둘째, 군사 기술의 발전-'발전'이 적당한 어휘라면-은 폭력 성향을 가진 사람들이 희생자들에게 점점 더 파괴적인 방식으로 폭력을 행사하고 있다는 것을 의미한다. 한때 맨주먹으로 싸웠던 사람들 가운데 일부는 칼을, 한때 칼을 들고 싸웠던 사람들 가운데 일부는 총을, 그리고 한때 총으로 싸웠던 사람들 가운데 일부는 폭탄을 이용해서 싸운다. 널리 인정되고 있는 것처럼, 첨단 기술을 이용한 테러의 위협 가운데 일부는 과대평가된 듯하다. 예를 들어, 생화학 무기를 이용한 테러에 대한 실험이 수백만 곳의 연구실에서 어떤 악의적인 의도나 계획 없이 이루어지고 있다고 하더라도 그로 인한 사상자는 자연적으로 발생하는 전염병 사망자 수의 발끝에도 미치지 못할 것이다.-하지만, 생화학 테러의 실제 사상자보다는 생화학 테러에 대한 공포가 훨씬 심각할 가능성이 높다. 선진국의 도심 한가운데까지 무기를 옮길 수 있는 능력과 의지를 가진 테러리스트가 핵무기를 입수할 가능성에 대해서는 오늘날에도 상당히 회의적이다. 핵무기는 매력적인 현금 공급원이기도 하며, 핵무기 보유국에도 영향을 미친다. 그리고 핵무기가 오랜 시간 동안 안전하게 관리되고 있다고 해서 앞으로도 안전할 것이라고 장담할 수는 없다. 하지만, 핵무기와 같은 첨단 기술보다 우리에게 익숙한 개인 지급 무기가 전 세계에 지속적으로 확산되는 것이 실제로는 더욱 위협적일 수 있다. 우리에게 지급된 개인 무기는 단순한 분노와 침해, 그리고 보복의 행위에도 사용될 수 있고, 공격의 범위도 훨씬 넓기 때문이다. 누군가의 분노로 인한 행위가 아파트 단지나 거리, 또는 지역 전체를 파괴하거나 공포의 도가니로 몰아넣을 수도 있는 세계에서는 현대 생활의 핵심인 낯선 사람들과 친밀한 관계를 유지하는 것이 쉽지 않다. 또한 실제로 그와 같은 폭력 행위는 거의 일어나지 않고 거리마다 '공포의 균형balance of terror' 상태가 유지된다고 하더라도 모든 시민들이 경찰과 법정, 그리고 세금 관련기관의 요구에 무기로 저항할 수 있는 세계에서는 우리가 알고 있는 제도나 관습이 더 이상 원래의 기능을 수행하기는 어려울 것이다.

어쩌면, 지난 수세기 동안 이어져 온 국가가 가진 고유한 특징-즉, 고정된 영토 내에서 이루어지는 강제력의 독점-은 현재 심각한 도전에 직면해 있는지도 모른다. 이는 현대 사회의 논리적인 진화에 불과해 보일 수도 있다. -독점 상품은 통신이나 철강, 그리고 정보와 아이디어에 이르기는 모든 영역에서 작고 민첩한 경쟁자들로부터 도전을 받고 있다. 하지만, 그 결과는 훨씬 더 충격적일 것이다. 왜냐하면 통신 기술이나 철강 제품의 공급이 원활하고 경쟁적으로 이루어지는 것보다는 무기의 공급이 쉽고 경쟁적으로 이루어지는 것이 다른 사람들에게는 훨씬 위험한 외부효과를 발생시킬 것이기 때문이다. 또한, 이것은 세금을 올리고 시장 정책을 규제하는 권한을 통해 시장 거래의 균형추 역할을 해온 국가권력도 제한하게 될 것이기 때문이다. 모든 사람이 국가권력의 제한을 아쉬워하지는 않겠지만, 우리에게 너무나 친숙한 나머지 그 존재를 거의 눈치 채지 못했기 때문에 경시되고 있는 현대 사회의 기반시설은 국가의 '강제'적 권한이 사라지면 서서히 붕괴하게 될 것이다.

따라서 인류의 위대한 실험이 이제 1만 년을 지나서도 훨씬 오랫동안 지속될 수 있을 것인지의 여부는 다음의 세 가지 질문에 대한 해답에 달려있다.

- 첫째, 국가는 자신의 영토 내에서 강제력을 가진 독점 기관으로 살아남을 수 있을 것인가?
- 둘째, 국가는 현대 산업사회에 필수적인 개방성, 그리고 유연성과 지난 몇 세기를 거치는 동안 상당히 힘들게 구축했던 낯선 사람들에 대한 신뢰를 결합한 '조직'이 될 수 있을 것인가?
- 셋째, 국가는 시민들이 형성하려고 하는 낯선 사람들에 대한 신뢰를 다른 국가들과의 사이에서도 형성할 수 있을 것인가?

첫 번째 질문은 국가가 다른 어떤 기관보다 외부의 위협으로부터 시민들을 잘 보호할 수 있는지에 대해 묻고 있다. 두 번째는 국가가 시민들을 시민들로부터 보호할 수 있는지를 묻는 것이다. 마지막 질문은 국가는 국가와의 관계에서 스스로를 보호할 수 있는지, 즉 국가 간의 대립으로 인한 공포 속에서 살아가는 대신 국가와 국가 간에도 협력이 가능한지를 묻는 것이다.

국가의 존속

모든 독점 기관은 다른 경쟁자에 대한 기술적 우위나 국가와의 특별한 관계를 통해 상속된 특권에 의존했을 때에만 독점 기관으로 살아남을 수 있다. 당연한 일이지만, 국가가 의존할 수 있는 상속된 특권은 존재하지 않는다. 그래서 국가의 존속은 강제력을 행사할 수 있는 다른 기관, 이를 테면 테러 조직이나 사이비 종교 집단, 혹은 뒷마당에 중화기를 설치하고 고립주의를 선택한 시민 등에 대해서 고유의 특징인 조직적인 우위를 유지할 수 있느냐에 달려 있다. 놀랍게도(다양한 생활의 영역에 존재하는 조직들이 새로운 기술에 의해 변화되고 있는 시대에) 지금까지 유지되어 온 국가의 조직적 우월성은 가까운 미래에도 여전히 유지될 것으로 보인다.

왜 그런가? 효율적인 군사 기술을 개발하기 위해서는 여전히 영토에 대한 지배력이 필요하다. 비밀 조직의 네트워크로 운영되는 테러 집단에서도 단순히 폭탄을 제조하거나 화학 무기, 또는 생화학 무기를 개발할 수는 있다. 하지만, 이렇게 해서 만들어진 무기는 자기 방어의 수단이나 정치적인 목적을 체계적으로 달성하기 위한 협상의 수단으로 사용할 수 없는 무차별적인 공격 장비에 지나지 않는다. 테러 집단이 자신의 영토에 대한 지배력을 갖추지 못한다면,-막강한 무기를 갖춘 국가와 신뢰할 수 있는 군사 협정을 맺기 위해 필수적인 조건이다.- 어느 정도 거리를 두고 있는 정확한 목표에 강력한 파괴력을 행사할 수 없기 때문이다. 무기급 우라늄을 불법으로 보유하고 있다고 하더라도 누구의 방해도 받지 않고 우라늄을 무기화하고, 선제공격을 피해서 목표물에 그 무기를 사용할 수 없다면 우라늄은 그 '조직'에 아무런 쓸모가 없다. 이 모든 것을 충족시키기 위해서 해당 조직은 상당한 정도의 영토에 대해 명백한 지배권을 장악할 필요가 있다. 하지만, 영토를 통제하기 위해서는 단순히 엄청난 재산을 축적하고 있다거나 최고의 기술을 보유하는 정도만으로는 충분하지 않다. 국경을 순찰하고, 내부 조직과 그 조직의 활동을 관리하고, 조직의 붕괴나 전복을 예방할 수 있는 인력까지도 필요하다. 또한 이들이 거주할 수 있는 주택, 그리고 학교, 병원 등의 여가활동이나 생활에 필수적인 기반시설도 필요하다.-기반시설의 제공과 관련해서 모든 조직은 국가에 의존하거나 스스로 해결할 수 있어야 한다. 본질적인 내용과는 상관없이 어떤 조직에서 이 정도의 시설을 제공할 수 있다는 것은 이미 국가가 될 수 있을 정도의 야망과 내부적인 강제력을 가지고 운영된다는 것이다. 국가가 상당한 수준의 인구를 보유하지 못한다면, 불리한 환경에서는 결코 생존할 수 없을 것이다.(모나코나 리히텐슈타인 같은 작은 국가들이 살아남을 수 있는 이유는 그들이 '불리한 환경'에 처해 있지 않기 때문이다.) 즉, 방위를 위해서는 상당한 규모의 영토가 필요하고, 영토를 관리하기 위해서는 엄청나게 많은 사람들이 필요하다. 따라서 방위의 영역에서는 일정 수준의 규모를 갖추는 것이 실질적으로 유리하다. 그렇다면 생존 가능한 국가의 규모는 어느 정도인가라는 질문에는 정답이 없다. 분명한 것은 현대 세계에서 생존 가능한 규모의 한계선이 점차 낮아지고 있다는 사실이다.(역사적으로도 시기에 따라서 한계선이 오르락내리락 했던 것처럼)[6] 이에 대한 한계선은 지루하고 장기화된 협상에 의해 결정될 수도 있다. 협상이 교착 상태에 빠졌을 때에는 중앙 정부의 요구에 저항할 수 있지만, 정작 제 기능을 갖춘 국가를 수립할 수 있는 능력이 없는 게릴라 조직에 의해 점령될 수도 있다. 대표적인 사례가 한때 스리랑카의 반군단체 타밀엘람 해방호랑이Liberation Tigers of Tamil Eelam에게 점령당했던 스리랑카 지역이나 콜롬비아 무장 혁명군Revolutionary Armed Forces of Colombia에게 점령당한 콜롬비아의 영토이다.[7] 하지만, 국가의 생존 가능 한계선이 오늘날 우리가 알고 있는 것처럼 국가와 아주 유사한 어떤 기관의 확실한 대안을 될 수 있을 정도로 낮아질 가능성은 거의 없어 보인다.

국가 내에서의 신뢰 유지

그렇다고 하더라도 국가가 낯선 사람들에 대해 우리가 갖고 있는 신뢰를 계속해서 보장할 수 있는 것일까? 레이먼드 챈들러가 지적했던 것처럼, 도시를 통치하는 것보다 국가를 통치하는 편이 쉬울 수도 있다. 미래에는 국가가 외부의 침입에 대비해서 국경을 순찰할 수는 있지만, 외부의 침입을 막을 수 있는 힘을 잃어버릴 수도 있다. 또한, 국민들은 외국의 군대로부터는 안전하다고 하더라도 정작 자신의 이웃들을 두려워하면서 살아가야 할 수도 있다. 구석기 시대의 선조들에게 사냥이 위험한 모험이었던 것처럼 마트에 장을 보러 가는 일이 아드레날린이 용솟음치는 일생일대의 모험이 될 수도 있다는 것이다.

앞에서 이야기한 것처럼 신뢰 구축에 관여하는 제도의 장점 가운데 하나는 권한을 분산한다는 점이다. 우리는 스스로가 실제적인 '경찰'이다. 현대 세계에서 제복을 입은 사람들은 특수부대처럼 결정적인 역할을 하지만, 낯선 사람들 사이에서 매일같이 벌어지는 수십억 건의 상호작용을 감독하는 일에서는 소수의 역할을 하고 있을 뿐이기 때문이다. 폭력적인 행동이나 기회주의적인 행동의 한계는 대부분 어린 시절에 습관처럼 익히게 되며, 마치 우리 자신과 거의 비슷한 다른 사람들 앞에서 무심코 하는 행동을 통해 드러나게 된다. 이로 인해 습관은 주기적으로 사소한 혼란을 초래-지역 신문이나 텔레비전 뉴스에 나오는 인간미가 넘치는 읽을거리들-하지만, 결정적인 혼란을 초래하는 일은 드물다. 2007년에 발발한 금융위기처럼 아주 심각한 위기 상황조차도 현대 생활에서 일어나고 있는 일상적인 상호작용에는 거의 타격을 입히지 않는다.-금융위기는 수많은 개인을 비극으로 몰고 갔다. 하지만, 장기적인 관점, 즉 역사적인 관점을 기준으로 했을 때에는 금융위기도 사소한 혼란에 지나지 않는다.-왜냐하면, 이와 같은 시스템에는 실질적인 '지휘본부'가 존재하지 않기 때문이며, 따라서 취약성이 드러나는 단일한 요소도 실제로 존재하지 않기 때문이다. 현대 사회에서 신뢰를 구축하고 있는 기관들을 붕괴시키기 위해서는 전시에서처럼 많은 기관들이 정면 공격에 노출되도록 만들 필요는 없다. 일부의 테러 조직에서는 주로 이 부분을 공략하는데, 영향력 있고 상징적 역할을 하는 목표물을 정밀하게 공격함으로써 전쟁 중인 사회의 특징인 취약성을 확산시키려는 것이다. 이들 조직이 주요 기관의 붕괴에 성공할 수 있는 이유는 분권화된 시스템에서조차도 상징적인 중심은 존재하기 때문이다. 상징적인 중심의 붕괴로 인해 우리는 주변의 시민들을 신뢰하려는 의지에 타격을 입게 될 것이다.[8] 그렇지만 이것은 개별적인 목표물(예를 들어, 국가의 수도) 자체가 신뢰구축 기관을 작동시키는 데 핵심적인 역할을 하기 때문인 것은 아니다.

최근 들어 연구자들은 붕괴의 위험성이 적은 네트워크(컴퓨터, 전력, 또는 교통망 등)를 구축하는 연구를 진행하는 것에 많은 노력을 기울이고 있다.[9] 연구자들은 구조의 중요성, 즉 네트워크 내의 일부 연동 장치가 사고

나 고의에 의해 손상될 경우에 다른 연동 장치가 손상된 장치의 역할을 대신하게 만드는 구조가 필수적이라는 것을 강조하고 있다. 일부 네트워크는 일반적인 상황에서 다양한 연동 장치를 연결하는 허브를 중심으로 만들어진 구조를 통해 효율적으로 작동한다. 예를 들어, 대형 공항에서는 항공 교통망을 통해 복잡한 노선도 한두 번의 연계운항을 통해 가능한 방법을 찾아낸다. 시카고를 거쳐서 여행하는 경우에는 단 한 번의 경유만으로도 갈 수 있는 곳이 엄청나게 늘어난다. 허브가 너무 적을 경우에는 허브 하나에만 문제가 발생해도 네트워크 전체가 작동을 멈출 수 있다. 허브가 많을수록 네트워크는 붕괴 위험성이 적어질 수 있다.(다른 허브를 통해 경로를 재설정할 수 있기 때문이다.) 하지만, 허브가 많다는 것은 평소에는 필수적인 것에 더해서 많은 연동 장치를 만들어야 하기 때문에 유지비용이 증가한다는 문제가 있다.

가까운 미래에 우리 사회의 허브는 수시로 이루어지는 악의적인 공격에 노출될 가능성이 아주 높다. 기술과 무기가 전 세계에 보급되었기 때문에 일부의 공격은 치명적인 결과로 이어질 수도 있을 것이다. 또한 역사에서 전례가 없을 만큼 많은 사람들과 연결되어 있기 때문에 우리 모두는 사방에서 그와 같은 위협을 마주하고 있다. 하지만, 악의적인 공격은 언제나 인간의 삶을 위협해 왔으며, 현대 사회에는 여러 가지 면에서 과거보다 대체 가능한 허브가 부족하지도 않다. 중세 유럽사회에는 개인의 자격으로 권위와 합법성을 구현했던 군주가 있었으며, 군주를 암살할 경우 엄청난 유혈 사태가 벌어질 수도 있었다. 대부분의 현대 사회는 권위와 합법성을 대통령, 혹은 그와 동등한 권한을 가진 공무원에게 부여한다. 대통령의 유고 시에 대통력의 권위와 합법성은 아주 큰 사회적 혼란 없이 즉각적으로 부통령(혹은 총리)에 의해 교체될 수 있다. 하지만, 권력 이양의 과정이 항상 순탄한 것은 아니다. 카리스마 있는 리더의 경우에는 누구도 그의 역할을 대신할 수 없을 것처럼 생각되며, 어떤 사람들은 교묘하게 개인 중심의 정치를 함으로써 카리스마를 가진 존재가 되기 위해 노력한다.(1984년 인도 최초의 여성 총리였던 인디라 간디 Indira Gandhi가 시크교도인 경호원에게 암살당했을 때, 힌두교와 시크교 간에 벌어진 민족 간의 충돌로 시민 수천 명이 사망했다.) 그럼에도 불구하고, 현대 사회는 사회적 신뢰를 형성하는 데 있어서, 사회의 역할이나 기여도가 개인의 역할이나 기여도보다 훨씬 중요하다는 합의된 가정 하에 세워졌다. 만약, 그렇지 않다면 우리가 다른 사람을 신뢰하기 위해서는 너무나 많은 개인에 대해서 엄청나게 많은 정보가 필요할 것이기 때문이다.

정치인이나 고위공직자들 역시 마찬가지이며, 개인이 아주 기본적인 상호작용을 하는 경우에도 마찬가지이다. 순조롭게 운용되고 있는 현대사회에서라면, 당신은 나와 언제나 합리적으로 거래할 수 있을 것이라는 신뢰를 갖고 있을 것이다. 이것은 나의 성격이나 인격 때문도 아니고,(내 성격이나 인격에 대해서 당신은 잘 알지도 못할 뿐만 아니라 관심도 없다.) 우리가 동일한 종교나 정치적 입장을 가지고 있기 때문도 아니며,(이와 같은 요소들은 오히려 당신을 나에게서 멀어지게 할 뿐이다.) 당신이 우리 가족을 잘 알고 지냈기 때문인 것도 아니다. 당신이 합리적인 거래에 대해 신뢰를 갖고 있는 이유는 단지 우리가 사회적 공간을 공유하고 있기 때문이다. 이와 같은 방식의 신뢰가 미래의 도전에도 유지되고 지속되기 위해서는 사회적 공간의 구성은 반드시 제도(교육제도를 포함해)를 통해서 이루어져야 할 것이다.

사회적 공간을 구성하는 제도는 개인들 사이에서 이루어지는 상호작용에 필수적인 요소를 제외하고는 개인의 어떤 특이성도 고려되어서는 안 된다. 한마디로 불편부당성이 요구된다는 것이다. 어떤 인종, 종교, 가문, 국적, 또는 민족 집단에 속해 있는 구성원들이 낯선 사람들을 접했을 때에는 그들과 안전하게 거래할 수 있다는 확신이 필요하다. 이와 같은 의미에서 교육은 세속적이고(여기서는 종교적이지 않는다는 의미), 다민족적이며, 자유주의적인 가치를 필요로 한다. 이는 아직 다수의 국가들이 교육 제도를 통해 제대로 마주하지 못하고 있는 과제이다.

사실, 일부 국가에서는 교육의 비종교적 특징이 엄청난 비난에 직면해 있다. 이들 국가는 학교가 공동체적 가치와 함께 종교적 가치의 보고 역할까지도 할 것을 요구한다. 특정한 공동체적 가치와 종교적 가치를 아이들에게 전달하는 방식이 지닌 장점이 무엇이든, 21세기의 학교에서는 아이들에게 무엇보다 생존에 필수적인 한 가지 기술, 즉 소속된 공동체나 종교가 다른 사람들과 더불어서 평화롭고 유익하게 살아가는 방법을 교육해야 한다. 교실에서 종교나 민족성에 대해 관심을 갖는 것이 금지되어서는 안 되겠지만, 무엇보다 교실은 다양한 민족들이 갈등하기보다는 만나고 어울리는 방법을 교육하는 장소가 되어야 할 것이다.

구체적인 사례로, 내가 살고 있는 프랑스에서 자주 거론되는 한 가지 이야기를 해보려고 한다. 프랑스의 공립학교에서 종교적 정체성이 '두드러지는' 표식의 부착, 또는 착용을 금지하는 법안이 2004년에 통과되었다. 이 법에는 몇 가지 명백한 문제점이 있었다. 사람들은 주로 '두드러짐'이라는 조항이 내포하고 있는 인종 차별적 요소에 대해 논쟁을 벌였다.-예를 들어,

십자가상의 경우에는 대부분의 이슬람 표식보다는 재량을 발휘하기가 훨씬 수월하게 여겨졌다. 또한, 이 법 때문에 신앙심이 깊은 부모들이 자녀를 공립학교에 보내지 않을 것이라는 우려도 있었다. 민족 통합을 지지하는 사람들의 관점에서 보면, 이는 분명히 의도와는 다른 결과였다. 실제로 교육이 세속적인 목적을 가지고 있다면, 종교적 차이가 없는 것처럼 행동하는 방법을 가르칠 것이 아니라 종교적 차이 속에서 살아가는 방법을 가르쳐야 한다는 문제에 대해서는 충분한 논의가 이루어지지 않았던 것이다. 이를 위해서는 종교적 차이가 평화롭고 유익한 상호작용을 하는 과정에서 장애가 되지 않고, 누구나 안심할 수 있는 환경을 만들어야 한다. 이와 같은 환경에서 이슬람 사회의 머리 스카프(히잡hijab)는 별다른 위협이 되지 않겠지만, 이슬람 여성들이 온몸에 두르는 부르카burqa 같은 경우에는 그렇지 않은 요소도 있다. 부르카는 인간의 상호작용에서 가장 기본이 되는 얼굴 확인은 물론, 서로 얼굴을 보면서 낯선 사람을 친구로 대하겠다는 의지의 신호를 전달하는 일에도 방해가 되기 때문이다. 하지만, 부르카 자체가 학교에서 문제가 되는 것이 아닐 뿐만 아니라. 프랑스 전체에서도 아주 주변적인 현상에 불과하다. 프랑스 신문《리베라시옹Libération》에 따르면, 2009년 프랑스에서는 부르카를 착용한 여성은 채 400명도 되지 않는다고[10] 한다. 따라서 종교적 표식이 세속적인 국가의 기반을 약화시킨다는 견해는 무리가 있어 보인다. 당연히 그 문제에 대한 논란은 여전히 계속되고 있다. 과연 공공장소에서 우리의 민족적 정체성을 어느 정도까지 드러내는 것이 합법적인지, 그리고 세속적인 교육 제도가 실현될 가능성이 얼마나 높은 것인지에 대한 논란은 앞으로도 계속될 것이다. 하지만, 이와 같은 교육 제도를 유지하기 위해서 노력해야 하는 이유는 현대 사회에서 낯선 사람들과의 공존은 되돌릴 수도 피할 수도 없기 때문이다. 오믈렛에서 계란을 분리해서 다시 껍질 속에 집어넣는 것은 이미 너무 늦었다.

그럼에도 불구하고 권한이 분산되어 있고, 붕괴의 걱정 없이 굳건하게 신뢰를 구축한 국가기관의 시스템이 항상 낯선 사람들에게 확신을 줄 수 있을 만큼 공평할 것이라는 생각은 사실 너무나 순진한 발상이다. 실제로 분권화된 기관의 표식은 사회의 일부 또는 공동의 목적을 위해 그 표식을 이용하고 싶어하는 사람들이 항상 그렇게 자신의 정체성과 목표를 유지하기 위해서 노력하고 있다는 것을 알려주는 것일 뿐이다. 우리가 확신할 수 있는 것은 일부 국가에서는 민족 간의 충돌과 같은 신뢰의 붕괴나 그렇지 않더라도 서로를 의심하는 시기를 겪게 될 것이라는 사실이다. 이로 인해, 이들 국가들은 신임을 잃게 될 것이고, 그 악영향을 바로잡는 일은 수십 년 이상의 시간이 필요할 수도 있다. 이는 특히 불리한 환경에 처해 있는 국가에 존재하는 위험이다. 이들 국가는 과거에 누린 번영의 기반이었던 모든 사회적 자산이 소멸되는 상황에 직면하게 될지도 모른다. 향후 몇 십 년 내에 지구의 온도 상승이 지속된다면, 아프리카 지역의 대부분은 사람들이 살아갈 수 없는 땅이 될 것이다. 그리고 이들 지역에서 살아가던 아프리카인들이 쾌적한 지역을 찾아 이동하거나 정착하는 과정에서 민족 간의 대규모 충돌이 일어날 가능성도 배제할 수 없다. 현대 사회의 질서나 제도가 실제로 비극적인 결말에 도달하게 될 것인지에 대해서는 알 수 없다. 하지만, 어떤 국가도 시민들 사이에서 상호 신뢰 관계를 구축하지 못한 상태에서 평화와 번영을 이루는 것은 불가능하다. 또한, 이 문제는 우리가 풀어야 할 무수히 많은 과제들 가운데 하나에 지나지 않는다. 자국의 문제를 해결할 수 있었던 국가들 역시 다른 국가를 신뢰하기 위한 방법에 대해서는 다시 새로운 해결방법을 찾을 수밖에 없다.

국가들 간의 신뢰

20세기 중후반 냉전 체제를 유지했던 초강대국 가운데 한 나라는 정치, 경제적으로 몰락했다. 민주주의 제도가 이렇게 많은 국가들로 확산된 것(특히, 중동부 유럽)도 처음이며, 국가 간의 협력을 증진하는 기관들(국제형사재판소ICC부터 세계무역기구WTO까지)도 다수 등장했다. 또한, 지구온난화 방지 등의 문제에 대해서는 국제적인 조약이 체결되었으며, UN의 영향력과 역할도 커졌다. 국가 간의 신뢰 수준을 국제적인 협약의 증가 여부로 측정할 수 있다면 인류의 미래는 틀림없이 희망적일 것이다.

하지만, 잘 알고 있는 것처럼 21세기가 시작된 지 얼마 지나지 않은 이 시점에 낙관주의자들은 여러 가지 면에서 실망감을 느끼고 있다. 21세기에 미국은 2,000년 전 로마 제국의 패권과 맞먹는 세계에서 가장 막강한 군사력을 갖추고 있지만, 역설적이게도 미국은 자국이 원하는 목적을 성취하는 일이 훨씬 더 어려워졌다. 신뢰는 늑대와 양 사이에서보다는 두 마리의 늑대 사이에서 생겨나는 것이 자연스럽다. 늑대가 양에게 아무리 진심 어린 항변을 한다고 하더라도 이 우울한 사실은 바뀌지 않는다. 물론, 미국이 다른 나라의 신뢰 없이도 세계에서 적당히 현명하게 역할을 수행할 수 있다면 그다지 문제가 되지 않을 수도 있다. 2003년 미국이 주도한 이라크 침공은 영향력을 가진 미국의 결단이었거나, 그것이 아니라면 적어도 부시 행정부가 엄청난 '판돈'을 걸 각오로 진행한 일이라는 것을 보여주었다. 다수의 미국인들은 다른 국가의 협력이 그다지 중요하지 않다고 생각했을 뿐만 아니라, 가까운 미래에 미국은 분별력과 지혜로움으로 세계를 수호하게 될 것이라고 생각하는 것처럼 보였다.

결국, 그들의 생각은 위험천만한 실수였다는 것이 드러났다. 미국이 자국의 번영과 자유를 수호하고 싶다면 다른 국가들과 최선을 다해 적극적으로 협력해야 한다. 이것은 단지 미국이 다른 나라의 에너지 자원에 의존하고, 다른 나라의 상품들을 수입하고, 전 세계에 미국의 제품과 아이디어를 확산시키기 위해서 필요한 것이 아니다. 협력은 다른 국가들, 특히 신생 강대국인 중국과 인도를 위해서도 필요하며 아주 중요한 일이다. 이들 국가들은 환경보호처럼 그 외부효과가 전 세계에 영향을 미치는 문제를 함께 고민해야 하기 때문이다. 미국이 강력한 군사력을 이용해서 중국과 인도를 지구 온난화 방지에 협력하도록 설득할 수는 없다. 이와 같은 방식은 오히려 협력의 장애가 될 뿐이다. 무엇보다 어떤 미국인이 방문객, 또는 경찰의 신분으로 세계의 다른 지역에 가야 한다면 그 지역에서 스스로를 보호할 수 있어야 한다. 경찰이 임무를 수행하기 위해서는 낯선 사람들 사이에서 편안하게 움직일 수 있어야 하지만, 경찰들조차 대개 자신들이 활동하려는 사회 구성원들의 자발적인 협력이 반드시 필요하다. 하지만, 독일의 철학자 헤겔Hegel은 경찰의 힘이 강해질수록 경찰은 공권력을 건설적으로 행사하는 데 필요한 자발적인 동의를 얻어내기가 힘들어질 것이라고 역설했다.

이라크 전쟁에서 볼 수 있듯이 미국의 막강한 군사력은 어떤 면에서는 미국에 불리하게 작용할 수 있는데, 국내 정치의 견제만으로는 군사력을 무분별하고 자기 파괴적으로 행사하는 사태를 모두 막을 수는 없기 때문이다. 무분별하고 자기 파괴적인 군사 공격의 행사를 막을 수 있는 최선의 억제책은 군사 공격이 수많은 사상자를 낼 수 있다는 아주 당연한 사실을 인식하는 것이다. 이는(앞에서 살펴본 것처럼) 약탈자 침팬지 집단에서도 마찬가지이며, 침팬지의 생물학적 친족인 우리 인간 역시 예외가 아니다. 이와 같은 위험에 대한 인식이 없다면 사실상 어리석은 이유로 벌어지는 침략 전쟁은 불가피하다. 개인이나 집단의 도덕적 절제에만 맡겨두는 것으로는 부족하다. 왜냐하면 역시 앞에서 살펴본 것처럼 전쟁은 이타심을 고취시켜 실로 어마어마한 이타주의의 '위업'을 이끌어내기 때문이다.-침략 전쟁이나 경솔한 판단으로 인해 벌어지는 전쟁 상황에서도 마찬가지이다. 실제로 사람들은 침략 전쟁에서조차도 도덕적인 열정으로 무장한 상태에서 전투를 치른다. 정치적 견제만으로도 부족하다. 전쟁에 대한 결정을 내릴 때는 주로 시민들의 능력만으로는 확인이 불가능한 정보를 활용하기 때문이다. 예를 들어, 미국과 영국은 회담을 통해 이라크가 대량살상무기(WMD)를 보유하고 있다는 결정을 내렸고, 이라크 침공의 정당성을 확보했다. 즉, 정치 지도자들은 시민들의 신뢰에 호소해야 하며 시민들은 특정한 상황에서 자신이 어느 쪽에 신뢰를 보내야 하는지에 대해 올바른 결정을 내릴 수 없는 아주 불리한 입장에 서 있다는 것이다. 하지만, 어떤 측면에서는 미국과 미국의 경쟁국들 사이에 존재하는 불균형이 낙관주의의 근거가 되기도 한다. 약 40년 전, 경제학자 맨슈어 올슨Mancur Olson은 『집단행동의 논리The Logic of Collective Action』에서 한 집단의 구성원을 공공재에 기여할 수 있도록 유도하는 요인이 무엇인지에 대해 분석했다. 공공재는 전체 구성원에게 공평하게 혜택이 돌아가며 어떤 구성원이 공공재에 기여하지 않는다고 해서 그 혜택에서 제외되지 않는다. 16장에서 살펴본 것처럼 어떤 구성원이 다른 사람의 노력에 무임승차하는 유인은 잘 알려져 있다. 하지만, 올슨은 집단 구성원들 사이에 심각한 불평등이 존재할 때 일어날 수 있는 문제에 대해서도 주목했다. 상당한 경제력을 보유하고 공공재로부터 많은 이득을 취하는 구성원들은 공공재에 대해서 상당한 경제적 기여를 하는 경향이 있었다. 이들의 행위는 공공재에 대해 기여할 의지가 부족했던 구성원들의 남은 의지마저도 달아나게 만들었다. 올슨이 다소 도발적으로 표현한 것처럼 "소수의 집단이 다수를 이용하려는 조직적인 경향이 있다."[11]는 것이다. 이는 권력을 가진 구성원들은 다른 사람들에게 더 많은 비용을 지불하라고 설득하고 싶겠지만, 공공재에 대해 스스로가 느끼는 필요성 때문에 결국에는 기여 의지가 부족한 사람들이 지불해야 할 비용까지도 모두 그들이 부담한다는 것이다.

미국의 정치 지도자들은 틀림없이 그들의 고충에 대한 올슨의 설명을 이해하고, "소수가 다수를 이용한다."는 말에도 가슴 깊이 공감할 것이다. 미국은 올슨의 분석을 자국이 이미 개입중인 세계의 문제에 적용하고 비용(이라크와 아프가니스탄 군사 개입 등)을 나눌 수 있는 방법을 찾고 있을지도 모른다. 하지만, 올슨의 분석 결과는 미국이 아무 행동도 취하지 않으면 그 결과로부터도 무관하다는 생각에서 협력을 기피하고 있는 부분에도 똑같이 적용된다. 21세기가 시작된 이후 10년 동안에 벌어진 여러 가지 사건을 겪은 이후, 미국의 지도자들과 시민들은 자국이 개입하고 있는 세계의 문제들이 실제로 자신들이 생각했던 것보다 자신들과 무관하지 않음을 깨닫기 시작했다. 올슨의 논리대로라면 다른 국가가 먼저 나서는 것을 기다리지 말고 국제적인 안정을 위해 미국이 앞장서서 기여해야 한다고 하는 것이 나을 수도 있다.

　이와 같은 주장은 역설적이게도 미국이 자국의 권한과 결정권에 영향을 미치는 국제기구에 상당한 정도의 관심을 기울이고 있음을 시사한다. 그리고 이 주장은 이 책에 수시로 등장하는 기본적 주장들을 국제적인 시선으로 바라본 주장이라고 할 수 있다. 현대의 인류가 도시로 나가 낯선 사람들과 어울리기 시작하면서 구석기 시대의 본능을 묶어두는 수많은 제약에 부딪히게 되었다. 낯선 사람이 음식을 가져오면 전리품으로 그 음식을 빼앗는 대신 얌전하게 신용카드를 내밀어야 한다. 신용카드 회사가 결제를 요청하면 죽이겠다고 위협하는 대신 카드 대금을 결제해야 한다. 그렇지 않으면-대개는- 온갖 귀찮은 일에 시달린 다음에 결국 카드로 대금을 지불하게 된다. 어떤 낯선 사람에게 소매치기를 당하면 범인을 찾아 그 범인과 가족의 구성원들까지 모두를 살해하는 대신 참을성 있게 인내심을 발휘한 후에 경찰에 신고해야 한다. 즉, 자본주의적 분별력이 '전사'의 당당함을 몰아낸 것이다. 현대 사회에서는 다른 해결 방식을 상상할 수 없다. 한 개인의 힘이 강하고 도전하는 세력이 없을 때 그에게는 사소하고 일상적인 제약이 훨씬 더 많이 필요하다. 이와 같은 제약마저 없다면 '시장'은 항상 비어있을 것이고 얼마 안 되는 낯선 사람들은 그를 볼 때마다 다들 겁에 질려 있을 것이기 때문이다. 그 낯선 사람들은 자신의 면전에 대고 모욕을 준 당신에게 몰래 복수를 하려고 계획을 세우고 있을지도 모른다.

　강한 개인에게 훨씬 많은 제약이 필요하다는 사실은 권력을 가진 사람이 힘없는 사람들의 협조를 구할 때 현실적으로 호소할 수 있는 동기에도 영향을 미친다. 왜냐하면, 힘이 없는 약자들은 권력을 가진 사람보다 당당해지기가 힘들기 때문이다. 세계에서 가장 심각한 문제를 해결하기 위한 성공적인 연대-광범위한 기후 변화를 예측하고 변화에 적응하는 일처럼-는 모든 사람의 이익을 위한 것이라고 호소할 때만 구축될 수 있다. 4장에서 살펴봤듯이 상호성과 공정성 같은 이상도 신뢰를 강화할 수는 있지만, 공동 이익의 토대가 존재하지도 않는다면 결코 굳건한 신뢰를 구축할 수 없기 때문이다. 지구온난화에 대한 수많은 논의에서 지구온난화는 먼 미래 세대에게는 '공평성'의 문제라고 보았다.(2006년 스턴 보고서가 가장 대표적인 사례인데, 이 보고서는 먼 미래 세대의 이익을 고려해야 할 이유에 대해 철학적 근거를 토대로 독자들을 설득하고자 했다.[12])안타깝게도, 인도와 중국의 가난한 국민들에게 자신들보다 훨씬 풍족하게 살아갈 먼 미래의 후손들을 위해 희생할 것을 설득하는 일은 불가능할지도 모른다. 대신 지금 우리의 아이들이 살아가는 동안 겪게 될 문제이며, 자원이 고갈된 지역의 사람들이 다른 지역으로 이동하면서 사회적 신뢰의 붕괴가 일어날 수도 있고, 그 붕괴가 부유한 국가뿐만 아니라 빈곤 국가에도 엄청난 타격을 입힌다고 설득한다면 연대의 실질적인 가능성이 높아지는 것은 물론 지금까지의 모든 노력이 수포로 돌아갈지도 모른다는 걱정을 할 필요도 없는 것이다.

위대한 실험이 세계화, 환경 위기, 무기 확산의 시대에도 살아남기 위해서 국제 관계, 즉 국가 간의 관계를 설정하는 방식도 바꿀 필요가 있다. 힘이 약한 국가에는 협력의 혜택을 보여줌으로써 설득을 하고, 힘이 강한 나라에는 약한 국가에 협력의 혜택이 돌아가야 하는 이유를 알려야 할 것이다. 국제사회의 외교무대에서 숭고한 포부가 담긴 선언문을 널리 외친다고 하더라도 외교는 결국 타협이자 거래에 지나지 않는다. 즉, 국제적인 외교의 '시장'에서 벌어지는 활동인 것이다. 그렇다고 해도 부유한 국가의 지도자들은 국제적인 외교에서도 현대 세계의 일반적인 시장에서만큼 충분한 신뢰를 구축하는 기관이 필요하다는 신념을 고수해야 한다. 2011년 9월 11일은 미국이 바로 이 신념을 지키지 못했기 때문에 입은 상처의 흔적이다. 개척자 정신을 자본주의의 미덕으로 바꾸는데 누구보다 능수능란한 미국은 911의 비극을 겪은 후 세계의 나머지 국가를 대하는 과정에서 자본주의적 분별력에 대한 요구를 감당하지 못하고 있다.

이제 요약해보자. 어떤 사람들은 흥분된 어조의 신문 논평에서 이와는 다른 결론을 낼 수도 있을 것이다. 하지만, 세계화와 이로 인한 과제는 어제 오늘의 일이 아니라 적어도 지난 1만 년 간 이어진 사회의 발전 과정이다. 이와 같은 과제를 해결하는 데 필요한 개념적 특성들 역시 새로운 것이 아니며, 이 개념적 특성들이 지난 3세기 동안 더욱 분명하게 설명되고 있다는 사실은 우리에게 이 특성들이 아주 본능적이고 친숙한 까닭에 그동안 쉽게 간과되고 있었다는 사실을 시사해준다. 하지만, 본능적이고 친숙하다는 것이 붕괴의 위험에서 안전하다는 의미가 될 수는 없다. 한편, 인간에게 발달한 실용 지능은 자연환경을 조작하고, 또 자주 만나고 잘 아는 개인으로 이루어진 작은 집단의 상호작용을 능숙하게 관리하는 지능이다. 인간이 낯선 사람의 영향력을 제대로 깨닫게 된 시기는 겨우 1만 년 전이며, 이 영향력이 일상생활의 중요한 요소가 된 시기는 불과 200년에 지나지 않는다. 낯선 사람의 행동으로 발생하는 위험을 해결하기 위해 우리는 진화를 통해 물려받은 기술을 다양한 용도로 사용하는 추상적이고 상징적 사고의 능력을 키워야 했다. 오늘날의 정치 기구들은 추상적 추론 능력을 통해 필요한 감정, 가족이나 집단의 충성심을 불러일으킨다. 이와 같은 추상적 추론 능력으로 경계심 많고 살인적인 유인원이었던 호모 사피엔스 사피엔스는 대초원 삼림 지대의 가족 무리에서 벗어나 낯선 사람들로 가득한 세계에서 살아가고 일할 수 있게 되었다. 이 실험은 여전히 걸음마 단계이며 실험이 지속되기 위해서는 도움이 절실히 필요하다.

주석

주 석

개정판 머리말 신뢰, 그리고 공황

1. IMF 세계 금융안정보고서. IMF 표제 수치인 2조 7,000억 달러의 미국 내 자산 감액 손실 액을 현재 미국의 인구수 3억 600만 명으로 나눈 결과 1인당 약 9,000달러라는 수치가 나온다.

2. Goode & Ben-Yehuda, 1994, 특히 서문과 10장 참고.

3. 이 내용에 대해 탁월하게 정리한 자료와 기타 참고 자료는 www.xhosacattlekilling.net 참고.

4. 이 사건에 대한 대표적인 연구 자료는 Edgar Morin, 1971.

5. 인류 진화의 주요 단계에 대한 내용은 Klein & Edgar, 2002, Stronger & Andres, 2005에 이해하기 쉽게 설명되어 있으며, Klein, 2009은 좀 더 전문적이고 종합적인 내용을 다루고 있다. 많은 전문가가 호모 사피엔스 사피엔스를 현생 인류를 가리킬 때 사용하며,(우리가 이 종에 대해 알고 있는 지식은 지난 5,000년 동안의 기록과 증거일 뿐이다.) 앞선 인류 역시 호모 사피엔스에 속한다고 봐도 될지에 대해서는 여전히 결론이 나지 않은 채 남아 있다. 나도 이 책에서 기존의 관례를 따랐다.

6. Ridley, 1996, 특히 2장 참고.

7. 개미들은 모두 '자매'지만, 유전자의 4분의 3만을 공유하고 있다. 자세한 내용은 Hölldobler & Wilson, 1994, pp. 95-106 참고.

8. 이 이론은 원래 Hamilton, 1964이 처음 제시했으며, Dawkins, 1976의 설명이 보편적으로

알려져 있다. 하지만, Hölldobler & Wilson, 2008의 설명에 따르면 혈연 선택론만으로는 사회성의 진화를 설명하기 어려울 뿐만 아니라, 집단선택론에서 영향을 받았다고 주장하기도 힘들다.

9. 생물학자들이 유전자를 '공유하는' 개인에 대해 이야기할 때에는 동일한 종인 구성원들 사이에서 발견되는 다른 유전자를 의미한다. 인간 유전자의 상당 부분은 종 전체에서 동일하다고 할 수 있다. 사실 대부분의 유전자는 다른 영장류에서도 동일하게 나타난다. 혈연 선택론에서 중요한 것은 두 개체가 마지막 공통조상의 유전자 조합에서 처음으로 발현된 하나의 돌연변이를 공유할 가능성이다. 이와 같은 가능성은 다른 조상들이 아닌 마지막 공통조상에게서 물려받은 유전자의 비율에 의해 결정된다. -다른 조상들로부터 물려받은 유전자라고 할지라도 대부분의 장소에서 동일하게 나타난다.

10. 최근에 밝혀진 침팬지 DNA 연구결과에 따르면, 일반적인 침팬지 집단에서 수컷 침팬지들이 혈연적으로 가까울 가능성은 기존에 생각했던 것보다 낮게 나타났다.(Lukas et al., 2005 참고) 특히, 수컷(대부분의 경우 집단 내에서 성장기를 보내는 수컷)들이 혈연적으로 가까울 가능성은 암컷(성장기가 되면 외부에서 집단 내부로 편입되는 암컷)들이 혈연적으로 가까울 가능성 보다 조금 낮게 나타날 것이다. 이 결과는 보다 광범위한 연구를 통해 입증될 필요가 있다. 하지만, 이 증거가 사실이라면 혈연 선택론을 바탕으로 하고 있는 침팬지 집단의 협력에 대한 설명은 다른 메커니즘을 통해 보완될 필요가 있다.

11. 큰 가시고기에 대한 내용은 Dawkins, 1976, 흡혈박쥐에 대한 내용은 Wilkinson, 1990, 사자에 대한 내용은 Pusey & Packer, 1983 참고. '호혜적 이타주의'라고 알려진 행동에 대한 설명은 Trivers, 1971 참고.

12. Bishop, 1992, pp. 125, 192 참고.

13. 물론, 동성과 함께 이성의 조상들을 세대별로 늘려가며 그 수를 센다면 전체 인원은 엄청나게 늘어날 것이다.

14. Cavallie-Sforza, 2000, pp. 45-46 참고.

15. Cochrane & Harpending, 2009은 이 사실을 설득력 있게 설명하고 있다. 물론, 두 사람은 이와 같은 사실 가운데 일부, 특히 복잡한 행동의 특징에 영향을 미치는 유전자에 관한 부분이 '추측'이라는 사실을 인정하고 있다. 그러므로 유리하게 작용하는 특징이 전 세계 인구에 얼마나 빠르게 확산되었는지를 알아내는 것은 무리가 있다.

16. 인간 의식의 진화에 대해서는 Mithen, 1996에 명쾌하게 소개되어 있으며, Humphrey, 1984는 이와 같은 개념에 대해서도 이미 자세하게 소개한 바 있다. Klein & Edgar, 2002

와 Klein, 2009에는 인간이 지닌 상징적 능력의 진화를 둘러싼 주요한 의문과 불확실성들이 명쾌하게 설명되어 있다. 최근 대표적인 연구 자료는 Renfrew, 2007 참고. Deacon, 1997은 상징적 능력의 진화론적 설명이 부딪히는 문제들을 전체적인 시각에서 다루고 있다. Tomasello, 1999는 인류의 문화적 능력을 다른 사람의 심리적 반응을 예측하는 능력과 연관 짓는다. 이 모든 능력은 우리의 예측 능력을 개선했기 때문에 적응할 수 있었으며, 다른 사람의 행동을 모방하는 능력을 획기적으로 개선했기 때문에 우리 문화의 축적에 놀라운 영향을 미쳤다. 여기에 대한 논의는 14장에서 자세하게 다룰 예정이다.

17. 현존하는 모든 인류, 특히 모계의 마지막 공통조상은 14만여 년 전에 살았다.(Cavallie-Sforza, 2000, pp. 77-82, Cavallie-Sforza & Feldman, 2003 참고) 부계의 마지막 공통조상은 훨씬 최근인 5만여 년 전에 생존했을 것이다.(Thomson et al., 2000 참고) 즉, 가장 성공적으로 번식한 남성이 성공적으로 번식한 여성에 비해 훨씬 많은 자식을 가질 수 있으므로 남성의 유전자가 전체적으로 훨씬 빨리 확산될 수 있었다. 부계와 모계 양쪽 모두에 유전적 특징을 물려준 마지막 공통조상은 훨씬 최근, 아마도 2,000~5,000여 년 전에 생존했을 가능성이 높다.(Rohde et al. 2004) 하지만, 유전자의 재조합으로 인해 돌연변이 유전자를 가진 개인의 유전적 특징이 현재까지 생존해 있는 모든 자손에게 전해졌을 가능성은 지극히 적다. 충분한 적응력을 가진 돌연변이 유전자는 1,000~2,000년 이후까지 생존했던 수많은 자손에게 성공적으로 전달되었을 것이다. 특히, 적응력 있는 돌연변이 유전자를 가진 개인이 상업과 이주의 중심지에 살고 있었다면 그 가능성은 훨씬 높아진다.(Cochrane & Harpending, 2009 참고) 이는 성인의 말라리아 내성이나 유당 내성 같은 특징처럼 특정한 대립 유전자의 폭넓은 확산을 설명해준다. 하지만, 그처럼 폭넓은 확산을 생각했을 때 인간의 상징적 능력이 최근에 생겨났을 가능성은 낮은 듯하다.

18. 다른 장소에서 수차례 농업이 도입된 사례에 대한 수수께끼는 Richerson et al., 2001 참고. 이 책의 4부 프롤로그도 함께 참고.

19. Blackmore, 1999의 주장에 따르면, 제도의 진화(Dawkins, 1976가 제시한 '밈' 개념을 토대로 보면, 제도는 '밈'이라고 칭하는 행동 양식 중 하나이다.)는 인류의 존재, 심지어 인류의 유전자에도 이롭다. 블랙모어는 "인간이 [다른 동물과] 다른 점은 모방하는 능력"이라고 말하며, 일단 행동 양식을 모방하면 "무엇인가가 전달된다."고 주장했다. 이 '무엇인가'는 계속해서 전달될 수 있으며, 스스로 독자적인 생명을 가진다. 즉, 밈은 다른 사람이나 다른 어떤 것도 아닌 밈 그 자체를 위해 진화한다. 그럼에도 불구하고, 우리는 자연선택에 의해 형성된 인간의 심리가 특정한 밈이 쉽게 확산될 수 있도록 만들었는지에 대해 연구해 볼

수 있다. 그리고 밈의 진화가 심리의 제약을 받는가라는 질문은 실증적인 문제이다.

20. Sterelny, 2003 참고.

21. Cowen, 2009에도 잘 소개되어 있음.

22. Cosmides & Tooby, 1992 외 기타자료 참고. Buss, 2008는 교과서 식으로 접근한다. Buller, 2005는 다양한 근거를 들어 진화심리학의 주요 주장에 의문을 제기한다. 여기에는 진화심리학이 인류가 지닌 심리적 특징의 다양성, 그리고 겉보기에 균일하고 지속적인 것으로 보이는 성인의 특징조차도 유전되기보다는 학습된다는 것을 간과하고 있다는 내용이 포함되어 있다. 이 책에서 제기하고 있는 주장은 불러가 제기한 비판과는 관련이 없으며, 여기에 대해서는 2부에서 자세하게 다룰 예정이다.

Part 01 터널 비전

chapter 01 누구의 책임인가?

1. 아주 간단한 제품의 생산 과정에서도 협력을 통해 이루어지는 거래의 특징이 놀랍다는 사실은 새삼스러운 것이 아니다. 예를 들어, Friedman & Friedman, 1990, pp. 11-13의 연필에 관한 내용을 참고해 보라. 2009년 토머스 트웨이츠Thomas Thwaites라는 화가가 아르고스에서 3.99 파운드를 지불하고 토스터를 구매한 다음, 이를 분해했다. 그리고 광산에서 직접 원자재를 채취해 토스터를 만들어 보였다. http://www.thetoasterproject.org에서 그 모든 과정을 직접 확인할 수 있다. 흥미롭게도 트웨이츠는 철광석을 녹일 때 전자레인지를 이용했다. 그야말로 경제적 자급자족의 생산 방법이었다. 『괴짜경제학』의 공동 저자인 스티븐 더브너Stephen Dubner는 애덤 스미스가 예로 든 유명한 일화인 핀 공장 이야기보다 1,500년이나 앞서는 바빌로니아 탈무드(Tractate Berachot 58a)의 일화를 예로 든다.

어느 날 벤 조마는 성전상의 계단 위에서 한 무리의 군중을 바라보며 말했다. "모든 비밀을 아시고 나를 위해 이 모든 것을 창조하신 하느님은 신성하시다." [왜냐하면] 그는 자주 다음과 같이 말했다고 전해진다. "아담은 먹을 빵을 얻기 전에 일을 해야 했다! 밭을 갈고, 씨를 뿌리고, 곡식을 거두고, 곡식을 다발로 묶고, 타작하고, 키질하고, 이삭을 고르고, 가루를 내서, 가루를 체질하고, 반죽해 빵을 구운 후 그때가 되어서야 비로소 빵을 먹었다. 반면, 내가 아침에 일어나면 이 모든 것들이 나를 위해 준비되어 있다. 뿐만 아니라 아담은 입을 옷을 얻기 전에도 많은 일을 해야만 했다! 털을 깎아, [양털을] 씻고, 빗질하고, 실을 잣고, 실로 옷감을 짜고 나서야 비로소 옷을 입을 수 있었다. 반면에 내가 아침에 일어나면 이 모든 것들이 나를 위해 준비되어 있었다. 온갖 장인들이 아침 일찍부터 내 집 앞에 찾아와서 아침에 잠에서 깨면 모든 것이 눈앞에 있었다."

http://freakonomics.blogs.nytimes.com/2008/05/09/specialization-not-as-recent-as-you-may-think/#more-2580 참고.

2. Terkel, 1974.

3. Hamermesh, 2005는 다양한 일, 즉 직업의 특성에 따른 일상을 연구한 후 그와 같은 일상이 소득, 교육 수준과 어떤 상관관계가 있는지를 정리했다. 해머메쉬는 이렇게 해서 발견된 상관관계를 "소득 불균형의 일반적 잣대를 바탕으로 경제 전체의 불균형을 어림잡아 평가하는 또 다른 방법"이라고 이야기한다.

4. Hacking, 1990은 학문으로서 통계학의 성장은 물론, 다수의 인간 행동에서 아주 뚜렷한 규칙성을 발견하는 통계학자들의 탁월함을 설명한다.

5. 부유한 국가에서 국제적인 경쟁으로 인해 발생하는 일자리의 감소 비율은 기술적인 변화로 인해 발생하는 일자리 감소 비율보다 낮은 것으로 나타났다. 이 주제에 대한 보다 자세한 내용은 Bourguignon et al., 2002 참고. 그럼에도 불구하고 최근 중국과 인도의 급부상, 그리고 서비스업의 제조업 대비 아웃소싱 비율의 증가 등을 지켜보면 이 책의 초판이 나올 당시보다 국제 경쟁의 잠재적 효과가 다소 커 보이는 것은 사실이다. Coe, 2008 참고.

6. Sivery, 2000, 특히 pp. 44-47와 De Vries, 1976, 특히 2장과 pp. 159-64 참고. 이 자료를 제공해준 쉐일라 오길비Sheilagh Ogilvie에게 감사를 전한다.

7. Packard , 1957.

8. Klein, 2001. 나오미 클레인도 리처드 도킨슨도 아님.

9. Jones, 1998, p. 151에 인용.

10. Tolstoy, 1971, p. 1188.

Part 02 잔혹했던 유인원이 신뢰할 수 있는 친구가 되기까지

PART 2의 Prologue 신뢰한다는 것의 의미

1. Wrangham & Peterson, 1996과 Bowles, 2009 참고. 이 자료에 대한 자세한 논의는 3장에서 다룰 예정이다.

2. 세세하게 구별하는 것에 다소 어려움이 따르지만, 인간의 뇌 크기는 5만년 경부터 줄어들기 시작했으며, 이와 같은 뇌 크기가 감소하는 경향은 지난 1만 2,000년 동안에 벌어진 것으로 보인다. 흥미로운 이론 (Wrangham, 2003; Cochrane & Harpending, 2009 참고)에 따르면, 동물의 가축화 과정이 원인이었다고 한다. 이 과정에서 폭력적이고 반사회적인 개인은 추방을 통해 번식력이 억제되었다는 것이다. 가축화된 동물은 대개 야생동물에 비해 뇌 크기가 작았다. 이 이론이 완벽하게 설득력이 있다고 이야기하는 것에는 무리가 있겠지만, 그렇다고 해서 인간이 만든 제도가 어떤 방식으로 인류에게 존재하는 폭력 성향을 길들일 수 있었는지에 대해 설명할 필요성이 여전히 사라지지 않고 있는 것만은 확실하다.

---

chapter 02   인류, 그리고 자연의 위험

1. 초판에서는 두 번째 사실을 "손자들은 평균적으로 자신의 조부모보다 약간 지능이 높다." 라고 다소 다르게 표현했다. 하지만, 스웨덴 말라델란 대학교Mälardalen University의 키모 에릭슨Kimmo Eriksson 교수가 엄격히 따져보면 이것은 사실이 아니라고 친절하게 지적해 주었다. 에릭슨 교수의 설명에 따르면 "지능이 사실상 증가했기 때문에 자연선택의 긍정적 효과는 돌연변이의 부정적 평균 효과를 상쇄할 만큼 커야 한다. 하지만, 조부모에서 손자까지는 두 차례의 돌연변이가 발생하고 단 한 차례의 자연선택이 작용한다. 따라서 부정적인 효과가 여전히 우위를 차지할 것이다."(개인적으로 전달받은 내용이다.) 안타깝게도 이 때문에 이번 개정판에서 다소 우아함이 떨어지는 표현법을 사용할 수밖에 없었다. 정확한 지적을 해준 에릭슨 교수에게 감사의 마음을 전한다.

2. 2억의 인구 중 2,000만 명이 특정 질병을 앓고 있다고 가정해 보자. 모든 인구가 99퍼센트의 신뢰도를 가진 검사를 받는다면 1,980만 명은 실제 양성, 180만 명은 허위 양성을 나타낼 것이다. 즉, 당신이 양성 반응이라는 검사 결과를 받았다면 당신은 그 병에 걸렸을 확률이 90퍼센트 이상이라는 의미이다. 전체 인구 가운데 2만 명 정도만 감염될 뿐인 발병률이 훨씬 낮은 질병의 경우에는 검사에서 1만 9,800명만이 실제 양성이고, 198만 명은 허위 양성으로 나올 것이다. 즉, 당신이 이 검사에서 양성 반응이라는 검사 결과를 받았다면 실제 이 병에 걸렸을 확률은 1퍼센트 내외가 될 것이다. 즉, 198만 명 가운데 1퍼센트인 1만

9,800명의 사람들 가운데 한 명이 되는 것이다. 이 개념은 베이즈의 법칙Bayes Law이라는 확률 법칙으로 알려져 있다.

3. Hacking, 1990 참고.

4. Dunbar, 1992.

5. Ricardo, 1817.

6. 16세기 중반 일본이 총을 버리고 검으로 돌아간 이야기가 궁금하다면 Perrin, 1979 참고할 것.

7. Klein & Edgar, 2002.

8. Ridley, 1996, pp. 197ff.

9. 원 연구자는 Peltzman, 1975. Evans & Graham, 1991도 참고할 것. Peterson et al., 1994 에서 에어백으로 유사한 연구를 진행했다. Walker, 2006는 자동차 운전자들이 헬멧을 착용한 자전거 운전자들의 경우, 훨씬 가까이 붙어서 운전하는 경향이 있다는 연구 자료를 발표했다. 하지만, Sen & Mizzen, 2007은 몇 가지 이유를 근거로 다른 연구에서 평가한 결과의 규모에 대해 반대하는 입장을 취했다. 운전자가 안전벨트의 사용이나 에어백이 장착된 자동차를 구입하는 것은 사전에 위험을 인지했기 때문이다. 따라서 위험이 높아졌을 때 안전장치를 사용하는 것은 당연하며 안전장치를 사용했기 때문에 위험이 높아진 것은 아니라는 의미이다. 전반적으로 안전장치를 사용했을 때 장치의 보호 효과를 완전히 상쇄하기는 힘들지만, 위험한 행동이 일부 상쇄되는 효과가 있다고 보는 편이 적절할 것이다.

10. John Adams, 1995는 위험 보상 이론에 대해 전반적으로 일반인이 이해하기 쉽게 풀어 썼다.

11. 자급자족의 농업에서 벗어난 유럽 국가들의 혁명과 관련해 네덜란드의 경우에는 De Vries 1974, 유럽의 전반적인 상황은 De Vries, 1976, 특히 2장을 참고. 영국의 경우에는 Britnell, 1997, 유럽 전반의 상황을 보려면 Ogilvie, 2000, 특히 pp. 94-108를 참고할 것. 자료를 제공해준 쉐일라 오길비와 리 쇼-테일러Leigh Shaw-Taylor에게 감사의 마음을 전한다. 테일러는 나에게 발표되지 않은 영국의 인두세 자료를 함께 보여주었는데, 1381년 이전의 이 세금 자료에 따르면 영국의 많은 마을에서 농부는 전체 인구의 4분 1이하였으며, 대부분의 경우 장인이나 상인에 비해 그 수가 적었다. 자급자족의 역사적 변화 이론을 뒷받침하는 데 사용된 북미에 관한 더 많은 일화 자료를 찾는다면 Locay, 1990 참고.

12. Anderson, 2000, pp. 326-28 참고.

chapter 03 폭력으로 얼룩진 과거

1. Dostoyevsky, 1865.

2. 평균적으로 남성이 여성보다 훨씬 폭력적이라는 증거는 Daly & Wilson, 1988, Wrangham & Peterson, 1996, Barash & Lipton, 2002, Ghiglieri, 1999, Barash, 2002 참고. 당연히 모든 비교는 해당 집단의 행동양상에 대한 평균치를 토대로 하였으며, 어떤 경우에도 생물학적 결정론을 포함하지 않았다.

3. 물론 같은 종 내 동성의 친족을 살해하는 경우에도 마찬가지이지만, 유전자를 공유하고 있기 때문에 경쟁 관계는 덜 심하다.

4. 4막 3장.

5. 동족을 살해하는 남성이 훨씬 많은 자녀를 낳는다는 주장에 대해서 산업화 이전의 사회에서 얻은 증거(특히, 베네수엘라의 야노마모 족)는 Chagnon, 1988을 참고할 것. 물론 Meggitt, 1977도 같은 민족지적 연구에서도 충분히 나올 수 있는 결론이다. Robarchek & Robarchek, 1997, p. 133은 이와 같은 결론의 타당성에 대해 의문을 가지고 있지만, 결론을 뒷받침하는 자료로 인용한다.

6. Andersson, 1994은 성 선택론에 대해 상세하게 이야기한다. 폭력과 관련해서는 Ghiglieri, 1999가 집중적으로 다루고 있다. 성 선택은 찰스 다윈의 인간사회에 대한 생각의 핵심이며, 내가 쓴 Seabright, 2009b, Desmond & Moore, 2009에서도 다루고 있다. 이성과 동성 간 갈등을 유발하는 문제와 관련해서 성 선택의 역할에 대해 최근 많은 연구가 이루어지고 있으며, Arnqvist & Rowe, 2005에 잘 소개되어 있다. Roughgarden, 2004는 이 연구에 대해 비판적인 입장을 취했다. 러프가든은 성적 갈등이라는 개념을 남녀 간 상반된 관심사라고 잘못 해석하고 있다. 사실 남녀의 관심사는 많은 부분에서 일치하며 일부분만 다르기 때문이다. 그럼에도 불구하고, 러프가든은 성 선택 하에서 생겨나는 특징들이 얼마나 다양한지 보여주는 놀랍도록 방대한 실증적인 자료를 제공한다. 개인적으로 이 부분에 관해 러프가든보다 다윈이 훨씬 적극적으로 동의했을 것이라고 생각한다.

7. 영장류의 새끼 살해에 대한 증거는 De Waal (2001, 특히 pp. 27, 30, 60-61, 88-89)이 처음 발표했다. 영장류와 인간의 폭력과 관련해서 Ghiglieri (1999, 특히 pp. 129-33)에서 더 폭넓게 다루고 있지만, 길리에리는 보노보가 침팬지보다 폭력 성향이 현저히 낮다는 점을 간과했다. Diamond (1993, pp. 290-94)는 인간과 인간 이외의 종에서 나타나는 종내 폭력의

관련성에 대해 이야기하며, 제인 구달의 연구팀이 관찰한 폭력에 대해 자세하게 설명한다. 길리에리(1999, 172-77p) 역시 이와 같은 폭력 성향에 대해 설명하는데, 길리에리는 자신이 관찰한 침팬지 집단 내 폭력은 구달의 연구팀보다 낮았다고 지적한다. 이는 길리에리가 연구한 침팬지 집단은 다른 집단과 지속적인 우호 관계를 맺고 있었으며, 각 집단 내 수컷의 수가 충분해서 서로 공격을 하지 않았을 뿐만 아니라, 공격을 당했을 때에도 충분히 방어를 할 수 있었기 때문이다. 대형 유인원의 폭력을 가장 잘 보여주는 (가장 잘 정리된) 사례는 당연히 Wrangham & Peterson, 1996이며, 제목(『악마 같은 남성Demonic Males』)에서 전달되는 느낌보다는 훨씬 균형이 잡혀 있으며 선정적이지도 않다.

8. Lorenz , 1963.

9. 인류의 일상적인 폭력에 대한 증거는 많은 논란이 있다. 특히, 사상자(폭력적인 '성향'이 존재하는지 여부 등)에 대한 문제는 특정 시대와 장소에서 폭력의 발생 정도에 대한 문제보다 더욱 논란거리이다. 이번 장에서 내가 펼친 주장과 관련해 폭력 행동을 억제하는 제도가 없었을 때에는 사회가 더욱 폭력적으로 바뀌었다는 주장에 대해서는 충분한 증거가 있다. Gat, 2006가 현재로서는 가장 탁월한 참고자료이다. Bowles, 2009는 약탈자들 사이에서 벌어졌던 폭력의 증거를 신중하게 정리해서 소개한다. Ember, 1978는 (그 중에서도) 수렵채집인들 사이에서 벌어진 전쟁을 초창기에 연구해서 발표했으며, Gat, 2000a, b는 산업화 이전 사회에서의 전쟁에 대해 폭넓게 연구했다. Ferguson & Gat, 2000는 이 증거의 신뢰도에 대해 검토한다. Gat, 1999, 2006는 그와 같은 폭력의 특징과 목적에 대한 내용도 담고 있다. 인간의 폭력 성향에 대한 균형 잡힌 소개를 보고 싶다면 Diamond, 1993, 16장 참고하라. Robarchek & Robarchek, 1997은 관찰 당시에는 폭력 정도가 상당히 달랐던 두 사회를 비교한다. 과거에는 훨씬 평화로웠던 공동체(말레이시아의 세마이 세노이 부족)에서 영국의 식민지 행정부의 군인으로 훨씬 많이 고용되었으며, 군대에서 그들은 거침없고 유능한 병사로 활약했다. (Ghiglieri, 1999, p. 185)

10. Gat, 1999와 Knauft, 1990.

11. Kent , 1989와 Baker et al., 2006.

12. Edgerton, 1992와 Leblanc, 2003.

13. Ember, 1978.

14. Leblanc , 1999.

15. Meggitt, 1977.

16. Zollikofer et al., 2002.

17. Keeley , 1996, 부록, 표 6.2.

18. Bowles, 2009.

19. 세계보건기구(WHO) 사망률 자료.

20. Eisner, 2001.

21. Levy, 1983.

22. Matthew White, 온라인 21세기 역사지도(http://users.erols.com/mwhite28/war-1900.htm) 참고자료는 아니지만, 꼼꼼하게 표시되어 있으며 제대로 된 규모의 순서대로 잘 정리되어 있다.

chapter 04   우리는 어떻게 폭력적인 본능을 길들였는가?

1. 조사 자료는 Seabright, 1993 참고.

2. Fehr & Gächter, 2000a에 요약되어 있다.

3. Fehr et al., 1993.

4. Fehr & Gächter, 2000b.

5. Ibid.

6. Gintis et al., 2003, Henrich et al., 2006.

7. de Quervain et al., 2004.

8. Basu , 1984.

9. Durant , 1926, p. 307. 이 점을 지적해준 스탠리 엥거먼Stanley Engerman에게 감사를 전한다.

10. 하지만, 상호성이 작동할 수 있게 만드는 힘은 실제로 협력적 행동을 강화되는 데에도 중요한 영향을 미칠 수 있다. 예를 들어, 탈세에 대한 처벌을 강화하면 오히려 납세율이 낮아질 수 있다는 주장에 대해서는 분명한 증거가 있다. 정직하게 세금을 내던 납세자가 다수의 사람들이 정직하지 않다는 사실을 알아차리고 성실하게 세금을 납부하지 않을 수 있기 때문이다. Kahan, 2003 참조.

11. Elias, 1969. 이 책은 1권이며, 2권은 1982년 출간되었음.

12. Duerr, 2000.

13. Clark, 2007, p. 10. 클라크의 주장에 대한 맹렬한 비판을 보고 싶다면 Bowles, 2007 참고.

14. Gat, 2006.

15. Binmore, 1998, p. 87.

16. Gintis, 2006.

17. Cosmides & Tooby, 1992. 5장에서는 이 사실의 해석을 둘러싼 몇 가지 논란에 대해 다룰 예정이다.

18. 이 주장은 Frank, 1988에서 처음 제기되었다.

19. Owren & Bachorowski, 2001.

20. Chevalier-Skolnikoff, 1973와 Preuschoft, 1992 참고. Preuschoft van Hooff, 1997는 미소와 웃음, 그리고 "놀이를 하고 있다는 것을 나타내는 표정"에 대해 인간과 다른 영장류들의 비교하고, 그 상관관계에 대해서도 자세히 논의하고 있다.

21. Ekman et al., 1988, Frank et al., 1993, Mehu et al., 2007는 대개 미소는 협력적 기질과 관련되어 있으며, 특히 '분담'과 관련된 상황에서 자주 볼 수 있다는 사실을 밝혔다.

22. Krumhuber et al., 2007.

23. 웃음의 진화와 관련해서는 다른 이론들도 있는데, 여기에서 소개된 이론과 완전히 다른 것은 아니다. 예를 들어, Ramachandran & Blakeslee, 1999는 특정 사회집단의 구성원들에게 공포심을 불러일으키는 위협(예를 들어, 약탈자)이 실제로는 별로 심각하지 않다는 것을 알리기 위해 웃음이 진화했을 것이라고 주장한다. 이 때문에 웃음이 동물들의 "놀이를 하고 있다는 것을 나타내는 표정"과 닮았으며, 이와 거의 동일한 방식으로 인간은 '안도'의 웃음을 짓는다는 것이다. 또한, 웃고 있는 사람은 스스로 위협적인 존재가 아니라는 사실을 상대에게 전달하기 위해 웃음을 이용하고 있다는 설명도 가능하다.

24. Gray & McNaughton, 2000, 4장.

25. 대부분의 경우, 술은 계약이 끝난 다음에 마신다. 하지만, 계약이 끝난 이후의 술자리에서도 가장 중요한 것은 신뢰이다. 계약 당사자는 여전히 상대가 계약을 성실히 이행할 것이라는 사실을 신뢰할 수 있을 것인지에 대해 결정해야 하기 때문이다.

26. 마크 그린버그Mark Greenberg는 생물학자들이 '핸디캡의 원칙'(Zahavi, 1975 참고)이라고 부르는 법칙이 작용할 수도 있다는 사실을 지적한다. 당신의 회사에서 술을 마심으로써 나는 당신이 신뢰할 수 있는 사람인지를 파악하는 나의 능력에 대해 확신을 가지고 있다는 신호를 보내고, 또한 강력한 억제 효과가 있는 방법을 사용함으로써 기꺼이 그것을 무력화할 수 있다는 신호까지도 보내게 된다. 이는 내가 당신을 신뢰하고 싶어 한다는 의도를 재확인시켜 주며(신뢰를 쌓을 수 있는 행동을 함으로써), 당신이 신뢰를 져버렸을 때에는 손

쉽게 간파할 수 있다는 사실에 대해 경고를 보내는 것이다.

27. Kosfeld et al., 2005.

28. Damasio, 1995는 감정은 심지어 개인의 지적 추론에 있어서도 핵심적이라고 주장한다.

29. Zimbardo, 2007, pp. 219, 301.

---

chapter 05 사회적 감정은 어떻게 진화했는가?

1. Lerner et al., 2007는 스트레스 상황에 대한 코티솔 반응은 그 요인이 공포에 의한 것인지 분노에 의한 것인지에 따라 달라진다. 이 책에서는 사람들이 처해 있는 상황의 감정적인 특성이 가장 중요하다는 사실과 더불어 코티솔은 공포심에 의해 상승하며 분노에 의해 하락한다는 것을 보여주었다.

2. Marmot, 2004. 최근까지도 인간 이외의 영장류 집단에서도 동일한 경향을 보인다는 주장이 인정을 받았지만, 야생에서 영장류 집단의 코티솔 수치를 처음으로 측정하자 다소 놀라운 결과 몇 가지가 나왔다. Muller & Wrangham, 2004은 코티솔 수치가 야생 침팬지들 사이에서 지배적 위치의 차지 여부와 뚜렷한 상관관계가 있음을 밝혔다. 두 저자는 그 이유가 야생에서 지배적 위치를 차지하는 침팬지가 자신의 위치를 지키기 위해 엄청난 에너지를 소비하기 때문이라고 주장했다. 이와 같은 상황에서 침팬지가 필요로 하는 에너지는 당연히 높은 연령대의 공무원보다는 많을 것이다.

3. John Tierney (2008. 05. 20). Comfort Food, For Monkeys, 《The New York Times》.

4. 이 분야의 탁월한 초기 자료는 Axelrod, 1984이다. Smail, 2008은 장기간에 걸친 인류 역사에 대한 연구가 최근에 도달한 곳이 어디인지를 보여주는 흥미로운 자료이다.

5. (2008.06.12). The Misfits, 《The Economist》.

6. Tooby & Cosmides, 1997, Price, 2008.

7. 기회주의자들은 계산주의자들일 수도 있고 그렇지 않을 수도 있다. 계산주의자들이 아니라면, 그들은 미래와 관련된 사람을 만났을 때에는 상호성이 커지고, 그렇지 않았을 때에는 상호성이 억제되는 사람일 수 있다. 그들에게 이 모든 과정은 의식적인 통제 없이 이루어진다.

8. Fehr & Henrich, 2003 참고.

9. Fehr & Gächter, 2000a

10. Hrdy, 2009.

11. Wilson & Sober, 1994, Gintis, 2000. Hölldobler & Wilson, 2008은 사회성의 진화를 설명하는 데 집단선택론이 혈연선택론보다 훨씬 설득력이 있다고 주장하기도 했다.

12. Jones, 1994, p. 231.

13. Eshel & Cavallie-Sforza, 1982 참고.

14. Wrangham, 2003.

15. Gintis, 2000, Gintis et al., 2003.

16. Bowles, 2009.

17. De Wall, 1982.

18. Schaffer & Seabright, 2009.

19. Buller, 2005, 특히 pp. 163-190 참고.

20. Gambetta, 1993. 마피아 조직 자체가 신뢰를 구축하는 문제에 대한 조직화된 대응책이라는 이론은 Varese, 1994, 2001가 러시아의 상황에 적용하기도 했다.

21. Bowles, 1991.

22. Granovetter, 1972. Barabási, 2002는 이 개념과 네트워크의 특징에 대한 다른 연구를 위한 훌륭한 입문서이다. 네트워크가 어떻게 형성되고 성장하는지, 네트워크가 무엇을 계기로 외부의 위협에 효율적이고 안정적으로 대응하는지, 그리고 어떻게 내성이 생기는지에 대해 잘 설명해 준다.

23. 예를 들어, Wirth, 1938를 참고하라. Biggart, 2002는 사회학의 침통한 분위기가 명쾌하게 표현된 논문집이다.

24. 이와 같은 견해는 대표적으로 더글러스 노스Douglass North와 로버트 폴 토머스Robert Paul Thomas(North & Thomas, 1973, North, 1990 참고)와 관련이 있다.

25. 1 & 2부 에필로그, 아래의 주석 14 참고.

26. Jacobs [1961], 1992에서 인용한 이 구절은 pp. 32, 40에 실려 있다. 도시에 대한 제이콥스의 견해는 10장에서 자세하게 다룰 예정이다.

chapter 06 화폐와 인간

1. 인용된 많은 사례를 포함해 여기에 대한 논의는 Seabright, 2000, Ledeneva & Seabright,

2000 참고.

2. Ferguson, 2008.

3. Buchan, 1997, p. 24.

4. 이 점은 Banerjee & Maskin (1996)이 제시한 화폐론의 핵심이다.

5. Monnerie, 1996, pp. 47-69.

6. Ibid., p. 63.

7. 이 이론은 Marin et al., 2000이 제시했다.

8. (2009. 02. 07). Have a Car? Need Briefs? In Russia, Barter is Back, 《New York Times》 참고.

9. 랜들 레이Randall Wray의 글에 관심을 갖게 해준 찰스 굿하트Charles Goodhart에게 감사를 전한다. 덕분에 레이의 자료를 이 책에서 인용했으며 초판이 나온 이후 화폐의 역사적 발달 과정에 대한 견해도 상당 부분 수정했다.

10. Radford, 1945.

11. (2003. 03. 27). 《Naples Daily News》 참고. http://web.naplesnews.com/03/03/naples/d920972a.htm

12. (2008. 10. 02). 《Wall Street Journal》 참고.

13. Samuelson, 1973, pp. 274-76.

14. Wray, 1998, p. 42.

15. Ibid., p. 64.

16. Furness, 1910, p. 100, Wray, 1998, p. 58에 인용.

17. LETSYSTEMS 웹 페이지 http://www.gmlets.u-net.com 참고.

18. (2008. 12. 08). 《The Economist》 참고.

19. Buchan, 1997, p. 281.

20. Wiener, 1982. 아테네의 경우 Hall, 1998, p. 58와 아래 10장 참고.

21. Polanyi, 1944에 이 관점에 대한 굉장히 설득력 있는 주장이 담겨 있다.

22. Tourneur, 1607, 1막 1장.

23. Buchan, 1997, p. 20.

24. Balzac, 1998.

25. Amis, 1984.

chapter 07 도둑들의 의리: 비축과 도둑질

1. Davies, 2003는 기록으로 전해지는 최초의 은행은 메소포타미아에 있었으며 실제로 곡식 저장고의 역할을 했다고 밝혔다. 기록으로 전해지는 최초의 사립 은행은 기원전 5세기 후반 아테네에서 처음 설립됐다.(Cohen, 1992, p. 42.)

2. 쉐일라 오길비에 따르면 이와 같은 현상이 분명 16세기 보헤미아에서 있었다고 한다.

3. 휘발유 부족 사태와 관련한 소문이 퍼질 때 이와 비슷한 행동들이 관찰되곤 한다.

4. Cornett & Saunders, 1998, pp. 329-33. 은행 위기의 불씨가 된 은행장 조셉 몰리콘Joseph Mollicone은 1993년 횡령 혐의로 30년 형을 선고 받았으나 2002년 6월 석방됐다. (2002. 06. 24, 《Financial Times》)

chapter 08 은행가들의 의리(?) 금융위기의 원인은 무엇인가?

1. 미시건 대학교의 마크 페리Mark Perry 교수(http://mjperry.blogspot.com/2008/01/history-of-us-bank-failures.html). 페리 교수가 다른 전문가들에 비해 지식이 부족했다는 의미가 아니다. 그의 견해는 내가 이야기한 이유에 대해 가장 핵심적인 견해였다.

2. Gorton, 2009.

3. 영국에서 주택담보대출을 실시한 은행은 미국의 주택금융기관과 비슷하게 주택담보대출의 형태의 대출 비중이 상당히 높았다.

4. Cecchetti, 2007 참고.

5. Friedman & Schwartz, 1963, Gorton, 2009, p. 21, Calomiris, 2007.

6. Gorton, 2009.

7. Ibid.

8. 2008년 10월 22일 하원 정부감시개혁 위원회가 개최한 금융위기가 발생되었을 때 신용평가기관의 역할에 대한 청문회 자료에 기록되어 있다. http://oversight.house.gov/documents/20081022112325.pdf《The New York Times》기사 참고. http://dealbook.blogs.nytimes.com/2008/10/22/rating-agencies-draw-fire-capitol-hill.

9. 구조화 상품의 경제성에 대한 탁월한 입문서는 Coval et al., 2009 참고.

10. Mackenzie, 2009는 이 문제에 대해 명쾌하게 풀어 썼다.

11. Johnson, 2009.

12. Blackmore el al., 2000.

13. 스탠더드앤푸어스가 발표한 케이스 쉴러 10개 도시 주택 가격지수(Case-Shiller composite-10 index)로 측정했다.

14. Gorton, 2008과 Shiller, 2008.

15. 이 점은 Cowen, 2009에 잘 소개되어 있다.

16. Kübler-Ross, 1973.

17. Shiller, 2000.

18. Gorton, 2009.

19. O'Rourke, 2008.

20. Tett, 2009는 JP모건에서 개발한 복합파생상품과 관련된 금융위기의 전개에 대해 설득력 있게 설명하고 있다.

21. Akerlof & Shiller, 2009.

chapter 09 전문성, 일과 전쟁의 수행

1. Calvino, 1991, pp. 20-23.

2. 재판 과정에 대한 인용은 Marrus (1997, pp. 182, 206, 217) 참고. 영어 버전도 함께 있는 데 번역 상의 실수가 약간 있다.(예를 들어 "pity for" 대신 "pity with"를 쓴다거나 하는 등). Overy, 2001은 재판에 앞서 나치 지도자들의 심문에 대한 흥미로운 내용을 담고 있으며, 이를 바탕으로 아주 많은 글을 남겼다.

3. Brendon, 2000, p. 404. 뉘른베르크 전범 재판은 이와 같은 불안감을 그 어느 때보다 훨씬 눈에 잘 띄게 부각시켰다. 하지만, 복잡한 사회에서 성공하기 위해서는 한 가지 목표에만 집중해야 하며, 동시에 이와 같은 집중이 우리 삶의 질에도 영향을 미친다는 것이다. 뿐만 아니라, 한 가지 목표에 대한 집중은 깊은 불안감을 조장한다는 생각이 오랜 세월 우리 삶 을 지배해 왔다.

4. 인간 지능의 진화, 특히 폭넓고 추상적인 추론 능력의 진화는 Mithen, 1996의 주제이다. 미 슨의 주된 관심은 의식의 발달 과정이며, 미슨은 대부분의 경우에 지능은 환경에 대한 적 응과 사회적 교류를 위해 발달된 능력의 일부분이라고 본다. Miller, 2000는 성 선택으로 이

를 설명한다. 즉, 인간의 지능은 무엇인가를 하려다 만들어진 결과물이라기 보다는 여성에 의해 주도적으로 선택되었다는 것이다. 사실, 두 이론은 겉으로 드러난 것처럼 완전하게 상반된 것은 아니다. 그리고 성 선택을 받는 특정한 형태의 지능이 오늘날에도 여전히 존재한다고 볼 수는 없다. 하지만, 성적 상호작용은 진화 과정의 원동력이 되는 가장 중요한 형태의 사회적 상호작용이기도 하다.

5. Hall, 1998, pp. 44, 48.

6. 이 과정에 대한 흥미로운 일화는 Hutchins, 1995, 특히 pp. 6-26에 소개되어 있다.

7. Dumont, 1981.

8. Donne, 1997, pp. 126-27.

9. 뒤르켐Durkheim의 자살론은 Durkheim, 1987에 소개되어 있다. 뒤르켐은 자살을 네 가지로 구분하는데, 크게는 현대사회에서 사회적 통합 능력의 부족으로 인해 발생되는 이기적 자살egoistic suicide과 사회적 규제의 부족으로 인해 발생되는 아노미성 자살anomic suicide로 나눌 수 있다. 이와 관련된 몇 가지 실증적, 개념적 논란에 대해서는 Lester, 1994를 참고하라. 다만, 실증적 문제에 대한 논의는 명쾌하지도 (내가 보기에)설득력이 있지도 않다.

10. Wrosch & Miller, 2009.

11. Furedi, 2002.

12. Terkel, 1974, pp. 203-4.

13. De Botton, 2009은 다양한 직업이 그 직업에 종사하는 사람들이 갖게 되는 삶에 대한 인식에 어떤 영향을 미치는지에 대해 자세히 고찰한 몇 안 되는 책 가운데 하나이다. 아멜리 노통Amélie Nothomb의 소설 『두려움과 떨림Fear and Trembling』은 엄청난 감정의 동요를 불러일으키는 수작이지만, 소설의 배경은 도쿄의 아주 평범한 사무실이다.(Nothomb, 2002)

14. 여기에 대해서는 Hamermesh, 2005에 정리되어 있으며, 이 책은 고용시장의 행동에 관한 조사를 바탕으로 한 사람의 일과 삶의 다양성이 사람들에게 매우 중요할 뿐만 아니라, 교육의 결과 가운데 한 가지라는 사실을 보여준다.

15. Perec, 1979, pp. 94-95. (내가 번역한 책이다.)

16. 국제사면위원회, 2001.

17. Gusterson, 1996.

18. Terkel, 1986.

19. Richerson & Boyd, 1998.

20. 최근의 사례로는 2003년 3-4월 있었던 미국의 이라크 침공을 들 수 있다. 포토그래퍼 예뢴 반 데 스톡Laurent van der Stockt은 《르몽드》(4월 13/14)의 미셸 게렝Michel Guerrin과의 인터뷰에서 미 해병대가 군대에 아무런 위협을 가하지 않는 여성과 아이들을 포함한 민간 인을 진로에 방해가 된다는 이유만으로 살해한 상황을 설명한다.

PART 1과 PART 2의 Epilogue 이기심과 신뢰의 거리

1. 교과서적인 설명은 Perloff, 2001, 10장을 참고하고, 정확하지만 어려운 전문가적 접근법을 원한다면 Mas-Colell et al., 1995, 10장을 참고할 것. 경제 논리에 대해 누구나 쉽게 읽을 수 있도록 풀어 쓴 흥미로운 읽을거리를 찾는다면 Coyle, 2002, Harford, 2005 참고.

2. 실물경제에서 다양한 종류의 시장에 대해 쉽게 풀어 쓴 글을 찾는다면 McMillan, 2002 참고.

3. Milgrom & Roberts, 1992 (특히 4장)은 이 부분에 대해 쉽고 명쾌하게 풀어 썼다. Aoki, 2001는 이와 같은 주제에 대해 폭넓고 상세하게 다루고 있는 참고 자료이다.

4. 세계화에 대한 회의적 견해는 Rodrik, 1997을, 이것보다 전체적인 내용을 보고 싶다면 Bourguignon et al., 2002 참고.

5. 무역, 세계화, 세계의 빈곤과 불평등에 대한 증거를 요약한 글은 McCulloch et al., 2001과 Bourguignon et al., 2002 (특히 4장) 참고.

6. Smith, 1759, 1776.

7. Dougherty, 2002와 Rothschild, 2001 참고.

8. 조사 자료는 Riley, 2001, 교과서적 접근법은 Perloff, 2001 (19장) 참고.

9. Akerlof, 1970.

10. Seabright, 1993, Summary 참고.

11. Kreps & Wilson, 1982.

12. 평판 구축 경쟁을 통한 자기규제 모델은 Hörner, 2002 참고. 규제의 경제학에 대한 교과서 적 접근은 Viscusi et al., 2000.

13. Tirole, 1996과 Seabright, 1997 참고.

14. 이 분야에 대한 대표적인 자료는 Putnam, 1993. Putnam, 2000은 이 개념을 현대 미국 사회 에 적용한다. Dasgupta & Serageldin, 1999은 이 문제에 대해서 전체적인 소개를 하고 있다.

15. 이 연구는 Fehr & Gächter, 2000a에서 자세한 논의가 이루어졌다.

16. 예를 들어, Case et al., 2000과 Cox, 2001. Bergstrom, 1996은 혈연선택이 가족의 경제학에 미치는 영향에 대해 논의하며, Robson, 2001은 경제적 선호도와 경제적 합리성의 특징에 대한 진화생물학적 설명을 살펴본다. Cronk et al., 2000은 인류학자들이 정리한 현상에 대해 적합한 설명을 찾는 논문집이다. Dunbar et al., 1999는 상당히 흥미로운 자료를 담고 있다. Hirshleifer, 1977는 초기에 발표되었지만, 생물학과 경제학의 상관관계에 대해 아주 읽기 쉽게 풀어 쓰고 있다. Ghiselin, 2001은 방대한 참고문헌을 제공한다.

17. 흥미로운 비교 문화적 실험을 보고 싶다면 Henrich et al., 2001, 경쟁 시장이 대인관계에서 신뢰를 강화하는 경향이 있다고 주장하는 세계 계량 경제학 연구를 보고 싶다면 Francois & van Ypersele, 2009 참조.

18. 사회의 특징이 개인의 의도와 상당히 다르게 나타날 수 있다는 것은 사회학에서 불변의 진리로 통한다. 사회학적 접근법으로 사회적 상호작용을 이해하는 연구 자료로는 Barnes, 1995가 있다. 이와 같은 개념은 뒤르켐의 저서, 특히 1893년 초판이 발행된 『사회 분업론 On the Division of Labor in Society』의 핵심이다. Kaufmann, 1995은 자기 조직 구조의 특징을 설명하는 복잡계 이론을 종합적으로 설명한다.

19. Beinhocker, 2006, Bernstein, 2004, Findlay & O'Rourke, 2007.

Part 03 의도하지 않은 결과들

PART 3의 Prologue   계획과 우연의 상호작용

1. Hölldobler & Wilson, 2008.

2. Beckerts et al., 1994, p. 181. 개미에 관한 비슷한 연구 내용이 Hölldobler & Wilson, 1994, pp. 107-22에 소개되어 있다. 개미와 시장의 분명한 유사성은 Kirman, 1993 참고.

3. Smith, 1776, p. 473. Hirschman, 1977은 인간의 이기심을 억제하기보다는 이용하는 것의 중요성에 대해서 다양한 저자들의 이야기를 담은 책이다.

4. Rothschild, 2001, p. 119.

chapter 10 도시: 고대 아테네에서 현대의 맨해튼까지

1. 몇몇 사람들은 이 그림의 작가가 피에로 델라 프란체스카Piero della Francesca라고 주장하며, 초판에서는 나도 그렇게 명시했다. 하지만, 여기에 대해서는 여전히 논란이 많다. 다수의 사람들이 레온 바티스타 알베르티Leon Battista Alberti 또는 루치아노 라우라나Luciano Laurana가 그렸을 가능성이 높다고 생각한다.

2. 계획도시의 구상에 대한 흥미로운 설명(그리고 비평)이 Scott, 1998, 4장에 실려 있다.

3. Bosker et al., 2008.

4. Hall, 1998, p. 68.

5. Ibid., p. 234.

6. Ibid., p. 235.

7. Ibid., p. 238.

8. Hughes, 1992, p. 155. 이 책은 도시에 흥미를 가진 사람이라면 누구나 읽어야 할 필독서이며, 아직 바르셀로나에 가 보지 못한 사람이라도 이 책은 꼭 읽어야 한다.

9. Jacobs, 1961, pp. 50-51.

10. Ibid., p. 56.

11. Hall, 1998, 3장.

12. Snow 박사의 콜레라 지도는 Tufte, 1997a p. 24p와 1997b pp. 30-31에 실려 있다. 후자의 pp. 27-37에는 Snow 박사가 지도에서 얻은 결론과 박사의 결론이 실제로 전염병을 종식시켰는지에 대해 탁월한 설명을 펼치고 있다. 이와 유사한 문제에 대해 UCLA 전염병학과의 Ralph R. Frerichs가 관리하는 John Snow 박사의 웹사이트www.ph.ucla.edu/epi/snow.html 에서도 확인할 수 있다.

13. Borges, 1951, p. 423. 나는 기번의 글에서 경전의 원문을 인용한 구절을 찾을 수 없었으며, 보르헤스의 엉뚱한 취향을 생각해 보건대 찾을 수 있을 것 같지도 않다.

14. Corbin, 1982.

15. Süskind, 1998, pp. 3-4.

16. 어떤 곳에서는 영양 상태가 훨씬 좋은 부유한 집의 아이들이 가난한 집의 아이들보다 질병에 걸릴 확률이 다소 낮게 나타났다.(크게 차이가 나지는 않았다.) 하지만, 부자들은 시골보다 사망률이 높은 도시에서 생활할 확률이 높았다.

17. McGranahan, 1993, p. 105.

18. Mayhew , 1861, 2:136.

19. Ibid., 2:142-44.

20. Diamond, 1997, 특히 10장. Cochrane & Harpending, 2009 역시 참조할 것.

21. Libecap & Hansen, 2001.

22. Chandler, [1950] 2002.

---

chapter 11   물은 재화인가? 사회제도인가?

1. 유럽연합, 1992.

2. Ward, 2002 참고. Homer-Dixon, 1999은 환경 위기가 야기할 수 있는 다양한 폭력 분쟁에 대해 아주 체계적으로 분석했다. 또 다른 흥미로운 사례는 (2008. 05. 01). Streams of Blood, or Streams of Peace, 《The Economist》에 소개되어 있다.

3. Robbins, 1936.

4. Palaniappan & Gleick, 2009, p. 1.

5. Schama. 1987, pp. 22-25.

6. Hanson, 1988.

7. 세계보건기구(WHO), www.who.int/water_sanitation_health/diseases/burden/en/index.html에서 확인 가능하다.

8. 세계보건기구(WHO), www.who.int/pmnch/topics/add_publications/2008_worldmalariarep/en/

9. 세계보건통계(World Health Statistics, 2009) 표 3.1, www.who.int/whosis/whostat/2009/en/index.html

10. Begg et al., 1993, p. 146, Malle, 1996.

11. Pesticides in the Nation's Streams and Groundwater, 1992-2001, 「U.S. Geological Survey」, http://pubs.usgs.gov/fs/2006/3028

12. 내해의 중추적 역할을 중점적으로 다루는 자료로는 Braudel, 1972, Ascherson, 1995, Horden & Purcell, 2000이 있다.

13. Dumont, 1981.

14. Baumann, 1969.

15. Auden, 1979, pp. 184-87.

16. 나라별 전체 환경 문제의 비율을 비교하는 여론 조사의 증거는 Worcester, 1995, 특히 pp. 20-24 참고. 영국의 전체 환경 문제 중 물 문제의 순위가 높게 나타난 것에 대한 증거는 Corrado & Ross, 1999, 표6에서 확인 가능하다. 리마의 여론 조사 결과는 Worcester & Corrado, 1991, p.11에 인용되어 있다. 이 자료를 제공해준 여론 조사 회사 MORI의 로버트 워세스터Robert Worcester와 미셸 코라도Michele Corrado 두 사람에게 깊은 감사를 전한다.

17. Ward, 2002, Gleick, 2009 참고.

18. 미국의 수리권 제도에 대한 논의는 Rogers, 1993와 Clyde, 1989 참고.

19. Wittfogel, 1957.

20. Wade, 1987.

21. Landes, 1983, pp. 22-23. 이 주장의 명백한 문제점은 란데스가 설명하고 있는 기계시계와 문화 모두 다른 요인이 작용한 결과일 수도 있다는 사실이다.

22. 등대와 관련해서는 Coase, 1974, 코스의 정리 이론은 Coase, 1960 참고.

23. 대표적으로 Shleifer & Vishny, 1993 참고.

24. Herman et al., 1988.

---

chapter 12 모든 것의 가격?

1. 시그나Signa Corporation, 아에트나Aeta Inc., 유나이티드 헬스그룹United Helath Group Inc.의 주식 가격은 발표 당일인 2009년 6월 28일 정오가 되기 전에 전날 마감 가격보다 5~10 퍼센트 가량 상승했다.

2. www.biz.uiowa.edu/iem.

3. 이 값은 다른 모든 거래자의 예측치의 단순한 중앙값이 아니라, 각 거래자가 보유하고 있는 상품의 수로 매긴 중앙값이다.

4. www.newsfutures.com.

5. www.intrade.com.

6. www.hsx.com.

7. Gibbon, 1776, 5장 "The Sale of the Empire by the Praetorians."

8. Klemperer, 1999, 주석 21.

9. Hendricks & Porter, 1988.

10. Mauss, 1950.

11. Davis, 2000.

12. McCloskey, 1976.

13. De Soto, 2000.

14. Gann, 2001.

15. 미국과 영국의 수혈 시스템 비교 연구-영국은 기증, 미국은 상당 부분 판매에 의존하고 있다는 Titmuss, 1970가 진행한 고전적 연구의 주제였다. 티트무스는 수혈의 대가로 현금을 지불하는 것은 비효율적일 뿐만 아니라, 비윤리적이라고 주장했다. 수혈은 혈액 감염의 위험이 상당히 높을 뿐만 아니라, 혈액을 돈으로 거래함으로써 무료로 자신의 혈액을 기증하려던 사람들이 자발적으로 수혈을 하려고 나서지 않을 것(금전적 보상에 의한 이타심의 '크라우딩아웃crowdingout' 현상이라고 알려져 있다.)이기 때문이라고 그 이유를 설명했다. Solow, 1971과 Arrow, 1972의 리뷰 논문도 참고할 것. 놀랍게도 티트무스의 가설은 Mellström & Johannesson, 2008가 발표되기 전까지 실제 헌혈 환경에서는 한 번도 실험이 이루어지지 않았다. 그들은 통계적으로 유의미한 크라우딩아웃 현상은 발견하지 못했지만, 여성 참가자들 사이에서는 이 현상을 발견할 수 있었다. Bénabou & Tirole, 2006과 Seabright, 2009a는 크라우딩아웃 현상을 사회적 신호의 한 가지 형태로 이해하는 방법에 대해 논의하고 있다. Anderson, 1995은 논란이 되는 다양한 분야에서 거래를 거절하는 사례에 대해 신중하게 이야기를 풀었다.

16. Larissa McFarquhar (2009. 07. 27). The Kindest Cut, 《The New Yorker》, 43p.

chapter 13 가족과 기업

1. 기업의 경계에 대한 질문을 다루고 있는 대표적인 저서는 Coase, 1937이다. 이 자료를 토대로 발표된 저서 중 하나인 Putterman & Korszner, 1996에는 이 질문을 포함한 관련 질문에 대해서도 다루고 있는 다수의 유용한 논문을 포함하고 있다. Hart, 1995 (특히 1부)는 학부 수준의 훌륭한 입문서이며, Williamson, 1985은 비교적 대중을 위한 글이고, '거래 비용 경제학'Transaction cost economics이라고 불리는 분야에 대한 고전적 참고자료이다. Aoki,

2001는 거래비용 전통에서 제도경제학의 역할을 종합하고 있는 논문이다. Mokyr, 2002 (특히 4장)은 기술의 변화가 산업혁명 이후 기업의 규모와 특징에 미친 영향에 대해서 탁월한 역사적 고찰을 담은 자료이다.

2. 생산량과 관련해서는 Bourguignon & Morrison, 2002, 표1) 참고, 에너지와 담수 관련한 자료는 McNeill, 2000, 표 1.5 & 5.1 참고.

3. 예외사항으로는 미국의 플랜테이션 농업뿐만 아니라, 봉건시대의 대규모 사유지도 포함된다. 가족농업이 노동 시장에서 자주 활기를 찾았던 것도 사실이지만, 인력고용과 관련된 수급은 농업 사이클에 따라 결정되었다.

4. 이번 장에서 헨리 포드에 대한 자료는 Hall, 1998, 13장을 참고했다.

5. 탁월한 예외에 대한 내용은 Jones, 1988에 담겨있다. "기원 전에는 중국 쓰촨의 철기 제조업자가 1,000명의 인부를 고용했다."(p. 74)

6. 유럽 군대의 효율성과 경제적, 사회적 토대의 문제와 관련해서는 아테네 보병대의 기량에 대한 연구 자료 Hanson, 1989과 장기적인 역사적 비교 자료, Hanson, 2001 참고.

7. Hutchins, 1995, pp. 6-7.

8. Ibid., p. 6.

9. Buder, 1970 참고

10. Jones, 1988, p. 23. "이탈리아의 실크 산업은 16세기 초반에 4~6층짜리 공장에서 이루어졌다."

11. Hall, 1998, pp. 330-31.

12. Ibid., p. 414.

13. Ibid., p. 409.

14. Ibid., p. 411.

15. Aoki, 2001, p. 108.

16. Hall, 1998, p. 409.

17. Ibid., p. 405.

18. Landes, 1998, p. 306 참고. Hall, 1998, pp. 404-5도 참고할 것. Jones, 1988 (p. 72)는 정반대의 주장을 통해 근대 이전의 세계에서 현저한 경제 성장이 지속될 수 없었던 이유로 대량수요의 부재를 지적했다. 대량 수요의 가능성도 별다른 파생 효과도 없는 제품에 집중함으로써 엄밀히 말해 일부 조직화된 사회에서 성취할 수도 있었던 경제 성장이 지연되었다.

19. Lamoreaux et al., 2002는 19세기 초반 가족과 가족 운영을 기초로 한 구조에서 중앙집권적

공장 시스템까지 뉴잉글랜드에서 섬유를 비롯한 다른 경공업의 발전에 대해 흥미롭게 설명한다. 예를 들면, 1920~1930년대에 새롭게 지어진 대형 공장은 지역의 개인 농가에서 필요한 인력보다 "더 많은 인력을 필요로 했고, 뉴잉글랜드 전역의 젊은 미혼 여성들을 설득해 공장의 임시직으로 데려와야 했다. 미혼 여성 집단에 공장 근무의 매력을 홍보하기 위해 공장주들은 기숙사와 교육기관에 투자를 했다."는 것이다.

20. 미국 기업의 규모에 대한 미국 통계국의 통계 자료.

21. Chandler, 1990. Teece, 1993의 리뷰 논문 참고.

22. Fukuyama, 1995, 특히 pp. 66-82 중국 관련 내용 참고.

23. 무의결권 주 카테고리가 있다. 물론 법적으로는 기업의 이사진이 배당금 지급과 관련해 이 주식을 차별해서 취급할 수 없게 되어 있다.

24. 이 법안과 그 결과에 대한 분석 자료는 Berglof & Burckardt, 2003 참고.

25. 맥도널드조차 소형화의 장점인 유연성과 표준화를 결합하기 위해 프랜차이즈 사업에 의존한다.

26. Teece, 1993 (특히 주석 52)는 동일한 기술적 제약에 직면한 기업이라고 해도 생산 조정 능력에서는 상당한 차이가 있을 수 있으며, 그 차이는 수십 년 간 지속될 수 있음을 강조한다.

27. Chandler, 1977.

28. Lamoreaux et al., 2002는 이와 같은 과정과 대안이 될 만한 방식에 대한 개요를 설명한다.

29. Hutchins, 1995는 대형 해군 군함의 탐사 과정에서 다양한 인지적 작업이 한 개인의 생각에 전적으로 의존하는 것이 아니라는 것을 보여준다. 그리고 군함에 탄 군인들에게 작업이 분담되는 과정을 자세히 설명하며, 이 분담의 과정이 인지적 문제와 관련해서 상당히 일관성 있는 반응으로 바뀌는 조정 메커니즘을 분석한다.

30. Baker & Hubbard, 2004.

31. Anthony, 2007는 말, 바퀴, 마차, 그리고 이들이 전쟁, 이주, 문명의 발전에 미친 영향에 대해 대단히 흥미로운 증거를 제시한다. 대표적인 예는 다음과 같다. (p. 196) "오늘날 전 세계에 흩어져 있는 말의 유전적 다양성을 설명하기 위해서는…… 적어도 일흔 일곱 마리의 암말이 필요하다. 시대와 장소에 따라 다양한 야생의 암말을 사육마의 무리에 넣었을 것이다. 한편, 오늘날 말의 DNA 중 수말의 DNA는……놀라울 정도로 일치한다. 단 한 마리의 야생 종마만이 사육되었을 가능성도 있다."

32. Cooper, 1998.

33. Mowery & Ziedonis, 2004.

34. 기업의 규모에 관한 존 서튼John Sutton의 이론은 Sutton, 1998에 잘 정리되어 있다. 이를 세계화라는 문제에 적용하는 문제에 대해서는 영국 왕립경제협회Royal Economic Society 의 공개 강의에서 다룬 바 있다. 기록된 문서는 남아있지 않지만, 일부분은 영국의 학사원 강의(Sutton, 2001)를 토대로 했다.

chapter 14 지식과 상징

1. 미술품 사진과 고고학적, 지질학적 배경에 대한 논의와 함께 쇼베 동굴에 대한 이야기는 www.culture.fr/clture/arcnat/chauvet/fr/에서 확인할 수 있다.

2. Mithen, 1996은 "거의 100만 년 동안 도구는 동일한 기본 원료를 이용해서 거의 아무런 의미도 없는 변화를 끊임없이 거듭한 듯 보였다."라고 주장한 글린 아이작Glyn Isaac의 말을 인용한다. (p. 19)

3. 인류 문화의 진화는 Klein & Edgar, 2001와 Klein, 2009 (특히 8장)의 중심 주제이다. 저자들은 이와 같은 문화의 기원이 아프리카였다는 가설을 지지하지만, 비교적 갑작스러운 변화했다는 가설을 훨씬 선호한다. McBrearty & Brooks, 2000는 아프리카 문명의 점진적인 진화론을 강력하게 주장한다. Mithen, 1996은 인류의 문화적, 인지적 능력의 발전과정에 대해 탁월하게 기술하며, 이와 같은 과정이 어떻게 시작되었는지에 대해 흥미로운 가설까지 제안한다.

4. 하지만, 이는 어디까지나 추측에 지나지 않는다. 사실에 입각해서 이를 증명하거나 반박할 만한 증거를 찾기는 힘들다.

5. 모든 전문가가 이와 같은 설명을 인정하는 것은 아니다. 예를 들면, 수 블랙모어Sue Blackmore는 개인적인 대화 자리에서 기호적 표현, 즉 상징이 모방을 위해 필수적이라고 보지는 않는다고 이야기했다. 내 생각에 그와 같은 모방은 우리가 문화(늘 한결 같은 석기들)라고 이야기하는 요소가 생겨나기 훨씬 이전에는 인간행동의 특징이었을지도 모르지만, Blackmore, 1999가 생생하게 묘사한 것처럼 모방이 폭발적 잠재력을 지니게 된 까닭은 상징적 재조합의 유동성 때문이었다.

6. 뇌는 외부의 대상을 표현하기 위해 이미지가 아닐 수도 있는 상징을 활용한다. (이 견해에 대한 명쾌하고 직관적인 설명은 Ramachandran & Blakeslee, 1999, 4장을 참고할 것.) 따라서 소통을 위해 이미지만이 아닌 상징에 보편적으로 의존하는 것은 우리의 생물학적 능력

이 인지의 영역에서 소통의 영역으로 자연스럽게 확장된 결과이다.

7. Mithen, 1996, pp. 160-61. 주요한 증거 가운데 하나는 인간 후두의 구조와 위치인데, 인간은 유인원보다 질식의 위험이 높은 후두를 가지고 있다. 이 위험은 언어활동에 적합한 소리를 내는 후두의 뛰어난 기능 덕분에 인간이 이미 적응우위를 누리고 있었음을 의미한다. 그렇지 않았다면, 강한 선택압이 이와 같은 후두의 진화를 방해했을 것이다.

8. Whiten et al., 1999, Whiten & Boesch, 2001.

9. Diamond, 1992, pp. 133-35. 수명의 증가와 뇌 크기의 증가는 동시에 일어났을 가능성이 높다. 크기가 커진 뇌는 즉시 적응도를 높이기보다는 '투자'의 한 형태인 교육의 효과를 높인다. 따라서 증가한 수명의 전체적인 적응 가치가 높아졌을 것인데, 수명이 늘어나면서 교육의 효과를 볼 수 있는 기간 역시 늘어났기 때문이다. KaplanHurtado et al., 2000과 Robson & Kaplan, 2003 참고.

10. 인쇄술이 미친 영향 대한 인용은 Eisenstein, 1982을 참고했으며, 이는 Eisenstein, 1993에서 짧게 재인용되었다. 인쇄술의 자세한 사회사는 Febvre & Martin, 1997에서 확인할 수 있으며, Martin, 1994은 전반적으로 인쇄술의 역사를 문자의 역사와 연관 짓는다.

11. 이는 지리적으로는 분산되어 있지만, 값싼 정보재의 복제와 보급으로 한 자리에 모일 수 없는 사람들에게 자신의 재능을 널리 알리는 것에 대한 확실한 보상의 상당한 증가라고 이야기할 수 있다. 모짜르트가 「돈 조반니Don Giovanni」를 작곡한 이후 2세기가 넘는 기간 동안 오페라 『돈 조반니』를 본 관객의 수보다 조셉 로지 감독이 연출한 『돈 조반니』를 본 관객 수가 훨씬 많다는 글을 어디선가 읽은 기억이 있다.

12. Frank, 1999, p. 38. 그리고 훨씬 이전에 발표된 책 Frank, 1996는 이와 같은 시장과 시장이 사회에 미친 영향에 대한 이야기를 다룬다. 책의 토대가 된 아이디어는 Rosen, 1981이 처음으로 제시했다.

13. Boldrin & Levine, 2008, 1장 참고.

14. Jaffe & Lerner, 2004.

15. Acemoglu & Linn, 2004.

16. Moser, 2005.

17. Carlton & Waldman, 2002과 Bernheim & Whinston, 1998.

18. Boldrin & Levine, 2008.

19. 물론, 이 생각을 내가 처음 한 것은 아니다. 나는 거의 매일 이와 같은 목적 가운데 일부를 겨냥하고 있는 광고 메일을 받는다.-하지만, 어떤 면에서 아직 나는 '개구리'다.

20. Kremer & Synder, 2003는 이와 유사한 문제 때문에 민간 제약사가 치료약보다 백신에 적게 투자하는 것이라고 주장했다.

21. Stokes, 1965, p. 30. 이 설명은 스토크스의 정신분석학적 해석법, 특히 클레인의 해석(여기서는 리처드 도킨스도, 나오미 클레인도 아닌 멜라니 클레인Melanie Klein)을 인정하지 않는다고 해도 흥미롭다.

22. Gray et al., 1991. 무관한 정보를 걸러내는 능력을 '잠재적 억제latent inhibition'라고 한다.

23. 인지심리학자 콜린 마틴데일Colin Martindale은 모든 예술 활동의 가변적 특성은 예술 감상자들이 느끼는 익숙한 자극에 대한 습관화에서 발생하는 새로움에 대한 요구로 설명할 수 있다는 이론을 제기했다.(Martindale, 1990) 이 이론은 상징적으로 대중의 관심이 포화 상태인 곳에서 예술 활동이 경쟁할 때 강렬함이 증가하는 현상을 자연스럽게 설명하는 듯 하다. 두 가지 다른 예술적 창의성, 즉 실험적인 창의성과 개념적으로 혁신적인 창의성에 대해 다루는 데이비드 갤런슨David Galenson의 책과 대조해 보아도 흥미롭다. (Galenson, 2001)

24. Jones, 1988, 특히 pp. 176ff.와 Landes, 1998. 회의적인 주장을 펼치는 책으로는 Pomeranz, 2000가 있다.

25. Landes, 1998, pp. 94, 96.

---

chapter 15 소외: 실직자와 빈곤층, 그리고 환자

1. Brendon, 2000, pp. 79-81.

2. 워커 에번스Walker Evans와 미 농림부에 관련한 이야기는 http://xroads.virginia.edu/~ug97/fsa/welcome.html 참고.

3. 마니푸람Manipuram과 코빌루르Kovilur는 1985년에 내가 대략 1년 동안 실제로 머물렀고, 1990년과 1992년에 다시 찾은 실제 마을의 가명이다. 이 마을에 대한 연구 결과는 다양한 형태로 출간되어 있으며, 그 중 하나가 Seabright, 1997이다. Bliss & Stern, 1983은 북인도의 팔란푸르Palanpur 마을에 대한 상세하고 흥미로운 케이스 스터디이며, Lanjouw & Stern, 1998가 이 마을을 재방문해 연구했다. 경제발전에 대한 가장 탁월한 다용도 교과서는 Ray, 1998이지만, Basu, 1998 역시 일부 장, 특히 앞부분은 탁월하다. Bardhan & Udry, 1999는 경제발전의 제도적 부분에 대해 다루는 훌륭한 심화 교과서이다.

4. Venkatesh, 2006.

5. 고소득자들 간의 결혼과 관련해서는 Cohen, 1998, 5장에서 일반인을 대상으로, Shimer & Smith, 2000에서 전문가를 대상으로 다루고 있다. 이는 가계 소득의 불평등한 증가 (Deaton 1995, Lerman 1996), 개발도상국에서의 빈곤의 올가미(Kremer, 1993), 빈곤 국가 에서의 동료집단 대출 (Ghatak, 1999), 증가하는 이혼율(Weiss, 1997), HIV 감염율(Dow & Philipson, 1996), 학교 교육 시스템 내에서의 인종차별과 계급 차별(Bénabou, 1994), 미국 기업의 변화하는 고용 구조(Kremer & Maskin, 1996, Acemoglu, 1999, Mailath et al., 2000) 를 포함한 다양한 현상을 이해하는 데 적용되고 있다.

6. 이것이 중요한 현상일 수 있다는 주장에 대한 한 가지 증거는 Hamermesh, 2001에 나와 있 다. 해머메쉬는 직업 만족도의 수준—함께 일하는 동료의 자질에 따라 상당히 달라질 수 있 는—이 최근 미국과 독일에서 더욱 차이가 벌어졌다고 주장한다.

7. Kremer, 1993.

8. 미국인의 우울증과 정신 건강과 관련한 통계 자료는 www.nimh.nih.gov/health/ publications/the-numbers-count-mental-disorders-in-america/index.shtml에서 확인할 수 있 다. 미국의 자살률과 기타 사망률 통계는 http://webappa.cdc.gov/sasweb/ncipc/mortrate10_ sy.html에서 확인할 수 있다. 전 세계의 자살을 비롯한 다른 사망 원인에 대한 통계 자료는 www.who.int/healthinfo/statistics/bodgbddeathdalyestimates.xls에 나와 있다.

9. 본인-대리인 관계 이론은 제임스 미어리스James Mirrlees의 노벨 강의에서 처음 소개되 었으며 (Mirrlees, 1997), 이와 관련해서 탁월한 전문가용 자료로는 Laffont & Martimort, 2002가 있다. Holmström & Milgrom, 1991은 이 이론을 다양한 과제에 적용하며, 일부 과 제는 특히 쉽게 모니터링이 가능하다. 멀티태스킹에 적용한 경우는 Seabright, 1999에 소개 되어 있다.

10. Bursztajn et al., 1990 (p. 414)은 의학적 의사결정에 대한 흥미로운 자료로 다양한 케이스 스터디 자료를 담고 있다. '신뢰'라는 제목이 붙은 10장은 의사들이 환자와의 신뢰를 구축 하려는 기대나 자원 할당과 관련해서 냉정한 결정을 내려야 할 필요성을 조화시키는 과정 에서 부딪히는 수많은 어려움에 대해 이야기한다.

11. Holmström & Milgrom, 1991.

12. Luhrmann, 2000, p. 243.

13. Ibid., p. 260.

14. Ibid., p. 17.

15. 복지의 비시장적 측면을 고려해서 GDP를 조정하는 것이 수입 증가에 전반적으로 긍정적인 영향을 미친다는 것과 관련해서는 Crafts, 2003 참고할 것.

16. 정신 질환을 미화하는 사례는 Laing, 1960, 이에 비해 보다 정교하고 역사적으로 폭넓은 내용을 다루는 사례는 Foucault, 1965 참고. Kakar, 1982는 미국과 인도 사회가 정신 질환을 개념화하고 특정한 질병을 가진 개인을 다루는 다른 방식에 대해 좀 더 섬세하게 접근한다.

17. Steckel & Wallis, 2009, 표2.

PART 3의 Epilogue　시장과 기업의 외부효과

1. Schelling, 1978은 이 주제와 관련한 탁월한 입문서이다.

2. Krugman, 1991은 여전히 이 분야 최고의 입문서이다. Fujita et al., 1999와 Neary, 2001의 리뷰논문 역시 참고할 것.

3. Seabright, 1993와 Portney, 2000는 입문용 논문이다. Pearce & Turner, 1990는 교과서용 자료, Dasgupta, 1993, 2001는 두 편의 종합 논문, Dasgupta & Maler, 1997는 환경과 개발 문제와 관련된 논문집이다.

4. 쉽게 읽히는 입문서를 찾는다면 McMillan, 2002과 Harford, 2005 참고.

5. Farrell, 1987은 코스의 이론이 적용된 거래 상황에서 정보의 불균형이 효율적인 거래를 방해하는 이유에 대해 명쾌하게 설명한다.

Part 04　집단행동

PART 4의 Prologue　현대 사회의 구조를 만든 공격과 방어의 논리

1. Weisdorf, 2005는 탁월한 조사 결과를 제시한다.

2. 나는 Rowthorn & Seabright, 2009에서 밥 로우손Bob Rowthorn과 함께 방어와 농업의 도입에 대해 상세한 이론을 제시했다. 농업이 여러 곳에서 개별적으로 도입되었다는 증거는 Richerson et al., 2001에 정리되어 있으며, 세계 전반에서 농업의 빠른 확산과 관련해서는 Bellwood, 1996와 Cavallie-Sforza et al., 1994에 잘 정리되어 있다. Barker, 2006는 농업

의 기원과 관련된 이야기의 개요를 폭넓게 소개하며, 무엇보다도 얼마나 많은 공동체가 자연스럽게 농업을 선택하게 되었는지를 강조한다. (Tudge, 1999 역시 같은 주장을 했다.) Mithen, 1996이 지적한 것처럼, 초기의 인류는 고도의 생물학적 지식을 가지고 있었으며, 따라서 그들이 농업을 채택하지 않은 이유가 기술 부족이라고 보는 것은 무리가 있어 보인다. 기존의 이론은 주로 두 가지 가설로 이루어지는데, 인구 과잉에서 비롯된 후기 홍적세의 식량 위기설(Cohen, 1977)과 지구 온난화를 비롯한 급격한 기후 변화설 (Richardson et al., 2001)이 그 두 가지이다. 첫 번째 가설, 즉 식량 위기설은 수렵채집 인들이 영아 살해 등의 다양한 방법을 통해 인구 증가를 억제할 수 있었다는 증거 때문에 문제가 된다. Cohen & Armelagos, 1984에 따르면, 초기 농부들의 건강에 대한 증거를 감안하면 두 번째 가설, 즉 기후 변화설은 농업의 도입을 위한 필요조건일 뿐 충분조건은 아니다. 이 증거를 고려했을 때, 기후 변화는 농업의 도입이 불가피할 정도로 농업 생산성을 향상시키지는 못했기 때문이다. 미슨이 지적하는 것처럼, 과거의 수많은 기후 변화가 농업으로 이어지지도 않았다. 또 다른 두 이론은 농업의 도입이 '돌이킬 수 없는 단계'로 이어질 수 있었던 이유를 설명해준다. 하지만, 두 이론 중 어느 쪽도 최초의 도입에 대해서는 설명하지 못한다. Bar-Yosef & Belfer-Cohen, 1989은 정착 생활이 인구 증가의 제약을 없앴으며 수렵채집 생활로 돌아가는 것을 불가능하게 만들었다고 주장한다. Winterhalder & Lu, 1995는 이미 정착 생활을 하고 있던 집단의 집중적인 사냥으로 대형 사냥감이 멸종했으며, 이 때문에 수렵채집 생활로 돌아가는 것이 불가능해졌을 것이라고 주장한다. 이와 같은 가설은 Stutz et al., 2009에 제시된 관련 자료로 확실히 입증된다. 또한, 미슨은 생물학적으로는 발달했을지라도 상징적 창의성이 부족했던 조상들보다 현대의 인류가 농업의 가능성에 대해 훨씬 분명하게 인식할 수 있었던 이유는 인간의 의식이 진화했기 때문이라고 설명한다. 즉, 조상들은 야생 동물과 식물에 대해서는 알고는 있었지만 이들을 집에서 사육, 재배한다는 생각은 할 수 없었을 것이다. 따라서 방어에는 중요한 외부효과가 필요하다는 나의 주장은 초기 농부들의 건강에 대한 증거와 그럼에도 불구하고 기후 변화가 농업의 생산성을 높여 공동체들이 농업에 강한 매력을 느끼게 됐을 가능성을 조화시킬 수 있는 최선의 제안이다. 방어의 필요성이 초기 농경사회의 우선순위였다는 사실에 대해서는 Gat, 2006가 강력하게 주장한다.

3. 따라서 이 점은 상대적으로 정주형 생활을 하게 된(따라서 규모가 크고 복잡하며 사회적으로 계층화된) 태평양 북서부 연안의 연어잡이 마을 같은 일부 수렵채집 사회에도 적용이 가능하다. 왜냐하면, 수렵 장소는 고정되어 있었기 때문이다.

4. Ferguson, 1773, p. 218. 나는 Gellner, 1994의 탁월한 책 덕분에 이와 관련된 내용은 물론 Ibn Khandun, 1377에 대해서도 알게 됐으며, 이 책의 pp. 62-63에서 퍼거슨에 대한 내용을 발견할 수 있었다.

chapter 16 국가와 제국

1. Cavallie-Sforza, 2000, pp. 104-13. Renfrew, 1989는 인도유럽어의 기원에 대한 수수께끼에 대해 다루는 책이다. 이 책 역시 농업의 확산으로 인한 기술(이 경우, 언어 기술)의 점진적 확산이라는 가설을 바탕으로 하고 있다.

2. Gkiasta et al., 2003.

3. Zeder, 2008.

4. Cavallie-Sforza, 2000. 반투 족의 영토 확장에 대해 보다 자세히 알고 싶다면, Ehret, 1998 참고.

5. Leblanc et al., 2007.

6. Richards, 2003는 북부 그리스인 중 터키에서 이주해온 신석기인의 미토콘드리아 DNA 비율을 약 20 퍼센트로 추정했으며, Y 염색체 DNA는 약 25 퍼센트로 추정했다. 토착 여성이 이주민의 유전자 풀에 섞여 들어갈 경우 토착 남성보다 후자의 비율이 더욱 높아질 것이다.

7. 역사상 그 어떤 시기에도 다른 사람을 노예화하는 것에 대한 제약이 없었던 사회는 없었으며, 사회가 부유할수록 노예제가 성행했다는 주장은 Nieboer, 1900(특히 pp. 255-61, 286-88, 294, 303, 306, 417-27)가 최초로 제기했다. 이 자료를 제공해준 스탠리 엥거먼에게 감사를 전한다. 노예제의 경제학에 대한 대표적인 자료로는 Fogel & Engerman, 1974이 있다.

8. Gat, 2002, 2006, 9장.

9. Hanson, 1989, pp. xxiv-xxv.

10. 페리클레스가 펠로폰네소스 인들에 대해 설명하는 대목은 Thucydides (1998), 『History of the Peloponnesian War』, Strassler (편), 1권, 141장, p. 81 참고.

11. Hanson, 2001, pp. 274-75.

12. Kennedy, 1989. Peter Turchin, 2003의 저서는 케네디의 저서보다 훨씬 양적인 방식으로 인구 증가와 재정적 힘 사이 상호관계를 연구한다.

13. Darwin, 2008.

14. White, 1966.

15. Scott, 1998, pp. 64-73.

16. 이 견해에 대해 Keeley, 1996 (특히 pp. 121-26)가 검토, 반박했다. Gat, 2006는 이 견해에 관련해 아주 미묘한 주장을 펼친다. 즉, 맬서스의 덫을 극복한 국가는 잃을 것이 훨씬 많기 때문에 분쟁을 피해야 하는 이유가 많아졌으며, 그 결과로 번영을 누리는 세대에서는 무역이 더욱 중요한 역할을 할 것이라는 주장이다. 하지만, 국가가 번영하고 있다면 가까운 무역국뿐만 아니라 다른 어떤 상대와도 갈등을 피해야 한다.

17. 오스트레일리아와 태즈메이니아 원주민, 헤레로 족의 전멸에 대한 내용은 Diamond, 1992, pp. 278-88 참고.

18. Hochschild, 1999, 전체, 특히 15장. 이와 같은 대학살은 노예제의 종식과 함께 원주민들이 더 이상 학살자들의 경제적 자원이 되지 못한다는 사실 때문에 벌어졌을지도 모른다. 즉, 학살자들에게 그들은 방해물에 불과했다.

19. 규모와 힘의 불균형이 일부 종의 성인들 사이에서 벌어지는 폭력의 원인이라는 주장은 Wrangham & Peterson, 1996 (pp. 156-72)이 제시했다. 고릴라의 새끼 살해에 대한 증거는 pp. 146-51 참고.

20. Hanson, 2001, pp. 273-75.

21. Cohen, 1992, pp. 43-44.

22. Cave & Coulson, 1936, pp. 104-5.

23. Landes, 1998, p. 339. 란데스가 이 마지막 문장에서 어떤 의미를 전달하려고 했는지는 분명하지 않다. 유럽에서는 어떤 국가도 군사적 우위를 차지하려던 강적이 없었다는 말을 하고 싶었던 것이 아닐까 싶다.

24. 스톡홀름 국제평화연구소의 웹사이트는 www.sipri.se이다.

25. Barro & Sala-i-Martin, 1995.

26. Aizenman & Glick, 2005. 이 증거에 따르면, 일단 한 나라가 직면한 군사적 위협의 특징을 고려하면 군사비 지출은 경제 성장에 도움이 된다. 당연히 특정 국가에서 군사비 지출의 효과를 거두지 못하거나 역효과를 초래하거나, 또는 소수의 상류층에게만 이익이 된다고 하더라도 대개의 경우에는 그와 같은 결과에 도달한다.

27. Aidt et al., 2006.

chapter 17 세계화와 정치활동

1. Macaulay, 1857.

2. Gray, 1998.

3. Burke, 1790.

4. Ricardo, 1817.

5. Rodrik, 1997은 세계화의 위험 쪽을 더 강조한다. Bourguignon et al., 2002과 Wolf, 2004도 참고할 것.

6. Bourguignon & Morrison, 2002.

7. Thucydides (1998), 『History of the Peloponnesian War』, Strassler (편), 2권, 39장, p. 113에 인용되었다.

8. 이 점에 대해 초판에서 내가 사용한 단어가 시대착오적이었다는 점을 깨닫게 해 준 데이비드 위긴스David Wiggins에게 감사를 전한다.

9. Miller, 2009는 광고인들이 소비 결정을 통해 개인의 특성을 전달하고자 하는 우리의 진화한 욕망을 효율적인 신호를 전달하는 방식이 아닌 전혀 다른 방식으로도 조작할 수 있는지 설명한다.

10. Packard, 1957.

11. Wantchekon, 2003.

12. Rawls, 1975.

13. Huntington, 1993.

14. Macpherson, 1962.

15. 종교전쟁의 중요성은 Tully, 1980, 1993가 특히 강조한다.

16. 예를 들어, Sandel, 1982과 Gray, 2000.

17. Constant, 1819.

18. Williams, 1993.

19. Lewis, 2002, p. 6.

20. Lewis, 2003는 이렇게 주장한 저자 가운데 한 사람이다.

21. Rousseau, 1755, p. 90.

chapter 18   결론: 위대한 실험은 얼마나 무너지기 쉬운가?

1. WHO, 2004. 또한 전염성 병원균은 비전염성 질병이라고 알려져 있는 몇 가지의 암과도 관련이 있다고 의심하고 있다.(Price-Smith, 2002, p. 37 참고.)

2. 인플루엔자 전염병과 관련해서는 Taubenberger & Morens, 2006 참고. Keeley, 1996 (특히 pp. 89~94)는 선사시대와 산업사회 이전 사회의 전쟁 사상자 비율이 산업사회의 전쟁 사상자 비율보다 훨씬 높았다는 증거를 제시한다.

3. Intergovernmental Panel on Climate Chnage, 2008, 특히 4.2장 참고.

4. Homer-Dixon, 1999 참고.

5. Ibid., p. 75.

6. 급진적 기술 혁신은 미래에 이와 같은 현상을 바꿀 수 있다.-아군의 안전은 무사히 지키면서 수많은 적군을 죽일 수 있고, 동시에 고도의 감염 메커니즘이 필요하지도 않은 목표 바이러스가 한 가지 방법일 수 있다. 하지만, 이는 어디까지나 추측에 불과하다.

7. 제프리 호손Geoffrey Hawthorn은 콜롬비아 무장혁명군(FARC)에게 공연 요청을 받은 유명한 베네수엘라의 락 밴드에 대한 이야기를 해줬다. 그 밴드는 혁명군에게 공연을 하기 위해서는 2만 달러의 공연비와 공연장, 베네수엘라의 수도인 카라카스까지 안전하게 오갈 수 있는 통행로가 필요하다고 이야기했다. FARC는 이 요청을 수락했고, 밴드는 공연료는 물론 카라카스까지 가는 전용 비행기, 그리고 최신 음향, 조명 장비가 갖춰진 대형 공연장까지 제공받았다. 그 자체로만 보면 사소한 일화이지만, 국가도 아닌 일개 무장단체가 얼마나 대담하게 통치행위를 하고 있는지를 보여주는 사례이다.

8. Gladwell, 2000은 개념(공황을 포함한)이 확산되는 방식은 물론 수많은 인맥과 강한 설득력을 가진 주요 인물의 역할에 대해 탁월하게 풀어낸다. 즉, 한 사회의 물리적, 공식적 조직의 허브가 적다고 해도 사회는 개념의 세계에서 허브를 가질 수 있다.

9. 입문서를 찾는다면 Barabási, 2002 참고.

10. (2009. 07. 29). Moins de 400 femmes porteraient le voile integral en France, 《Libération》, www.liberation.fr/societe/0101582553-moins-de-400-femmes-porteraient-le-voile-integral-en-france.

11. Olson, 1965, p. 29.

12. Stern, 2007 이라고 발표.

참고
자료

참고자료

- Acemoglu, Daron. 1999. Changes in unemployment and wage inequality: an alternative theory and some evidence. *American Economic Review* 89:1259-78.

- Acemoglu, Daron, and Joshua Linn. 2004. Market size in innovation: theory and evidence from the pharmaceutical industry. *Quarterly journal of Economics* 119:1049-90.

- Adams, John. 1995. *Risk*. London: UCL Press.

- Aidt, Toke. Jayasri Dutta, and Elena Loukoianova. 2006. Democracy comes to Europe: franchise extension and fiscal outcomes 1830-1939. *European Economic Review* 50:249-83.

- Aizenman, Joshua, and Reuven Glick. 2005. Military expenditure, threats and growth. *Journal of international Trade and Economic Development* 15(2): 129-55.

- Akerlof, George. 1970. The market for lemons: qualitative uncertainty and the market mechanism. *Quarterly Journal of Economics* 84:488-500.

- Akerlof, George, and Robert J. Shiller. 2009. *Animal Spirits: How Human Psychology Drives the Economy, and Why It Matters for Global Capitalism*. Princeton University Press.

- Amis, Martin. 1984. *Money*. Harmondsworth, U.K.: Penguin.

- Amnesty International. 2001. *Stopping the Torture Trade*. London: Amnesty International.

- Anderson, David. 2000. Surrogate currencies and the 'wild' market in central Siberia. In Seabright 2000.

- Anderson, E. 1995. *Value in Ethics and Economics*. Cambridge, MA: Harvard University Press.

- Andersson, Malte. 1994. *Sexual Selection*. Princeton University Press.

- Anthony, David W. 2007. *The Horse, the Wheel and Language: How Bronze-Age Riders from the Eurasian Steppes Shaped the Modern World*. Princeton University Press.

- Aoki, Masahiko. 2001. *Toward a Comparative Institutional Analysis*. Cambridge, MA: MIT Press.

- Arrow, Kenneth J. 1972. Gifts and exchanges. *Philosophy and Public Affairs* 1(2):343-62.

- Arnqvist, Göran. and Locke Rowe. 2005. *Sexual Conflict*. Princeton University Press.

- Ascherson, Neal. 1995. *Black Sea*. London: Jonathan Cape.

- Auden, W. H. 1979. *Selected Poems* (ed. Edward Mendelson). London: Book Club Associates.

- Axelrod, Robert. 1984. *The Evolution of Co-operation*. New York : Basic Books.

- Baker, George P., and Thomas Hubbard. 2004. Contractibility and asset ownership: on-board computers and governance in US trucking. *Quarterly Journal of Economics* 119:1443-79

- Baker, M., E. Bulte, and J. Weisdorf. 2006. The origins of governments: from amorphy to anarchy and hierarchy. Discussion Paper 06-25, Department of Economics, University of Copenhagen.

- Balzac, Honoré de. [1847] 1988. *Splendeurs et Misères des Courtisanes*. Paris: Livres de Poche.

- Banerjee, Ahijit, and Eric Maskin. 1996. A Walrasian theory of money and barter. *Quarterly Journal of Economics* 111:955-1005

- Barabási, Albert-László. 2002. Linked: *The New Science of Networks*. Cambridge, MA: Perseus Publishing.

- Barash, David. 2002. Evolution, males and violence. *Chronicle Review*. (Available at http://chronicle.com/free/v48/i37/37b00701.htm)

- Barash, David, and Judith Lipton. 2002. *Gender Gap: The Biology of Male-Female Differences*. Piscataway, NJ: Transaction Publishers.

- Bardhan, Pranab, and Christopher Udry. 1999. *Development Microeconomics*. Oxford University Press.

- Barker, Graeme. 2006. *The Agricultural Revolution In Prehistory: Why Did Foragers Become Farmers?* Oxford University Press.

- Barnes, Barry. 1995. *The Elements of Social Theory*. Princeton University Press.

- Barro, Robert, and Xavier Sala-i-Martin. 1995. *Economic Growth*. Cambridge, MA: MIT Press.

- Bar-Yosef, O., and A. Belfer-Cohen. 1989. The origins of sedentism and framing communities in the Levant. *Journal of World Prehistory* 3:447-97.

- Basu, Kaushik. 1984. *The Less-Developed Economy*: A Critique of Contemporary Theory. Oxford: Blackwell and Oxford University Press.

  -. 1998. *Analytical Development Economics*. Cambridge, MA: MIT Press.

- Baumann, D. 1969. Perception and public policy in the recreational use of domestic water supply reservoirs. *Water Resource Research* 5:543.

- Beckerts, R., O. Holland, and J.-L. Deneubourg. 1994. "From local actions to global tasks: stigmergy in collective robotics." In *Proceedings of Artificial Life IV: Proceedings of the Fourth International Workshop on the Synthesis and Simulation of Living Systems* (ed. Rodney Brooks and Pattie Maes). Cambridge, MA: MIT Press.

- Begg, David, et al. 1993. *Making Sense of Subsidiarity.* London: Centre for Economic Policy Research.

- Beinhocker, Eric D. 2006. *The Origin of Wealth:* The Radical Remaking of Economics and What It Means for Business and Society. Cambridge, MA: Harvard Business School Press.

- Bellwood, P. 1996. The origins and spread of agriculture in the Indo-Pacific region. In *The Origins and Spread of Agriculture and Pastoralism in Eurasia* (ed. David Harris). Washing ton, D.C.: Smithsonian Institution.

- Bénabou, R. 1994. Human capital, inequality, and growth: a local perspective. *European Economic Review* 38:817-26.

- Bénabou, R., and J. Tirole. 2006. Incentives and prosocial behavior. *American Economic Review* 96:1652-78.

- Berglof. Erik, and Michael Burckardt. 2003. Break-through in European take-over regulation? *Economic Policy* 36.

- Bergstrom, Ted. 1996. Economics in a family way. *Journal of Economic Literature* 34:1903-34.

- Bernhiem, Douglas, and Michael Whinston. 1998. Exclusive dealing. *Journal of Political Economy* 106:64-104.

- Bernstein, William J. 2004. *The Birth of Plenty: How the Prosperity of the Modern World Was Created.* New York: McGraw-Hill.

- Biggart, Nicole Woolsey (ed.). 2002. *Readings in Economic Sociology.* Oxford: Blackwell.

- Binmore, Ken. 1998. *Game Theory and the Social Contract,* Volume 1: Playing Fair, Volume 2: Just Playing. Cambridge, MA: MIT Press.

- Bishop, C. (ed.). 1992. *The Way Nature Works.* New York: Macmillan.

- Blackmore, Susan. 1999. *The Meme Machine.* Oxford University Press.

- Blakemore, S. J., D. M. Wolpert, and C. D. Frith. 2000. Why can't you tickle yourself? *NeuroReport* 11(11):R11-R16.

- Bliss, Christopher, and Nicholas Stern. 1983. *Palanpur.* Oxford: Clarendon Press.

- Boldrin, Michele, and David Levine. 2008. *Against Intellectual Monopoly.* Cambridge University Press.

- Bores, Jorge Luis. [1951] 2000. The Argentine writer and tradition. In *Selected Non-Fictions* (translated by Esther Allen, Suzanne Levine, and Eliot Weinberger). London, Harmondsworth: Penguin. (Originally, El Escritor Argintinoy la Tradicion, lecture given at Colegio Libre de Estudios Superiores, Buenos Aires.)

- Bosker, M., E. Buringh, and J. Luiten van Zanden. 2008. From Baghdad to London: the dynamics of urban growth in Europe and the Arab world, 800-1800. Discussion Paper 6833. London: Centre for Economic Policy Research.

- De Botton, Alain. 2009. *The Pleasures and Sorrows of Work*. London: Hamish Hamilton.
- Bourguignon, François, and Christian Morrison. 2002. Inequality in world incomes 1820-1992. *American Economic Review* 92:727-44.
- Bourguignon, François, et al. 2002. *Making Sense of Globalization: A Guide to the Economic Issues*. Centre for Economic Policy Research Policy Paper 8. London: Centre for Economic Policy Research.
- Bowles, Samuel. 1991. What markets can-and cannot-do. *Challenge*, July/August, pp. 11-14.
- -. 2007. Genetically capitalist? *Science* 318:394-95.
- Bowles, Samuel. 2009. Did warfare among ancestral hunter-gatherer groups affect the evolution of human social behaviors? *Science* 324:1293-98.
- Braudel, F. 1972. *The Mediterranean and the Mediterranean World in the Age of Philip II*. London and New York: Harper Colophon.
- Brendon, Piers. 2000. *The Dark Valley: A Panorama of the 1930s*. London: Pimlico Press.
- Britnell, Richard. 1997. *The Commercialisation of English Society*, 1000-1500, 2nd edn. Manchester University Press.
- Buchan, James. 1997. *Frozen Desire: An Enquiry into the Meaning of Money*. London: Picador.
- Buder, Stanley. 1970. *Pullman: An Experiment in Industrial Order and Community Planning*. Oxford University Press.
- Buller, David J. 2005. *Adapting Minds: Evolutionary Psychology and the Persistent Quest for Human Nature*. Cambridge, MA: MIT Press.
- Burke, Edmund. [1790] 1999. *Reflections on the Revolution in France*. Oxford University Press.
- Bursztajn. Harold, Richard Feinbloom, Robert Hamm, and Archie Brodsky. 1990. *Medical Choices, Medical Chances: How Patients, Families and Physicians Can Cope with Uncertainty*. London: Routledge.
- Buss, David. 2008. *Evolutionary Psychology: The New Science of the Mind*. London: Pearson.
- Calomiris, Charles. 2007. Bank failures in theory and history: the Great Depression and other "contagious" events. Working Paper 13597, NBER.
- Calvino, Italo. [1991] 2000. *Why Read the Classics?* translated by Martin McLaughlin. London: Vintage. (Originally published as Perché Leggere i Clasici. Milan: Arnoldo Mondadori.)
- Carlton, D., and M. Waldman. 2002. The strategic use of tying to preserve and create market power in evolving industries. *RAND Journal of Economics* 33:194-220.
- Case, Anne, I.-Fen Lin, and Sara McLanahan. 2000. How hungry is the selfish gene? *Economic Journal* 110:781-804.
- Cavalli-Sforza, Luigi Luca. 2000. *Genes, People and Languages*, translated by Mark Seielstad. Berkeley, CA: University of California Press.

- Cavalli-Sforza, Luigi Luca, Paolo Menozzi, and Alberto Piazza. 1994. *The History and Geography of Human Genes*. Princeton University Press.

- Cavalli-Sforza, Luigi Luca, and Marcus Feldman. 2003. The application of molecular genetic approaches to the study of human evolution. *Nature Genetics Supplement* 33:266-75.

- Cave, Roy, and Herbert Coulson. [1936] 1965. *A Source Book for Medieval Economic History*. New York: Biblo & Tannen.

- Cecchetti, Stephen. 2007. Subprime series, Part 2: Deposit insurance and the lender of last resort. Available at www.voxeu.org/index.php?q=node/748 (accessed November 12, 2009)

- Chagnon, Napoleon. 1988. Life histories, blood revenge and warfare in a tribal population. *Science* 239:985-92.

- Chandler, Alfred. 1977. *The Visible Hand: The Managerial Revolution in American Business*. Cambridge, MA: Harvard University Press, Belknap Press.

   -. 1990. *Scale and Scope*: The Dynamics of Industrial Capitalism. Cambridge, MA: Harvard University Press, Belknap Press.

   Chandler, Raymond. [1950] 2002. *The Simple Art of Murder*. New York: Vintage.

   Clark, Gregory. 2007. *A Farewell to Alms: A Brief Economic history of the World*. Princeton University Press.

   Clyde, S. 1989. Adapting to the changing demand for water use through continued refinement of the prior appropriation doctrine: an alternative approach to wholesale relocation. *Natural Resources Journal* 29:435-56.

- Coase, Ronald. [1937] 1996. The nature of the firm. Economica 4:386-405. (Reprinted in Coase 1988 and in Putterman & Kroszner 1996.)

   -. 1960. The problem of social cost. *Journal of Law and Economics* 3:1-44. (Reprinted in Coase 1988.)

   -. 1974. The lighthouse in economics. *Journal of Law and Economics* 2:357-76. (Reprinted in Coase 1988)

   -. 1988. *The Firm, the Market and the Law*. University of Chicago Press.

   Cochrane, Gregory, and Henry Harpending. 2009. *The 10,000 Year Explosion: How Civilization Accelerated Human Evolution*. New York: Basic Books.

   Coe, David T. 2008. Jobs on another shore. *Finance and Development* March, pp. 48-51.

   Cohen, Daniel. 1988. *The Wealth of the World and the Poverty of Nations*. Cambridge, MA: MIT Press.

   Cohen, Edward E. 1992. *Athenian Economy and Society: A Banking Perspective*. Princeton University Press.

   Cohen, M, N. 1977. *The Food Crisis in Prehistory*. New Haven: Yale University Press.

Cohen, M. N., and G. J. Armelagos. 1984. *Paleopathology at the Origins of Agriculture.* New York:: Academic Press.

Constant, Benjamin. [1819] 1980. De la liberté des anciens comparéé a celle des modernes. In *De La Liberté chez les Modernes* (ed. Marcel Gauchet). Paris: Livres de Poche.

• Cooper, Gail. 1998. *Air-Conditioning America: Engineers and the Controlled Environment, 1900-1960.* Baltimore, MD: Johns Hopkins University Press.

• Corbin, Alain. [1982] 1994. *The Foul and the Fragrant: Odour and the Social Imagination.* London: Picador. (Originally published as Le Miasme et la Jonquille. Paris: Editions Aubier Montaigne.)

• Cornett, Marcia Millon, and Anthony Saunders. 1998. *Fundamentals of Financial Institutions Management.* New York: McGraw-Hill.

• Corrado, Michele, and Miranda Ross. 1990. *Green Issues in Britain and the Value of Green Research Data.* London: MORI.

• Cosmides, Leda, and John Tooby. 1992. Cognitive adaptations for social exchange. In *The Adapted Mind* (ed. J. Barkow, L. Cosmides, and J. Tooby). New York: Oxford University Press.

• Coval, Joshua D., Jakub Jurek, and Erik Stafford. 2009. The economics of structured finance. Working Paper 09-060, Harvard Business School.

• Cowen, Tyler. 2009. A simple theory of the financial crisis or, why Fisher Black still matters. *Financial Analysts Journal* 65(3).

• Cox, Donald. 2001. How do people decide to allocate transfers among family members? Boston College, Working Paper.

• Coyle, Diane. 2002. *Sex, Drugs and Economics: An Unconventional Introduction to Economics.* New York: Texere.

• Crafts, Nicholas. 2003. UK real national income 1950-1998: some grounds for optimism. *National Institute Economic Review*, July.

• Cronk, Lee, Napoleon Chagnon, and William Irons. 2000. *Adaptation and Human Behavior: an Anthropological Perspective.* New York: Aldine de Gruyter.

• Daly, Martin, and Margo Wilson. 1988. *Homicide.* New York: Aldine de Gruyter.

• Damasio, Antonio. 1995. *Descartes' Error: Emotion, Reason, and the Human Brain.* New York: Harper Collins.

• Darwin, John. 2008. *After Tamerlane: The Global History of Empire Since 1405.* New York: Bloomsbury Press.

• Dasgupta, Partha. 1993. A*n Inquiry into Well-Being and Destitution.* Oxford: Clarendon Press.

• -. 2001. *Human Well-Being and the Natural Environment.* Oxford: Clarendon Press.

• Dasgupta, Partha, and Karl-Göran Mäler (eds). 1997. *The Environment and Emerging Development Issues.* Oxford: Clarendon Press.

- Dasgupta, Partha, and Ismail Serageldin. 1999. *Social Capital: A Multi-Faceted Perspective.* Washington, D. C.: World Bank.

- Davies, Glyn. 2003. *A History of Money: From Ancient Times to the Present Day,* 2nd edn. Cardiff: University of Wales Press

- Davis, Natalie Zemon. 2000. *The Gift in Sixteenth Century France.* Madison, WI: University of Wisconsin Press.

- Dawkins, Richard. 1976. *The Selfish Gene.* Oxford University Press.

- Deacon, Terrence. 1997. *The Symbolic Species: The Co-evolution of Language and the Human Brain.* London: Allen Lane.

- Deaton, A. 1995. Inequality within and between households in growing and aging economies. In *Critical Issues in Asian Development: Theories, Experiences and Policies* (ed. M.-G. Quibria). Hong Kong, Oxford, and New York: Oxford University Press for the Asian Development Bank.

- Desmond, Adrian, and James Moore. 2009. *Darwin's Sacred Cause: Race, Slavery and the Quest for Human Origins.* London: Allen Lane.

- De Soto, Hernando. 2000. *The Mystery of Capital: Why Capitalism Triumphs in the West and Fails Everywhere Else.* New York: Basic Books.

- De Vries, Jan. 1974. *The Dutch Rural Economy in the Golden Age, 1500-1700.* New Haven, CT: Yale University Press.

  -. 1976. *The Economy of Europe in an Age of Crisis, 1600-1750.* Cambridge University Press.

- De Waal, Frans. 1982. *Chimpanzee Politics: Power and Sex among Apes.* New York: Harper & Row.

  -. 2001. *Tree of Origin: What Primate Behavior Can Tell Us about Human Social Evolution.* Cambridge, MA: Harvard University Press.

- Diamond, Jared. 1992. *The Third Chimpanzee.* New York: Harper Collins.

  -. 1997. *Guns, Germs and Steel: The Fates of Human Societies.* New York: W. W. Norton.

- Donne, John. 1997. *No Man Is an Island: A Selection from the Prose of John Donne* (ed. Rivers Scott). London: Folio Society.

- Dostoyevsky, Fyodor. [1865] 1996. *Crime and Punishment,* translated by David McDuff. Harmondsworth, U.K.: Penguin.

- Dougherty, Peter. 2002. *Who's Afraid of Adam Smith? How the Market Got Its Soul!* New York: John Wiley.

- Dow, W., and T. Philipson. 1996. An empirical examination of the implications of assortative matching on the incidence of HIV. *Journal of Health Economics* 15:735-49.

- Duerr, Hans Peter. 2000. *Nudité et Pudeur: Le Mythe du Processus de Civilisation.* Paris: Maison des Sciences de l'Homme.

- Dumont, Louis. 1981. *Homo Hierarchicus,* 2nd edn translated by Basia Gulati. University of Chicago Press.

- Dunbar, Robin. 1992. Neocortex size as a constraint on group size in primates. *Journal of Human Evolution* 20:469-93.

- Dunbar, Robin. Chris Knight, and Camilla Power. 1999. *The Evolution of Culture.* New Brunswick: Rutgers University Press.

- Durant, Will. [1926] 1983. *The Story of Philosophy: The Lives and Opinions of the World's Greatest Philosophers.* New York: Simon & Schuster.

- Durkheim, Emile. [1897] 1998. *De la Division du Travail Social,* 5th edn. Paris: Quadrige, Presses Universitaires de France.

  -. [1897] 1999. *Le Suicide,* 10th edn, Paris: Quadrige, Presses Universitaires de France.

- Edgerton, Robert B. 1992. *Sick Societies: Challenging the Myth of Primitive Harmony.* New York: The Free Press.

- Ehret, Christopher. 1998. *An African Classical Age: Eastern & Southern Africa in World History, 1000 B.C. to A.D. 400.* Oxford: James Currey.

- Eisenstein, Elizabeth. 1982. *The Printing Press as an Agent of Change: Communications and Cultural Transformation In Early Modern Europe,* 2 vols. Cambridge University Press.

  -. 1993. *The Printing Revolution in Early Modern Europe* (Canto edn). Cambridge University Press.

- Eisner, Manuel. 2001. Modernization, self-control and lethal violence: the long-term dynamics of European homicide rates in theoretical perspective. *British Journal of Criminology* 41:618-38.

- Ekman, P., W. V. Friesen, and M. O'Sullivan. 1988. Smiles when lying. *Journal of Personality and Social Psychology* 54:414-20.

- Elias, Norbert. [1939]. 1969. *The Civilizing Process, Vol. I: The History of Manners.* Oxford: Blackwell.

- -. [1939]. 1982. T*he Civilizing Process, Vol. II: State Formation and Civilization.* Oxford: Blackwell.

- Ember, Carol. 1978. Myths about hunter-gatherers. *Ethnology* 17:439-48.

- Eshel, Ilan, and Luigi Luca Cavalli-Sforza. 1982. Assortment of encounters and evolution of cooperativeness. *Proceedings of the National Academy of Sciences* 79:1331-35.

- European Commission. 1992. *Commission Decision of 22 July 1992 Relating to a Proceeding under Council Regulation (EEC)* No. 4064/89 (Case No. IV/M. 190-Nestlé/Perrier) (92/553/EEC).

- Evans. W., and J. Graham. 1991. Risk reduction or risk compensation? The case of mandatory safely belt use laws. *Journal of Risk and Uncertainty* 4:61-73.

- Farrell, J. 1987. Information and the Coase theorem. *Journal of Economic Perspectives* 1(2): 113-29.

- Febvre, Lucien, and Henri-Jean Martin. 1997. *The Coming of the Book: The Impact of Printing 1450-1800*, translated by David Gerard. London: Verso Books.

- Fehr, Ernst, and Simon Gächter. 2000a. Fairness and retaliation: the economics of reciprocity. *Journal of Economic Perspectives* 14:159-81.

- -. 2000b. Cooperation and punishment in public goods experiments. *American Economic Review* 90:980-94.

- Fehr, Ernst, and Joseph Henrich. 2003. Is strong reciprocity a maladaptation? On the evolutionary foundations of human altruism. In *The Genetic and Cultural Evolution of Cooperation* (ed. P. Hammerstein). Cambridge, MA: MIT Press.

- Fehr, Ernst, Georg Kirchsteiger, and Arno Riedl. 1993. Does fairness prevent market clearing? An empirical investigation? *Quarterly Journal of Economics* 108:437-60.

- Ferguson, Adam. [1773] 1996. *An Essay on the Origin of Civil Society*. Cambridge University Press.

- Ferguson, Niall. 2008. *The Ascent of Money: A Financial History of the World*. New York: The Penguin Press.

- Ferguson, Brian, and Azar Gat. 2000. Debate: the causes and origins of "primitive warfare." *Anthropological Quarterly* 73(3):159-68.

- Findlay, Ronald, and Kevin O'Rourke. 2007. *Power and Plenty: Trade, War, and the World Economy in the Second Millennium*. Princeton University Press.

- Fogel, Robert, and Stanley Engerman. 1974. *Time on the Cross: The Economics of American Negro Slavery*. New York: Little, Brown.

- Foucault, Michel. 1965. *Madness and Civilization: A History of Insanity in the Age of Reason*. New York: Vintage.

- Francois, Patrick, and Tanguy van Ypersele. 2009. Doux commerces: does market competition cause trust? Discussion Paper 7368. London: Centre for Economic Policy Research.

- Frank, Robert. 1988. *Passions within Reason: The Strategic Role of the Emotions*. New York: W. W. Norton.

- Frank, Robert. 1996. *The Winner-Take-All Society: Why the Few at the Top Get So Much More than the Rest of Us*. Penguin USA.

  -. 1999. *Luxury Fever*. Princeton University Press.

- Frank, M. G., P. Ekman, and W. V. Friesen. 1993. Behavioral markers and recognizability of the smile of enjoyment. *Journal of Personality and Social Psychology* 64:83-93.

- Friedman, Milton, and Anna Schwartz. 1963. *A Monetary History of the United States 1867-1960*. Princeton University Press.

- Friedman, Milton, and Rose Friedman. 1990. *Free to Choose: A Personal Statement*. San Diego: Harvest Books.
- Fujita, Masahisa, Paul Krugman, and Anthony Venables, 1999. *The Spatial Economy: Cities, Regions and International Trade*. Cambridge, MA: MIT Press.
- Fukuyama, Francis. 1995. T*rust: The Social Virtues and the Making of Prosperity*. London: J. P. Lipincott.
- Furedi, Frank 2002
- Furness, Willam Henny. 1910
- Galenson, David. 2001. *Painting Outside the Lines: Patterns of Creativity in Modern Art*. Cambridge, MA: Harvard University Press.
- Gambetta, Diego. 1993. *The Sicilian Mafia: The Business of Private Protection*. Cambridge, MA: Harvard University Press.
- Gann, Jennifer. 2001. Hey brother can you spare a kidney: adverse selection and forbidden markets. Mimeo, University of Toulouse.
- Gat, Azar. 1999. The pattern of fighting in simple, small-scale prestate societies. *Journal of Anthropological Research* 55:563-83.
    - -. 2000a. The human motivational complex: evolutionary theory and the causes of hunter-gatherer fighting. I. Primary somatic and reproductive causes. *Anthropological Quarterly* 73(1):20-34.
    - -. 2000b. The human motivational complex: evolutionary theory and the causes of hunter-gatherer fighting. II. Proximate, subordinate, and derivative causes. *Anthropological Quarterly* 73(2):74-88.
    - -. 2002. Why city states existed? Riddles and clues of urbanization and fortifications. In *A Comparative Study of Six City-State Cultures* (ed. Mogens H. Hansen), pp. 125-38. Copenhagen: Then Danish Royal Academy.
    - -. 2006. *War and Human Civilization*: Oxford University Press .
- Gellner, Ernest. 1994. *Conditions of Liberty Civil Society and Its Rivals*. London: Hamish Hamilton.
- Ghatak, M. 1999. Group lending, local information and peer selection. *Journal of Development Economics* 60(1):27-50.
- Ghiglieri, Michael. 1999. *The Dark Side of Man: Tracing the Origins of Male Violence*. Cambridge, MA: Perseus Publishing.
- Ghiselin, Michael. 2001. A bibliography for bioeconomics. *Journal of Bioeconomics* 2:233-70.
- Gibbon, Edward. [1776] 1993. *The Decline and Fall of the Roman Empire*. New York: Knopf.
- Gintis, Herbert. 2000. Strong reciprocity and human sociality. *Journal of Theoretical Biology* 213:103-19.

- -. 2006. Behavioral ethics meets natural justice. *Politics, Philosophy and Economics* 5(1):5-32.

- Gintis, Herbert, Samuel Bowles, Robert Boyd, and Ernst Fehr. 2003. Explaining altruistic behavior in humans. *Evolution and Human Behavior* 24:153-72.

- Gkiasta, Marina, Thembi Russell, Stephen Shennan, and James Steele. 2003. Neolithic transition in Europe: the radiocarbon record revisited. *Antiquity* 77:45-62.

- Gladwell, Malcolm. 2000. *The Tipping Point: How Little Things Can Make a Big Difference.* New York: Little, Brown.

- Gleick, P. 1993. *Water in Crisis: A Guide to the World's Freshwater Resources.* New York: Oxford University Press.

  -. 2009. *The World's Water: The Biennial Report on Freshwater Resources* 2008-9. Washington. D.C.: Island Press.

- Goode, Erich, and Nachmann Ben-Yehuda. 1994. *Moral Panics: The Social Construction of Deviance.* Oxford: Blackwell.

- Gorton, Gary. 2008. The panic of 2007. Mimeo, Yale School of Management.

  -. 2009. Slapped in the face by the invisible hand: banking and the panic of 2007. Mimeo, Yale School of Management.

- Granovetter, Mark. 1972. The strength of weak ties. *American Journal of Sociology* 78:1360-80.

- Gray, J. A., and Neil McNaughton. 2000. *The Neuropsychology of Anxiety: An Enquiry into the Functions of the Septo-Hippocampal System,* 2nd end. Oxford Psychology Series 33. Oxford University Press.

- Gray, J. A., J. Feldon, J. N. P. Rawlins, D. R. Hemsley, and A. D. Smith. 1991. The neuropsychology of schizophrenia. *Behavioral and Brain Sciences* 14:1-84.

- Gray, John. 1998. False Dawn: *The Delusions of Global Capitalism.* New York: New Press.

  -. 2000. *Two Faces of Liberalism.* New York: New Press.

- Greene, Graham. 1971. *The Heart of the Matter.* Harmondsworth: Penguin.

- Gusterson, Hugh. 1996. *Nuclear Rites.* Berkeley, CA: University of California Press.

- Hacking, Ian. 1990. *The Taming of Change.* Cambridge University Press.

- Hall, Peter. 1998. *Cities in Civilisation.* London: Weidenfeld & Nicolson.

- Hamermesh, Daniel. 2001. The changing distribution of job satisfaction. *Journal of Human Resources* 36(1):1-30.

  -. 2005. Routine. *European Economic Review* 49(1):29-53.

- Hamilton, William. 1964. The genetical evolution of social behavior. *Journal of Theoretical Biology* 7:1-52.

- Hanson, Royce. 1988. Water supply and distribution: the next 50 years. In *Cities: Infrastructure and the Vital Systems* (ed. J. Ausubel and R. Herman). Washington, D.C.: National Academy

Press.

- Hanson, Victor Davis. 1989. *The Western Way of War: Infantry Battle in Classical Greece.* Berkeley, CA: University of California Press.
- Hanson, Victor Davis. 2001. *Carnage and Culture: Landmark Battles in the Rise of Western Power.* New York: Doubleday.
- Harford, Tim. 2005. *The Undercover Economist: Exposing Why the Rich are Rich, the Poor are Poor-and Why You Can Never Buy a Decent Used Car!* Oxford University Press.
- Hart, Oliver. 1995. *Firms, Contracts and Financial Structure.* Oxford: Clarendon Press.
- Hendricks, Kenneth, and Robert Porter. 1988. An empirical study of an auction with asymmetric information. *American Economic Review* 78:865-83.
- Henrich, Joseph, Robert Boyd, Samuel Bowles, Colin Camerer, Ernst Fehr, Herbert Gintis, and Richard McElreath. 2001. In search of Homo Economicus: behavioral experiments in fifteen small-scale societies. *American Economic Review* 91:73-78.
- Henrich, J., R. McElreath, A. Barr, J. Ensimger, C.Barrett, A. Bolyanatz, J. C. Cardenas, M. Gurven, E. Gwako, N. Henrich, C. Lesorogol, F. Marlowe, D. Tracer, and J. Ziker. 2006. Costly punishment across human societies. *Science* 312:1767-70.
- Herman, R., et al. 1988. The dynamic characterization of cities. In *Cities: Infrastructure and the Vital Systems* (ed. J. Ausubel and R. Herman). Washington, D.D.: National Academy Press.
- Hirshleifer, Jack. 1977. Economics from a biological viewpoint. *Journal of Law and Economics* 20:1-52.
- Hirschman, Albert 0. [1977] 1997. *The Passions and the Interests.* Princeton University Press.
- Hochschild, Adam. 1999. *King Leopold's Ghost.* London: Macmillan.
- Hölldobler, Bert, and Edward Wilson. 1994. *Journey to the Ants: A Story of Scientific Exploration.* Cambridge, MA: Harvard University Press, Belknap Press.
  -. 2008. *The Superorganism: The Beauty, Elegance, and Strangeness of Insect Societies.* New York: W. W. Norton.
- Holmström, Bengt, and Paul Milgrom. 1991. Multi-task principal-agent analysis incentive contracts, asset ownership and job design. *Journal of Law, Economics & Organization* 7:24-52.
- Homer-Dixon, Thomas. 1999. *Environment, Scarcity, and Violence.* Princeton University Press.
- Horden, Peregrine, and Nicholas Purcell. 2000. *The Corrupting Sea: A Study of Mediterranean History.* Oxford: Blackwell.
- Hörner, Johannes. 2002. Reputation and competition. *American Economic Review* 92:644-63.
- Hrdy, Sarah Blaffer. 2009. *Mothers and Others: The Evolutionary Origins of Mutual Understanding.* Cambridge, MA: Harvard University Press.
- Hughes, Robert. 1992. *Barcelona.* London: Harvill Press.

- Humphrey, Nicholas. 1984. *Consciousness Regained.* Oxford University Press.
- Huntington, Samuel. 1993. The clash of civilizations? *Foreign Affairs,* Summer.
- Hutchins, Edwin. 1995. *Cognition in the Wild.* Cambridge, MA: MIT Press.
- Ibn Khaldun, Abu Zaid. [1377] 1969. *The Muqadimmah.* Translated by Franz Rosenthal. Princeton University Press.
- Intergovernmental Panel on Climate Change. 2008. *Climate Change and Water: Technical Paper VI.* Available from www.ipcc.ch.
- Jacobs, Jane. [1961] 1992. *The Death and Life of Great American Cities.* New York: Vintage Books. (Originally New York: Random House.)
- Jaffe, Adam B., and Josh Lerner. 2004. *Innovation and Its Discontents: How Our Broken Patent System Is Endangering Innovation and Progress, and What to Do about It.* Princeton University Press.
- Johnson, Simon. 2009. The quiet coup. *The Atlantic.* May.
- Jones, E. L. 1988. *Growth Recurring: Economic Change in World History.* Oxford University Press.
- Jones, Steve. 1994. *The Language of the Genes.* Flamingo.
- Kahan, Dan. 2003. The logic of reciprocity: trust, collective action and law. *Michigan Law Review* 102(1):71-103.
- Kakar, Sudhir. 1982. Shamans, *Mystics and Doctors: A Psychological Inquiry into India and Its Healing Traditions.* New York: Knopf.
- Kaplan, Hillard S., Kim Hill, Jane Lancaster, and Magdalena Hurtado. 2000. A theory of human life history evolution: diet, intelligence and longevity. *Evolutionary Anthropology* 9(2):156-85.
- Kaufmann, Stuart. 1995. *At Home in the Universe.* New York: Oxford University Press.
- Keeley, Lawrence. 1996. *War before Civilization: The Myth of the Peaceful Savage.* Oxford University Press.
- Kennedy, Paul. 1989. T*he Rise and Fall of the Great Powers.* London: Fontana.
- Kent, Susan. 1989 And justice for all: the development of political centralization among newly sedentary foragers. *American Anthropologist* 91:703-12.
- Kirman, Alan. 1993. Ants, rationality and recruitment. *Quarterly Journal of Economics* 108:137-56.
- Klein, Naomi. 2001. *No Logo.* London: Flamingo.
- Klein, Richard. 2009. *The Human Career: Human Biological and Cultural Origins,* 3rd edn. University of Chicago Press.
- Klein, Richard, and Blake Edgar. 2002. *The Dawn of Human Culture: A Bold New Theory on*

What Sparked the "Big Bang" of Human Consciousness. New York: John Wiley.

- Klemperer, Paul. 1999. Auction theory: a guide to the literature. *Journal of Economic Surveys* 13(3):227-86.

- Knauft, Bruce M. 1990. Violence among newly sedentary foragers. *American Anthropologist* 92:1013-15.

- Kosfeld, Michael, Markus Heinrichs, Paul J. Zak, Urs Fischbacher, and Ernst Fehr. 2005. Oxytocin increases trust in humans. *Nature* 435:673-76.

- Kremer, Michael. 1993. The O-ring theory of economic development. *Quarterly Journal of Economics* 108:551-75.

- Kremer,, Michael, and Eric Maskin. 1996. Wage inequality and segregation by skill. NBER Working Pager 5718.

- Kremer, Michael, and Christopher Snyder. 2003. Why are drugs more profitable than vaccines? NBER Working Paper 9833.

- Kreps, David and Robert Wilson. 1982. Reputation and imperfect information. *Journal of Economic Theory* 27:863-94.

- Krugman, Paul. 1991. *Geography and Trade.* Cambridge, MA: MIT Press.

- Kübler-Ross, Elisabeth. 1973. *On Death and Dying.* London: Routledge.

- Laffont, Jean-Jacques, and David Martimort. 2002. *The Theory of Incentives.* Princeton University Press.

- Laing, R. D. 1960. *The Divided Self.* London: Tavistock.

- Lamoreaux, Naomi. Daniel Raff, and Peter Temin. 2002. Beyond markets and hierarchies: towards a new synthesis of American business history. *The American Historical Review* 108:404-33.

- Landes, David. 1983. *Revolution in Time: Clocks and the Making of the Modern World.* Cambridge, MA: Havard University Press.

  -. 1998. T*he Wealth and Poverty of Nations.* London: Little, Brown.

- Lanjouw, Peter, and Nicholas Stern (eds). 1998. *Economic Development in Palanpur over Five Decades.* Oxford: Clarendon Press.

- Leblanc, Steven. 1999. *Prehistoric Warfare in the American Southwest.* Salt Lake City: University of Utah Press.

  -. 2003. *Constant Battles: Challenging the Myth of Primitive Harmony.* New York: St. Martin's Press.

- Leblanc, Steven, Lori S. Cobb Kreisman, Brian M. Kemp, Francis E. Smiley, Anna N. Dhody, and Thomas Benjamin. 2007. Quids and aprons: ancient DNA from artifacts from the American Southwest. *Journal of Field Archaeology* 32:161-75.

- Ledeneva, Alena, and Paul Seabright. 2000. Barter in post-Soviet societies: what does it look like and why does it matter? In Seabright 2000.

- Lerman, R. 1996. The impact of the changing U.S. family structure on child poverty and income inequality. *Economica* 63(250, Suppl.):S119-39.

- Lerner, J. S., R. E. Dahl, A. R. Hariri, and S. E. Taylor. 2007. Facial expressions of emotion reveal neuroendocrine and cardiovascular stress responses. *Biological Psychiatry* 61(2):253-60.

- Lester, David. 1994. *Emile Durkheim: Le Suicide 100 Years Later*. Philadelphia: Charles Press.

- Levy, Jack S. 1983. *War in the Modern Great Power System, 1495-1975*. Lexington: University Press of Kentucky.

- Lewis, Bernard. 2002. *What Went Wrong? Western Impact and Middle Eastern Response*. Oxford University Press.

  -. 2003. *The Crisis of Islam: Holy War and Unholy Terror*. London: Weidenfeld & Nicolson.

- Libecap, Gray, and Zeynep Hansen. 2001. U.S. land policy, property rights and the dust bowl of the 1930s, NBER Conference Paper.

- Locay, Luis. 1990. Economic development and the division of production between households and markets. *Journal of Political Economy* 98:965-82.

- Lorenz, Konrad. [1963] 1974. *On Aggression*. New York: Harvest Books.

- Luhrmann, Tanya. 2000. *Of Two Minds: The Growing Disorder in American Psychiatry*. New York: Knopf.

- Lukas, D., V. Reynolds, C. Boesch, and L. Vigilant. 2005. To what extent does living in a group mean living with kin? *Molecular Ecology* 14:2181-96.

- Macaulay, Thomas Babington. 1857. Frederick the Great. In *Biographical Essays*. Leipzig: Bernhard Tauchnitz.

- Mackenzie, Donald. 2009. All those arrows. *London Review of Books*, June 25.

- Macpherson, C. B. 1962. T*he Political Theory of Possessive Individualism*. Oxford: Clarendon Press.

- Mailath, Robert, Lawrence Samuelson, and Avnar Shaked. 2000. Endogenous inequality in integrated labor markets with two-sided search. *American Economic Review* 90:46-72.

- Malle, K.-G. 1996. Cleaning up the River Rhine. *Scientific American* 274:54-59.

- Marin, Dalia, Daniel Kaufmann, and Bogdan Gorochowskij. 2000. Barter in transition economics: competing explanations confront Ukrainian data. In Seabright 2000.

- Marmot, Michael. 2004. *The Status Syndrome: How Social Standing Affects Out Health and Longevity*. New York: Times Books.

- Marrus, Michael. 1997. *The Nuremberg War Crimes Tribunal: A Documentary History*. Boston and New York: Bedford/St. Martin's.

- Martin, Henri-Jean. 1994. *The History and Power of Writing*, translated by Lydia Cochrane. University of Chicago Press.

- Martindale, Colin. 1990. *The Clockwork Muse: The Predictability of Artistic Change.* New York: Basic Books.

- Mas-Colell, Andreu, Michael Whinston, and Jerry Green. 1995. *Microeconomic Theory.* New York: Oxford University Press.

- Mauss, Marcel. [1950] 1990. *The Gift: The Form and Reason for Exchange in Archaic Societies,* translated by W. D. Halls. New York: W. W. Norton. (Originally published as Essai sur le Don. Paris: Presses Universitaires de France.)

- Mayhew, Henry. [1861] 1968. *London Labour and the London Poor.* New York: Dover Publications. (Facsimile of original edition published by Griffin Bohn & Company.)

- McBrearty, Sally, and Alison S. Brooks. 2000. The revolution that wasn't: a new interpretation of the origin of modern human behavior. *Journal of Human Evolution* 39:453-563.

- McCloskey, D. 1976. English open fields as behavior towards risk. *Research in Economic History* 1(Fall):124-70.

- McCulloch, Neil, L. Alan Winters, and Xavier Cirera. 2001. *Trade Liberalization and Poverty: A Handbook.* London: Centre for Economic Policy Research.

- McGranahan, G. 1993. Household environmental problems in low-income cities. *Habitat International* 17:105-21.

- McMillan, John. 2002. *Reinventing the Bazaar: A Natural History of Markets.* New York: W. W. Norton.

- McNeill, J. R. 2000. *Something New under the Sun: An Environmental History of the Twentieth Century.* New York: W. W. Norton.

- Meggitt, Mervyn. 1977. *Blood Is Their Argument: Warfare among the Mae Enga Tribesmen of the New Guinea Highlands.* Mountain View: Mayfield.

- Mehu, M., K. Grammer, and R. Dunbar. 2007. Smiles when sharing. *Evolution and Human Behavior* 28:415-22.

- Mellström, C., and M. Johannesson. 2008. Crowding out in blood donation: was Titmuss right? *Journal of the European Economic Association* 6:845-63.

- Milgrom, Paul, and John Roberts. 1992. *Economics, Organization and Management.* New York: Prentice-Hall.

- Miller, Geoffrey. 2000. *The Mating Mind: How Sexual Choices Shaped the Evolution of Human Nature.* New York: Anchor Books.

  -. 2009. *Spent.* London: Viking Penguin.

- Mirrlees, James. 1992. The economics of carrots and sticks. *Economic Journal* 107:1311-29.

- Mithen, Steven. 1996. *The Prehistory of the Mind.* London: Thames & Hudson.

- Mokyr, Joel. 2002. *The Gifts of Athena : Historical Origins of the Knowledge Economy.* Princeton University Press.

- Monnerie, Denis. 1996. *Nitu: Les Vivants, les Morts et le Cosmos selon la Societé de Mono-Alu (Iles Salomon).* Leiden: CNWS Research School.

- Morin, Edgar. 1971. *Rumor in Orléans.* New York: Pantheon Books.

- Moser, Petra. 2005. How do patent laws influence innovation? Evidence from 19th century world's fairs. *American Economic Review* 95:1215-36.

- Mowery, D., And A. Ziedonis. 2004. The geographic reach of market and non-market channels of technology transfer: comparing citations and licenses of university patents. In *Globalization and the Location of Firms* (ed. J. Cantwell). Northampton, MA: Edward Elgar Inc.

- Muller, Martin, and Richard Wrangham. 2004. Dominance, cortisol and stress in wild chimpanzees (Pan troglodytes schweinfurthii). *Behavioral Ecology and Sociobiology* 55:332-40.

- Neary, Peter. 2001. O hype and hyperbolas: introducing the new economic geography. *Journal of Economic Literature* 39:536-61.

- Nieboer, H. J. [1900] 1971. *Slavery as an Industrial System.* Burt Franklin.

- North, Douglass. 1990. *Institutions, Institutional Change and Economic Performance.* Cambridge University Press.

- North, Douglass, and Robert Paul Thomas. 1973. *The Rise of the Western World: A New Economic History.* Cambridge University Press.

- Nothomb, Amélie. 2002. *Fear and Trembling.* New York: St. Martion's Griffin.

- Ogilvie, Sheilagh. 2000. The European economy in the eighteenth century. In *The Short Oxford History of Europe,* Volume 12: *The Eighteenth Century: Europe* 1688-1815 (ed. T. W. C. Blanning). Oxford University Press.

- Olson, Mancur. [1965] 1971. *The Logic Of Collective Action: Public Goods and the Theory of Groups,* rev. edn. Cambridge, MA: Harvard University Press.

- O'Rourke, P. J. 2008. We blew it. *The Weekly Standard,* November 17.

- Overy, Richard. 2001. *Interrogations: The Nazi Elite in Allied Hands,* 1945. Harmondsworth, U.K.: Penguin Books.

- Owren, Michael, and Jo-Anne Bachorowski. 2001. The evolution of emotional expression: a "selfish-gene" account of smiling and laughter in early hominids and humans. In *Emotions* (ed. Tracy Mayne and George Bonnano), chapter 5. New York: Guilford Press.

- Packard, Vance. [1957] 1985. *The Hidden Persuaders.* New York: Pocket Books.

- Palaniappan, Meena, and Peter Gleick. 2009. Peak water. In Gleick 2009.

- Pearce, David, and R. Kerry Turner. 1990. *Economics of Natural Resources and the Environment.* Baltimore, MD: Johns Hopkins University Press.

- Peltzman, S. 1975. The effects of automobile safety regulation. *Journal of Political Economy* 83:677-725.

- Perec, Georges. 1979. *La Vie Mode d'Emploi*. Paris: Hachette.

- Perloff, Jeffrey M. 2001. *Microeconomics*, 2nd edn. Boston: Addison Wesley Longman.

- Perrin, N. 1979. Giving Up the Gun: *Japan's Reversion to the Sword 1543-1879*. Boston: Godine.

- Peterson, S., G. Hoffer, and E. Millner. 1994. Are drivers of airbag-equipped cars more aggressive? A test of the offsetting behavior hypothesis. *Journal of Law and Economics* 38:251-65.

- Polanyi, Karl. [1944] 2001. *The Great Transformation: The Political and Economic Origins of Out Time*. Boston: Beacon Press.

- Pomeranz, Kenneth. 2000. *The Great Divergence: China, Europe and the Making of the Modern World Economy*. Princeton University Press.

- Portney, Paul. 2000. Environmental Problems and policy 2000-2050. *Journal of Economic Perspectives* 14:199-206.

- Preuschoft, Signe. 1992. " 'Laughter' and 'smile' in Barbary Macaques (Macaca sylvanus). *Ethology* 91:200-36.

- Preuschoft, Signe, and J. A. R. A. M. van Hooff. 1997. The social function of 'smile' and 'laughter': variations across primate species and societies. In *Where Nature Meets Culture* (ed. Ullica Segerstrale and Peter Molnar). Mahwah, NJ: L. Erlbaum.

- Price, Michael E. 2008. The resurrection of group selection as a theory of human cooperation. *Social Justice Research* 21:228-40.

- Price-Smith, Andrew. 2002. *The Health of Nations: Infectious Disease, Environmental Change, and Their Effects on National Security and Development*. Cambridge, MA: MIT Press.

- Pusey, A. E., and C. Packer. 1983. The once and future kings. *Natural History* 92:54-63.

- Putnam, Robert. 1993. *Making Democracy Work: Civic Traditions in Modern Italy*. Princeton University Press.

  -. 2000. *Bowling Alone: The Collapse and Revival of American Community*. New York: Simon & Schuster.

- Putterman, Louis, and Randall Kroszner. 1996. *The Economic Nature of the Firm: A Reader*. Cambridge University Press.

- de Quervain, Dominique J. E., Urs Fischbacher, Valerie Treyer, Melanie Schellhammer, Ulrich Schnyder, Alfred Buck, and Ernst Fehr. 2004. The neural basis of altruistic punishment. *Science* 305:1254-58.

- Radford, R. A. 1945. The economic organization of a P. O. W. camp. *Economica* (New Series) 12(48):189-201.

- Ramachandran, V. S., and Sandra Blakeslee. 1999. *Phantoms in the Brain*. New York: Harper Collins.

- Ray, Debraj. 1998. *Development Economics*. Princeton University Press.

- Rawls, John. 1975. *A Theory of Justice*. Oxford: Clarendon Press.

- Renfrew, Colin. 1989. *Archaeology and Language: The Puzzle of Indo-European Origins*. Harmondsworth. U.K.: Penguin.

  -. 2007. Prehistory: *The Making of the Human Mind*. London: Weidenfeld & Nicolson.

- Ricardo, David. [1817] 1996. *On the Principles of Political Economy and Taxation*. New York: Prometheus Books.

- Richards, M. 2003. The Neolithic invasion of Europe. *Annual Review of Anthropology* 32:135-62.

- Richerson, Peter, and Robert Boyd. 1999. Complex societies: the evolutionary origins of a crude superorganism. *Human Nature* 10:253-89.

- Richerson, Peter, Robert Boyd, and Robert Bettinger. 2001. Was agriculture impossible during the Pleistocene but mandatory during the holocene? A Climate change hypothesis. *American Antiquity* 66:387-411.

- Ridley, Matt. 1996. *The Origins of Virtue*. Harmondsworth, U.K.: Viking Penguin.

- Riley, John. 2001. Silver signals: twenty-five years of screening and signaling. *Journal of Economic Literature* 39:432-78.

- Robarchek, Clayton, and Carole Robarchek. 1997. *Waorani: The Contexts of Violence and War*. Fort Worth, TX: Harcourt Brace College Publishing.

- Robbins, Lionel. [1936] 1984. *On the Nature and Significance of Economic Science*. London: Palgrave Macmillan.

- Robson, Arthur. 2001. The biological basis of economic behavior. *Journal of Economic Literature* 39:11-33.

- Robson, Arthur, and Hillard S. Kaplan. 2003. The evolution of human life expectancy and intelligence in hunter-gatherer economies. *American Economic Review* 93:150-69.

- Rodrik, Dani. 1997. *Has Globalization Gone Too Far?* Washington, D.C.: Institute for International Economics.

- Rogers, P. 1993. *America's Water: Federal Roles and Responsibilities*. Cambridge, MA: MIT Press.

- Rohde, D., S. Olson, and J. Chang. 2004. Modelling the recent common ancestry of all living humans. *Nature* 431:562-66.

- Rosen, Sherwin. 1981. The economics of superstars. *American Economic Review* 71:845-58.

- Rothschild, Emma. 2001. *Economic Sentiments*. Cambridge, MA: Harvard University Press.

- Roughgarden, Joan. 2004. *Evolution's Rainbow: Diversity, Gender, and Sexuality in Nature and People.* Berkeley, CA: University of California Press.

  -. 2009. *The Genial Gene: Deconstructing Darwinian Selfishness.* Berkeley, CA: University of California Press.

- Rousseau, Jean-Jacques. [1755] 1984. *Discourse on the Origins of Inequality,* translated by Maurice Cranston. Harmondsworth, U.K.: Penguin.

- Rowthorn, Robert, and Paul Seabright. 2009. Property rights, warfare and the Neolithic transition. Working Paper, Toulouse School of Economics.

- Samuelson, Paul. 1973. *Economics,* 9th edn. New York: McGraw-Hill.

- Sandel, Michael. 1982. *Liberalism and the Limits of Justice.* Cambridge University Press.

- Schaffer, Mark, and Paul Seabright. 2009. Cooperation and exogamy. Working Paper, Toulouse School of Economics.

- Schama, Simon. 1987. *The Embarrassment of Riches: An Interpretation of Dutch Culture in the Golden Age.* London: Collins.

- Schelling, Thomas. 1978. *Micromotives and Macrobehavior.* New York: W. W. Norton.

- Scott, James. 1998. *Seeing Like a State: How Certain Schemes to Improve the Human Condition Have Failed.* New Haven: Yale University Press.

- Seabright, Paul. 1993. Managing local commons: theoretical issues in incentive design. *Journal of Economic Perspectives* 7:113-34.

  -. 1997. Is co-operation habit-forming? In *The Environment and Emerging Development Issues* (ed. Partha Dasgupta and Karl-Goran Mäler). Oxford: Clarendon Press.

  -. 1999. Skill versus judgment and the architecture of organizations. *European Economic Review* 44:856-68.

  -. 2000. *The Vanishing Rouble.* Cambridge University Press.

  -. 2009a. Continuous preferences and discontinuous choices: how altruists respond to incentives. In *The B.E. Journal of Theoretical Economics,* Volume 9, Issue 1 (Contributions), Article 14 (www.bepress.com/bejte/vol9/iss1/art14).

  -. 2009b. Darwin and human society. In *Darwin* (ed. William Brown and A. C. Fabian). Cambridge University Press.

- Sen, A., and B. Mizzen. 2007. Estimating the impact of seat-belt use on road traffic fatalities: empirical evidence from Canada. *Canadian Public Policy* 33:315-35.

- Shiller, Robert. 2000. *Irrational Exuberance.* Princeton University Press.

  -. 2008. *The Subprime Solution: How Today's Financial Crisis Happened, and What to Do about It.* Princeton University Press.

- Shimer, R., and L. Smith. 2000. Assortative matching and search. *Econometrica* 68:343-69.

- Shleifer, Andrei, and Robert Vishny. 1993. Corruption. *Quarterly Journal of Economics* 108:599-617.

- Sivéry, Gérard. 2000. Rural society. In *The New Cambridge Medieval History*, Volume 5: c. 1198-c. 1300 (ed. David Abulafia). Cambridge University Press.

- Smail, Daniel Lord. 2008. *On Deep History and the Brain.* Berkeley, CA: University of California Press.

- Smith, Adam. [1759] 2000. *The Theory of Moral Sentiments.* Amherst, N.Y.: Prometheus Books.

  -. [1776] 1991. *An Inquiry into the Nature and Causes of the Wealth of Nations.* New York: Prometheus Books.

- Solow, R. 1971. Blood and thunder. *Yale Law Journal* 80(2):170-83.

- Steckel, Richard, and John Wallis. 2009. Stones, bones, cities and states: a new approach to the Neolithic revolution. Mimeo, Ohio State University.

- Sterelny, Kim. 2003. *Thought in a Hostile World: The Evolution of Human Cognition.* Oxford: Blackwell.

- Stern, Nicholas. 2007. *The Economics of Climate Change: The Stern Review.* Cambridge University Press.

- Stokes, Adrian. 1965. *The Invitation in Art.* London: Tavistock Press.

- Strassler, Robert (ed.). 1998. *The Landmark Thucydides: A Comprehensive Guide to the Peloponnesian War.* New York: Touchstone Books.

- Stutz, Aaron, Natalie D. Munro, and Guy Bar-Oz. 2009. Increasing the resolution of the broad spectrum revolution in the Southern Levantine Epipaleolithic (19-12 ka). *Journal of Human Evolution* 56:294-306.

- Süskind, Patrick. 1988. *Perfume*, translated by John Woods. New York: Knopf.

- Sutton, John. 1998. *Technology and Market Structure.* Cambridge, MA: MIT Press.

  -. 2001. Rich trades, scarce capabilities: industrial development revisited. Mimeo, London School of Economics.

- Taubenberger, J., and D. Morens. 2006. 1918 influenza: the mother of all pandemics. *Emerging Infectious Diseases.* (Available at www.cdc.gov/ncidod/EID/vol12no01/05-0979.htm, accessed November 17, 2009.)

- Teece, David. 1993. The dynamics of industrial capitalism: perspectives on Alfred Chandler's scale and scope. *Journal of Economic Literature* 31:199-225.

- Terkel, Studs. 1974. *Working.* Harmondsworth, U.K.: Penguin.

  -. 1986. *The Good War: An Oral History of World War II.* Harmondsworth, U.K.: Penguin.

- Tett, Gillian. 2009. *Fool's Gold: How Unrestrained Greed Corrupted a Dream, Shattered Global*

Markets and Unleashed a Catastrophe. London: Little Brown.

- Thomson, R., J. Pritchard, P. Shen, P. Oefner, and M. Feldman. 2000. Recent common ancestry of human Y chromosomes: evidence from DNA sequence data. *Proceedings of the National Academy of Sciences* 97:7360-65.

- Tirole, Jean. 1996. A theory of collective reputation, with applications to the persistence of corruption and to firm quality. *Review of Economic Studies* 63:1-22.

- Titmuss, R. 1970. *The Gift Relationship.* London: Allen & Unwin.

- Tolstoy, Leo. [1869] 1971. *War and Peace.* London: The Folio Society.

- Tomasello, Michael. 1999. *The Cultural Origins of Human Cognition.* Cambridge, MA: Harvard University Press.

- Tooby, J., and L. Cosmides. 1997. Evolutionary psychology: a primer. (Available at www.psych. ucsb.edu/research/cep/primer.html, accessed November17, 2009.)

- Tourneur, Cyril. [1607] 1996. *The Revenger's Tragedy.* Manchester University Press.

- Trivers, Richard. 1971. The evolution of reciprocal altruism. *Quarterly Review of Biology* 46:35-57.

- Tudge, Colin. 1999. *Neanderthals, Bandits and Framers: How Agriculture Really Began.* New Haven, CT: Yale University Press.

- Tufte, Edward R. 1997a. *The Visual Display of Quantitative Information.* Cheshire, CT: Graphics Press.

  -. 1997b. *Visual Explanations. Cheshire*, CT: Graphics Press.

- Tully, James. 1980. *A Discourse on Property: John Locke and His Adversaries.* Cambridge University Press.

  -. 1993. *An Approach to Political Philosophy: Locke in Contexts.* Cambridge University Press.

- Turchin, Peter. 2003. *Historical Dynamics: Why States Rise and Fall.* Princeton University Press.

- Varese, Federico. 1994. Is Sicily the future of Russia? Private protection and the rise of the Russian mafia. *Archives Européennes de Sociologie* 35:224-58.

  -. 2001. *The Russian Mafia: Private Protection in a New Market Economy.* Oxford University Press.

- Venkatesh, Sudhir Alladi. 2006. *Off the Books: The Underground Economy of the Urban Poor.* Cambridge, MA: Harvard University Press.

- Viscusi, W. Kip, John Vernon, and Joseph Harrington. 2000. *Economics of Regulation and Antitrust,* 3rd edn. Cambridge, MA: MIT Press.

- Wade, R. 1987. *Village Republics.* Cambridge University Press.

- Walker, Ian. 2006. Drivers overtaking bicyclists: objective data on the effects of riding position, helmet use, vehicle type and apparent gender. *Accident Analysis and Prevention* 39:417-25.

- Wantchekon, Leonard. 2003. Clientelism and voting behavior: evidence from a field experiment in Benin. *World Politics* 55:399-422.

- Ward, Diane Raines. 2002. *Water Wars: Drought, Flood, Folly and the Politics of Thirst.* New York: Riverhead Books.

- Weisdorf, Jacob L. 2005. From foraging to farming: explaining the Neolithic revolution. *Journal of Economic Surveys* 19:561-86.

- Weiss, Y. 1997. The formation and dissolution of family: Why marry? Who marries whom? And what happens upon divorce. In *Handbook of Population and Family Economics* (ed. M. Rosenzweig and O. Stark), Volume 1. Amsterdam: North-Holland.

- White, Lynn. 1966. *Medieval Technology and Social Change.* Oxford: Clarendon Press.

- Whiten, A., and C. Boesch. 2001. The cultures of chimpanzees. *Scientific American* 284:48-55.

- Whiten, A., J. Goodall, W. C. McGrew, T. Nishida, V. Reynolds, Y. Sugiyama, C. Tutin, R. Wrangham, and C. Boesch. 1999. Cultures in chimpanzees. *Nature* 399:682-85.

- Wiener, Martin. 1982. *English Culture and the Decline of the Industrial Spirit 1850-1980.* Cambridge University Press.

- Wilkinson, G. S. 1990. Food sharing in vampire bats. *Scientific American* 262:276-82.

- Williams, Bernard. 1993. *Shame and Necessity.* Berkeley, CA: University of California Press.

- Williamson, Oliver. 1985. *The Economic Institutions of Capitalism: Firms, Markets and Relational Contracting.* New York: Free Press.

- Wilson, David, and Elliott Sober. 1994. Re-introducing group selection to the human behavioral sciences. *Behavioral and Brain Sciences* 17:585-654.

- Winterhalder, B., and F. Lu. 1995. A forager-resource population ecology model and implications for indigenous conservation. *Conservation Biology* 11:1354-64.

- Wirth, Louis. 1938. Urbanism as a way of life. *American Journal of Sociology* 44:1-24.

- Wittfogel, K. [1957] 1981. *Oriental Despotism.* New York: Vintage Random House.

- Wolf, Martin. 2004. *Why Globalization Works.* New Haven, CT: Yale University Press.

- Worcester, Robert. 1995. A comparative examination of green activism in 22 countries. London: MORI.

- Worcester, Robert, and Michele Corrado. 1991. Attitudes to the environment: a North-South analysis. London: MORI.

- World Health Organization. 2002. *The World Health Report 2002.* Geneva: World Health Organization. (Available at www.who.int/whr/2002/en/.)

- Wrangham, Richard. 2003. The evolution of cooking: a talk with Richard Wrangham. (Available at www.edge.org.)

- Wrangham, Richard, and Dale Peterson. 1996. *Demonic Males: Apes and the Origins of Human*

Violence. Boston, MA: Mariner Books.

- Wray, L. Randall. 1998. *Understanding Modern Money.* Cheltenham: Edward Elgar.

- Wrosch, Carsten, and Gregory E. Miller. 2009. Depressive symptoms can be useful: self-regulatory and emotional benefits of dysphoric mood in adolescence. *Journal of Personality and Social Psychology* 96:1181-90.

- Zahavi, A. 1975. Mate selection: a selection for a handicap. *Journal of Theoretical Biology* 53:205-14.

- Zeder, Melinda. 2008. Domestication and early agriculture in the Mediterranean Basin: origins, diffusion, and impact. *Proceedings of the National Academy of Sciences* 105:11 597-604.

- Zimbardo, Philip. 2007. *The Lucifer Effect: How Good People Turn Evil.* London: Rider Books.

- Zollikofer, C. P. E., M. S. Ponce de León, B. Vandermeersch, and F. Lévêque. 2002. Evidence for interpersonal violence in the St. Césaire Neanderthal. *Proceedings of the National Academy of Sciences* 99:6444-48.

찾아
보기

찾아보기

낯선 사람들과의 동행

2019년 12월 25일 초판 1쇄(1,000권)

지은이 폴 시브라이트 | **옮긴이** 김경영
펴낸이 박일구 | **디자인** 김진경
펴낸곳 공작기계 | **주소** 서울시 마포구 성미산로1길 100-23, 201호
출판등록 2011년 5월 11일 제313-2011-140호
전화 010-7742-1979 | **팩스** 0303-0942-1979
이메일 madeinpark@hanmail.net
ISBN 979-11-963542-0-6 03300 **값** 28,000원

The company of strangers
Copyright©2010 by Princeton University Press

이 도서의 국립중앙도서관 출판예정도서목록(CIP)은 서지정보유통지원시스템 홈페이지(http://
seoji.nl.go.kr)와 국가자료종합목록 구축시스템(http://kolis-net.nl.go.kr)에서 이용하실 수
있습니다.
(CIP제어번호 : CIP2019027395)